Die Salzburger Festspiele
1920–1981

Josef Kaut

Die SALZBURGER FESTSPIELE 1920—1981

Mit einem Verzeichnis der aufgeführten Werke
und der Künstler des Theaters und der Musik
zusammengestellt von Hans Jaklitsch

Residenz Verlag

Printed in Austria by Druckhaus R. Kiesel, Salzburg
ISBN 3-7017-0308-6

Ein Friedenswerk

Die Geschichte der Salzburger Festspiele ist die Geschichte einer Institution, die aus einem von Kunstfreunden und Künstlern während des Ersten Weltkriegs gegründeten Verein hervorgegangen ist, und es ist zugleich die Geschichte theatralischer und musikalischer Ereignisse, die zwar nicht wiederholbar sind, aber in der Erinnerung derer leben, die sich einst ihrer erfreut haben. Immerhin wurden viele Aufführungen im Bilde festgehalten – die Salzburger Festspiele haben erst kürzlich achtzigtausend Negative erworben, von denen viele auch aus ihrer Anfangszeit stammen. Sie stellen eine wertvolle Dokumentation dar, ebenso wie die Schallplatten und Tonbänder, die heute Opern und Konzerte festhalten können.

Als 1920 erstmals das Spiel vom Jedermann vor dem Dom aufgeführt wurde, zweifelten Politiker und Kritiker, daß dies der Ausgangspunkt von Festspielen sein könnte. Aber Max Reinhardt, Hugo von Hofmannsthal, Richard Strauss und ihr Kreis waren überzeugt von der Notwendigkeit der Festspiele und davon, daß sie in Salzburg, in Österreich stattfinden sollten, in dem klein gewordenen Staat, an den damals niemand mehr glauben wollte. Sie erkannten die großen künstlerischen Möglichkeiten, die in der traditionsreichen Bischofsstadt gegeben waren, sie waren sich aber auch über die politische Bedeutung solcher Veranstaltungen mit großer geistiger Ausstrahlung in einer Zeit folgenschwerer weltpolitischer Umwälzungen im klaren. Max Reinhardt sah schon 1917 in dem Projekt »ein eminentes Friedenswerk«, und Hugo von Hofmannsthal wollte mit Festspielen, bei denen »die Nationen sich in ihrem Höchsten erkennen sollen«, den Glauben an Europa stärken und »geistigen Frieden« bringen. Er sah ihren Sinn und ihre Aufgabe darin, »zu ordnen und aus der alten Ordnung herauszutreten«, da neue Ordnungskräfte angetreten waren. Nur diese Idee einer künstlerischen Mission von weitreichender Wirkung bewog die Gründer, sich in einer Zeit der Geldentwertung und materiellen Not mit allen

Widerständen, mit den wirtschaftlichen und organisatorischen Schwierigkeiten und dem begreiflichen Unverständnis auseinanderzusetzen.
Heute sind die Salzburger Festspiele, die alljährlich von 25. Juli bis 31. August stattfinden, eine künstlerische Institution, die weltweite Beachtung findet. Sie haben das siebte Jahrzehnt ihres Bestehens erreicht und sind – nach Bayreuth – das älteste Festival. Sie sind, wie es ihre Gründer erträumten, ein internationales Fest geworden. Die mitwirkenden Künstler sind so international wie das Publikum, das aus allen Erdteilen nach Salzburg kommt. Es gehört zu den Gepflogenheiten der Festspiele, die Opern in ihrer Originalsprache aufzuführen, und das Programm bringt, mag auch die Musik Mozarts im Mittelpunkt stehen, Werke der großen Komponisten aller Nationalitäten in einem weitgespannten zeitlichen Bogen, der auch das zeitgenössische Schaffen miteinschließt.
Im Komplex des Festspielhauses stehen drei Bühnen zur Verfügung. Das Große Festspielhaus faßt 2170 Zuschauer, das Kleine Haus 1320, und die Felsenreitschule bietet 1540 Besuchern Platz. Darüber hinaus ist für den »Jedermann« der Domplatz mit 2160 Sitzplätzen und dreihundert Stehplätzen einbezogen, für intimere Konzerte der Saal des Mozarteums, für das kleine Schauspiel das Landestheater, und für geistliche Musik die Kollegienkirche, die Stiftskirche St. Peter und, für besonders festliche Anlässe, der Dom.
Wenn sich der Vorhang zu einer Premiere, sei es Oper oder Schauspiel, hebt und den Blick auf die Bühne freigibt, so ist dieser spannungsvolle Augenblick das Ergebnis einer mehrjährigen Vorarbeit. Was sich im Licht der Scheinwerfer glanzvoll darbietet, das Bühnenbild, die Kostüme der Mitwirkenden, entsteht aus dem Zusammenwirken von Künstlern, die sie erdacht und entworfen, und von hochqualifizierten Facharbeitern, die nach den bunten Zeichnungen und Modellen diese Welt des schönen Scheins geschaffen haben. Tischler und Schlosser, Maler und Bildhauer, Schneider und Schneiderinnen bereiten in den eigenen Werkstätten der Festspiele vor, was später den Beschauer entzücken soll.
Um aber die Bühne mit Leben zu erfüllen, sind in den Sommerwochen zusätzliche Arbeitskräfte nötig, technische Fachleute zur Bedienung der komplizierten Bühnenmaschinerie, der Beleuchtungs- und Akustik-Anlagen, dazu Friseure, Maskenbildner, rund sechshundert geschulte Kräfte. Zu den Proben kommen dann die Künstler, Dirigenten und Regisseure mit ihren Assistenten, etwa hundert an der Zahl, die Sänger, Schauspieler und Solisten aller Art, je nach dem Programm etwa zweihundert, ferner die Orchester – die Wiener Phil-

harmoniker, das Mozarteum-Orchester und zwei bis drei Gastorchester, wie zum Beispiel alljährlich die Berliner Philharmoniker –, zusammen rund vierhundert Musiker, weiters die Chöre mit etwa dreihundert Damen und Herren und die Komparserie bis zu sechshundert Personen. Nicht zu vergessen sind schließlich Chauffeure, Portiers, Publikumsdienst und Hauspersonal, das macht insgesamt etwa dreitausend Frauen und Männer, die, wenn auch nicht alle gleichzeitig, das große Fest ermöglichen. Dolmetscher ordnen die babylonische Sprachenverwirrung. Journalisten, Rundfunk- und Fernsehleute beleben die Szene und berichten über das Geschehen in Oper und Schauspiel, Orchester- und Kammerkonzerten, Liederabenden und Konzerten von Instrumental-Solisten, Serenaden und Matineen. Millionen Hörer vernehmen über den Rundfunk die musikalische Botschaft aus Salzburg, die alle verstehen.

Wenigstens zwei Jahre im voraus werden die Opern und Schauspiele für das Programm ausgewählt, die Künstler verpflichtet. Die Festspiele haben sich die Aufgabe gestellt, die Elite der Interpreten zusammenzuführen. »Die einzige Möglichkeit einer echten Kunstausübung auf dem Gebiet der Oper bieten die Festspiele«, schrieb Herbert von Karajan. Der Aufwand an Proben wäre an einem Repertoiretheater unerreichbar. Nur unter solchen Umständen aber können die höchsten Maßstäbe des Musiktheaters, des Musizierens überhaupt, erfüllt werden.

Die Veranstaltungen eines Festspielsommers bringen rund hundertfünfzigtausend Besucher, die zum Beispiel 1981 aus 72 Staaten der Erde nach Salzburg kamen. In den letzten Jahren sind die Gäste aus Südamerika, aus Afrika und besonders aus Japan zahlreicher geworden. Generalproben der Opern und Schauspiele und einzelner Konzerte werden nach Möglichkeit vor allem der heimischen Bevölkerung und den Musikstudenten der Internationalen Sommerakademie am Mozarteum zugänglich gemacht. So gewinnen noch rund zwanzigtausend, zumeist junge Leute, kostenlos Einblick in die Festspielarbeit.

Haben die Festspiele heute noch einen Sinn als Friedenswerk? Können sie die Menschen verschiedener Sprache und Nationalität im Reiche der Musik zu einer Gemeinschaft verbinden? Salzburg ist durch die Festspiele und all das, was sich in ihrem Umfeld angesiedelt hat – Kongresse, Sommerakademien, Sprachkurse –, zu einer Stadt der Begegnung und des Gesprächs geworden. So erfüllt sich doch auch im weiteren Sinne, was den Festspielgründern als Ziel und Auftrag vorschwebte.

Die Festspielhäuser

Richard Strauss: »Der Rosenkavalier«, 1960, 1961, 1963, 1964, 1969, Großes Festspielhaus
Inszenierung: Rudolf Hartmann; Bühnenbild: Teo Otto; Dirigenten: Herbert von Karajan / Karl Böhm

Hugo von Hofmannsthal: »Jedermann«, 1973, Domplatz
Regie: Ernst Haeusserman

Modest P. Mussorgskij: »Boris Godunow«, 1965–1967, Großes Festspielhaus
Inszenierung und musikalische Leitung: Herbert von Karajan; Bühnenbild: Günther Schneider-Siemssen

Giuseppe Verdi: »Macbeth«, 1964/1965, Felsenreitschule
Inszenierung: Oscar Fritz Schuh; Bühnenbild und Kostüme: Teo Otto

Sophokles / Rudolf Bayr: »Ödipus auf Kolonos«, 1965, Felsenreitschule
Inszenierung: Gustav Rudolf Sellner; Bühnenbild und Kostüme: Fritz Wotruba

Emilio de' Cavalieri: »Rappresentatione di Anima e di Corpo«, 1969–1973, Kollegienkirche
Inszenierung: Herbert Graf; Bühnenbild und Kostüme: Veniero Colasanti und John Moore;
Dirigent: Ernst Märzendorfer

W. A. Mozart: »Die Entführung aus dem Serail«, 1965–1967, 1970–1975, Kleines Festspielhaus
Inszenierung: Giorgio Strehler; Bühnenbild und Kostüme: Luciano Damiani;
Dirigenten: Zubin Mehta / John Pritchard / Leif Segerstam / Bernhard Conz

Alban Berg: »Wozzeck«, 1971/1972, Großes Festspielhaus
Inszenierung: Gustav Rudolf Sellner; Bühnenbild und Kostüme: Jürgen Rose; Dirigent: Karl Böhm

Hugo von Hofmannsthal: »Der Unbestechliche«, 1971, Kleines Festspielhaus
Inszenierung: Gustav Manker; Bühnenbild: Otto Niedermoser

W. A. Mozart: »Così fan tutte«, 1972–1977, Kleines Festspielhaus
Inszenierung: Günther Rennert; Bühnenbild und Kostüme: Ita Maximowna; Dirigent: Karl Böhm

W. A. Mozart: »Die Hochzeit des Figaro«, 1972–1976/1979/1980, Großes Festspielhaus
Inszenierung, Bühnenbild und Kostüme: Jean-Pierre Ponnelle;
Dirigenten: Herbert von Karajan / Bernhard Klee / Gustav Kuhn

Giorgio Strehler nach William Shakespeare: »Das Spiel der Mächtigen«, 1973/1974, Felsenreitschule
Inszenierung: Giorgio Strehler; Bühnenbild: Paolo Bregni

Carl Orff: »De temporum fine comoedia« (Das Spiel vom Ende der Zeiten), 1973, Großes Festspielhaus
Inszenierung: August Everding; Bühnenbild: Günther Schneider-Siemssen; Dirigent: Herbert von Karajan

Richard Strauss: »Die Frau ohne Schatten«, 1974/1975, Großes Festspielhaus
Inszenierung: Günther Rennert; Bühnenbild: Günther Schneider-Siemssen; Dirigent: Karl Böhm

Giuseppe Verdi: »Don Carlos«, 1975–1978, Großes Festspielhaus
Inszenierung und musikalische Leitung: Herbert von Karajan; Bühnenbild: Günther Schneider-Siemssen

Richard Strauss: »Salome«, 1977/1978, Großes Festspielhaus
Inszenierung und musikalische Leitung: Herbert von Karajan; Bühnenbild: Günther Schneider-Siemssen

Johann Nestroy: »Der Talisman«, 1976/1978–1980, Landestheater
Inszenierung: Otto Schenk; Bühnenbild und Kostüme: Jürgen Rose

Richard Strauss: »Ariadne auf Naxos«, 1979–1981, Kleines Festspielhaus
Inszenierung: Dieter Dorn; Bühnenbild und Kostüme: Jürgen Rose;
Dirigenten: Karl Böhm / Wolfgang Sawallisch

W. A. Mozart: »Die Zauberflöte«, 1978–1981, Felsenreitschule
Inszenierung, Bühnenbild und Kostüme: Jean-Pierre Ponnelle; Dirigent: James Levine

Jacques Offenbach: »Hoffmanns Erzählungen«, 1980/1981, Großes Festspielhaus
Inszenierung und Bühnenbild: Jean-Pierre Ponnelle; Dirigent: James Levine

Giuseppe Verdi: »Falstaff«, 1981, Großes Festspielhaus
Inszenierung und musikalische Leitung: Herbert von Karajan; Bühnenbild: Günther Schneider-Siemssen

Thomas Bernhard: »Am Ziel«, 1981, Landestheater
Inszenierung: Claus Peymann; Bühnenbild und Kostüme: Karl-Ernst Herrmann

Friedrich Cerha: »Baal«, 1981, Kleines Festspielhaus
Inszenierung: Otto Schenk; Bühnenbild und Kostüme: Rolf Langenfass; Dirigent: Christoph von Dohnányi

Es begann mit dem Jedermann

»Jetzt habet allsamt Achtung, Leut / Und hört, was wir vorstellen heut'«, rief der Spielansager am 22. August 1920 vor dem Dom zu Salzburg einer erwartungsvollen Menge zu, und mit diesem schlechten Vers begannen die Salzburger Festspiele. An dem Fenster hinter der großen Orgel saß Max Reinhardt, Regisseur und Schloßherr von Leopoldskron, und verfolgte das Spiel vom Sterben des reichen Mannes Jedermann.
Somit war die erste Aufführung der Salzburger Festspiele über die Bretterbühne gegangen. Schon damals vermerkten einige Kritiker »die fromme Unwahrheit der Dichtung«, und wohl kaum jemand hätte gedacht, daß diese Inszenierung ein halbes Jahrhundert überdauern werde.
Die Salzburger Festspiele, die viele Gründer haben, sind mehrmals gegründet worden, ehe sie tatsächlich stattfanden. Alle Gründer haben sich auf die großen Traditionen der Bischofsstadt berufen. In Salzburg wachsen Traditionen schnell, und man wird sie nicht mehr los.
Gab es auf Salzburgs Plätzen nicht schon im 16. Jahrhundert Mysterienspiele? Wurde nicht schon am 27. Jänner 1614 das erzbischöfliche Hoftheater eröffnet und wurden nicht damals in der Residenz und im Steintheater zu Hellbrunn die ersten Opern auf deutschem Boden aufgeführt? Und verpflichtet nicht der Umstand, daß Wolfgang Amadeus Mozart, wieder an einem 27. Jänner, im Jahre 1756 im Hause Getreidegasse 9 geboren wurde, zur festlichen Wiedergabe seiner Werke?
Die Salzburger freilich vergaßen bald ihren großen Sohn, der sich in der engen Stadt nicht wohl gefühlt hat und in einem Brief an den Vater schwört, daß er die Inwohner nicht leiden könne, daß ihm »ihre Sprache, ihre Lebensart ganz unerträglich« seien. Mozart, der seine großen Erfolge in Prag feierte, hat Wien seiner Geburtsstadt vorgezogen.
Erst 1842 erinnerte man sich in Salzburg wieder Mozarts und enthüllte mit großem Pomp sein Denkmal vor dem Regierungsgebäude. Damals wurde neben bengalischer Beleuchtung des Standbildes, einem Fackelzug, einem Ball, Pferderennen und Preis-Schießen das erste Musikfest gefeiert, dem in unregelmäßigen Abständen, je nachdem, ob Geld vorhanden war oder nicht, weitere folgten, als deren Organisator bereits die indessen gegründete Internationale Stiftung Mozarteum fungierte. 1877 kamen zum ersten Mal die Wiener Philharmoniker nach Salzburg; es war zugleich ihr erstes Konzert außerhalb Wiens. 1887 gab es ein Musikfest, bei dem Hans Richter, der in Bayreuth die ersten Aufführungen von Richard Wagners »Ring des Nibelungen« dirigiert hatte,

mitwirkte. Er hielt in fröhlicher Tafelrunde eine Ansprache, in der er die Salzburger aufforderte, dem Beispiel Bayreuths zu folgen und alljährlich Mozart-Festspiele zu veranstalten. Es wurde ein Aktions-Komitee gegründet, das die Architekten Ferdinand Fellner und Hermann Helmer – die in vielen Städten wie etwa in Zürich, Berlin, Prag, Zagreb akustisch ausgezeichnete Theater bauten und denen auch Salzburg sein Landestheater verdankt – beauftragte, ein Festspielhaus zu entwerfen. Es sollte auf dem Mönchsberg oberhalb des Neutors errichtet werden, eine Renaissance-Imitation mit breiter Freitreppe, reich mit Statuen geschmückt. »Man müßte davon Abstand nehmen«, heißt es in einer Propaganda-Schrift des Aktions-Komitees, »dasselbe in die Höhe der Stadt zu plazieren, wo das lärmende Treiben der Alltagswelt, das Wagengerassel oder der schrille Pfiff der Lokomotive ins Innere des Theaters dringen und störend wirken müßte.« Aber es kam nicht zur Ausführung dieses Projektes auf dem grünen Hügel, weil die notwendigen 430.000 Gulden, die das Grundstück und der Bau kosten sollten, nicht aufzubringen waren. So hat ein gütiges Geschick Salzburg vor diesem Monstertheater auf dem Mönchsberg bewahrt.

Aber die Festspiel-Idee lebte weiter. Der geschäftige Schriftsteller und Dramatiker Hermann Bahr, der Salzburg großzügig zur Hauptstadt Europas erklärt hat, wollte schon 1904 mit Max Reinhardt, Hugo von Hofmannsthal, Richard Strauss, mit Eleonore Duse und der Tänzerin Isadora Duncan festliche Sommerspiele veranstalten. Aber auch diese Pläne scheiterten, weil es an Geld fehlte, ebenso wie das von Hermann Bahr, zu jener Zeit Regisseur bei Reinhardt, geplante Fünf-Städte-Theater Berlin–Hamburg–München–Salzburg–Wien. Damals war der berühmte Architekt Henry van de Velde für das Projekt eines Festspielhauses in Salzburg vorgesehen.

Ein wichtiger Schritt zur Verwirklichung der Festspiel-Idee war die Gründung der Salzburger Festspielhaus-Gemeinde. Zur Vorbereitung trafen sich 1916 im Hotel de'l Europe, dem damals besten Hotel Salzburgs, in einem Park nahe dem Bahnhof gelegen, einige Salzburger Bürger, darunter Friedrich Gehmacher, der an der Spitze der Internationalen Mozart-Gemeinde stand und der sich um den Bau des Mozarteums, das 1914 eröffnet worden war, sehr verdient gemacht hatte, und der Wiener Musikschriftsteller und Journalist Heinrich Damisch. 1917 wurde der Verein, der seinen Sitz in Wien hatte, mit einem Zweigverein in Salzburg genehmigt. Der Grund für diese sonderbare Konstruktion waren Streitigkeiten in Salzburg, wo vor allem die berühmte Mozart-Sängerin Lilli Lehmann, die große Mittel für das Mozarteum und den Ankauf von

Mozarts Geburtshaus durch die Internationale Stiftung Mozarteum aufgebracht hatte, das Projekt von Festspielen in Salzburg ablehnte, weil sie alle Kräfte für das Mozarteum vereint sehen wollte. Aus der ganzen Vereinsmeierei wäre wohl nicht viel geworden, wenn nicht 1917, unterstützt von Hugo von Hofmannsthal und dem letzten Intendanten der kaiserlichen Hoftheater, Leopold Freiherrn von Andrian-Werburg, Max Reinhardt in einem überzeugenden Exposé die Salzburger Festspiele als »das notwendige Friedenswerk« dargestellt und als erfahrener Theatermann ein realisierbares Konzept entworfen hätte. Kaiser Karl I. gab 1918, kurz ehe die Monarchie zerbrach, seine Zustimmung, »österreichische, den Hoftheatern verbundene Festspiele in Salzburg unter Max Reinhardts Leitung einzurichten«. Indessen hatte Reinhardt Schloß Leopoldskron gekauft und damit auch alle Pläne, in Zürich oder in Innsbruck Festspiele zu gründen, aufgegeben. Die Generalversammlung der Salzburger Festspielhaus-Gemeinde hatte im August 1918 einen Kunstrat berufen, dem vorerst Max Reinhardt, Richard Strauss und Franz Schalk angehörten und dem bald darauf auch Hugo von Hofmannsthal und Alfred Roller beitraten. Hofmannsthal hat 1919 seinen »Aufruf zum Salzburger Festspielplan« und ein Programm veröffentlicht, in dessen Mittelpunkt er Oper und Schauspiel stellte, von beiden das Höchste, sämtliche Mozart-Opern und Goethes »Faust« so vollständig wie er noch nie auf der Bühne gezeigt worden war, daneben Grillparzer und Schiller, Gluck und Weber. Aber gespielt wurde schließlich »Jedermann«, was nicht im Programm stand.

Max Reinhardt hatte den »Jedermann« schon 1911 im Zirkus Schumann in Berlin inszeniert. Es war ein genialer Einfall, dieses leicht verständliche Mysterienspiel vor der weißen Fassade des Salzburger Domes aufzuführen, genau zu jener Stunde des Nachmittags, wenn die Schatten der umliegenden Kirchen und Gebäude sich langsam auf den herrlichen Platz senken, und die Umgebung miteinzubeziehen, wenn von den nahen Kirchtürmen und von der Höhe der Festung die »Jedermann«-Rufe erschallen. Der kluge Erzbischof Dr. Ignaz Rieder billigte das ungewöhnliche Unternehmen.

Die Kostüme stellte das Burgtheater, wo das Werk 1913 aufgeführt worden war, leihweise zur Verfügung. Die erste Aufführung war eine Wohltätigkeitsveranstaltung zugunsten der Kriegsinvaliden; die großen Schauspieler der Berliner Reinhardt-Bühnen, darunter Alexander Moissi, Heinrich George, Hedwig Bleibtreu, Helene Thimig, spielten ohne Honorar und wurden mit Salzburger Andenken, Werner Krauss mit einer Lederhose bedankt.

Die damalige Atmosphäre freilich war für den »Jedermann« nicht sehr günstig. Eine von der Festspielhaus-Gemeinde veröffentlichte Erklärung besagte, daß in auswärtigen Städten keine Propaganda für die Aufführungen beabsichtigt sei und beruhigte damit die Salzburger, die damals den Zustrom von Fremden fürchteten, weil dieser den Mangel an Lebensmitteln noch hätte verschärfen können. Der Wiener Journalist Karl Liebstöckl schildert, wie während einer Reise von Wien nach Salzburg »ein wehrhafter Mann« in Attnang die schlafenden Passagiere weckte, um ihre Einreisegenehmigung und die Aufenthaltserlaubnis zu kontrollieren. »Man ist ein Fremder im eigenen Vaterland, ein Ahasver mit dreitägiger Erlaubnis von der hohen Landesregierung, ein Gast auf Widerruf, dem die Brotkarte höher gehängt wird... ward je in solcher Laun' ein Festspiel gespielt?« Wie groß aber das Interesse an der »Jedermann«-Inszenierung war, läßt sich an der Tatsache ermessen, daß mit dem ersten Salzburger Festspiel auch der schwarze Markt für Eintrittskarten eröffnet wurde. Eine Salzburger Zeitung berichtet, daß bei einem offiziellen Kartenpreis von 300 Kronen im Schleichhandel 3000 bis 4000 Kronen gezahlt wurden.

Die Festspielhaus-Gemeinde hätte also zufrieden sein können, um so mehr, als die »Jedermann«-Aufführungen sogar einen Gewinn brachten, der zum großen Teil den Kriegsinvaliden und der von den Amerikanern damals organisierten Kinderhilfsaktion zufloß. Der Verein hatte auch viele Stifter, Gründer und Förderer gewonnen, die mit der Inflation steigende Beträge bis zu einer Million Kronen für den Bau eines Festspielhauses spendeten. Der erste Präsident, Alexander Prinz Thurn und Taxis, war dennoch kaum imstande, die Differenzen zwischen dem Wiener und dem Salzburger Verein zu schlichten. Diese führten zu mehreren Statutenänderungen und verschärften sich durch die Meinungsverschiedenheiten über Standort und Form des künftigen Festspielhauses, dessen Planung dem Berliner Architekten Hans Poelzig übertragen wurde. Schon damals unterstützte Max Reinhardt die Projekte für einen Umbau des Komplexes der alten Hofstallungen, zumal er die gesparten Gelder des Vereins in der Inflation dahinschwinden sah. Die Unstimmigkeiten innerhalb des Vereins spiegelten auch die »Mitteilungen der Salzburger Festspielhaus-Gemeinde«, die vom Juli 1918 bis Ende Dezember 1922 in unregelmäßigen Abständen erschienen. Auch die Mitglieder des Kunstrates waren untereinander nicht einig und mit der Vereinsleitung unzufrieden.

Die »Jedermann«-Inszenierung vor dem Dom wurde im Sommer 1921 wiederholt. Aber die politischen Verhältnisse waren für die Festspiele nicht von Vorteil. Im Mai 1921 wurde in einigen Bundesländern über den Anschluß Österreichs an Deutschland abgestimmt. In der Stadt Salzburg waren 20.135 Wähler dafür, 225 dagegen, und 158 Salzburger gaben ungültige Stimmzettel ab. Die Salzburger Abstimmung löste Proteste der Alliierten aus, die drohten, die Kredite an Österreich zu sperren. Die Regierung unter dem Bundeskanzler Michael Mayr mußte zurücktreten, die Geldentwertung nahm ein immer rascheres Tempo an.

Bei den Festspielen 1921 gab es neben dem »Jedermann« als Bcitrag des Salzburger Stadttheaters einen Tanzabend mit Tamara Karsavina vom Russischen Ballett in Leningrad und als Veranstaltungen des Mozarteums Orchesterkonzerte des durch Mitglieder des Wiener Staatsopern-Orchesters verstärkten Mozarteum-Orchesters, auch Kammerkonzerte, erstmals eine Serenade im Hof der Residenz und eine Aufführung von Mozarts Requiem unter Mitwirkung der Salzburger Liedertafel und des Damensingvereins Hummel. Die meisten der konzertanten Veranstaltungen dirigierte Bernhard Paumgartner; das Mozarteum-Orchester setzte sich damals aus Lehrern und fortgeschrittenen Schülern des Konservatoriums und aus einigen wenn auch recht guten Laienmusikern zusammen. So spielte Vater Ernst von Karajan, Chirurg und Primararzt am Landeskrankenhaus, in diesem Ensemble die Klarinette. Richard Strauss war allerdings über den bieder-provinziellen musikalischen Anfang der Festspiele ziemlich erbost und schrieb am 19. August 1921 an Hugo von Hofmannsthal: »Es ist gekommen, wie ich befürchtet: Herr Paumgartner und das Mozarteum sind die musikalische Instanz des ›festlichen‹ Salzburg, ›nebenbei‹ hat auch Herr Reinhardt den ›Jedermann‹ auf dem Domplatz gespielt. Dieses Odium werden wir nicht mehr los werden – der Öffentlichkeit gegenüber – die Idee der Festspiele ist auf ewige Zeiten diskreditiert. Ich habe Reinhardt gegenüber kein Hehl daraus gemacht, daß unter diesen Umständen auch der ›Jedermann‹ nicht gespielt werden dürfte. Wenn die traurigen Herrschaften vom Komitée ihre Festspiele nicht rechtzeitig d. h. ein Jahr vorher vorbereiten und annoncieren und finanzieren konnten, müßten eben von unserer Seite keine Festspiele stattfinden. Ich glaube, Ihre und Reinhardts Sonderaktion hat dem Ganzen einen nicht wieder gut zu machenden Schaden zugefügt. Warum haben Sie uns vorher keine Mitteilung gemacht? Ich fürchte, ich werde den Weg nach Salzburg nicht mehr finden: es geht doch nicht, daß ein Jahr Herr Paumgartner, das andere Jahr die Herren Schalk und Strauss dirigieren.«

Richard Strauss setzte denn auch für die Festspiele 1922 ein Programm durch, in dem die Oper neben dem Schauspiel einen dominierenden Platz einnahm. Reinhardt und Hofmannsthal hatten 1922, wieder dank dem Verständnis des Erzbischofs, die Aufführung des »Salzburger Großen Welttheaters«, das Hofmannsthal frei nach Calderon für Salzburg geschrieben hatte, in der Kollegienkirche erreicht. Reinhardt verzichtete auf sein Honorar, Hofmannsthal auf die Hälfte der Tantiemen; er vermittelte auch noch eine große Spende aus New York, so daß dem Fonds für die Renovierung der Kollegienkirche schließlich 23,6 Millionen Kronen zuflossen. Die Aufführung war ein großer künstlerischer Erfolg.

Reinhardt hat es verstanden, die Proportionen und die Maße des kirchlichen Raumes zu nützen. Bei den Proben saß er in der halbdunklen Kirche und gab ganz leise Anweisungen, die seine Assistenten wieder den Schauspielern auf der Bühne zuflüsterten. Nur selten erhob er die Stimme, die in der leeren Kirche hallte und widerhallte. Es war alles sehr feierlich, wozu wohl auch der sakrale Raum beitrug, und nichts war von dem sonst bei Proben herrschenden Schauspieler-Übermut zu merken. »Es ist schon bewundernswert«, schrieb der Kritiker Alfred Polgar, »wie Reinhardt Gottesdienst spielt und Theater zelebriert, daß die Grenzen ineinander fließen«.

Das Programm der Zukunft freilich entwarfen Richard Strauss und Franz Schalk, die im Stadttheater vier Opern dirigierten und je ein Konzert im Mozarteum, ausschließlich dem Werk Mozarts gewidmet, also die späteren Matineen vorausnehmend.

Aber aller Glanz und Erfolg konnte in jener von den Nachkriegsnöten beherrschten Zeit die Salzburger Bevölkerung nicht trösten, noch die Fremdenfeindlichkeit überwinden. Die Preissteigerungen, wenn auch vor allem durch die Inflation hervorgerufen, erregten den Unmut der Einheimischen. Eine Salzburger Zeitung schrieb: »Wir erleben in diesem August ein Preisfestspiel, dem gegenüber die Monumentalität der künstlerischen Festspiele ein Kinderspiel ist. Man soll uns die Festspiele der Kunst nicht vergällen durch Festspiele des Gurgelabschneidens mit den Preisen.« Karl Kraus äußerte sich über Salzburg und sein geistliches Spiel: »Ehre sei Gott in der Höhe der Preise.« Es ist grotesk, daß die Salzburger Landesregierung nach den letzten Aufführungen ein Kommuniqué erließ, in dem die Fremdensaison mit 3. September für beendet erklärt wurde. »Es dürfte sich daher empfehlen, daß das fremde Publikum sich auf die Abreise vorbereitet«, schloß dieser sanfte Hinauswurf der ausländischen Gäste.

Der Festspielhaus-Gemeinde wurde einerseits vorgeworfen, daß ihr weniger die Pflege der Kunst am Herzen liege als vielmehr die Förderung des Fremdenverkehrs, während die offiziellen Stellen und die Bundesregierung andererseits betonten, wie nötig es wäre, Ausländer und damit die dringend nötigen Devisen ins Land zu bringen. Die Festspielhaus-Gemeinde wehrte sich und erklärte, sie sehe ihre Aufgabe zwar nicht in der Förderung des Fremdenverkehrs, aber er wäre doch willkommen, und es sei eine irrige Behauptung, daß »nur Kriegsgewinner und Revolutionsjobber auf Reisen gehen«. Sie teilte mit, daß durch die Festspiele 1922 der Salzburger Wirtschaft 560 Millionen Kronen und den Vermietern von Privatzimmern 29 Millionen Kronen zugeflossen seien.
Innerhalb des Vereins Salzburger Festspielhaus-Gemeinde kam es neuerlich zu Streitigkeiten zwischen Wien und Salzburg. Die Salzburger Vereinsleitung rebellierte gegen den Hauptverein in Wien, der sich Entscheidungen vorbehielt, während die Salzburger alle Schwierigkeiten und Angriffe – es war im Sommer der Teuerung wegen sogar zu einer Demonstration mit einer deutlichen Spitze gegen die Festspiele gekommen – zu tragen hatten. Präsident Thurn und Taxis legte sein Amt zurück. Die Frage der Nachfolge bewegte besonders Hugo von Hofmannsthal, der ein jähes Ende der eben erst ins Leben gerufenen Institution befürchtete.
Auf seine Bitte hin trat Richard Strauss an die Spitze der Festspielhaus-Gemeinde. Freilich kamen keine guten Jahre. 1923 rettete Max Reinhardt den Festspielsommer. Er inszenierte auf Schloß Leopoldskron Molières »Der eingebildete Kranke« für seine Gäste und wiederholte die Aufführung mehrmals im Stadttheater. Es war ein Glanzstück Reinhardtscher Regie.
Im Jahre 1924 kamen überhaupt keine Festspiele zustande. Diese Niederlage brachte aber doch Bewegung in die Festspielhaus-Gemeinde. Es wurden die Statuten geändert, die Vereinsleitung nach Salzburg verlegt und der Salzburger Vizebürgermeister Ing. Richard Hildmann zum Präsidenten bestimmt. Die neue Leitung griff die Idee Reinhardts auf und betraute den Salzburger Architekten Eduard Hütter mit dem Umbau des jüngsten und verwahrlosten Teils des Komplexes der Hofstallungen. Es sollte ein Saal für Aufführungen der Festspiele, aber auch für Veranstaltungen der Stadtgemeinde werden. Schon 1925 war dieses erste provisorische Festspielhaus der Schauplatz der Festspielereignisse.
Nun rundete sich auch das sommerliche Programm: Neben dem »Salzburger Großen Welttheater« wurden Karl Vollmoellers »Mirakel« und das »Apostel-

spiel« von Max Mell in dem rasch umgebauten Haus aufgeführt, es gab Opern im Stadttheater, ein Ballettgastspiel und die ersten Orchesterkonzerte, für die man nunmehr die Wiener Philharmoniker verpflichtet hatte.
Aber auch dieser Sommer brachte nicht den erhofften finanziellen Erfolg; die Festspielhaus-Gemeinde stand vor dem Bankrott. Landeshauptmann Dr. Franz Rehrl griff daraufhin ein und rettete die Festspiele hinüber in eine neue Ära, in der, mit der indessen eingeführten Schilling-Währung, eine geordnete Wirtschaft herbeigeführt werden sollte. Nur eine so starke Persönlichkeit wie Dr. Rehrl konnte ein so schwieriges Sanierungswerk vollbringen. Er begriff schon damals, daß ein kleines Gebirgsland wie Salzburg eine Hauptquelle seiner Einkünfte im Fremdenverkehr suchen muß und daß die Stadt Salzburg prädestiniert ist für ein großes internationales Festspiel. Er löste die Organisation von der Basis eines Vereins und machte sie zur lebenswichtigen Sache der Stadt und des Landes Salzburg und schließlich ganz Österreichs. In einer Generalversammlung wurde der Präsident, Ing. Hildmann, durch Heinrich Puthon ersetzt. Man beschloß ferner, das Festspielhaus, das sich als unzweckmäßig erwiesen hatte, von Clemens Holzmeister umbauen zu lassen. Der Umbau freilich brachte neue Schulden, und auch die Festspiele 1926 ergaben ein erhebliches Defizit. Präsident Puthon begründete den unerwarteten Abgang mit der verspäteten Fertigstellung des neuen Festspielhausumbaues, mit der auch weiterhin unzulänglichen Bühneneinrichtung, dem schlechten Besuch der Konzerte und den vom Publikum wenig begehrten Aufführungen von Puccinis »Turandot« und Richard Strauss' »Ariadne auf Naxos«. Die Stadt Salzburg übernahm nun das Festspielhaus in ihren Besitz, und die Einsetzung eines Aufsichtsrates aus Vertretern der Stadt und des Landes Salzburg sollte stabile Verhältnisse bringen. 1928, als wieder ein erheblicher finanzieller Abgang zu verzeichnen war, setzte Landeshauptmann Dr. Rehrl ein Landesgesetz über einen Fonds zur Förderung des Fremdenverkehrs durch, der bis heute zur Finanzierung der Festspiele beiträgt. 1928 war ein schwieriges Jahr gewesen. Die Wiener Staatsoper hatte eine Neuinszenierung von Mozarts »Zauberflöte« geplant, die aber nicht zustande kam. So mußte Salzburg Dekorationen und Kostüme für die Aufführung, die Franz Schalk dirigierte, nach Entwürfen von Oskar Strnad aus eigenen Mitteln herstellen. Die Wiener Presse forderte damals, daß Burgtheater und Staatsoper das Salzburger Programm bestreiten sollten, womit die Salzburger Festspiele, denen man ohnedies häufig vorwarf, sie wären »nur eine sommerliche Dependance der Wiener Staatsoper«, ihre Selbständigkeit tatsäch-

lich verloren hätten. Andererseits mußte auch die Wiener Staatsoper mehrmals Vorwürfe hinnehmen. So war der Tenor der Kritiken im Ausland etwa ähnlich wie in einem deutschen Blatt: »Die Wiener Staatsoper macht sich diese Gastspielreisen gar zu leicht. Insbesondere geht sie mit einer Besetzung der zu spielenden Werke auf Reisen, die nun doch die Urteilskraft des zu diesen Festspielen kommenden Publikums allzu gering einschätzt. Man darf es getrost aussprechen, daß jedes mittlere deutsche Stadttheater heute die ›Zauberflöte‹ ebenso oder gar besser besetzen kann, als es die Wiener Staatsoper in Salzburg tat.« 1928 gastierte auch das Leningrader Opern-Studio bei den Festspielen, was zu Angriffen in Wiener Zeitungen benützt wurde, die Landeshauptmann Dr. Rehrl als »Schirmherr des Bolschewikeneinbruchs« apostrophierten. Die Festspielleitung erklärte, die Einladung sei vom Kunstrat angeregt worden, und der Landeshauptmann nehme keinen Einfluß auf künstlerische Entscheidungen.

Nach dem Sommer 1928 bat Präsident Puthon den Landeshauptman Dr. Rehrl dringend, »die schier hoffnungslose Situation« zu retten und neue Wege zur Stabilisierung der Festspiele zu suchen. Indessen hatte der Landeshauptmann einen Brief Hugo von Hofmannsthals erhalten, der ihm gemeinsam mit Reinhardt »eine neue ökonomische Form des Betriebes vorstellen« wollte. Der Vorschlag lief darauf hinaus, daß die Zuschüsse von Land und Stadt Salzburg sowie vom Fremdenverkehrsförderungsfonds einer »nicht protokollierten anonymen Vereinigung kapitalskräftiger Persönlichkeiten und Corporationen« zugewendet werden sollten, die in Hinkunft die wirtschaftliche Führung der Festspiele übernehmen könnte. Diese Vereinigung bestand, wie sich herausstellte, aus der »Wiener Schauspiel A.G.«, von der Max Reinhardt das Josefstädter Theater gegen Gewinnbeteiligung gepachtet hatte, und aus der deutschen »Sporthallen-Betriebsgesellschaft m. b. H.« in Dortmund, wobei der wichtigste Finanzier der Wiener Gruppe, Camillo Castiglioni, mit seinem Reichtum zweifelhafter Herkunft war. Die Salzburger Festspielhaus-Gemeinde sollte ausgeschaltet und alle künstlerischen Entscheidungen dem Kunstrat übertragen werden. Landeshauptmann Dr. Rehrl trat zwar in Verhandlungen ein, merkte aber bald, daß diesem Konzept zufolge die Festspiele dem Salzburger Einfluß entzogen würden. Aus einem erhaltenen Briefentwurf geht hervor, daß der Landeshauptmann schließlich an Hofmannsthal schrieb: »Ich muß gestehen, daß die ganze Art der Verhandlungen, wie sie die Wiener Gruppe zu führen beliebt, in mir das größte Unbehagen (gestrichen: größten Ekel) erweckt und ich erinnere mich nicht, mit

ernsten Menschen jemals in dieser Form verhandelt zu haben ... Die ganze Aktion scheint darauf abzuzielen, unter wesentlicher materieller Beihilfe und Förderung seitens der Salzburger Faktoren eine Diktatur in Salzburg zu errichten.« Obgleich die Verhandlungen vertraulich geführt worden waren, erfuhr eine Salzburger Zeitung davon, und in der folgenden Polemik zog ein Wiener Blatt den Schlußstrich mit dem Satz: »Wenn die Salzburger Festspiele nur gedeihen können, wenn Castiglionis Schiebergelder ihnen aufhilft, so wäre es wohl besser und reinlicher, sie eingehen zu lassen.« Sie gingen aber nicht ein. Landeshauptmann Dr. Rehrl brachte die nötigen Mittel in Salzburg auf; er schlug auch ein Angebot Castiglionis aus, der sich als Mäzen aufspielen und um einen Zuschuß bitten lassen wollte. Die Festspiele 1929 waren ein großer Erfolg. Nur Max Reinhardt war verstimmt und bot keine Neuinszenierung. Er wurde jedoch anläßlich der Zehn-Jahr-Feier der Festspiele wieder versöhnt und zu seinem 50. Geburtstag mit dem Großen Ehrenzeichen für Verdienste um die Republik Österreich ausgezeichnet.
Als die Finanzlage der Festspiele endlich halbwegs geordnete Formen annahm, begann ab 1929 die Wirtschaftskrise, die von Amerika ausgegangen war, sich nachteilig auf den Fremdenverkehr auszuwirken. Immerhin aber gab es mittlerweile bereits ein treues Publikum, und Salzburg war zunächst noch eine glückliche Insel, wo sich im Juli und August Musikfreunde aus vielen Ländern einfanden. Aber schon 1932 ging die Zahl der Besucher aus Deutschland zurück, und als das Hitler-Regime 1933 die Visagebühr für Österreich auf tausend Mark erhöhte, blieben immer mehr deutsche Gäste aus. Während 1932 noch 12.983 Festspielbesucher aus dem Nachbarland gezählt wurden, kamen im Jahr darauf nur noch 796.
Es waren gewiß nicht die gemütlichsten Festspiele, zu denen 1933 manche deutsche Gäste sogar über die Schweiz angereist kamen, weil explodierende Böller in den Straßen, und Flugzeuge, die über der Felsenreitschule Pamphlete gegen die Regierung Dollfuß abwarfen, Nervosität und Unruhe verursachten. Das Schloß Leopoldskron, in dem Reinhardt wohnte, stand unter Militärbewachung; Helene Thimig erhielt Drohbriefe und wurde von Polizei zu den Proben begleitet. Während einer »Faust«-Probe erschreckte ein Schuß die Mitwirkenden, ein Wachposten oberhalb der Felsenreitschule hatte ungeschickt mit dem Gewehr hantiert. Verregnete »Faust«-Aufführungen, politische Spannungen, die schlechte wirtschaftliche Lage und Arbeitslosigkeit überall trübten die Festesfreude, und selbst der demonstrative Besuch Österreichs aus den demo-

kratischen Ländern konnte das Ausbleiben der früher so zahlreichen Deutschen nicht ausgleichen. In diesem Sommer trat Salzburg zum erstenmal in Konkurrenz mit Bayreuth, denn Bruno Walter dirigierte anläßlich der fünfzigsten Wiederkehr des Todestages von Richard Wagner »Tristan und Isolde«.

Auch die Saison 1934 stand unter keinem guten Stern. Der Beginn der Festspiele mußte verschoben werden, weil der am 25. Juli ermordete Bundeskanzler Dr. Engelbert Dollfuß an dem für die Eröffnung vorgesehenen Tag bestattet wurde. Da Richard Strauss in diesem Jahr seinen 70. Geburtstag beging, standen drei seiner Opern auf dem Programm. Er selbst sollte Beethovens »Fidelio« dirigieren, sagte aber ebenso wie Wilhelm Furtwängler seine Mitwirkung, offenbar unter dem Druck des deutschen Propagandaministeriums, ab. »Fidelio« wurde von Clemens Krauss übernommen, doch mußte, um das möglich zu machen, auf »Die Frau ohne Schatten« verzichtet werden. Richard Strauss kam aber schließlich doch noch, um an der Aufführung seiner »Elektra« teilzunehmen. Es mußten allerlei diplomatische Kunststücke vollbracht werden, um ihn als Jubilar gebührend zu feiern, dabei Bruno Walter nicht zu verärgern und überdies Arturo Toscaninis Salzburg-Debüt den entsprechenden Glanz zu geben.

Bruno Walter und Arturo Toscanini beherrschten bis 1937 mit den von ihnen geleiteten Opern die Festspielszene. Max Reinhardt begnügte sich mit der Wiederholung des »Jedermann« und des »Faust« in der Felsenreitschule. Toscanini brachte 1936 »Die Meistersinger von Nürnberg« auf die für dieses Werk zu kleine Bühne des Festspielhauses. Er sollte diese Oper ursprünglich in Bayreuth leiten, als aber von dort eine Absage kam, bestand er darauf, sie in Salzburg aufzuführen. Er hatte »Die Meistersinger« schon 1898 an der Mailänder Scala dirigiert. Aber die Salzburger Aufführung war mehr eine politische Demonstration als künstlerisch begründet.

Trotz der Ungunst der Zeit reifte angesichts der Schwierigkeiten, große Opern in dem gotischen Rahmen der Mysterienbühne zu inszenieren, der Entschluß, das Festspielhaus neuerlich umzubauen. Wo bisher die Bühne gewesen war, entstanden nun Galerien und Logen. An der St. Peter zugekehrten Seite wurde das noch heute bestehende Bühnenhaus errichtet. Die neue Bühne entsprach den Maßen der Wiener Staatsoper, und ein entsprechender großer Orchesterraum war ebenfalls vorgesehen. Diese Bauetappe war bis zum Sommer 1937 fertiggestellt. Damals dirigierte zum ersten Mal Wilhelm Furtwängler in Salzburg, und zwar Beethovens Neunte Symphonie.

Die glänzende Fassade, der Besuch von berühmten Gästen, von Fürsten und

Staatsmännern, imposante Gästelisten und überschwengliche Kritiken in den auch in Österreich gelenkten Zeitungen konnten nicht über die wenig festliche Stimmung hinwegtäuschen. Dabei war die wirtschaftliche Lage der Festspiele mittlerweile durchaus günstig. Im Jahre 1937 kosteten die teuersten Plätze 50 Schilling. Man bezog eine Subvention von nur 100.000 Schilling und Mitgliedsbeiträge von 18.194 Schilling. Bei einem großartigen Programm betrug der Abgang nur 26.481 Schilling. Die Festspiele 1937 schlossen am 31. August mit einer Aufführung von Mozarts »Die Zauberflöte« unter der Leitung Arturo Toscaninis.

Waren nun die zwanziger Jahre, die Jahre bis 1937 wirklich die goldene Zeit der Salzburger Festspiele, wie es manchmal behauptet wird? Freilich, Max Reinhardt wirkte als Regisseur, aber er hat doch überwiegend Inszenierungen, die er vorher in Berlin, in Wien gezeigt hatte, in kaum veränderter Besetzung in Salzburg wiederholt. Die Wiener Staatsoper hatte ein großartiges Ensemble, aber mit wenigen Ausnahmen transportierte man Dekorationen und Kostüme zwischen Wien und Salzburg hin und her, und es waren alte Staatsopern-Inszenierungen, die nach ein paar Proben unter dem gotischen Bogen über die technisch unzureichende Festspielbühne gingen.

Man nahm damals zweifellos vieles hin, was heute den Festspielen vernichtende Kritiken einbringen würde. Der Mythos der goldenen Jahre lebt aus der Erinnerung, die vieles verklärt. Wie es eben mit »der guten alten Zeit« zugeht, es blieb das Gedenken an herrliche Stimmen, an Dirigenten wie Arturo Toscanini und Bruno Walter, aber all die Unzulänglichkeiten und Krisen jener Tage fielen einer gütigen Vergessenheit anheim. Zerstören wir sie nicht, die schönen Bilder von der Zeit, da die Festspiele und auch jene, die sie damals miterlebt haben, jung gewesen sind.

Spiel vor dem Dom

Nach dem Ende des Zweiten Weltkrieges wurde die Frage diskutiert, ob Hofmannsthals »Jedermann«, der seit 1938 nicht mehr gespielt worden war, wieder in das Programm der Festspiele aufgenommen und vor dem Dom aufgeführt werden sollte. Die meisten fanden, das Werk könne nicht mehr bestehen, denn was bedeute schon der Tod eines reichen Lebemannes angesichts der Hekatomben von Menschen, die auf den Schlachtfeldern, bei Luftangriffen und in den Konzentrationslagern eines gewaltsamen Todes gestorben waren, ohne die Hilfe des Glaubens und der guten Werke und ohne die Zeit für ein Vaterunser in ihrer Sterbestunde. Andere aber meinten, das alte Mysterienspiel, Ausgangspunkt der Festspiele, dürfe als das Vermächtnis Max Reinhardts nicht fehlen und bleibe ein Anruf an die Menschen, der letzten Dinge zu gedenken.
Indessen war Helene Thimig, die Witwe Max Reinhardts, aus den USA nach Österreich zurückgekehrt; sie schlug Heinz Hilpert als Regisseur für das Stück vor und erbot sich, wie einst die Rolle des Glaubens zu spielen. Als Jedermann wurde Ewald Balser ausersehen, Frieda Richard war wieder Jedermanns Mutter. Die Presse bezeichnete die erste Wiederaufführung am 4. August 1946 als »eine Gedenkfeier für Hugo von Hofmannsthal und Max Reinhardt«. Die Reaktion des Publikums: »Taktvolles Nichtverstehen, trauernde Gewißheit, daß Jedermann dem heutigen Menschen keinen moralischen Anstoß zu geben vermag, zu Tränen ergriffene Rührung.«
Schon im nächsten Jahr (1947) übernahm Helene Thimig selbst die Regie des »Jedermann« und versuchte eine getreue Kopie der Inszenierung Reinhardts auf den Domplatz zu stellen. Sie gewann für die Titelrolle Attila Hörbiger, den Reinhardt seinerzeit als seinen besten Jedermann bezeichnet hatte, und holte in den darauffolgenden Jahren nacheinander Elfe Gerhart, Maria Becker und Judith Holzmeister als Buhlschaft. Ernst Deutsch gab dem Tod eine unheimliche Würde. Aber die Aufführungen fanden nicht mehr das gleiche Interesse des Publikums wie früher. Im Festspielhaus diskutierte man die Frage, ob man die Versuche, den alten »Jedermann« zu verjüngen, nicht besser aufgeben oder doch wenigstens eine Pause einlegen sollte, bis für das Spiel vom Sterben des reichen Mannes ein neues Konzept gefunden wäre. Aber schließlich setzten sich jene durch, die überzeugt waren, daß die Aufführung aus dem Salzburger Programm nicht wegzudenken sei. Und so betraute man (1952) Ernst Lothar, den langjährigen Mitarbeiter Reinhardts, der ihm auch in der Zeit der amerikanischen Emigration beigestanden war, mit der Aufgabe, das Werk neu zu inszenieren und durch Striche und eine gewiß notwendige Bearbeitung neue

Akzente zu setzen. Lothar hatte keinen leichten Stand, um so mehr, als Helene Thimig sofort beim Unterrichtsminister gegen alle Erneuerungs- und Modernisierungsabsichten Sturm lief. Dazu kam eine Zeitungs-Kampagne gegen Ernst Lothar, den man noch vor der Aufführung beschuldigte, er ließe es an Pietät gegenüber Reinhardt fehlen, und außerdem füge er der Witwe Reinhardts, die doch selbst am besten die Erinnerung an das Werk ihres Mannes bewahrt habe, eine schwere Kränkung zu. Es zeigte sich dann, daß Lothar mit Geschmack und größter Zurückhaltung den Ton sozialer Kritik etwa in den Schuldknechts- und Bettlerszenen verstärkt hatte, aber im ganzen eher zu vorsichtig mit dem Text umgegangen war. Immerhin hielt sich die Inszenierung bis 1959. Dann schien eine gründliche Erneuerung angebracht, und ich bedauerte in einem Vortrag im Salzburger Presseklub, daß man die dicke Staubschicht, die auf der Aufführung lag, noch immer nicht weggeräumt habe. Lothar, der, wie er selbst schrieb, ohnehin entschlossen war, seine Arbeit bei den Festspielen zu beenden, nahm diese Kritik zum Anlaß, die Regie des »Jedermann« zurückzulegen.
Nun gewann man William Dieterle, den Guten Gesell von 1920, der mittlerweile als Bühnen- und Filmregisseur zu großem Hollywood-Ruhm gelangt war, und dem man genügend Abstand zutraute, einen neuen »Jedermann« zu gestalten. Er wählte den jungen Walther Reyer als Hauptdarsteller und gab ihm Sigrid Marquardt als Buhlschaft an die Seite. Aber über einige äußerliche Veränderungen, etwa daß die lange Bankett-Tafel durch mehrere kleinere Tische ergänzt wurde, kam die Neuinszenierung nicht hinaus, und so blieb sie auch nur einen Sommer auf dem Spielplan. Nachträglich mußte man Ernst Lothar recht geben: Was nach seiner Inszenierung kam, wirbelte nur den Staub auf, in dem der »Jedermann« endgültig begraben zu werden drohte.
Als nächster kam Gottfried Reinhardt, der Sohn Max Reinhardts aus dessen Ehe mit Else Heims, an die Reihe, das Wunder zu wirken. Er wollte das Zeitkolorit durch eine zeitlose Stilisierung ersetzen, eine künstliche Überhöhung der Personen, besonders der allegorischen Figuren erreichen und durch Ernst Kreneks Musik das Gegenwärtige des Spielgedankens unterstreichen. Er gewann Tony Duquette aus Hollywood als Kostümbildner, und die phantasievollen Gewänder, offenkundig von Hieronymus Bosch beeinflußt, waren hinreißend schön in ihren sorgfältig abgestimmten Farbeffekten. Es war zweifellos ungerecht, dem Regisseur »Vatermord« vorzuwerfen, und auch der reißerische Titel einer Kritik »Hollywood tut selten gut« ging an der eindrucksvollen szenischen Gestaltung vorbei. Die Schauspieler waren hervorragend geführt: Wal-

ther Reyer als Jedermann, Ellen Schwiers als Buhlschaft, Kurt Heintel als Tod auf einen hohen Kothurn gestellt. Den Glauben spielte Paula Wessely, die Guten Werke Sonja Sutter. Es war eine wirkliche Erneuerung geschehen, aber sie währte leider nur zwei Jahre. Die Inszenierung war von besonders starker Wirkung, wenn sie bei Regenwetter auf der Bühne des Großen Festspielhauses, also bei künstlichem Licht, gezeigt wurde. Das scheint Gottfried Reinhardt zu der Idee einer abendlichen Aufführung bei Scheinwerferlicht auf dem Domplatz verlockt zu haben. Einen derartigen Versuch hatte Max Reinhardt schon am 20. August 1921 gemacht, das Experiment war aber gescheitert. Die beabsichtigten Lichteffekte verloren sich auf dem großen Platz; freilich war auch die damalige Bühnenbeleuchtung noch unzureichend entwickelt. Die Forderung Gottfried Reinhardts, die Voraussetzungen für eine Nachtvorstellung zu schaffen, konnte die Festspielleitung nicht erfüllen. Eine entsprechende Lichtanlage war zwar nunmehr technisch möglich, aber das Anbringen der Scheinwerfer in den denkmalgeschützten Bauten um den Domplatz hätte große Summen verlangt, die nicht zur Verfügung standen. Zudem war die Verkehrsregelung ein fast unlösbares Problem, da ja am Abend auch die Festspielhäuser bespielt werden sollten. Das Große Haus hätte jedoch freigehalten werden müssen, um bei Regen den »Jedermann« aufzunehmen. Es war also neben den hohen Kosten einer Abendaufführung eine erhebliche Einbuße an Einnahmen zu gewärtigen. Leider war Gottfried Reinhardt nicht einsichtig genug, diesen Schwierigkeiten Rechnung zu tragen. Er legte die Regie beleidigt zurück, hielt aber die Inszenierung noch in einem Film fest, wobei er mehrere Szenen auf Schauplätze in der Stadt oder in die Umgebung verlegte und so eine reizvolle Kulisse hinzugewann.

Es war keine sehr überzeugende Entscheidung des Direktoriums, nach der interessanten und anregenden Inszenierung Gottfried Reinhardts 1963 wieder dessen Stiefmutter Helene Thimig mit der »Jedermann«-Regie zu betrauen. Sie kehrte zurück zum altehrwürdigen Konzept, jedoch muß gesagt werden, daß sowohl die Presse als auch weite Kreise des Publikums diese traditionelle Inszenierung verlangten. Gottfried Reinhardt hatte seinerzeit geäußert: »Wenn ich nicht einen sehr starken und rücksichtslosen Nachfolger bekomme, wird dem ›Jedermann‹ weiterhin das Schicksal des ›lebenden Leichnams‹ beschieden sein – einer Museumsgestalt, die Salzburg nicht leben und nicht sterben lassen will.« Genauso war es dann auch. Helene Thimig hielt sich getreulich an das Regiebuch ihres verewigten Gatten, vereinfachte vieles, griff auf die Musik Einar Nilsons zurück und gab den Tänzen volkstümlichen Charakter, wie sie auch manchen Kostümen einen alpenländischen Zuschnitt verpaßte. Walther Reyer blieb der Jedermann. Aber wie zu erwarten, machte sich nach einigen Jahren Langeweile breit, und es wurde wieder einmal dringend eine Auffrischung der Inszenierung gefordert.

Nun erst folgte man dem Rat Ernst Lothars, der bei seinem Rücktritt als seinen Nachfolger Leopold Lindtberg empfohlen hatte. Dessen »Jedermann« von 1969 erregte großes Aufsehen. Für die Titelrolle wählte er Ernst Schröder, der eine Gestalt unserer Zeit verkörperte, einen Wohlstandsbürger, wohlgenährt, ein lebensfroher, apoplektischer Lebemann, realistisch, selbst im Angesicht des Todes. Lindtberg ging nicht so weit wie Reinhardt, der 1927 ein Regiekonzept für Amerika entworfen hatte, das Stück in moderner Kleidung zu spielen, den Mammon mit dem Scheckbuch, die Buhlschaft als mondäne Dame auftreten zu lassen. Immerhin aber schaffte er die lange Tafel ab und plazierte vor dem Dom kleine Tische für die »Jedermann-Party 69«. Der gut gelaunten Gesellschaft erschien Gott der Herr persönlich. Die Teilnehmer der Party blieben regungslos, wie erstarrt, und durch die Gruppen schritt der Tod, als suche er sein Opfer. Christiane Hörbiger war die Buhlschaft. Der Teufel, Heinz Reincke, mischte sich unter die Party-Gäste im schwarzen Bratenrock, im Arm einen Akt, das Sündenregister Jedermanns. Es gab keine Engel mehr und keine Fackelbuben. Am auffallendsten war der neue Sprachduktus. Nichts mehr von dem Sprechgesang Moissis, sondern fast eine Alltagssprache, nüchtern und hart. Die Presse nahm die Neuinszenierung lobpreisend auf, meinte, der »Jedermann« sei »in Brecht-Nähe« gerückt und in unseren Tagen auch als moralischer Anruf in dieser gegenwartsbezogenen Aufführung wirksamer. Aber die Resonanz des Publikums entsprach nicht dieser Auffassung, es reagierte ablehnend, und die erneute Forderung nach dem guten alten »Jedermann« konnte nicht überhört werden.

Die hundertste Wiederkehr von Max Reinhardts Geburtstag (1973) bot Ernst Haeusserman die Gelegenheit, »nach der Inszenierung Max Reinhardts« die alte Ordnung auf dem Domplatz wiederherzustellen, wieder die prunkvolle lange Tafel mit Jedermanns Gesellschaft in farbenprächtigen Kostümen zu bevölkern, Tod und Teufel auf ihre angestammten Plätze zu verweisen. Daß wirklich eine glanzvolle Aufführung des Gedenkens entstand, dafür bot die hervorragende und attraktive Besetzung Gewähr. Curd Jürgens spielte den Jedermann, die früheren Jedermänner traten in anderen Rollen auf: Will Quadflieg als Tod,

Walther Reyer als Guter Gesell, Ewald Balser sprach die Stimme des Herrn, und später wurde noch Ernst Schröder als Mammon gewonnen. Außerdem wirkten Künstler wie Martin Benrath, Agnes Fink, Aglaja Schmid, Vilma Degischer mit, und sogar der Spielansager war mit Michael Heltau auffallend besetzt.

Als wahrer Publikumsmagnet erwies sich Curd Jürgens, dem Senta Berger als Buhlschaft an die Seite gestellt wurde. Beide Schauspieler waren durch Film und Fernsehen bekannt und beliebt und nicht zuletzt interessant für die Leser der Illustrierten. Aber diese Besetzung bedeutete dennoch mehr als eine bloße Konzession an Neugierde und Sensationslust. Curd Jürgens war der Jedermann, wie er leibt und lebt; er spielte sich selbst, den Grandseigneur, dem man Reichtum, Laster und Leichtsinn, auch die Freude am Leben, die offene Hand und die Gastfreundschaft glaubte. Im ersten Jahr zeigte sich nur ein Fehler: Seine rauhe Stimme reichte nicht aus für den großen Domplatz. In den folgenden Jahren halfen unsichtbare Mikrophone und eine Verstärkeranlage, daß der Text bis zum letzten Sitz verstanden wurde. Und selbst die stärksten und tragenden Stimmen konnten diese technische Stütze brauchen. Wenngleich ringsum der Verkehr während der Vorstellung umgeleitet wird und die Dombögen möglichst abgeschirmt werden, beeinträchtigt die von Jahr zu Jahr vernehmbarere Geräuschkulisse das Spiel unter freiem Himmel.

Alle, die meinten, die »Starallüren« dieses Jedermann würden die Proben erschweren, hatten sich getäuscht. Jürgens war pünktlich, höflich und freundlich zu allen Mitwirkenden ohne Unterschied ihrer Aufgabe, er war ein fröhlich belebendes Element bei Regen und Sonnenschein. In der Presse allerdings wurde er sehr unterschiedlich beurteilt, wenn auch alle diese Jedermann-Besetzung zumindest interessant fanden.

1976 erschienen die Memoiren von Jürgens unter dem Titel »Und kein bißchen weise...«, und die Boulevardzeitungen stürzten sich sofort auf das Buch. Das Echo drang bis ins Festspielhaus. In zahllosen Briefen wurde unter Hinweis auf die »anstößigen Seiten« eine Neubesetzung der Rolle des Jedermann verlangt. Aber von all dem abgesehen waren es nun immerhin fünf Jahre, daß Jürgens den Jedermann verkörperte, und damit an der Zeit für eine Änderung. Dieser Meinung war auch Jürgens selbst, und er verabschiedete sich mit einer festlichen Party und überreichte seinem Nachfolger Maximilian Schell in einer großartigen Szene den Geldbeutel für seine Rolle.

So wurde also 1978 Maximilian Schell der neue Jedermann. Auch er war durch seine Tätigkeit beim Film als Regisseur und Schauspieler bekannt. Er spielte seinen Jedermann intelligent, eher kühl. Im ersten Jahr machte er von sich reden, als er seine Kollegen überredete, eine Sondervorstellung ohne Honorar zu spielen und die Eintrittskarten an Salzburger zu verschenken. Zur weiteren Erbauung lud er die Besucher nach der Vorstellung auf Würstl und Bier ins Stieglbräu, einen dem Domplatz nahegelegenen Bierkeller. Da er hinterher im Fernsehen in einer Talkshow auftrat, die den Titel »Gespräche mit Jedermann« trug und die zu nicht ganz unberechtigter Kritik herausforderte, sahen manche in diesen Aktivitäten den »Jedermann« völlig entweiht, und es gab auch Zwist innerhalb des Ensembles.

Aber über alle Besetzungen hinweg ist »Jedermann« mehr als fünfzig Jahre hindurch beliebt geblieben, und es gibt Salzburg-Besucher, die jedes Jahr zum Domplatz pilgern und die mehrere Inszenierungen gesehen haben. Es ist zwar nicht mehr wie einst, als Hugo von Hofmannsthal berichten konnte, daß »Menschen wie Richard Strauss, das ganze Gesicht von Tränen überströmt«, die »Jedermann«-Vorstellung verließen, dennoch hat das Werk auf dem Domplatz immer wieder seine Wirkung ausgeübt.

Von der Beliebtheit dieses Spiels spricht auch der Umstand, daß sich eine Dialektfassung hält, die alljährlich in Mondsee aufgeführt wird. Der Volksdichter Franz Löser hat 1921 mit Zustimmung Hofmannsthals das Stück in die Mundart des Salzburger Flachgaues und ins bäuerliche Milieu übertragen. Übrigens erzählte Hugo von Hofmannsthal 1912 in einem Interview, er habe ursprünglich die Absicht gehabt, den »Jedermann« als Wiener Prosakomödie im Stile Raimunds zu schreiben, mit Jedermann als reichem Hausherrn, Mammon als seinem Diener, der zuerst als komische Figur auftritt, um sich im Verlaufe der Handlung als Dämon zu enthüllen. In der Dialekt-Fassung Franz Lösers ist Jedermann hingegen ein reicher Bauer, der von sich sagen kann: »Mei Ghöft steht da, gar schön und reich, im ganzen Dorf is eahm koans gleich.« Die Buhlschaft ist eine junge Bäuerin. Gott der Herr, der Tod, Mammon, Glaube und Teufel sprechen Schriftdeutsch. Die Aufführungen in Mondsee erfreuen sich großen Zulaufs aus den Orten des Salzkammergutes.

Nicht mehr wiedererstanden ist allerdings der Kinder-»Jedermann«, der vor dem Zweiten Weltkrieg viele Zuschauer anlockte. Eine fröhliche Kinderschar spielte mehrmals nachmittags mit Duldung der Polizei auf der »Jedermann«-Tribüne das Stück, wie es sich die Buben und Mädchen eben gemerkt hatten, und es gab dabei viele lustige Zwischenfälle. Als eines Tages der Teufel ausblieb, rief der schlagfertige zehnjährige Jedermann: »Der Teufi kummt heut' net, dem is die Großmutter g'storben.« Die Fackelbuben der Festspielaufführung, die den »Jedermann«-Text von den vielen Proben her genau kannten, spielten das Stück im Naturtheater des Mirabellgartens auf ihre Weise.

Der »Jedermann« hat viel ertragen. Auch als die Kuppel des Domes, die im Zweiten Weltkrieg durch den Druck einer Fliegerbombe einstürzte, noch nicht wiedererrichtet war, wurde vor der Fassade gespielt. Die Kritiken und Polemiken um das Stück füllen Bände. Aber immer wieder sind dem Jedermann seine Sünden vergeben worden, und er ist stets in neuer Gestalt erschienen. Es ist sogar die Sage entstanden, so lange der »Jedermann« vor dem Dom Anklang findet, werden auch die Salzburger Festspiele blühen und gedeihen.

Die Erben Reinhardts

Mit der Inszenierung von Goethes »Faust« in der Felsenreitschule war Max Reinhardts Wirken in Salzburg zu Ende gegangen. Es war die große Zeit des Schauspiels bei den Salzburger Festspielen gewesen. Die Faust-Stadt Clemens Holzmeisters mußte 1938 der Egmont-Stadt Ernst Schüttes weichen, in der Heinz Hilpert, der die Reinhardt-Bühnen übernommen hatte, bei Goethes Drama mit den Schauspielern Reinhardts Regie führte. Den Egmont spielte Ewald Balser, Werner Krauss den Herzog von Alba, Angela Salloker das Klärchen.

Das Jahr 1939 brachte zwei Inszenierungen Heinz Hilperts: in der Felsenreitschule Shakespeares »Viel Lärm um nichts« (1941 wiederholt) und Molières »Der Bürger als Edelmann« mit der Musik von Richard Strauss im Stadttheater, wobei Hans Moser als Jourdain in seiner unwiderstehlichen Komik Triumphe feierte. Zwei Jahre hindurch (1942 und 1943) stand Goethes »Iphigenie auf Tauris« in der Felsenreitschule auf dem Programm, zunächst unter der Regie des Direktors des Wiener Burgtheaters, Lothar Müthel, und im folgenden Jahr unter der von Otto Falckenberg. Das Bühnenbild gestaltete Wilhelm Reinking. Es war eine Aufführung von »archaischer klassischer Strenge«, in der Hedwig Pistorius, Ewald Balser und Fred Liewehr beziehungsweise Liselotte Schreiner, Hans Jungbauer und Gert Brüdern die Hauptrollen innehatten. Von den Schauspielaufführungen dieser Zeit ist noch Nestroys »Einen Jux will er sich machen« zu erwähnen, wofür als Regisseur Herbert Waniek nach Salzburg geholt wurde, dem eine reizende Vorstellung mit Alma Seidler, Lotte Medelsky, Hermann Thimig, Richard Eybner und Ferdinand Maierhofer gelang. Ein Gastspiel der Exl-Bühne brachte 1943 zwei Stücke von Ludwig Anzengruber: »Der Meineidbauer« und »Der G'wissenswurm«.

Nach dem Ende des Zweiten Weltkriegs bedeutete der Neubeginn der Festspiele ein weithin beachtetes Ereignis. Aber was Max Reinhardt in Salzburg geschaffen hatte, konnte in dieser Form nicht mehr fortgesetzt werden. Hatte er das Programm vor allem vom Schauspiel her gesehen, so wurde es nach 1945 in erster Linie ein musikalisches – Opernfestspiele für ein internationales Publikum. Gegenüber der allgemein verständlichen Musik mußte das Sprechstück zurücktreten. So gab es etwa 1980 insgesamt 78 musikalische Darbietungen, aber nur 17 Schauspielaufführungen.

Im Gedenken an Hofmannsthal wurde 1945 von Erwin Faber im Mozarteum »Der Tor und der Tod« mit dem unvergeßlichen Albin Skoda als Claudio inszeniert. Zu dem seit 1946 jährlich aufgeführten »Jedermann« kam in den folgen-

den Jahren mit wechselnden Regisseuren ein Schauspielrepertoire ohne erkennbare Linie. Eine Verbeugung vor der Vergangenheit war die Wiederholung von Goldonis »Der Diener zweier Herren« in der Felsenreitschule. Im folgenden Jahr kam der mit Salzburg verbundene Lyriker und Erzähler Alexander Lernet-Holenia, allerdings mit einem seiner schwächsten Stücke, der Komödie »Die Frau des Potiphar«, zu Wort, und so war dieser erste Vorstoß, das zeitgenössische Drama zu pflegen, nicht vom Glück begünstigt, obgleich mit Gusti Wolf, Oskar Werner und Curd Jürgens beste Kräfte aufgeboten wurden.
1948 begann Ernst Lothar seine Regietätigkeit bei den Festspielen mit Grillparzers »Des Meeres und der Liebe Wellen«, einer viel gelobten Aufführung, deren Hauptrollen Paula Wessely und Horst Caspar trugen. Im wesentlichen lag dann bis 1959 das Schauspiel in den Händen Ernst Lothars.
Doch sei vorerst einiger Inszenierungen anderer Regisseure gedacht, von denen Leopold Lindtbergs »Iphigenie auf Tauris« (1949) – anläßlich der 200. Wiederkehr von Goethes Geburtstag – als das Debüt dieses Regisseurs in Salzburg und durch die erstmalige Mitwirkung des Bühnenbildners Teo Otto besonders wichtig erscheint. Eine der bezauberndsten Aufführungen jener Zeit war Shakespeares »Was ihr wollt« im Landestheater (1950), eine Inszenierung Josef Gielens mit Kräften des Wiener Burgtheaters, beschwingt, harmonisch und voll Charme. Die Kritik hob insbesondere Werner Krauss als Malvolio und Albin Skoda als Narr hervor. In starkem Gegensatz dazu stand die Inszenierung, die Gustaf Gründgens von Shakespeares »Wie es euch gefällt« (1951) erarbeitete. In einem abstrakten Bühnenbild Wilhelm Reinkings – besonders die stark stilisierten Bäume des Ardenner Waldes fielen auf – führte Gründgens die Gestalten streng wie Marionetten, wobei die durchgeistigte Kühle dieser Deutung des Reizes nicht entbehrte, um so mehr, als Käthe Gold eine Rosalinde von hinreißender Zartheit darstellte, und neben ihr Ewald Balser als weiser Fürst, Raoul Aslan als Jaques, Gustav Waldau als alter Hirte große schauspielerische Kunst boten. In dasselbe Jahr fiel die erste und einzige Regiearbeit von Berthold Viertel in Salzburg, Kleists »Der zerbrochene Krug« mit Oskar Homolka als Richter Adam, einem Schauspieler Reinhardts, der wieder heimgekehrt war, mit der kraftvollen Therese Giehse, mit Inge Konradi als Eve und Wilfried Seyferth als Schreiber.
Zu den eher mißglückten Aufführungen dieser Nachkriegsjahre ist die von Goldonis »Der Lügner« zu zählen, die Oskar Wälterlin (1952) in die Felsenreitschule stellte, obgleich die Titelrolle mit Albin Skoda glänzend besetzt war und

neben ihm Susi Nicoletti, Hilde Mikulicz und Annemarie Düringer ein bezauberndes Trio weiblicher Anmut boten. Nicht besser erging es Josef Gielen, der eine monumentale Inszenierung von Shakespeares »Julius Cäsar« (1953) in der Felsenreitschule unternahm. Selbst Werner Krauss gelang es kaum, den kraftvollen Cäsar glaubhaft zu machen; ihm gegenüber stand in Ernst Deutsch ein allzu abgeklärter und gelassener Marc Anton. Ewald Balser und Antje Weisgerber vollendeten das Bild der Fehlbesetzungen. Im Landestheater bot (1952) Axel von Ambesser eine selten gespielte Posse Nestroys, »Die Träume von Schale und Kern«, für die Wolfgang Znamenacek, kurz vor seinem frühen Tod, ein besonders hübsches Bühnenbild entwarf.

Mit acht Inszenierungen, von »Jedermann« abgesehen, steht Ernst Lothar zwischen 1948 und 1959 an der Spitze der Schauspielregisseure nach Kriegsende. Er brachte Aufführungen in glänzender Besetzung, zum Teil mit Kräften des Wiener Burgtheaters, getreu dem Programm Hofmannsthals und in der Nachfolge Reinhardts, freilich ohne in die neuen Bezirke, die sich der Bühnenkunst indes eröffnet hatten, vorzustoßen. Als »Konventionelles Bildungstheater mit Schauspielern ersten Ranges« bezeichnete Henning Rischbieter diesen Zeitraum des Salzburger Sprechtheaters. Lothars Inszenierung von Goethes »Clavigo« stand im Goethe-Jahr 1949 im Spielplan neben der bereits erwähnten Leopold Lindtbergs von »Iphigenie«. Den stärksten Eindruck machte die Leistung von Käthe Gold, einer »leidenden liebenden Marie mit einer Zartheit der Stimme, des Ausdrucks und des Spiels der Hände, wie wir es noch nie sahen und nie schöner sehen werden«. Wiener Theater im besten Sinne repräsentierte die verschwenderische Inszenierung von Raimunds »Verschwender« im Landestheater (1950), für deren Ausstattung Ernst Lothar den Erbauer der »Faust«-Stadt und der Festspielhäuser, Clemens Holzmeister, gewonnen hatte. Josef Meinrad und Inge Konradi verkörperten das weithin berühmte, rührend-resche Paar Valentin Holzwurm und Rosa.

Die Unterbrechung im Schauspiel 1954 hat lebhafte Diskussionen ausgelöst. Egon Hilbert, damals Leiter der Bundestheaterverwaltung und Mitglied des Direktoriums der Festspiele, begründete in einem Aufsatz die »schöpferische Pause« und legte dar, daß Reinhardt aus einem großen Ensemble mehrerer Bühnen die besten Kräfte für Salzburg geholt hatte – und dennoch selbst nicht mit allem einverstanden war, was er herausbrachte. Seit 1945 aber hätten »fast alle Aufführungen darunter gelitten, daß heterogene Schauspielkräfte, so hervorragend sie im einzelnen auch waren, plötzlich, aus verschiedenen Sprachstilen

kommend, in wenigen Probenwochen zu einer organischen Einheit hätten gelangen sollen«. Egon Hilbert gibt dann sein Rezept: das Sprechstück auch in Salzburg vor allem auf Kräften des Burgtheaters aufzubauen, um einen einheitlichen Stil zu gewährleisten. Ernst Lothar vertrat demgegenüber den Standpunkt, daß das Schauspiel in Salzburg nicht die Prärogative eines einzigen, wenn auch noch so hervorragenden Theaters werden sollte, »vielmehr die eines ideellen – nur der Bindung der Gültigkeit unterworfenen – deutschen Welttheaters«. Er schlug vor, daß in Salzburg »von neuen, für jedes Stück neu zu bildenden Ensembles, die das Erregende und Ereignishafte des Einmaligen gewährleisten«, gespielt werden solle. In der Zeitschrift »Forum« erörterte Oscar Fritz Schuh die »Situation des Schauspiels« und leitete sie mit den Sätzen ein: »Wann bricht in einem Lande eine Theaterkrise aus? Wenn die Verantwortlichen nicht erkennen, daß eine Epoche zu Ende gegangen ist und eine neue anbricht...«
Diese Kontroverse, die auch in der Presse hohe Wellen schlug, brachte freilich keine großen Ergebnisse. Der Gedanke Ernst Lothars, im Carabinieri-Saal Kammerspiele aufzuführen, scheiterte an der schlechten Akustik des Raumes. Und das neue österreichische »Festspiel« ist all die Jahre vergeblich gesucht worden. Unzählige Werke von Dichtern und von solchen, die es zu sein glaubten, landeten auf dem Schreibtisch der Festspielpräsidenten. Paracelsus, Wolf Dietrich und Salome Alt, Mozart sprechend und singend, Jedermänner in allen Variationen tauchten in neuen Stücken auf – aber kein Festspiel.
So blieb es denn bei der Weiterführung des Sprechstücks, vor allem im Landestheater, getreu einer vermeintlichen Tradition, vorerst 1955 mit einer Inszenierung von Schillers »Kabale und Liebe«, wobei als Luise Miller die bekannte Filmschauspielerin Maria Schell herangezogen wurde, eine Besetzung, die vielleicht »sensationell« war, aber doch auf der Bühne eher die Schwächen dieser liebenswerten Darstellerin, die im Film packende Leistungen gezeigt hat, enthüllte. Will Quadflieg sah man als Ferdinand, Heidemarie Hatheyer als Lady Milford, und als Kammerdiener – eine Rolle, die einst Max Reinhardt gespielt hatte – den großen Erich Ponto. Im selben Jahr gastierte das Théâtre National Populaire Paris mit Jean Vilar als Hauptdarsteller und Regisseur mit Molières »Don Juan« und zeigte eine grandiose, von allem gewohnten Dekorationsplunder befreite, ganz auf die Charakteristik der Gestalten und auf minuziös berechnete Bewegung gestellte Inszenierung dieses selten gespielten Werkes.
Der Sommer 1956 brachte Goethes »Egmont«, nicht wie 1938 in der Felsenreitschule, sondern im Landestheater, in Bühnenbildern Stefan Hlawas, wobei das

Mozarteum-Orchester Beethovens Musik spielte. Wieder verwirklichte unter Ernst Lothars Regie ein glänzendes Ensemble mit Will Quadflieg als Egmont, Inge Konradi als Klärchen, Walter Franck als Alba, ferner mit Ewald Balser, Ernst Ginsberg und Elisabeth Flickenschildt Goethes großes Freiheitsdrama. Die Reihe der Klassikeraufführungen setzte Lothar (1957) mit Lessings »Emilia Galotti« fort. Diesmal holte er die vom Film bekannte Liselotte Pulver für die Rolle der Emilia, freilich auch eher eine Fehlbesetzung. Dagegen stand Maria Becker unzweifelhaft mit der »hinreißend furiosen Gestaltung der Gräfin Orsina« im Mittelpunkt dieser Aufführung. Es folgte (1958) Franz Werfels »Juarez und Maximilian«, die tragische Geschichte des unglücklichen Habsburgers Maximilian, der das Schloß Miramare an der Adria mit dem politischen Abenteuer in Mexiko vertauscht hat. Teo Otto schuf die Dekoration für das bilderreiche Stück, dessen Inszene durch Ernst Lothar »einen Abend von stimmungsmäßig starker Geschlossenheit« erreichte. Fred Liewehr spielte den Kaiser Maximilian, den idealistischen und mißbrauchten Träumer, seinen Gegenspieler, den fanatischen juaristischen General Diaz, verkörperte mit starker Intensität Albin Skoda.
Für die Realisierung von Hofmannsthals schwierigstem Werk, der Tragödie »Der Turm«, die an Calderon anknüpft, eine Deutung der Weltenwende, zwischen Vergangenheit und Zukunft, Schein und Sein, wählte Lothar die Felsenreitschule, wo Gustav Manker ein mächtiges, mehrschichtiges Bühnenbild aufbaute. Das gewaltige Drama mit einer Unzahl kleiner Rollen war nicht leicht zu besetzen: Für den Sigismund wählte man Maximilian Schell, für den König Basilius Ernst Ginsberg. Kräfte wie Mathias Wiemann, Martha Wallner und Adrienne Gessner hatten Nebenrollen übernommen. Die Aufführung war stark umstritten und wurde sogar als »eine Exekution« bezeichnet. Daß es Ernst Lothars letzte Regiearbeit in Salzburg sein sollte, war nicht vorauszusehen gewesen. Eine Kritik an seiner »Jedermann«-Inszenierung nahm er zum Anlaß, sich von den Salzburger Festspielen zu lösen.
Indessen hatte auch das zeitgenössische Schauspiel in Salzburg in einer Reihe von Inszenierungen Oscar Fritz Schuhs Eingang in das Salzburger Programm gefunden. Den Anfang machte Eugene O'Neills nachgelassenes Stück »Fast ein Poet«, eine Tragikomödie voll beißender Ironie, als deutschsprachige Erstaufführung. Caspar Neher hatte ein charakteristisches Bühnenbild gebaut – das Stück spielt in einem Wirtshaus in Neu-England –, in dem Schuh das Werk mit einem »Hauch von Poesie« – so sollte der deutsche Titel zuerst lauten – in »be-

drängender Faszination« gestaltete. Die Kritik war sich einig über die Regieleistung und über die Darstellung Attila Hörbigers, der den Schankwirt Major Melody spielte und »in den großen Augenblicken des Traumes hinreißend war«. Neben ihm als Tocher, »beglückend in den Strahlen des Traumes, die sie von drinnen her, aus der blutfrischen Erinnerung an die eben erlebte Liebe, aussandte«, Aglaja Schmid, Adrienne Gessner als Frau Melody, und Marianne Hoppe, die »ein virtuos stimmendes Bild der exzentrischen, ein wenig frigiden Yankee-Lady« zeichnete. Das Stück hat von Salzburg aus seinen Weg über viele deutsche Bühnen angetreten. 1958 folgte die deutsche Erstaufführung des »Spiels um Job« von dem amerikanischen Dichter Archibald MacLeish, »eines dramatisierten Kommentars zum Buch Hiob«, in dem die Zirkus-Arena zum Schauplatz des Gesprächs zwischen Gott und dem Teufel wird, Rollen, die sich zwei herabgekommene Schauspieler zulegen. Ein Spiel vom Leben des armen Mannes, das in den hymnischen Lobgesang des mittelalterlichen Mysterienspiels mündet: Hiob wird durch seinen Glauben an Gott gerettet. Wieder in einem Bühnenbild Caspar Nehers hat Oscar Fritz Schuh dieses Spiel, dem »von einer gelegentlichen bizarren Plastik des Details abgesehen doch etwas lehrhaft Theoretisches« anhaftet, in eine eher kalte Atmosphäre gestellt, in der die poetischen Lichter um so mehr strahlten. Hatte Oscar Fritz Schuh es schon mit diesem Werk unternommen, »eine Wiederbelebung der geistlichen Spiele, übertragen in unsere Zeit, zu riskieren«, so setzte er 1959 diesen Versuch mit der Uraufführung von Fritz Hochwälders »modernem Mysterienspiel« fort, das den Titel »Donnerstag« trägt und das »wenn schon nicht eine unartige Parodie, so doch eine artige Satire auf jede Mysterienspielerei« ist. Pomfrit, ein Jedermann unserer Zeit, Manager, Architekt, entwurzelter Intellektueller, wird in Versuchung geführt, sich die Welt anzueignen, aber am Donnerstag fällt die Entscheidung und er entgeht dem Teufelspakt. Ein merkwürdiges Stück, für das Caspar Neher ein drohend technisiertes Bühnenbild entworfen hatte und das Oscar Fritz Schuh zwischen der technischen Zauberwelt eines modernen Raimund und einem bitteren und schwarzen Humor, den man von Nestroy herleiten könnte, angesiedelt hat.

Noch einmal, 1960, kam Eugene O'Neill mit der deutschen Erstaufführung eines Stückes in einem Akt, »Hughie«, auf die Festspielbühne, einer nachgelassenen Charakterstudie des großen amerikanischen Dramatikers, die ein hintergründiges Gespräch zwischen einem Maulhelden und Spieler und dem Nachtportier eines drittklassigen New Yorker Hotels zum Inhalt hat.

Im selben Jahr leitete Rudolf Steinboeck eine Aufführung der »Dame Kobold« von Calderon in der Bearbeitung Hugo von Hofmannsthals, in der vor allem Aglaja Schmids Charme und komödiantische Fähigkeiten voll zur Geltung kamen.
Rudolf Steinboeck war es auch, dem es 1961 gelang, in der dem Sprechstück sonst so gar nicht gewogenen Felsenreitschule Ferdinand Raimunds »Der Bauer als Millionär« zu einer der liebenswertesten Schauspielaufführungen der letzten Jahre zu machen. Lois Egg vom Wiener Burgtheater, zum erstenmal als Bühnenbildner in Salzburg, baute für die romantische Zauberposse eine bunte Bilderbuch-Szenerie, die Zwerge aus dem Salzburger Bastiongarten eilfertig aufblätterten. Die Aufführung war ein Triumph österreichischer Bühnenkunst, und Josef Meinrad als Fortunatus Wurzel ergriff die Zuschauer ebenso wie Hans Moser in der Rolle des Hohen Alters, der letzten, die der damals schon greise Künstler in Salzburg spielte. Rührend Paula Wessely als Zufriedenheit, insbesondere in der Szene mit Lottchen, von ihrer Tochter Christiane Hörbiger mit jugendlichem Liebreiz verkörpert. Mit »Der Alpenkönig und der Menschenfeind« in der Inszenierung Kurt Meisels erstand 1969 wieder Ferdinand Raimunds Märchenwelt auf der Bühne des Kleinen Festspielhauses. In der Darstellung des Rappelkopf, dessen Charakterbild spätere psychologische Erkenntnisse genial vorwegnimmt, gelang es Josef Meinrad, der die Rolle zum erstenmal spielte, die in der Tiefe der Seele des Menschenfeinds verschüttete Menschenliebe spürbar zu machen. Lois Egg schuf dafür eine Szenerie nach dem Vorbild alter Stiche.
Im Jahr 1961 ging man an das schon mehrmals aufgeschobene Vorhaben, beide Teile von Goethes »Faust« in Salzburg zu realisieren und damit zu erfüllen, was Hugo von Hofmannsthal gefordert hatte und was Max Reinhardt zu vollenden nicht mehr gegönnt war. Leopold Lindtberg wurde berufen, das große Werk zu gestalten. Zunächst, 1961 und 1962, war das Große Festpielhaus Schauplatz für die Aufführung des Ersten Teils, doch ergaben sich dort akustische Mängel, die Anlaß genug waren, die Inszenierung des Zweiten Teils in das mittlerweile umgebaute Kleine Festspielhaus zu verlegen. Teo Otto schuf ein wohldurchdachtes Bühnenbild, das »den ganzen Kreis der Schöpfung«, um Goethes Wort zu gebrauchen, ausmaß. Den Faust verkörperte zuerst Attila Hörbiger, von 1963 an übernahm Thomas Holtzmann diese Rolle. Den Mephisto spielte dagegen durchgehend Will Quadflieg, einst der Faust in der berühmten Inszenierung von Gustaf Gründgens. Daneben waren eine gewaltige Schar der besten Schau-

spieler, Musik, Sprechchöre und Gesangschor aufgeboten. 1964 und 1965 standen dann beide Teile des »Faust« auf dem Programm und wurden 1964 einmal auch an einem Tag aufgeführt.

Zu erwähnen ist hier auch die Aufführung von Johann Nestroys »Lumpazivagabundus« (1962) im Landestheater, für die Leopold Lindtberg das »liederliche Kleeblatt« in Attila Hörbiger, Bruno Dallansky und Walther Reyer fand. Lois Egg hatte auch hiefür ein heiteres Bühnenbild ersonnen, und Georg Kreisler hatte die alten Melodien Adolf Müllers reizvoll bearbeitet. Das Ballett der Wiener Volksoper tanzte, und im Feenreich wirkten Ursula Schult als Fortuna und Sonja Sutter als Amorosa. Lumpazivagabundus in seinen verschiedenen Verkleidungen war Willy Trenk-Trebitsch.

Das Wiener Burgtheater hatte in einem Antike-Zyklus »König Ödipus«, »Antigone« und »Elektra« von Sophokles gezeigt, wobei Rudolf Bayr als Autor einer neuen Übertragung in die deutsche Sprache, Gustav Rudolf Sellner als Regisseur und der Bildhauer Fritz Wotruba als Schöpfer der Bühnenbilder zusammenarbeiteten. 1965 unternahm es diese Künstlergruppe, in der Felsenreitschule die von Rudolf Bayr für einen Abend eingerichteten Dramen »König Ödipus« und »Ödipus auf Kolonos« aufzuführen. Der österreichische Komponist Ernst Krenek schuf die Bühnenmusik. Der Raum der Felsenreitschule regte Fritz Wotruba zu monumentalen Bühnenbauten an.

Für den »Sommernachtstraum« (1966) – Reinhardt hatte das Werk fast vierzig Jahre vorher im Festspielhaus inszeniert – wählte Leopold Lindtberg die Felsenreitschule und Mendelssohns zauberhafte Musik. Er inszenierte einen großen Polterabend, ein Spiel im Spiel, und entschied sich dafür, daß das Hochzeitspaar und seine Gesellschaft auch die Rollen des Spiels übernehmen sollten. Theseus wurde Oberon, Hippolyta Titania. Blieb dieser Werkdeutung noch etwas vom romantischen Zaubermärchen, so hat Oscar Fritz Schuh bei Shakespeares »Der Sturm«, den er (1968) im Landestheater gestaltete, die Bezüge zu unserer Zeit herzustellen versucht. Jan Kott, der provokante polnische Shakespeare-Deuter, meint, der »Sommernachtstraum« sei die Vorankündigung des »Sturm«, in einer anderen Tonart geschrieben, Puck und Ariel – Geist, Intelligenz und Teufel – seien Verwandte. Für Schuh war Prospero »ein moderner Atomphysiker«. So taucht denn auch in den Kritiken über diesen »Sturm« mehrmals das Wort Denkspiel auf. Mit Will Quadflieg als Prospero, in einem abstrakten Bühnenbild Teo Ottos, zählte die Aufführung zweifellos zu den bedeutenden Salzburger Schauspielinszenierungen.

Auf den Regisseur Rudolf Steinboeck mußte die Wahl fallen, als Hugo von Hofmannsthals Lustspiel »Der Schwierige« – wieder im Landestheater, wo es 1931 Max Reinhardt in der schon legendär gewordenen Glanzbesetzung aufgeführt hatte – neu inszeniert werden sollte (1967). Es war die Frage, wie dieser liebevoll-ironische Epilog auf eine seit einem halben Jahrhundert versunkene Welt wiederbelebt werden konnte. Steinboeck, Meister des verhaltenen Kammertons, der das Lustspiel bereits mehrmals in Szene gesetzt hatte, gelang eine Aufführung, die die Vorzüge der Wiener Tradition aufwies. Der Schwierige war Otto W. Fischer, der nach langer Pause in dieser Rolle wieder die Bühne betrat.

Die Reihe der Uraufführungen im Schauspiel war 1960 abgerissen. Den Faden nahm das Europa-Studio auf, das im Zusammenwirken privater Mäzene mit dem Westdeutschen Rundfunk und dem Österreichischen Fernsehen in Salzburg gegründet wurde. Dieses Europa-Studio wurde 1964 im Landestheater mit der Uraufführung von Aimé Césaires »La Tragédie du Roi Christophe« in französischer Sprache eröffnet. Es spielten, tanzten und sangen die Mitglieder eines ausgezeichneten französischen Neger-Ensembles, das ebenso elementar wie artifiziell wirkte und mit einer für uns kaum meßbaren Darstellungskraft das Werk auch ohne Kenntnis einer sehr poetischen Sprache verständlich machte. An weiteren Uraufführungen gab es von Paul Willems »Mitternachtsmarkt« mit Werner Düggelin als Regisseur und die satirische Komödie »Das Pferd« des ungarischen, deutsch schreibenden Dramatikers Julius Hay in der Regie von Boy Gobert. 1965 bot das Europa-Studio die Uraufführungen eines Stückes des Schauspielers Robin Hawdon »Monde und Sonnen« – ein Experiment in der Nachfolge Samuel Becketts – und der »Ballade von Peckham Rye« von Muriel Spark – ein volksstückhaftes Musical aus der Welt des kleinen Mannes, das der polnische Regisseur Jan Biczycki in einer einfallsreichen, heiteren Inszenierung vorstellte. Als Beitrag der Salzburger Festspiele inszenierte Oscar Fritz Schuh Eugene O'Neills letztes nachgelassenes Werk »Alle Reichtümer der Welt«, das in Stockholm uraufgeführt worden war, als deutsche Erstaufführung. Das düstere Stück setzt die amerikanische Familienchronik von »Fast ein Poet« fort. Gleichfalls im Landestheater folgte 1967 die Uraufführung eines Theaterstücks von Leo Lehmann »Der Ostwind«, das stille, verhaltene Drama einer Emigration, die für diejenigen, die dazu genötigt wurden, nie zu Ende geht. Der Autor selbst nennt das Stück eine Komödie, weil »es niemanden zum Weinen bringen will«.

Wenn auch das Europa-Studio nicht mehr in seiner ursprünglichen Form weitergeführt werden konnte, so blieb doch dem zeitgenössischen Sprechstück ein Platz im Rahmen der Salzburger Festspiele gewahrt.
Die Spielzeit 1970 brachte noch eine Inszenierung von Oscar Fritz Schuh, die selten gespielte Burleske »Zum großen Wurstel« von Arthur Schnitzler, in der Gestalten des Marionettentheaters ihrem kritischen Publikum gegenübergestellt werden. Schauspieler spielen Marionetten, sehr kunstvoll, aber sie werden schließlich hinweggeweht von dem »Unbekannten im Blauen Mantel«. Eine unheimliche Satire, deren Unernst sehr ernst gemeint ist. Daneben stellte Schuh Ödön von Horváths Komödie »Figaro läßt sich scheiden«, in der die Figuren von »Figaros Hochzeit« gealtert wiedererstehen, wobei der Regisseur Parallelen zur Gegenwart durchscheinen ließ. Im selben Jahr inszenierte Oskar Werner Shakespeares »Hamlet« und spielte zugleich die Titelrolle. Schließlich widmete sich der tschechische Regisseur Otomar Krejča Samuel Becketts »Warten auf Godot«, einem Stück der »klassischen Moderne«, dessen melancholische Clownerie zwar nicht mehr erschüttert, aber es interessiert, wie sie gespielt wird. Bei Kurt Sowinetz, Siegfried Lowitz und Bernhard Wicki kam keine Langeweile auf.
Hofmannsthals »Der Unbestechliche«, von Gustav Manker inszeniert, in der Titelrolle Romuald Pekny, kam im Kleinen Festspielhaus nicht zur gebührenden Geltung. 1972 stand das Landestheater wieder zur Verfügung, und Otto Schenk gestaltete dort eine hinreißende Aufführung von Shakespeares »Was ihr wollt«, mit Klaus Maria Brandauer als Herzog, Christine Ostermayer als Viola und mit Josef Meinrad, Helmut Lohner, Hans Dieter Zeidler in den komischen Rollen.
In den folgenden beiden Jahren beherrschte Giorgio Strehler die Felsenreitschule mit dem überdimensionalen »Spiel der Mächtigen«. Aber daneben gab es im Landestheater eine elegante, sorgfältig abgestimmte Aufführung von Molières »Der Menschenfeind«, mit der Rudolf Noelte erstmals in Salzburg seine subtile Kunst der Regieführung erwies. Von den Hauptdarstellern blieb Romuald Pekny in Erinnerung, und Sylvia Manas, die ihr Debüt bei den Festspielen beging.
Dem Regisseur Johannes Schaaf gelang 1975 eine Aufführung von Georg Büchners »Leonce und Lena« voller Poesie und Witz. Klaus Maria Brandauer als Prinz Leonce und die zarte Prinzessin Lena von Sylvia Manas wurden nur noch übertroffen von Peter Broglé als Valerio. Die Szene war belebt mit Lilipu-

tanern, die als Diener des Königs köstliche Späße trieben. Außerdem gab es im Landestheater die Uraufführung von Fritz Hochwälders Schauspiel »Lazaretti oder der Säbeltiger«, das ein damals noch nicht so aktuelles Thema von Gewalt und Terror in der Gesellschaft vorwegnahm. Aber das Bedrohliche verbirgt sich hinter der Heiterkeit eines Wiener Volksstücks. Michael Kehlmann hatte für seine Inszenierung so glänzende Kräfte wie Leopold Rudolf, Attila Hörbiger, Paul Hoffmann und Heinrich Schweiger zur Verfügung.

Fünf Jahre blieb Otto Schenks Inszenierung von Nestroys »Der Talisman« auf dem Programm. Die Verwicklungen um Titus Feuerfuchs, der mit einer Perücke, die sein rotes Haar verbirgt, zum Erfolg kommt und dessen Glück schließlich die rothaarige Salome Pockerl (Christine Ostermayer) bringt, bewiesen ihre erheiternde Wirkung auf das Publikum wie einst zu Nestroys Zeiten.

Curd Jürgens bot eine bewundernswerte Gedächtnisleistung in dem Ein-Personen-Stück »Im Zweifel für den Angeklagten« von David V. Rintels (1976) und war der Partner von Bernhard Wicki in dem Hemingway-Stück von Rolf Hochhuth, »Tod eines Jägers« (1977).

»Der tolle Tag oder Die Hochzeit des Figaro« von Beaumarchais, Grundlage aller Figaro-Stücke und auch des Librettos von Mozarts Oper, aufzuführen, war ein eher literarisches Vergnügen (1978). In der Inszenierung von Johannes Schaaf spielte Klaus Maria Brandauer den Figaro und Gudrun Gabriel die Susanne.

Arthur Schnitzlers »Das weite Land«, Abbild einer kranken Gesellschaft, wirkt durch die Stimmung, in der sich das Leben »der Stützen der Gesellschaft« abspielt. Diese Stimmung, in der Ehebruch, Lüge und Betrug erwartet werden, wußte Maximilian Schell in schönen Bühnenbildern von Filippo Sanjust zu erwecken und durchzuhalten. Ein Wiener Ensemble mit Walther Reyer, Nicole Heesters, Maria Schell (1979) und mit Christiane Hörbiger, Hilde Krahl bei der Wiederholung (1980) war auf den rechten Ton gestimmt.

Die Felsenreitschule wurde zum Ardenner Wald, um den heiteren Liebesspielen in Shakespeares »Wie es euch gefällt« (1980/1981), inszeniert von Otto Schenk, den rechten Rahmen zu geben. Helmut Lohner war Jaques, Otto Schenk selbst spielte den Probstein und Barbara Sukowa die Rosalinde.

Georg Büchners »Dantons Tod« führte wieder Rudolf Noelte nach Salzburg (1981). Die aufwendigen Bühnenbilder von Walter Dörfler gestatteten den raschen Ablauf der vielen Szenen. Rudolf Noelte legte größtes Gewicht darauf, die Charaktere auch kleiner Rollen klar zu zeichnen und Dichte und Spannung

zu erreichen. Von der großen Zahl der Mitwirkenden seien Götz Georges Danton und Heribert Sasses Robespierre genannt.
Immer wieder gelingen Aufführungen von Schauspielen, die höchstes Niveau erreichen. Österreichische Werke von österreichischen Schauspielern dargestellt sind stets große Publikumserfolge. Die Festspiele erfüllen auch immer wieder die schöne Aufgabe, Werke österreichischer Autoren uraufzuführen.

Es begann mit dem »Jedermann«, 1920

Hugo von Hofmannsthal, Max Reinhardt und Einar Nilson (v. l.) im Park von Schloß Leopoldskron, um 1920

Probe zu Richard Strauss' »Ariadne auf Naxos« unter der Leitung des Komponisten, 1926

Franz Schalk (rechts) in Salzburg

Die erste »Zauberflöte« der Salzburger Festspiele, 1928. Franz Schalk dirigierte; Richard Mayr sang den Sarastro

»Faust«, 1933: Auerbachs Keller in der Felsenreitschule (Faust-Stadt): Max Pallenberg (Mephisto), Richard Eybner (Brander), Ewald Balser (Faust). Rechts Max Reinhardt

Gretchen-Szene ohne Kostüm und Maske. Paula Wessely und Ewald Balser bei einer »Faust«-Probe, 1933

10-Jahre-Feier der Salzburger Festspiele in der Residenz, 1930. 1. Reihe Mitte v. l.: Fürsterzbischof Dr. Ignaz Rieder, Landeshauptmann Dr. Franz Rehrl, Max Reinhardt, Franz Schalk. Dahinter, Mitte, die Schauspielerinnen Frieda Richard, Lili Darvas, Helene Thimig

Die Wiener Philharmoniker mit Bruno Walter in der Faust-Stadt (Felsenreitschule) während einer Probenpause, 1933

Wagners »Die Meistersinger von Nürnberg« unter Arturo Toscanini, mit Lotte Lehmann als Evchen, 1936

Arturo Toscanini in Salzburg am Dirigentenpult der Wiener Philharmoniker

Bruno Walter bei der Einstudierung des »Don Giovanni«, 1934. Als Probenraum diente eine Turnhalle

Das einzige Festspiel-Opernereignis des Kriegssommers 1944: die öffentliche Generalprobe von Richard Strauss' »Die Liebe der Danae«. Von links: der Regisseur Rudolf Hartmann, Richard Strauss, Viorica Ursuleac (Danae), der Bühnenbildner Emil Preetorius, der Dirigent Clemens Krauss, Horst Taubmann (Midas), Hans Hotter (Jupiter)

Orchesterprobe der Wiener Philharmoniker unter Wilhelm Furtwängler, 1947

Ernst Lothar und Alma Seidler (Gute Werke) bei einem Arbeitsgespräch anläßlich der Neuinszenierung des »Jedermann«, 1952

Gottfried von Einem und seine erste Frau, Liane, 1947

Oscar Fritz Schuh und Caspar Neher

Karl Böhm mit der Sängerin Lisa Della Casa vor dem Festspielhaus, 1959

Günther Rennert bei einer »Rosenkavalier«-Probe, 1978

Otto Schenks erste Schauspiel-Inszenierung bei den Festspielen, Shakespeares »Was ihr wollt«, 1972

Giorgio Strehler (rechts) probt mit Will Quadflieg für »Das Spiel der Mächtigen«, 1973

Giorgio Strehlers Commedia italiana

Die erste Begegnung mit Giorgio Strehler reicht in das Jahr 1965 zurück. Er inszenierte Mozarts »Die Entführung aus dem Serail« im Kleinen Festspielhaus. Damals drangen die Schwierigkeiten bei den Proben nur zum Teil bis in das Direktorium. Mit Luciano Damiani hatten unsere Werkstätten einigen Ärger, weil er immer wieder neue weiße und getönte Vorhänge verlangte, um das diffuse Licht über dem Meer, dem bleibenden Hintergrund der Dekoration, zu erzielen. Aber schließlich lohnte sich der Aufwand. Das einfache Bühnenbild war voller Stimmung. Die ausgesuchte Besetzung mit Anneliese Rothenberger, Reri Grist, Fritz Wunderlich – er sang leider nur zwei Festspielsommer hindurch den Belmonte, bevor er tödlich verunglückte –, Gerhard Unger, Fernando Corena, unter der musikalischen Leitung von Zubin Mehta, bot die besten Voraussetzungen. Aber eine Woche vor der für den 28. Juli geplanten Premiere kam Strehler in die Direktion und meinte: »Da gibt es ein kleines Problem. Wir müssen die Premiere um ein paar Tage verschieben.« (Problem – das war das Lieblingswort Strehlers.) Aber Direktor Nekola erklärte ihm mit gewohnter Klarheit: »Bei den Salzburger Festspielen ist alles möglich. Aber eine Premiere zu verschieben, ist ausgeschlossen. Der Vorhang geht auf, ob Sie fertig sind oder nicht.« Es gab einiges Geschrei, Szenen wie aus der Commedia dell'arte. Dann folgten ein paar Nachtproben. Und wirklich, der Vorhang hob sich, wie es im Programm stand, für eine bezaubernde Aufführung. Vor dem weiß-grauen Hintergrund, der so viel Aufregung und nächtliche Überstunden gefordert hatte, ließ Strehler die meisten Gesangsnummern und auch die Ensembles an der Rampe singen, wobei er das Licht so weit zurücknahm, daß die Sänger im Dunkeln standen und sich als Silhouetten abhoben, reizvolle und überaus effektvolle Schattenspiele. Freilich war der Einwand einiger Kritiker nicht ganz von der Hand zu weisen, dieser Einfall besteche zwar vorerst, nütze sich aber rasch ab. »Hier ist die Preziosität eines engagierten Stilartisten auf die Spitze getrieben, für Strehler ist Mozarts Partitur nur der Anlaß zu einem unterkühlten, völlig ornamentalen Formenspiel« (K. H. Ruppel).
Aber trotzdem, das Publikum freute sich über diese »Entführung«. Leider gab es später Jahr für Jahr die gleiche Posse: Die Direktion lud Strehler stets rechtzeitig ein, die Wiederholungsproben zu leiten. Es gab mehrmals Umbesetzungen, die schmerzlichste nach dem plötzlichen Tod Fritz Wunderlichs. Aber alljährlich blieb bis zum Tag des Probenbeginns ungewiß, ob Strehler kommen würde. Er kam, oder aber es kam ein Telegramm, daß er krank darniederliege, in Milano, in Portofino oder einem anderen schönen Ferienort. Es erschien ein

Assistent oder auch nicht. Selbst im Jubiläumsjahr 1970 – Fünfzig Jahre Salzburger Festspiele – war Strehler ferngeblieben. Als ihm Direktor Nekola einen bedauernden Brief schrieb und ihn aufforderte, doch 1971 endlich wieder seine Inszenierung zu betreuen und zu überlegen, ob er nicht einmal auch eine andere Oper inszenieren wolle, antwortete er nach Monaten am 19. Februar 1971 aus Portofino. In dem Brief heißt es unter anderem: »Personen, denen man vertrauen kann, Freunde, Journalisten haben mir wiederholt gesagt, daß die Aufführung der ›Entführung‹ sich von Jahr zu Jahr änderte, um schließlich im vorigen Jahr den Tiefpunkt zu erreichen. Ich habe vor mir Zeitungsausschnitte, in welchen man mich anklagt, daß ich mein Stück habe geradezu kaputtgehen lassen etc.... All dies läßt mich der Ansicht sein, daß etwas Schwerwiegendes passiert ist, ich weiß aber nicht wieso und durch wessen Schuld! ... Vielleicht hat man gedacht oder denkt man, daß Strehler Salzburg vernachlässigt...« Strehler erklärte sich dann bereit, die »Entführung«, »dieses zauberhafte Stück ernsthaft wieder zu beleben, das uns allen so viel gegeben hat, ihm Frische zu verleihen, Leben, als wäre es neu«. Damiani solle die Dekoration und die Kostüme überprüfen. Man möge genügend Probentermine bestimmen. Weiter heißt es dann: »Sie müssen mir einen Vorschlag machen, wie hoch Salzburg die Arbeit von Giorgio Strehler zu dotieren gedenkt ... ein echtes, sauberes Honorar.«
Dann wendet sich Strehler den »zukünftigen Problemen« zu. »Sie wissen, daß ich immer meinen lebhaftesten Wunsch, in Salzburg auch mit einer gewissen Kontinuität zu arbeiten, geäußert habe... In einem gewissen Sinne hätten können und könnten Maestro Karajan und ich Salzburg ein persönliches Gepräge geben... Und nun komme ich zu dem Hauptproblem: Die zu wählende Oper. Die ›Zauberflöte‹ ist eine Oper, an welche ich seit zwanzig Jahren denke, und ich weiß nicht, ob ich schon bereit bin, sie zu bewältigen. Einerseits bin ich voll Sehnsucht, einen alten Traum zu verwirklichen, anderseits – ich gestehe es, daß Salzburg und die große Bühne mir Angst machen... Haben Sie andere Vorschläge? Oder wünscht Ihr, daß ich sie Euch mache? In diesem Falle wollen Sie die Liebenswürdigkeit haben, mich zu verständigen. Wie Sie ja vielleicht wissen, habe ich, zu meinem Glück und Unglück zugleich, keine stilistische Begrenzung – ... Schließlich ist auch hier das Gespräch für beide Seiten offen.«
Zu den Festspielen 1971 kam also Giorgio Strehler, und er nahm seine Aufgabe sehr ernst, die »Entführung« zu erneuern. Das Wichtigste aber war wohl, daß man im Festspielhaus viele Gespräche mit ihm führte, mit dem Ziel, seine län-

gere Mitarbeit zu sichern. Er bezauberte alle im Direktorium, und mochten die Sitzungen auch lange dauern, sie waren ein Vergnügen. Strehler war ein amüsanter Partner. Er erzählte Geschichten, den ganzen Inhalt von Theaterstücken, spielte Szenen vor, er stand während der Verhandlungen auf, ahmte Haltung, Gang und Redeweise von Personen nach, parodierte, karikierte, und vergaß dabei völlig, worüber eigentlich geredet werden sollte.
Immerhin, nach seiner Abreise konnten die Festspiele am 31. August 1971 die Verhandlungsergebnisse in einem Brief zusammenfassen, in dem es abschließend hieß:
»Wir schlagen Ihnen nunmehr auf diesem Wege vor, daß Sie den Salzburger Festspielen für eine Dauer von sechs Jahren als Regisseur und künstlerischer Berater zur Verfügung stehen werden. Wir freuen uns, daß Sie den Salzburger Festspielen, was Ihre Tätigkeit betrifft, eine gewisse Exklusivität einräumen wollen und auch daran denken, die von Ihnen in Ihrer Heimat gestalteten künstlerischen Vorhaben außerhalb Italiens im deutschsprachigen Raum nur oder zuerst während der Salzburger Festspiele zu zeigen... Wir möchten Ihnen nochmals sagen, wie sehr wir an diese Zusammenarbeit glauben und daß wir überzeugt sind, daß auch Sie Freude und künstlerische Befriedigung in Salzburg haben werden. Was an uns liegt, dazu beizutragen, wird sicher geschehen.«
Es gingen dann noch viele Briefe hin und her, bis die wesentlichen Punkte eines Vertrags feststanden. Es gibt ein Gedächtnisprotokoll vom 16. Oktober 1971, über eine Unterredung mit Frau Erede-Moresco, der Vertreterin Strehlers, in dem dessen Wunsch niedergelegt ist, den Vertrag auf nur drei Jahre zu begrenzen, wobei jede Seite sechs Monate vor Ablauf Änderungswünsche oder die Auflösung der Vereinbarung bekanntgeben könne. Sollte davon nicht Gebrauch gemacht werden, gelte der Vertrag weitere drei Jahre zu den gleichen Bedingungen.
Herbert von Karajan traf Giorgio Strehler Ende Oktober 1971 auf der Insel Ischia, um die Möglichkeit gemeinsamer Produktionen in Salzburg zu besprechen. In einem an Karajan gerichteten Schreiben vom 3. November 1971 legte Strehler seine Auffassung über das Ergebnis dieses Gesprächs dar:
»Wie ich Dir bei unserer Zusammenkunft in Ischia versprochen hatte, habe ich sehr darüber nachgedacht, was die Salzburger Festspiele angeht und über die Aufgaben als Künstlerischer Konsulent und darüber, Schulter an Schulter mit Dir für viele Jahre zu arbeiten. Ich habe Deinen Standpunkt bedacht, Deine Dispositionen und Deine Wünsche, genau wie Deine Kritik an manchen mei-

ner Vorschläge. Es handelt sich darum – meiner Meinung nach – ein gemeinsames Wollen zu finden, um die Salzburger Festspiele neu zu gestalten... – Sicher war es – meinerseits – ein vielleicht zu großzügiger Versuch und auch etwas utopisch, wie Du bemerkt hast... Ich glaube, daß es nötig ist, zu trachten, einen Plan der Übereinstimmung des Handelns und Wirkens zu erarbeiten, der sowohl meine als Deine Anforderungen berücksichtigt... – Der Hauptfaktor bei unserer Zusammenarbeit ist der Entschluß, gemeinsam in Salzburg alle großen Opern Mozarts zu bringen. 1974 ›Die Zauberflöte‹, 1975 ›Don Giovanni‹ und nach und nach ‹Figaros Hochzeit‹ und ›Così fan tutte‹, um mit der Neuinszenierung von ›Entführung‹ zu schließen. Was meine Beschäftigung im Sektor der Prosastücke bei den Festspielen betrifft, so möchte ich wenigstens zwei große Theaterereignisse in der Felsenreitschule inszenieren. Als erstes 1973 ›Il gioco dei potenti‹ (erster und zweiter Teil) von Shakespeare und später ›Dantons Tod‹ von Georg Büchner. Ich habe vorgeschlagen, als ständige Einführung im ›Kleinen Haus‹ eine kleine italienische Oper pro Jahr zu bringen, sei es als Neuinszenierung oder als Reprise. Die erste Oper dieses Zyklus könnte ›Il matrimonio segreto‹ von Cimarosa mit mir als Regisseur und Riccardo Muti als Dirigent sein... Außerdem möchte ich 1973 eine Aufführung des ›Diener zweier Herren‹ von Goldoni in italienischer Sprache an einem ›neuen Platz‹ bringen, als großes Gedenken an Max Reinhardt.«
Mitte November erschien im »Corriere della sera« auf der ersten Seite in großer Aufmachung unter dem Titel »Strehler wandert nach Salzburg aus« (Strehler emigra a Salisburgo) ein Interview von Luigi Barbara. In der Einleitung wird gesagt, daß Strehler, ein Künstler von Weltruf, ein genialer Theatermann, gezwungen sei, auszuwandern. In Italien habe er nur geschlossene Türen gefunden, niemand konnte oder wollte ihm ein Theater geben, in dem er sich hätte entfalten können. Opportunistische und politische Berechnung hätten ihm den Arbeitsplatz verweigert, eine würdige Beschäftigung als Anerkennung für dreißig Jahre Theater von höchstem Niveau. Nach tausend Enttäuschungen habe sich Strehler entschlossen, die Koffer zu packen. Strehler selbst sagte, daß er sich seit Jahren wünsche, mit Karajan zu arbeiten. »Schulter an Schulter, brüderlich und auf lange Zeit.«
Inzwischen kam von Strehler auch eine Darstellung seiner Vorhaben für Salzburg bis zum Jahre 1977, in deren Mittelpunkt eine jährliche Operninszenierung mit Herbert von Karajan stand, daneben Operninszenierungen Strehlers im Kleinen Festspielhaus, alljährliche Gastspiele des Piccolo Teatro in italieni-

scher Sprache und noch vieles andere, etwa Schauspiele in der Felsenreitschule. Es war klar, daß neben diesem Programm nur noch wenig im Salzburger Veranstaltungskalender Raum gehabt hätte. Das Direktorium wies in einem Brief an Strehler darauf hin, daß es seine Vorschläge als eine Besprechungsgrundlage auffasse, daß aber auch an die Produktionen mit Karl Böhm und an Schauspielaufführungen in deutscher Sprache gedacht werde müsse und abzuwarten sei, inwieweit Schauspiele in italienischer Sprache in Salzburg Publikum anziehen würden.

Je länger die Vertragsverhandlungen dauerten, desto schwieriger wurden sie. Strehler wollte sich nicht damit begnügen, in Salzburg Regie zu führen, sondern am liebsten wäre er neben Karajan im Festspieldirektorium gesessen. Es war aber – das Gesetz begrenzt die Zahl der Mitglieder mit fünf – kein Platz frei. Deshalb wurde also die Position eines »künstlerischen Konsulenten« konstruiert. Das Groteske war, daß die Mitglieder des Direktoriums von jeher ehrenamtlich tätig sind, der Konsulent Strehler aber ein »echtes sauberes Honorar« forderte. Er überschüttete uns mit Vorschlägen und Ratschlägen, aber die meisten waren für Salzburg nicht brauchbar oder ihre Verwirklichung hätte Unsummen gekostet.

Die österreichische und auch die deutsche Presse sparten nicht mit Vorschußlorbeeren. Strehler gab munter Interviews, plauderte im Fernsehen, erzählte, was er alles in Salzburg machen werde, zum Teil Projekte, von denen nie die Rede gewesen war, und alles zusammen hätte ausgereicht, auf zehn Jahre ein Strehler-Festival zu veranstalten, vorausgesetzt die Festspiele machten nicht früher Bankrott. Zum Glück hatte Strehler am nächsten Tag wieder vergessen, was er am vorhergehenden erzählt hatte.

Karajan hatte sich vorsichtig nur auf eine gemeinsame »Zauberflöte« für den Sommer 1974 festgelegt und Strehler auch gesagt, daß er für 1975 bereits seit längerem Verdis »Don Carlos« vorbereite. Mittlerweile hatte sich im Dezember 1971 auch Direktor Gerhard Klingenberg vom Wiener Burgtheater in die Verhandlungen mit Strehler eingeschaltet. Er hatte mit ihm einen Vertrag über eine zeitlich nicht genau fixierte Inszenierung von Goldonis »Sommerfrische« an der Burg abgeschlossen. Klingenberg schlug nun vor, die Salzburger Festspiele und das Burgtheater sollten einen gemeinsamen Vertrag mit Strehler aushandeln, der jährlich eine Schauspielinszenierung mit abwechselnden Premieren in Salzburg und Wien sichern sollte, darüber hinaus Kooperation bei der Herstellung der Ausstattung und bei den Proben. Das hätte zweifellos finanzielle Vorteile für beide Seiten bringen können. Aber Strehler zeigte wenig Interesse an einer solchen Vereinbarung. Ihn interessierten am meisten die Operninszenierungen, besonders mit Karajan, außerdem fürchtete er, nicht zu Unrecht, Einschränkungen bei der Wahl der Schauspieler. In einem Gespräch in Wien mit dem Minister für Unterricht und Kunst, Dr. Fred Sinowatz, wurde beschlossen, zunächst ein oder zwei Jahre lang Erfahrungen mit Strehler in Salzburg zu sammeln und dann erst die Form einer Kooperation mit den Bundestheatern zu besprechen.

Nachdem in den Vertrag noch eine Wertsicherungsklausel für die Honorare eingebaut und Strehler im Festspielhaus ein Büro und eine Sekretärin (die sich bald als unterbeschäftigt erwies und auf die Festspielzeit beschränkt wurde) zugesichert worden war, kam es endlich am 21. März 1972 zur feierlichen Unterzeichnung des Dokuments, das Strehler für die Zeit vom 1. Jänner 1972 bis 31. Dezember 1974 als künstlerischen Konsulenten und Regisseur verpflichtete. Man beschloß, sogleich mit den Vorbereitungen für das »Spiel der Mächtigen« in der Felsenreitschule zu beginnen. Die Premieren der beiden Teile wurde für den 13. und 14. August 1973 festgelegt.

Der Landeshauptmann von Salzburg, DDr. Hans Lechner, steuerte die Einladung an Strehler bei, zur Eröffnung der Festspiele 1973 die Gedenkrede anläßlich der hundertsten Wiederkehr des Geburtstags von Max Reinhardt zu halten.

Ehe noch der Leidensweg der Inszenierung des »Spiels der Mächtigen« begann, bevor Strehler überhaupt seine Arbeit aufgenommen hatte, kam er schon Ende 1972 mit Beschwerden und neuen Forderungen. Vorerst wollte er an den Sitzungen des Direktoriums teilnehmen – was später einhellig abgelehnt wurde –, und er verlangte Einfluß auf die Produktionen der anderen Regisseure des Schauspiels und der Oper. Nach einem langwierigen Briefwechsel wurde am 21. April 1973 ein Zusatz zu dem bestehenden Vertrag vereinbart, der in einigen Punkten den Ambitionen Strehlers Rechnung trug. Man versprach ihm Information über die Beschlüsse des Direktoriums und die Veröffentlichung seines Namens und seines Bildes in den Publikationen der Festspiele.

Auf Wunsch Strehlers wurde der in Wien lebende Schriftsteller Loek Huisman beauftragt, unter Benützung der Schlegel-Tieckschen Übersetzung der Dramen Shakespeares eine deutsche Fassung für das »Spiel der Mächtigen« herzustellen. Strehler beanspruchte das Urheberrecht für die Collage, vor allem aus der Trilogie um Heinrich VI., und auch Tantiemen. Wir verwiesen daher Loek Huisman mit seinen Honoraransprüchen für die deutsche Bearbeitung an Strehler. Dabei blieb es auch. Da der italienische Text sieben Jahre früher entstanden war, fielen Strehler immer wieder Änderungen ein. Wir mußten mahnen und auf Fertigstellung drängen, weil die Auswahl der Schauspieler erst an Hand eines endgültigen Textes erfolgen konnte.

Als Kostümbildner hatte Strehler den Italiener Ezio Frigerio vorgeschlagen, von dem aber trotz aller Absprachen keine Entwürfe kamen, so daß die Direktion im Jänner 1973 energische Vorstellungen bei Strehler erhob. Es stellte sich heraus, daß dieser sich indessen mit Frigerio zerstritten hatte. Strehler empfahl nun Jacques Schmidt, der, da die Zeit drängte, einen Teil der Kostüme in seiner Werkstatt in Lyon schneidern sollte. Schmidt verpflichtete sich, bis Mai alle Figurinen abzuliefern und auch Kostüme anzufertigen. Auf ununterbrochene Urgenzen in Lyon und Mailand kam am 8. Juni ein Telegramm Strehlers, Schmidt sei ernstlich erkrankt und mit ihm nicht mehr zu rechnen. Schmidt hatte offenbar erkannt, daß er der Aufgabe nicht gewachsen war. Strehler versprach »subito« neue Kostümbildner zu schicken. Es erschienen drei seiner Mitarbeiter, die einen Teil der Kostüme vom Piccolo Teatro aus Mailand herbeischafften. Die Werkstätten der Festspiele vollbrachten in 8637 Arbeitsstunden das Wunder, etwa zweihundert neue Kostüme herzustellen und die aus Mailand geliehenen oder angekauften auszubessern und umzuarbeiten. Dabei entstanden wiederum Schwierigkeiten mit Strehler selbst, der immer neue Forderungen stellte, obwohl Schneiderinnen und Schneider ohnedies an der Grenze ihrer Kräfte waren.

Nach zahlreichen Verhandlungen und Reisen Strehlers, der das Wiener Burgtheater und auch bundesdeutsche Bühnen besuchte, um Schauspieler kennenzulernen, wurden die vielen Rollen im »Spiel der Mächtigen« besetzt. Bei den Proben zeigte sich, daß der italienische Regisseur die deutschsprachigen Schauspieler doch nicht ganz richtig zu beurteilen vermochte, er gab manchen von ihnen Parts, für die sie nicht engagiert worden waren, strich einige Rollen überhaupt und beschäftigte die Künstler dafür in ganz kleinen Partien. Die Festspiele mußten einerseits die vereinbarten Gagen für geringere Leistungen zahlen, andererseits zusätzliche Forderungen von Schauspielern erfüllen, die zu größeren oder mehreren Aufgaben herangezogen wurden. Die Umbesetzungen während der Probenzeit brachten natürlich auch für die Kostümabteilung zusätzliche Probleme.

Immerhin, die Proben hatten begonnen. Strehler, in Barcola, einem Stadtteil

Triests geboren und aufgewachsen, spricht gut deutsch. Er ist also nicht einer jener Regisseure, die Stücke in einer Sprache inszenieren, die sie kaum verstehen, was in den meisten Fällen zu Mißerfolgen führt. Aber Strehler wollte manchmal nicht verstehen. Schon am 8. Juli kam ein langer Brief, in dem er sich über all das beschwerte, was er selbst verschuldet hatte, nämlich, daß die Kostüme nicht fertig waren, daß Dekorationsteile oder Requisiten fehlten, von denen nie jemand etwas erfahren hatte. Es folgten die Beschwerden der Techniker und der Künstler, weil Strehler mit Verspätung, manchmal bis zu zwei Stunden, zur Probe erschien, aber nach dem vorgesehenen Probenende weitermachen wollte, was unnötige Überstunden und Mehrkosten verursachte. Strehler wollte immer wieder Neues, was drei Monate vorher leicht einzurichten gewesen wäre, im Probenstadium jedoch nur schwer zu erfüllen war.

Weil er ein heiteres Ende nahm, sei ein Vorfall aus dieser Zeit erzählt: Eines Tages erklärte Strehler, daß er für den Jahrmarkt von St. Alban dringend eine Artistengruppe brauche. Da solch fahrende Truppen eine Genehmigung der Landesregierung benötigen, wurde bei der Kulturabteilung angefragt, und wie sich herausstellte, war eine Zirkusgruppe unterwegs im Lande. Das Landes-Gendarmeriekommando zeigte sich hilfreich und machte die Artisten im Pongau ausfindig. Nachdem sich der Chef der Truppe von seinem Schrecken erholt hatte, erfaßte er, daß der Gendarm ein Glücksbote war. Der Mann kam eilends angefahren, seine Truppe, Jongleur und Feuerschlucker inbegriffen, gefiel Strehler. Die Gage war bald abgemacht, und der Chef hatte nur zwei Wünsche: einen kleinen Vorschuß und die Abendgage jeweils nach der Vorstellung. Wir haben selten so glückliche Gesichter gesehen. Als die Artisten auf der Probe erschienen, wurden sie von ihren berühmten »Kollegen« mit Applaus begrüßt. Aber nicht alle Probleme konnten so glatt gelöst werden. Woher sollte man etwa plötzlich einen Musiker bekommen, der eine singende Säge meisterte? Doch auch er wurde gefunden.

Gelegentlich gab es Theater auf dem Theater. Strehler tobte, zerschlug Bierflaschen und schrie italienische Schimpfworte, die glücklicherweise die meisten nicht verstanden.

Eines Abends beklagten sich zwei Hauptdarsteller, daß Strehler mit ihnen eine Szene endlos geprobt, ihnen vorgespielt hatte, obwohl längst jeder Ton und jede Geste feststanden. Grund und Ursache dieser Sondervorstellung waren bald klar: Der Probe hatte der österreichische Finanzminister beigewohnt, vor dem Strehler brillieren wollte. Ein anderes Mal war es der Unterrichtsminister oder ein prominenter Kritiker, den Strehler bezaubern wollte. Das konnte er vorzüglich. Da er immer mehr Besucher zu den Proben einlud, ließen wir schließlich die Felsenreitschule trotz seiner Proteste sperren.

In diesen Tagen rief mich an einem Sonntag früh Helene Thimig daheim an und bat dringend um ein Gespräch. Sie besuchte mich um Mittag im Festspielhaus und, sichtlich erregt, erklärte sie mir, daß sie in Giorgio den wahren Nachfolger Reinhardts erkenne. Das Erbe ihres Gatten werde endlich in die rechten Hände gelegt, die Festspiele würden wieder erblühen und das Schauspiel wieder zu seiner einstigen Bedeutung erhoben. Aber diese große Zukunft, so sagte sie, sei in Gefahr. Giorgio, zermürbt von den Schwierigkeiten, die ihm in Salzburg bereitet würden, sei bei seinem Temperament nur zu leicht versucht, seine Arbeit im Stich zu lassen.

Sie flehte mich an, alles zu tun, um ihn zu halten, ihm zu helfen, damit die große, die herrliche Inszenierung, das »Spiel der Mächtigen« vollendet werde.

Ich verzichtete darauf, darzulegen, daß nicht Strehler mit uns Schwierigkeiten hatte, sondern wir mit ihm. Ich versicherte Helene Thimig, daß unsere Arbeiter ohnedies Tag und Nacht für Strehler tätig seien. Ich bat sie, ihren großen besänftigenden Einfluß auch bei seinen Mitarbeitern Michael Heltau und Loek Huisman – mit denen sie in jener Zeit in Wien in einer gemeinsamen Wohnung lebte –, geltend zu machen. Dann werde wohl alles zu einem guten Ende kommen.

Helene Thimig spielte dann noch eine große Szene: Sie hob ihre Hände, und ihre noch immer schöne Stimme beschwor das Bild des Magiers Max Reinhardt, der herabblickte, ob das Genie seines wahren Nachfolgers, das sie in Strehlers Kunst erkenne, hier wohl auch sorgsam gepflegt und betreut würde.

Und ich dachte an Reinhardt, an seine fast lautlosen Proben, seine sorgfältig geführten Regiebücher – und dann fielen mir die Bierflaschen ein, die Strehler tags zuvor auf der Rampe der Felsenreitschule zerschlagen hatte, daß die Scherben flogen.

Die Proben wurden für einen Tag unterbrochen, als Giorgio Strehler seine Ansprache »Max Reinhardt und Heute« anläßlich der Eröffnungszeremonie der Festspiele 1973 hielt. Die Rede sollte den großen Bogen vom »Jedermann« des Jahres 1920 bis zur Gegenwart zeichnen. Sie verfehlte die Wirkung durch die Art, mit der sich der neue »künstlerische Konsulent« vorstellte, der »in diesem Jahr zum ersten Mal eine direkte Verantwortung übernommen hat und weiterhin tragen will«, der seine Konzeption von Max Reinhardt ableitete, die »über die von ihm selbst geleiteten Aufführungen hinausgehen soll«. Er verstieg sich in unklare Darlegungen über »die Sprache der Poesie, die Wahrheit ist, eben weil sie Poesie ist« und sprach von den Menschen des Theaters heute, die bemüht sind, »die historische Wahrheit zu erobern, die angestrengt versuchen, die Welt zu verändern, nicht nur im Theater, sondern auch mit dem Theater«.

Etwa zehn Tage vor der Premiere fragte ich Ernst Haeusserman nach dem Besuch einer Strehler-Probe: »Glauben Sie, daß die Premiere am 13. August stattfinden wird?« Haeusserman erwiderte: »Nein. Sie müssen morgen Strehler zwingen, beide Teile durchzuspielen. Die Schauspieler haben keine Ahnung von der Szenenfolge.«

Zu dieser Zeit herrschte noch dazu teuflisches Wetter. Es war regnerisch und in der Felsenreitschule entsprechend kalt, vor allem in der Unterbühne, obgleich Tag und Nacht geheizt wurde. Das Warten auf Strehler und das Herumstehen zermürbte Schauspieler und Arbeiter, und der anfängliche Enthusiasmus war Ärger und Verdrossenheit gewichen.

Am andern Tag wurde Strehler ins Präsidium gebeten und eindringlich darauf hingewiesen, wie wenig Zeit nur mehr für Proben geblieben war. Er solle doch bemüht sein, zur Haupt- und Generalprobe zu kommen, damit den Schauspielern vor der Premiere auch noch eine Erholungspause gegönnt wäre.

»Kein Problem«, meinte Strehler. Dann aber beschuldigte er alle im Hause, daß sie versagt, ja seine Arbeit sabotiert hätten. Schließlich gingen aber doch beide Teile des Stücks über die Bühne, in Proben bis zum Morgengrauen. Strehler selbst bot am Tag vor der Premiere ein Bild des Jammers. Er war gestürzt, hatte sich das Knie verletzt und humpelte. Er war fahl, müde, heiser und sichtlich am Ende seiner Kräfte.

Die Premiere war ein großer Publikumserfolg. An den beiden Abenden wurden Szenen gezeigt, die den Atem stocken ließen; andere, wie der Jahrmarkt von St. Alban und die Rebellion der ohnmächtigen Volkswut unter Jack Cade, imponierten durch ihre Größe und Gewalt. Das Aufgebot glänzender Schauspieler – Rolf Boysen, Richard Münch, Michael Heltau, Will Quadflieg, Wolfgang Reichmann, Frank Hoffmann, Erik Frey, Karl Paryla, Andrea Jonasson, Angelika Hauff und vieler anderer – kam allerdings nicht so zur Geltung, wie man es hätte erwarten dürfen. Es war Strehler in den rund sieben Wochen Probenzeit nicht gelungen, die Darsteller zu einem Ensemble zu verbinden. Will Quadflieg, der das große Spektakel einleitete und mit Sentenzen aus mehreren Shakespeare-Dramen kommentierte, erzählt in seinen Erinnerungen, daß er »verzweifelt nach dem großen Bogen« gesucht, daß ihn aber die Lösung nicht befriedigt habe. »So wagte ich«, schreibt er, »was oft zutreffend war, aber eben nicht immer, den großen Faltenwurf der Sprache und meines riesigen Mantels«. Die Kritik war zwiespältig. Während manche doch »das große Welttheater« fanden, sahen andere nur »Geschichte als Ausstattungsoper«, eine Schlacht der Mimen, von denen jeder in den Vordergrund drängte. Die »volltönenden inhaltslosen Proklamationen seiner Eröffnungsrede«, so hieß es, »sprechen die gleiche aufgeschwollene Sprache wie die Prunkgebärden auf Strehlers Bühne« (Benjamin Henrichs). Die große Inszenierung zeigte auch nicht die erhoffte Anziehungskraft auf das internationale Publikum.

Strehler bot während der Festspiele 1973 »in memoriam Max Reinhardt« auch, in einem Gastspiel des Teatro Piccolo, drei Aufführungen seiner berühmten Inszenierung von Goldonis »Der Diener zweier Herren« in italienischer Sprache. 1926 hat Reinhardt als erste Inszenierung in der Felsenreitschule dieses Werk mit Hugo, Helene, Hans und Hermann Thimig aufgeführt. Am selben Spielort veranstaltete nun Strehler ein prasselndes Feuerwerk der Komödie. Allein schon Ferrucio Soleri als Arlecchino eroberte mit seiner Komik und Akrobatik den Riesenraum. In dieser Aufführung zeigte sich der Regisseur Strehler mit seiner genialen Menschenführung, seiner blühenden Phantasie, seinem Reichtum an Einfällen. Der Zuschauer war von der Spannung, dem Tempo, der rasanten Bewegung, der Sinnlichkeit der Gesten erfaßt, und er verstand die Handlung, auch wenn er die Sprache nicht beherrschte. Es war schade, daß auch hier das Publikum der Einladung nur zögernd folgte. Ein großes deutsches Reisebüro hatte schon Monate vorher an das Festspiel-Kartenbüro geschrieben: »Wenn unsere Kunden das Piccolo Teatro di Milano sehen wollen, fahren sie nach Mailand. In Salzburg wollen sie Mozart hören.«

Trotz allem schied Strehler in guter Stimmung von Salzburg. Er schickte bald einige »Anmerkungen« zur »Zauberflöte«, die große Hoffnungen auf eine interessante Inszenierung erweckten. Es seien nur einige Sätze aus dem poetischen Elaborat zitiert: »Ein Märchen für Große und für alle, von einem sehr alten Kind geschrieben ... Etwas, das das uralte Kind an der Schwelle des Todes geschrieben hat, inmitten des Klanges der Glocken und Glockenspiele und von für immer verlorener Weihnacht und überirdischem Licht ... Ein antikes Schauspiel, von antiker theatralischer Magie, ein Schauspiel ›all'italiana‹ in einem Theater von heute, anstelle einer anderen Magie von heute, wunderbarer Weise jedoch auch außerhalb der Geschichte, ein Irgendetwas von Antikem und Abstraktem zugleich. Große einfärbige Flächen, mit Sonne und Mond, die durchsichtig sind, wo das Symbol sich in Zartheit verwandelt, das Märchen in allgemeine Wahrheit, das Kindliche in vollkommene Reife und das Einfache in Umfassendstes und Kompliziertestes, dort wohin niemals eine Begrenzung gelangte, weil sich dort das Gleichgewicht befindet in der Unendlichkeit unseres atavistischen Erinnerns, in diesem dauernden Erzählen, das in uns fließt, weil es im Menschen ist – das ewige Kind.«

Strehler stellte dar, daß er »in dem unmenschlichen Cinemascope-Theater von Salzburg« ein dem Maß des Menschen entsprechendes Schauspiel zeigen werde, wie es für ein kleines Theater mit seinen altmodischen Maschinen erdacht worden ist. In Papageno sah er »den Possenreißer«, sehr zart, ein geflügelter Hanswurst, ein Wesen der Erde und der Luft, aber auch des Theaters, mit Flittern und Federn, mit Musikinstrumenten in der Tasche, der Doppelgänger der Großen, der den ewigen Zirkus auf die Bühne zurückbringt.«

In italienischer Sprache klangen die Anmerkungen Strehlers zur »Zauberflöte« noch schöner. Aber die Wirklichkeit war anders. Im Februar erhielt die Direktion einen langen Beschwerdebrief, in dem er seine Unzufriedenheit über die Auswirkung seiner Tätigkeit als Konsulent ausdrückte, für die kommenden Festspiele die Inszenierung einer italienischer Oper im Kleinen Festspielhaus mit Riccardo Muti als Dirigent urgierte und ein Gastspiel des Piccolo Teatro mit Shakespeares »König Lear« in italienischer Sprache wünschte. Nach den tristen finanziellen Erfahrungen mit dem »Diener zweier Herren« war die Direktion nicht bereit, neuerlich ein Gastspiel in italienischer Sprache zu riskieren. Es war auch nicht klar, wie Strehler bei seiner Arbeitsweise die Wiederholung des »Spiels der Mächtigen« in der Felsenreitschule, die reichliche Proben erforderte, und die Neuinszenierung der »Zauberflöte« bewältigen würde, abgesehen davon, daß die Shakespeare-Collage das Budget mehr als vorgesehen beansprucht und die Kritik des Rechnungshofes herausgefordert hatte. Man fürchtete, daß auch die »Zauberflöte« den vorgesehenen Kostenrahmen sprengen könnte. Strehler verlangte eine Zusicherung, daß Herbert von Karajan die gemeinsame Produktion von Mozart-Opern im Jahr 1975 fortsetzen werde, etwa mit »Don Giovanni«. Er schlug auch vor, die Jugendopern Mozarts unter seiner Regie und womöglich mit Karajan als dem Dirigenten im entsprechenden Rahmen, am besten im Landestheater, aufzuführen. Diese Opern waren seinerzeit schon im Residenzhof geboten worden und hatten nicht den erhofften Erfolg gebracht. Schließlich warf Strehler auch wieder »die soziale Frage« auf,

nämlich, wie auch breiten Schichten der Bevölkerung der Besuch von Festspielaufführungen ermöglicht werden könnte. Das Direktorium verwies Strehler darauf, daß in Salzburg, wann immer es durchführbar gewesen war, bei fast allen Schauspielinszenierungen die Generalproben öffentlich und kostenlos Studenten und Kunstfreuden zugänglich gemacht wurden. Doch habe gerade er die Generalprobe des »Spiels der Mächtigen« nicht geöffnet, und er sei eingeladen, sie bei der Wiederholung freizugeben. (Was er nicht getan hat.)
Strehler drängte darauf, für mehrere Jahre das Programm und besonders seine Inszenierungen festzulegen, und die Direktion mußte ihm ganz offen erklären, was möglich war und was nicht. Außer der Wiederholung des »Spiels der Mächtigen«, der »Entführung« und der Neuinszenierung der »Zauberflöte« war kein Raum – und auch kein Geld – für seine Wünsche gegeben. Die Lage mußte auch dem Kuratorium dargelegt werden. Da indessen Strehler eine Änderung der bisherigen Vereinbarung, vor allem eine genauere Festlegung seiner Rechte und Pflichten als künstlerischer Konsulent, verlangt hatte, wurde im Einvernehmen mit dem Kuratorium der vertragliche Termin wahrgenommen, und man teilte ihm am 4. Juni 1974 mit, daß der bestehende Vertrag nicht automatisch verlängert würde. Zugleich lud man ihn ein, während seiner sommerlichen Anwesenheit in Salzburg neue und den beiderseitigen Erfahrungen entsprechende Grundlagen für eine künftige Zusammenarbeit gemeinsam zu finden und zu formulieren.
Einige Aufregung verursachte zu Festspielbeginn die Veröffentlichung von Teilen des Prüfungsberichts des Rechnungshofs, vor allem jenes Abschnitts, der sich mit dem »Spiel der Mächtigen« befaßte. Es war für den Rechnungshof leicht, all die Versäumnisse und Fehldispositionen Strehlers zu durchleuchten und festzustellen, welche Mehrkosten, besonders für Überstunden des Personals, von ihm verursacht worden waren. Die berechtigte Kritik wurde von verschiedenen Zeitungen und Zeitschriften zu einer wahren Hetze gegen Strehler mißbraucht, so daß sein Unmut begreiflich war. Er warf den Festspielen später vor, man hätte ihn nicht genügend verteidigt.
Ein Fortschritt war aber erreicht worden: Damiani hatte zeitgerecht die Entwürfe für das Bühnenbild zur »Zauberflöte« geliefert, ein gigantisches Bühnenbild. Es war zu bezweifeln, daß es um den vorgesehenen Betrag realisiert werden konnte, die Techniker hatten Bedenken, ob die Verwandlungen in der durch die Musik vorgegebenen Zeit erfolgen konnten, und die Musiker meinten, der technische Apparat werde lauter sein als Mozarts Musik. Da und dort

wurden Abstriche durchgesetzt, manches vereinfacht, trotzdem stieg die Zahl der Motoren, die das »Märchen« bewegen sollten. Die Werkstätten machten alles möglich: Ein Palmenwald erhob sich aus der Tiefe, Pyramiden kamen vom Himmel herab, riesige Löwen verbanden sich zu einem Tor, Felsengebirge fuhren aus den Seitenbühnen heran, Wolken senkten sich hernieder, entschwebten wieder und öffneten den Blick auf einen Tempel, über der Königin der Nacht wölbte sich ein kunstvoll gerafftes Sternensegel. »Ich möchte«, sagte Strehler in einem Interview, »eine Idee von der Theaterform vermitteln, die in der Entstehungszeit der ›Zauberflöte‹ maßgeblich war, die des Zauber- und Maschinentheaters.« Die Kritik freilich fand dann, daß eher eine aufwendige Demonstration der Bühnentechnik im Zeitalter der Roboter vor sich ging.

Strehler probte – nein, er probierte ohne rechtes Konzept herum, und die Sänger, die weniger geduldig sind als die Schauspieler, beschwerten sich über das unnütze Herumstehen. Es wiederholte sich alles, was wir das Jahr zuvor erlebt hatten. Am 14. Juli – also zwei Wochen vor der Premiere – schrieb Strehler der Direktion einen langen Brief, was alles an der Ausstattung geändert werden müsse.

Als Karajan zum vereinbarten Termin ankam, um mit den musikalischen Proben zu beginnen, sah er, daß die Inszenierung unfertig war. »Kein Problem«, sagte Strehler, und Karajan erwiderte lächelnd: »Aber du bist ein Problem.« Er überließ Strehler noch einen seiner eigenen Probentermine und bemühte sich, einige Ungereimtheiten auszumerzen. Die Stimmung, auch zwischen dem Regisseur und dem Dirigenten, war eisig geworden. Das technische Personal gab sich große Mühe, die komplizierte Apparatur immer noch zu perfektionieren, aber der Bühneninspektor meinte gelassen: »Bei dem Werkel kann man für nichts garantieren.« Die Sänger waren froh, als es unter Karajans Zauberstab planmäßig auf die Generalprobe zuging, die auch ohne Panne ablief.

Die Premiere war von vornherein durch die übertriebenen Erwartungen belastet, die Strehler selbst mit seinen Zeitungsinterviews erweckt hatte. Es sollte das Wunder einer »Zauberflöte« gezeigt werden, wie es die Welt bisher weder gesehen noch gehört hatte. Manches gelang denn auch sehr eindrucksvoll, zumal die Aufführung musikalisch makellos war. Aber selbst wenn man es nicht hörte, so spürte man die Anstrengung der überforderten Technik. Wir, die wir um die Schwierigkeiten wußten, zitterten bei jeder Verwandlung, ob wohl alles gutgehen würde.

Am Ende wurden die Sänger vom Publikum bejubelt; der Beifall steigerte sich,

als Karajan heraustrat, dann aber – Strehler erschien vor dem Vorhang – mischten sich in den Beifall unüberhörbare Buh-Rufe, die bisher in diesen heiligen Hallen nie laut geworden waren. Der Applaus für die Sänger verstärkte sich wieder, als Strehler empört und verstört verschwand. Karajan schonte ihn und verzichtete darauf, noch einmal vor den Vorhang zu treten.
Begreiflicherweise war Strehler selbst enttäuscht. Aber er wurde entschädigt durch den großen Erfolg, den die Wiederholung des »Spiels der Mächtigen« hatte. Die Aufführungen waren nun präziser geworden, die Schauspieler hatten mehr zueinander gefunden, und manche Schwächen des ersten Jahres waren verschwunden. Das Publikum feierte die Darsteller und besonders Strehler, der diesmal auch seinen Triumph in besserer Verfassung genießen konnte. Vor seiner Abreise bekam die Direktion noch einen langen Brief, in dem er für das nächste Jahr als Neuinszenierung zur Auswahl Pirandellos »Sechs Personen suchen einen Autor«, Tschechows »Der Kirschgarten«, Goldonis »Die schlaue Witwe« und Bert Brechts »Dreigroschenoper« vorschlug. Voraussetzung aber, daß er in das kleine Landestheater gehe, sei die neuerliche Wiederholung des »Spiels der Mächtigen« und nach gründlichen Proben die der »Zauberflöte«. Man könnte aber dieses Werk auch ein Jahr ruhen lassen, wenn Karajan eine andere Oper Mozarts mit ihm gestalten wollte.
In der Sitzung des Kuratoriums vom 27. September wurde nach längerer Diskussion beschlossen, aus wirtschaftlichen Erwägungen das »Spiel der Mächtigen« abzusetzen. Die Kosten, allein für die vielen Schauspieler, waren hoch und der Zuspruch des Publikums würde in einem weiteren Jahr noch schwächer sein. Wir schlugen Strehler vor, er möge neben den Opern-Reprisen – wobei die »Zauberflöte« ohnedies noch viel Probenarbeit forderte – sich für eines der von ihm genannten Werke im Landestheater entscheiden. Strehler erklärte nun, daß eine Inszenierung im Landestheater für ihn nur in Betracht komme, wenn eine lange Reihe anderer Vorschläge, die er gemacht hatte, verwirklicht würde.
Schließlich ging es nur noch darum, wenigstens die »Zauberflöte« und »Die Entführung aus dem Serail« zu retten. Strehler hatte vorgeschlagen, Zubin Mehta, der ursprünglich seine Inszenierung der »Entführung« dirigiert hatte, zu fragen, ob er bereit wäre, 1975 mit ihm dieser Produktion wieder den alten Glanz zu geben. Mehta war aber nicht mehr frei. Im Einvernehmen mit Strehler wurde nun Kontakt zu Riccardo Muti aufgenommen, der aber ebenfalls ablehnte.
Es ist nie geklärt worden, wer die Intrige eingefädelt hat, die zum endgültigen

Bruch führte. Mitten in den Verhandlungen, aus nur leicht getrübtem Himmel, überraschte Strehler die Festspielleitung mit folgendem Telegramm: »Habe in Erfahrung gebracht, daß vor etwa einem Monat Zubin Mehta von Herbert von Karajan das Angebot erhalten hat, an seiner Stelle die Wiederaufnahme der »Zauberflöte« zu dirigieren stop Die Absage von Zubin Mehta ändert nichts an der Bedeutsamkeit dieser Tatsache, durch die ich mich gezwungen sehe, alle Konsequenzen zu ziehen.«

Die Direktion telegraphierte Strehler, daß, seinem Wunsch entsprechend, mit Mehta zwar über »Die Entführung aus dem Serail« verhandelt worden war, daß aber von der »Zauberflöte« keine Rede gewesen sei. Sein Telegramm wurde an Herbert von Karajan weitergegeben, mit der Bitte um Stellungnahme. Während einer Tagung der Vereinigung europäischer Musikfestspiele in Dubrovnik erfuhren wir, daß Strehler sein Telegramm der Presse übergeben hatte, ohne eine Nachricht Karajans abzuwarten, der übrigens sehr rasch reagierte und in einem Schreiben mitteilte, daß er keinen Kontakt zu Zubin Mehta wegen einer Übernahme der »Zauberflöte« gehabt habe, und auch Zubin Mehta stellte fest, daß weder Karajan noch die Direktion der Festspiele, persönlich oder durch eine Mittelsperson, eine Einladung zur Übernahme der musikalischen Leitung der »Zauberflöte« an ihn gerichtet hätten.

Strehler behauptete wiederum in einer Pressemitteilung, Zubin Mehta habe von dem Antrag Karajans dem Intendanten der Mailänder Scala, Paolo Grassi, erzählt. Im übrigen aber sei für ihn das Problem Salzburger Festspiele abgeschlossen und von nun an ohne Interesse. Er gab noch seine Zustimmung, daß Ferrucio Soleri die »Entführung« betreuen solle, wobei auf dem Programm vermerkt werden mußte: Nach einer Inszenierung Giorgio Strehlers. Die Inszenierung sollte 1975 zum letztenmal auf dem Spielplan erscheinen. Auf die Wiederaufnahme der »Zauberflöte« mußte Salzburg verzichten, weil sie ohne eine intensive Probenarbeit, die Damiani und Strehler selbst hätten leiten müssen, nicht möglich war.

Die Episode Giorgio Strehler war zu Ende.

Das schwarze Scherzo Thomas Bernhards

Thomas Bernhard, durch seine düsteren, todessüchtigen Romane und Erzählungen berühmt geworden, mit Literaturpreisen überhäuft, ist zwar in Holland geboren, aber in Salzburg aufgewachsen, wo er in jungen Jahren vor allem von seinen Großeltern betreut wurde. Seine Mutter war eine Tochter des Schriftstellers Johannes Freumbichler, der einen der schönsten Salzburger Romane, »Philomena Ellenhub«, der 1937 mit dem Österreichischen Staatspreis ausgezeichnet wurde, geschrieben hat. Ich lernte Thomas Bernhard nach dem Tode des Großvaters und der Mutter kennen, bald nachdem er aus der Lungenheilstätte Grafenhof nach Salzburg zurückgekehrt war. Er hatte es sehr schwer, sich durchzubringen, und seine einzige Stütze war die Großmutter Freumbichler, die aber selbst nur von einer kleinen Rente leben mußte. Es war nicht recht klar, ob sich sein Talent der Musik oder der Dichtung zuwenden würde. Damals schrieb er gelegentlich für die Zeitung, deren Chefredakteur ich war, Berichte über das Salzburger Bezirksgericht, wo ihn besonders Vagabunden, schrullige Angeklagte und die alltäglichen Streitigkeiten, die dort oft recht temperamentvoll ausgetragen werden, interessierten. Er hat auch an einem Buch »Salzburg von A–Z« mitgearbeitet, das ich 1954 herausgab und für das er mehrere recht charakteristische Beiträge lieferte, etwa über das berühmte Augustiner Bräustübl, über das Dorotheum, die Salzburger Pfandleihe, Betrachtungen über »Nacht in Salzburg« und »Rund um Mozart«. 1971, nachdem ich Präsident der Salzburger Festspiele geworden war, bot mir Bernhard seine neueste dramatische Arbeit an, und es kam 1972 zur Uraufführung seines Stückes »Der Ignorant und der Wahnsinnige« bei den Salzburger Festspielen – allerdings nur zu der Uraufführung.

Das Stück ist faszinierend. Das »Sezieren« der totalen Perfektion der Sängerin der »Königin der Nacht«, dieser »Koloraturmaschine«, durch einen Arzt im Gespräch mit ihrem Vater, wird zur Darstellung einer Situation, die nur noch in einer »Notenschrift der Angst« wiedergegeben werden kann. Das Motto, das Bernhard dem Werk voranstellt: »Das Märchen ist ganz musikalisch«, stammt von Novalis, der den bedeutendsten Zug des Märchens darin sah, daß »ein Unmögliches möglich wird«, und der meinte, daß vielleicht eine ähnliche Verwandlung geschehe, »wenn der Mensch das Übel in der Welt lieb gewönne, ein Mensch die Krankheit oder den Schmerz zu lieben anfinge«. Daß Sätze in Bernhards Stück, wie: »Das Theater, insbesondere die Oper, ist die Hölle«, gerade in Salzburg einen besonderen Klang haben würden, dessen war man sich hier übrigens wohl bewußt.

Schon die Bekanntgabe der Uraufführung eines Werkes von Thomas Bernhard bei den Salzburger Festspielen löste widerstreitende Kommentare aus, die Betrauung Claus Peymanns mit der Regie nicht weniger. Zeitungen und Rundfunkstationen der Bundesrepublik waren im Zweifel, ob sie nun jubeln sollten, daß ein Regisseur wie Peymann in Salzburg einzieht, oder ob sie ihn tadeln sollten, weil er sich an die »elitären Festspiele« verkauft hatte.
Vorerst nahm alles den gewohnten Gang. Die Dekoration, die Karl-Ernst Herrmann entworfen hatte, war eindrucksvoll, besonders für den Schlußakt, der in einem Wiener Nobelrestaurant spielt. (Herrmann und Peymann hatten dieses Restaurant auf einer Informationsreise besucht, waren aber wegen ihrer unpassenden Kleidung hinauskomplimentiert worden.) Gegenüber der Feuerwehr und der Baupolizei gab es einige Schwierigkeiten zu überwinden, da man alle möglichen Bedenken gegen die freilich ungewöhnliche Dekoration hatte; aber als die Proben begannen, stand das Bühnenbild.
Die Presse stürzte sich sofort auf Peymann, der sehr freigebig mit Interviews war, wobei er etwa seine Eindrücke von Salzburg schlicht in der Bemerkung zusammenfaßte, die Salzburger Festspiele seien »ein ungeheures flambiertes Nockerl«, eine »schicke Scheiße«, was dann in einem Münchner Boulevard-Blatt in großer Aufmachung zu lesen stand.
Die Besetzung der Rollen war hervorragend. Bruno Ganz von der »Schaubühne am Halle'schen Ufer« in Berlin hatte die gewaltige Rolle des Arztes übernommen, auf die er sich durch Besuche der Anatomie an der Berliner Universität vorbereitet hatte. Angela Schmid als Sängerin der »Königin der Nacht« schwebte und zirpte durch die Garderobe, der versoffene Vater wurde von Ulrich Wildgruber dargestellt.
Nach einigen Tagen kam es freilich zu Protesten des technischen Personals des Landestheaters, weil Peymann die Bühnenarbeiter in wahren Wutanfällen mit Ausdrücken beschimpfte, die hier nicht wiedergegeben werden können. Einiges Mißfallen erregte Peymann auch, als er für die Proben der Schlußszene original-französischen Champagner und Essen aus dem Hotel »Österreichischer Hof« verlangte. Später hat der Rechnungshof diese Aufwendungen beanstandet, denen die Festspieldirektion aber zugestimmt hatte, um die letzten Proben, die ohnedies in explosiver Stimmung stattfanden, nicht noch mehr zu gefährden. Zwei Tage vor der Generalprobe forderte Peymann, daß in der letzten Szene des Stückes nicht nur die Regiebemerkung »Die Bühne ist vollkommen finster« erfüllt werde, sondern daß auch die Notbeleuchtung im Zuschauerraum und

das Licht in den anschließenden Gängen gelöscht werden müsse. Besprechungen mit der Theaterpolizei ergaben, was ohnedies alle Theaterleute wußten, daß eine zwingende gesetzliche Bestimmung die Notlichter ausnahmslos vorschreibt. Deren plötzliches Erlöschen zugleich mit der Bühnenbeleuchtung könnte möglicherweise durch einen unvorhergesehenen Zwischenfall zu einer Panik führen. Aber Peymann ließ sich nicht belehren.

Für die Generalprobe waren, wie das bei den Salzburger Festspielen besonders für die Sprechstücke üblich ist, Karten an interessierte Gruppen der Salzburger Bevölkerung ausgegeben worden. Obwohl das im Einvernehmen mit Peymann geschehen war, teilte dieser plötzlich mit, er könne Publikum nicht zulassen. Die Direktion stimmte nun zu, daß bei der Generalprobe – in der also kein Publikum anwesend war – die Notlichter in der Schlußszene kurz ausgeschaltet würden, damit Peymann sich überzeugen könne, daß sie keinen Einfluß auf den Effekt der Szene hatten. Vielleicht war es falsch, diesen Versuch zu ermöglichen. Peymann bestand jetzt erst recht darauf, auch in den Vorstellungen ohne Notlichter zu spielen. Am Tag vor der Premiere nahm noch einmal der technische Inspektionsbeamte in Anwesenheit von Peymann eine Prüfung der Bühne vor. Im Theaterbuch ist unter dem 28. Juli 1972 darüber ein Protokoll verzeichnet, in dem es abschließend heißt: »Der Ausschaltung der Notbeleuchtung, auch kurzfristig, wird keine Zustimmung erteilt. H. Regiss. Peymann, von dieser Entscheidung in Kenntnis gesetzt, wurde ausfällig, deswegen verwaltungsrechtlich verwarnt.«

Peymann hat später behauptet, er sei getäuscht und in dem Glauben gelassen worden, die Notbeleuchtung würde bei der Premiere abgeschaltet.

Aber fast wäre es überhaupt nicht zur Generalprobe gekommen. Kurz vor deren Beginn urgierte Peymann Requisiten, die vorher nie verlangt worden waren. Als der Requisiteur diesen Sachverhalt klarstellte, beschimpfte ihn Peymann in wüster Weise, wandte sich dann an alle Bühnenarbeiter, schrie sie an und steigerte sich in die unflätigsten Reden. Daraufhin verließen alle Arbeiter die Bühne und verweigerten den weiteren Dienst. Der Betriebsrat verständigte die Direktion von dem Streik. Peymann, der indessen doch den Ernst der Lage erkannt hatte und Generalprobe wie Premiere schwinden sah, entschuldigte sich vor dem versammelten Personal. Daß die Stimmung im Haus dennoch gespannt blieb, ist begreiflich.

Die Premiere im ausverkauften Haus war brillant. Von ein paar sanften Unmutsäußerungen abgesehen, gab es nach dem ersten Akt freundlichen Beifall und zuletzt stürmischen Applaus. Die Bühne war am Schluß finster geworden, im Zuschauerraum war niemandem etwas Ungewöhnliches aufgefallen, die Gläser klirrten, als sich die Sängerin über den Tisch warf. Die Notlichter leuchteten sanft.

Die Presse schwankte zwischen himmelhoch jauchzend und zu Tode betrübt. »Karajanopolis in der Perversion des Dichters« oder »Gesellschaft mit dem Skalpell seziert« lauteten Titel von Besprechungen, und mehr als einmal wurde die Frage gestellt: »Wer ist wahnsinnig, wer ein Ignorant?« Die schauspielerischen Leistungen wurden allgemein anerkannt. Mit dieser Aufführung und der vorangegangenen des Cenodoxus in der Felsenreitschule habe das »Antifestival« bei den Salzburger Festspielen seinen Einzug gehalten. ... »Das schwarze Scherzo eines Dichters, als eine Art Antifestival gedacht, entpuppt sich die Uraufführung gleichwohl als richtige Festspielaufführung. Sie, die Aufführung, hat Glanz, schauspielerischen, theatralischen« (Piero Rismondo). Aber auch die Kritiker ahnten nicht, daß sie ein einmaliges Ereignis im Sinne des Wortes erlebt hatten.

Vorerst kam die Zeit der Telegramme. Das erste, von Thomas Bernhard an die Festspieldirektion, lautete: »Ich hoffe, Sie stehen ganz auf der Seite des höchsten Anspruchs, des Ernstes und der Kunst und nicht auf Seite der lokalen Dummheit, Gemeinheit und Niederträchtigkeit und beglückwünsche Sie zu dieser hervorragenden Inszenierung.«

Am folgenden Tag telegrafierte Bernhard: »Eine Gesellschaft, die zwei Minuten Finsternis nicht verträgt, kommt ohne mein Schauspiel aus stop Mein Vertrauen in Regisseur und Darsteller ist hundertprozentig, sie fällen die selbstverständlich kompromißlose Entscheidung für künftige Aufführungen.« Dazu bemerkte wiederum ein Kritiker, was das denn für ein Stück sei, das ohne zwei Minuten Finsternis nicht auskomme.

Am Tag vor der nächsten Aufführung drahtete Peymann: »Die Mitarbeiter der Produktion ›Der Ignorant und der Wahnsinnige‹ haben beschlossen, die Vorstellung am Freitag, den 4. August, nur dann zu spielen, wenn am Schluß totale Finsternis herrscht, das heißt die Bedingungen wie in der Generalprobe wiederhergestellt werden.« Die Direktion der Festspiele teilte Peymann daraufhin telegrafisch mit, daß gesetzliche Vorschriften eine Ausschaltung der Notbeleuchtung verbieten und daß man auf Erfüllung der Verträge durch die Schauspieler bestehen müsse.

Peymann ersuchte neuerlich telegrafisch um seine Dienstkarten für die Vorstellung und verlangte eine Verständigungsprobe, für die ihm die Probebühne im Landestheater zur Verfügung gestellt wurde, da auf der Bühne der Umbau der Dekorationen von »Was ihr wollt« auf die von »Ignorant« für die Abendvorstellung im Gange war. Zu der Verständigungsprobe erschien ein Vertreter der Festspieldirektion mit einem Zeugen und dem Sekretär der Bühnengewerkschaft und wiederholte, daß die Notbeleuchtung nicht ausgeschaltet werden dürfe. Man befragte jeden Schauspieler einzeln, ob er bereit sei, am Abend zu spielen. Alle Mitwirkenden bis auf die Schauspielerin Maria Singer lehnten eine Mitwirkung ab. Da auch eine Besprechung mit Peymann kein Ergebnis brachte, gab die Direktion den Auftrag, den Zuschauerraum geschlossen zu halten, durch Anschlag bekanntzugeben, daß die Vorstellung abgesagt sei und die Karten an den Theaterkassen zurückzunehmen.

Nachdem sich abends bereits ziemlich viel Publikum im Foyer versammelt hatte, erschien Peymann mit einem Plakat: »Zwei Minuten Finsternis und wir spielen«. Es herrschte eine gespannte Stimmung, und an allen Eingängen war Polizei postiert. Ich kam ins Foyer, um den Journalisten Auskunft zu geben. Der Konzeptbeamte, dem die Polizisten unterstanden, wandte sich an mich und fragte, auf Peymann deutend: »Herr Präsident, soll ich ihn verhaften?« Ich sagte: »Nur das nicht. Lassen wir ihn ruhig stehen.« Einige Zuschauer riefen: »Reinhardt schau oba!« und manches nicht gerade Schmeichelhafte zu Peymann hinauf, der etwas erhöht auf der Treppe zu den Logen stand. Funktionäre der Festspiele und der Polizei drängten nun auf eine rasche Abwicklung der Kartenrückgabe und baten das Publikum, das Foyer, in dem das Gedränge immer unangenehmer wurde, zu verlassen. Vor dem Haus standen in der Abendsonne diskutierende Gruppen. Junge Mädchen in bunten Dirndlkleidern verteilten Flugblätter, die für den Besuch des Festes in Hellbrunn warben. Indessen war auch Thomas Bernhard erschienen und teilte mit, er werde die letzten Sätze des Stückes streichen, womit die kritische Szene wegfiele. Eine ziemlich erregte Debatte, die zwischen dem Autor, dem Regisseur und einem Schauspieler entstand, deutete auf verschiedene Ansichten über diesen Vorschlag hin. Es war aber mittlerweile spät geworden, und der Bühneninspektor meldete, daß die Feuerwehr und der Arzt sowie ein Großteil des Bühnenpersonals bereits heimgegangen waren. Und schließlich hatten nun auch fast alle Besucher ihr Geld zurückbekommen. Der Zuschauerraum war so finster wie ihn sich Peymann gewünscht hatte.

Den albernsten Theaterskandal, den es bisher gab, nannte der »Rheinische Merkur« das Ereignis unter dem Titel »Das Notlicht ist dunkel genug« und fragte: »Wer hat während des Spieles auf der Bühne jemals die Notlampen am Rand des Zuschauerraumes wahrgenommen?«

Am nächsten Morgen ließ die Festspieldirektion den Mitwirkenden durch ihren Anwalt mitteilen, daß sie die Verträge als aufgelöst betrachte und daß sie sich Schadenersatzansprüche vorbehalte. Dem Bühnenbildner Karl-Ernst Herrmann, der Kostümbildnerin Moidele Bickel und der Schauspielerin Maria Singer wurden die Gagen ausbezahlt. Die der übrigen Mitwirkenden – zum Teil hatten sie schon Akontozahlungen erhalten – wurden gesperrt.

Zwei Tage später kam ein Telegramm von Peymann: »Wir wollen spielen, so oft es nur möglich ist, notfalls in einem anderen Theater, notfalls im Freien, notfalls in einer anderen Stadt.« Er hatte wohl erkannt, daß er seine Provokation zu weit getrieben und die Entschlossenheit der Festspielleitung unterschätzt hatte, die es wagte, den Regisseur zu entlassen, um das Publikum vor weiteren Zwischenfällen zu bewahren und den österreichischen Gesetzen Respekt zu verschaffen. In der bundesdeutschen Presse kam es nun auch anders: Zwar wurden die Festspiele angegriffen, daß sie die hervorragende Inszenierung abgesetzt hatten, aber ein großer Teil der Zeitungen vermerkte doch mit Genugtuung, daß endlich eine Theaterdirektion aus den Herausforderungen des Regisseurs und seiner Schauspieler die entsprechenden Konsequenzen gezogen hatte.

»Peymann und die Seinen dürfen aufatmen« – schrieb Friedrich Torberg in der »Welt«. »Der Eklat, der bei der Premiere enttäuschenderweise ausgeblieben war, ist ihnen wenigstens bei der zweiten Vorstellung geglückt. Sie haben ihr Plansoll erfüllt. Sie waren, es läßt sich nicht länger bezweifeln, von allem Anfang darauf aus, das Establishment mit ihrem nackten Hintern zu konfrontieren. Und damit haben sie ihr wahres Gesicht gezeigt.«

Die Festspieldirektion gab an die Presse eine Darstellung der Vorfälle und wies auch darauf hin, daß für die Forderung des Regisseurs nach völliger Finsternis während der letzten Szene offenbar künstlerische Gründe nicht maßgebend sein konnten, da sich der Autor Thomas Bernhard leichten Herzens, allerdings zu spät, bereit gefunden hatte, diesen Schluß überhaupt zu streichen.

Bernhard ließ in einem langen Telegramm wissen, daß er die von der Festspieldirektion veröffentlichte Argumentation gegen Peymann und sein Ensemble als Infamie bezeichnen müsse. Er forderte die Wiederaufnahme der Aufführungen, denn hier ginge es »um die Strenge und um die Unbestechlichkeit einer nerven-

anspannenden Kunst und um ihr Prinzip und nicht um die Gemeinheit eines unappetitlichen Tagesfeuilletonismus«.
Claus Peymann gab eine Pressekonferenz, bei der er die Vorfälle bedauerte und seine Forderung nach totaler Finsternis zu begründen suchte. Es wäre alles gut gewesen, man nehme es doch sonst nicht so genau in Österreich. Er hoffe, daß nun wenigstens die Fernseh-Aufzeichnung nicht verhindert werde.
Sie wurde nicht verhindert, im Gegenteil; alle waren an ihrem Zustandekommen interessiert. Die Festspiele hatten einen Vertrag mit dem Österreichischen Fernsehen abgeschlossen, das seinerseits die Mitwirkenden und das technische Personal für die Aufzeichnung verpflichtet hatte. Die Aufnahmen verliefen in einer friedlichen und angenehmen Atmosphäre, sogar bei Fernsehlicht und Notlicht. Das Notlicht wurde übrigens auch bei der deutschen Erstaufführung des Stückes im Berliner Schloßtheater nicht gelöscht. Der Autor hat dort nicht mehr protestiert.
Inzwischen hatte die Festspieldirektion gegen Peymann und die Schauspieler, die ihre Mitwirkung verweigert hatten, beim Bühnenschiedsgericht die Klage auf den Einnahmeentgang eingebracht, der durch den Ausfall von vier Vorstellungen entstanden war. Die Beklagten wiederum hatten ihre Gagen eingeklagt. Nach zwei Verhandlungen kam es zu einem Vergleich; die Einnahmen aus der Fernsehaufzeichnung boten für alle einen wenigstens teilweisen Ersatz für die Verluste.
»Der erregendste aller Salzburger Sommer liegt hinter uns«, schrieb Hilde Spiel in ihrem Schlußbericht über die Festspiele 1972. Hunderte von Kritiken, Meldungen, Interviews, Bildern waren erschienen, und die Enttäuschten, die die Salzburger Aufführung nicht gesehen hatten, konnten im deutschsprachigen Fernsehen die hervorragende Aufzeichnung genießen.
Im Frühjahr 1973 fragte mich der Verleger Wolfgang Schaffler, der in seinem Residenz Verlag einen Teil der Werke Bernhards betreut, ob ich bereit wäre, wieder mit Bernhard zusammenzutreffen. Bei dem in freundlicher Umgebung arrangierten Gespräch erzählte Bernhard, daß er nun eine Komödie schreibe, die er sich als Festspielaufführung im Salzburger Landestheater vorstelle. Er nannte schon den Titel, »Die Macht der Gewohnheit«, und versprach, das Manuskript Anfang Oktober abzuliefern, damit die Uraufführung im Programm für 1974 – die Prospekte erscheinen jeweils im November des Vorjahres – angekündigt werden könne.
Bernhard brachte sein neues Stück zeitgerecht; Pressefotografen hielten das

Ereignis der Übergabe im Bilde fest. Er war gelöster, heiterer als sonst, und in kurzer Zeit waren der Autor, der Suhrkamp-Verlag und die Festspiele einig über Regisseur und Besetzung. Bernhard hatte dem Verlag die ungewöhnliche Bedingung gestellt, daß diese Komödie nur in der Salzburger Inszenierung gezeigt werden dürfe. Das war freilich hart für den Verlag, und es war mühsam, die Modalitäten für eine Tournee durch die großen Städte der Bundesrepublik Deutschland auszuhandeln – im übrigen entsprach es auch nicht der hiesigen Gepflogenheit, Festspielaufführungen nur in Salzburg zu zeigen.

Der Regisseur Dieter Dorn, der schon in Berlin Stücke Bernhards inszeniert hatte, brachte den sehr begabten Bühnenbildner Wilfried Minks mit. Für die Hauptrolle, den alternden Zirkusdirektor Caribaldi, war Bernhard Minetti gewonnen worden, und auch die übrigen vier Rollen waren ausgezeichnet besetzt. In den Wohnwagen des fahrenden Zirkus holt der Direktor seit zwei Jahrzehnten den Jongleur, den Dompteur, den Clown und die Seiltänzerin, um Schuberts »Forellenquintett« zu üben. Die fünf Amateure hassen nun schon diese Musik, sie sind »Kunstzertrümmerer« geworden. Ihnen, die in der Manege jede Bewegung perfekt beherrschen, gelingt es kein einziges Mal, unter der Knute des Direktors dieses Werk zu Ende zu spielen. Der Direktor selbst leidet: »Ich liebe das Cello nicht, mir ist es eine Qual, aber es muß gespielt werden«, und: »Wir wollen das Leben nicht, aber es muß gelebt werden.«

Die Komödie ist gut gebaut; man denkt an den Aufbau des »Forellenquintetts«. In der ersten Szene werden die Themen festgelegt, die dann in Variationen, Wiederholungen, Umkehrungen, in melancholischer Clownerie und in wilden Exzessen des betrunkenen Dompteurs erscheinen, bis am Schluß das Musikstück, das der einsam zurückgebliebene Direktor aus dem Lautsprecher hört, als erlösender Ausklang empfunden wird.

»Dieter Dorn hat ›Die Macht der Gewohnheit‹ durch ein außerordentliches Maß an Psychologisierung, Nuancierung, dialektischer Zuspitzung und gestischer Komik aus der Abstraktion gerettet und zu optischer Wirksamkeit geführt«, schrieb Hilde Spiel. Die Presse stellte staunend fest, daß man bei einem Stück Bernhards auch lachen konnte (wenn dem Zuschauer das Lachen auch gleich wieder verging) und daß die Uraufführung von dem »elitären« Publikum bejubelt wurde. »Die Komödie, die eine Tragödie ist«, wurde ein großer Erfolg.

Es gab noch ein heiteres Nachspiel: Der Zirkusdirektor erinnert mehrmals daran, daß das Spiel weitergehe: »Morgen in Augsburg«, einer Stadt des

Schreckens für die Artisten, an der »Lechkloake« gelegen. In Augsburg protestierte der Bürgermeister, die Zeitungen der Stadt fielen über den Salzburger Schriftsteller her, der die Geburtsstadt von Mozarts Vater beschimpft habe. Man hatte nicht erfaßt, daß der Name Augsburg nur anstelle von Salzburg steht.

Thomas Bernhard war über die ausgezeichnete Aufnahme seiner »Komödie« sehr glücklich und sprach voll Begeisterung von Bernhard Minetti, den er später in den Mittelpunkt eines auch nach diesem Schauspieler benannten Stückes stellte, das in Stuttgart herauskam.

Etwa ein Jahr später wurde Bernhards Schauspiel »Der Präsident« in Wien uraufgeführt, nach dessen Ankündigung mir Bernhard freundlich versichert hatte, es handle nicht von dem Präsidenten der Salzburger Festspiele, wohl aber sei er dabei, ein Stück über diese Festspiele zu schreiben. Er wäre froh, es wieder in Salzburg aufgeführt zu sehen. Ein späteres Gespräch mit Bernhard erweckte allerdings bereits Zweifel, ob sich dieses Werk auch tatsächlich für Salzburg eigne.

Am 20. August 1975 schrieb Bernhard einen Brief an die Festspieldirektion und schickte Kopien an die Redaktionen der »Presse« in Wien und der »Zeit« in Hamburg, die dort früher eintrafen als das Original in Salzburg. Er bezog sich auf eine Notiz im »Münchner Merkur«, in der im Zusammenhang mit Bernhards neuem Stück berichtet wurde: »Man verweist darauf, daß eine noch unvollendete Novität nicht im voraus angenommen und auch nicht gut in Salzburg jeden zweiten Sommer Bernhard gespielt werden könne.« Bernhard meinte, diese Mitteilung stamme aus dem Festspielhaus, was nicht der Fall war. Die Bemerkung in dem Münchner Blatt war gleichlautend mit einem Satz in der Festspiel-Vorschau einer dem Autor nicht sehr wohl gesinnten Salzburger Zeitung.

In Bernhards Brief hieß es weiter: »Eine Zusammenarbeit mit mir auf dem Theater ist nur als eine hundertprozentige und auf einer ganz klaren Vertrauensbasis möglich. Das ist in Salzburg nicht mehr gegeben ... Die Theatergeschichte hat längst entschieden, wer für wen wichtiger gewesen ist, der Bernhard für die Festspiele oder die Festspiele für den Bernhard ... Ich brauche die Festspiele nicht.«

Der Brief erschien auch in der »Zeit«, die dazu feststellte: »Wenn ein an Salzburg leidender Salzburg-Verehrer wie Thomas Bernhard seinen Absagebrief mit dem schmollenden Satz endet: ›Ich brauche die Festspiele nicht‹, so wären die

Direktoriumsmitglieder der Festspiele nicht schlecht beraten, allen Ärger runterzuschlucken und den Satz auch als trotzigen Protest eines Künstlers zu verstehen, der doch sehr gern mitspielen möchte bei diesen schrecklichen, aber auch schrecklich schönen Salzburger Festspielen.«

Bernhards »Festspiel«-Stück mit dem Titel »Die Berühmten« wurde aber schließlich doch nicht in Salzburg, sondern am Wiener Burgtheater uraufgeführt. Bisher hat es keine andere Bühne nachgespielt.

Im November 1980 vollendete Thomas Bernhard ein neues Stück: »Am Ziel«, das er den Salzburger Festspielen zur Uraufführung anbot. Er schlug wieder Claus Peymann als Regisseur vor, der inzwischen Direktor des Schauspielhauses Bochum geworden war. Alle Beteiligten waren bereit, unangenehme Erinnerungen zu verdrängen.

In dem vier Stunden dauernden Stück ist es diesmal eine Frau, die vorwiegend das Wort hat. Die Dame, Witwe nach einem Gußwerksbesitzer, rüstet zur alljährlichen Reise in ihr Sommerhaus am Meer. Während die Tochter, von der Mutter als ihr Geschöpf zu einem stumm dienenden Wesen erniedrigt, die Koffer packt, ergeht sich die Mutter in wiederholt die Heiterkeit des Publikums erregenden Betrachtungen über das Theater, zu dem der Bezug durch den als Gast geladenen »dramatischen Schriftsteller« gegeben ist. In ausführlichen Reminiszenzen macht die Mutter unbarmherzig die Isolation und Sinnlosigkeit ihrer Existenz anschaulich. Die Ankunft am Meer bringt keine Befreiung, sondern führt weiter in die Ausweglosigkeit.

Die suggestiven Bühnenbilder von Karl-Ernst Herrmann trafen genau die Atmosphäre von Bernhards Stück, Claus Peymanns Regie zeichnete sich durch hervorragende Personenführung aus. Die Rolle der Mutter stellte eine faszinierende Herausforderung für eine Schauspielerin vom Format Marianne Hoppes dar. Sie zog alle Register ihrer Kunst – »ein Feuerwerk blendender Kunstmittel, von der kaltmetallischen Herrschaftsfanfare bis zum überwältigend aufstrahlenden Jungmädchencharme der großen alten Dame« (»Der Spiegel«). Und hinter der düsteren Problematik des Stückes blieb dem Zuschauer ein Lächeln.

Oper in neuem Glanz

Das Zwischenspiel von 1938 bis zum Ende des Zweiten Weltkriegs hat nur wenig Spuren hinterlassen. Obgleich laut verkündet wurde, daß nach dem »jüdischen Hexensabbat« nun eine neue Ära der Salzburger Festspiele beginnen werde, blieben 1938 die meisten der bereits vorbereiteten Inszenierungen auf dem Programm, jedoch dirigierte anstelle von Arturo Toscanini Wilhelm Furtwängler »Die Meistersinger von Nürnberg«, Hans Knappertsbusch den »Fidelio« und der italienische Dirigent Vittorio Gui den »Falstaff«. Karl Böhm löste Bruno Walter beim »Don Giovanni« ab, die »Faust-Stadt« Clemens Holzmeisters in der Felsenreitschule wurde durch die »Egmont-Stadt« des Bühnenbildners Ernst Schütte ersetzt. Neu war nur Richard Wagners »Tannhäuser« unter der Leitung von Hans Knappertsbusch. Der »Jedermann« war vom Spielplan verschwunden, aber auch die ausländischen Gäste blieben weg. 1939 mußten einige der bis 8. September geplanten Festspielveranstaltungen des Kriegsbeginns wegen abgesagt werden. Im Februar 1940 wurde mitgeteilt, daß die für den Sommer vorgesehenen Aufführungen nicht stattfinden könnten. Da waren es die getreuen Wiener Philharmoniker, denen es gelang, einen »Salzburger Konzert-Zyklus« zu veranstalten. Es war entscheidend, daß diese festlichen Konzerte zustandekamen und daß daraufhin die neuen Salzburger Machthaber sich gezwungen sahen, auch für 1941 wieder Festspiele anzusetzen. Was aus dieser Zeit für die Zukunft Bedeutung hatte, ist die Mitwirkung Karl Böhms, der damals zum ersten Mal nach Salzburg kam, und das Auftreten einiger Sänger wie Paul Schöffler, Erich Kunz und Maria Cebotari.
Wahrscheinlich wären aber die »Salzburger Theater- und Musik-Sommer«, wie die Festspiele nun hießen, doch im Sande verlaufen, wenn es nicht Clemens Krauss gelungen wäre, seinen lange gehegten Wunsch in Berlin durchzusetzen: Am 13. September 1941 wurde ihm nach schwierigen Verhandlungen die künstlerische Leitung der Festspiele übertragen. Er teilte diesen Erfolg Richard Strauss mit und bat ihn, die Uraufführung der »Liebe der Danae« in Salzburg zu gestatten. Strauss erwiderte in seiner trockenen Art, es bleibe bei der alten Abmachung: »Uraufführung der ›Danae‹ frühestens zwei Jahre nach Friedensschluß.« Er fügte hinzu: »Hoffentlich hat Herr Hitler zu der dankenswerten Übertragung des Salzburger Oberbefehls Ihnen auch gleich das neue Festspielhaus versprochen, dessen Erbauung ich für wichtiger hielte, als eine neue Oper in München.« Er zweifle, ob die »Danae« in dem unzureichenden Reitschulkasten eine halbwegs ausreichende szenische und akustisch genügende Darstellung finden könne. In einem weiteren Brief lädt Strauss den neuen Salzburger

Chef zu einem Gespräch nach Garmisch ein und meint: »Als Oberleiter von ganz Österreich (von München bis Wien) werden Sie doch jetzt endlich unbeschränkten Auto- und Benzingenuß haben.« Damit stand es zwar gar nicht so glänzend, doch berichtete Clemens Krauss, daß er »eine sehr schöne Wohnung im Schloß Leopoldskron« bekommen habe. Dieser Besitz Max Reinhardts war als jüdisches Eigentum beschlagnahmt worden. Clemens Krauss hat sich selber sogleich auch das Monopol zugewiesen, in Salzburg Opern zu dirigieren, und so gab es bei den Festspielen 1942 – die fast ausschließlich von Soldaten besucht waren – einen »Figaro« in deutscher Sprache in der Regie Walter Felsensteins und eine »Arabella«, die 1943 neben einer »Zauberflöte« wiederholt wurde, alles unter der musikalischen Leitung von Krauss. Bemerkenswert ist, daß in der »Zauberflöte« der Papageno mit Paul Hörbiger und die Papagena mit der Schauspielerin Gusti Huber besetzt waren, wozu selbst die gleichgeschaltete Presse bemerkte, daß »der Verzicht auf manches Gesangliche« nicht leicht fiel.

Bald stand Clemens Krauss den Schwierigkeiten gegenüber, die der Krieg in steigendem Maße mit sich brachte. Durch den plötzlichen Tod des Generalsekretärs Dr. Erwin Kerber verlor er 1943 auch noch seinen wichtigsten Mitarbeiter in Salzburg. Immerhin war es ihm jedoch mittlerweile gelungen, Richard Strauss' Zustimmung für die Uraufführung der »Liebe der Danae« zu gewinnen, die für den Sommer 1944 angesetzt wurde. Damit sollte der achtzigste Geburtstag von Strauss gebührend gefeiert werden. Aber Anfang November 1943 wurde das Münchner Nationaltheater bei einem Bombenangriff zerstört. Strauss schrieb, er hätte gerne ein Gespräch mit Krauss, »wenn Sie mal gerade ein halbes Stündchen nicht ein zerstörtes Hoftheater leiten (Hohngelächter der Hölle!)«. Infolge der Bomben verbrannten in München Teile der für die »Danae« dort hergestellten Dekorationen und einige hundert Meter Stoff, die in der Färberei lagen. Nun wurden die weiteren Arbeiten für die Bühnenbilder nach Prag verlegt, die Bühnenschneiderei übersiedelte nach Salzburg, weil es in München keinen Strom gab. Erst am 18. Juli konnten in Salzburg die Proben für die Oper beginnen. Die Titelrolle hatte Viorica Ursuleac, die Gattin von Clemens Krauss, übernommen, Hans Hotter die Partie des Jupiter. Nach dem mißglückten Attentat auf Adolf Hitler am 20. Juli wurden jedoch der »totale Krieg« und die Schließung aller Theater verkündet. Propagandaminister Doktor Goebbels bewilligte eine Ausnahme: In Salzburg sollte die »Danae« uraufgeführt werden; ein Konzert der Wiener Philharmoniker unter Wilhelm Furtwängler konnte noch am 14. August stattfinden. Dann aber untersagte Goebbels plötzlich, offenbar selbst unter Druck, die Uraufführung, und dem Salzburger Gauleiter gelang es nur, zumindest eine öffentliche Generalprobe der »Danae« am 16. August durchzusetzen. Einige Tage vorher kam Richard Strauss – schließlich hatte er doch eine Reisegenehmigung und die Benzinzuteilung für die Fahrt von Garmisch nach Salzburg erreicht – kurz nach Beginn einer »Danae«-Probe in den dunklen Zuschauerraum und setzte sich still neben den Regisseur Rudolf Hartmann. Dieser berichtete später, nachdem Clemens Krauss nach Beendigung der Probe einige Sätze über die Bedeutung dieser Salzburger Tage gesprochen hatte, sei Strauss an die Orchesterbrüstung getreten und habe die Wiener Philharmoniker mit tränenerstickter Stimme gegrüßt: »Vielleicht sehen wir uns in einer besseren Welt wieder.« Von der Generalprobe vor geladenen Gästen, an der der Komponist teilnahm, erzählte Hans Hotter, daß sie »zu den wunderbarsten, aber auch erschütterndsten Eindrücken seines Lebens« gehöre. Richard Strauss, umjubelt, war ernst und ergriffen angesichts dieses musikalischen Ereignisses am Rande des Untergangs. Der Vorhang der Festspielbühne senkte sich vor einer ungewissen Zukunft.

Am 16. Oktober 1944 wurde die Stadt Salzburg zum erstenmal von alliierten Flugzeugen bombardiert, 66 Häuser wurden zerstört oder beschädigt, die Kuppel des Domes stürzte ein, alte Häuser im Kaiviertel wurden schwer getroffen, und auch Mozarts Wohnhaus auf dem Makartplatz fiel zur Hälfte in Schutt. Es folgten noch weitere fünfzehn Luftangriffe, bei denen rund sechstausend Bomben auf die Stadt niedergingen. Am Morgen des 4. Mai 1945 zogen die amerikanischen Truppen in Salzburg ein. Sie besetzten auch das Festspielhaus, das sie zu Veranstaltungen für ihre Soldaten benützten. Aus den Schreibtischen wanderte alles Papier unbesehen in den Abfall, darunter wertvolle Briefe Hofmannsthals, Reinhardts, Richard Strauss' und vieler anderer Künstler. Auch das Landestheater wurde für die Betreuung der amerikanischen Truppen beansprucht. Daß in der schwer beschädigten Stadt mit ihren vielen Ruinen schon am 12. August im Stadtsaal des Festspielhauses die Salzburger Festspiele 1945 eröffnet werden konnten, erschien wie ein Wunder. Präsident Heinrich Puthon war wieder in sein Amt eingesetzt worden. Zur Seite standen ihm Bernhard Paumgartner, der aus der Schweiz zurückkam, und Egon Hilbert, der die Haft im Konzentrationslager Dachau überlebt hatte und später die Leitung der Bundestheater in Wien übernahm. Der Krieg hatte einige Künstler in den Westen Österreichs verschlagen, und sie halfen gerne mit, diese ersten Nachkriegsfestspiele zu gestalten. Im Mozarteum wurde Hugo von Hofmannsthals »Der Tor und der Tod« aufgeführt, Felix Prohaska leitete im Landestheater sechs Aufführungen von Mozarts »Die Entführung aus dem Serail«, und es gab zahlreiche Konzerte des Mozarteum-Orchesters, das sich wieder zusammengefunden hatte, Konzerte der Wiener Sängerknaben, Serenaden in der Felsenreitschule, geistliche Konzerte mit dem Domchor und sogenannte »Österreichische Abende«, bei denen unter anderen Julius Patzak, Ludwig Weber und Maria Cebotari Lieder österreichischer Komponisten sangen. Die Veranstaltungen wurden von der amerikanischen Armee gefördert und von deren Soldaten mit großer Begeisterung aufgenommen. Mit Recht schrieb ein Journalist, es gäbe nichts zu kritisieren, denn die Bedeutung dieser Festspiele sei, daß sie überhaupt stattfänden.

Es war auch 1946 noch schwierig, Festspiele durchzuführen. Der Londoner »Observer« beklagte, daß die Amerikaner die Hotels für sich »organisiert« hatten, »was eine Schande ist, weil die Österreicher wirklich wissen, wie man Hotels führt. Die Künstler sind in namenlosen Hundelöchern in den Vororten zusammengepfercht, während die wichtigsten Hotels fast leerstehen. Den Darstellern waren zwar zusätzliche Lebensmittel von der amerikanischen Armee zugeteilt worden, aber sie beklagten sich, daß sie nicht genug Kraft für die Aufführungen haben.« In diesem Jahr spielten jedoch bereits wieder die Wiener Philharmoniker in Salzburg. »Dem Orchester«, so weiß der »Observer« zu berichten, »fehlt es wie überall in Europa an Darmsaiten und Rohrblättern. Ihre Reserve an Haar für die Bogen ist aufgebraucht. Es kommt nur aus Kanada. Die Zukunft der Wiener Philharmoniker hängt buchstäblich an einem Haar.« Der englische Berichterstatter prangerte den Unsinn an, daß Karl Böhm und Clemens Krauss untätig im Salzkammergut saßen und daß Herbert von Karajan, der unter englischem Schutz schon in Triest begeistert aufgenommene Konzerte dirigiert hatte, gehindert werde, in seiner Heimatstadt aufzutreten. Um die Salzburger Festspiele zu eröffnen, fuhr General Clark dieselbe Straße entlang, die auch Fürst Starhemberg 1936, Rudolf Hess und Joseph Goebbels 1938 benützt hatten, bemerkte der »Observer« ironisch. Aber 1946 inszenierte Heinz Hilpert schon wieder den »Jedermann« vor dem Dom. Hermann Thimig erneuerte in der Felsenreitschule die einstige Inszenierung Max Reinhardts von Goldonis »Der Diener zweier Herren«, und im Festspielhaus hatte Oscar Fritz Schuh sein Festspieldebut mit der »Hochzeit des Figaro«.

Im Sommer 1947 übernahm Helene Thimig die Regie des »Jedermann«. Das Ereignis des Jahres war die Uraufführung von Gottfried von Einems Oper

»Dantons Tod«, die mit einem Beschluß der Festspielleitung verbunden war, womöglich alljährlich das Werk eines Zeitgenossen aus der Taufe zu heben. Ferenc Fricsay übernahm für den erkrankten Otto Klemperer die musikalische Leitung der Uraufführung und wurde damit für die Opernbühnen der Welt entdeckt.

Die Stadt Salzburg freilich bot noch ein recht tristes Bild, so daß etwa der Kritiker der Münchner »Neuen Zeitung« berichtete: »Der erste Eindruck eines Liebhabers dieser einst so glückhaften, verspielten Stadt ist erschreckend: Kann Salzburg heute noch musizieren? Zwischen diesen farblos gewordenen Fassaden, auf der karg wiedererrichteten Salzachbrücke, die keine Milchglaskandelaber und keine internationalen Weltenbummler mehr trägt, vor diesem Dom mit der eingestürzten Kuppel – ist hier noch Platz für die liebenswürdigen Kantilenen einstiger Feste?« Aber es wurde musiziert: Josef Krips und Karl Böhm dirigierten Opern von Mozart und Strauss, Wilhelm Furtwängler, John Barbirolli, Otto Klemperer, Hans Knappertsbusch, Charles Munch leiteten Konzerte der Wiener Philharmoniker. Und auch der Kritiker kam schließlich zu dem Ergebnis: »Salzburg ist materiell unvergleichlich ärmer geworden, aber an Hoffnungen reicher.« Klagen gab es über die mangelhafte Verpflegung. Amerikanische Gäste, die in zwei Flugzeugen kamen, mußten in Badgastein untergebracht werden, weil es in Salzburg keine Hotelzimmer gab. Aber schon im nächsten Jahr, 1948, resümierte der Berichterstatter der »New York Times«: »Die diesjährigen Salzburger Festspiele waren dem internationalen Modell der Vorkriegszeit näher als dies in irgendeinem früheren Nachkriegssommer der Fall war.« Durch die Zusammenarbeit von Caspar Neher, Oscar Fritz Schuh und Herbert von Karajan war die Felsenreitschule in eine faszinierende Opernbühne verwandelt worden. Es war im übrigen das einzige Jahr, in dem sowohl Wilhelm Furtwängler als auch Herbert von Karajan Opern in Salzburg dirigierten.

Wichtige Entscheidungen waren gefallen, neue Prinzipien setzten sich durch. Durch die Absperrung von der russischen Zone, die Zerstörung des Burgtheaters und der Staatsoper in Wien waren die Festspiele gezwungen, Bühnenbilder und Kostüme nach den Entwürfen hervorragender Künstler selbst herzustellen. Jede Inszenierung wurde nun in Salzburg und für Salzburg ausgestattet und geprobt. Man entschloß sich, die Opern in den Originalsprachen aufzuführen. Für die Opernaufführungen konnten die für bestimmte Rollen besonders geeigneten Sänger der Weltelite eingeladen und so ein internationales Ensemble gebildet werden. Auch die äußeren Umstände hatten sich gebessert. Und man

war nicht mehr auf die unzureichende Bühne mit dem gotischen Bogen angewiesen. Seit dem Umbau von 1937 stand eine den Ausmaßen der Wiener Staatsoper entsprechende Bühne zur Verfügung.
Dennoch drohte den Festspielen der finanzielle Zusammenbruch, obgleich auch die wirtschaftliche Lage in Österreich sich zusehends besserte. Während das Land und die Stadt Salzburg unmittelbar nach Kriegsende mehr Geld für Festspielbelange aufwenden konnten, weil ohnedies weder Beton noch Glas, weder Rohre noch Kabel vorhanden waren, um die städtischen Einrichtungen, die zerstörten Häuser und Anlagen in größerem Ausmaß wieder aufzubauen, wurden nun die zur Verfügung stehenden Mittel immer mehr für diese dringenden Aufgaben beansprucht. Es gab auch anstelle der Festspielhaus-Gemeinde nur mehr eine provisorische Leitung ohne rechten Rückhalt. Im Juli 1948 wandte sich Landeshauptmann Josef Rehrl – getreu dem Vorbild seines verstorbenen Bruders Dr. Franz Rehrl, der die Festspiele mehrmals gerettet hatte – in einer Pressekonferenz in Wien mit einem dringenden Appell an die Bundesregierung und erklärte, »daß schon die Festspiele 1949 nicht mehr stattfinden können, wenn für sie nicht eine neue sichere Grundlage hergestellt wird«. Salzburg war damals die künstlerische Auslage nach dem Westen, da die meisten Ausländer sich scheuten, die Ennsbrücke, den Übergang in die russisch besetzte Zone, zu überschreiten.
Aber schließlich wurden doch die notwendigen Mittel aufgebracht, und das Programm von 1949 erreichte bereits den Umfang und das künstlerische Niveau der Vorkriegsfestspiele. Ein holländischer Berichterstatter stellte fest, die Veranstaltungen trügen wieder »den Stempel des Außergewöhnlichen«, selbst angesichts der vielen neuen Festivals, die damals entstanden. »Die Qualität des Gebotenen ist nicht zu übertreffen und die Wahl jeder Programmnummer überlegt, so daß ein Mißlingen ausgeschlossen ist.« Und er bemerkte, daß Salzburg auch wieder »eine Stadt in Feststimmung« geworden sei.
Allerdings geschahen auch seltsame Dinge. Glucks »Orpheus und Eurydike«, die erste Operninszenierung in der Felsenreitschule, dirigierte nun Josef Krips anstelle von Karajan. Die Neuinszenierung von »Figaros Hochzeit«, die ebenfalls Karajan geleitet hatte, verschwand, obgleich sie sehr erfolgreich gewesen war, nach einem Jahr vom Spielplan. Dafür gab es Mozarts »Titus« in einer Bearbeitung von Bernhard Paumgartner unter Josef Krips, ein Unternehmen, dem freilich der Erfolg versagt blieb. Furtwängler wiederholte »Fidelio« und dirigierte eine neue »Zauberflöte« in der Felsenreitschule, im Bühnenbild

Caspar Nehers und unter der Regie von Oscar Fritz Schuh. Sie fand große Zustimmung und blieb vier Jahre im Repertoire. George Szell brachte den »Rosenkavalier« in einer alten Inszenierung in Alfred Rollers Bühnenbildern heraus.

Herbert von Karajan leitete in diesem Sommer (1949) nur noch zwei Chor-Konzerte: Verdis Requiem und Beethovens Neunte Symphonie. Es war ein großartiger Abschied. Die Festspielleitung hatte eine schwere Entscheidung getroffen: Furtwängler oder Karajan. Karajan war von den Besatzungsmächten früher freigegeben worden als Furtwängler und stand bereits in enger Verbindung mit der Gesellschaft der Musikfreunde in Wien, als Furtwängler dort 1947 zum ersten Mal wieder dirigieren konnte. Bei diesem Konzert gab es zunächst Demonstrationen gegen Furtwängler, so daß sich der Beginn um fast eine halbe Stunde verzögerte. Dennoch wurde der Abend letztlich ein großer Erfolg für den Dirigenten. Nach dem Konzert verabredete Karajan mit Furtwängler dessen Mitwirkung in Salzburg für 1948. Präsident Puthon hätte natürlich gerne sowohl Karajan als auch Furtwängler an Salzburg gebunden. Aber Furtwängler war nicht großzügig genug, um den jungen umjubelten Karajan neben sich zu dulden. Vielleicht war es auch ausschlaggebend, daß Furtwängler internationalen Ruf hatte, wogegen Karajan durch den Krieg in seiner Tätigkeit auf den deutschen Raum beschränkt gewesen war. Aber Karajan machte es den Festspielen nicht schwer. Ihm stand nun die Welt offen.

Als ich in das Direktorium berufen wurde, war die Zeit der Unsicherheit und der finanziellen Misere vor dem Ende. Am 12. Juli 1950 beschloß der Nationalrat das Gesetz über die Errichtung eines Salzburger Festspielfonds. Es bleibt ein dauerndes Verdienst Egon Hilberts, daß er dieses Gesetz angeregt und mit Hilfe der mit ihm in Dachau inhaftiert gewesenen Minister auch durchgesetzt hat. Damit wurde festgelegt, daß der Abgang der Festspiele zu vierzig Prozent durch die Republik Österreich, zu je zwanzig Prozent durch das Land Salzburg, die Stadt Salzburg und durch den Salzburger Fremdenverkehrsförderungsfonds gedeckt werden. Ein Kuratorium von Vertretern der Geldgeber genehmigt den jährlichen Voranschlag und den Rechnungsabschluß und betraut ein Direktorium von fünf Mitgliedern mit der künstlerischen und organisatorischen Führung. Der Vorsitzende des Direktoriums trägt den Titel Präsident.

Zum ersten Mal seit ihrem Bestehen bewegten sich die Festspiele auf sicherem Boden. Bald wurde das Direktorium ermächtigt, über den Zeitraum eines Jahresbudgets hinaus zu planen und auch Verträge zu schließen. Das machte es möglich, Programme auf längere Sicht vorzubereiten. Die folgenden zehn Jahre brachten viele große künstlerische Ereignisse, ehe sich durch die Eröffnung des Großen Festspielhauses die Konfrontation mit anderen, größeren Dimensionen ergab.

Aber vorerst erwiesen sich im Direktorium die verschiedenen Temperamente und Interessen der Mitglieder als erschwerend, und gemeinsame Beschlüsse kamen meist nur durch die Ruhe und Geduld von Präsident Puthon zustande. Egon Hilbert dachte vor allem an seine Wiener Staatsoper und wollte deren Künstler auf den Festspielbühnen sehen. Am liebsten hätte er, wie das vor dem Krieg gehandhabt worden war, die Oper in Salzburg von Wien aus bestritten. Doch die Entwicklung war nicht mehr rückgängig zu machen. Bernhard Paumgartner wiederum dachte zuerst an sein Mozarteum und an die Salzburger Tradition. Er verließ manchmal grollend die Sitzung, aber schließlich war er dann doch wieder nachgiebig und versöhnlich. Gottfried von Einem wollte seine Komponisten-Kollegen aufgeführt sehen, die damals seit der Kriegszeit noch manches Opus in der Schreibtischlade hatten. Mir blieb die Aufgabe, Präsident Puthon zu unterstützen und mehr auf die Qualität der Besetzungen zu achten als darauf, woher sie kamen. Häufig erschien Wilhelm Furtwängler im Direktorium und wollte Einfluß auf das Programm nehmen. Er war leicht beleidigt, wenn seine Wünsche nicht akzeptiert wurden. Interessant ist ein Brief, den er am 6. April 1950 an Gottfried von Einem richtete und in dem es heißt: »Sie wissen, daß ich Salzburgs wegen die musikalische Leitung der Bayreuther Festspiele, die mir mehrmals aufs dringlichste angeboten wurde, abgelehnt habe. Ich habe das getan, weil mich die künstlerischen Aufgaben Salzburgs mehr interessieren. Daraus aber anzunehmen, daß ich Salzburg ›nötig‹ hätte, wie Sie es in Ihrem Brief ausdrücken, ist ein Irrtum. Wie weit Salzburg mich nötig hat, lasse ich dahingestellt.« Furtwängler beklagt sich überdies, daß Programm und Besetzungsvorschläge, die er vorgebracht hatte, nicht berücksichtigt worden seien, daß man darüber hinweggehe, ohne ihn auch nur zu verständigen. Mit den Jahren wurden die Verhandlungen mit Furtwängler immer schwieriger, und er drohte häufig, nie mehr in Salzburg zu dirigieren. Da er von Jahr zu Jahr schlechter hörte, mußte man in dem winzigen Büro Puthons, in dem sich alle Sitzungen abspielten, sehr laut werden, um sich mit dem Meister zu verständigen. Das merkwürdige war, daß er nach wie vor bei den Proben im Orchester den kleinsten Fehler hörte und korrigierte. Er beherrschte die Salzburger Opernszene bis 1954, mit einer durch seine Krankheit erzwungenen Unterbrechung im Sommer 1952, in dem dann Mario Rossi und der immer hilfsbereite und zuverlässige Rudolf Moralt seine Aufgaben übernahmen. In seinen letzten Jahren dirigierte Furtwängler noch »Don Giovanni« im Festspielhaus in den Bühnenbildern von Clemens Holzmeister, wobei Oscar Fritz Schuh Regie führte, ferner einen großartigen »Othello« mit Ramon Vinay in der Titelrolle, einen »Figaro« in der Regie Herbert Grafs und 1954, als seine letzte Neueinstudierung, Webers »Freischütz«, eine Oper, die er gegen den Rat des Direktoriums erzwang und die, wie erwartet, keinen Erfolg beim internationalen Publikum brachte und auch schlecht besucht war. Die Inszenierung wurde nach seinem Tod abgesetzt. Damals war man besorgt, wie Furtwängler in Salzburg zu ersetzen sei.

Aber die Festspiele überwanden auch diesen schweren Verlust. Eine lange Reihe von Dirigenten war nach Kriegsende gewonnen worden. Josef Krips dirigierte 1950 noch zwei zeitgenössische Opern, Benjamin Brittens »Raub der Lukrezia« und Boris Blachers »Romeo und Julia«. Er verließ jedoch im selben Jahr Salzburg nach einem Streit mit dem Direktorium. George Szell brachte 1954 Rolf Liebermanns Oper »Penelope« und im folgenden Jahr Werner Egks »Irische Legende« heraus und konnte sich eines großen Erfolgs mit Rolf Liebermanns »Die Schule der Frauen« erfreuen. Die »Zauberflöte« mit dem von Furtwängler angeregten Bühnenbild Oskar Kokoschkas dirigierte 1955 Georg Solti. Im selben Jahr leitete Rudolf Kempe Hans Pfitzners »Palestrina«. 1957 und 1958 wirkte Joseph Keilberth mit und dirigierte »Die Entführung aus dem Serail« und Richard Strauss' »Arabella«. Im Landestheater ging unter Bernhard Conz die reizende kleine Oper von Joseph Haydn, »Die Welt auf dem Monde«, in Szene (1959).

Salzburg hatte noch manchen Verlust zu beklagen. Ferenc Fricsay, der 1947 mit der Uraufführung von »Dantons Tod« berühmt geworden war, hob im Sommer 1949 auch Carl Orffs »Antigonae« aus der Taufe und 1948 Frank Martins »Zaubertrank«. Man glaubte ihn von schwerer Krankheit genesen, als er 1961 im Großen Festspielhaus Mozarts »Idomeneo« leitete, aber er erlag 1963 einem Leberleiden. Guido Cantelli, der 1953 und 1954 äußerst erfolgreich als Konzertdirigent hervorgetreten war, galt als große Hoffnung. Er wurde 1956 bei Paris Opfer eines Flugzeugunglücks.

Clemens Krauss kehrte 1952 zu den Festspielen zurück, um die Uraufführung von Richard Strauss' »Die Liebe der Danae«, die 1944 nur bis zur Generalprobe gediehen war, nachzuholen. Er übernahm 1953 noch den »Rosenkavalier« in

den Bühnenbildern Alfred Rollers. Der Tod ereilte ihn 1954 bei einem Gastspiel in Mexico City.
Einen großen Dirigenten gewann Salzburg mit Dimitri Mitropoulos. Als er 1954 den von Furtwängler geleiteten »Don Giovanni« in der Felsenreitschule sah, war er von dieser Spielstätte so begeistert, daß er bat, ihm dort ein Konzert oder eine Oper zu übertragen. Er übernahm 1956 eben diesen »Don Giovanni« in der Inszenierung von Herbert Graf und führte am selben Ort auch, in memoriam Wilhelm Furtwängler, Berlioz' Requiem auf. Mitropoulos, der sich bald in Salzburg heimisch fühlte, war eine faszinierende Erscheinung. Als Beispiel für sein außergewöhnliches Gedächtnis erzählen die Wiener Philharmoniker, er habe sich vor seiner ersten Probe jeden einzelnen Musiker vorstellen lassen, mit jedem ein paar Sätze gesprochen und dann während der Proben jeden beim Namen genannt, als wäre er ein alter Freund. Er fand Kontakt zu Studenten des Mozarteums und förderte junge Talente mit Rat und Tat. 1957 dirigierte er eine hinreißende »Elektra« in der Felsenreitschule. Einen Mißerfolg brachte ihm ein Import aus New York: Samuel Barbers »Vanessa« in der Inszenierung Gian Carlo Menottis. Die Oper, die anläßlich der amerikanischen Uraufführung als ein Meisterwerk gepriesen worden war, erlebte in Salzburg eine fast skandalöse Niederlage. Man erklärte die Übernahme des Werkes als einen Akt der Dankbarkeit gegenüber den Amerikanern für die Salzburg und Österreich nach Kriegsende geleistete Hilfe. Die Festspielleitung hatte damit überdies einem dringenden Wunsch von Mitropoulos nachgegeben, der sich erstaunlicherweise für dieses in Libretto und Musik recht simple Werk, noch dazu in einer nicht minder simplen Inszenierung der New Yorker Metropolitan Opera, vehement einsetzte. Mit der Aufführung des Oratoriums »Das Buch mit sieben Siegeln« des Österreichers Franz Schmidt hat Mitropoulos hingegen im folgenden Jahr einen großen Erfolg erzielt, und 1960 erklang unter seiner Leitung in der Felsenreitschule Gustav Mahlers »Symphonie der Tausend« mit dem Staatsopernchor, dem Wiener Singverein und den Wiener Sängerknaben; ein Konzert, das selbst aus dem durch die Eröffnung des Großen Festspielhauses damals besonders ereignisreichen Programm herausragte. Wenige Monate später starb der große Dirigent während einer Probe an der Mailänder Scala.
Immer mehr in den Mittelpunkt des musikalischen Geschehens trat in diesen Jahren Karl Böhm. Er nahm 1947 seine Tätigkeit in Salzburg mit »Arabella« von Richard Strauss wieder auf und trug dazu bei, daß die Festspiele dieses Sommers erstmals seit dem Krieg wieder wirklich festlichen Charakter hatten.

Damals begann auch die später so fruchtbare Zusammenarbeit Karl Böhms mit Günther Rennert. 1950 setzte er mit Rudolf Hartmann als Regisseur Richard Strauss' »Capriccio« in Szene. Nun versammelte sich allmählich jene Schar von erlesenen Gesangssolisten in Salzburg, die den erneuten Ruhm der Festspiele sicherten: Irmgard Seefried, Elisabeth Schwarzkopf, Hilde Güden, Maria Cebotari, Lisa Della Casa, Sena Jurinac, Wilma Lipp, Erich Kunz, Paul Schöffler, Anton Dermota, Cesare Siepi, Walter Berry, um nur einige zu nennen.

1951 begann die Zusammenarbeit Böhms mit Oscar Fritz Schuh und Caspar Neher, zunächst mit Alban Bergs »Wozzeck« – eine Aufführung, die damals als Wagnis galt, die aber dem Werk den Weg an die großen Opernbühnen der Welt frei gemacht hat.

Eine Inszenierung, 1953, von Schuh und Neher mit Karl Böhm am Pult hat einen neuen Spielort eröffnet, der fast zwei Jahrzehnte lang zum Festspielschauplatz werden sollte: Mozarts »Così fan tutte«, im Hof der alten erzbischöflichen Residenz. Ihre jetzige Form verdankt die Residenz im wesentlichen den baufreudigen Erzbischöfen Wolf Dietrich und Markus Sittikus an der Wende vom 16. zum 17. Jahrhundert. Der Hof beeindruckt durch die hohe toskanische Pilasterordnung und durch den Portikus mit dem monumentalen Brunnen. Über die Haupttreppe gelangt man in den langen, in der Höhe durch zwei Stockwerke reichenden Carabinierisaal, der bei schlechtem Wetter die Aufführungen aufnehmen konnte. In den prächtigen Hof stellte Caspar Neher eine kleine, quasi improvisierte Bühne. Einige zierliche Gitterbalustraden, ein paar weiße eiserne Möbel, zwei venezianische Leuchter deuteten den Bühnenraum an. Die Freude war nur getrübt, wenn manche Vorstellung vom Wettergott in den akustisch unzulänglichen und zudem meist drückend heißen Carabinierisaal verbannt wurde. Bei aller Bemühung ließ sich aus dem einstigen Aufenthaltsraum der erzbischöflichen Garde kein befriedigendes Theater machen. Aber letztlich ging doch alles gut, solange Künstler wie Irmgard Seefried, Elisabeth Schwarzkopf, Christa Ludwig, Graziella Sciutti, Anton Dermota, Erich Kunz, Paul Schöffler, Nicolai Gedda, damals alle in ihrer Glanzzeit, die kleine Bühne beherrschten. Von 1953 bis 1959 bezauberte diese Aufführung mit Ausnahme des Sommers 1955 alljährlich das Publikum. Allmählich jedoch ergaben sich wachsende Schwierigkeiten: Die Sänger wollten die ungünstigen Umstände nicht mehr auf sich nehmen, die Philharmoniker grollten, nachdem sie jahrelang alle Unbilden, Hitze, Wind, Gewitter, Übersiedlung unter Blitz und Donner, ertra-

gen hatten. Karl Böhm entschloß sich deshalb 1960, diesmal in Zusammenarbeit mit Günther Rennert, zu einer Neuinszenierung von »Così fan tutte« in dem intimeren und bequemeren Landestheater.
Dennoch wurde die Spielstätte in der Residenz vorerst nicht aufgegeben, sondern nunmehr hauptsächlich für die Aufführung von Jugendwerken Mozarts eingerichtet, wobei auch jüngeren Kräften eine Chance sich zu präsentieren geboten werden sollte. 1960 kam dort »La finta semplice« des 12jährigen Mozart auf die Bühne, drei Jahre hindurch gab es eine Inszenierung der »Entführung aus dem Serail« – einen Sommer lang mit Fritz Wunderlich als Belmonte. Es folgten, gewiß zur Freude derer, die einmal auch die Frühwerke Mozarts auf der Bühne erleben wollten, »Lucio Silla« (in Mailand 1774 uraufgeführt), »Die Gärtnerin aus Liebe« (1775 für München komponiert), »Ascanio in Alba« (zur Feier der Hochzeit Erzherzog Ferdinands von Österreich 1771 in Mailand aufgeführt), dann »Zaide« (1768 komponiert) und schließlich ein Abend mit »Bastien und Bastienne« (1768 in Wien geschaffen) und mit Pergolesis »La serva padrona«. Dann entschloß sich 1970 das Direktorium, den Schauplatz nicht weiter bespielen zu lassen. Mozarts »Mitridate, Re di Ponto« (1771 in Mailand uraufgeführt) wurde 1971 bereits an einem anderen Spielort, nämlich in der Felsenreitschule, gezeigt.
Aber zurück zu Karl Böhm, der nun fast alljährlich mit einer Neuinszenierung am Programm der Festspiele beteiligt war, vor allem mit Werken von Mozart und Richard Strauss: 1954 war es »Ariadne auf Naxos« mit Josef Gielen als Regisseur; 1959 »Die schweigsame Frau«, ein Werk, das auch durch Stefan Zweig, der das Libretto geschrieben hat, mit Salzburg verbunden ist.
Nach dem Tode Wilhelm Furtwänglers war das Festspieldirektorium bemüht, Herbert von Karajan nach Salzburg, in seine Vaterstadt, heimzuführen. Begreiflicherweise wollte Karajan eine konstruktive Arbeit auf längere Zeit sichern. Schließlich wurde ein Vertrag geschlossen, der ihn für vier Jahre, von 1. Oktober 1956 bis 30. September 1960, als künstlerischen Leiter verpflichtete. (Karajan erneuerte 1960 den Vertrag nicht mehr, da er mittlerweile die Leitung der Wiener Staatsoper übernommen hatte.) Zwar sieht das Festspielfondsgesetz einen künstlerischen Leiter nicht vor, und es wurde auch nicht geklärt, in welchem Verhältnis dieser zum Direktorium steht, dem alle organisatorischen und künstlerischen Entscheidungen übertragen sind, aber es herrschte jedenfalls ungetrübte Freude über die Heimkehr des verlorenen Sohnes. Zum Neubeginn seiner Arbeit in Salzburg brachte Karajan 1957 mit Helmut Jürgens als Regis-

seur und Bühnenbildner eine großartige Aufführung von Beethovens »Fidelio« in der Felsenreitschule und einen italienischen »Falstaff« mit Tito Gobbi und Rolando Panerai, Elisabeth Schwarzkopf und Giulietta Simionato. Daß »Karajans Elan, seine unglaubliche Kunst, die größte Lautstärke mit der intimsten in Einklang zu bringen, seine federnde Eleganz und seine rhythmische Präzision« das Publikum zu begeistertem Jubel hinriß, bestätigten neben Siegfried Melchinger in der »Stuttgarter Zeitung« viele andere Pressestimmen. Es folgte 1958 »Don Carlos« gleichfalls in der Felsenreitschule, wobei Gustaf Gründgens Regie führte und Caspar Neher das Bühnenbild entworfen hatte. Wieder war die Aufführung ein unbestrittener Triumph Karajans, der mit den Wiener Philharmonikern und den überwiegend italienischen Sängern in klanglicher Schönheit schwelgte. 1959 kam eine Aufführung von Glucks »Orpheus und Eurydike« hinzu, die auf der Inszenierung von Schuh und Neher von 1948 beruhte und in neuer Besetzung den einstigen Erfolg bestätigte.
Am 26. Juli 1960 eröffnete Herbert von Karajan im Rahmen eines Festaktes das neuerbaute Große Festspielhaus mit dem »Gloria« aus Mozarts Großer Messe in c-Moll und bot dort als erste glanzvolle Aufführung in Zusammenarbeit mit dem Regisseur Rudolf Hartmann und dem Bühnenbildner Teo Otto den »Rosenkavalier« von Richard Strauss. Damit begann unter neuen technischen Voraussetzungen eine neue Ära der Salzburger Festspiele.
Mit dem zunehmenden Fremdenverkehr war das Mißverhältnis zwischen der Zahl der bestellten Karten und der Kapazität der gegebenen Spielstätten immer größer geworden. Das Kartenbüro mußte mehr Absagen verschicken, als es Bestellungen erfüllen konnte. 1953 hatte deshalb der Architekt Clemens Holzmeister vorgeschlagen, ein großes Festspielhaus zu erbauen, und zwar anschließend an das bestehende Haus und die Felsenreitschule. Aber dennoch wurde vorerst eher das alte Kleine Festspielhaus bevorzugt, wo übrigens Karajan 1960 auch Mozarts »Don Giovanni« leitete, mit Oscar Fritz Schuh als Regisseur und gleichfalls mit Teo Otto als Schöpfer des Bühnenbildes, eine der schönsten Aufführungen dieses Werkes, die es je bei den Festspielen gab. Nun wuchs das Programm auf acht Opern und vier Schauspiele an; und bald zeigten sich auch die Grenzen der neuen Wirkungsstätte. Eine Inszenierung von Mozarts »Idomeneo« im Großen Haus gelang dem Regisseur Paul Hager – Dirigent war Ferenc Fricsay – nicht befriedigend. Die Inszenierungen von Mozarts »Zauberflöte« von Otto Schenk (1963), Oscar Fritz Schuh (1967) und selbst jene von Giorgio Strehler (1974) erfüllten im Großen Festspielhaus ebenfalls nicht die Erwartungen.

1964 demissionierte Herbert von Karajan unter dramatischen Umständen als künstlerischer Leiter der Wiener Staatsoper und erklärte in einer Pressekonferenz, er würde sich in Hinkunft nur noch außerhalb Österreichs künstlerisch betätigen. Die Salzburger Festspiele reagierten sehr rasch, und Landeshauptmann Dr. Hans Lechner lud den Dirigenten in einem Telegramm ein, sich nach seinem Weggang von Wien um so mehr den Salzburger Festspielen zu widmen. Nach einer Bedenkzeit erklärte sich Karajan bereit, in das Direktorium einzutreten. Dazu war allerdings ein einstimmiger Beschluß des Kuratoriums nötig. Er drohte am Einspruch des Unterrichtsministers Dr. Piffl-Percevic zu scheitern, den Karajans Weggang von der Wiener Oper verärgert hatte und der nun seine Genehmigung verweigerte, bis ihn Dr. Josef Klaus, der damals Bundeskanzler war, umstimmte.

Karajan war fasziniert von den außergewöhnlichen Möglichkeiten der Bühne des Großen Festspielhauses, und er wählte für 1962 Verdis »Troubadour«, den er mit Teo Otto als Bühnenbildner herausbrachte, nicht ohne Widerspruch der Kritik, die fand, das Werk passe nicht nach Salzburg. Karajan selbst führte Regie, was in den nächsten Jahren (mit wenigen Ausnahmen) zur Regel wurde. 1964 folgte, wiederum im Großen Haus, »Elektra«, anläßlich der hundertsten Wiederkehr von Richard Strauss' Geburtstag. Das Publikum wußte es zu schätzen, daß Karajan Salzburg treu geblieben war und feierte ihn mit Beifall, der, wie eine Zeitung schrieb, anhielt, »auch noch als der Maestro längst auf dem Weg nach seiner Sommerresidenz war«.

Die Kritik an der Breite der Bühne des Großen Hauses – der Vergleich mit der Breitleinwand des Kinos wurde häufig strapaziert – verstummte allerdings noch immer nicht. Erst eine Inszenierung Herbert von Karajans, mit dem Bühnenbildner Günther Schneider-Siemssen, von Modest Mussorgskijs »Boris Godunow« machte die großen Möglichkeiten dieser Bühne wirklich überzeugend deutlich.

Es war Schneider-Siemssens Festspieldebut in Salzburg, und es ist ihm gelungen, die Vorteile und die besonderen Bedingungen dieser Bühne zu erkennen und auszunützen. Diese erste Zusammenarbeit Schneider-Siemssens mit Karajan wurde von großer Bedeutung für Salzburg. Sie überzeugte Karajan, daß für die von ihm geplante Realisierung von Richard Wagners »Ring«-Tetralogie hier der richtige Ort sei, und das war ausschlaggebend für die Gründung der Salzburger Osterfestspiele, die im Jahre 1967 erstmals stattfanden. Sie sind seither alljährlich ein wichtiges künstlerisches Ereignis.

Zu seinem Bühnenbild für »Boris Godunow« schrieb Schneider-Siemssen, er gehe »von einer einzigen Uridee, von einer entscheidenden geist-symbolischen Aussage, von einem ganz bestimmten Grundrißkonzept aus, das dann durch die Handlung variiert wird«. So wurde etwa das russische Doppelkreuz zum Schlüssel, als szenischer Handlungsfaktor und als technischer Verwandlungsträger. Die gewaltigen Ikonenwände, insbesondere der Krönungsszene, sind in die Theatergeschichte eingegangen.
Herbert von Karajan hatte sich somit endgültig für das Große Festspielhaus entschieden. Neben »Boris Godunow«, der im Repertoire blieb, inszenierte er 1966 Bizets Meisterwerk »Carmen«. Von da an hat Karajan den Zweijahres-Rhythmus, den er sich für Neueinstudierungen gesetzt hat, eingehalten. Er brachte – nun stets mit Bühnenbildern Günther Schneider-Siemssens – 1968 Mozarts »Don Giovanni« und 1970 Verdis »Othello«; das letztgenannte Werk in einer hinreißenden Inszenierung mit Mirella Freni als Desdemona und Jon Vickers in der Titelrolle. 1972 folgte Mozarts »Figaros Hochzeit« – ausnahmsweise mit Jean-Pierre Ponnelle als dem Regisseur und Ausstatter –, eine Inszenierung, die immer wieder in das Programm aufgenommen wurde. 1974 kam das große Experiment, die Zusammenarbeit Karajans mit Giorgio Strehler, der Mozarts »Zauberflöte« inszenierte, wofür Luciano Damiani Bühnenbilder entwarf, bei denen die Motoren die Musik übertönten. Leider konnte auch Karajan diese Aufführung nicht retten.
1975 inszenierte und dirigierte Karajan Verdis »Don Carlos«, eine der schönsten Aufführungen der letzten Jahre. 1977 folgte die lang vorbereitete »Salome« von Richard Strauss, nachdem Karajan in Hildegard Behrens die Verkörperung der Titelrolle gefunden hatte, die seiner künstlerischen Vorstellung entsprach. Wieder zwei Jahre später überraschte Karajan als Regisseur und Dirigent mit einer Inszenierung von Verdis »Aida«, für die die Dimensionen der Bühne wie geschaffen schienen. Mit Verdis heiterem Alterswerk, dem »Falstaff«, beendete Karajan 1981 vorerst die glanzvolle Reihe seiner Verdi-Produktionen.
Karl Böhm ist – mit wenigen Ausnahmen – dem Kleinen Festspielhaus treu geblieben. Er hat dort Jahr für Jahr, von 1972 bis 1977, Triumphe mit Mozarts »Così fan tutte« in einer zarten, liebenswerten Inszenierung von Günther Rennert gefeiert. Nach einer höchst gelungenen Aufführung von »Figaros Hochzeit«, ebenfalls mit Günther Rennert, fanden Böhm und Jean-Pierre Ponnelle zu einer weniger geglückten Aufführung von »Don Giovanni« zusammen (1977/78).

Aber das Große Festspielhaus lockte auch Böhm: Zunächst 1968 für »Fidelio«, von Günther Rennert in einem imposanten Bühnenbild von Rudolf Heinrich inszeniert. Alban Bergs »Wozzeck« verband Karl Böhm 1971 mit Gustav Rudolf Sellner und mit dem Bühnenbildner Jürgen Rose; 1974 übernahm er die musikalische Leitung von Richard Strauss' »Die Frau ohne Schatten«. Günther Rennert führte Regie, Günther Schneider-Siemssen entwarf ein imposantes Bühnenbild – ein denkwürdiges Opernereignis. Im Kleinen Haus bereitete Karl Böhm sich und dem Publikum 1979 ein Geburtstagsgeschenk anläßlich der Vollendung seines 85. Lebensjahres: Richard Strauss' »Ariadne auf Naxos«, wozu er sich Dieter Dorn als Regisseur und Jürgen Rose für das Bühnenbild holte. Zu Böhms Ehren sangen und spielten außerdem bei einer Geburtstags-Matinee viele prominente Festspielkünstler, nicht zuletzt beteiligte sich Herbert von Karajan als Chorsänger.

1981 kam Böhm zwar wieder nach Salzburg, mußte aber wegen seiner angegriffenen Gesundheit darauf verzichten zu dirigieren; Wolfgang Sawallisch übernahm seine Aufgabe. Am 14. August desselben Jahres ist Karl Böhm in Salzburg verschieden. Die Salzburger Festspiele nahmen Abschied von ihm mit einer Aufführung von Mozarts Requiem im Salzburger Dom.

In dem reichen musikalischen Programm des Sommers 1968 fand größte Beachtung Emilio de' Cavalieris »Rappresentatione di Anima e di Corpo«, »Das Spiel von Seele und Körper«, aus dem Jahre 1600, von Bernhard Paumgartner wiederentdeckt und für eine Aufführung in unserer Zeit bearbeitet. Herbert Graf inszenierte mit großem und feierlichem Aufwand dieses Werk, eines der frühesten der Kunstgattung und zugleich die erste geistliche Oper, die für eine szenische Aufführung gedacht war. Für die Felsenreitschule bauten Veniero Colasanti und John Moore ein üppiges barockes Bühnenbild mit Grotten und Pyramiden, gekrönt von einem goldenen Gestirn, und kostümierten die vielen Figuren des Stückes, Kaiser und Bischöfe, Engel und Teufel, Soldaten und Priester. Zur Mitwirkung wurde auch das ausgezeichnete Folkwang Ballett aus Essen mit seinem Choreographen Kurt Joos herangezogen. Die Aufführung war ein Prunk- und Schaustück ersten Ranges, mochte es auch kaum eine Handlung geben, so faszinierten doch die Mystik und die ergreifende Schönheit der Chöre. Da im folgenden Jahr die Felsenreitschule wegen eines Umbaues nicht benützbar war, wurde die »Rappresentatione« in die Kollegienkirche umgesiedelt, wo einst Max Reinhardt das »Große Salzburger Welttheater« aufgeführt hatte. Vor dem Altar gab die herrliche Apsis der Kirche mit einer ein-

fachen Dekoration den Rahmen für das entsprechend neu gestaltete Spiel. Man stellte Orchester und Chöre an verschiedenen Stellen des Kirchenraumes auf und erreichte dadurch eine eigenartige musikalische Wirkung, um die sich Ernst Märzendorfer, der die Aufführung dirigierte, in vielen Versuchen bemüht hatte. Das Werk schien für den Bau, der nach den Entwürfen Fischers von Erlach Ende des 17. Jahrhunderts errichtet worden war, wie geschaffen und bedeutete ein starkes künstlerisches und religiöses Erlebnis für die Besucher.
Nicht den gleichen Erfolg hatte »Il Sant'Alessio«, ein Dramma musicale aus dem Jahre 1632 mit der Musik von Stefano Landi. Die geistliche Oper, die eine Heiligenlegende zum Inhalt hat, inszenierte in der Felsenreitschule 1977 August Everding. Das monumentale Bühnenbild Jean-Pierre Ponnelles erlaubte den Chören und dem Ballett volle Entfaltung. Ein großer Orchesterapparat, der Chor der Wiener Staatsoper und Mitglieder des Staatsopern-Balletts waren unter der musikalischen Leitung von Peter Maag aufgeboten, aber aller Prunk und alle Farbenpracht konnten die Dürftigkeit der Handlung und die unbefriedigende Adaptierung der Musik nicht ausgleichen.
In den letzten Jahren betraten neue Kräfte die Salzburger Szene. Lorin Maazel, der zwar schon 1963 »Figaros Hochzeit« mit Gustav Rudolf Sellner als Regisseur aufgeführt und bis 1966 (außer 1965) alljährlich ein Konzert mit den Wiener Philharmonikern geleitet hatte, kam – nun als designierter Direktor der Staatsoper in Wien – 1980 wieder nach Salzburg, um sich mit dem Regisseur und Ausstatter Filippo Sanjust einer Neuinszenierung von Mozarts »Entführung aus dem Serail« zu widmen. Die neue Drehbühne im Kleinen Festspielhaus hatte allerdings Sanjust verleitet, um das Landgut des Selim Bassa eine etwas verwirrende Szenerie aufzubauen.
Neue Aspekte eröffneten sich der Oper bei den Festspielen durch die Zusammenarbeit von James Levine, dem Chefdirigenten der Metropolitan Opera New York, der 1976 für Salzburg gewonnen wurde, mit Jean-Pierre Ponnelle. Der Dirigent und der Regisseur wählten für ihr Debut die selten gespielte Oper »La Clemenza di Tito«, die Mozart für die Krönung Leopolds II. zum böhmischen König komponiert hat. In der Felsenreitschule wurde der römische Titus-Bogen als Mittelpunkt des Spiels aufgebaut. Die Aufführung wurde ein Fest der schönen Stimmen: Werner Hollweg, Carol Neblett, Tatiana Troyanos, Catherine Malfitano und der Wiener Staatsopernchor überzeugten von den Schönheiten dieser offensichtlich zu Unrecht vernachlässigten Oper Mozarts.
Die Felsenreitschule als Spielort wählten James Levine und Jean-Pierre Ponnelle

1978 neuerlich, diesmal für die »Zauberflöte«. Ein Minimum an Ausstattung, aber eine Fülle von Einfällen des Regisseurs belebten die Szene. Es war eine »Zauberflöte« als Volksstück, bei der wirklich tausend Sterne der Königin der Nacht leuchteten und die Vögel dem Papageno zuflogen. An einem Vormittag im Sommer 1980 veranstalteten Levine, Ponnelle, Christian Boesch, der hervorragende Papageno, und mehrere andere Mitwirkende eine gekürzte »Zauberflöte« für Kinder, bei der Papageno als liebenswürdiger Conférencier für ein Auditorium von staunenden Kindern auftrat. Mozart konnte kein besseres Publikum haben.
Die hundertste Wiederkehr des Todestages von Jacques Offenbach bot den Anlaß, »Hoffmanns Erzählungen« aufzuführen, was um so verlockender war, als die quellenkritische Neuausgabe des Werkes durch Fritz Oeser den Dirigenten Levine und den Regisseur Ponnelle zu interessanten Überlegungen anregte. (Offenbach starb bekanntlich während der Arbeit an der Oper und hinterließ einen zum Großteil fertigen Klavierauszug, aber auch rund 1600 Entwürfe, Skizzen, Chorstimmen, die mehr Fragen aufwarfen, als sie beantworteten.) Für die Salzburger Aufführung haben Levine und Ponnelle eine eigene Fassung erarbeitet, wobei sie vorhandene Ausgaben, aber auch Teile der Neuausgabe Oesers verwendeten. Sie entschieden sich – was der Überlieferung nach auch dem Wunsche Offenbachs entspricht –, die vier Frauenpartien einer einzigen Sängerin zu übertragen. Das mag wohl dem Sinn von Hoffmanns Phantasien entsprechen, verlangt aber auch eine Sängerin von besonderen Qualitäten und großem Stimmumfang. Edda Moser und Christiane Eda-Pierre nahmen abwechselnd die anspruchsvolle Aufgabe auf sich. Die Inszenierung überbot womöglich noch das phantastische Geschehen dieser Oper, sie schonte Prospekte nicht und nicht Maschinen. Placido Domingo als Hoffmann bot eine glänzende Leistung. Die vom Publikum begeistert aufgenommene Inszenierung stand bis 1982 auf dem Programm. Im Sommer 1981 brillierte in den vier Frauenrollen mit Edda Moser alternierend Catherine Malfitano.
Die Oper hat sich überlebt, die Oper ist tot, hörte und las man nach Kriegsende. Was konnte sie den Menschen noch bedeuten, mit der Unwahrscheinlichkeit der Handlung, ihrer Sentimentalität, ihrer Unwahrheit? Aber die Oper lebte und triumphierte, und man baute ihr die zerstörten Opernhäuser wieder auf. Schallplatte, Film und Fernsehen haben sie einem breiteren Publikum erschlossen. Aber das lebendige Spiel, die Unmittelbarkeit des musikalischen Erlebnisses mit all seinen Unwägbarkeiten, die Atmosphäre eines Opernhauses,

Spannung und Erwartung auf der Bühne und im Publikum, sind nicht zu ersetzen. Hier lebt die Oper, die unwiederholbare Aufführung, an diesem Abend, mit diesem Orchester, mit diesen Solisten, mit diesem Dirigenten. Jeder Opernabend der Salzburger Festspiele beweist es von neuem.

Die Spielplätze des Oscar Fritz Schuh

Um die Entwicklung der Salzburger Festspiele nach dem Zweiten Weltkrieg hat der Regisseur Oscar Fritz Schuh, geboren 1904 in München, große Verdienste. Vor allem in der Zusammenarbeit mit dem genialen Bühnenbildner Caspar Neher sind ihm stilbildende Inszenierungen der Opern Mozarts gelungen, die die weltweite Mozart-Renaissance förderten. Es ist bemerkenswert, daß Oscar Fritz Schuh schon als Siebzehnjähriger in den »Mitteilungen der Salzburger Festspielhaus-Gemeinde« einen Aufsatz »Zur Inszenierung der Zauberflöte« veröffentlicht und später über »Richard Wagner und die moderne Inszenierungskunst« geschrieben hat. Er wurde damals für seine Beiträge mit Freikarten zu Festspielveranstaltungen honoriert.
Dann freilich verging viel Zeit bis zu seiner Mitwirkung bei den Salzburger Festspielen, obgleich er inzwischen in Wien schon während des Krieges gemeinsam mit Caspar Neher an der Staatsoper inszeniert hatte. Erst 1946 wurde Schuh in Salzburg »Die Hochzeit des Figaro« anvertraut, eine Regiearbeit, der von ihm selbst noch keine große Bedeutung beigemessen wird, die aber doch nach dem Kriege schon den Beginn einer neuen Ära anzeigte. Wenn auch die Szenenbilder auf Alfred Rollers Entwürfe zurückgingen, so vermerkte bereits die Kritik, daß diese Inszenierung »den Stempel der Gegenwart trägt, sie ist der wirkliche Anfang einer, wie zu hoffen ist, neuen Entwicklung« (»Wiener Kurier«) Es wurde italienisch gesungen, und auf der Besetzungsliste fanden sich bereits die Namen von Erich Kunz und Irmgard Seefried (Figaro und Susanne), Maria Cebotari war die Gräfin und Elfi Mayerhofer der Cherubino.
Mit Recht schrieb allerdings Schuh in seiner »Salzburger Dramaturgie« (1951), daß vor 1938 Max Reinhardt Aufführungen, die ganz aus dem Geist der Barockstadt entwickelt worden waren, geboten hatte, »die Oper aber, die zwar musikalisch-gesangliche Spitzenleistungen aufzuweisen hatte, wie man sie nirgends sonst in der Welt fand, blieb im geistigen Format hinter den Schauspielaufführungen zurück...«
Das szenische Bild dieser Opernaufführungen entsprach tatsächlich in keiner Weise den von Reinhardt auf dem Gebiet des Sprechstücks aufgestellten Maßstäben. Wie konnten auch von den Regisseuren neue Ideen entwickelt werden, wenn das Programm eines Sommers manchmal zehn Opern aufwies. Was Oscar Fritz Schuh und Caspar Neher suchten, waren »die Homogenität und das Gleichgewicht von Musik und Szene... Gerade durch das Zusammenwirken von Musik und Darstellung soll ein überhöhter, kothurnhafter, theatralischer Ausdruck erreicht werden, dessen das gesprochene Wort allein nicht immer

fähig ist.« Näher diesem Ziel führte die Inszenierung, wiederum von »Figaros Hochzeit«, 1948 im Festspielhaus, die Herbert von Karajan dirigierte. Daß sie viel diskutiert, teils abgelehnt, teils bejubelt wurde, spricht nur für diese Aufführung.

Indessen freilich ist die Felsenreitschule, in der Reinhardt seinerzeit die »Faust-Stadt« hatte bauen lassen, als Opernbühne entdeckt worden. Schuh wies auf die Erfahrungen hin, die er und Neher im Wiener Redoutensaal gemacht hatten, wo gleichfalls, im Gegensatz zur illusionistischen Guckkastenbühne, Zuschauerraum und Bühne ein Ganzes waren, ein unveränderlicher, gleichbleibender Raum, in dem die Illusion nicht durch Kulissen, nicht durch eine vorgespiegelte Realität, sondern aus der Magie von Musik und Darstellung erwachsen mußte. Bei der Adaption der Felsenreitschule als Opernbühne vermied Neher den trennenden Graben für das Orchester, das er in das Spielfeld einbezog.

Für die erste Inszenierung an dieser neuen Opernspielstätte wurde Glucks »Orpheus und Eurydike« gewählt. Vor die Arkadenwand baute Neher eine halbrunde Fassade von Säulen und Obelisken, ein großes Tor in der Mitte. Durch die drei Reihen der Arkaden wandelte Orpheus von oben nach unten. Der Mönchsbergfelsen schien belebte Natur geworden zu sein, und Karajan war es gelungen, den Chor so zu stellen, daß der Klang aus dem Stein herauszukommen schien. »Das Licht verwandelte die Welt der Hölle ohne räumliche Trennung in die Welt der seligen Gefilde. Mit Schluß des Höllentanzes, der sich im lautesten Fortissimo des Orchesters vollzieht, wurde, den Zuschauern völlig unmerklich, das Regendach der Felsenreitschule aufgezogen, und bei Einsatz der ersten Töne des Elysiums lag der Sternenhimmel über den Zuschauern«, berichtet Schuh.

Die Proben fielen in eine Schlechtwetterperiode, und das nicht sehr perfekte Regendach hielt dem berühmten Schnürlregen nicht stand. Aber nach vier Wochen, am Tag der Generalprobe, schien die Sonne, und am Abend der Premiere leuchteten die Sterne über der denkwürdigen Aufführung. Das Echo in der Presse war widerspruchsvoll, die einen priesen die Inszenierung als die Offenbarung eines neuen Opernstils, andere lehnten sie als stilistischen Unfug ab. Für die Festspiele war entscheidend, daß von hier ausgehend die Möglichkeiten dieser neuen Opernbühne entwickelt wurden, die bis heute von Bühnenbildnern und Regisseuren abgewandelt werden. Die 96 Nischen der Arkadengalerie sind seither in fast jede Inszenierung an diesem Ort effektvoll einbezogen worden. Der Umbau der Felsenreitschule von 1969 brachte dann auch einen sicheren Regenschutz, die Heizmöglichkeit für Zuschauerraum und Bühne, eine Unterbühne, außerdem wurden später an den Seiten, um die Symmetrie herzustellen, Arkaden zugebaut und die akustischen Verhältnisse von Jahr zu Jahr vervollkommnet.

Die Erfahrungen seiner Salzburger Arbeit in den Jahren 1947 bis 1950 hat Oscar Fritz Schuh selbst in der »Salzburger Dramaturgie« (1951) kommentiert. Die Opernversuche in der Felsenreitschule setzte er mit Caspar Neher 1949 mit Mozarts »Zauberflöte« fort. Wilhelm Furtwängler dirigierte das Werk »in seinen berühmt langsamen ›symphonischen‹ Tempi«, wie mehrere Kritiker bemerkten. Neher hatte sich mit ganz wenigen Bauten begnügt. Die Felsenreitschule ist »ein Raum von unerhörter Faszination ... Ein solcher Raum mit seiner klaren Arkadengliederung, seinem atmenden Stein, seinem voll Grazie gegen die Schwerkraft vegetierenden Stein ist erfüllt vom Geist der Naturschauplätze barocker Allegorien. Gerade die Oper – diese göttliche Apotheose reiner Unvernunft in der Kunst – braucht derart bizarren Spielboden, um den ganzen Reichtum ihrer Reize entfalten zu können« (Heinz von Kramer). Es vergingen fast dreißig Jahre, bis »Die Zauberflöte« neuerlich in der Felsenreitschule – diesmal in Jean-Pierre Ponnelles Regie – anders, aber nicht minder gültig, verwirklicht wurde.

1949 hat Schuh in der Felsenreitschule Carl Orffs »Antigonae« realisiert, den gewagten Versuch, die antike Tragödie in der Nachdichtung Hölderlins mit musikalischen Mitteln dem modernen Theater zu gewinnen. Schuh war sich der Problematik dieses Werkes und seiner Inszenierung bewußt; auch war eine begeisterte Aufnahme vom Publikum nicht zu erwarten. Die Kritik schätzte die Verwirklichung des spröden Stückes höher ein als das Werk selbst, zumal dessen experimenteller Charakter nicht zu leugnen war und vom Komponisten auch zugegeben wurde. Schuh hat später nur noch einmal einen Abstecher in die Felsenreitschule unternommen und dort 1964 Verdis »Macbeth« unter der musikalischen Leitung von Wolfgang Sawallisch inszeniert. Das Bühnenbild schuf Teo Otto, Dietrich Fischer-Dieskau sang den Macbeth, Grace Bumbry die Lady Macbeth. Diese Besetzung sicherte den Erfolg. Bemerkenswert war aber auch, wie der Regisseur die schottische Geisterlandschaft in die Felsen der Reitschule zauberte und wie die Arkadengänge Hexen und Gespenster, Fackelträger und schließlich die nachtwandelnde Lady Macbeth aufnahmen, ehe der Wald von Birnam die Felsenlandschaft überzog.

Oscar Fritz Schuh hatte sich 1945 in den Nachkriegswirren von Wien nach Salzburg durchgeschlagen und vorerst, wie die meisten Festspielkünstler, die Sommerwochen in Hotelzimmern verbracht, deren Fenster noch mit Brettern verschlagen waren. Später – er wurde Direktor des Theaters am Kurfürstendamm in Berlin, Intendant in Köln, und dann, als Nachfolger von Gustaf Gründgens, des Schauspielhauses Hamburg – hat er sich einen idyllischen Sommersitz in Großgmain eingerichtet, etwa zwanzig Kilometer von Salzburg an der Grenze zu Bayern gelegen.

Vom Jahre 1947 bis zu Caspar Nehers allzu frühem Tod (1962) waren fast alle Inszenierungen Schuhs das Ergebnis der Zusammenarbeit mit diesem Künstler. Der in Augsburg geborene Neher war ein Schulkamerad Bertolt Brechts gewesen und hatte nach seiner Ausbildung in München mit Bühnenbildern für eine Reihe von Uraufführungen und Aufführungen der Stücke Brechts, zum Beispiel für die »Dreigroschenoper«, Aufsehen erregt. Neher hat auch mit Brecht selbst zusammengearbeitet und mit den besten Regisseuren jener theaterfreudigen Zeit, wie Jürgen Fehling, Erich Engel, Leopold Jessner und Heinz Hilpert. Mit Recht nannte ihn Brecht den »größten Theaterbauer seiner Zeit«, denn Neher schuf für jedes Stück eine besondere Theaterform. In Salzburg lockte ihn vorerst die Felsenreitschule; der Residenzhof war seine nächste Entdeckung.

Hinter dem ruhigen professoralen Auftreten Nehers verbarg sich ein leidenschaftlicher Analytiker, der die Stücke, die er ausstattete, sezierte, ehe er in unzähligen Skizzen die Form fand, die die Handlung zwingend forderte. Er bevorzugte Pastellfarben, verschiedene Nuancen von Grau und Braun, vor denen sich seine Kostüme wirkungsvoll abhoben.

Schuh hat in Salzburg zwischen 1947 und 1970 dreißig Bühnenwerke inszeniert, wobei die Oper weitaus überwiegt; das Schauspiel ist mit nur acht Inszenierungen vertreten. Zu einundzwanzig seiner Inszenierungen hat Caspar Neher die Ausstattung entworfen, zu je einer Regiearbeit Clemens Holzmeister, Robert Kautsky, Fritz Butz, für zwei Schauspiele Rudolf Heinrich und für vier Werke Teo Otto.

Nach der Eroberung der Felsenreitschule wandte sich Schuh anderen Aufgaben zu. Zunächst war er bemüht, die Reihe der Uraufführungen von Opern zeitgenössischer Komponisten fortzusetzen, die er mit Gottfried von Einems »Dantons Tod« eröffnet hatte. Nach Carl Orffs »Antigonae« folgten unter Schuh und Neher die zweite Oper Gottfried von Einems, »Der Prozeß« nach Kafka, die Opern Rolf Liebermanns und die »Irische Legende« von Werner Egk.

Aber schon 1953 gingen Neher und Schuh an die Verwirklichung eines lang erörterten Planes: Nachdem die Feuerwehr, die dort seit dem Krieg eine Zeugstätte unterhielt, die alte fürsterzbischöfliche Residenz geräumt hatte, nutzte Neher den Hof, um eine bezaubernde Bühne für Mozarts »Cosi fan tutte« zu errichten. Bei Regen konnte in den Carabinierisaal im selben Gebäudekomplex übersiedelt werden.

Schuh und Neher freilich haben bald wieder einen neuen Bereich für Salzburg entdeckt. In einem Brief an die amerikanische Zeitschrift »The Dial« hatte seinerzeit Hugo von Hofmannsthal den amerikanischen Schriftsteller Eugene O'Neill (1888–1953) genannt und eine Analogie zwischen dessen Stück »Der haarige Affe« und der Gestalt des Bettlers im »Salzburger großen Welttheater« gefunden.

Schuh wählte für Salzburg Werke dieses sehr produktiven amerikanischen Dramatikers aus der letzten Periode seines Schaffens. »Fast ein Poet« hat der Dichter zwischen 1936 und 1940 geschrieben; das Werk sollte Teil eines großen Dramen-Zyklus, einer Chronik amerikanischen Lebens sein, der aber nie vollendet wurde. Das Stück wurde 1957 in Stockholm uraufgeführt und hatte im selben Jahr in Salzburg seine deutsche Erstaufführung. Es zeigt einen Tag im Leben des Cornelius Melody, der vor zwanzig Jahren im Feldzug gegen Napoleon gefeierter Held gewesen war und nun zum Wirt einer schäbigen Kneipe in Amerika degradiert ist. Attila Hörbiger spielte den Träumer, der aus seiner Selbsttäuschung, Phantasterei, aus Eitelkeit und Hochmut hart in die rauhe Wirklichkeit gestoßen wird. Caspar Neher baute den Schankraum der Kneipe, öffnete ihn aber zugleich für Major Melodys Träume von längst vergangener Pracht. In der glänzenden Besetzung wurde das Werk zu einem Festspiel außergewöhnlicher Art.

1960 inszenierte Schuh als deutsche Erstaufführung einen Einakter, den O'Neill gleichfalls für einen Zyklus, der nie zustande kam, gedacht hatte, »Hughie«, den Dialog des Nachtportiers eines letztklassigen New Yorker Hotels mit einem herabgekommenen Säufer und Spieler. Illusionen, Hoffnungen, Verzweiflung sind sein Inhalt. Werner Hinz spielte den Maulhelden und Glücksritter, Hans Putz seinen Gesprächspartner, den Nachtportier. »Hughie« war die letzte Inszenierung Schuhs in einem Bühnenbild von Caspar Neher.

Schließlich brachte Schuh 1965 noch ein weiteres Schauspiel von O'Neill: »Alle Reichtümer der Welt«. Das Stück war schon zur Uraufführung in Stockholm von neun Stunden Spieldauer auf die Hälfte gekürzt worden und blieb noch immer überlang. Es ist inhaltlich eine Fortsetzung von »Fast ein Poet«, ein Drama der Lebenslüge, ohne die seine Gestalten nicht weiterleben könnten. »In den knappen drei Stunden wird man fast vom Sitz geweht durch die Urgewalt eines Theatertitanen, der Satz für Satz und Szene für Szene hinwuchtet wie unverrückbare Takte einer Beethoven-Symphonie«, schrieb der Kritiker Manfred Vogel. Es war dies ein Höhepunkt in einem für das Schauspiel in Salzburg sehr reichen Jahr, in dem neben O'Neill beide Teile von Goethes »Faust«, die Ödipus-Dramen des Sophokles und Aufführungen des Europa-Studios auf dem Programm standen.

Zwischen den Schauspielen liegen Schuhs Opern-Inszenierungen: So etwa der glanzvolle »Don Giovanni« von 1960, zu dem Teo Otto ein faszinierendes Bühnenbild beisteuerte. Der Dirigent war Herbert von Karajan. 1964 folgte, wie schon erwähnt, Verdis »Macbeth«, wiederum gemeinsam mit Teo Otto und musikalisch betreut von Wolfgang Sawallisch. Mit Otto und gleichfalls mit Sawallisch als dem Dirigenten führte 1967 Schuh auch Regie bei Mozarts »Zauberflöte« im Großen Festspielhaus, eine Aufführung, die allerdings nicht in gleichem Maße geglückt war.

1968 kehrte Schuh in das von ihm sehr geschätzte Landestheater zurück, und zwar mit Shakespeares »Sturm«, wobei wieder Teo Otto ein fein getöntes Bühnenbild entwarf, die letzte Arbeit des phantasiebegabten Bühnenbildners vor seinem frühen Tod. Ebenfalls im Landestheater bot Schuh als einen Beitrag zum Jubiläumsjahr 1970 die amüsante Inszenierung eines selten gespielten Einakters von Arthur Schnitzler »Zum großen Wurstl«, in dem Prater-Atmosphäre und Puppentheater-Zauber sich köstlich mischten, und anschließend Ödön von Horvaths »Figaro läßt sich scheiden«, beides mit Bühnenbildern Rudolf Heinrichs.

In einer neuen Ausgabe seiner »Salzburger Dramaturgie« (1969) faßte Schuh die reichen Erfahrungen seiner Tätigkeit in Salzburg zusammen. »Es wäre Aufgabe Salzburgs, die Welt gegen die Ideologien immun zu machen. Eine Aufführung von Salzburger Gepräge muß die Überzeugungskraft haben, selbständig für eine Idee zu stehen. Eine Idee kann nur eine geistige oder eine künstlerische und keineswegs eine politische sein... Der Glanz einer Aufführung kommt aus den imaginären Kräften, die sie trotz aller Gegenströmungen noch immer auszustrahlen und zu wecken vermag.« Schuh weist auf die große theatralische Tradition hin, die im Salzburger Land neue Impulse für das Selbstverständnis der Festspiele bieten kann. Er warnt zugleich davor, eine Sammlung von extravaganten Schauplätzen anzustreben, so verlockend Land und Stadt als Szene sein mögen. Und bei alten Stücken gibt er den Rat, immer die Frage zu bedenken, »wo hört die Ausgrabung auf und wo beginnt die Wiederkehr?« Schuh warnt auch vor einem »Sektierer-Festival« und vor einer »Ungleichheit des Ranges« von Festspielaufführungen, also vor dem seinerzeit vieldiskutierten »zweiten Gleis« ebenso wie vor einem Studio, um Stücke, die dem großen Publikum nicht zugemutet werden sollen, »in ein Ghetto zu pferchen«.

Schuh weist auch auf kritische Darlegungen hin, die empfehlen, weiterhin das Programm Hofmannsthals zu beachten und so der Gefahr einer internationalen Standardisierung auszuweichen. Die Stadt solle nicht nur der Rahmen, das Milieu, die Kulisse zu einer alljährlich wiederkehrenden Kulturolympiade sein. Aber er verweist auch auf die Schwierigkeit, in der unfestlichsten aller Zeiten Festspiele solchen Ranges zu erhalten.

Oscar·Fritz Schuh hat sich 1970 anläßlich des 50-Jahr-Jubiläums der Festspiele des Straßentheaters angenommen, einer Einrichtung, die wir oft erörtert hatten, für die aber nie Geld vorhanden gewesen war. Nun wurde in diesem Jahr sowohl das Straßentheater als auch das Fest in Hellbrunn realisiert. Auf einem breiten Wagen, gezogen von zwei kräftigen Pferden aus einer Bierbrauerei, inszenierte Schuh mit volkstümlichen Schauspielern als erstes Stück Nestroys »Frühere Verhältnisse«. In Salzburg eignen sich mehrere Plätze gut für solche Vorstellungen, die kostenlos geboten werden und viel Anklang finden. In den folgenden Jahren zeigte sich allerdings, daß es nicht ganz leicht ist, geeignete Stücke zu finden. Neben Nestroy wurden bisher Einakter von Karl Valentin, Fritz von Herzmanovsky-Orlando, Ludwig Thoma und ein für das Straßentheater verfaßtes Spiel von Lotte Ingrisch aufgeführt. Nach zehn Jahren kam man nochmals auf die überaus erfolgreichen »Früheren Verhältnissen« von Nestroy zurück. Oscar Fritz Schuh übernahm auch die Leitung des Festes in Hellbrunn; das Steintheater, Lustschloß und Park von Hellbrunn sind die bisher letzten Spielstätten, die er mit den Gestalten der Weltliteratur belebt.

Orchester der Welt

Was wären die Salzburger Festspiele ohne die Wiener Philharmoniker? Sie sind mit Salzburg mehr als hundert Jahre auf eine wunderbare Weise verbunden. 1842 gründete Otto Nicolai aus Mitgliedern des Orchesters des k. k. Hofoperntheaters die Wiener Philharmoniker und veranstaltete mit ihnen im großen Redouten-Saal der Wiener Hofburg ein öffentliches Konzert. Er gab dem Klangkörper schon damals die organisatorische Form, die im wesentlichen heute noch gilt. Es ist kein Zufall, daß gleichfalls im Jahre 1842 in Salzburg mit biedermeierlichem Prunk das Mozart-Denkmal enthüllt wurde, nachdem ein Jahr vorher die Stiftung Mozarteum von Salzburger Bürgern gegründet worden war, die sich die Pflege von Mozarts Werk zur Aufgabe gemacht hatten. Was sich schon zu Mozarts Zeiten angebahnt hatte, vollzog sich nun in der Mitte des 19. Jahrhunderts: Die Musik wurde zum Besitz des Bürgertums. Aus den Sälen der Schlösser und Palais übersiedelten die Orchester in die Konzertsäle, die das interessierte bürgerliche Publikum füllte. Die Kammermusik fand nicht mehr nur in den aristokratischen Salons, sondern auch in bürgerlichen Häusern ihren Platz. In Salzburg wurde aus dem bescheidenen Dommusikverein Mozarteum die Internationale Stiftung Mozarteum mit Komitees in Wien, Paris, London, zu deren Vorhaben unter anderem eine Gesamtausgabe der Werke Mozarts gehörte, deren erster Band 1876 erschien. Die Stiftung Mozarteum plante auch Musikfeste in Salzburg und wandte sich an Otto Dessoff, der seinerseits vorschlug, die Wiener Philharmoniker einzuladen, mit denen er sich seit seiner Wiener Tätigkeit als k. k. Hofopernkapellmeister verbunden fühlte. So kam es, daß die Wiener Philharmoniker ihre erste Konzertreise antraten, und die führte sie nach Salzburg, wo sie am 17. Juli 1877 ihr erstes Konzert außerhalb Wiens gaben.

Auf der Mitwirkung der Wiener Philharmoniker beruhten im wesentlichen alle acht Salzburger Musikfeste. Bemerkenswert ist, daß bei dieser Veranstaltung 1906 Richard Strauss ein Orchesterkonzert dirigierte, nachdem Karl Muck plötzlich absagen mußte. Damit begann eine Bindung, die auch für die zukünftigen Festspiele große Bedeutung gewann. Damals wurde auch, von der Sängerin Lilli Lehmann angeregt, in der Stiftskirche St. Peter erstmals die c-Moll-Messe von Mozart aufgeführt, wie es seither alljährlich, und nun im Rahmen der Festspiele, geschieht. Das für 1914 geplante, mit der feierlichen Einweihung des Mozarteums verbundene Musikfest mußte nach Ausbruch des Ersten Weltkriegs abgesagt werden. Ohne Zweifel haben die Musikfeste, die auch bereits auf internationales Interesse stießen, die Salzburger Festspiele vorbereitet und mit der Mitwirkung der Wiener Philharmoniker schon ihren künftigen musikalischen Mittelpunkt festgelegt.

Bald nach dem Ende des Ersten Weltkriegs, im Mai 1919, gab die Bläserkammermusikvereinigung der Wiener Philharmoniker in Wien zehn Konzerte, deren Erträgnis dem Baufonds der mittlerweile 1917 gegründeten Salzburger Festspielhaus-Gemeinde zufloß. Das ganze Orchester veranstaltete zugunsten dieses Fonds im Jänner 1920 ein von Richard Strauss geleitetes Konzert in den Prunkräumen des Palais Prinz Eugen in Wien. Als Solisten wirkten Lotte Lehmann, Hans Duhan und George Szell mit, und es gab die Uraufführung von Strauss' Orchester-Suite aus »Der Bürger als Edelmann«.

Zu den Festspielen des Sommers 1921 kamen Mitglieder des Staatsopern-Orchesters zur Verstärkung des Mozarteum-Orchesters nach Salzburg. Ein Jahr darauf gastierte die Wiener Staatsoper mit vier Mozart-Opern, und das Staatsopern-Orchester veranstaltete zwei Mozart-Konzerte, die Franz Schalk und Richard Strauss dirigierten. Erst 1925 erschien das Orchester als Wiener Philharmoniker mit drei Konzerten unter Bruno Walter, Karl Muck und Franz Schalk. Von da an bestritten die Wiener Philharmoniker nicht nur die Orchesterparts der Opernaufführungen, sondern in wachsender Zahl auch die Orchesterkonzerte der Festspiele.

Bis einschließlich 1981 hat das Orchester 382 Festspielkonzerte unter vielen Dirigenten gespielt, an deren Auswahl es allerdings nicht unbeteiligt ist.

Die Wiener Philharmoniker haben unter den großen Orchestern der Welt von jeher einen besonderen Platz eingenommen. Wilhelm Furtwängler schrieb im Almanach der Wiener Staatsoper von 1934, die einzigartige Stellung dieses Klangkörpers wäre darin begründet, daß es sich ausschließlich um ein Wiener Orchester handle. »Es sind die Wiener Flöten-, die Wiener Oboen- und Klarinettenschule, es sind Wiener Fagotte, Wiener Hörner, Blechbläser, Schlagzeuger, Wiener Streicher, deren Schule und Tradition die einzelnen Mitglieder des Orchesters ausnahmslos entstammen. Dieser ganze vielköpfige Apparat, diese Schar von Virtuosen hohen Ranges sind alle Söhne einer einzigen Landschaft. Dies gibt es in der Welt nicht noch ein zweitesmal. Denn in der Bevölkerung keiner anderen Stadt der Erde findet die Musik so vielgestaltige Möglichkeiten, keine hat sich, volksmäßig gesprochen, als so musikproduktiv erwiesen wie Wien.« Diese Einheitlichkeit der Zusammensetzung sei der Grund »für jene eigentümliche Fülle, Rundung und Homogenität des Klanges, die tatsächlich kein anderes Orchester weder in Europa noch in Amerika aufzuweisen hat«.

Aber, so betont Furtwängler, die Einheitlichkeit macht sich »auch in der Einheit des Fühlens, der Gleichgerichtetheit der musikalischen Impulse bemerkbar. Es besteht in diesem Orchester eine merkwürdige Sicherheit in allen Dingen, die man beim Musizieren als der rein vitalen Sphäre zugehörig bezeichnen möchte, eine angeborene Stärke und Natürlichkeit der instinktiv-musikalischen Reaktionen.«

Richard Strauss hat anläßlich des hundertjährigen Bestandes des Orchesters in seinem Glückwunschbrief geschrieben: »Die Wiener Philharmoniker preisen, heißt Geigen nach Wien tragen.« Er fügte aber hinzu: »Nicht minder lob' ich das Piano der Bläser, die glitzernde Harfe und die wichtige Pauke.«

Als ein besonderer Vorzug der Wiener Philharmoniker wird auch immer wieder hervorgehoben, in welchem Maße sie sich der Persönlichkeit und den Auffassungen des Dirigenten anzupassen wissen, dessen Impulse aufnehmen und verwirklichen. Die Qualität ihrer Leistung steigt mit der Qualität des Dirigenten. Sachverständige Kritiker bemerkten, daß sich in den Wiener Philharmonikern wie kaum in einem anderen Orchester Eigenart, Wesen und Energie eines Dirigenten widerspiegeln. Es kommt den Salzburger Festspielen zugute, daß alle bedeutenden Dirigenten dieses Orchester besonders schätzen und daher auch gerne nach Salzburg kommen. Die Reihe jener, die hier an der Spitze der Philharmoniker aufgetreten sind, enthält die größten Namen, die das Musikleben der Welt während der letzten sechzig Jahre beherrscht haben. Aber auch jungen Künstlern bot das Orchester Gelegenheit, sich zu bewähren.

Während des Zweiten Weltkriegs gaben die Wiener Philharmoniker einen unvergessenen Beweis ihrer Verbundenheit mit Salzburg, indem sie die abgesagten Festspiele 1940, um die Kontinuität zu wahren, durch einen »Salzburger Konzert Zyklus 1940« auf eigene Rechnung und Gefahr überbrückten. Sie veranstalteten sechs Konzerte unter Karl Böhm und Hans Knappertsbusch, ferner eines, das Franz Lehár leitete, sowie zwei Abende in der Residenz, die von der Bläservereinigung der Wiener Philharmoniker und dem Schneiderhan-Quartett bestritten wurden. Überraschend kam es noch zu einem Schlußkonzert mit Wilhelm Furtwängler, der sich dafür freimachen konnte. Es mußte wegen der großen Nachfrage wiederholt werden. Franz Lehár hat nur dieses eine Mal die Philharmoniker dirigiert, und zwar eigene Werke. Das Publikum förderte die großartige Initiative der Philharmoniker, alles war ausverkauft, und das Experiment nahm auch ein gutes finanzielles Ende. Die offiziellen Stellen deuteten das Ereignis richtig; 1941 gab es wieder Festspiele.

Nach 1945 stellte die zunehmende Ausweitung des Festspielprogramms die Wiener Philharmoniker vor immer größere Aufgaben. Da sie in den ersten Wochen durch die Vorbereitung der Opernaufführungen beansprucht werden, mußten ihre Konzerte überwiegend in die zweite Hälfte der Festspiele gelegt werden. Es konnten also die Säle während dieser Opernprobenzeit nicht genügend ausgenützt und die Wünsche des Publikums nach symphonischen Konzerten nicht befriedigt werden. Herbert von Karajan – er war damals künstlerischer Leiter der Festspiele – schlug deshalb vor, alljährlich ein zweites hervorragendes Orchester einzuladen, und er selbst machte 1957 den Auftakt mit den unter seiner künstlerischen Leitung stehenden Berliner Philharmonikern, die dann ab 1960 jedes zweite Jahr in Salzburg gastierten und seit 1972 jeden Sommer zwei Konzerte geben. Seither haben viele ausländische Orchester in Salzburg mitgewirkt. So kamen mehrmals: die Dresdner Staatskapelle unter Herbert Blomstedt, die Tschechische Philharmonie mit Václav Neumann, französische Klangkörper wie das Orchestre de Paris, mit dem Seiji Ozawa 1969 im Gedenken an Charles Munch, den langjährigen Chef des Orchesters, Berlioz' Requiem aufführte, das Orchestre National de France und das Orchestre National de la R.T.F. Paris. England war mit dem London Symphony Orchestra vertreten. Die Reihe der amerikanischen Orchester begann mit einem Gastspiel der New Yorker Philharmoniker unter Leonard Bernstein. George Szell, in Salzburg wohlbekannt, führte sein Cleveland Orchestra vor, es folgte das Boston Symphony Orchestra unter Seiji Ozawa und schließlich, gleichfalls mit stürmischen Erfolgen, das Chicago Symphony Orchestra, an seiner Spitze Georg Solti. Mehrmals war das Israel Philharmonic Orchestra mit Zubin Mehta zu Gast. Außergewöhnliche Ereignisse waren die Konzerte des European Community Youth Orchestra. Diesem europäischen Jugendorchester, das Claudio Abbado nach Salzburg geführt hat und das hier auch mit Herbert von Karajan musizierte, strömten alle Sympathien zu, und es erwies eine beachtliche künstlerische Qualität. Neben ihren ständigen Chefs brachten die Gastorchester auch andere Dirigenten mit, wodurch sich interessante Vergleichsmöglichkeiten ergaben.

Die Pflege der zeitgenössischen Musik obliegt besonders dem ORF-Symphonie-Orchester, dem Orchester des Österreichischen Rundfunks.

Eine wichtige Rolle spielt auch das heimische Mozarteum-Orchester, das sich schon 1880 als ein Klangkörper aus Lehrern und Absolventen der Musikschule Mozarteum und der Dom-Musik formierte. Es ist nach dem Zweiten Weltkrieg

mit Berufsmusikern neu aufgebaut worden und wird von Land und Stadt Salzburg betreut. Seine Domäne innerhalb der Festspiele sind jetzt die meisten Mozart-Serenaden, die schon seit 1921 einen beliebten Teil des Salzburger Programms ausmachen, und auch die Mozart-Matineen, die an Samstagen und Sonntagen durch spezielle Werkwahl, darunter manch Unbekanntes, verschollen Geglaubtes oder wenig Gespieltes, die Mozart-Freunde ansprechen.
Das jährliche Festspiel-Programm umfaßt durchschnittlich etwa fünfzehn Orchesterkonzerte, fünf Kammerkonzerte, acht Serenaden, fünf Mozart-Matineen (deren seit 1981 jede wiederholt wird), daneben Solistenkonzerte und Liederabende und je nach dem Anlaß Chorkonzerte und Kirchenkonzerte.

Musik des 20. Jahrhunderts

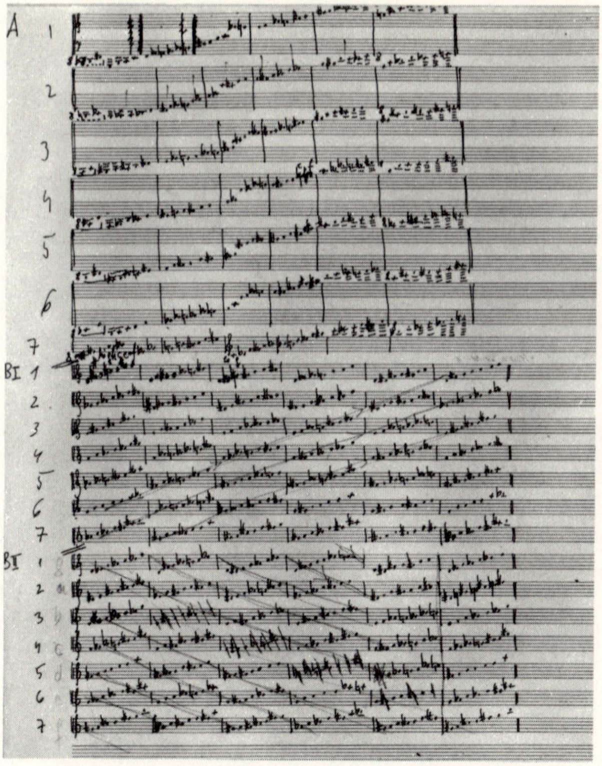

Salzburg hat sich der zeitgenössischen Musik nie verschlossen. Schon in einem programmatischen Aufsatz über die »kulturelle, volkswirtschaftliche und politische Bedeutung des Festspielhauses in Salzburg«, der einen offiziellen Aufruf der Salzburger Festspielhaus-Gemeinde zur Förderung ihrer Pläne begründete, heißt es, in Salzburg solle »die meisterhafte klassische Stilerweckung Hand in Hand gehen mit schöpferischer Stilbildung für moderne Kunst, es soll gleichermaßen der Impuls gegeben werden zu Studium und Wiederbelebung der alten Kunst wie zur Schaffung neuer Kunstwerke«. 1923 hat die Internationale Vereinigung moderner Musik in Salzburg ihr Musikfest abgehalten, zu dem auch Romain Rolland gekommen war, als Gast Stefan Zweigs in dessen Haus auf dem Kapuzinerberg. Richard Strauss' »Ariadne auf Naxos« war das erste Werk eines lebenden Komponisten, das, 1926, bei den Salzburger Festspielen aufgeführt wurde. 1928 zeigte das Leningrader Opernstudio im Rahmen seines Gastspiels die Commedia per musica »Die Höhle von Salamanca« von Bernhard Paumgartner. Neben den symphonischen Werken Richard Strauss', deren Betreuung vor allem in den Händen von Clemens Krauss und Hans Knappertsbusch lag, fanden sich Werke von Erich Wolfgang Korngold, Serge Prokofieff, Igor Strawinsky, Dimitri Schostakowitsch ebenso auf den Konzertprogrammen wie solche von Samuel Barber, Edward Elgar, César Franck, Manuel de Falla, Zoltan Kodály und Béla Bartók. Der Vorwurf, die Programme der Salzburger Festspiele seien »museal«, war zu keiner Zeit zutreffend.

Dennoch war es ein bedeutsamer Schritt, als man sich entschloß, nicht nur erprobte Werke der »klassischen Moderne« aufzuführen, sondern das Wagnis zu unternehmen, Uraufführungen von Opern zeitgenössischer Komponisten zu präsentieren. Nach dem Zweiten Weltkrieg hatte sich der Komponist Gottfried von Einem in Salzburg niedergelassen, der seine erste Oper, »Dantons Tod«, 1946 vollendete.

Georg Büchners Revolutionsdrama – dreißig Szenen, erfüllt von politischem Pathos – ist auf den ersten Blick kein Operntext. Aber der Komponist hat gemeinsam mit Boris Blacher für das Libretto die Szenenfolge gestrafft, Nebenfiguren weggelassen, die Handlung konzentriert und durch simultane Schauplätze Szenen zusammengezogen. Selbst skeptische Beurteiler sahen in dem Werk »ein interessantes Experiment in der Anwendung atonaler Prinzipien auf die Oper«, ein Beispiel für das »musikalische Theater«, das in solcher Weise zu verwirklichen freilich ein Orchester wie die Wiener Philharmoniker, einen Dirigenten wie Ferenc Fricsay und eine hervorragende Besetzung voraussetzt.

Wenn auch die Aufführung dieses Werkes manchen Widerspruch, besonders in Salzburg selbst, auslöste, so gab doch der Erfolg, der sich auch später an vielen anderen Opernhäusern bestätigte, der Entscheidung recht. Und diese Uraufführung bedeutete noch mehr: Den Salzburger Festspielen hatte sich ein neuer Weg eröffnet. Das folgende Jahr (1948) brachte mit der szenischen Aufführung des schon bekannten Oratoriums »Le vin herbé« des Schweizer Komponisten Frank Martin ein weniger aufregendes Ereignis. »Antigonae«, von Oscar Fritz Schuh 1949 in der Felsenreitschule inszeniert, ein Werk des bedeutenden bayrischen Komponisten Carl Orff, stellte freilich große Anforderungen an ein Festspielpublikum, das wohl doch in erster Linie nach Salzburg kam, um Mozart zu vernehmen. Überdies handelte es sich nicht um eine Oper im üblichen Sinne. Der Komponist der »Carmina Burana« hat versucht, die antike Tragödie durch die Verbindung von Wort, Ton und Tanz wieder zu erwecken, wobei die dissonante Musik nur untermalende Funktion hatte. Die ungewöhnliche Besetzung des Orchesters, das aus vier Klavieren, sechs Kontrabässen, drei Harfen, sechs Trompeten, vier Flöten, sechs Oboen und einem reich gegliederten, von fünfzehn Spielern bedienten Schlagzeugapparat besteht, mußte vorerst befremden. Aber das Wort Sophokles'-Hölderlins wurde in manchen Szenen gerade durch den Einsatz dieses Instrumentariums zu höchster Spannung gesteigert. Die Uraufführung ging übrigens unter Blitz und Donner eines sommerlichen Gewitters vor sich, so daß auch der Donner zum Klangrequisit wurde.
Boris Blacher kam 1950 mit »Romeo und Julia«, einer einaktigen Oper nach dem radikal gekürzten Text Shakespeares, zu Wort. Es handelte sich um eine Kammeroper mit kleinem Orchester, ein Oratorium, wobei Chöre die Handlung erklären, und ein gesungenes Ballett. Benjamin Britten hatte den »Raub der Lukrezia« für die Festspiele in Glyndebourne 1946 geschrieben, eine Kammeroper für ein Orchester von nur zwölf Instrumenten. Das Werk wurde in Salzburg zusammen mit dem Blachers gegeben.
1951 kam es zwar zu keiner Uraufführung, wohl aber zu einer Neuentdeckung, als Alban Bergs »Wozzeck« nach Büchner in das Programm aufgenommen wurde. Berg selbst hat geschrieben, es solle »von dem Augenblick an, wo sich der Vorhang öffnet, bis zu dem, wo er sich zum letztenmal schließt, im Publikum keinen geben, der etwas von diversen Fugen und Interventionen, Suiten- und Sonatensätzen, Variationen und Passacaglien merkt, keinen, der von etwas anderem erfüllt sei, als von der weit über das Einzelschicksal Wozzecks hinausgehenden Idee der Oper«. Mit der Salzburger Aufführung scheint dieser starke

Eindruck erreicht worden zu sein. Karl Böhm leitete die Wiener Philharmoniker, Oscar Fritz Schuh und Caspar Neher gaben dem Werk einen herb naturalistischen Rahmen. Die Aufführung war auch insofern bedeutsam, als sie einen gewissen Stimmungswandel in der Öffentlichkeit herbeiführte: War bisher der Einzug der Moderne in Salzburg eher auf Ablehnung gestoßen, so erhoben sich nun viele Stimmen, die zumindest dem in seiner Bedeutung gesicherten modernen Werk einen Platz im Salzburger Festspielprogramm zubilligten.

1952 erschien »Die Liebe der Danae«, eine heitere Mythologie, das 1940 vollendete Alterswerk Richard Strauss', endlich auf der Bühne, auf der es schon 1944 bis zur Generalprobe gediehen war. Was sich damals Krauss als Dirigent, Emil Preetorius als Bühnenbildner und der Regisseur Rudolf Hartmann vorgenommen, was sie entworfen und geprobt hatten, konnten sie nun, freilich mit anderen Solisten, zu Ende führen. Das Märchen von der »Vernunftehe« der Prinzessin Danae mit dem Prinzen Midas, der alles in Gold verwandelt, bis Zeus eingreift, ihm diese Zauberkraft raubt, auf daß er die wahre Liebe finde, passe gut, so bemerkte Richard Strauss, in die olympische Barockwelt zwischen Mirabell und Hellbrunn. Die Musik fand im ganzen die respektvolle Würdigung, die einem der letzten Werke eines Meisters von solchem Rang gebührt.

Im Gegensatz zu der Klangwelt Richard Strauss': Gottfried von Einems Oper »Der Prozeß« nach dem Roman von Franz Kafka, die 1953 bei den Salzburger Festspielen die Uraufführung erlebte. Boris Blacher und Heinz von Cramer hatten »neun Bilder in zwei Teilen« nach dem dunklen Werk Kafkas gestaltet. Die Zusammenarbeit des Teams Böhm–Schuh–Neher und eines hervorragenden Sängerensembles gewährleistete zwar eine Aufführung von hohem Niveau, nicht aber den Durchbruch der Oper. Sie ist auch seither nur noch selten aufgeführt worden.

Zwei Werken des Schweizer Komponisten Rolf Liebermann wurde die Ehre einer Uraufführung in Salzburg zuteil: der Opera semiseria »Penelope« (1954) und der Opera buffa »Die Schule der Frauen« (1957). »Penelope« ist der Versuch, auf einer antiken und einer modernen Ebene, die sich auch sichtbar auf der Bühne in zwei Spielflächen darbieten, das Schicksal des späten Heimkehrers aus dem Kriege zu zeigen. Rolf Liebermann hat den in vielen inhaltlichen und formalen Farben schillernden textlichen Vorwurf in einem musikalischen Mischstil vertont, der die beiden Spielebenen durch deutliche Stilsonderung voneinander trennt. Die Opera buffa »Die Schule der Frauen«, deren Libretto nach Molières Komödie zuerst eine englische Fassung hatte, wurde als Kompositionsauftrag der Orchestra Society Louisville geschrieben und 1955 als Einakter in Amerika aufgeführt. Die deutsche erweiterte Neufassung dieser Oper umfaßt drei Akte. Die gefällige Musik, eine beschwingte Aufführung im Landestheater mit duftigen Dekorationen von Caspar Neher, die geistreiche Szenenführung Oscar Fritz Schuhs und George Szell am Pult brachten einen überzeugenden Erfolg für das Werk, das bald über eine Reihe von Opernbühnen ging.

Zwiespältig wurde 1955 Werner Egks »Irische Legende« aufgenommen. Der Oper liegt eine Erzählung des irischen Dichters William Butler Yeats zugrunde, die altes Sagengut dichterisch erhöht. »Ein Werk der Angst und des Grauens, der eisigen Dialektik und der höchsten Verzweiflung.« Aber, so stellte die Kritik fest, dem gewaltigen Anruf an das Gewissen, der Macht des Bösen zu trotzen, der in der Dichtung gedanklich groß und überzeugend gelungen ist, wird die Musik Werner Egks nicht im gleichen Maß gerecht, »weder vom Stil her noch von der Inspiration«. Die Aufführung erreichte wiederum ungewöhnliches künstlerisches Niveau. Oscar Fritz Schuh und Caspar Neher ließen himmlische und höllische Mächte bildhaft sichtbar werden, Spukgestalten eines Hieronymus Bosch und eines Grünewald, einen unheimlichen Dämonenwald.

Zehn Jahre hindurch wurde also, angefangen mit Einems »Dantons Tod« im Jahre 1947, im Rahmen der Festspiele modernen Werken eine optimale Verwirklichung gewährt, und manches ist von hier aus über die Musikbühnen der Welt gegangen. In diesen zehn Jahren haben Schuh und Neher – gemeinsam mit den Dirigenten Ferenc Fricsay, Karl Böhm, Josef Krips und George Szell – insgesamt neun zeitgenössische Werke vorgestellt und Alban Bergs »Wozzeck« neu inszeniert. In den folgenden Jahren war der modernen Oper in Salzburg allerdings ein gleicher Erfolg nicht mehr beschieden.

Ein mißglückter Versuch war der Import einer Aufführung der New Yorker Metropolitan Opera mit Samuel Barbers »Vanessa«. Textdichter dieser Oper ist der Komponist Gian-Carlo Menotti.

Nicht glücklich war auch die Wahl, die 1959 auf die Opera semiseria »Julietta« fiel. Sie hat Heinrich von Kleists Novelle »Die Marquise von O.« zur Grundlage; Text und Musik stammen von Heimo Erbse.

Die Eröffnung des Großen Festspielhauses bot 1960 den Anlaß, ein sehr anspruchsvolles Werk, Frank Martins »Mysterium von der Geburt des Herrn«, auf der großen Bühne szenisch umzusetzen. Es beruht auf einem Text von Arnoul Gréban, entstanden um 1450. Der Komponist hat eine Bilderfolge zusammengestellt, die mit Prologen im Paradies, in der Hölle und im Fegefeuer beginnt, denen die Verkündigung, der Besuch Elisabeths, die Geburt Jesu, die Anbetung der Hirten und der Heiligen Drei Könige folgen. Die Musik ist einfach und klar: »Reine Harmonie, gelegentlich mit Elementen der Pentatonik und Gregorianik durchsetzt, heller Streicherklang, Adel der Empfindung und Ruhe des Gefühls dominieren, und gelegentlich beleben mit großem artistischen Raffinement gesetzte Akzente die ganz bewußt völlig undramatisch konzipierte Musik.« Für die Aufführung, die Margarete Wallmann in einem großzügigen Bühnenbild von Helmut Jürgens inszenierte, standen die Berliner Philharmoniker unter Heinz Wallberg und eine Schar vorzüglicher Solisten zur Verfügung, die dem Werk zu einem schönen Erfolg verhalfen.

1961 kam die Oper »Das Bergwerk zu Falun« von Rudolf Wagner-Régeny zur Uraufführung, ein Werk, das durch seinen Stoff eine Verbindung zu Hugo von Hofmannsthal herstellt. Der 25jährige Dichter hat die auf einer wahren Begebenheit beruhende Geschichte, die Johann Peter Hebel für seinen »Rheinischen Hausfreund« niedergeschrieben und die auch E. T. A. Hoffmann in der Erzählung »Die Bergwerke zu Falun« aufgegriffen hat, zu einem fünfaktigen Schauspiel gestaltet. Hofmannsthal hat den einfachen Stoff verändert und vertieft, und diese frühe Dichtung, erst 1932 aus dem Nachlaß veröffentlicht, gibt manches Rätsel auf, das zur Deutung anregt. Die Vertonung allerdings enttäuschte leider.

Die Pause, die nun in der Reihe der Opern-Uraufführungen eintrat, hatte ihre guten Gründe. Seit ihrem Beginn, 1947, hatte sich manches geändert. Die Opernhäuser, von denen, besonders in Deutschland, so viele während des Krieges zerstört worden waren, hatte man wiederaufgebaut, und ihre künstlerischen Leiter hatten nun auch den Ehrgeiz, neue Werke aufzuführen. Für die Salzburger Festspiele sei es, so wurde gesagt, wichtiger, in ihrem Rang bereits gesicherte moderne Werke, wie etwa Alban Bergs »Wozzeck«, in das Programm aufzunehmen, als Experimente zu wagen, die ja auch enttäuschend verlaufen können. Schließlich entschied man sich, ein Werk für Salzburg nur dann anzunehmen, wenn der Erfolg mit einiger Sicherheit zu erwarten ist und wenn das Sujet und die Qualität eine Uraufführung im Rahmen der Festspiele rechtfertigen.

Für 1966 wurde unter diesen Gesichtspunkten die Oper »Die Bassariden« von Hans Werner Henze zur Uraufführung erworben und eine gemeinsame Pro-

duktion mit der Deutschen Oper Berlin vereinbart. Die englischen Autoren W. H. Auden und Chester Kallman, die schon das Libretto für Henzes »Elegie für junge Liebende« geschrieben hatten, legten dem Operntext »Die Bakchen«, das letzte Werk des athenischen Tragikers Euripides, zugrunde. (Als die Oper angekündigt wurde, hörte man häufig die Frage, wer denn eigentlich die Bassariden wären. Die rasenden Begleiterinnen des Gottes Dionysos sind im allgemeinen bekannter als Mänaden.) »Zwei Klangwelten wurden von vornherein festgelegt, sie machen den Hauptanteil der Musik zu den ›Bassariden‹ aus: Sie sind einander entgegengesetzt und haben beide ein Arsenal von Themen, Akkorden, einer Zwölftonreihe, sind beide also gewissermaßen gleich stark bewaffnet. Die eine Klangwelt gehört Theben ... Die andere Welt dient dem Dionysos und dem, was er vertritt: der Idee einer neuen Religion und der Entfesselung des Eros, den Mythen der Bassariden.« Hans Werner Henze selbst sagt von seinem Werk, es wäre »ein Dies irae der Götter, ein Lacrimosa des Eros«. Zweifellos handelte es sich in diesem Fall um eine außergewöhnliche, der Verwirklichung durch Festspiele würdige Aufgabe, ganz abgesehen davon, daß wohl nur wenige Bühnen den hohen Anforderungen in musikalischer und technischer Hinsicht entsprechen können. Das Publikum war zwar zum Teil ziemlich ratlos angesichts der komplizierten Handlung, genoß aber doch die Opera seria, die mit gewaltigem, man darf sagen, barockem Aufwand und höchstem Raffinement in Szene ging, das faszinierende Bühnenbild Filippo Sanjusts und das musikalische Feuerwerk, das die hervorragenden Solisten, der Chor und nicht zuletzt die Wiener Philharmoniker entfesselten. Gustav Rudolf Sellner als Regisseur und Christoph von Dohnányi als Dirigent leisteten Hervorragendes; die Uraufführung hatte den Glanz eines großen Abends.
1970 kam es zu einer Vereinbarung mit dem Symphonieorchester des Österreichischen Rundfunks, das sich in besonderem Maße der Pflege der Musik des 20. Jahrhunderts verschrieben hat. Dieses Orchester sollte nun alljährlich zwei Festspielkonzerte bestreiten, womit der zeitgenössischen Musik ein fester Platz im Programm gesichert war. Schon im ersten Jahr gab es, im Zusammenwirken mit den Rundfunkchören, im Dom die Aufführung der »Lukas-Passion« von Krzysztof Penderecki. 1974 war das Jubiläum des 1200jährigen Bestehens des Salzburger Domes Anlaß, das zu dieser Feier von Penderecki komponierte »Magnificat« aufzuführen, welches der Komponist selbst dirigierte. Noch ein weiteres Mal kam es zu einer Uraufführung eines Penderecki-Werkes: Prolog, Visionen und Finale aus »Das verlorene Paradies«, wobei wiederum die Rund-

funkchöre mitwirkten. Es sei noch an einige denkwürdige Aufführungen, die dem ORF-Symphonieorchester und seinen Chören zu danken sind, erinnert, so an »Carmina Burana« anläßlich des 80. Geburtstags (1975) von Carl Orff, an Benjamin Brittens »War Requiem« (1976), Arthur Honeggers »Jeanne d'Arc au bûcher« (1977). Ferner wären zu nennen: »Coro« von Luciano Berio, eine großartige konzertante Wiedergabe von Ernst Kreneks Oper »Karl V.« (1980), die Uraufführungen des Konzerts für Posaune und Orchester von Cesar Bresgen und der Orgel-Symphonie von Helmut Eder, die Aufführungen von Frank Martins Vertonung von Rilkes »Weise von Liebe und Tod des Cornets Christoph Rilke«, und von Franz Schmidts großem Oratorium »Das Buch mit sieben Siegeln«. Dirigenten dieser Konzerte waren Milan Horvat, Michael Gielen, Carl Melles, Bruno Maderna, George A. Albrecht, Gustav Kuhn, Gerd Albrecht und in der Hauptsache Leif Segerstam.
1974 beschloß das Direktorium, jedes Jahr einen Kompositionsauftrag für ein Werk zu vergeben, das sich in den Rahmen eines Serenadenabends in der Felsenreitschule fügen würde. Damit begann eine Reihe von interessanten Uraufführungen, bei denen das gegebene Thema »Serenade« zum Teil recht unterschiedliche Behandlung erfuhr. Bisher kamen die Komponisten Wilhelm Killmayer, Jean Françaix, Helmut Eder, Günter Bialas, Kurt Schwertsik, Luboš Fišer, Rudolf Kelterborn und Iván Eröd mit je einem Werk zu Wort.
Im Sommer 1981 wurde die Oper »Baal« des österreichischen Komponisten Friedrich Cerha uraufgeführt. Das Libretto hat der Komponist selbst nach dem frühen Werk Bert Brechts hergestellt, wobei er mehrere Fassungen des Stückes, das der Dichter fünfmal umgearbeitet hat, benützte. Das Drama »Baal« hat seinerzeit viel Aufsehen erregt. Sogar Hugo von Hofmannsthal hat zur Erstaufführung in Wien einen Prolog geschrieben. Die Auswahl des Komponisten unterstreicht die aktuelle Bedeutung der Geschichte des Außenseiters Baal, der an der Gesellschaft scheitert und zugrunde geht.
Friedrich Cerha hat sich lange Zeit mit dem Stoff beschäftigt. Seine Kompositionen »Spiegel« und »Netzwerk« führen ebenso zu »Baal« wie seine Arbeit an Alban Bergs Oper »Lulu«, deren dritten Akt Cerha nach vorhandenen Entwürfen vervollständigt hat. Cerhas Musik verleugnet nicht die Verwandtschaft mit der Alban Bergs und Arnold Schönbergs, die er im »Baal« mehrmals zitiert. Er will »das vitale unausrottbare menschliche Glücksverlangen« auch in Baals exzessivem Leben spüren und in sehnsüchtig-traurigen Tönen mitschwingen lassen. Der kenntnisreiche Komponist hat in der komplizierten Partitur auf

Sangbarkeit und auf die Übereinstimmung der erstrebten Aussage und der musikalischen Mittel Wert gelegt. Die Uraufführung wurde zu einem ausgesprochenen Publikumserfolg, wie er zeitgenössischen Werken nur selten zugestanden wird, wozu zweifellos auch die glänzende Realisierung beitrug. Die sichere Regie und Personenführung Otto Schenks, die Ausstattung nach Entwürfen des jungen Rolf Langenfass, dem es gelang, im raschen Szenenwechsel immer wieder mit eindrucksvollen Bühnenbildern zu überraschen, entsprachen der großartigen Präsentation der Musik durch die Wiener Philharmoniker unter der Leitung Christoph von Dohnányis und der überragenden Leistung Theo Adams, der die große Rolle des Baal mit hinreißender Intensität bewältigte. Die Kritik hat Friedrich Cerha bescheinigt, daß »Baal« zu den eindrucksvollsten Manifestationen des Musiktheaters unserer Zeit gehört.

Der Grundsatz, daß auch Werke zeitgenössischer Autoren und Komponisten bei den Salzburger Festspielen die beste erreichbare Gestaltung erfahren sollen, wird auch in Hinkunft gelten.

Im Dickicht der Festspiele: Gottfried von Einem

Als ich Gottfried von Einem kennenlernte, war er ein dünner junger Mann, dessen schmales Gesicht von einer bemerkenswerten Nase beherrscht wurde. Kurz zuvor, am 6. August 1947, war seine Oper »Dantons Tod« bei den Salzburger Festspielen uraufgeführt worden. Einem wurde 1918 in Bern als Sohn des österreichischen Militär-Attachés geboren, er hatte während des Krieges in Berlin bei Boris Blacher Kompositionslehre studiert und war als Korrepetitor an der Berliner Oper tätig gewesen. Zu Kriegsende verschlug es ihn nach Salzburg, und er wurde, wie er selbst erzählt, durch die amerikanischen Komponisten Virgil Thompson und Nicolai Nabokov, die Salzburg besucht und die Partitur seiner Oper gesehen hatten, mit Egon Hilbert und Bernhard Paumgartner bekannt gemacht. Die Letztgenannten entschlossen sich zur Uraufführung des Werkes. Nach dem unbestrittenen Erfolg des gerade Dreißigjährigen stand er im Mittelpunkt des Interesses. Dazu kam, daß damals auch der Stern des Dirigenten Ferenc Fricsay aufgegangen war. Otto Klemperer hatte die musikalische Leitung der Uraufführung zugesagt; Fricsay war sein Assistent. Nach wenigen Probentagen trat Klemperer krankheitshalber zurück, und Fricsay mußte es wagen, die Uraufführung zu übernehmen. Am Tag danach war er weltbekannt und bei ihm häuften sich die telegraphischen Einladungen. Auch die Leistung des Gespanns Caspar Neher und Oscar Fritz Schuh fand damit ihre Bestätigung. Beide Künstler begannen von da an die Festspielszene maßgeblich zu beeinflussen.

Gottfried von Einem war indessen in das Direktorium der Festspiele berufen worden. Er wohnte zu jener Zeit in St. Jakob am Thurn, einem reizvollen Ort unweit von Salzburg, etwa fünfhundert Meter hoch gelegen, mit alten Bauten, darunter einem sechsgeschossigen Turm, in dem er mit seiner Frau Liane, einer geborenen von Bismarck, Unterkunft gefunden hatte. Das Hausen in dem Turm war romantisch, wenn auch nicht sehr komfortabel, und die zarte Frau schleppte Lebensmittel und Kohlen, manchmal sogar das Wasser aus dem Dorfbrunnen jeden Tag über viele Stufen hinauf in den vierten Stock.

Damals wurde bereits der Grund für den späteren Konflikt gelegt, der zu Einems Ausschluß aus dem Direktorium führen sollte. Durch Caspar Neher hatte Einem in der Schweiz den aus dem amerikanischen Exil zurückgekehrten Bert Brecht kennengelernt. Dieser suchte eine neue Heimat, eine neue Wirkungsstätte, und Einem besprach mit ihm die Möglichkeiten, die Österreich bieten konnte. Vorerst sollte Brecht ein Stück für die Salzburger Festspiele schreiben – ein Werk, das vielleicht den »Jedermann« auf dem Domplatz ersetzen konnte –, und auch das Burgtheater wäre gewiß an seinen Arbeiten zu interessieren gewesen. Einem versprach, sich dafür einzusetzen, daß Brecht die österreichische Staatsbürgerschaft verliehen werde. Brecht hielt sich auch einige Zeit in Salzburg auf und entwarf einen »Salzburger Totentanz«, dessen Fragment erhalten geblieben ist. Das Verfahren zur Verleihung der Staatsbürgerschaft wurde 1948 eingeleitet und nahm seinen beschwerlichen amtlichen Weg. Auch Egon Hilbert unterstützte das Ansuchen Brechts und bewog Minister a. D. Dr. Pernter, sich um eine günstige Erledigung zu bemühen. Aber es geschah lange nichts. Brecht folgte schließlich lockenden Angeboten nach Berlin und ließ sich im russischen Sektor der Stadt nieder. In Salzburg schien der Fall Brecht vergessen zu sein.

In einer Sitzung des Kuratoriums der Salzburger Festspiele am 31. Oktober 1951 kam es ganz unerwartet zu einem Eklat. Landeshauptmann Dr. Klaus, der den Vorsitz führte, warf die Frage nach dem Anteil Gottfried von Einems an der Verleihung der österreichischen Staatsbürgerschaft an Brecht auf. In der Presse war höhnisch gemeldet worden, daß dem Kommunisten Brecht die österreichische Staatsbürgerschaftsurkunde nach Ost-Berlin nachgeschickt worden sei. Einem schilderte den Hergang und erklärte, daß er seit 1948 von der Angelegenheit nichts mehr gehört und sie aus den Augen verloren habe. Es handle sich um die Spätzündung eines Amtes, wenn jetzt, unter den geänderten Verhältnissen, Brecht die Staatsbürgerschaftsurkunde übermittelt wurde. Dr. Klaus stellte anhand der Akten fest, daß Brecht 1948 in Salzburg gemeldet gewesen und ihm eine dauernde Aufenthaltsbewilligung erteilt worden war. Egon Hilbert bemerkte, daß der Fall Brecht jetzt ganz anders aussehe als damals. Es kam zu einer lebhaften Debatte, und Einem lehnte den Vorwurf des Landeshauptmanns entschieden ab, er habe für den Kommunisten Brecht interveniert, der gar nicht die Absicht gehabt habe, in Österreich zu bleiben. Er wies darauf hin, daß sich Brecht in den USA einem Verhör unterziehen mußte und daß er dort von dem Vorwurf kommunistischer Betätigung freigesprochen worden war. Das Gespräch wurde ziemlich heftig, und plötzlich erklärte Dr. Klaus, wenn Einem nicht die Sitzung verlasse, werde er es tun. Nachdem Einem weggegangen war, faßte das Kuratorium den merkwürdigen Beschluß, »das Mitglied des Direktoriums, Herrn von Einem, auf Grund seines unqualifizierbaren Benehmens gegen den Vorsitzenden und Landeshauptmann, von seiner Funktion im Direktorium zu entheben«. Man wollte in Anbetracht der Pressepolemiken nicht neuerlich eine Diskussion über den Fall Brecht auslösen und vermied es, den wahren Grund der Entlassung Einems anzugeben. Das war nun freilich ein großer Fehler. Zwei Tage später waren alle Zeitungen voll mit Berichten und Kommentaren, wobei die einen das Kuratorium kritisierten, weil es nicht den Mut hatte, die Ursache des Konflikts zu nennen, während andere meinten, es sei höchste Zeit gewesen, den »Kommunisten« Einem zu entfernen.

Nun trat das Direktorium zu einer Sitzung zusammen und war ziemlich einhellig der Meinung, daß eine Enthebung Einems wegen ungebührlichen Benehmens gegenüber dem Landeshauptmann abzulehnen sei. Würde ein solches Vorgehen hingenommen, könnte in Hinkunft jedes Direktoriumsmitglied abgesetzt werden, wäre es einmal nicht gleicher Meinung mit dem Landeshauptmann. Man einigte sich schließlich darauf, in einem Schreiben an das Kuratorium diesen Standpunkt darzulegen und verlangte die Überprüfung des Falles Einem durch eine unparteiische Kommission.

Wer weiß, wie das weitere Leben Brechts verlaufen wäre, wenn er in Salzburg oder in Wien, dem Geburtsort seiner Frau, der großartigen Schauspielerin Helene Weigel, geblieben wäre. Freilich, Brecht schrieb über sich selbst: »In mir habt ihr einen, auf den könnt ihr nicht bauen.« Aus den später veröffentlichten Briefen an Gottfried von Einem geht aber doch hervor, daß Brecht, seit 1933 staatenlos, wirklich die Absicht hatte, in Österreich tätig zu sein. »Ich kann mich ja nicht in irgendeinen Teil Deutschlands setzen und damit für den anderen Teil tot sein«, heißt es in einem dieser Briefe.

1949 wandte er sich verzweifelt aus Berlin an Einem, er möge weiter um seine Staatsbürgerschaft bemüht bleiben. Er schrieb, daß er sich mit dem »Salzburger Totentanz« beschäftige: »Kontrakt des Kaisers mit dem Tod, im kommenden Krieg die Opfer zu begrenzen und ihn und seine Nächsten zu verschonen, wenn sie das vereinbarte Zeichen machten. Vergessen des Zeichens durch den vielbeschäftigten Tod. Moral: Mit dem Tod kann man keine Geschäfte machen.« In einem späteren Brief berichtet Brecht, er habe durch eine zweite Handlung auf der Ebene einer bürgerlichen Kaufmannsfamilie das Stück erweitert. Das Werk sollte mit der Fastnacht in der von der Pest heimgesuchten Stadt enden.

Zu spät wurde die Staatsbürgerschaftsurkunde für Brecht dann tatsächlich ausgestellt. Als Brecht von Einems Schwierigkeiten erfuhr, erbot er sich, über den Vorgang auszusagen und schrieb: »Ich verstehe nicht, wie man Ihnen als Künstler übelnehmen kann, daß Sie einem anderen Künstler geholfen haben – ich hatte ja damals überhaupt keine Papiere.«

Was das Kuratorium trotz einer leisen Warnung des Präsidenten Puthon nicht vorhergesehen hatte, war, daß sich maßgebende Mitwirkende der Festspiele hinter Gottfried von Einem stellten. So drohte etwa Wilhelm Furtwängler, nicht mehr in Salzburg zu dirigieren, wenn diese Sache nicht ehrenvoll geordnet würde. Karl Böhm, Caspar Neher, Oscar Fritz Schuh und andere schlossen sich dem Protest gegen das Vorgehen des Kuratoriums an. Wilhelm Furtwängler schrieb am 19. Juli 1952 in einem Brief an Landeshauptmann Dr. Klaus: »Dieser Fall hat insoferne etwas Prinzipielles, als es sich eigentlich nicht so sehr um die Person Einems handelt, sondern darum, daß – meiner Meinung nach – im Direktorium die produktive und fortschrittlich gesinnte musikalische Jugend irgendwie vertreten sein muß. Nicht als ob von dieser Seite die Festspiele geführt werden sollten; aber als Element, meinetwegen als ›Opposition‹, hat diese Richtung ihren nicht zu unterschätzenden Wert innerhalb eines Direktoriums, das für die Durchführung der Programme der Festspiele in diesen schwierigen Zeiten verantwortlich sein muß ... Wie ich höre, ist der schwerstwiegende Einwand gegen von Einem, die Einbürgerung Bert Brechts veranlaßt zu haben, noch ungeklärt ... Andere Vorwürfe, die ihm gemacht werden, z. B. seine Mutter, sind doch wohl nicht ernst zu nehmen (wir leben ja nicht mehr in den Zeiten nationalsozialistischer Sippenhaft). Jedenfalls hoffe ich, daß die ganze Angelegenheit im allgemeinen Interesse bald in Ordnung kommt, entweder dadurch, daß Einem wieder in das Direktorium eintritt, oder, daß der Öffentlichkeit bekannt gegeben wird, aus welchem Grunde dies nicht möglich ist.«

Einem hatte mittlerweile seine zweite Oper, »Der Prozeß«, mit dem Text nach Franz Kafka, fertiggestellt, und es galt nun, den Knäuel von Mißverständnissen, Verunglimpfungen, von Neid und Intrigen aufzulösen, um ihm den Rückweg zu den Festspielen zu ermöglichen.

Indessen hatte die Schlichtungskommission getagt, die auf Verlangen des Direktoriums eingesetzt worden war. Es gehörten ihr neben Bernhard Paumgartner und Egon Hilbert der Sektionschef des Unterrichtsministeriums, Dr. Robert Musil, und Diplomkaufmann Walter Pfletschinger, der damals im Kuratorium den Fremdenverkehrsförderungsfonds vertrat, an, und man bemühte sich, weniger zu untersuchen als vielmehr eine ausgleichende Formel zu finden, die alle Empfindlichkeiten möglichst schonte. Einem selbst war es nun eigentlich mehr darum zu tun, seine neue Oper »Der Prozeß« in Salzburg uraufgeführt zu sehen als die leidige Brecht-Affäre beizulegen. Am liebsten hätte er allerdings

beides erreicht: die Uraufführung und die Rückkehr in das Direktorium. Aber Landeshauptmann Dr. Klaus sah den Beschluß des Direktoriums, die neue Oper ins Programm aufzunehmen, geradezu als Grund an, Einems Mitsprache in dem Leitungsgremium der Festspiele abzulehnen. Sehr einleuchtend war das nicht, denn was wäre seinerzeit aus den Festspielen geworden, hätte man Hofmannsthal und Richard Strauss die Aufführung ihrer Werke versagt, weil sie der Festspielleitung angehörten oder umgekehrt sie von dieser ausgeschlossen, weil sie ihre Werke in Salzburg aufgeführt sehen wollten, wobei Strauss auch noch selbst dirigierte. Aber dem Standpunkt des Landeshauptmanns schloß sich sogar Wilhelm Furtwängler an. In einem Brief an Gottfried von Einem vom 11. Dezember 1952 schreibt Furtwängler, er habe sich auf Einems Wunsch für die Uraufführung der Oper eingesetzt, obgleich er der Meinung sei, daß es, auf weite Sicht gesehen, wichtiger gewesen wäre, seine Differenzen mit der Festspielleitung in Ordnung zu bringen. »Sie aber wollten beides, die Rehabilitierung und den ›Prozeß‹ und machen es dadurch ihren wohlwollendsten Freunden etwas schwer«, bemerkt Furtwängler abschließend.
Die Uraufführung von »Der Prozeß« fand am 17. August 1953 statt, aber obgleich Oscar Fritz Schuh und Caspar Neher der Inszenierung große Sorgfalt widmeten und obwohl Karl Böhm dirigierte, war es kein Erfolg. Das Premierenpublikum war irritiert und wußte mit der Irrealität der Vorgänge nichts anzufangen. Auch war Kafkas Werk damals noch nicht so bekannt wie heute. Der gewiß von Sympathie für den Komponisten geleitete Kritiker H. H. Stuckenschmidt mußte feststellen, daß »dieser Prozeß nicht zu gewinnen« war. »Wenn man bei dem gesammelten, grausam klaren Stil Kafkas von einem dichterischen Purismus reden kann, so drängt sich für Einems Musik eher das Wort Potpourrismus auf.«
Noch einmal, im Dezember 1953, richtete Furtwängler, der ja nicht nur in dieser Frage damals recht unnachgiebig und eigensinnig war, einen Brief an Landeshauptmann Dr. Klaus, in dem er den Wiedereintritt Einems in das Direktorium »nachdrücklichst befürworten zu müssen« glaubte, doch inzwischen hatten die Schlichtungskommission und der Landeshauptmann einen Ausweg gefunden. Schon 1951 war ja ein Kunstrat eingesetzt worden, und das Kuratorium wählte 1954 Einem als achten zu den sieben Kunsträten. Man meinte in ihm einen energischen Vertreter dieser vernachlässigten und nur selten tagenden Einrichtung gefunden zu haben und bestimmte ihn zum Vorsitzenden. Der Friede war wiederhergestellt. Einem freilich war dennoch nicht zufrieden, weil

er richtig erkannte, daß der Rat des Kunstrates wenig gefragt war. Im Gesetz über den Salzburger Festspielfonds wird der Kunstrat mit einem einzigen Satz erwähnt: »Das Kuratorium kann einen Kunstrat aus hervorragenden Persönlichkeiten der internationalen Kunstwelt als beratendes Organ des Fonds bestellen.« Das Kuratorium brauchte aber diesen Rat nicht, weil es künstlerische Fragen nicht zu entscheiden hat. Dem Direktorium brachte der Kunstrat, dem Herbert Graf, Clemens Holzmeister, Ernst Lothar, Caspar Neher, Friedrich Schreyvogl, Oscar Fritz Schuh und ein Vertreter der Wiener Philharmoniker angehörten, nur Schwierigkeiten.

Wie es dem Temperament Einems entsprach, nahm er seine neue Funktion sehr ernst. Er entwarf eine Geschäftsordnung für den Kunstrat und verlangte für dessen Vorsitzenden, also für sich, das Recht, an den Sitzungen des Direktoriums teilzunehmen, was seine stille Rückkehr in dieses Gremium bedeutet hätte. Das Kuratorium genehmigte 1958 die vorgeschlagene Geschäftsordnung, aber sie half wenig. Im Juni 1959 schrieb Einem an mich, daß der Kunstrat in dieser Zusammensetzung auch nicht in geringfügiger Weise die Gestaltung der Festspiele beeinflussen könne und daß er an diesen Verein seine Zeit nicht mehr verschwenden wolle. Er war wirklich bemüht, dieser Einrichtung Sinn und Bedeutung zu geben, aber es kam nicht viel dabei heraus. Da die Mitglieder überwiegend Mitwirkende der Festspiele, zugleich also Konkurrenten waren, von denen jeder vor allem seine persönlichen Interessen durchsetzen wollte, konnte man sich nur selten einigen. 1960 gab es den Vorschlag, ein fahrendes Salzburger Pawlatschentheater zu schaffen, was zehn Jahre später mit dem Straßentheater realisiert wurde. Allmählich löste sich der Kunstrat auf, und auch Einem trat schließlich zurück.

Es war eines von Einems besonderen Anliegen, die Reihe der Opern-Uraufführungen, die mit »Dantons Tod« begonnen hatte, fortzusetzen. Die Verbindung zu Rolf Liebermann, dessen Oper »Penelope« 1954 ein nur mäßiger Erfolg beschieden war, brachte mit der »Schule der Frauen« 1957 begeisterte Zustimmung von Publikum und Kritik. Dagegen verlor Einem mit seinem Rat, Heimo Erbses »Julietta«, nach einem Text von Heinrich von Kleist, anzunehmen (1959), beim Direktorium einiges an Vertrauen. Die Kritik meinte ziemlich einhellig, daß dem Werk Erbses nur durch den Rang der Aufführung gerade noch das blamable Schicksal eines Durchfalls erspart blieb. Aber man muß Einem zubilligen, daß er sich selbstlos für seine Komponistenkollegen einsetzte. 1961 erreichte er noch die Uraufführung von Rudolf Wagner-Regenys »Bergwerk zu

Falun« nach Hofmannsthal, einer Oper, der ebenfalls kein Erfolg beschieden war.

Nachdem Karajan künstlerischer Leiter der Festspiele geworden war, nahm er 1957 Gottfried von Einems Konzert für Klavier und Orchester op. 20 in das Programm eines Abends mit den Berliner Philharmonikern auf. Die Beziehungen Einems zu Salzburg verschlechterten sich aber, als 1960 Bernhard Paumgartner das Amt des Festspielpräsidenten übernahm. Einem plante damals eine neue Oper, »Der Zerrissene«, nach Johann Nestroy. Er bot Salzburg die Uraufführung an, ehe er noch die ersten Noten geschrieben hatte, und verlangte ein recht ansehnliches Auftragshonorar. Präsident Paumgartner, der die Mißerfolge der letzten zeitgenössischen Opern noch in frischer Erinnerung hatte – nicht zuletzt den von Samuel Barbers »Vanessa« anläßlich eines Gastspiels der Metropolitan Opera New York –, vertrat den Standpunkt, daß zuerst die Partitur vorliegen müsse, dann könne man weiterreden, und das Direktorium schloß sich dieser Meinung an. Oscar Fritz Schuh hat 1964 den »Zerrissenen« an der Staatsoper in Hamburg inszeniert, und es war später nichts mehr von diesem Werk zu hören.

Die Zeiten hatten sich geändert. Nach dem Ende des Krieges war mit Einems »Dantons Tod« der feierliche Einzug der Moderne in Salzburg erfolgt. Oscar Fritz Schuh schrieb in seiner »Salzburger Dramaturgie« von 1951: »Die Annahme dieser Oper war eine Genietat. Mit einem Mal war ein neuer Weg gewiesen und der Anschluß an die Gegenwart gefunden ... Salzburg war gerettet.« Aber indessen war eine neue progressive Moderne auf den Plan getreten, die vor allem in der Bundesrepublik Deutschland gefördert und von Rundfunk und Fernsehen verbreitet wurde. Auch wenn nur wenige diese Musik hören wollten, der Äther erwies sich als geduldig. Aber die Aufführung einer Oper Einems brachte keine Lorbeeren mehr. Sein »Besuch der alten Dame« nach Dürrenmatt galt bereits als altmodisch. Dieses auch vom Publikum zustimmend akzeptierte Werk wurde in Wien an der Staatsoper und nicht in Salzburg uraufgeführt. Der Komponist ärgerte sich und tat das in Interviews kund, in denen er die Festspiele schlecht machte, womit er in Salzburg vor allem den Präsidenten Paumgartner verstimmte.

Trotzdem war es Einems Wunsch, seine damals geplante Oper nach Schillers »Kabale und Liebe« in Salzburg uraufzuführen. Es war daran gedacht, wie schon seinerzeit im Fall von Hans Werner Henzes »Bassariden«, eine gemeinsame Produktion mit der Berliner Staatsoper zu vereinbaren, deren Intendant damals noch Egon Seefehlner war. Aber auch Seefehlner schwankte und ließ durchblicken, wenn schon eine Uraufführung, dann lieber in Berlin – was ihm das Interesse der Presse sichern würde –, anstatt das Werk nachspielen zu müssen, auch wenn es in Salzburg durchfallen sollte. Einem sprach auch mit Günther Rennert, damals Intendant der Münchner Staatsoper, über das Projekt. Rennert lehnte jedoch ab. Er hielt Schillers »Kabale und Liebe« für nicht vertonbar. Das habe schon Verdi mit nur mäßigem Erfolg versucht. Mit Seefehlner bestanden weiter lockere Kontakte, und als er 1975 Direktor der Wiener Staatsoper wurde, wollte er die Uraufführung in seinem Haus haben. Außerdem hatten sich indessen die Beziehungen der Festspiele zu Einem weiter verschlechtert, und man ließ die Sache auf sich beruhen. Anfang August 1972 brachte das Österreichische Fernsehen eine große Sendung, in deren Mittelpunkt ein Gespräch zwischen Einem und mir stand und die von der Uraufführung von »Dantons Tod« vor 25 Jahren ausging. Die Aufnahme fand im Haus Einems in der Ramsau statt. 1973 führten die Festspiele, um den guten Willen zu erweisen, im Großen Festspielhaus Einems »Stundenlied« op. 26, Text von Bert Brecht, mit dem Symphonieorchester und den Chören des Österreichischen Rundfunks unter Milan Horvat erfolgreich auf. Aber ich hatte, nachdem ich Präsident geworden war, offenkundig Einems zweite Frau, Lotte Ingrisch, eine ambitionierte Stückeschreiberin, die er 1966 geheiratet hatte, enttäuscht. Sie wollte schon damals eine moderne Odyssee für das »Europa-Studio« schreiben, die aber nicht zustande kam. Später hatte sie in Wien dem damaligen Direktor des Burgtheaters, Gerhard Klingenberg, und mir vorgeschlagen, ihr neuestes Stück zuerst in Salzburg aufzuführen und die Inszenierung dann an das Burgtheater weiterzugeben. Nach dem einhelligen Urteil aller Verantwortlichen stellte sich jedoch heraus, daß das Stück für die Salzburger Festspiele ungeeignet war. Ich mußte also Direktor Klingenberg mitteilen, daß wir das Stück nicht annehmen würden. Es gab noch einen Briefwechsel zwischen mir und Lotte Ingrisch, und ich hatte auch keinen Einwand gegen die Aufführung eines ihrer Einakter durch das Straßentheater während der Festspielzeit. Dagegen spielte man beim Fest in Hellbrunn, auf das ich keinen Einfluß hatte, ein angekündigtes Stück der Autorin nicht und stellte die Aufführung für das nächste Jahr in Aussicht. Aber dieses Werk ist nie auf dem Programm erschienen, und es hieß, es sei für das höfische Fest nicht fein genug gewesen.

Ich jedenfalls war in Ungnade gefallen, aber nicht nur bei Lotte Ingrisch, sondern auch bei Gottfried von Einem. Ich hatte noch seinen Wunsch erfüllt und ihm die Briefe, die er im Laufe der Jahre an mich gerichtet hatte und die eine Fundgrube für viele Details aus der Festspielgeschichte und mancher Festspiel-Intrigen sind, überlassen, weil Einem Fotokopien anfertigen wollte. Während wir deswegen noch in Kontakt standen, gab er aus heiterem Himmel und ohne besonderen Anlaß beim Europäischen Forum in Alpbach dem Österreichischen Fernsehen ein Interview, in dem er die Salzburger Festspiele herabsetzte und im besonderen Herbert von Karajan angriff. Ich habe die Reden Einems nie allzu ernst genommen; manchmal machte ihn der Wein gesprächig. Aber es tat mir leid, daß er die gemeinsame Zeit, in der er sich vom Jüngling zum Komponisten mit dem Patriarchenbart gewandelt hat, so leichthin vergaß. Ich möchte die Stunden nicht missen, die wir diskutiert, gerungen, manchmal um ein Nichts, aus Prinzip, um der Gerechtigkeit willen gekämpft hatten. Einem war ein Michael Kohlhaas gewesen, und er konnte auch fanatisch ungerecht sein. Trotzdem, in der Geschichte der Salzburger Festspiele hat er seinen gesicherten Platz.

Weltuntergang im Festspielhaus

Es mag im Frühjahr 1968 gewesen sein, als mich der Kunsthändler Friedrich Welz anrief und mir ein Zusammentreffen mit Carl Orff vorschlug, der bei ihm zu Gast war. Es kam auch zu einem Gespräch, bei dem der Komponist schließlich eröffnete, er arbeite an einem großen Oratorium, für dessen szenische Aufführung die Bühne des Großen Festspielhauses wie geschaffen sei. Er brauche eine so breite Bühne, der Weltenraum sei gerade recht für sein Werk. Und ob man wohl Karajan für die Uraufführung gewinnen könnte...?
Die Salzburger Festspiele haben bekanntlich 1949 Carl Orffs »Antigonae« in der Felsenreitschule uraufgeführt. Es war daher natürlich für Salzburg von Interesse, sich um die Verwirklichung seines neuen Werkes zu bemühen. Orff freilich meinte, daß es noch mindestens zwei Jahre dauern werde, ehe das Oratorium vollendet sei.
Es blieb bei einer losen Verbindung mit dem Komponisten. Dann kamen beunruhigende Nachrichten über sein Befinden, er mußte sich einer Operation unterziehen und klagte, daß er befürchte, das große Werk nicht mehr bewältigen zu können. Aber Anfang 1971 war es doch soweit: Orff berichtete, daß die letzte Note geschrieben sei, er erläuterte bei einem Besuch in Salzburg Text und Musik des Oratoriums »De temporum fine comoedia«. Am 10. Mai 1971 konnte die Festspieldirektion dem Komponisten mitteilen, daß die Uraufführung gesichert und daß auch Herbert von Karajan grundsätzlich daran interessiert sei, sie zu leiten.
Kurz nachdem ich 1971 die Aufgaben des Festspielpräsidenten übernommen hatte, kam Carl Orff nach Salzburg und gestand mir, er wäre in größter Verlegenheit; Walter Erich Schaefer, der Intendant der Stuttgarter Oper, mit dem ihn Freundschaft verband und der sich um ihn und sein Werk sehr verdient gemacht hatte, wolle als Abschluß seiner Tätigkeit an diesem Opernhaus, sozusagen als letzten Streich, das »Spiel vom Ende der Zeiten« uraufführen, und ob wir Salzburger denn sehr böse auf ihn wären, wenn er dem Wunsche Schaefers nachkäme. Ich sagte Orff, er sei selbstverständlich frei in seiner Entscheidung, obgleich es uns leid täte, wenn er uns untreu würde. Aber wir wüßten um seine alten Bindungen zu Intendant Schaefer. So schieden wir vorerst voneinander, aber zu meiner Überraschung erschien Orff einige Wochen später wieder, erzählte in seiner lebhaften Art bayrische Geschichten, wollte aber, was den eigentlichen Anlaß seines Besuches anging, offensichtlich nicht recht mit der Sprache heraus, bis ich sagte: »Verehrter Carl Orff, Sie haben etwas auf dem Herzen. Sie können alles sagen. Aber am liebsten möchten wir hören, daß der

Weltuntergang doch noch in Salzburg stattfinden wird.« Es hatte sich schon Theatertratsch verbreitet, wonach es in Stuttgart Schwierigkeiten mit der geplanten Aufführung gab. So war es auch: Intendant Schaefer konnte in seiner letzten Spielzeit das Werk, das große technische Anforderungen stellt, nicht mehr unterbringen. Nun waren wir bald mit Orff einig, um so mehr, als auch von Seiten des Westdeutschen Rundfunks großes Interesse an einer Zusammenarbeit mit Salzburg bestand und eine gemeinsame Produktion zu erwägen war.

Tatsächlich kam es auch bald zu einem Vertrag zwischen den Festspielen und dem Westdeutschen Rundfunk Köln, dessen Orchester sich ja besonders der zeitgenössischen Musik widmet. Schwieriger war es, die Solisten zu gewinnen, da diese mit Schrecken zur Kenntnis nehmen mußten, daß der Text des Oratoriums überwiegend in lateinischer und griechischer Sprache verfaßt ist. Es galt auch, die Termine für die Proben festzulegen, die Karajan in Köln leiten mußte; aber schließlich konnte die Uraufführung für den Sommer 1973 angesetzt werden.

Das Welttheater wurde mit diesem Werk Orffs zur kosmischen Szene. Der Text entstammte im ersten Teil den Sibyllinischen Weissagungen, jenen spätantiken Büchern, die den Weltuntergang und die ewige Verdammnis der Menschen verkünden. Im weiteren sind jüdische und frühchristliche Texte kühn verflochten. Die Anachoreten, heilige Mönche, widersprechen dem Urteil der Sibyllen und beschwören Gottes Gnade, vor der keines Menschen Schuld untilgbar ist und keiner ewig verdammt wird. »Aller Dinge Ende wird sein aller Schuld Vergessen.«

In Köln war das Werk mit dem Rundfunk-Sinfonie-Orchester, dem Kölner Rundfunkchor, dem Rias Kammerchor, dem Tölzer Knabenchor und den zweiundzwanzig Solisten einstudiert, für die Schallplatte und auf Tonband aufgenommen worden, das letztere wurde auch vorerst für August Everdings Proben in Salzburg verwendet. Diese Proben waren äußerst kompliziert. Die Sibyllen mußten in ihren prächtigen Kostümen auf einem Baum hocken und später in die Lüfte entschweben, wobei manchen der Damen sicher recht unheimlich zumute war. Im dritten Akt rotierten auf einer großen Scheibe schließlich mehr Mitwirkende als vorgesehen, und bei einer der letzten Proben brach diese unter der Last der vielen Verdammten. Glücklicherweise kam niemand zu Schaden, aber die Scheibe mußte in nächtlicher Arbeit von den Technikern repariert und verstärkt werden. Zu Tränen gerührt saß Carl Orff bei den letzten Proben. Er erkannte kaum mehr sein eigenes Werk, das nun Gestalt angenommen hatte und in der gewaltigen Szenerie und mit größtem Aufwand an Menschen und Technik die geistigen und musikalischen Dimensionen seines Konzepts ausschöpfte.

Von einem Journalisten gefragt, was denn eigentlich der Inhalt seines Oratoriums sei, erwiderte Orff: »Ich versuche, dem lieben Gott zu sagen, wie er mit uns armen Menschen beim Weltuntergang umgehen soll.« Der Interviewer meinte: »Aha, ich verstehe, und was wird Karajan aus dem Werk machen?« Worauf Orff lächelnd antwortete: »Ja, wissen Sie, dem lieben Gott kann ich sagen, wie er den Weltuntergang, nicht aber Karajan, wie er mein Oratorium machen soll.«

Karajan freilich wußte, wie mit dem musikalisch recht spröden Werk umzugehen war. Er hatte die Einstudierung in Köln genau nach dem Plan durchgeführt, kam nach Salzburg zu den Schlußproben, hatte vor sich die umfangreiche Partitur liegen, aber er schlug sie nicht auf. Er dirigierte auswendig.

»Die Aufführung im Großen Salzburger Festspielhaus«, so schrieb H. H. Stuckenschmidt, »brachte eine Häufung von Theaterwirkungen, wie man sie selten erlebt hat. August Everding hat für die Inszenierung auf der Breitwandbühne einen ungeheuren Apparat von Technik, Beleuchtung und mehrfacher Projektion in Bewegung gesetzt. Als sein bildnerischer Partner entwickelt Günther Schneider-Siemssen ein wahres Pandämonium von Farben, Formen, Bewegungen und Visionen, dem sich Andrzej Majewskis Kostüme einordnen. Ein riesiger Baum füllt das Sibyllenbild, Lebensbaum und Welt-Esche Yggdrasil zugleich. Aus seiner Laubkrone tönen die Soprane, Mezzosoprane und Alte der Prophetinnen. Dann werden sie sichtbar, bald in den Zweigen sitzend wie Vögel und darunter kauernd wie die Nornen, bald an Metall-Gestellen schwebend und astronautenhaft durch den Raum getragen, während seitlich Sonnensysteme kreisen und Spiralnebel wogen. Wenn die erste Sibylle den Weltenbrand schildert, Klarinetten und Klavier in Achteln eine lokrische Tonart abwärts laufen lassen, zerteilt sich der Baum, dessen Äste im Raum verschwinden: schönstes Bild des ersten Teils. Die Anachoreten ruhen auf Steinsesseln in einer Wüste. In ihren Händen sieht man die Zeichen von Wissen und Forschung, zu ihren Füßen Säulenfragmente. Über den Köpfen wölbt sich ein ballonartiges Gebilde, das an Radarformen erinnert, später in wirbelndes Kreisen gerät und Andeutungen von Gesichtern und Fratzen zeigt. Wirbelnde, kreisende und kreißende Bewegung dominiert in vielen Szenen dieser Aufführung.

Sie herrscht auch auf den Höhepunkten des dritten Bildes, das die Nacht über den letzten Menschen schildert. Der eindrucksvolle Beginn, wenn von den Seiten her die schwarz gekleideten maskierten Männer zur Bühnenmitte drängen, schwächt sich ab, wenn Bewegungschöre im Stil Rudolf von Labans und der frühen zwanziger Jahre sich breit machen. Erst mit der Rotation einer imaginären Scheibe, von der die Menschen zentrifugal weggeschleudert werden, steigert sich abermals die Wirkung. Kolossales Theater ist die Feuersbrunst aus dem Tartaros, ist das Erscheinen Luzifers hoch oben an der Spitze einer Art von Monstranz, ist schließlich der Übergang der Nacht in einen Fluß von Strahlen, die zum Violenkanon das reine Licht andeuten. Noch viele Einzelheiten dieser Inszenierung wären zu nennen: der riesige Totenkopf in der Sibyllenszene, die Blicke auf ein Segment der Erdkugel, die Demaskierung der schwankenden, strauchelnden Männer. Wo sonst als in diesem Hause wird man das so aufführen können?«

Nach anfänglichem Erschrecken kam es im Publikum zu lebhaften Huldigungen für Carl Orff und für die Interpreten der Aufführung. Auch jene Kritiker, die das Werk als »dreisprachiges Bildungstheater« einstuften und denen die »hundert Trommeln für das Jüngste Gericht« und die »Hexameter mit Schlagzeug« mißfielen, waren von der Inszenierung und von den surrealen Effekten der Ausstattung gebannt. Mit dem Werk, so meinte ein Kritiker, wollte Carl Orff sagen, daß die Musik unserer Zeit an einem Punkt angelangt sei, nach dem es nur den Neubeginn der Besinnung auf die Anfänge geben könne. Der Kreis schließt sich.

Die Festspielhäuser

Nach der Gründung der Richard-Wagner-Festspiele in Bayreuth 1876 verstummte in Salzburg nicht mehr die Forderung nach einem Mozart-Festspielhaus. Die dem ersten Musikfest von 1877 folgenden Veranstaltungen dieser Art gaben immer wieder Anlaß, Pläne für ein Festspielhaus zu schmieden. 1890 entwarfen die berühmten Architekten Ferdinand Fellner und Hermann Helmer einen Bau, der auf dem Mönchsberg entstehen sollte, ein Projekt, das an den hohen Kosten scheiterte.

Es ist bezeichnend, daß der 1917 gegründete Verein den Titel »Salzburger Festspielhaus-Gemeinde« wählte. Als Vereinszweck wurde in den Statuten »die Erbauung eines Salzburger Festspielhauses und die nicht auf Gewinn berechnete Veranstaltung von Festspielen« angeführt. Aber es kam bekanntlich doch zuerst zu einigen Aufführungen und dann erst zu einem provisorischen Festspielhaus.

Nach dem großen Erfolg des »Jedermann«, der bei schlechtem Wetter vom Domplatz in die unzulängliche Aula academica übersiedeln mußte, wurde die Notwendigkeit eines Festspielhauses immer dringender. War zuerst das Gelände unterhalb von Maria Plain in Aussicht genommen worden, wo man ein großes Haus für zweitausend Zuschauer und ein Kammerspieltheater mit etwa achthundert Sitzen zu errichten gedachte, rückten spätere Pläne das Projekt näher an die Stadt, bis man sich schließlich entsprechend einem Vorschlag Alfred Rollers auf Hellbrunn einigte. Im Jahre 1919 fand in Wien eine »Finanz-Enquete« statt, bei der beraten wurde, wie die Geldmittel für den Bau aufgebracht werden könnten. Die Festspielhaus-Gemeinde lud drei Architekten ein, für das Gelände am Osthang des Hellbrunner Berges die zwei Festspielhäuser zu entwerfen: den Wiener Architekten Josef Hoffmann, den Salzburger Wunibald Deininger und den Berliner Hans Poelzig. Nur der Letztgenannte kam dieser Aufforderung nach und zeigte 1920 in der Salzburger Residenz das Modell eines gigantischen Theaterkomplexes, das er auch in einem Vortrag vor der Generalversammlung der Festspielhaus-Gemeinde erläuterte. Sein Entwurf sah einen kegelförmigen Bau mit Treppen und Terrassen vor, in dessen Innerem die Sitzreihen amphitheatralisch anstiegen, umgeben von Logen und Rängen bis in die Kuppel. Arkaden und Terrassen sollten dieses Theater mit einem kleineren verbinden. Die Arkaden sollten sechs Höfe umschließen, in deren einem sich »ein kapriziöses Restaurationsgebäude in einem wundervoll geschwungenen Bassin spiegelt«. Mit Recht sprachen die »Mitteilungen der Festspielhaus-Gemeinde« von einem »Tempelbezirk im Hellbrunner Schloßpark«. Hans

Poelzig schreibt in seinem Tagebuch, er habe diesen babylonischen Turm »in einer gelinden Raserei« entworfen. Ein Kritiker bemerkte, das Projekt erinnere »an die vieltausendjährigen Bauten im Reich der Mitte«, andere nannten es einen »Termitenbau«.

Am 19. August 1922 kam es zur feierlichen Grundsteinlegung in Anwesenheit des Bundespräsidenten Dr. Michael Hainisch und einer illustren Gemeinde. Erzbischof Dr. Ignaz Rieder weihte den Grundstein. Max Reinhardt und Richard Strauss, Hermann Bahr und seine Frau Anna Bahr-Mildenburg, Helene Thimig, Richard Mayr, viele andere Künstler und Salzburger Würdenträger waren versammelt. Helene Thimig berichtet, daß Reinhardt, als sie mit Hofmannsthal den Heimweg von Hellbrunn antraten, »ganz still, aber entschieden vor sich hinsagte: ›So. Das kommt niemals zustande.‹«

Jedenfalls wurde feierlich beschlossen, Hans Poelzig den Bauauftrag zu erteilen, und die Stadt Salzburg erwarb das Grundstück in Hellbrunn. Tatsächlich wurde aber kein Stein mehr auf den Grundstein gelegt.

Obgleich die Salzburger Festspielhaus-Gemeinde inzwischen ein beträchtliches Vermögen gesammelt hatte, waren die Zeitläufte einem so gewaltigen Bau nicht günstig, und noch vor Abschluß der Planungen verlor das Geld durch die Inflation immer rascher an Wert. Im Herbst 1924 wurde in Salzburg ein Arbeitsausschuß gegründet, der den Bau fördern sollte, und mit 1. Jänner 1925 verlegte man die Leitung der Festspielhaus-Gemeinde von Wien nach Salzburg. Max Reinhardt hatte indessen den Umbau der Winterreitschule zu einem provisorischen Festspielhaus, ähnlich wie er es in Oberitalien gesehen hatte, angeregt.

Der Bau des Hofmarstalls, unweit von St. Peter, war 1607 von Erzbischof Wolf Dietrich begonnen worden, und Guidobald Graf Thun, der 1654 zum Erzbischof gewählt wurde, schmückte die Hofstallungen, die 130 Pferden Raum boten, wahrhaft fürstlich aus. 1662 entstand die Winterreitschule, der heutige Karl-Böhm-Saal, dessen Deckenfresko der Salzburger Hofmaler Christoph Lederwasch nach Entwürfen von J. M. Rottmayr (1690) ausgeführt hat. Dieses Deckengemälde zeigt ein Ringelstechen, bei dem sich die Teilnehmer an Türkenmasken versuchen, ein Motiv, das offenbar unter dem Eindruck der Siege über die Türken 1683 vor Wien, 1688 vor Belgrad entstanden ist. In der ersten Hälfte des 17. Jahrhunderts wurde hinter dem Hofmarstall vom Mönchsberg der Konglomeratstein für den Bau des Domes gewonnen. Aus dem Steinbruch ließ 1693 Erzbischof Johann Ernst Thun drei Galerien mit sechsundneunzig Logen in drei Geschossen ausbrechen und schuf damit die Felsenreitschule, die

für Kampfspiele, Tierhetzen, Akrobaten, aber auch für Schauspiele aller Art diente. So hat dort 1707 Josef Anton Stranitzky, der berühmte Hanswurst, seine Possen aufgeführt.
Als man 1924 den damaligen Landeskonservator, Architekt Eduard Hütter, damit betraute, den jüngsten Teil der Hofstallungen, die erst 1840 errichtete zweite Winterreitschule, zu einem Festspielhaus umzubauen, ahnte niemand, daß dieses Provisorium Jahrzehnte dauern und sich schließlich zu dem heutigen Festspielbezirk ausweiten würde. Hütter schuf, ohne große Veränderungen der Fassade, einen schlichten, mit dunklem Holz ausgekleideten Zuschauerraum und eine nur leicht erhöhte Bühne, die ein Spitzbogen umrahmte. Um entsprechende Wandelgänge zu gewinnen, wurde ein Stück der offenen Reitschule herangezogen. Daß die Bühne vor allem für Mysterienspiele gedacht war – Reinhardt eröffnete das Haus im Sommer 1925 mit Hofmannsthals »Das Salzburger große Welttheater«, dem Karl Vollmoellers »Mirakel« und Max Mells »Apostelspiel« folgten –, weist darauf hin, wie wenig man sich zu diesem Zeitpunkt über die weitere Entwicklung der Festspiele im klaren war.
Schon ein Jahr später wurde das Festspielhaus umgebaut. Architekt Clemens Holzmeister bezog den heutigen Karl-Böhm-Saal und die Felsenreitschule ein, in der 1926 Reinhardt Goldonis »Diener zweier Herren« inszenierte. Der Zuschauerraum erhielt hölzerne Galerien, die mit Plastiken und Gobelins geschmückt wurden. Das Haus, das zwölfhundert Zuschauern Platz bot, war stimmungsvoll, aber keine reine Freude für die Regisseure insbesondere der Oper, da der Bühne wichtige technische Voraussetzungen fehlten. Lothar Wallerstein, der 1927 mit Beethovens »Fidelio« die erste Oper in dem umgebauten Haus inszenierte, schrieb, »das Fehlen der Seitenbühnen und eines Schnürbodens, der Mangel an Versenkungen und des Rundhorizontes werden die Wahl der Werke und die Art ihrer Inszenierung entscheidend beeinflussen und bestimmen müssen. Opernwerke, die ihrem Wesen und ihrer Technik nach komplizierte Dekorationen und Verwandlungen oder die übliche naturnahe Illusionsbühne voraussetzen, dürften vorläufig noch nicht zur Aufführung herangezogen werden.« Als man später daranging, auch Opern Richard Wagners aufzuführen – zum fünfzigsten Todestag des Komponisten (1933) dirigierte Bruno Walter »Tristan und Isolde« –, mußten die Musiker zu beiden Seiten des Saales bis in den Zuschauerraum hinein postiert werden.
Eine schöne Lösung wurde für das Foyer gefunden. Clemens Holzmeister schuf aus dem alten Hof der Reitschule einen von oben beleuchteten Raum, der aber

zunächst durch die vielen Türen und Fenster kalt und zerrissen wirkte. Er lud daher den Maler Anton Faistauer (1887–1930) ein, die Wände mit Fresken auszuschmücken. Faistauer hatte drei Jahre vorher die renovierte Dorfkirche in Morzg bei Salzburg mit farbenstarken, tiefempfundenen Fresken aus dem Marienleben versehen, deren Entwürfe bei einer Ausstellung in der Wiener Secession große Beachtung gefunden hatten. Das Vestibül des Festspielhauses mit dreihundert Quadratmetern Wandfläche belebte nun Anton Faistauer in sechsundzwanzig Arbeitstagen mit zweihundertzehn Gestalten, die in drei Etagen übereinander stehen. Die schnelle Arbeit hatte, wie der Künstler selbst berichtet, den Vorzug der größeren Unmittelbarkeit und den Reiz des ersten Einfalls. »Die Themenwahl war bestimmt vom Zweck des Hauses. Faistauer malte, neben Darstellungen der Baugeschichte des Festspielhauses, Theater, geistliches und weltliches Theater, religiöses Mysterienspiel, Drama und Lustspiel, Szenen aus ›Jedermann‹ und aus ›König Lear‹, die ›Macht der Musik‹ und anderes mehr, umrahmt von Naturbildern und der Wiedergabe von Geschehnissen, die sich in bunter Reihenfolge im Leben selbst ereignen, und schuf damit eine schönfarbige, gestaltenreiche Universalsymphonie von genialer Massenkontrapunktik, bezwingendem Linienrhythmus, monumentaler Formengebundenheit und prächtig glühender Farbigkeit, kurzum ein Werk, das sich vermöge seines inneren und äußeren Kunstwertes würdig den besten alten Meisterleistungen der Freskomalerei anreiht« (Arthur Roessler). Die Fresken wurden 1938 entfernt, aber nach dem Krieg neuerlich angebracht; sie empfangen bis heute in festlicher Schönheit die Besucher.

Dieses Haus diente den Festspielen mehr als zehn Jahre. Nach den Plänen Clemens Holzmeisters wurde 1936 der bisherigen Bühne gegenüber, an der St. Peter zugekehrten Seite, ein Bühnenhaus errichtet, wobei die Maße der Bühne genau jenen der Wiener Staatsoper entsprachen, und ein großer Orchesterraum entstand. An Stelle der bisherigen Bühne wurden neue Galerien und Logen geschaffen, so daß das Haus nunmehr 1680 Zuschauer aufnehmen konnte. Der erste entscheidende Bauabschnitt war 1937 fertiggestellt. 1938 wurde der Reichs-Bühnenbildner Benno von Arent beauftragt, das Festspielhaus, insbesondere den Zuschauerraum und die Foyers, neu zu gestalten. Die Fresken Faistauers verschwanden, der Saal wurde in Rot, Gold und Weiß mit viel Stuck und Gips ausgestattet und dadurch seiner Eigenart beraubt.

In den ersten Nachkriegsjahren war an eine Erneuerung des Hauses nicht zu denken. Aber schon 1953 traten der Regisseur Herbert Graf und Clemens

Holzmeister mit dem Plan an die Behörden heran, neben das bisherige Festspielhaus im Komplex des alten Hofmarstalls – in dem das »Haus der Natur« mit seinen großen naturwissenschaftlichen Sammlungen untergebracht war – ein modernes Festspielhaus zu bauen. Nach langen Verhandlungen kam der Plan 1956, insbesondere durch die Förderung des damaligen Landeshauptmannes Dr. Josef Klaus, der Verwirklichung näher. Vorerst wurden zwar Bedenken laut, ob noch ein Festspielhaus für die Altstadt tragbar sei, da die schmalen Straßen zusätzlichem Verkehr nicht mehr gewachsen wären. Der Raum zwischen Mönchsbergwand und Straße sei, so wurde argumentiert, zu schmal, und daher würde die Bühne im Verhältnis zu der geplanten Breite zu wenig tief, selbst wenn man von der Bergwand den Felsen absprengte, um einige Meter zu gewinnen. Man erörterte wieder einmal, ob nicht ein repräsentatives Festspielhaus außerhalb der Stadt, in Hellbrunn oder bei Kleßheim, vorzuziehen wäre. Anderseits lagen auch die Vorteile auf der Hand, die die Verbindung zweier Festspielhäuser und der Felsenreitschule mit den notwendigen Werkstätten, Depots und Proberäumen in einem Komplex bringen würde. Nachdem man sich schließlich geeinigt hatte, den Festspielbezirk im Stadtkern auszubauen, war die Finanzierung zu klären. Da seit 1950 das Gesetz über den Salzburger Festspielfonds die Lasten auf die Republik Österreich, das Land und die Stadt Salzburg und den Salzburger Fremdenverkehrsförderungsfonds verteilte, war der gleiche Schlüssel bei der Aufbringung der Baukosten, die mit 110 Millionen Schilling errechnet wurden, anzuwenden. Der Salzburger Landtag stimmte nach langen Verhandlungen der Übernahme des Kostenanteils unter der Bedingung zu, daß jährlich der gleiche Betrag zusätzlich auch für Wohnbauten bereitgestellt werden müsse, zur Unterbringung von Familien, die damals noch in Baracken lebten, und daß der Beitrag des Landes mit dem Fünftel von 110 Millionen Schilling begrenzt würde. Es blieb die Frage offen, wer die bei einem Theaterbau erfahrungsgemäß zu befürchtenden Kostenüberschreitungen zahlen würde. Man fand eine salomonische und echt österreichische Lösung: Mehrkosten zahlt, wer sie verursacht – zum Beispiel wer Forderungen erhebt, die eine bessere Ausstattung des Hauses betreffen. Diese Forderungen blieben nicht aus, aber niemand wollte sie gestellt haben. Als man erfahrenen Bühnentechnikern und Regisseuren die ersten Pläne vorlegte, erklärten sie sofort, die bühnentechnische Einrichtung sei unzureichend. Clemens Holzmeister hatte eine Art Theater für den Sommer geplant, aber die Salzburger verlangten – wie sich erwiesen hat, mit Recht –, daß das Haus zu beheizen sein müsse, um es auch im

Winter benützbar zu machen. Am Ende kostete der Neubau rund 210 Millionen Schilling, aber die Bundesregierung als der stärkste Partner beglich die Rechnung, und es herrschte nur Freude, als am 26. Juli 1960 das neue Haus von Bundespräsident Dr. Adolf Schärf eröffnet wurde.

Während der Bauzeit vom Herbst 1956 an stand fast jede Bauphase im Mittelpunkt lebhafter Diskussionen. Es war geplant gewesen, die Fassade des Hofmarstalls zu erhalten, doch erwies sich das Mauerwerk als so brüchig, daß die alten Mauern fallen mußten. Sie wurden jedoch in ihrer früheren Gestalt wiedererrichtet, das von Fischer von Erlach entworfene Marmorportal an der Westfassade blieb unberührt. Auch die Breite der Bühne, die jener der Felsenreitschule angeglichen war, fand nicht bei allen Fachleuten Zustimmung. Aber der Bauplatz zwang dazu, in die Breite zu gehen, nicht zuletzt um einen ausreichend großen Zuschauerraum zu gewinnen. Mit der Vergabe der Aufträge für den künstlerischen Schmuck wurde ein eigener Ausschuß betraut, dessen Entscheidungen nachträglich ebenfalls viel Kritik erfuhren. Anläßlich der Eröffnung des Hauses erschien eine umfangreiche Festschrift. Von den Besuchern wurde das neue Haus mit Freude und Anerkennung begrüßt; die Presse hob seine Vorzüge, die gute Akustik und einwandfreie Sichtverhältnisse, rühmend hervor.

Hinter der barocken Fassade von einst überrascht nun den Besucher ein modernes Theater von letzter technischer Perfektion, der Zuschauerraum, eine riesige weite Muschel, »eine architektonische Geste von zwingender Konzentration und schwungvoller Gelöstheit zugleich«. Der Blick wird auf die Bühne mit ihrem grau-blau finsteren Portal und dem eisernen Vorhang mit den glitzernden Stahlschliff-Feldern gelenkt. Mit den Ausmaßen der neuen Bühne war die zweite Entscheidung gefallen. »Habemus arenam – wir haben eine neue Spielfläche«, schrieb Berhard Paumgartner, und er stellte »die Verantwortlichkeit der Planenden« fest, die sich »von der so hilfsbereiten Technik nicht überwältigen lassen dürfen«.

Aber bereits die Wahl der Oper, mit der das neue Haus eröffnet wurde – Herbert von Karajan dirigierte Richard Strauss' »Der Rosenkavalier« –, löste wiederum Debatten aus, denn man hatte erwartet, daß zuerst eine Oper Mozarts aufgeführt werde. Aber keiner der in Salzburg tätigen Regisseure wollte ein solches Wagnis in dem ihm noch nicht vertrauten Haus und auf der überbreiten Bühne eingehen. Und so kam der Mitbegründer der Festspiele, Richard Strauss, mit dem »Rosenkavalier« zu der besonderen Ehre, wohingegen Mozarts Musik beim eigentlichen Eröffnungsakt erklang.

Salzburg hatte also ein neues großes Festspielhaus, daneben aber stand das alte, und es dauerte kaum zwei Jahre, bis die Regisseure und Dirigenten nur noch murrend bereit waren, im »alten Haus« zu arbeiten, zumal dieses auch akustisch ungünstig war, besonders im Vergleich zu dem neuen Theaterraum. Daher entschloß sich das Kuratorium, die Salzburger Architekten Hans Hofmann und Erich Engels mit einem Umbau des alten Hauses – dem nunmehr fünften – zu betrauen. Vom Herbst 1962 bis zum Sommer 1963 wurden die Erneuerung des schon sehr schadhaften Dachstuhls und des Daches, die Verkürzung des Zuschauerraumes und – damit verbunden – die Neugestaltung und Erweiterung der Foyers und Wandelgänge sowie die Erneuerung des technischen Apparates – neue Beheizung und Klimatisierung des Zuschauerraumes, neue Beleuchterbrücke, Einrichtung eines Tonleitstandes, von Projektionsräumen, von Rundfunk- und Fernsehkabinen usw. – durchgeführt. Es sollten bessere Sichtverhältnisse und eine günstigere Akustik erreicht werden, vor allem im Hinblick auf die Kammeroper, das Schauspiel und auf Konzerte, auch mit kleinerer Besetzung. Es war ein Ritt über den Bodensee, diese Erneuerungen in neun Monaten durchzuführen, um so mehr als sich beim Umbau immer wieder peinliche Überraschungen ergaben, da das Haus auch in früheren Jahrzehnten meist unter Verwendung alten Mauerbestandes schnell zwischen zwei Festspielen verändert worden war. Aber zu Beginn der Festspiele 1963 war alles fertig, und nach einer schlichten Feier gab es am 29. Juli 1963 die Eröffnung mit Mozarts »Die Hochzeit des Figaro«.

Im Jahre 1967 wurde beschlossen, auch die Einrichtungen der Felsenreitschule zu erneuern. Diese Spielstätte war seit 1926 für Aufführungen bei schönem Wetter benützt worden; 1934 wurde der Bühnenraum durch eine Plache gegen Regen geschützt, doch erwies sich trotz mancher späterer Verbesserungen, daß dieser Regenschutz nicht ausreichend war und daß das Geräusch des Regens die Aufführungen empfindlich störte. Nach den Plänen von Clemens Holzmeister wurde vom Herbst 1968 bis Dezember 1969 der Innenraum der Felsenreitschule von einer gewaltigen Stahlkonstruktion überspannt, die auch die Beleuchtungsanlage aufnahm. Auch für die Zuschauertribüne wurde eine Stahlkonstruktion eingebaut. An Stelle der bisherigen Holzbänke wurden bequeme Theatersitze montiert, die Sichtverhältnisse wurden günstiger gestaltet, die Zugänge erweitert und vermehrt. Von der Galerie wurden zwei Treppen in den Karl-Böhm-Saal geführt, die auch eine geschickte Verbindung vom Rang des Kleinen Festspielhauses in diesen Saal bieten. Die Modernisierung erstreckte

sich auch auf die Beheizung des Zuschauerraumes und der Bühne; die Einrichtung einer Unterbühne erleichtert die Zugänge zum Orchestergraben und zur Bühne. Mit diesem Umbau gelang eine glückliche Synthese des historischen Bestandes mit den Erfordernissen eines modernen Theaters.
Nun präsentiert sich also der Festspielkomplex mit den beiden Häusern und der Felsenreitschule vorerst als abgeschlossen, und es können – von den Nebenspielstätten wie Domplatz, Residenzhof, Landestheater und Mozarteum abgesehen – an einem Abend rund viertausend Besucher an künstlerischen Ereignissen teilnehmen. Ein lateinischer Spruch auf dem Festspielgebäude lautet: »Sacra camenae domus / concitis carmine patet / quo nos attonitos / numen ad auras ferat.« (Der Muse heiliges Haus / steht Kunstbegeisterten offen. / Als Entflammte empor / trage uns göttliche Macht.)
Aber bald zeigte sich ein neues Problem: Die Werkstätten, besonders der Malersaal, erwiesen sich als zu klein, und die großen Flächen der Bühnen in den beiden Festspielhäusern mußten deshalb zeitweise als Werkstätten herangezogen werden, was wiederum daran hinderte, Konzerte und andere Veranstaltungen aufzunehmen und die Häuser außerhalb der Festspielzeit zu vermieten. Eine gewisse Erleichterung wurde 1974 mit der Errichtung eines geräumigen Kulissendepots am Stadtrand erreicht, da so die Bühnen und deren Nebenräume freigemacht werden konnten. Der seit 1938 unveränderte Garderobentrakt des Kleinen Hauses wurde renoviert, ein Aufzug, vor allem zum Transport der Kostüme, eingerichtet und ein Verbindungsgang unter der Bühne des Kleinen Festspielhauses zu der Felsenreitschule hergestellt. Dadurch ergibt sich die Möglichkeit, gleichzeitig an diesen beiden Spielorten zu proben.
Während der Festspiele 1979 stellte Clemens Holzmeister einen Plan vor, das Kleine Haus noch einmal zu verkürzen und zu einem intimeren und stimmungsvolleren Theater für die kleine Oper und das Schauspiel zu verwandeln.
Sogleich meldeten sich die Techniker mit Vorschlägen, bei dieser Gelegenheit auch die Werkstätten zu vergrößern und zu modernisieren. Die Pläne erschienen zweckmäßig, erfordern aber sehr umfangreiche Umbauten und Zubauten. Die Festspiele sind technisch an räumlichen Grenzen angelangt, die ihre weitere Entwicklung hemmen. Max Reinhardt sagte einst, alles Bleibende erwachse aus einem Provisorium, und es gebe nur ein Weiterbauen, Anbauen und Umbauen. Auf einem Grundstein hingegen sei niemals etwas gegründet worden.

Die Präsidenten

Die Salzburger Festspielhaus-Gemeinde bestimmte in ihrer Generalversammlung am 30. Juli 1918 zu ihrem ersten Präsidenten Alexander Prinz Thurn und Taxis. Er gehörte jener berühmten Familie an, die 1516 die erste Post zwischen Wien und Brüssel eingerichtet hat. Ein Jahrhundert später erhielt das Haus Thurn und Taxis das Reichs-General-Postmeisteramt, die Reichsgrafenschaft und 1695 die Reichsfürstenwürde. Alexander Prinz Thurn und Taxis, der eine vorzügliche Erziehung genossen hatte und seiner Begabung entsprechend auch eine gründliche musikalische Ausbildung, heiratete 1875 in Venedig die Prinzessin Maria von Hohenlohe-Waldenburg-Schillingfürst, mit der er in seinem Palais in Wien und auf Schloß Duino bei Triest einen Kreis von Künstlern versammelte, darunter der Komponist Friedrich Smetana, der Philosoph Rudolf Kassner und der Dichter Rainer Maria Rilke, dessen »Duineser Elegien« in dem Adriaschloß entstanden sind. Der Prinz war ein kunstverständiger Adeliger; er nahm nur wenig Einfluß auf den Verein, und die Querelen zwischen den Vereinsvorständen in Wien und Salzburg und besonders die Schuldenwirtschaft 1922 boten ihm den willkommenen Anlaß, sein Amt zurückzulegen.

Er löste damit freilich nur neue Schwierigkeiten aus, die in dem Briefwechsel zwischen Hugo von Hofmannsthal und Richard Strauss ihren Niederschlag fanden. Strauss schrieb am 29. August 1922 an Hofmannsthal: »Die Stellung eines Präsidenten der Salzburger Festspielgemeinde, die mir die biederen Salzburger antragen wollen, möchte ich ablehnen. Sie gebührt doch eher Reinhardt, dem Herrn von Leopoldskron und dem Schöpfer der eigentlichen Festspielidee.« Max Reinhardt, der mit dem »Jedermann« und dem »Welttheater« den Beginn der Festspiele gesetzt hatte, rechnete auch damit, zum Präsidenten gewählt zu werden. Aber die Vereinsvorstände waren dazu nicht geneigt. »Reinhardt zum Präsidenten nehmen diese Spießbürger nie«, schrieb Hofmannsthal am 4. November 1922 an Strauss, »sie hassen ihn, hassen ihn drei- und vierfach, als Juden, als Schloßherrn, als Künstler und einsamen Menschen, den sie nicht begreifen. Zu mir stehen sie unfreundlich ... Ich schenke eine Tantieme von dreißig Millionen her – und ohne ein Wort des Dankes, ja, ohne mir abzurechnen – schreibt man mir cavalierement: ich solle doch auch die weiteren Tantiemen (alle Rechte) den Herren zur Verfügung stellen.« Hofmannsthal bat dringend, Strauss möge doch »die rein formale, keinerlei Betätigung erheischende Stelle« annehmen, »ohne die im Kunstrat aufzugeben natürlich«. Er fuhr fort: »Wollen Sie mir und Reinhardt (ich spreche für ihn, seine Gesinnung kennend) dieses Feld der Betätigung erhalten, das unter sonst erfolgendem Präsidium eines deutschnationalen oder sonstigen kulturlosen Bonzen für uns verloren sein wird.« Am 12. September 1922 antwortete Strauss: »Ich höre in Salzburg, daß Reinhardt schwer gekränkt sei, daß man ihm nicht den Präsidenten angeboten habe. Da er ihm eigentlich zukomme, glaubte ich, verzichten zu müssen. Wenn Sie aber sicher sind, daß es auch Reinhardts Wunsch ist, daß ich den Posten übernehme und daß Reinhardt bei den Spießbürgern keinesfalls durchzusetzen ist, will ich mich gerne opfern.«

Strauss wurde also zum Präsidenten gewählt, aber seine Amtszeit stand im Zeichen der galoppierenden Inflation, das Kuratorium, das aus rund neunzig Personen bestand, war schwerfällig und kam zu keinen Entscheidungen. Also legte Strauss sein Amt nieder, und am 5. Dezember 1924 wurde der christlichsoziale Vizebürgermeister der Stadt Salzburg, Ing. Richard Hildmann, zum neuen Präsidenten gewählt. Ihm ist zu danken, daß er, den Anregungen Reinhardts folgend, rasch den Umbau der ärarischen Reitschule durch den Architekten Eduard Hütter in Angriff nahm, so daß 1925 in diesem provisorischen Festspielhaus Schauspielaufführungen und Konzerte stattfinden konnten. Aber schon im März 1926 trat auch Hildmann zurück.

Am 5. Mai 1926 wurde der pensionierte Oberst Heinrich Freiherr von Puthon, geboren 1872 in Graz – er verwendete getreu dem Gesetz der Republik nie sein Adelsprädikat –, zum Präsidenten gewählt. Ihm gelang es mit Hilfe des Landeshauptmanns Dr. Franz Rehrl, die Festspielhaus-Gemeinde zu sanieren und die Salzburger Festspiele bis 1938 und dann wieder von 1945 bis 1960 über alle Stürme der Zeit hinweg mit glücklicher Hand zu führen. Heinrich Puthon leitete sie als ein nobler Diplomat, der die empfindlichsten Künstler zu behandeln wußte. Aber er war auch energisch und unnachgiebig, wenn es die Interessen der Festspiele zu wahren galt. Er war nicht sehr musisch und hörte sich Aufführungen eher aus dem Pflichtgefühl des Offiziers an, denn aus Begeisterung für die Kunst. Dennoch bewies er immer wieder einen untrüglichen sechsten Sinn für künstlerische Qualität, mit dem er selbst gegenüber dem Urteil von Fachleuten häufig Recht behielt. Seine Redlichkeit, Genauigkeit, sein Gerechtigkeitssinn, seine Pünktlichkeit und seine Allgegenwart – er besuchte regelmäßig die Werkstätten und Büros des Hauses, um sich an Ort und Stelle zu informieren – verschafften ihm Ansehen bei den Künstlern wie bei den Arbeitern. Er war sparsam, konnte aber auch großzügig sein, wenn er überzeugt wurde, daß eine große Aufwendung zum künstlerischen Erfolg notwendig war. Nach der Besetzung Österreichs 1938 wurden die Festspiele dem Salzburger Gauleiter unterstellt. Erst 1945 konnte Heinrich Puthon wieder die Leitung übernehmen. Es gab allerdings keine Festspielhaus-Gemeinde mehr, aber 1950, mit dem Festspielfonds-Gesetz, wurde der Titel Präsident sanktioniert. Noch im hohen Alter kam Puthon, zumeist zu Fuß, den Hund an der Leine, in sein kleines Büro im Festspielhaus, in dem auch die Sitzungen des Direktoriums stattfanden. Das Büro seines Generalsekretärs hatte nicht einmal direktes Licht und hätte eigentlich längst als Arbeitsstätte verboten werden müssen. Der Plan, ein großes neues Festspielhaus zu bauen, bereitete Puthon keine rechte Freude. Er befürchtete eine ungesunde Ausweitung der Festspiele, und eigentlich wäre ihm mehr an einem zweckmäßigen Umbau des zu langen alten Gebäudes gelegen gewesen. Es ist bezeichnend, daß Puthon seine Abdankung im Jahre 1960 damit begründete, sein hohes Alter erlaube ihm nicht mehr, die vielen Treppen im Großen Festspielhaus zu steigen und überall nach dem Rechten zu sehen. Darum solle ein Jüngerer ihn ablösen.

Aber diese Ablöse war gar nicht so leicht. Aus den Kreisen des Mozarteums wurde Dr. Bernhard Paumgartner vorgeschlagen, der ein profunder Mozart-Kenner, Verfasser einer bekannten Mozart-Biographie, Dirigent und seit ihren Anfängen mit den Salzburger Festspielen vertraut war. Aber das Beispiel Puthons wirkte nach. Einflußreiche Salzburger Persönlichkeiten fanden, daß ein dirigierender Präsident, ein Bearbeiter von Werken Mozarts nicht objektiv genug bei der Auswahl der Mitwirkenden sein könne und daß Kollisionen mit anderen Künstlern zu befürchten seien. Es gab auch Stimmen, die gegen die Berufung eines Künstlers waren, weil sie angesichts der ständig steigenden Kosten eine sparsame sachgemäße Leitung durch eine mehr organisatorisch und verwaltungstechnisch orientierte Persönlichkeit als besonders nötig erachteten. Dieser Meinung war auch Unterrichtsminister Dr. Heinrich Drimmel, der in den Vorbesprechungen Paumgartners Berufung ablehnte. Das Kuratorium mußte sich also um andere Bewerber umsehen, deren es freilich genug gab. Vor allem wurden Egon Hilbert und sogar Gottfried von Einem in der Presse genannt. Landeshauptmann Dr. Klaus brachte den theatererfahrenen Intendanten der Deutschen Oper am Rhein Dr. Hermann Juch, Sohn eines ehemaligen österreichischen Finanzministers, ins Gespräch. Dr. Juch war zwar interessiert, aber er hatte Bedenken, was ihm eigentlich zu tun bliebe, denn schließlich hatten die Festspiele einen Direktor und Herbert von Karajan als künstlerischen Leiter. Überdies betrugen die Bezüge in seiner damaligen Position ein Vielfaches der Aufwandsentschädigung, die Präsident Puthon bezogen hatte.

Vom Vertreter des Finanzministeriums wurde dem Kuratorium als neuer Kandidat der Wiener Bankier Philipp von Schoeller vorgeschlagen. Er hatte angeblich die Absicht, nach Salzburg zu übersiedeln, und man war überzeugt, er würde die wirtschaftlichen Angelegenheiten der Festspiele gewiß sachkundig behandeln. Außerdem war sein Verständnis für Kunst und Musik allgemein bekannt. Dagegen wandten sich wiederum die Mitglieder des Direktoriums, unterstützt von Bürgermeister Alfred Bäck. Es wurde darauf hingewiesen, daß nach dem Festspielfondsgesetz der Präsident die finanzielle und künstlerische Verantwortung gemeinsam mit dem Direktorium trägt, daß im übrigen auch ein künstlerischer Leiter im Gesetz nicht vorgesehen und Karajan zu selten in Salzburg sei, um die Details des Betriebes zu kennen. Das Gespräch kam dann doch wieder auf Paumgartner, der die Berufung vorerst abgelehnt hatte. Es war ihm zu Ohren gekommen, daß der Unterrichtsminister seine Kandidatur nicht unterstützt hatte. Er war jedoch bereit, das Amt anzunehmen, falls er offiziell eingeladen würde. Auf die entsprechende Frage des Landeshauptmanns sagte er zu. Auf einen schriftlichen Vertrag verzichtete Paumgartner. Er übernahm das Amt am 1. September 1960, vorläufig auf drei Jahre.

Die Wahl Paumgartners – er wurde am 14. November 1887 in Wien geboren, seine Mutter war die berühmte Sängerin Rosa Papier – war unter den gegebenen Möglichkeiten eine gute Lösung. Paumgartner kannte die Salzburger Imponderabilien, die Interna der Festspiele, er hatte die nötige Personalkenntnis. Er war von Anfang an dabei gewesen, was ihn freilich manchmal dazu verleitete, auch bei wichtigen Neuerungen zu sagen: Das haben wir damals auch nicht gehabt. Das Kuratorium hatte beschlossen, daß Paumgartner bei den Festspielen nur die einst von ihm begründeten Mozart-Matineen dirigieren dürfe. Da er seit 1917 das Mozarteum geleitet hatte, war er naturgemäß mit dem Institut eng verbunden. Er hatte dort, nachdem das Mozarteum-Orchester Landesorchester geworden war, die Camerata Academica aus Lehrern und Schülern der Musikhochschule gegründet und zog sie nun ohne Rücksicht auf die schwankende Qualität des Klangkörpers und sehr zum Kummer des Mozarteum-Orchesters für die Mozart-Matineen heran. Seine gewiß tief reichende Liebe zu Mozarts Werk veranlaßte ihn, auf dem sogenannten »zweiten Gleis« in der Residenz die Jugendopern des Salzburger Meisters herausbringen zu lassen. Die Aufführungen erreichten allerdings nur selten Festspielniveau. Erste Sänger wollten nicht mitwirken, denn die zu vergebenden Partien waren undankbar, und die Künstler, auch die Wiener Philharmoniker, scheuten des Salzburger

Wetters wegen den Hof der Residenz, aber noch mehr den akustisch verhängnisvollen Carabinieri-Saal. Die frühen Mozart-Opern wie »Lucio Silla«, »Ascanio in Alba« und »Zaide« hat später die Internationale Stiftung Mozarteum im Rahmen der Mozartwochen mit Erfolg konzertant aufgeführt.
Als Paumgartner das 75. Lebensjahr vollendete, wurde seine Amtszeit um ein Jahr verlängert. Es gab damals eine fröhliche Geburtstagsfeier im Mozarteum, bei der die Studenten musizierten und einige kleine Szenen spielten, wobei auch ein Schauspielschüler den Präsidenten, ein anderer Mozart darstellte. In einem witzigen Gespräch beschwerte sich Mozart über die Bearbeitungen seiner Werke durch den Präsidenten, der dann die Tantiemen einstreiche, die eigentlich dem Komponisten gebührten. Alle lachten, und Paumgartner lachte mit. Später war von einer Verlängerung der Funktionsperiode des Präsidenten keine Rede mehr.
Als Professor Haeusserman und ich 1963 mit dem Bertelsmann-Konzern das »Europa-Studio« gründeten, stießen wir auf heftigen Widerstand Paumgartners, den das Schauspiel im allgemeinen und das zeitgenössische Schauspiel im besonderen wenig interessierte. Aber aller Diplomatie bedurfte es, ihm die Osterfestspiele Herbert von Karajans schmackhaft zu machen. Ich erinnere mich, daß ich in der Pause der Premiere der viel bejubelten Inszenierung von »Boris Godunow« bei den Festspielen 1965 Karajan in seinem Zimmer rasch über das Ergebnis von Verhandlungen berichtete, die ich mit Stadt und Land Salzburg über seine geplanten Osterfestspiele geführt hatte. Auch Professor Haeusserman war anwesend. Wir schauten einander überrascht an, als plötzlich Paumgartner erschien, um Karajan zu seinem großen Erfolg zu gratulieren. In den nächsten Tagen weihte ich den Präsidenten in die Absichten Karajans ein. Ich fand zuerst wenig Gegenliebe. Richard Wagner im Salzburger Festspielhaus – das freute den Mozartianer Paumgartner gar nicht. Neue Festspiele neben den altehrwürdigen, das war für ihn eine Herausforderung. Erst nachdem endlich das Kuratorium einem Vertrag über die Zusammenarbeit zwischen der neu gegründeten Osterfestspiel-Gesellschaft m. b. H. und den Salzburger Festspielen zugestimmt hatte, fand sich auch Paumgartner damit ab.
Als ich 1969 meine Funktion in der Salzburger Landesregierung zurücklegte, schlug mir Landeshauptmann Dr. Hans Lechner vor, ich solle mich doch in einem Büro im Festspielhaus niederlassen, um Paumgartner, der indessen 80 Jahre alt war, bei der Führung der Festspiele zu unterstützen. Ich tat es gerne und zog in die kleine gemütliche Stube ein, in der einst Präsident Puthon

amtiert hatte und in der ich mich gleich heimisch fühlte. Ich nahm dem Präsidenten verschiedene Aufgaben ab, die ihn ohnedies nicht interessierten und bei denen ich ihn auch vorher manchmal vertreten hatte, etwa Verhandlungen mit der Gewerkschaft oder in den Bauausschüssen, die mit den Umbauten des Kleinen Festspielhauses und der Felsenreitschule befaßt waren.
Am 20. Juli 1970 richtete Paumgartner an Landeshauptmann Dr. Lechner ein Schreiben, in dem es hieß, daß in den nächsten Tagen, wenn die Presse zahlreich in Salzburg vertreten sein werde, »wieder die Sprache auf eine mögliche Nachfolge für den Posten des Festspielpräsidenten kommen wird«. Er habe nun in den letzten Monaten bei privaten Gesprächen den Eindruck gewonnen, einen Mann gefunden zu haben, den er gerne an dieser Stelle sähe: Es sei Dr. Herbert Graf. Und Paumgartner schlug vor, Herbert Graf vorerst einmal auf den freien Platz in das Direktorium zu berufen. Graf hatte mit der Inszenierung von Cavalieris »Rappresentatione«, besonders als das Werk 1969 in der Kollegienkirche gezeigt wurde, einen außerordentlichen Erfolg gehabt. Aber den Vorschlag Paumgartners wollte niemand akzeptieren. Alle maßgebenden Funktionäre waren sich darin einig, weder einen Regisseur noch einen Dirigenten zu berufen. Schon das wenn auch eingeschränkte Dirigieren Paumgartners, aber noch mehr der Umstand, daß er für die Festspiele gewählte Werke bearbeitet hatte, waren von mancher Mißstimmung und Verärgerung begleitet gewesen.
Der Brief Paumgartners blieb nicht geheim. Ehe noch die Festspiele begonnen hatten, nannten die Zeitungen andere Kandidaten, wie den früheren Landeshauptmann Dr. Josef Klaus, Oscar Fritz Schuh, Ernst Haeusserman und auch mich. Eine Zeitung veröffentlichte den Text des Paumgartner-Briefes und ein Interview mit Herbert Graf, in dem er umriß, wie er sich seine Tätigkeit als Festspielpräsident vorstelle. Es gab nun einige Wochen hindurch allerlei Rätselraten. Ich persönlich vermied soweit als möglich alle Äußerungen und erklärte, wenn ich nicht ausweichen konnte, lediglich, daß ich zwar eine Berufung annehmen, jedoch auch jede Lösung unterstützen würde, die für die Festspiele die beste wäre. Es stellte sich heraus, daß im Festspielfondsgesetz zwar die Berufung der Mitglieder des Direktoriums durch das Kuratorium festgelegt wurde, nicht aber ausdrücklich wie der Präsident zu bestimmen ist. Eigentlich sollten ihn die Direktoriumsmitglieder aus ihrer Mitte wählen und dem Kuratorium vorschlagen, meinten einige Legisten. Die Jubiläumsfestspiele 1970 erwiesen sich mittlerweile nicht als die besten. Die Wiederaufnahme älterer Inszenierungen von

Opern Mozarts war gut gemeint gewesen, um möglichst viel zu zeigen, brachte aber Enttäuschungen und forderte zu gefährlichen Vergleichen heraus.
Während in der Presse fleißig Gerüchte aller Art erzählt wurden und verschiedene Salzburger Institutionen Resolutionen faßten, wurde in aller Stille verhandelt. Einmal kam aus Wien der Vorschlag, die zwei nach dem Rücktritt Paumgartners freien Direktoriumsplätze mit Vertretern der Bundestheater zu besetzen. Aber die Salzburger Kuratoriumsmitglieder winkten ab, und auch Unterrichtsminister Leopold Gratz meinte, die Besetzung der Festspielgremien sei in erster Linie eine Salzburger Sache. Unter den Salzburger Kuratoriumsmitgliedern wurde bald volle Einigung erreicht: Dr. Friedrich Gehmacher, der Präsident der Internationalen Stiftung Mozarteum, sowie der Komponist und Professor am Mozarteum Gerhard Wimberger sollten in das Direktorium entsandt werden, dessen Präsident ich sein sollte. Das war auch mit Herbert von Karajan und Ernst Haeusserman abgesprochen, und selbstverständlich waren die beiden zuständigen Minister informiert worden.
In der folgenden Kuratoriumssitzung brachte Paumgartner seinen Wunsch vor, Herbert Graf als seinen Nachfolger zu sehen. Nachdem man ihn überzeugt hatte, daß sein Vorschlag nicht die erforderliche einstimmige Billigung haben würde, fand er sich zu der Erklärung bereit, am 30. September 1971 zu meinen Gunsten, dem neben ihm am längsten im Direktorium tätigen Mitglied, zurückzutreten. Paumgartner selbst sollte zum Ehrenpräsidenten auf Lebenszeit bestellt werden.
Aber dann überlegte er es sich anders und widerrief, offenbar unter dem Druck einiger wohlbekannter »Freunde«, gegenüber einer Salzburger Zeitung diese vor dem Kuratorium abgegebene Erklärung. Er sagte, er trete nur zurück, wenn Herbert Graf als sein Nachfolger bestimmt würde. Das muntere Spiel dauerte noch einige Zeit. Indessen gab aber Herbert Graf seinerseits bekannt, daß er die Funktion des Festspielpräsidenten nicht mehr anstrebe, wobei er erwähnte, daß wohl auch Herbert von Karajan Einwände gegen seine Berufung erhoben habe.
Am 15. März nahm der Unterrichtsminister Leopold Gratz an einer Besprechung der Kuratoriumsmitglieder in Salzburg teil und traf zu Gesprächen mit Herbert von Karajan und auch mit mir zusammen. Zwei Tage später wählte mich das vollständige Direktorium – Herbert von Karajan war anwesend, und Bernhard Paumgartner leitete die Sitzung – zu seinem Vorsitzenden und zum Präsidenten der Salzburger Festspiele. Das Kuratorium bestätigte die Berufung

ab 1. Oktober 1971 vorerst für drei Jahre. Noch vor deren Ablauf wurde die Funktionsperiode auf weitere sechs Jahre und bald danach auf unbestimmte Zeit verlängert.

Zur Eröffnung der Festspiele 1971 konnte Präsident Paumgartner nicht erscheinen. Er war seit einigen Tagen, wie es hieß, leicht erkrankt. Da die Eröffnung auf einen Sonntag fiel, begann das Programm mit dem »Jedermann«. Am Dienstagnachmittag starb Paumgartner. Es war der 27. Juli, Tag der Premiere von Alban Bergs »Wozzeck« unter Karl Böhm. Wir beschlossen, vorerst die Nachricht vom Hinscheiden Paumgartners im Festspielhaus zurückzuhalten. Erst nach der Vorstellung sollte Karl Böhm sie erfahren. Bei der Einsegnung Paumgartners in der Stiftskirche St. Peter dirigierte Herbert von Karajan Mozarts Requiem.

Eine schon länger einberufene Sitzung des Kuratoriums am 1. August beauftragte das Direktorium, die Leitung der Festspiele sofort zu übernehmen. Der Verantwortung wohl bewußt, habe ich mich seither bemüht, als Präsident den Erwartungen gerecht zu werden.

Die Zukunft der Salzburger Festspiele

Die Salzburger Festspiele werden ohne Zweifel Wandlungen ausgesetzt sein. Neue Tendenzen in der Kulturpolitik werden sie beachten, die Kritik an ihren Programmen werden sie selbstkritisch prüfen müssen. Die Idee von Festspielen wird überhaupt angezweifelt werden. Sie werden sich durch den Rang ihrer Darbietungen ihr Publikum erhalten und neue Freunde gewinnen müssen. Sie werden, wie bisher, die hervorragendsten Künstler der Welt anziehen und mit ihnen die neuen Strömungen in den Künsten erkennen müssen, um nicht nur zu bestehen, sondern um weiterhin Beispiel und Vorbild zu sein. Schon sind in den Programmen der letzten Jahre immer mehr neue Namen erschienen. Jüngere Kräfte – Dirigenten, Regisseure, Bühnenbildner und Solisten – sind zugewachsen. Die Leitungsgremien der Festspiele sind teilweise neu besetzt worden. Das Hinscheiden von Karl Böhm, des bedeutenden Betreuers der Werke Mozarts und Richard Strauss', der in Salzburg mehr als vier Jahrzehnte hindurch gewirkt hat, brachte eine Herausforderung für die jüngere Dirigentengeneration, seiner Nachfolge gerecht zu werden.
Eine selten zitierte Bemerkung Hugo von Hofmannsthals zu den Festspielen lautet: »Viele Kräfte spielen gegeneinander; der Mann der Tagespolitik und der für den Tag Schreibende wollen nur den Spiegel des Augenblicks aus der Bühne machen, Pedanten und Historisten möchten sie zum Museum abdämpfen. Beide haben unrecht: Über ihren Meinungen muß ein reifer Verstand walten, der sich getraut, abzuwehren, aufzunehmen und wiederherzustellen.« Und Hofmannsthal fügt ein Gedicht Goethes an, das mit den Zeilen endet: »Und so gewinnt sich das Lebendige durch Folg' aus Folge neue Kraft; denn die Gesinnung, die beständige, sie macht allein den Menschen dauerhaft.«
Es ist letztlich entscheidend, aus welchem Geist und mit welchem Blickpunkt auf die kulturelle Situation, den geistigen Zustand der Zeit das Programm der Festspiele gestaltet und verwirklicht wird. Es ist unmöglich, zu übersehen, daß die neuen wissenschaftlichen Erkenntnisse, die rasch steigende Produktivität und in ihrer Folge die schnellen sozialen Veränderungen, die politischen Spannungen in der Welt, die widersprüchlichen Vorgänge in den einstigen Kolonialländern, der krasse Unterschied zwischen den reichen, ja verschwenderischen und den hungernden Völkern, daß alle diese Erscheinungen, die durch die Massenmedien den Menschen bekannt werden, ohne daß sie die Fülle des Neuen, des Ungewohnten, des Revolutionären aufzufassen, zu sichten und zu bewältigen imstande wären, eine unstillbare Unruhe, besonders unter der jungen Generation, erzeugt haben. Viele Intellektuelle, die übrigens gern an den Genüssen

einer verachteten Konsumgesellschaft teilhaben, verwerfen was war und was ist. Wenn der Ruf ertönt: »Brennt die Opernhäuser nieder!«, damit dieser »verlogenen Kunst« ein Ende bereitet wird, wenn, wie bei den Festspielen in Spoleto, in einem Nachspiel die Sänger und Sängerinnen auf der Bühne erschossen werden, nachdem sie eine Oper Rossinis aufgeführt haben, um zu demonstrieren, daß vernichtet gehört, wer im Zeitalter der Raumfahrt noch Rossini singt – wird eine Diskussion kaum fruchtbar sein. Wenn nichts mehr gelten soll, was überliefert wurde, dann wird der Grund verlassen, auf dem gebaut werden kann. Auf nichts kann man nicht bauen.

Dort aber, wo junge Menschen die Gesellschaft und ihre Werte und daher auch ihre Kunst, auf ihre Konsistenz und ihr Gewicht, auf ihre Ehrlichkeit und Echtheit prüfen und manches zu leicht befinden, dort werden wir hinhören müssen. Wer strengen Gewissens Programme und ihre Realisierung vergleichen, keine Doktrin hinnehmen, kein Schlagwort ungeprüft lassen will, der verdient Beachtung. Die Parole: »Die Phantasie an die Macht!« der Studenten der Pariser Sorbonne hat ihren Sinn. Man kann sich diese Welt auch anders vorstellen, als sie heute ist.

Festspiele in dieser unserer Zeit? Können sie geistigen Frieden bringen? Gewiß, die mehr als hundertfünfzigtausend Menschen, darunter viele der jungen Generation, die in der Stadt Mozarts alljährlich das Erlebnis der Musik, die besten Orchester und Sänger, vorbildliche Aufführungen, die Leistungen bedeutender Regisseure und Dirigenten genießen, empfangen die »geistigen Freuden«, die Hugo von Hofmannsthal versprach. Keiner wird sich dieses Erlebnis von den Kulturpessimisten verderben lassen. Nur wenige werden bezweifeln, daß die Musik Mozarts und Beethovens auch die Klänge elektronischer Tonfabrikanten überdauern wird. Aber auch das Dauernde wandelt sich in der Zeit. Waren es nicht gerade die beispielhaften Salzburger Aufführungen von Mozarts Opern nach dem Zweiten Weltkrieg, die in dem Chaos von Ruinen und Hunger seine Musik neu entdecken, als Heilung, Trost und Stärkung erkennen und empfinden ließen? In unserer Zeit der Unrast, in der die Menschen das Modische, das Aktuelle, das Letzte und Neueste suchen, scheint es notwendig, ihnen das Gültige, das Bleibende in einer überzeugenden und möglichst vollkommenen Form und Fassung zu zeigen. Im Klima einer produktiven Internationalität, wie sie unter den Künstlern vieler Nationalitäten, die hier mitwirken, herrscht, entstehen immer wieder neue Bilder alter Kunst, die auch den Menschen unserer Zeit zu ergreifen vermögen, wie etwa die »Rappresentatione di Anima e di

Corpo«, ein Werk aus dem Jahr 1600, das uns Heutige anrührte und zu Gedanken an das Ewige aufrief.

Die Diskussion über die Salzburger Festspiele ist nie erlahmt und soll auch nie verstummen. Wie alles, was lebt, sind sie nichts Endgültiges. Sie sind in einer Zeit entstanden, die man nachträglich die »goldenen zwanziger Jahre« nannte. Und sie waren in ihrer Art etwas so Einzigartiges, daß sich um jene Jahre vor 1938 ein Mythos gebildet hat, eine Legende von der Vollkommenheit der künstlerischen Leistungen entstand, wie sie wohl der recht schwierigen und oft improvisierten Wirklichkeit jener Tage nicht entspricht. Aber es war eine unwiederholbare Situation.

Wie sich die Umwelt, die Gesellschaft, das Theater veränderten, so haben sich nach dem Zweiten Weltkrieg auch die Salzburger Festspiele gewandelt. Die Ansprüche des Publikums sind größer geworden, weil die kunstinteressierten Menschen unserer Tage durch die immer perfekter werdenden technischen Medien, durch Langspielplatte und Stereophonie verwöhnt, aber auch hellhöriger geworden sind, weil Rundfunk und Fernsehen ihnen beste künstlerische Leistungen bis in ihren Alltag bringen. Eine hochgezüchtete Technik hat auch die Bühne erobert. Als Reinhardt den »Faust« inszenierte, gab es vier Scheinwerfer auf der Beleuchterbrücke der Felsenreitschule. Heute stehen die raffiniertesten technischen Mittel bereit, die manchmal den Künstler fast zu überwältigen drohen. Der Künstler selbst aber ist Sklave der Flugpläne und ausgeklügelter Termine geworden, denen sich nur wenige zu entziehen vermögen. Salzburg freilich hat das Glück, daß mit den Festspielhäusern ein Komplex entstanden ist, wie er wohl zum erstenmal in solcher Größe und Geschlossenheit einem Festspiel gegeben wurde, in der Ortswahl und Gestaltung – Stein am Felsen – der alten Stadt verbunden und doch zeitgemäß in der technischen Ausstattung der Bühnen und Werkstätten, Symbol des Willens, diese Festspiele als die Repräsentation eines alten Kulturlandes im Wandel der Zeit auf der Höhe der Zeit zu erhalten.

Immer wieder sind neue Pläne erörtert worden, Theater auf den vielen Plätzen der Stadt, die Bühne auf einem von Pferden gezogenen Wagen, um den sich die Zuschauer versammeln, so wie es einst schon unter Erzbischof Paris Lodron in Salzburgs Straßen geschehen ist. Man dachte an Feste in Schloß und Garten von Hellbrunn, im Steintheater, wo schon um 1618 erste Opern aufgeführt wurden. Nach solchen Anregungen soll Altes erneuert, »uralt Lebendiges aufs neue lebendig gemacht werden«.

Anderseits fordert die Jugend unserer Tage, daß der zeitgenössischen Kunst auch die Festspielbühnen offenstehen sollen. Das ist seit 1947 geschehen, Uraufführungen von Opern und Schauspielen fanden sich jeweils im Programm, wenngleich die Auswahl nicht immer leicht war und der Erfolg, das Interesse und die Zustimmung des Publikums manchmal ausblieben. Der Geist Salzburgs, von dem Hofmannsthal spricht, ist unerbittlich, und was sich hier bewähren soll, ist strenger Prüfung ausgesetzt. Mehr als sonst gilt das Wort Hofmannsthals, daß das Salzburger Programm »das Finstere ohne Hoffnung und Aufschwung, das innerlich Gewöhnliche, das völlig Weihelose ausschließt. Aus der Harmonie der einzelnen Darbietungen untereinander und aus ihrer Harmonie mit dem Begriff Salzburg ergibt sich klar, was aufzunehmen, was wegzulassen.«

In dieser Harmonie liegt letztlich die Anziehungskraft Salzburgs beschlossen. Und solange diese Kraft wirksam ist, werden die Salzburger Festspiele auch in Zukunft gedeihen. Sie werden immer neue Wege finden, die Strömungen der Zeit sublimieren und das künstlerische Fazit ziehen.

Was seit 1945 gelungen ist, bedeutet viel, daß nämlich die Salzburger Festspiele nicht nur österreichische, sondern Festspiele der Welt geworden sind. Es muß den Verantwortlichen der Mut zur Weite bleiben, und zugleich müssen sie wissen, was Raum in unserer Stadt hat. Die Festspiele bleiben eine Aufgabe, die wahrscheinlich von allen, denen an ihrem Gedeihen liegt, in Zukunft noch mehr als bisher fordern wird, Elastizität und Festigkeit, Großzügigkeit und Strenge, Weltoffenheit und österreichisches Selbstbewußtsein, wenn sie bestehen und im Geist unserer Zeit erfüllen sollen, was ihnen im weitesten Sinn von Anbeginn zum Ziel gesetzt wurde. Es sei nochmals eine Aufzeichnung Hofmannsthals aus den Gründerjahren angeführt: »In der Gegenwart ist immer jenes verborgen, durch dessen Hervortreten alles anders werden könnte. Das ist ein schwindelerregender Gedanke, aber ein trostvoller.«

Hugo von Hofmannsthal: »Der Tor und der Tod«, 1945, Mozarteum
Inszenierung: Erwin Faber; Bühnenbild: Kurt Richter

Gottfried von Einem: »Dantons Tod«, 1947, Kleines Festspielhaus
Inszenierung: Oscar Fritz Schuh; Bühnenbild und Kostüme: Caspar Neher; Dirigent: Ferenc Fricsay

Carl Orff: »Antigonae«, 1949, Felsenreitschule
Inszenierung: Oscar Fritz Schuh; Bühnenbild und Kostüme: Caspar Neher; Dirigent: Ferenc Fricsay

Ferdinand Raimund: »Der Verschwender«, 1950, Landestheater
Inszenierung: Ernst Lothar; Bühnenbild: Clemens Holzmeister

Richard Strauss: »Die Liebe der Danae«, 1952, Kleines Festspielhaus
Inszenierung: Rudolf Hartmann; Bühnenbild und Kostüme: Emil Preetorius; Dirigent: Clemens Krauss

Friedrich Schiller: »Kabale und Liebe«, 1955, Landestheater
Inszenierung: Ernst Lothar; Bühnenbild und Kostüme: Stefan Hlawa

Hans Pfitzner: »Palestrina«, 1955, Kleines Festspielhaus
Inszenierung: Günther Rennert; Bühnenbild und Kostüme: Wilhelm Reinking; Dirigent: Rudolf Kempe

Johann Wolfgang von Goethe: »Egmont«, 1956, Landestheater
Inszenierung: Ernst Lothar; Bühnenbild und Kostüme: Stefan Hlawa

Eugene O'Neill: »Fast ein Poet«, 1957, Landestheater
Inszenierung: Oscar Fritz Schuh; Bühnenbild und Kostüme: Caspar Neher

Rolf Liebermann: »Die Schule der Frauen«, 1957, Landestheater
Inszenierung: Oscar Fritz Schuh; Bühnenbild und Kostüme: Caspar Neher; Dirigent: George Szell

Richard Strauss: »Arabella«, 1958, Kleines Festspielhaus
Inszenierung: Rudolf Hartmann; Bühnenbild: Stefan Hlawa; Dirigent: Joseph Keilberth

Frank Martin: »Mysterium von der Geburt des Herrn«, 1960, Großes Festspielhaus
Inszenierung: Margarete Wallmann; Bühnenbild: Helmut Jürgens; Dirigent: Heinz Wallberg

Ferdinand Raimund: »Der Bauer als Millionär«, 1961/1962, Felsenreitschule
Inszenierung: Rudolf Steinboeck; Bühnenbild: Lois Egg

Giuseppe Verdi: »Der Troubadour«, 1962/1963, Großes Festspielhaus
Inszenierung und musikalische Leitung: Herbert von Karajan; Bühnenbild: Teo Otto

Johann Wolfgang von Goethe: »Faust. Der Tragödie zweiter Teil«, 1963–1965, Kleines Festspielhaus
Inszenierung: Leopold Lindtberg; Bühnenbild und Kostüme: Teo Otto

Richard Strauss: »Elektra«, 1964/1965, Großes Festspielhaus
Inszenierung und musikalische Leitung: Herbert von Karajan; Bühnenbild und Kostüme: Teo Otto

Hans Werner Henze: »Die Bassariden«, 1966, Großes Festspielhaus
Inszenierung: Gustav Rudolf Sellner; Bühnenbild und Kostüme: Filippo Sanjust;
Dirigent: Christoph von Dohnányi

William Shakespeare: »Ein Sommernachtstraum«, 1966/1967, Felsenreitschule
Inszenierung: Leopold Lindtberg; Bühnenbild und Kostüme: Jörg Zimmermann

Hugo von Hofmannsthal: »Der Schwierige«, 1967/1968, Landestheater
Inszenierung: Rudolf Steinboeck; Bühnenbild: Lois Egg

Gioacchino Rossini: »Der Barbier von Sevilla«, 1968/1969, Kleines Festspielhaus
Inszenierung, Bühnenbild und Kostüme: Jean-Pierre Ponnelle; Dirigent: Claudio Abbado

W. A. Mozart: »Don Giovanni«, 1968–1970, Großes Festspielhaus
Inszenierung und musikalische Leitung: Herbert von Karajan; Bühnenbild: Günther Schneider-Siemssen

Ludwig van Beethoven: »Fidelio«, 1968/1969, Großes Festspielhaus, 1970, Felsenreitschule
Inszenierung: Günther Rennert; Bühnenbild und Kostüme: Rudolf Heinrich; Dirigent: Karl Böhm

William Shakespeare: »Hamlet«, 1970, Landestheater
Inszenierung: Oskar Werner; Bühnenbild: Rolf Christiansen

Giuseppe Verdi: »Othello«, 1970–1972, Großes Festspielhaus
Inszenierung und musikalische Leitung: Herbert von Karajan;
Bühnenbild: Günther Schneider-Siemssen

Gaetano Donizetti: »Don Pasquale«, 1971/1972, Kleines Festspielhaus
Inszenierung und Bühnenbild: Ladislav Štros; Dirigent: Riccardo Muti

W. A. Mozart: »Mitridate, Re di Ponto«, 1971, Felsenreitschule
Inszenierung: Wolfgang Weber; Bühnenbild: Peter Heyduck; Dirigent: Leopold Hager

Dieter Forte nach Jakob Bidermann: »Cenodoxus«, 1972, Felsenreitschule
Inszenierung: Werner Düggelin; Bühnenbild und Kostüme: Jean Tinguely

William Shakespeare: »Was ihr wollt«, 1972–1974, Landestheater
Inszenierung: Otto Schenk; Bühnenbild: Günther Schneider-Siemssen

Jean Baptiste Molière: »Der Menschenfeind«, 1973, Landestheater
Inszenierung: Rudolf Noelte; Bühnenbild und Kostüme: Jürgen Rose

W. A. Mozart: »Die Zauberflöte«, 1974, Großes Festspielhaus
Inszenierung: Giorgio Strehler; Bühnenbild und Kostüme: Luciano Damiani; Dirigent: Herbert von Karajan

W. A. Mozart: »Idomeneo«, 1973/1976, Kleines Festspielhaus
Inszenierung: Gustav Rudolf Sellner; Bühnenbild und Kostüme: Jörg Zimmermann; Dirigent: Karl Böhm

Thomas Bernhard: »Die Macht der Gewohnheit«, 1974, Landestheater
Inszenierung: Dieter Dorn; Bühnenbild: Wilfried Minks

Fritz Hochwälder: »Lazaretti oder Der Säbeltiger«, 1975, Landestheater
Inszenierung: Michael Kehlmann; Bühnenbild: Gottfried Neumann-Spallart

Georg Büchner: »Leonce und Lena«, 1975/1976, Landestheater
Inszenierung: Johannes Schaaf; Bühnenbild: Wilfried Minks

W. A. Mozart: »La Clemenza di Tito«, 1976/1977/1979, Felsenreitschule
Inszenierung, Bühnenbild und Kostüme: Jean-Pierre Ponnelle; Dirigent: James Levine

Stefano Landi: »Il Sant'Alessio«, 1977/1978, Felsenreitschule
Inszenierung: August Everding; Bühnenbild: Jean-Pierre Ponnelle; Dirigent: Peter Maag

Giuseppe Verdi: »Aida«, 1979/1980, Großes Festspielhaus
Inszenierung und musikalische Leitung: Herbert von Karajan; Bühnenbild: Günther Schneider-Siemssen

Arthur Schnitzler: »Das weite Land«, 1979/1980, Landestheater
Inszenierung: Maximilian Schell; Bühnenbild und Kostüme: Filippo Sanjust

William Shakespeare: »Wie es euch gefällt«, 1980/1981, Felsenreitschule
Inszenierung: Otto Schenk; Bühnenbild: Günther Schneider-Siemssen

Georg Büchner: »Dantons Tod«, 1981, Landestheater
Inszenierung: Rudolf Noelte; Bühnenbild: Walter Dörfler

Verzeichnis der Werke und der Künstler des Theaters und der Musik bei den Salzburger Festspielen 1920–1981

Zusammengestellt von HANS JAKLITSCH

Die Grundlagen des Verzeichnisses bildeten Voranzeigen, Theaterzettel, Programme, Pressemeldungen und das in Salzburg und Wien vorhandene Archivmaterial über die Salzburger Festspiele. Die Schreibung der Namen wurde diesen Quellen entsprechend vorgenommen. Die angeführten Daten sind, soweit es der verfügbare Raum zuließ, vollständig.

Wiederkehrende Anmerkungen sind durch Notenziffern 1, 2, 3 und 4 gekennzeichnet. Es bedeutet:
[1] Veranstaltung der Internationalen Stiftung Mozarteum
[2] Veranstaltung des Salzburger Domchores
[3] Veranstaltet in Zusammenarbeit mit dem ORF-Studio Salzburg
[4] Veranstaltet in Zusammenarbeit mit dem ORF

1920

22.—26. August

SCHAUSPIEL

22., 23., 25., 26. August
Domplatz / Aula
HUGO VON HOFMANNSTHAL

Jedermann

Regie: Max Reinhardt
Bühnenaufbau: Eduard Wiedenmann
Kostüme: Alfred Roller
Musik: Einar Nilson / Bernhard Paumgartner
Tänze: Hede Nilson
Dirigent: Bernhard Paumgartner
Die Salzburger Chorvereinigungen

Stimme des Herrn Raul Lange
Tod Werner Krauß
Jedermann Alexander Moissi
Jedermanns Mutter Frieda Richard
Guter Gesell Wilhelm Dieterle
Hausvogt Fritz Reichl
Koch Wilhelm Frick
Armer Nachbar Fritz Richard
Schuldknecht Emil Rameau
Schuldknechts Weib Tiny Senders
Buhlschaft Johanna Terwin
Dicker Vetter Otto König 22. Wilhelm Diegelmann
Dünner Vetter Fritz Richard
Mammon Heinrich George
Gute Werke Helene Thimig
Glaube Hedwig Bleibtreu
Teufel Werner Krauß
Spielansager Franz Löser

27. 8. zusätzliche Aufführung

29. 8. Aufführung für die Salzburger Bevölkerung

1921

2.—23. August

Veranstaltungen der Salzburger Festspielhaus-Gemeinde

15., 16., 17., 18., 19. August
Domplatz / Große Reitschule
HUGO VON HOFMANNSTHAL

Jedermann

Regie: Max Reinhardt
Kostüme: Alfred Roller
Musik: Einar Nilson
Tänze: Hede Nilson

Stimme des Herrn * * *
Tod Werner Krauß
Jedermann Alexander Moissi
Jedermanns Mutter Frieda Richard
Guter Gesell Hans Brockmann
Hausvogt Friedrich Bertel
Koch Hugo Schaffer
Armer Nachbar Fritz Richard
Schuldknecht Emil Rameau
Schuldknechts Weib Poldi Czernitz-Renn
Buhlschaft Johanna Terwin
Dicker Vetter Wilhelm Diegelmann
Dünner Vetter Fritz Richard
Mammon Raul Lange
Gute Werke Helene Thimig
Glaube Hedwig Bleibtreu
Teufel Werner Krauß
Spielansager Franz Löser

20. 8., 19 Uhr, Domplatz, zusätzliche Aufführung mit Scheinwerferbeleuchtung

21. 8. Aufführung für die Salzburger Bevölkerung

20, 21., 23. August
Naturtheater Mirabellgarten
WOLFGANG AMADEUS MOZART

Bastien und Bastienne

Die geplanten Aufführungen wurden am 17. August infolge technischer Schwierigkeiten abgesagt und die Karten ab 25. August zurückgenommen.

Veranstaltung des Salzburger Stadttheaters

17., 18., 19. August Stadttheater

Tamara Karsavina und Laurent Novikoff

vom ehem. Kaiserl. russischen Ballett in Petersburg

Dirigent: Bertil Wetzelsberger
Tänze nach der Musik von A. Borodin, A. Glasunow, Ch. W. Gluck, W. A. Mozart, P. I. Tschaikowskij u. a.

Am 17. August außerdem von Max Mell „Der Barbier von Berriac" mit Herbert Grube, Margit Ungar und Rolf Gerth

Veranstaltungen des Mozarteums

ORCHESTERKONZERTE

Werke von WOLFGANG AMADEUS MOZART
Mitglieder des Wiener Staatsopern- und Mozarteum-Orchesters

2. August, 19.30 Uhr Mozarteum

Dirigent: Bernhard Paumgartner
Solist: Karl Stiegler, Horn

Symphonie D-Dur, KV 504 „Prager"
Konzert für Horn und Orchester Es-Dur, KV 447
Symphonie C-Dur, KV 200

4. August, 19.30 Uhr Mozarteum

Dirigent: Adolf Tandler
Solist: Franz Sauer, Orgel

Ouvertüre zu „Idomeneo", KV 366
Sonate C-Dur für Orgel und Orchester, KV 329
Serenade D-Dur, KV 203
Symphonie g-Moll, KV 550

11. August, 19.30 Uhr Mozarteum

Dirigent: Willem van Hoogstraten
Solistin: Elly Ney, Klavier

„Eine kleine Nachtmusik" G-Dur, KV 525
Gavotte aus der Ballettmusik zu „Idomeneo" KV 367
Konzert für Klavier und Orchester B-Dur, KV 450
Symphonie Es-Dur, KV 543

14. August, 11 Uhr Mozarteum

Dirigent: Bernhard Paumgartner

Solisten: Alexander Wunderer, Oboe; Franz Behrends, Klarinette; Karl Stiegler, Horn; Hugo Burghauser, Fagott
Chor des Mozarteums

Divertimento D-Dur, KV 334
Sinfonia concertante Es-Dur für Oboe, Klarinette, Horn, Fagott und Orchester, KV 297 b
Hymne „Adoramus te", KV 327
Motette „Ave verum corpus", KV 618
Symphonie C-Dur, KV 551, „Jupiter"

Veranstaltungen des Mozarteums

KAMMERKONZERTE

Werke von WOLFGANG AMADEUS MOZART

3. August, 19.30 Uhr Mozarteum

Das Fitzner-Quartett

Mitwirkend: Eduard Hausner, Klarinette; Robert Jäckel, Englischhorn; Franz Ledwinka, Klavier

Streichquartett D-Dur, KV 575
Adagio C-Dur, KV 580 a
Klarinettenquintett A-Dur, KV 581 „Stadlerquintett"
Klavierquartett g-Moll, KV 478

6. August, 19.30 Uhr Mozarteum

Die Bläservereinigung der Wiener Staatsoper

Mitwirkend: Alois Herza, Violine; Felix Petyrek, Klavier

Klavierquintett Es-Dur, KV 452
Adagio c-Moll u. Rondo C-Dur, KV 617
Sonate für Klavier und Violine F-Dur, KV 377
Serenade c-Moll, KV 388

9. August, 19.30 Mozarteum

Mitglieder des Wiener Staatsopern- und Mozarteum-Orchesters

Trio Es-Dur, KV 498 „Kegelstatt-Trio"
Hornquintett Es-Dur, KV 407
Serenade B-Dur, KV 361, Dirigent Bernhard Paumgartner

Veranstaltung des Mozarteums

SERENADE

10. August, 21 Uhr Residenz

Mitglieder des Wiener Staatsopern- und Mozarteum-Orchesters

Dirigent: Bernhard Paumgartner

W. A. MOZART: Serenade D-Dur, KV 250 „Haffner-Serenade", Violinsolo: Max Starkmann
Notturno D-Dur, KV 286

Veranstaltung des Mozarteums

KONZERT GEISTLICHER MUSIK

12. August, 18.30 Uhr Dom

Dirigent: Bernhard Paumgartner
Soli: Maria Keldorfer, Sopran; Olga Bauer-Pilecka, Alt; Hans Winkelmann, Tenor; Richard Mayr, Baß
Mitglieder des Wiener Staatsopern- und Mozarteum-Orchesters
Damensingverein Hummel, Salzburger Liedertafel, Mozarteums-Chor
Orgel: Franz Sauer

W. A. MOZART: Requiem, KV 626

1922

13.—29. August

SCHAUSPIEL

13.—24. August (12 Aufführungen)
Kollegienkirche

HUGO VON HOFMANNSTHAL

Das Salzburger große Welttheater
(Uraufführung)

Regie:	Max Reinhardt
Bühnenaufbau:	Alfred Roller
Musik und Dirigent:	Einar Nilson
Orgel:	Franz Sauer

Chor der Salzburger Liedertafel — Damensingverein Hummel

Meister	Raul Lange * * * 19., 20.
1. Engel	Else Wohlgemuth
2. Engel	Aribert Wäscher
3. Engel	Hans Brockmann
4. Engel	Edith Merten
Die Welt	Anna Bahr-Mildenburg
Der Vorwitz	Otto Pflanzl
Der Tod	Luis Rainer
Widersacher	Hugo Döblin
Dessen Gehilfe	Fritz Feld
König	Wilhelm Dieterle
Schönheit	Sybille Binder
Weisheit	Helene Thimig
Reicher	Raoul Aslan
Bauer	Josef Meth
Bettler	Alexander Moissi Raul Lange 19., 20.

Zusätzliche Aufführungen 25., 26.

OPER

Aufführungen der Wiener Staatsoper

14., 18., 22., 23., 26.August Stadttheater

WOLFGANG AMADEUS MOZART

Don Juan

Dirigent:	Richard Strauss 14.—23. Carl Alwin 26.
Inszenierung:	Hans Breuer
Bühnenbild:	Alfred Roller
Don Juan	Alfred Jerger, 14., 22. Hans Duhan 18., 23., 26.
Donna Elvira	Claire Born 14., 18., 26. Felicie Hüni-Mihacsek 22., 23.
Der Komtur	Franz Markhoff
Donna Anna	Gertrud Kappel 14., 22., 26. Rose Pauly 18., 23.
Don Ottavio	Richard Tauber 14.—23. Georg Maikl 26.
Leporello	Richard Mayr 14., 18., 26. Karl Norbert 22., 23.
Zerline	Lotte Schöne 14.—23. Editha Fleischer 26.
Masetto	Viktor Madin 14., 18., 23., 26. Julius Betetto 22.

15., 19., 27. August Stadttheater

WOLFGANG AMADEUS MOZART

Così fan tutte

Dirigent:	Richard Strauss 15., 19. Carl Alwin 27.
Inszenierung:	Hans Breuer
Bühnenbild:	Alfred Roller
Fiordiligi	Felicie Hüni-Mihacsek
Dorabella	Rosette Anday 15., 27. Claire Born 19.
Guglielmo	Hermann Wiedemann
Ferrando	Fritz Krauß
Despina	Elisabeth Schumann 15., 19. Charlotte Brunner 27.
Don Alfonso	Josef von Manowarda 15., 19. Karl Norbert 27.

16., 20., 24., 28. August Stadttheater

WOLFGANG AMADEUS MOZART

Die Hochzeit des Figaro

Dirigent:	Franz Schalk
Inszenierung:	Harry Stangenberg / Hans Breuer
Bühnenbild:	Alfred Roller
Graf Almaviva	Hans Duhan
Gräfin	Elisabeth Rethberg 16., 20. Claire Born 24. Felicie Hüni-Mihacsek 28.
Susanne	Elisabeth Schumann 16., 20. Editha Fleischer 24., 28.
Figaro	Alfred Jerger 20., 24. Richard Mayr 16., 28.
Basilio	Hans Breuer 16., 28. Paul Kuhn 20., 24.
Bartolo	Julius Betetto 16., 24. Karl Norbert 20., 28.
Marcelline	Hermine Kittel
Cherubin	Lotte Schöne 16.—24. Rosette Anday 28.
Antonio	Viktor Madin
Barbarina	Paula von Hentke 16., 24. Karola Jovanović 20., 28.
Curzio	Hermann Gallos

17., 21., 25., 29. August Stadttheater

WOLFGANG AMADEUS MOZART

Die Entführung aus dem Serail

Dirigent:	Franz Schalk
Inszenierung:	Hans Breuer
Bühnenbild:	Alfred Roller
Selim, Bassa	Gerhard Stehmann
Konstanze	Selma Kurz 17., 21. Elisabeth Rethberg 25., 29.
Blondchen	Elisabeth Schumann 17., 21., 29. Karola Jovanović 25.
Belmonte	Richard Tauber 17., 25., 29. Georg Maikl 21.
Pedrillo	Hermann Gallos
Osmin	Nikola Zec
Anführer der Wachen	Viktor Madin

ORCHESTERKONZERTE

Das Orchester der Wiener Staatsoper

Werke von WOLFGANG AMADEUS MOZART

15. August, 11 Uhr Mozarteum

Dirigent: Franz Schalk
Solistin: Selma Kurz, Sopran

Symphonie D-Dur?
Arie der Susanne aus „Die Hochzeit des Figaro", KV 492
Arie der Königin der Nacht „Oh, zittre nicht, mein lieber Sohn" aus „Die Zauberflöte", KV 620
Symphonie g-Moll, KV 550

20. August, 11 Uhr Mozarteum

Dirigent: Richard Strauss
Solisten: Elisabeth Schumann, Sopran; Joseph Szigeti, Violine

Ouvertüre zu „Die Zauberflöte", KV 620
Konzert für Violine und Orchester D-Dur, KV 218
Motette „Exsultate, jubilate", KV 165
Symphonie C-Dur, KV 551, „Jupiter"

1923

21.—24. August

SCHAUSPIEL

21., 22., 23., 24. August Stadttheater

JEAN BAPTISTE MOLIERE

Der eingebildete Kranke

Regie:	Max Reinhardt
Musik:	J. B. Lully
Einrichtung:	Einar Nilson
Tänze:	Maria Ley
Dirigent:	Einar Nilson
Argan	Max Pallenberg
Beline	Nora Gregor
Angelique	Alma Seidler
Louison	kl. Stillmark
Berald	Luis Rainer
Dr. Diafoirus	Egon Friedell
Thomas Diafoirus	Hans Thimig
Cléant	Hans Brausewetter
Dr. Purgon	Raul Lange
Fleurant	Fritz Richard
Bonnefois	Heinz Fischer
Toinette	Hansi Niese

Zwischenspiele

Polichinelle	Hans Brausewetter
Colombine	Maria Ley
Harlekin	Hans Thimig
Dottore	Luis Rainer
Zerbinetta	Alma Seidler

1924

Keine Festspiele

Planung: 17.—26. 8. Kollegienkirche „Das Mirakel", Verlegung auf 1925 (siehe „Salzburger Chronik" vom 12. 8. 1924)

1925

13.—31. August

Eröffnung des Salzburger Festspielhauses

13. August, 17 Uhr Residenz, Weißer Saal

Festsitzung der Protektoren und Kuratoriums-Mitglieder

Begrüßungsansprache des Vizebürgermeisters und Präsidenten der Salzburger Festspielhaus-Gemeinde Ing. Richard Hildmann

Ansprachen:	Bundeskanzler Dr. Rudolf Ramek Landeshauptmann Dr. Franz Rehrl Bürgermeister Josef Preis
Festrede:	Hugo von Hofmannsthal

Anschließend Führung durch das neue Haus

19 Uhr Festvorstellung „Das Salzburger große Welttheater"

SCHAUSPIEL

13., 14., 15., 19., 20., 23., 24. August
Festspielhaus

HUGO VON HOFMANNSTHAL

Das Salzburger große Welttheater

Regie:	Max Reinhardt
Bühnenbild:	Eduard Hütter
Kostüme:	Ernest de Weerth
Musik:	Einar Nilson
Dirigent:	Bernhard Paumgartner
Orgel:	Franz Sauer

Mozarteum-Orchester, Mozarteum-Chor

Meister	Männersprechchor St. Peter
1. Engel	Else Wohlgemuth
2. Engel	Fritz Delius
3. Engel	Hans Brockmann
4. Engel	Irmgard Richter
Die Welt	Anna Bahr-Mildenburg
Der Vorwitz	Hans Moser
Der Tod	Luis Rainer
Widersacher	Friedrich Kühne
König	Wilhelm Dieterle
Schönheit	Lil Dagover
Weisheit	Helene Thimig
Reicher	Oskar Homolka
Bauer	Josef Meth
Bettler	Eugen Klöpfer

16., 17., 18., 21., 22., 26., 27., 29. August Festspielhaus

KARL VOLLMOELLER

Das Mirakel

Regie:	Max Reinhardt
Bühnenbild:	Eduard Hütter
Kostüme:	Ernest de Weerth
Musik:	Engelbert Humperdinck / Bernhard Paumgartner
Dirigent:	Bernhard Paumgartner / Pantscho Wladigeroff
Tänze:	Ilse Larsen und Karl Godlewski
Madonna	Diana Manners
Nonne	Rosamond Pinchot 16.—27. Hedy Pfundmayr 29.
Äbtissin	Anna Bahr-Mildenburg
Der Spielmann	Hermann Thimig
Der Schatten	Luis Rainer
Sakristanin	Hedwig Nilson
Bischof	Friedrich Kühne
Ein Mönch	Luis Rainer
Der Lahme	Eugen Klöpfer
Der Ritter	Wilhelm Dieterle 16.—27. Alfred Jerger 29.
Der Raubgraf	Oskar Homolka
Der Königsohn	Fritz Delius
Der König	Eugen Klöpfer
Der Mesner	Klaus Pohl
1. Priester	Hans Brockmann
2. Priester	Alfred Tragau

25., 28. August Festspielhaus

MAX MELL

Das Apostelspiel

Regie:	Max Mell
Bühnenbild:	Eduard Hütter
Dirigent:	Bernhard Paumgartner
Der Großvater	Karl Goetz
Magdalen	Helene Thimig
1. Fremder	Hermann Thimig
2. Fremder	Oskar Homolka

OPER

Aufführungen der Wiener Staatsoper

24., 28. August Stadttheater

WOLFGANG AMADEUS MOZART

Don Juan

Dirigent:	Karl Muck
Inszenierung:	Hans Breuer
Bühnenbild:	Alfred Roller
Don Juan	Alfred Jerger
Donna Elvira	Claire Born
Der Komtur	Franz Markhoff
Donna Anna	Helene Wildbrunn
Don Ottavio	Hermann Gallos
Leporello	Richard Mayr
Zerline	Lotte Schöne 24. Maria Ivogün 28.
Masetto	Viktor Madin

25., 27., 30. August Stadttheater

WOLFGANG AMADEUS MOZART

Die Hochzeit des Figaro

Dirigent:	Franz Schalk
Inszenierung:	Hans Breuer
Bühnenbild:	Alfred Roller
Graf Almaviva	Karl Renner
Gräfin	Claire Born
Susanne	Lotte Schöne
Figaro	Alfred Jerger
Basilio	Hans Breuer
Bartolo	Franz Markhoff
Marcelline	Hermine Kittel
Cherubin	Rosette Anday
Antonio	Viktor Madin
Barbarina	Paula von Hentke
Curzio	Hermann Gallos

26., 29. August Stadttheater

GAETANO DONIZETTI

Don Pasquale

Dirigent:	Bruno Walter
Inszenierung:	Hans Breuer
Don Pasquale	Richard Mayr
Norina	Maria Ivogün
Doktor Malatesta	Hermann Wiedemann
Ernesto	Karl Erb
Notar	Viktor Madin

BALLETT

Gastspiel „Internationale Pantomimen-Gesellschaft"

29., 30., 31. August Stadttheater

Das Leben hängt an einem Faden

Marionettenspiel

Musik:	Georg Muffat
Einrichtung:	Rupert Koller

Bühnenbild:	Fritz Rumpf
Kostüme:	Fritz Rumpf
Polcinella	Ernst Matray
Colombine	Maria Solveg
Harlekin	Katta Sterna
Teufel	Harald Marsen
Tod	A. V. Blum

Spiegelbild

Musik: Auguste Durand

Katta Sterna — Maria Solveg

Die grüne Flöte

Ballett-Pantomime
von Hugo von Hofmannsthal

Musik:	W. A. Mozart
Einrichtung:	Einar Nilson
Regie:	Max Reinhardt
Bühnenbild:	Ernst Stern
Kostüme:	Ernst Stern
Choreographie:	Ernst Matray
Dirigent:	Oskar Fried
Der Spielmeister	Maria Solveg
Der Zauberer Wu	Ernst Matray
Die Hexe Ho	A. V. Blum
Prinzessin Fay-yen	Tilly Losch
Der Prinz Sing-ling	Katta Sterna
Göttin des Flusses	Ruth Landshoff

Broadway*)

Musik:	Jaap Kool
Bühnenbild:	Van Hauth

*) Wurde nur bei der Generalprobe aufgeführt.

ORCHESTERKONZERTE

der Wiener Philharmoniker

28. August, 11 Uhr Festspielhaus

Dirigent: Bruno Walter
Solist: Rudolf Serkin, Klavier

J. HAYDN:	Symphonie Nr. 86, D-Dur
W. A. MOZART:	Konzert für Klavier und Orchester Es-Dur, KV 482
J. BRAHMS:	Symphonie Nr. 2, D-Dur, op. 73

30. August, 11 Uhr Festspielhaus

Dirigent: Karl Muck

W. A. MOZART:	Symphonie g-Moll, KV 550
L. v. BEETHOVEN:	Symphonie Nr. 3, Es-Dur, op. 55 „Eroica“

31. August, 15 Uhr Festspielhaus

Dirigent: Franz Schalk

F. SCHUBERT:	Symphonie Nr. 8, h-Moll „Unvollendete“
A. BRUCKNER:	Symphonie Nr. 7, E-Dur

KAMMERKONZERTE

13. August, 11 Uhr Mozarteum

Das Rosé-Quartett

W. A. MOZART:	Streichquartett G-Dur, KV 387
L. v. BEETHOVEN:	Streichquartett Es-Dur, op. 127
F. SCHUBERT:	Streichquartett d-Moll, op. posth. „Der Tod und das Mädchen“

16. August, 11 Uhr Mozarteum

Das Rosé-Quartett

W. A. MOZART:	Streichquartett Es-Dur, KV 428
L. v. BEETHOVEN:	Streichquartett F-Dur, op. 135
J. BRAHMS:	Streichquartett c-Moll, op. 51, Nr. 1

26. August, 11 Uhr Mozarteum

Bläservereinigung der Wiener Staatsoper

Mitwirkend: Rudolf Serkin, Klavier; Karl Freith, Viola

W. A. MOZART:	Divertimento F-Dur, KV 253 Trio Es-Dur, KV 498 „Kegelstatt-Trio“ Drei Stücke für Klavier: Menuett D-Dur, Eine kleine Gigue, Rondo a-Moll Klavierquintett Es-Dur, KV 452

LIEDERABENDE

19. August, 11 Uhr Mozarteum

Richard Mayr, Baß

Am Flügel: Ferdinand Foll
Lieder von F. Schubert und H. Wolf

21. August, 11 Uhr Mozarteum

Joseph Schwarz, Tenor

Am Flügel: Bruno Walter
Lieder von F. Schubert, R. Schumann, G. Mahler und J. Brahms

23. August, 11 Uhr Mozarteum

Maria Ivogün, Sopran; Karl Erb, Tenor

Am Flügel: Michael Raucheisen
Arien aus Opern von Ch. W. Gluck, G. F. Händel, W. A. Mozart (KV 486), G. B. Pergolesi und R. Strauss
Lieder von H. Wolf und Volkslieder-Duette

29. August, 11 Uhr Mozarteum

Lotte Schöne, Sopran

Am Flügel: Ferdinand Foll
Lieder von R. Strauss

1926

7.—29. August

Festakt zur Eröffnung des Festspielhauses

7. August, 19.30 Uhr

Allgemeine Besichtigung

der Stadtsäle sowie der übrigen Räume des Festspielhauses und der Sommerreitschule

20.30 Uhr Großer Saal des Festspielhauses

L. v. BEETHOVEN:	„Die Himmel rühmen des Ewigen Ehre“

Ansprache des Bürgermeisters Josef Preis
Orgelvorführung
Ansprache des Landeshauptmannes Dr. Franz Rehrl

W. A. MOZART: Motette „Exsultate, jubilate", KV 165
Ansprache des Präsidenten der Festspielhaus-Gemeinde Heinrich Baron Puthon
J. HAYDN: „Vollendet ist das große Werk",

Dirigent und an der Orgel: Joseph Messner
Solistin: Maria Keldorfer-Gehmacher, Sopran
Salzburger Liedertafel
Salzburger Sängervereinigungen

SCHAUSPIEL

8., 10., 11., 12., 16., 19., 24., 29. August
Domplatz / Festspielhaus
HUGO VON HOFMANNSTHAL

Jedermann

Regie: Max Reinhardt
Musik: Einar Nilson / Joseph Messner
Dirigent: Joseph Messner

Stimme des Herrn Josef Danegger
Tod Luis Rainer
Jedermann Alexander Moissi
Jedermanns Mutter Frieda Richard
Guter Gesell Lothar Müthel
Hausvogt Fritz Reichl
Koch Hugo Schaffer
Armer Nachbar Fritz Richard
Schuldknecht Herbert Dirmoser
Schuldknechts Weib Poldi Czernitz-Renn
Buhlschaft Dagny Servaes
Dicker Vetter Wilhelm Diegelmann
Dünner Vetter Friedrich Kühne
Mammon Oskar Homolka 8.—19. Josef Danegger 24., 29.
Gute Werke Lili Darvas
Glaube Hedwig Bleibtreu 8.—24. Anny Hoheneck 29.
Teufel Max Pallenberg 8., 11. Luis Rainer 10., 12.—29.
Spielansager Franz Löser

20., 23., 26., 27. August
Felsenreitschule / Stadttheater
CARLO GOLDONI

Der Diener zweier Herren

Musik nach Mozart und nach alten Weisen zu Texten Kurz-Bernardons von Bernhard Paumgartner
Regie: Max Reinhardt
Dirigent: Bernhard Paumgartner

Pantalone Hugo Thimig
Rosaura Dagny Servaes
Dottore Friedrich Kühne
Silvio Richard Romanowsky
Florindo Hans Thimig
Beatrice Nora Gregor
Brighella Josef Danegger
Smeraldina Helene Thimig
Truffaldino Hermann Thimig
1. Träger Gustav Kotanyi
2. Träger Paul Köster
1. Aufwärter Hans Moser
2. Aufwärter Klaus Pohl
Arlequino Harald Kreutzberg

14., 15., 17., 18., 21., 25., 28. August
Festspielhaus
CARLO GOZZI / KARL VOLLMOELLER

Turandot

Musik mit Verwendung chinesischer Melodien und alter Stücke des Rokokos von Bernhard Paumgartner
Regie: Max Reinhardt
Bühnenbild: Oskar Strnad
Kostüme: Oskar Strnad
Dirigent: Einar Nilson
Tänze: Heinrich Kröller

Turandot Helene Thimig
Altoum Gustav Waldau
Adelma Lili Darvas
Zelima Dagny Servaes
Skirina Frieda Richard
Barak Friedrich Kühne
Kalaf Lothar Müthel
Timur Luis Rainer
Ismael Herbert Dirmoser
Zeremonienmeister Harald Kreutzberg
Der tote Prinz Harald Kreutzberg
Die Nachtigall Lilli Claus
1. Doktor Fritz Richard
1. Eunuch Gustav Kotanyi
2. Eunuch Anton Ott
Der Scharfrichter Franz Löser
Pantalone Richard Romanowsky
Tartaglia Hans Moser
Brighella Oskar Homolka
Truffaldino Max Pallenberg

OPER

Aufführungen der Wiener Staatsoper

9., 28. August Stadttheater
WOLFGANG AMADEUS MOZART

Die Entführung aus dem Serail

Dirigent: Bruno Walter
Inszenierung: Alois Mora
Bühnenbild: Alfred Roller

Selim, Bassa Hans Duhan
Konstanze Marie Gerhart
Blondchen Anni Frind 9. Stella Eisner 28.
Belmonte Richard Tauber
Pedrillo Hermann Gallos
Osmin Paul Bender 9. Karl Norbert 28.
Anführer der Wachen Viktor Madin

10., 22. August Stadttheater
WOLFGANG AMADEUS MOZART

Don Juan

Dirigent: Franz Schalk
Inszenierung: Marie Gutheil-Schoder
Bühnenbild: Alfred Roller

Don Juan Hans Duhan
Donna Elvira Claire Born
Der Komtur Franz Markhoff
Donna Anna Maria Németh
Don Ottavio Richard Tauber
Leporello Richard Mayr
Zerline Maria Rajdl
Masetto Viktor Madin

13., 16., 19., 24., 29. August Stadttheater
JOHANN STRAUSS

Die Fledermaus

Dirigent: Bruno Walter
Inszenierung: Josef Hietz

Eisenstein Karl Ziegler 13.—19. Richard Tauber 24., 29.
Rosalinde Wanda Achsel
Frank Hans Duhan
Orlofsky Rosette Anday
Alfred Erik Wirl
Dr. Falke Karl Renner
Dr. Blind Viktor Madin
Adele Fritzi Massary 13.—24. Paula Beck 29.
Frosch Hans Moser
Ida Paula von Hentke

18., 21., 25. August Stadttheater
RICHARD STRAUSS

Ariadne auf Naxos

Dirigent: Clemens Krauss 18., 25. Richard Strauss 21.
Inszenierung: Lothar Wallerstein
Bühnenbild: Oskar Strnad

Haushofmeister Viktor Madin
Musiklehrer Hans Duhan 18., 25. Karl Renner 21.
Komponist Maria Rajdl
Tenor (Bacchus) John Gläser
Tanzmeister Georg Maikl
Zerbinetta Marie Gerhart
Primadonna (Ariadne) Lotte Lehmann 18. Claire Born 21., 25.
Harlekin Hans Duhan 18., 25. Karl Renner 21.
Scaramuccio Hermann Gallos

Truffaldin	Franz Markhoff
Brighella	Georg Maikl
Brighella (Vorspiel)	Heinrich Berthold
Najade	Luise Helletsgruber
Dryade	Hermine Kittel
Echo	Karola Jovanović

12., 14., 15., 17. August Stadttheater

CHRISTOPH WILLIBALD GLUCK

Don Juan

Pantomimisches Ballett

Dirigent:	Franz Schalk
Choreographie:	Heinrich Kröller

Don Juan	Carl Raimund
Sganarelle	Robert Casson
Der Komtur	Leopold Dubois
Donna Elvira	Hedy Fränzl
Gäste Don Juans:	
Die Heitere	Herma Berka
Die Kokette	Tilly Losch
Die Spanierin	Hedy Pfundmayr
Der Eifersüchtige	Franz Bauer

Phantastische Gestalten des Vorspiels:

Die Temperamentvolle	Hedy Pfundmayr
Die Keusche	Tilly Losch
Die Exotische	Riki Raab
Die Reine	Rosl Buchinger

GIOVANNI BATTISTA PERGOLESI

La serva padrona

Dirigent:	Franz Schalk
Inszenierung:	Richard Mayr
Dr. Pandolfo	Richard Mayr
Zerbine	Elisabeth Schumann
Scapin	Viktor Madin

WOLFGANG AMADEUS MOZART

Les petits Riens

Schäferspiel

Dirigent:	Franz Schalk
Choreographie:	Heinrich Kröller

Der Schäfer	Hedy Pfundmayr
Die Schäferin	Tilly Losch
Der Vater	Franz Bauer
Der Geck	Robert Casson
Der Eifersuchtsteufel	Rudolf Fränzl

ORCHESTERKONZERTE

der Wiener Philharmoniker

15. August, 11 Uhr Festspielhaus

Dirigent: Clemens Krauss
Solisten: Marie Gerhart, Sopran; Rószi Várady, Violoncello; Karl Stiegler, Horn

W. A. MOZART:	Serenade D-Dur, KV 239, „Serenata notturna" Arie „Vorrei spiegarvi, oh Dio", KV 418 Konzert für Horn und Orchester Es-Dur, KV 447 Arie „No, no, che non sei capace", KV 419
J. HAYDN:	Konzert Nr. 5 C-Dur für Violoncello und Orchester Symphonie Nr. 88, G-Dur

26. August, 20 Uhr Festspielhaus

Dirigent: Clemens Krauss

L. v. BEETHOVEN:	Symphonie Nr. 7, A-Dur, op. 92
R. STRAUSS:	Sinfonia domestica, op. 53

27. August, 20 Uhr Festspielhaus

Dirigent: Franz Schalk

W. A. MOZART:	Symphonie Es-Dur, KV 543
A. BRUCKNER:	Symphonie Nr. 8, c-Moll

29. August, 11 Uhr Festspielhaus

Dirigent: Bruno Walter
Solisten: Marie Gerhart, Sopran; Johann Koncz, Violine

G. MAHLER:	Symphonie Nr. 4, G-Dur, mit Sopransolo
W. A. MOZART:	Konzert für Violine und Orchester G-Dur, KV 216
C. M. v. WEBER:	Ouvertüre zu „Oberon"

KAMMERKONZERTE

8. August, 11 Uhr Mozarteum

Das Rosé-Quartett

Mitwirkend: Karl Stiegler, Horn

J. HAYDN:	Streichquartett g-Moll, op. 74/3 „Reiterquartett"
L. v. BEETHOVEN:	Streichquartett a-Moll, op. 132
W. A. MOZART:	Hornquintett Es-Dur, KV 407

13. August, 20 Uhr Mozarteum

Das Rosé-Quartett

L. v. BEETHOVEN:	Streichquartett B-Dur, op. 130, Nr. 3 „Galitzin-Quartett"
F. SCHUBERT:	Streichquartett G-Dur, op. 161

20. August, 20 Uhr Mozarteum

Die Wiener Trio-Vereinigung

Richard Mayr, Baß
Ferdinand Foll, Klavier

W. A. MOZART:	Klaviertrio C-Dur, KV 548
L. v. BEETHOVEN:	Klaviertrio B-Dur, op. 97

Lieder von R. Schumann und J. Brahms

23. August, 20 Uhr Mozarteum

Die Bläservereinigung der Wiener Staatsoper

Lino Vesco, Baß
Elly Aszkanasy, Klavier

W. A. MOZART:	Serenade Es-Dur, KV 375
L. v. BEETHOVEN:	Sextett Es-Dur, op. 71

Arien von G. F. Händel, A. Scarlatti, G. B. Pergolesi, W. A. Mozart (KV 433)

W. A. MOZART:	Serenade c-Moll, KV 388

LIEDERABEND

27. August, 20 Uhr Mozarteum

Hans Duhan, Bariton
Heinz und Robert Scholz, Klavier

Dieses Konzert wurde wegen Indisposition von Herrn Duhan am 26. abgesagt

SOLISTENKONZERTE

11. August, 20 Uhr Mozarteum

Oskar Ziegler, Klavier

Werke von G. Frescobaldi, J. B. Loeillet, L. Rossi, B. Pasquini, G. B. Pescetti, D. Scarlatti, J. H. Fiocco, Th. A. Arne, Cl. Debussy, A. Lourié, A. Skrjabin, J. S. Bach und A. Honegger

19. August, 20 Uhr Mozarteum

Rószi Várady, Violoncello
Ferdinand Foll, Klavier

Werke von A. Ariosti, A. Vivaldi, L. Boccherini, W. A. Mozart (KV 374 g), L. v. Beethoven, Z. Kodály, A. Glasunow, G. Perényi, M. Ravel und D. Popper

28. August, 20 Uhr Mozarteum

Johann Koncz, Violine
Bruno Hartig, Klavier

W. A. MOZART:	Sonate für Klavier und Violine A-Dur, KV 305
P. NARDINI:	Konzert für Violine
J. S. BACH / F. BUSONI:	Chaconne d-Moll für Klavier
N. RIMSKIJ-KORSAKOW:	Hymne du soleil
F. KREISLER:	Caprice viennois
J. BRAHMS:	Walzer
N. PAGANINI:	La Campanella

KONZERT GEISTLICHER MUSIK

7. August, 11 Uhr Dom

Historisches Kirchenkonzert

Dirigent: Joseph Messner
Orgel: Franz Sauer
Soli: Maria Keldorfer-Gehmacher, Sopran; Rosette Anday, Alt; Hermann Gallos, Tenor; Franz Markhoff, Baß; Karl Stumvoll, Violine
Das Orchester des Dom-Musik-Vereines, Mitglieder der Wiener Philharmoniker, Der Salzburger Domchor, Mitglieder des Chors der Wiener Staatsoper und der Burgkapelle, Damensingverein Hummel, Salzburger Liedertafel

Werke alter Salzburger f.-e. Hof- u. Domkapellmeister G. Muffat, P. Bonamico, St. Bernardi, H. I. F. v. Biber, A. Caldara, J. E. Eberlin, G. M. Lolli, M. Haydn

W. A. MOZART: Missa C-Dur, KV 317 „Krönungsmesse"

KONZERTE „WIENER MÄNNERGESANG-VEREIN"

22. August, 11 Uhr Festspielhaus

Dirigent: Bernhard Paumgartner
Solisten: Marie Gerhart, Sopran; Rosette Anday, Alt; Remy Leskowitz, Klavier
Die Wiener Philharmoniker

A. BRUCKNER:	Germanenzug
F. SCHUBERT:	„Gesang der Geister über den Wassern", op. 167
	Die Allmacht / Bearbeitung: F. Liszt
F. LISZT:	Danse macabre für Klavier und Orchester
J. BRAHMS:	Rhapsodie für Altstimme, Männerchor und Orchester, op. 53
J. REITER:	Liebesfrühling
Joh. STRAUSS:	Wein, Weib und Gesang, Walzer, op. 333

22. August, 20 Uhr Festspielhaus

Leitung: Carl Luze
Solisten: Rosette Anday, Alt; Louis Dité, Klavier

F. SCHUBERT:	Das Dörfchen
	Nur wer die Sehnsucht kennt
A. BRUCKNER:	Um Mitternacht
R. SCHUMANN:	Ritornell
R. STRAUSS:	Ruhe, meine Seele, op. 27/1
	Kling! op. 48/3
	Befreit, op. 39/4
	Winterliebe, op. 48/5
J. REITER:	O welch ein Meer dein Auge ist
F. SILCHER:	Untreue
F. HEGAR:	Totenvolk
J. REITER:	Daheim

1927
30. Juli—28. August

SCHAUSPIEL

30., 31. Juli, 7., 10., 14., 17., 22., 25. August Domplatz / Festspielhaus

HUGO VON HOFMANNSTHAL

Jedermann

Regie:	Max Reinhardt
Musik:	Einar Nilson / Joseph Messner
Dirigent:	Joseph Messner
Orgel:	Franz Sauer
Stimme des Herrn	Josef Danegger
Tod	Luis Rainer
Jedermann	Alexander Moïssi
Jedermanns Mutter	Frieda Richard
Guter Gesell	Paul Hartmann
Hausvogt	Friedrich Bertel
Koch	Hugo Schaffer
Armer Nachbar	Fritz Richard
Schuldknecht	Friedrich Kayßler
Schuldknechts Weib	Poldi Czernitz-Renn
Buhlschaft	Dagny Servaes
Dicker Vetter	Wilhelm Diegelmann
Dünner Vetter	Fritz Richard
Mammon	Josef Danegger
Gute Werke	Lili Darvas
Glaube	Helene Thimig 30. 7.—7. 8., 14.—25. 8.
	Ruth Trumpp 10. 8.
Teufel	Wladimir Sokoloff
Spielansager	Franz Löser

6., 9., 11., 15., 20., 21., 26., 27. August Festspielhaus

WILLIAM SHAKESPEARE

Ein Sommernachtstraum

Regie:	Max Reinhardt
Bühnenbild:	Oskar Strnad
Kostüme:	Ernest de Weerth
Musik:	Felix Mendelssohn-Bartholdy / Bernhard Paumgartner
Dirigent:	Bernhard Paumgartner 6., 11., 20., 26.
	Einar Nilson 9., 15., 21., 27.
Tänze:	Tilly Losch

Die Wiener Philharmoniker
Damenchor der Wiener Staatsoper

Theseus	Paul Hartmann
Hippolyta	Rosamond Pinchot
Egeus	Armand Zäpfel
Hermia	Margarete Koeppke 6.—21.
	Maria Solveg 26., 27.
Helena	Christa Tordy
Lysander	Hans Thimig
Demetrius	Hermann Thimig
Philostrat	Fritz Richard
Squenz	Josef Danegger
Schnock	Wilhelm Diegelmann
Zettel	Hans Moser
Flaut	Richard Romanowsky 6.
	Heinz Rühmann 9.—27.
Schnauz	Max Brebek

Schlucker	Wladimir Sokoloff
Oberon	Luis Rainer
Titania	Maria Solveg 6.—21. Helene Thimig 26., 27.
Puck	Katta Sterna 6., 11., 20., 26. Harald Kreutzberg 9., 15., 21., 27.
1. Elfe	Tilly Losch
Ein Waldgeist	Harald Kreutzberg 6., 11., 20., 26. Katta Sterna 9., 15., 21., 27.
Birke	Melitta Halder

12., 19., 23., 28. August Stadttheater
FRIEDRICH VON SCHILLER

Kabale und Liebe

Regie:	Max Reinhardt
Präsident	Friedrich Kayßler
Ferdinand	Paul Hartmann
Hofmarschall	Leopold Kramer
Lady Milford	Lili Darvas
Wurm	Wladimir Sokoloff
Miller	Hugo Thimig
Dessen Frau	Frieda Richard
Luise	Helene Thimig
Sophie	Ruth Trumpp
Kammerdiener	Armand Zäpfel

OPER

7., 16. August Stadttheater
WOLFGANG AMADEUS MOZART

Die Hochzeit des Figaro

Dirigent:	Robert Heger

Orchester und Chor der Wiener Staatsoper

Graf Almaviva	Hans Duhan
Gräfin	Claire Born
Susanne	Adele Kern
Figaro	Richard Mayr
Basilio	William Wernigk
Bartolo	Franz Markhoff
Marcelline	Louise Paichl-Brand
Cherubin	Berta Kiurina
Antonio	Viktor Madin
Barbarina	Hilde Demichiel
Curzio	Hermann Gallos

10., 22. August Stadttheater
WOLFGANG AMADEUS MOZART

Don Juan

Dirigent:	Franz Schalk
Spielleitung:	Josef Hietz

Aufführung der Wiener Staatsoper

Don Juan	Hans Duhan
Donna Elvira	Claire Born
Der Komtur	Franz Markhoff
Donna Anna	Maria Németh
Don Ottavio	Alfred Piccaver
Leporello	Richard Mayr
Zerline	Elisabeth Schumann 10. Adele Kern 22.
Masetto	Viktor Madin

13., 18., 24., 28. August Festspielhaus
LUDWIG VAN BEETHOVEN

Fidelio

Dirigent:	Franz Schalk
Inszenierung:	Lothar Wallerstein
Bühnenbild:	Clemens Holzmeister

Orchester und Chor der Wiener Staatsoper

Don Fernando	Franz Markhoff
Don Pizarro	Alfred Jerger
Florestan	Alfred Piccaver
Leonore	Lotte Lehmann
Rocco	Richard Mayr
Marzelline	Elisabeth Schumann 13. Adele Kern 18.—28.
Jaquino	Hermann Gallos
1. Gefangener	William Wernigk
2. Gefangener	Viktor Madin

Musikdramatische Vorführung

2. August 20 Uhr Mozarteum

Anna Bahr-Mildenburg

Dramatischer Sopran

Am Flügel: Andreas Wolfgang Allio

Szenen aus Opernwerken von G. B. Pergolesi, W. A. Mozart, L. v. Beethoven, C. M. v. Weber, G. Verdi, Ch. W. Gluck, R. Strauss und R. Wagner

TANZABEND

8., 14. August 20 Uhr Stadttheater

Tilly Losch — Hedy Pfundmayr Harald Kreutzberg

Dirigent: Paul Kerby
Die Wiener Philharmoniker
Tanzaufführungen nach der Musik von W. A. Mozart, J. S. Bach, L. v. Beethoven, M. Ravel, J. Sibelius, S. Prokofieff u. a.

ORCHESTERKONZERTE

der Wiener Philharmoniker

5. August, 20 Uhr Mozarteum[1]

Dirigent: Robert Heger
Solisten: Berta Kiurina, Sopran; Viktor Polatschek, Klarinette; Robert Jäckel, Klavier

W. A. MOZART:	Eine kleine Nachtmusik G-Dur, KV 525
	Konzert für Klarinette und Orchester A-Dur, KV 622
	Andante a. d. Divertimento D-Dur, KV 334 (Thema mit sechs Variationen)
	Szene mit Rondo „Ch'io mi scordi di te" für Sopran mit obligatem Klavier-Solo und Orchester, KV 505
	Symphonie D-Dur, KV 385 „Haffner"

14. August, 11 Uhr Mozarteum

Dirigent: Franz Schalk

F. SCHUBERT:	Symphonie Nr. 8, h-Moll „Unvollendete"
	Symphonie Nr. 7, C-Dur

21. August, 11 Uhr Mozarteum

Dirigent: Franz Schalk
Solisten: Alexander Wunderer, Oboe; Viktor Polatschek, Klarinette; Karl Stiegler, Horn; Karl Strobl, Fagott

J. HAYDN:	Symphonie Nr. 104, D-Dur „Salomon"
W. A. MOZART:	Sinfonia concertante Es-Dur für Oboe, Klarinette, Horn, Fagott und Orchester, KV 297 b
L. v. BEETHOVEN:	Symphonie Nr. 5, c-Moll, op. 67

KAMMERKONZERT

4. August, 20 Uhr Mozarteum[1]

Dresdner Streichquartett

Mitwirkend: Robert Jäckel, Oboe; Karl Stumvoll, Bratsche

W. A. MOZART:	Streichquartett G-Dur, KV 387
	Oboenquartett F-Dur, KV 370
	Streichquintett g-Moll, KV 516

SERENADEN

Werke von WOLFGANG AMADEUS MOZART

Die Wiener Philharmoniker

Dirigent: Bernhard Paumgartner

3. August, 21 Uhr Residenz

Divertimento B-Dur, KV 270
Serenade c-Moll, KV 388

9. August, 22.45 Uhr Residenz

Marsch D-Dur, KV 237
Serenade D-Dur, KV 203
(Violinsolo: Max Starkmann)

14. August, 22.45 Uhr Felsenreitschule

Marsch D-Dur, KV 215
Serenade D-Dur, KV 204
(Violinsolo: Franz Mairecker)

19. August, 22.30 Uhr, Mozarteum

Marsch D-Dur, KV 249
Serenade D-Dur, KV 250 „Haffner-Serenade"

23. August, 22.30 Uhr Felsenreitschule

Marsch D-Dur, KV 215
Serenade D-Dur, KV 320 „Posthorn-Serenade"

27. August, 22.30 Uhr Mozarteum

Divertimento D-Dur, KV 131
Serenade D-Dur, KV 239 „Serenata notturna"

28. August, 22.30 Uhr Felsenreitschule

Serenade B-Dur, KV 361

KONZERTE GEISTLICHER MUSIK

Dirigent: Joseph Messner
Orgel: Franz Sauer

31. Juli, 20 Uhr Dom

Soli: Maria Keldorfer-Gehmacher, Sopran; Emilie Rutschka, Alt; Anton Maria Topitz, Tenor; Georg Punschart, Baß
Das Orchester des Dom-Musik-Vereines — Der Salzburger Domchor

W. A. MOZART: Sonate C-Dur für Orgel und Orchester, KV 329
J. M. HAYDN: Missa sub titulo „Sti. Francisci"
W. A. MOZART: Offertorium „Sub tuum praesidium", KV 198
L. MOZART: „Parasti mensam", Motette

17. August, 20 Uhr Dom

Soli: Berta Kiurina, Sopran; Emilie Rutschka, Alt; Hermann Gallos, Tenor; Udo Hussla, Baß
Die Wiener Philharmoniker — Chor der Wiener Staatsoper
L. v. BEETHOVEN: Missa solemnis D-Dur, op. 123

25. August, 20 Uhr Dom

Soli: Hanna Seebach-Ziegler, Sopran; Emilie Rutschka, Alt; Hermann Gallos, Tenor; Kurt Weiler, Baß
Die Wiener Philharmoniker — Chor der Wiener Staatsoper
W. A. MOZART: Requiem, KV 626

6. August, 10.30 Uhr Stiftskirche St. Peter[1]

Dirigent: Bernhard Paumgartner; Orgel: Franz Sauer
Soli: Felicie Hüni-Mihacsek, Maria Keldorfer-Gehmacher, Hermann Gallos, Richard Mayr
Mitglieder des Wiener Philharmonischen und Mozarteum-Orchesters — Mozarteumschor — Mitglieder des Damensingvereines Hummel, des Salzburger Domchores und der Salzburger Liedertafel
W. A. MOZART: c-Moll-Messe, KV 427

1928

26. Juli—30. August

SCHAUSPIEL

27., 29., 31. Juli, 3., 5., 12., 15., 19., 23., 29. August Domplatz / Festspielhaus

HUGO VON HOFMANNSTHAL

Jedermann

Regie: Max Reinhardt
Musik / Dirigent: Einar Nilson
Orgel: Franz Sauer

Stimme des Herrn Paul Hartmann
Tod Armand Zäpfel
Jedermann Alexander Moissi
Jedermanns Mutter Frieda Richard
Guter Gesell Hans Rehmann
Hausvogt Friedrich Bertel
Koch Hugo Schaffer
Armer Nachbar Fritz Richard
Schuldknecht Hans Peppler
Schuldknechts Weib Poldi Czernitz-Renn
Buhlschaft Dagny Servaes
Dicker Vetter Wilhelm Diegelmann
Dünner Vetter Friedrich Kühne
Mammon Ferdinand Hart
Gute Werke Franziska Kinz
Glaube Helene Thimig
Teufel Erwin Faber
Spielansager Franz Löser

28. Juli, 1., 6., 19., 24., 28. August Stadttheater

JOHANN WOLFGANG VON GOETHE

Iphigenie auf Tauris

Musik nach Georg Friedrich Händel

Regie: Richard Beer-Hofmann
Bühnenbild: Alfred Roller
Kostüme: Alfred Roller
Dirigent: Karl Hudez

Iphigenie Helene Thimig
Thoas Hans Rehmann
Orest Alexander Moissi
Pylades Paul Hartmann
Arkas Hans Peppler

8., 9., 11., 13., 14., 16., 17., 21., 25., 27. August Festspielhaus

FRIEDRICH VON SCHILLER

Die Räuber

Regie: Max Reinhardt
Bühnenbild: Oskar Strnad

Maximilian Eduard v. Winterstein
Karl Paul Hartmann
Franz Alexander Moissi
Amalia v. Edelreich Dagny Servaes
Spiegelberg Ferdinand Hart

Schweizer	Hans Rehmann
Grimm	Franz Wettig
Razmann	Franz Kajer
Schufterle	Robert Thoeren
Roller	Erwin Faber
Schwarz	Josef Krastel
Kosinsky	Hans Thimig
Hermann	Armand Zäpfel
Daniel	Friedrich Kühne
Pastor Moser	Hans Peppler
Magistratsperson	Wilhelm Diegelmann
Ein Diener	Anton Ott

26., 28., 30. Juli, 2., 4., 10. August
Festspielhaus

RICHARD BILLINGER

Das Perchtenspiel

Regie:	Eduard Köck
Bühnenbild:	Robert Kautsky
Musik und Dirigent:	Paul Königer

Peter	Ferdinand Exl
Peters Weib	Franziska Kinz
Die Altbäuerin	Alice Hetsey-Holzer
Die Magd	Anna Exl
Der Ahne Peters	Eduard Köck
Der Altknecht	Franz Ludwig
Der Laffe	Josef Hauser
Der Metzger	Hans Kratzer
Die Perchtin	Grete Wiesenthal
Die Perchtenmutter	Auguste Welten

OPER

12., 15., 25. August Stadttheater

WOLFGANG AMADEUS MOZART

Così fan tutte

Dirigent:	Bruno Walter
Inszenierung:	Ernst Lert

Die Wiener Philharmoniker
Chor der Wiener Staatsoper

Fiordiligi	Marie Gerhart
Dorabella	Rosette Anday
Guglielmo	Alfred Jerger
Ferrando	Josef Burgwinkel
Despina	Lotte Schöne 12., 15. Fritzi Jokl 25.
Don Alfonso	Josef von Manowarda

18., 22., 26., 30. August Festspielhaus

WOLFGANG AMADEUS MOZART

Die Zauberflöte

Dirigent:	Franz Schalk
Inszenierung:	Lothar Wallerstein
Bühnenbild:	Oskar Strnad

Die Wiener Philharmoniker
Chor der Wiener Staatsoper

Sarastro	Richard Mayr
Tamino	Josef Kalenberg
Sprecher	Franz Markhoff
1. Priester	Hermann Gallos
2. Priester	Karl Ettl
Königin der Nacht	Marie Gerhart
Pamina	Maria Rajdl
1. Dame	Luise Helletsgruber
2. Dame	Aenne Michalsky
3. Dame	Hermine Kittel
Papageno	Hans Duhan
Papagena	Margarethe Krauß
Monostatos	Hans Breuer
1. Knabe	Lilli Claus
2. Knabe	Frieda Stroinigg
3. Knabe	Enid Szanto
1. Geharnischter	Hermann Gallos
2. Geharnischter	Karl Ettl

20., 24., 28. August Festspielhaus

LUDWIG VAN BEETHOVEN

Fidelio

Dirigent:	Franz Schalk
Inszenierung:	Lothar Wallerstein
Bühnenbild:	Clemens Holzmeister

Die Wiener Philharmoniker
Chor der Wiener Staatsoper

Don Fernando	Franz Markhoff
Don Pizarro	Alfred Jerger
Florestan	Josef Kalenberg
Leonore	Lotte Lehmann
Rocco	Richard Mayr
Marzelline	Luise Helletsgruber
Jaquino	Hermann Gallos
1. Gefangener	William Wernigk
2. Gefangener	Karl Ettl

Gastspiel des Leningrader Opernstudios

3., 4., 10. August Stadttheater

WOLFGANG AMADEUS MOZART

Bastien und Bastienne

Prolog, Epilog und textliche Einrichtung Emanuel Kaplan / Arkadij Orel

Dirigent:	Serge Elzin
Inszenierung:	Emanuel Kaplan
Bühnenbild:	Emanuel Kaplan
Kostüme:	Ekaterina Petrowa

Mozarteum-Orchester

Bastienne	Lydia Schuk
Bastien	Wassilij Tichy
Colas	Wladimir Talankin

BERNHARD PAUMGARTNER

Die Höhle von Salamanca

Dirigent:	Serge Elzin
Inszenierung:	Emanuel Kaplan
Bühnenbild:	Emanuel Kaplan
Kostüme:	Armen Barutschew

Mozarteum-Orchester

Pancracio	Nikolai Tschesnokow
Leonarda	Lydia Blagina
Christina	Anna Ilmenskaja
Reponce	Leonid Iwaschkewitsch
Nikolaus	Michail Borowskij
Caraolano	Leonid Bertschenew
Das Pferd:	
Vorderbeine	Alexander Efimob
Hinterbeine	Valentina Makarowa

5., 8. August Stadttheater

ALEXANDER DARGOMYSCHSKIJ

Der steinerne Gast

Dirigent:	S. Prushan
Inszenierung:	Emanuel Kaplan / M. Towraga
Kostüme:	Rudkowsky

Mozarteum-Orchester

Don Juan	A. Tschernischow
Donna Anna	Maria Feodorowa
Laura	Frl. Sjusina
Mönch	P. Jefimow
Kommandeur	Leonid Iwaschkewitsch
Leporello	Wladimir Talankin
1. Gast	Lew Braginsky
2. Gast	P. Jefimow

7., 9. August Mozarteum

NIKOLAJ RIMSKIJ-KORSAKOW

Der unsterbliche Kaschtschey

Dirigent:	Serge Elzin
Inszenierung:	Emanuel Kaplan / Tagrog / Lew Braginsky

Mozarteum-Orchester

Kaschtschey	Emanuel Kaplan
Kaschtscheyjewna	S. Preobrashenskaja
Prinzessin	F. Sass
Korolewitsch	Hr. Solomjak
Der Sturm	Leonid Iwaschkewitsch

Konzert-Abteilung

Lieder, Duette und Volkslieder von M. Glinka, A. S. Dargomyschskij, M. Balakirew, C. Cui, A. Borodin, M. Mussorgskij, N. Rimskij-Korsakow, A. Glasunow u. a.

12. August 19.30 Uhr Mozarteum

Konzert des Leningrader Opernstudios

Russische Arien und Volkslieder von M. Mussorgskij, N. Rimskij-Korsakow, A. Borodin, P. I. Tschaikowskij u. a.

TANZABEND

2. August, 20 Uhr Mozarteum

Grete Wiesenthal, Toni Birkmeyer

(Wiener Staatsoper)

Mitwirkend: Pepitta Höllriegl, Toni Gerhold, Helli Römminger
Am Flügel: Walter Fischer
Kostüme: Erwin Lang, Maria Likarz, Prof. Wimmer
Tanzaufführungen nach der Musik von F. Chopin, J. Brahms, J. S. Bach, F. Liszt, A. Borodin, Joh. Strauß, R. Stöhr u. a.

ORCHESTERKONZERTE
der Wiener Philharmoniker

16. August, 20 Uhr Mozarteum[1]

Dirigent: Bruno Walter
Solist: Rudolf Serkin, Klavier

W. A. MOZART:	Divertimento B-Dur, KV 287 Ballettmusik zur Pantomime „Les petits Riens", KV 299 b Konzert für Klavier und Orchester C-Dur, KV 467 Symphonie g-Moll, KV 550

19. August, 11 Uhr Mozarteum

Dirigent: Bruno Walter
Solisten: Rosette Anday, Alt; Jacques Urlus, Tenor

G. MAHLER:	Das Lied von der Erde

23. August, 20 Uhr Mozarteum

Dirigent: Franz Schalk
Solisten: Luise Helletsgruber, Sopran; Rosette Anday, Alt; Hermann Gallos, William Wernigk, Tenor; Franz Markhoff, Baß
Chor der Wiener Staatsoper

F. SCHUBERT:	Messe Nr. 6, Es-Dur

26. August, 11 Uhr Mozarteum

Dirigent: Bruno Walter

F. SCHUBERT:	Symphonie Nr. 8, h-Moll „Unvollendete" Zwischenakt- und Ballettmusik zu „Rosamunde", op. 26 Symphonie Nr. 7, C-Dur

29. August, 20 Uhr Mozarteum

Dirigent: Franz Schalk
Solisten: Luise Helletsgruber, Sopran; Rosette Anday, Alt; Hermann Gallos, Tenor; Richard Mayr, Baß
Chor der Wiener Staatsoper

L. v. BEETHOVEN:	Symphonie Nr.9, d-Moll, op. 125, mit Schlußchor über Schillers Ode „An die Freude"

27. August, 19 Uhr Hofgastein, Großer Kurhaussaal

Veranstaltung der Salzburger Festspielhaus-Gemeinde anläßlich der Einhundertjahrfeier des Thermalbades Hofgastein
Dirigent: Franz Schalk

J. HAYDN:	Symphonie Nr. 88, G-Dur
W. A. MOZART:	Sinfonia concertante Es-Dur, KV 297 b
L. v. BEETHOVEN:	Symphonie Nr. 1, C-Dur, op. 21

KAMMERKONZERT

17. August, 20 Uhr Mozarteum[1]

Das Busch-Quartett

Mitwirkend: Rudolf Serkin, Klavier

W. A. MOZART:	Streichquartett Es-Dur, KV 428 Sonate für Klavier und Violine B-Dur, KV 454 Streichquartett F-Dur, KV 590

SOLISTENKONZERT

31. Juli, 20 Uhr Mozarteum

Oskar Ziegler, Klavier

F. LISZT:	Sonate h-Moll
E. SATIE:	Croquis et agaceries d'un gros bonhomme en bois
A. SCHÖNBERG:	Suite, op. 25
CH. E. IVES:	The Alcotts
F. CHOPIN:	Fantasie f-Moll, op. 49
L. v. BEETHOVEN:	Sonate c-Moll, op. 111

SERENADEN
IN DER FELSENREITSCHULE / RESIDENZ

Das Mozarteum-Orchester
Dirigent: Bernhard Paumgartner

29. Juli, 21 Uhr

W. A. MOZART:	Marsch D-Dur, KV 249 Serenade D-Dur, KV 250 „Haffner-Serenade" (Violinsolo: Theodor Müller)

3. August, 22.30 Uhr

W. A. MOZART:	Marsch C-Dur, KV 408 Symphonie C-Dur, KV 425 „Linzer" Sechs deutsche Tänze, KV 571

5. August, 22.30 Uhr

W. A. MOZART:	Marsch D-Dur, KV 249 Serenade D-Dur, KV 250 „Haffner-Serenade" (Violinsolo: Theodor Müller)

9. August, 21 Uhr

W. A. MOZART:	Divertimento D-Dur, KV 131 Symphonie C-Dur, KV 200

11. August, 21 Uhr

W. A. MOZART:	Marsch D-Dur, KV 249 Serenade D-Dur, KV 204 (Violinsolo: Karl Stumvoll)

13. August, 21 Uhr

W. A. MOZART:	Serenade D-Dur, KV 203
F. SCHUBERT:	Ballettmusik zu „Rosamunde", op. 26

21. August, 22 Uhr

W. A. MOZART:	Serenade D-Dur, KV 239 „Serenata notturna" Eine kleine Nachtmusik G-Dur, KV 525

27. August, 22 Uhr

W. A. MOZART:	Konzertante Symphonie für Violine, Viola und Orchester Es-Dur, KV 364 Solisten: Theodor Müller, Violine; Karl Stumvoll, Viola Serenade D-Dur, KV 203

KONZERTE GEISTLICHER MUSIK

27. Juli, 7., 14. August Dom[2]

Dirigent: Joseph Messner
Orgel: Franz Sauer
Der Salzburger Domchor — Das verstärkte Orchester des Dom-Musik-Vereines — Sechzehn Vokalsolisten

O. BENEVOLI:	„Domweihmesse" und „Hymnus"
P. BONAMICO:	„Laudate Dominum" (nach dem Gloria)
S. BERNARDI:	„O sacrum convivium" (nach dem Credo)

18. August, 10.30 Uhr Stiftskirche St. Peter[1]

Dirigent: Bernhard Paumgartner
Orgel: Franz Sauer
Soli: Felicie Hüni-Mihacsek, Maria Keldorfer-Gehmacher, Hermann Gallos, Richard Mayr
Das Mozarteum-Orchester — Mozarteumschor, Mitglieder des Damensingvereines Hummel, des Salzburger Domchors und der Salzburger Liedertafel

W. A. MOZART:	c-Moll-Messe, KV 427

1929

4.—30. August

SCHAUSPIEL

4., 7., 11., 13., 15., 17., 21., 23., 25., 27. August Domplatz / Festspielhaus

HUGO VON HOFMANNSTHAL

Jedermann

Regie:	Max Reinhardt
Musik und Dirigent:	Einar Nilson
Orgel:	Franz Sauer
Stimme des Herrn	Raul Lange
Tod	Luis Rainer
Jedermann	Alexander Moissi
Jedermanns Mutter	Frieda Richard
Guter Gesell	Erich Musil 4.—21. Alexander Stillmark 23.—27.
Hausvogt	Friedrich Bertel
Koch	Hugo Schaffer
Armer Nachbar	Fritz Richard
Schuldknecht	Eduard v. Winterstein
Schuldknechts Weib	Poldi Czernitz-Renn
Buhlschaft	Dagny Servaes
Dicker Vetter	Wilhelm Diegelmann
Dünner Vetter	Friedrich Kühne
Mammon	Raul Lange
Gute Werke	Karin Evans
Glaube	Helene Thimig 4., 7. Ruth Trumpp 11., 13. Franziska Kinz 15.—27.
Teufel	Luis Rainer
Spielansager	Franz Löser

OPER

6., 10., 14., 22., 28. August Festspielhaus

WOLFGANG AMADEUS MOZART

Don Juan

Dirigent:	Franz Schalk
Inszenierung:	Lothar Wallerstein
Bühnenbild:	Oskar Strnad

Die Wiener Philharmoniker
Chor der Wiener Staatsoper

Don Juan	Karl Hammes
Donna Elvira	Claire Born
Der Komtur	Franz Markhoff
Donna Anna	Maria Németh 6.—22. Felicie Hüni-Mihacsek 28.
Don Ottavio	Koloman von Pataky
Leporello	Richard Mayr
Zerline	Adele Kern
Masetto	Viktor Madin

8., 18., 26. August Festspielhaus

LUDWIG VAN BEETHOVEN

Fidelio

Dirigent:	Franz Schalk
Inszenierung:	Lothar Wallerstein
Bühnenbild:	Clemens Holzmeister

Die Wiener Philharmoniker
Chor der Wiener Staatsoper

Don Fernando	Franz Markhoff 8. Karl Hammes 18., 26.
Don Pizarro	Ludwig Hofmann 8. Wilhelm Rode 18., 26.
Florestan	Josef Kalenberg
Leonore	Lotte Lehmann
Rocco	Josef von Manowarda
Marzelline	Luise Helletsgruber
Jaquino	Hermann Gallos
1. Gefangener	William Wernigk
2. Gefangener	Viktor Madin

12., 16., 20., 24., 30. August Festspielhaus

RICHARD STRAUSS

Der Rosenkavalier

Dirigent:	Clemens Krauss
Inszenierung:	Lothar Wallerstein
Bühnenbild:	Alfred Roller
Kostüme:	Alfred Roller

Die Wiener Philharmoniker
Chor der Wiener Staatsoper

Marschallin	Lotte Lehmann
Baron Ochs	Richard Mayr
Octavian	Vera Schwarz
Faninal	Hermann Wiedemann
Sophie	Adele Kern
Leitmetzerin	Karola Jovanović
Valzacchi	Hermann Gallos
Annina	Martha Fuchs
Haushofmeister bei Marschallin	Richard Tomek
Haushofmeister bei Faninal	William Wernigk
Polizeikommissär	Franz Markhoff
Notar	Viktor Madin
Sänger	Koloman von Pataky
Wirt	William Wernigk

ORCHESTERKONZERTE

der Wiener Philharmoniker

5. August, 20 Uhr Mozarteum

Dirigent: Franz Schalk

J. HAYDN:	Symphonie Nr. 103, Es-Dur „Mit dem Paukenwirbel"
W. A. MOZART:	Konzertante Symphonie Es-Dur, KV 364
	Symphonie C-Dur, KV 551 „Jupiter"

9. August, 20 Uhr Festspielhaus

Dirigent: Fritz Busch

C. M. v. WEBER:	Ouvertüre zu „Oberon"
M. REGER:	Variationen und Fuge über ein Thema von Mozart, op. 132
J. BRAHMS:	Symphonie Nr. 2, D-Dur, op. 73

11. August, 11 Uhr Festspielhaus

Dirigent: Clemens Krauss
Solistin: Adele Kern, Sopran

Joh. STRAUSS: Ouvertüre zu „Der Zigeunerbaron"
Morgenblätter, Walzer, op. 279
Annen-Polka, op. 117
Geschichten aus dem Wienerwald, Walzer, op. 325
Leichtes Blut, Polka schnell, op. 319
Rosen aus dem Süden, Walzer, op. 388
Perpetuum mobile, op. 257
Frühlingsstimmen, Walzer, op. 410
Ouvertüre zu „Die Fledermaus"

15. August, 20 Uhr Mozarteum[1]
Dirigent und Solist: Ernst von Dohnányi
W. A. MOZART: Symphonie D-Dur, KV 504 „Prager"
Konzert für Klavier und Orchester G-Dur, KV 453
Symphonie Es-Dur, KV 543

18. August, 11 Uhr Mozarteum
Außerordentliches Festkonzert
Dirigent: Paul Kerby
E. W. KORNGOLD: Suite aus der Musik zu Shakespeares „Viel Lärm um Nichts", op. 11
O. RESPIGHI: Fontane di Roma
P. DUKAS: Der Zauberlehrling
E. ELGAR: Enigma — Variationen über ein Originalthema, op. 36
P. A. GRAINGER: Londonderry Air
Shepherds Hey

19. August, 20 Uhr Festspielhaus
Dirigent: Franz Schalk
L. v. BEETHOVEN: Symphonie Nr. 5, c-Moll, op. 67
A. BRUCKNER: Symphonie Nr. 7, E-Dur

21. August, 20 Uhr Mozarteum
Dirigent: Bernhard Paumgartner
Solist: Stephan Askenase, Klavier
I. STRAWINSKY: Der Feuervogel, Orchestersuite
S. PROKOFIEFF: Konzert für Klavier und Orchester Nr. 3, C-Dur, op. 26
P.I.TSCHAIKOWSKIJ: Symphonie Nr. 4, f-Moll, op. 36

25. August, 11 Uhr Festspielhaus
Dirigent: Clemens Krauss
R. STRAUSS: Don Juan, op. 20
Tanz der Salome aus „Salome", op. 54
Ein Heldenleben, op. 40

29. August, 20 Uhr Festspielhaus
Dirigent: Hans Knappertsbusch
Solistin: Magda Tagliaferro, Klavier
W. A. MOZART: Eine kleine Nachtmusik G-Dur, KV 525
M. de FALLA: „Nächte in spanischen Gärten", Symphonische Impressionen für Klavier und Orchester
C. v. FRANCKENSTEIN: Tanz-Suite für Orchester
L. v. BEETHOVEN: Symphonie Nr. 3, Es-Dur, op. 55 „Eroica"

KAMMERKONZERT

16. August, 20 Uhr Mozarteum[1]

Das ungarische Streichquartett

Mitwirkend: Ernst von Dohnányi, Klavier; Karl Stumvoll, 2. Bratsche
W. A. MOZART: Streichquartett C-Dur, KV 465 „Dissonanzenquartett"
Streichquintett g-Moll, KV 516
Klavierquartett g-Moll, KV 478

LIEDERABENDE

7. August, 20 Uhr Mozarteum

Ethyl Hayden, Sopran

Am Flügel: Erich Meller
Lieder von S. Donaudy, R. Schumann, F. Schubert, J. Brahms, R. Strauss, C. Scott und R. Hagemann; W. A. Mozart: Arie der Susanne aus „Die Hochzeit des Figaro"

23. August, 20 Uhr Mozarteum

Donald Pirnie, Bariton

Am Flügel: Frank Chatterton
Arie von G. Verdi; italienische und spanische Lieder von A. Caldara, E. Del Valle de Pez, Fr. Santoliquido, Obradors, Alvarez Lieder von A. Backer Gröndahl, I. Hallström, R. Trunk, H. Pfitzner, E. Wolff und A. Schwarz

SERENADEN

Werke von WOLFGANG AMADEUS MOZART
Dirigent: Bernhard Paumgartner
Die Wiener Philharmoniker

7. August, 21 Uhr Residenz
Marsch D-Dur, KV 249
Serenade D-Dur, KV 250 „Haffner-Serenade" (Violinsolo: Franz Mairecker)

13. August, 21 Uhr Residenz
Serenade Es-Dur, KV 375
Serenade c-Moll, KV 388

17. August, 21 Uhr Residenz
Marsch D-Dur, KV 249
Serenade D-Dur, KV 250 „Haffner-Serenade" (Violinsolo: Franz Mairecker)

23. August, 21 Uhr Residenz
Serenade D-Dur, KV 239 „Serenata notturna"
Eine kleine Nachtmusik G-Dur, KV 525

27. August, 21 Uhr Residenz
Divertimento D-Dur, KV 131
Serenade D-Dur, KV 203
(Violinsolo: Julius Stwertka)

KONZERTE GEISTLICHER MUSIK

Dirigent: Joseph Messner
Orgel: Franz Sauer
Der Salzburger Domchor — Das verstärkte Orchester des Dom-Musik-Vereines

4. August, 20 Uhr Dom[2]

Soli: Rose Fuchs-Fayer, Maria Keldorfer-Gehmacher, Sopran; Hans Auer, Tenor

G. MUFFAT: „Concerto grosso"

W. A. MOZART: Kantate „Davidde penitente", KV 469

11., 20. August, 20 Uhr Dom[2]

Soli: Maria Keldorfer-Gehmacher, Sopran; Jella von Braun-Fernwald, Alt; Hans Auer, Tenor; Heinrich Hölzlin (11.), Carl Groß (20.), Baß

P. CORNELIUS: „Stabat mater" (Uraufführung 11. 8.)

25. August, 20 Uhr Dom[2]

Soli: Maria Keldorfer-Gehmacher, Sopran; Jella von Braun-Fernwald, Alt; Hermann Gallos, Tenor; Richard Mayr, Baß

W. A. MOZART: Requiem, KV 626

KIRCHENKONZERTE

15. August, 11.30 Uhr Stiftskirche St. Peter

Dirigent: Franz Schalk
Orgel: Franz Sauer
Soli: Hermann Gallos, Tenor; Karl Ettl, Baß
Die Sängerknaben der ehem. Wiener Burgkapelle
Mitglieder des Orchesters und Chors der Wiener Staatsoper

A. BRUCKNER: Große Messe in f-Moll

17. August, 11 Uhr Stiftskirche St. Peter[1]

Dirigent: Bernhard Paumgartner
Orgel: Franz Sauer
Soli: Felicie Hüni-Mihacsek, Maria Keldorfer-Gehmacher, Sopran; Hermann Gallos, Tenor; Richard Mayr, Baß
Mitglieder des Wiener Philharmonischen und Mozarteum-Orchesters
Mozarteum-Chor — Mitglieder des Damensingvereines Hummel, des Salzburger Domchores, der Salzburger Liedertafel

W. A. MOZART: c-Moll-Messe, KV 427

KONZERTAKADEMIE

17. August, 21 Uhr Festspielhaus

Mitwirkende der Salzburger Festspiele
(Claire Born, Sopran; Hortense Husserl, Klavier; Adele Kern, Sopran; Traute Reuter, Tanz; Karl Hammes, Bariton; Alexander Moissi, Rezitation; Koloman von Pataky, Tenor; Paul Redl, Klavier; Franz Sauer, Orgel)

1930

1.—31. August

SCHAUSPIEL

1., 3., 5., 7., 10., 15., 17., 21.,24., 26., 28., 30. August Domplatz / Festspielhaus

HUGO VON HOFMANNSTHAL

Jedermann

Regie:	Max Reinhardt
Musik und Dirigent:	Einar Nilson
Orgel:	Franz Sauer
Stimme des Herrn	Paul Hartmann 1. Raul Lange 3.—24. Josef Danegger 26.—30.
Tod	Luis Rainer 1.—24. Raul Lange 26.—30.
Jedermann	Alexander Moissi
Jedermanns Mutter	Frieda Richard
Guter Gesell	Erich Musil 1.—21. Alexander Stillmark 24.—30.
Hausvogt	Friedrich Bertel
Koch	Hugo Schaffer
Armer Nachbar	Fritz Richard
Schuldknecht	Eduard v. Winterstein 1.—21., 28. Richard Metzl 24., 26., 30.
Schuldknechts Weib	Poldi Czernitz-Renn
Buhlschaft	Dagny Servaes
Dicker Vetter	Wilhelm Diegelmann
Dünner Vetter	Friedrich Kühne
Mammon	Raul Lange
Gute Werke	Lili Darvas 1. Mimi Jonstorff 3.—24. Mariane Walla 26.—30.
Glaube	Helene Thimig
Teufel	Luis Rainer 1.—24. Theodor Danegger 26.—30.
Spielansager	Franz Löser

3., 8., 16., 28. August Stadttheater

FRIEDRICH VON SCHILLER

Kabale und Liebe

Regie:	Max Reinhardt
Präsident	Rudolf Forster
Ferdinand	Paul Hartmann
Hofmarschall	Raoul Aslan 3.—16. Josef Danegger 28.
Lady Milford	Lili Darvas
Wurm	Wladimir Sokoloff
Miller	Eduard v. Winterstein
Dessen Frau	Frieda Richard
Luise	Paula Wessely
Sophie	Vilma Degischer
Kammerdiener	Alexander Moissi

12., 19., 23., 31. August
Reitschule / Stadttheater

CARLO GOLDONI

Der Diener zweier Herren

Musik nach Mozart und nach alten Weisen zu Texten Kurz-Bernardons von Bernhard Paumgartner

Regie:	Max Reinhardt
Dirigent:	Bernhard Paumgartner
Pantalone	Josef Danegger
Rosaura	Dagny Servaes
Dottore	Friedrich Kühne
Silvio	Raul Lange
Florindo	Erich Musil
Beatrice	Maria Solveg
Brighella	Eduard v. Winterstein 12., 19. Richard Metzl 23., 31.
Smeraldina	Paula Wessely
Truffaldino	Hermann Thimig
1. Träger	Hans Walter Klein
2. Träger	Anton Ott
1. Aufwärter	Theodor Danegger
2. Aufwärter	Erich Schilling
Arlequino	Tilly Losch

10., 13., 15., 17., 20., 21. August
Stadttheater

WILLIAM SOMERSET MAUGHAM

Victoria

Regie:	Max Reinhardt
Bühnenbild:	Ernst Schütte
Musik:	Mischa Spoliansky
William	Hermann Thimig
Frederick	Paul Hörbiger
Victoria	Lili Darvas

Mrs. Shuttleworth	Johanna Terwin
Leicester Paton	Richard Romanowsky
Emilio Edwards	Tibor von Halmay
A. B. Raham	Luis Rainer
Miss Montmorency	Gisela Werbezirk
Miss Denis	Anneliese Fischer 10., 13., 21. Ellinor Wallerstain 15., 17., 20.
Mary	Vilma Degischer
Nannie	Kyra Nijnsky 10., 13. Hilde Swatschek 15.—21.

Veranstaltung der Internationalen Stiftung Mozarteum zu Ehren der Salzburger Festspielhaus-Gemeinde anläßlich ihres zehnjährigen Jubiläums

21. August, 21 Uhr Mozarteum

Festabend

Ehrenschutz: Bundespräsident Wilhelm Miklas
Ehrenpräsidium: Bundeskanzler Dr. Johann Schober, Landeshauptmann Dr. Franz Rehrl, Bürgermeister Hofrat Max Ott

Akademie

Marcelle Meyer
Chopin: Polonaise As-Dur

Erika Kahr
Brahms: Ungarische Tänze
Am Flügel: Carl Lafite

Richard Mayr
Lieder
Am Flügel: Clemens Krauss

Maria Mindszenthy — Rudi Fränzl
Joh. Strauß: Donauwalzer

Max Reinhardt und seine Komiker

Don-Carlos-Parodie

Der Herr Direktor (Philipp II., König von Spanien)	Raul Lange
Rolf Rohling (Don Carlos, Kronprinz)	Josef Danegger
HannesMutschlechner (Marquis von Posa)	Theodor Danegger
Die Königin	Gisela Werbezirk
Ein Statist	Wilhelm Diegelmann

Während des anschließenden Balles

Tanzeinlage

Musik von
Joachim Albert Prinz von Preußen

Ausführende: Die Mitglieder des Wiener Staatsopernballetts Maria Mindszenthy — Rudi Fränzl
Dirigent: Der Komponist

OPER

4., 11., 22. August Festspielhaus
RICHARD STRAUSS

Der Rosenkavalier

Dirigent:	Clemens Krauss
Inszenierung:	Lothar Wallerstein
Bühnenbild:	Alfred Roller
Kostüme:	Alfred Roller

Die Wiener Philharmoniker
Chor der Wiener Staatsoper

Marschallin	Lotte Lehmann 4. Viorica Ursuleac 11., 22.
Baron Ochs	Richard Mayr
Octavian	Margit Angerer
Faninal	Hermann Wiedemann
Sophie	Adele Kern
Leitmetzerin	Karola Jovanović
Valzacchi	Hermann Gallos
Annina	Gertrud Rünger
Haushofmeister bei Marschallin	Viktor Madin
Haushofmeister bei Faninal	William Wernigk
Polizeikommissär	Viktor Madin
Notar	Karl Ettl
Sänger	Karl Hauss
Wirt	William Wernigk

6., 29. August Festspielhaus
WOLFGANG AMADEUS MOZART

Don Juan

Dirigent:	Franz Schalk
Inszenierung:	Lothar Wallerstein
Bühnenbild:	Oskar Strnad

Die Wiener Philharmoniker
Chor der Wiener Staatsoper

Don Juan	Karl Hammes 6. John Forsell 29.
Donna Elvira	Luise Helletsgruber
Der Komtur	Franz Markhoff
Donna Anna	Maria Németh
Don Ottavio	Koloman von Pataky
Leporello	Richard Mayr
Zerline	Lotte Schöne 6. Adele Kern 29.
Masetto	Karl Ettl

9., 16., 27. August Festspielhaus
WOLFGANG AMADEUS MOZART

Die Hochzeit des Figaro

Dirigent:	Clemens Krauss
Inszenierung:	Lothar Wallerstein
Bühnenbild:	Alfred Roller

Die Wiener Philharmoniker
Chor der Wiener Staatsoper

Graf Almaviva	Hans Hermann Nissen 9. Wilhelm Rode 16., 27.
Gräfin	Viorica Ursuleac
Susanne	Adele Kern
Figaro	Karl Hammes
Basilio	Erich Zimmermann
Bartolo	Karl Ettl
Marcelline	Gertrud Rünger
Cherubin	Irene Eisinger
Antonio	Viktor Madin
Barbarina	Lilli Claus
Curzio	Hermann Gallos

13., 18. August Festspielhaus
LUDWIG VAN BEETHOVEN

Fidelio

Dirigent:	Franz Schalk
Inszenierung:	Lothar Wallerstein
Bühnenbild:	Clemens Holzmeister

Die Wiener Philharmoniker
Chor der Wiener Staatsoper

Don Fernando	Richard Mayr
Don Pizarro	Wilhelm Rode
Florestan	Josef Kalenberg
Leonore	Lotte Lehmann
Rocco	Josef von Manowarda
Marzelline	Luise Helletsgruber
Jaquino	Hermann Gallos
1. Gefangener	William Wernigk
2. Gefangener	Karl Ettl

14., 19., 24., 31. August Stadttheater
GAETANO DONIZETTI

Don Pasquale

Dirigent:	Bruno Walter
Inszenierung:	Martin Zickel

Die Wiener Philharmoniker
Chor der Wiener Staatsoper

Don Pasquale	Richard Mayr
Norina	Maria Ivogün
Doktor Malatesta	Karl Hammes
Ernesto	Karl Hauss
Notar	Viktor Madin

20., 25. August Festspielhaus
CHRISTOPH WILLIBALD GLUCK

Iphigenie in Aulis

Dirigent:	Bruno Walter
Inszenierung:	Marie Gutheil-Schoder
Bühnenbild:	Alfred Roller
Choreographie:	Grete Wiesenthal

Die Wiener Philharmoniker
Chor der Wiener Staatsoper

Agamemnon	Emil Schipper
Klytämnestra	Luise Willer
Iphigenie	Margit Angerer
Achilles	Josef Kalenberg
Kalchas	Josef von Manowarda
Arkas	Viktor Madin
Artemis	Luise Helletsgruber
Patroklus	Karl Ettl

ORCHESTERKONZERTE

der Wiener Philharmoniker

2. August, 20 Uhr Mozarteum
Dirigent: Hans Knappertsbusch
Solist: Adolf Baller, Klavier

L. v. BEETHOVEN:	Symphonie Nr. 2, D-Dur, op. 36
	Konzert für Klavier und Orchester Es-Dur, op. 73
W. A. MOZART:	Symphonie C-Dur, KV 551 „Jupiter"

3. August, 20 Uhr Badgastein, Kurkasino
Dirigent: Clemens Krauss

J. HAYDN:	Symphonie Nr. 88, G-Dur
F. SCHUBERT:	Ouvertüre und Ballettmusik zu „Rosamunde", op. 26
JOH. STRAUSS:	Morgenblätter, Walzer, op. 279
	Annen-Polka, op. 117
	Geschichten aus dem Wienerwald, Walzer, op. 325
	Perpetuum mobile, op. 257
	Ouvertüre zu „Die Fledermaus"

5. August, 20 Uhr Mozarteum
Dirigent: Franz Schalk
Solistin: Marcelle Meyer, Klavier

J. B. LULLY:	Drei Orchesterstücke
J. P. RAMEAU:	Platée. Airs de Ballet pour Orchestre
M. RAVEL:	Le Tombeau de Couperin
A. HONEGGER:	Concertino für Klavier und Orchester
A. ROUSSEL:	Le Festin de l'Araignée
H. RABAUD:	Divertimento über russische Volkslieder

10. August, 11 Uhr Mozarteum
Dirigent: Clemens Krauss

JOH. STRAUSS:	Ouvertüre zu „Indigo"
	Künstlerleben, Walzer, op. 316
JOH. u. JOS. STRAUSS:	Pizzicato-Polka
JOH. STRAUSS:	Schatzwalzer und Einzugsmarsch aus „Der Zigeunerbaron"
	Neu-Wien, Walzer, op. 342
	Perpetuum mobile, op. 257
	Wiener Blut, Walzer, op. 354
	Ouvertüre zu „Die Fledermaus"

12. August, 20 Uhr Mozarteum
Dirigent und Solist: Bruno Walter

J. HAYDN:	Symphonie Nr. 86, D-Dur
W. A. MOZART:	Konzert für Klavier und Orchester A-Dur, KV 488
	Eine kleine Nachtmusik G-Dur, KV 525
L. v. BEETHOVEN:	Symphonie Nr. 1 C-Dur, op. 21

15. August, 11 Uhr Mozarteum[1]
Dirigent: Franz Schalk
Solist: Willy Schweyda, Violine

W. A. MOZART:	Symphonie g-Moll, KV 550
	Konzert für Violine und Orchester A-Dur, KV 219
	Divertimento C-Dur, KV 188
	Symphonie B-Dur, KV 319

17. August, 11 Uhr Mozarteum
Dirigent: Bruno Walter
Solistin: Luise Willer, Sopran

L. v. BEETHOVEN:	Ouvertüre zu Goethes „Egmont", op. 84
G. MAHLER:	„Kindertotenlieder"
P.I.TSCHAIKOWSKIJ:	Symphonie Nr. 6, h-Moll, op. 74 „Pathétique"

23. August, 20 Uhr Festspielhaus
Dirigent: Franz Schalk

A. BRUCKNER:	Symphonie Nr. 9, d-Moll
L. v. BEETHOVEN:	Symphonie Nr. 3, Es-Dur, op. 55 „Eroica"

30. August, 20 Uhr Mozarteum
Dirigent: Bruno Walter
Solisten: Robert und Heinrich Scholz, Klavier

W. A. MOZART:	Symphonie D-Dur, KV 385 „Haffner"
	Konzert für zwei Klaviere und Orchester Es-Dur, KV 365
	Zwei Menuette aus KV 599 und 568
	Drei deutsche Tänze, KV 605
	Symphonie Es-Dur, KV 543

SERENADEN

Werke von WOLFGANG AMADEUS MOZART
Dirigent: Bernhard Paumgartner
Die Wiener Philharmoniker

7. August, 21 Uhr Residenz

Marsch D-Dur, KV 249
Serenade D-Dur, KV 250
„Haffner-Serenade"
(Violinsolo: Franz Mairecker)

8. August, 21 Uhr Residenz

Marsch C-Dur, KV 408
Serenade D-Dur, KV 203
(Violinsolo: Franz Mairecker)
Sechs deutsche Tänze, KV 571

14. August, 21 Uhr Residenz
Solisten: Alexander Wunderer, Oboe; Viktor Polatschek, Klarinette; Karl Stiegler, Horn; Karl Strobl, Fagott

Marsch F-Dur, KV 248
Divertimento D-Dur, KV 251
Sinfonia concertante Es-Dur für Oboe, Klarinette, Horn, Fagott und Orchester, KV 297 b

21. August, 21 Uhr Residenz

Divertimento D-Dur, KV 205
Ballettmusik zur Pantomime „Les petits Riens", KV 299 b
Eine kleine Nachtmusik G-Dur, KV 525

26. August, 21 Uhr Residenz

Marsch D-Dur, KV 249
Serenade D-Dur, KV 250
„Haffner-Serenade"
(Violinsolo: Franz Mairecker)

28. August, 21 Uhr Residenz

Marsch C-Dur, KV 408/1
Divertimento D-Dur, KV 131
Serenade D-Dur, KV 320
„Posthorn-Serenade“

KAMMERKONZERT

14. August, 20 Uhr Mozarteum[1]

Das Rosé-Quartett

Mitwirkend: Karl Stumvoll, 2. Bratsche
W. A. MOZART: Streichquartett d-Moll, KV 421
Streichquartett B-Dur, KV 458
„Jagdquartett“
Streichquintett C-Dur, KV 515

KONZERTE GEISTLICHER MUSIK

Dirigent: Joseph Messner
Orgel: Franz Sauer
Der Salzburger Domchor / Das Orchester des Dom-Musik-Vereines

1. August, 20.30 Uhr Dom[2]

Soli: Maria Keldorfer-Gehmacher, Sopran; Irma Drummer, Alt; William Wernigk, Tenor; Karl Ettl, Baß

Salzburger Meister von 1500 bis 1800 (P. Bonamico, G. Muffat, St. Bernardi, H. I. F. v. Biber, A. Caldara, L. Mozart, W. A. Mozart, M. Haydn)
W. A. MOZART: Missa C-Dur, KV 317 „Krönungsmesse“

10. August, 20.30 Uhr Dom[2]

Soli: Josefine Stransky, Sopran; Elisabeth von Pander, Alt; Hermann Gallos, Tenor; Richard Mayr, Baß

J. MESSNER: Improvisation über ein Thema von Anton Bruckner, op. 19
A. BRUCKNER: Große Messe in f-Moll

17. August, 20.30 Uhr Dom[2]

Soli: Maria Keldorfer-Gehmacher, Sopran; Jella von Braun-Fernwald, Alt; Hermann Gallos, Tenor; Karl Ettl, Baß
W. A. MOZART: „Motetten und Psalmen“
Venite populi, KV 260
Ergo interest, KV 143
Inter natos mulierum, KV 72
Kirchen-Sonate D-Dur, KV 245
Alma Dei creatoris, KV 277
Sub tuum praesidium, KV 198
Ave verum corpus, KV 618
Vesperae solennes de confessore, KV 339

24. August, 20.30 Uhr Dom[2]

Soli: Maria Keldorfer-Gehmacher, Sopran; Jella von Braun-Fernwald, Alt; Hermann Gallos, Tenor; Josef von Manowarda, Baß
W. A. MOZART: Requiem, KV 626

31. August, 20.30 Uhr Dom[2]

Soli: Eva Hadrabova, Sopran; Ilse Moeller-Gerlach, Alt; William Wernigk, Tenor; Karl Ettl, Baß
A. BRUCKNER: Große Messe in f-Moll

16. August, 11 Uhr Stiftskirche St. Peter[1]

Dirigent: Bernhard Paumgartner; Orgel: Franz Sauer
Soli: Felicie Hüni-Mihacsek, Maria Keldorfer-Gehmacher; Hermann Gallos, Richard Mayr
Mitglieder des Wiener Philharmonischen und Mozarteum-Orchesters
Mozarteumschor — Mitglieder des Damensingvereines Hummel, des Salzburger Domchores, der Salzburger Liedertafel und des Wiener Staatsopernchores
W. A. MOZART: c-Moll-Messe, KV 427

1931
25. Juli—30. August

SCHAUSPIEL

26., 29. Juli, 2., 4., 9., 11., 16., 19., 21., 23., 28., 30. August
Domplatz / Festspielhaus

HUGO VON HOFMANNSTHAL

Jedermann

Regie: Max Reinhardt
Musik und Dirigent: Einar Nilson
Orgel: Franz Sauer

Stimme des Herrn Josef Danegger 26. 7.—16. 8., 30. 8. Raul Lange 19.—28. 8.
Tod Luis Rainer 26. 7.—28. 8. Raul Lange 30. 8.
Jedermann Alexander Moissi
Jedermanns Mutter Frieda Richard
Guter Gesell Attila Hörbiger
Hausvogt Friedrich Bertel
Koch Josef Gessler
Armer Nachbar Fritz Richard
Schuldknecht Eduard v. Winterstein 26. 7.—21. 8. Richard Metzl 23.—30. 8.
Schuldknechts Weib Poldi Czernitz-Renn
Buhlschaft Dagny Servaes
Dicker Vetter Wilhelm Diegelmann
Dünner Vetter Richard Eybner
Mammon Raul Lange
Gute Werke Mariane Walla
Glaube Helene Thimig 26. 7.—19. 8., 23., 30. 8. Hanni Hoessrich 21., 28. 8.
Teufel Luis Rainer 26. 7.—28. 8. Theodor Danegger 30. 8.
Spielansager Franz Löser

28. Juli, 7., 15., 26. August
Felsenreitschule / Stadttheater

CARLO GOLDONI

Der Diener zweier Herren

Musik nach Mozart und nach alten Weisen zu Texten Kurz-Bernardons von Bernhard Paumgartner
Regie: Max Reinhardt
Dirigent: Bernhard Paumgartner

Dottore	Dagny Servaes
Pantalone	Josef Danegger
Rosaura	Richard Eybner
Silvio	Raul Lange
Florindo	Attila Hörbiger
Beatrice	Maria Solveg
Brighella	Eduard v. Winterstein 28. 7.—15. 8. Richard Metzl 26. 8.
Smeraldina	Paula Wessely
Truffaldino	Hermann Thimig
1. Träger	Hans Walter Klein
2. Träger	Anton Ott
1. Aufwärter	Theodor Danegger
2. Aufwärter	Walter Engel

2., 9., 16., 23. August Stadttheater

HUGO VON HOFMANNSTHAL

Der Schwierige

Regie:	Max Reinhardt
Bühnenbild:	Oskar Strnad

Hans Karl Bühl	Gustav Waldau
Crescence	Hertha Hagen 2., 9., 23. Elisabeth Markus 16.
Stani	Hans Jaray
Helene Altenwyl	Helene Thimig
Altenwyl	Julius Strobl
Antoinette Hechingen	Else Eckersberg
Hechingen	Luis Rainer
Neuhoff	Rudolf Amendt
Edine	Dagny Servaes
Nanni	Nora Minor
Huberta	Vilma Degischer
Ein berühmter Mann	Josef Danegger
Agathe	Ellinor Wallerstain 2., 9. Katina Andreadis 16., 23.
Neugebauer	Hans Schopper
Lukas	Fritz Daghofer
Vinzenz	Theodor Danegger
Ein Kammerdiener	Wilhelm Diegelmann

13., 21., 28. August Stadttheater

JOHANN WOLFGANG VON GOETHE

Stella

Regie:	Max Reinhardt
Bühnenbild:	Alfred Roller

Stella	Helene Thimig
Cäcilie	Agnes Straub
Fernando	Ewald Balser
Lucie	Vilma Degischer
Postmeisterin	Dagny Servaes
Verwalter	Eduard v. Winterstein 13., 21. Richard Metzl 28.
Diener Stellas	Fritz Richard
Annchen	Gertrud Kugel
Karl	Anton Ott
Ein Postillion	Karl Burgstaller
Diener Fernandos	Fritz Horn

OPER

1., 10., 27. August Festspielhaus

RICHARD STRAUSS

Der Rosenkavalier

Dirigent:	Clemens Krauss
Inszenierung:	Lothar Wallerstein
Bühnenbild:	Alfred Roller

Die Wiener Philharmoniker
Chor der Wiener Staatsoper

Marschallin	Viorica Ursuleac 1. Lotte Lehmann 10., 27.
Baron Ochs	Richard Mayr
Octavian	Margit Angerer
Faninal	Hermann Wiedemann
Sophie	Adele Kern
Leitmetzerin	Karola Jovanović
Valzacchi	Hermann Gallos
Annina	Gertrud Rünger
Haushofmeister bei Marschallin	Viktor Madin
Haushofmeister bei Faninal	William Wernigk
Polizeikommissär	Viktor Madin
Notar	Alfred Muzzarelli
Sänger	Koloman von Pataky
Wirt	William Wernigk

3., 22. August Festspielhaus

WOLFGANG AMADEUS MOZART

Don Juan

Dirigent:	Bruno Walter
Inszenierung:	Lothar Wallerstein
Bühnenbild:	Oskar Strnad

Die Wiener Philharmoniker
Chor der Wiener Staatsoper

Don Juan	Karl Hammes
Donna Elvira	Luise Helletsgruber
Der Komtur	Emanuel List
Donna Anna	Germaine Lubin
Don Ottavio	Koloman von Pataky
Leporello	Richard Mayr
Zerline	Lotte Schöne
Masetto	Karl Ettl

5., 12., 20. August Festspielhaus

WOLFGANG AMADEUS MOZART

Die Hochzeit des Figaro

Dirigent:	Clemens Krauss
Inszenierung:	Lothar Wallerstein
Bühnenbild:	Alfred Roller

Die Wiener Philharmoniker
Chor der Wiener Staatsoper

Graf Almaviva	Wilhelm Rode
Gräfin	Viorica Ursuleac
Susanne	Adele Kern
Figaro	Karl Hammes
Basilio	Erich Zimmermann
Bartolo	Karl Norbert
Marcelline	Gertrud Rünger
Cherubin	Irene Eisinger
Antonio	Viktor Madin
Barbarina	Aenne Michalsky
Curzio	Hermann Gallos

8., 17., 25. August Festspielhaus

WOLFGANG AMADEUS MOZART

Die Zauberflöte

Dirigent:	Bruno Walter
Inszenierung:	Karl Heinz Martin
Bühnenbild:	Oskar Strnad

Die Wiener Philharmoniker
Chor der Wiener Staatsoper

Sarastro	Richard Mayr
Tamino	Hans Fidesser
Sprecher	Josef von Manowarda
1. Priester	William Wernigk
2. Priester	Karl Ettl
Königin der Nacht	Marie Gerhart
Pamina	Lotte Schöne
1. Dame	Luise Helletsgruber
2. Dame	Aenne Michalsky
3. Dame	Gertrud Rünger
Papageno	Karl Hammes
Papagena	Irene Eisinger
Monostatos	Erich Zimmermann
1. Knabe	Maria Cebotari
2. Knabe	Molly Jonas
3. Knabe	Polly Batic
1. Geharnischter	William Wernigk
2. Geharnischter	Karl Ettl

11., 30. August Stadttheater

WOLFGANG AMADEUS MOZART

Die Entführung aus dem Serail

Dirigent:	Robert Heger
Inszenierung:	Rudolf Hartmann
Bühnenbild:	Alfred Roller

Die Wiener Philharmoniker
Chor der Wiener Staatsoper

Selim, Bassa	Alfred Muzzarelli
Konstanze	Gertrude Callam
Blondchen	Lotte Schöne
Belmonte	Koloman von Pataky
Pedrillo	Hermann Gallos
Osmin	Emanuel List
Anführer der Wachen	Karl Ettl

14., 19. August Stadttheater

WOLFGANG AMADEUS MOZART

Così fan tutte

Dirigent:	Clemens Krauss
Inszenierung:	Lothar Wallerstein
Bühnenbild:	Ludwig Sievert

Die Wiener Philharmoniker
Chor der Wiener Staatsoper

Fiordiligi	Viorica Ursuleac
Dorabella	Eva Hadrabova
Guglielmo	Karl Hammes
Ferrando	Franz Völker
Despina	Adele Kern
Don Alfonso	Josef von Manowarda

15., 24. August Festspielhaus

CHRISTOPH WILLIBALD GLUCK

Orpheus und Eurydike

Dirigent: Bruno Walter
Inszenierung: Karl Heinz Martin
Bühnenbild: Cesar Klein
Choreographie: Margarete Wallmann
Die Wiener Philharmoniker
Chor der Wiener Staatsoper
Tänzergruppe Margarete Wallmann

Orpheus Sigrid Onegin
Eurydike Maria Müller
Eros Maria Cebotari
Geister des Elysiums Aenne Michalsky, Maria Motzko

18., 29. August Festspielhaus

LUDWIG VAN BEETHOVEN

Fidelio

Dirigent: Clemens Krauss
Inszenierung: Lothar Wallerstein
Bühnenbild: Clemens Holzmeister
Die Wiener Philharmoniker
Chor der Wiener Staatsoper

Don Fernando Emanuel List
Don Pizarro Georg Hann 18., Wilhelm Rode 29.
Florestan Franz Völker
Leonore Lotte Lehmann
Rocco Richard Mayr
Marzelline Luise Helletsgruber
Jaquino Hermann Gallos
1. Gefangener William Wernigk
2. Gefangener Karl Ettl

Stagione d'Opera Italiana

25., 28., 31. Juli, 6. August Festspielhaus

GIOACCHINO ROSSINI

Il Barbiere di Siviglia

Dirigent: Arturo Lucon
Inszenierung: Mario Ghisalberti
Die Wiener Philharmoniker
Chor der Mailänder Scala

Graf Almaviva Dino Borgioli, Christy Solari 6.
Dr. Bartolo Enrico Vannuccini
Rosina Tina Paggi, Graziella Pareto 31.
Figaro Mariano Stabile
Basilio Fernando Autori, Umberto di Lelio 6.
Fiorello Ubaldo Toffanetti
Berta Gina Pedroni
Offizier Giuseppe Menni
Notar Toni Corcione

26. Juli, 4. August Stadttheater

GAETANO DONIZETTI

Don Pasquale

Dirigent: Arturo Lucon
Inszenierung: Mario Ghisalberti
Die Wiener Philharmoniker
Chor der Mailänder Scala

Don Pasquale Fernando Autori
Dottore Malatesta Mariano Stabile
Ernesto Tommaso Alcaide
Norina Tina Paggi
Notar Ubaldo Toffanetti

30. Juli, 7. August Stadttheater

DOMENICO CIMAROSA

Il Matrimonio segreto
(Die heimliche Ehe)

Dirigent: Arturo Lucon
Regie: Mario Ghisalberti
Die Wiener Philharmoniker
Chor der Mailänder Scala

Geronimo Enrico Vannuccini
Elisetta Laura Pasini
Carolina Graziella Pareto 30., Alba Damonte 7.
Fidalma Giuseppina Zinetti
Graf Robinson Umberto di Lelio
Paolino Christy Solari

BALLETT

22. August, 11 Uhr Festspielhaus

Das jüngste Gericht
(Uraufführung)

Tanz-Mysterien-Spiel in 5 Bildern von Felix Emmel
Musik: G. F. Händel
Instrumentation: Ernst Roters
Choreographie und Regie: Margarete Wallmann
Dirigent: Efrem Kurtz
Bühnenbild: Felix Emmel
Kostüme: Marietta Müller-Stempel
Tänzergruppe Margarete Wallmann
mit Dorothea Albu, Doryta Brown, Andrei Jerschik, Jolas Coutsoudis
Mozarteum-Orchester

ORCHESTERKONZERTE

27. Juli, 20 Uhr Festspielhaus

Die Budapester Philharmoniker

Dirigent: Ernst von Dohnányi
J.S.BACH/L.WEINER: Orgel-Toccata C-Dur
W. A. MOZART: Symphonie g-Moll, KV 550
J. BRAHMS: Symphonie Nr. 1, c-Moll, op. 68

29. Juli, 20 Uhr Mozarteum

Die Budapester Philharmoniker

Dirigent: Ernst von Dohnányi
Solist: László Szentgyörgyi, Violine
F. ERKEL: Fest-Ouvertüre, E-Dur
E. v. DOHNANYI: Suite für Orchester in vier Sätzen, op. 60
Z. KODÁLY: Marosszéker Tänze
J. v. HUBAY: Széne de la Csárda Nr. 14 für Violine und Orchester, op. 117
B. BARTÓK: Tanzsuite für Orchester
F. LISZT: Les Préludes

2. August, 11 Uhr Mozarteum

Die Wiener Philharmoniker

Dirigent: Clemens Krauss
J. HAYDN: Symphonie Nr. 88, G-Dur
F. SCHMIDT: Variationen über ein Husarenlied
R. STRAUSS: Orchestersuite aus der Musik zum „Bürger als Edelmann" des Molière, op. 60

9. August, 11 Uhr Mozarteum

Die Wiener Philharmoniker

Dirigent: Bruno Walter
F. MENDELSSOHN-BARTHOLDY: Ouvertüre aus der Musik zu Shakespeares „Sommernachtstraum", op. 21
J. HAYDN: Symphonie Nr. 102, B-Dur
L. v. BEETHOVEN: Symphonie Nr. 3, Es-Dur, op. 55 „Eroica"

13. August, 20 Uhr Mozarteum[1]

Die Wiener Philharmoniker

Dirigent: Robert Heger
Soli: Gabrielle Ritter-Ciampi, Sopran; Franz Mairecker, Violine; Viktor Polatschek, Klarinette
W. A. MOZART: Ouvertüre zu „Idomeneo", KV 366
Arie der Ilia „Zeffiretti lusinghieri" aus „Idomeneo", KV 366
Konzert für Klarinette und Orchester A-Dur, KV 622
Arie des Aminta „L'amerò, sarò" aus „Il Rè pastore", KV 208
Symphonie C-Dur, KV 551 „Jupiter"

16. August, 11 Uhr Mozarteum

Die Wiener Philharmoniker

Dirigent: Clemens Krauss

JOH. STRAUSS:	Ouvertüre zu „Der Zigeunerbaron" Accelerationen, Walzer, op. 234 Annen-Polka, op. 117 Geschichten aus dem Wienerwald, Walzer, op. 325 Leichtes Blut, Polka schnell, op. 319
JOS. STRAUSS:	Aquarellen, Walzer, op. 258
JOH. u. JOS. STRAUSS:	Pizzicato-Polka
JOH. STRAUSS:	Rosen aus dem Süden, Walzer, op. 388 Perpetuum mobile, op. 257 Ouvertüre zu „Die Fledermaus"

21. August, 20 Uhr Mozarteum[1]

Die Wiener Philharmoniker

Dirigent: Bruno Walter
Solist: Paul Weingarten, Klavier

W. A. MOZART:	Symphonie D-Dur, KV 504 „Prager" Konzert für Klavier und Orchester d-Moll, KV 466 Zwei Menuette, KV 604 Drei deutsche Tänze, KV 605 Symphonie Es-Dur, KV 543

23. August, 11 Uhr Mozarteum

Die Wiener Philharmoniker

Dirigent: Bruno Walter
Solisten: Sigrid Onegin, Alt; Curt Taucher, Tenor

G. MAHLER:	Das Lied von der Erde

26. August, 20 Uhr Festspielhaus

Die Wiener Philharmoniker

Dirigent: Bruno Walter

L. v. BEETHOVEN:	Symphonie Nr. 1, C-Dur, op. 21
A. BRUCKNER:	Symphonie Nr. 5, B-Dur

30. August, 11 Uhr Mozarteum

Die Wiener Philharmoniker

Dirigent: Sir Thomas Beecham

J. HAYDN:	Symphonie Nr. 93, D-Dur
W. A. MOZART:	Symphonie C-Dur, KV 338
J. BRAHMS:	Symphonie Nr. 2, D-Dur, op. 73

30. Juli, 20 Uhr Badgastein, Wandelhalle

Die Budapester Philharmoniker

Dirigent: Ernst von Dohnányi

C. M. v. WEBER:	Ouvertüre zu „Oberon"
L. v. BEETHOVEN:	Symphonie Nr. 5, c-Moll, op. 67
E. v. DOHNÁNYI:	Ruralia Hungarica, fünf Orchesterstücke, op. 326
Z. KODÁLY:	Marosszéker-Tänze
F. LISZT:	Ungarische Rhapsodie Nr. 1

Das für 9. August in Hofgastein vorgesehene Konzert der Wiener Philharmoniker hat nach deren Aufzeichnungen nicht stattgefunden.

SERENADEN

27. Juli, 21 Uhr Residenz

Die Wiener Philharmoniker

Dirigent: Bernhard Paumgartner

W. A. MOZART:	Marsch D-Dur, KV 335 Serenade D-Dur, KV 320 „Posthorn-Serenade" Sechs deutsche Tänze, KV 600

29. Juli, 21 Uhr Residenz

Die Wiener Philharmoniker

Dirigent: Bernhard Paumgartner

W. A. MOZART:	Divertimento D-Dur, KV 251 Drei deutsche Tänze, KV 605 Symphonie C-Dur, KV 200

3. August, 21 Uhr Residenz

Quartett Mairecker

Mitwirkend: Die Bläservereinigung der Wiener Staatsoper; Otto Stix, Kontrabaß

W. A. MOZART:	Streichquartett D-Dur, KV 575
F. SCHUBERT:	Oktett F-Dur, op. 166

6. August, 21 Uhr Residenz

Die Wiener Philharmoniker

Dirigent: Bernhard Paumgartner

W. A. MOZART:	Cassation B-Dur, KV 99 Serenade D-Dur, KV 203 (Violinsolo: Franz Mairecker)

11. August, 21 Uhr Residenz

Die Wiener Philharmoniker

Dirigent: Bernhard Paumgartner
Solisten: Alexander Wunderer, Oboe; Viktor Polatschek, Klarinette; Karl Stiegler, Horn; Hugo Burghauser, Fagott

W. A. MOZART:	Divertimento D-Dur, KV 131 Eine kleine Nachtmusik G-Dur, KV 525 Sinfonia concertante Es-Dur für Oboe, Klarinette, Horn, Fagott und Orchester, KV 297 b

13. August, 21 Uhr Residenz

Wiener Staatsopernchor

Dirigent: Bernhard Paumgartner

Werke von G. Palestrina, P. Hofhaymer, H. L. Haßler, O. de Lassus, A. Scandelli, J. Haydn, F. Schubert, J. Brahms, A. Dvořák, M. Reger, W. A. Mozart: Kanons (KV 348, 558, 561 und 560)

19. August, 21 Uhr Residenz

Die Wiener Philharmoniker

Dirigent: Bernhard Paumgartner

W. A. MOZART:	Marsch D-Dur, KV 408 Serenade D-Dur, KV 204 Sechs deutsche Tänze, KV 600

21. August, 21 Uhr Residenz

Wiener Staatsopernchor

Dirigent: Bernhard Paumgartner

Werke von P. Hofhaymer, O. de Lassus, A. Scandelli, L. Senfl, L. Lemlin, J. Haydn, C. Loewe, F. Mendelssohn-Bartholdy, P. Cornelius, A. Dvořák, J. Brahms, R. Schumann, W. A. Mozart: Kanons (KV 558, 561 und 560)

22. August, 21 Uhr Residenz

Quartett Mairecker

Mitwirkend: Die Bläservereinigung der Wiener Staatsoper; Otto Stix, Kontrabaß

W. A. MOZART: Streichquartett C-Dur, KV 465 „Dissonanzenquartett“

L. v. BEETHOVEN: Septett Es-Dur, op. 20

28. August, 21 Uhr Residenz

Die Wiener Philharmoniker

Dirigent: Bernhard Paumgartner

W. A. MOZART: Notturno D-Dur, KV 286
Marsch D-Dur, KV 249
Serenade D-Dur KV 250 „Haffner-Serenade“
(Violinsolo: Franz Mairecker)

KAMMERKONZERT

19. August, 20 Uhr Mozarteum[1]

Das Sedlak-Winkler-Quartett

Mitwirkend: Karl Stumvoll, 2. Viola; Viktor Polatschek, Klarinette

W. A. MOZART: Streichquintett Es-Dur, KV 614
Streichquartett B-Dur, KV 589
Klarinettenquintett A-Dur, KV 581 „Stadler-Quintett“

KONZERTE GEISTLICHER MUSIK

Der Salzburger Domchor / Das Orchester des Dom-Musik-Vereines
Dirigent: Joseph Messner
Orgel: Franz Sauer

26. Juli, 20.30 Uhr Dom[2]

Soli: Gabrielle Ritter-Ciampi, Marie Gerhart, Sopran; Andre Kreuchauff, Tenor

W. A. MOZART: Sonate C-Dur für Orgel und Orchester, KV 329
Motette „Exsultate, jubilate“, KV 165
Kantate „Davidde penitente“, KV 469

2. August, 20.30 Uhr Dom[2]

Solistin: Marie Gerhart, Sopran

F. SCHUBERT: Solo-Kantaten für Sopran und Orchester

A. BRUCKNER: Motette „Ave Maria“
Messe in e-Moll

9. August, 20.30 Uhr Dom[2]

Soli: Hanna Seebach-Ziegler, Jella von Braun-Fernwald; Hermann Gallos, Richard Mayr

W. A. MOZART: Requiem KV 626

16. August, 20.30 Uhr Dom[2]

Soli: Lotte Leonard, Emilie Rutschka, Andre Kreuchauff, Karl Ettl; Karl Stumvoll, Violine

L. v. BEETHOVEN: Missa solemnis D-Dur, op. 123

23. August, 20.30 Uhr Dom[2]

Soli: Maria Keldorfer-Gehmacher, Irma Drummer; Anton Maria Topitz, Josef von Manowarda

G. F. HÄNDEL: „Der Messias“, Oratorium, in der Bearbeitung von W. A. Mozart, KV 572

18. August, 11 Uhr Stiftskirche St. Peter[1]

Dirigent: Bernhard Paumgartner; Orgel: Franz Sauer

Soli: Felicie Hüni-Mihacsek, Maria Keldorfer-Gehmacher; Hermann Gallos, Richard Mayr

Mitglieder des Wiener Philharmonischen und Mozarteum-Orchesters, des Mozarteumschores, des Damensingvereines Hummel, des Salzburger Domchores und der Salzburger Liedertafel

W. A. MOZART: c-Moll-Messe, KV 427

1932
30. Juli—31. August

SCHAUSPIEL

31. Juli, 3., 7., 14., 17., 21., 28. August
Domplatz / Festspielhaus

HUGO VON HOFMANNSTHAL

Jedermann

Regie:	Max Reinhardt
Musik:	Einar Nilson
Dirigent:	Bernhard Paumgartner
Orgel:	Franz Sauer
Tänze:	Harald Kreutzberg
Stimme des Herrn	Raul Lange 31. 7., 3.—21. 8. Josef Danegger 28. 8.
Tod	Luis Rainer
Jedermann	Paul Hartmann 31. 7.—21. 8. Raul Lange 28. 8.
Jedermanns Mutter	Frieda Richard
Guter Gesell	Fred Liewehr 31. 7.—17. 8. Karl Burgstaller 21., 28. 8.
Hausvogt	Nikolaus Habel
Koch	Georg Siegel
Armer Nachbar	Fritz Richard
Schuldknecht	Eduard v. Winterstein 31. 7.—21. 8. Richard Metzl 28. 8.
Schuldknechts Weib	Poldi Czernitz-Renn
Buhlschaft	Dagny Servaes
Dicker Vetter	Wilhelm Diegelmann
Dünner Vetter	Richard Eybner
Mammon	Raul Lange 31. 7.—21. 8. Josef Danegger 28. 8.
Gute Werke	Mariane Walla
Glaube	Helene Thimig
Teufel	Luis Rainer
Spielansager	Franz Löser

OPER

30. Juli, 9., 22., 29. August Festspielhaus

RICHARD STRAUSS

Der Rosenkavalier

Dirigent:	Clemens Krauss
Inszenierung:	Lothar Wallerstein
Bühnenbild:	Alfred Roller

Die Wiener Philharmoniker
Chor der Wiener Staatsoper

Marschallin	Viorica Ursuleac 30. 7., 9. 8. Lotte Lehmann 22., 29. 8.
Baron Ochs	Richard Mayr
Octavian	Margit Angerer
Faninal	Hermann Wiedemann
Sophie	Adele Kern
Leitmetzerin	Aenne Michalsky
Valzacchi	Hermann Gallos
Annina	Gertrud Rünger
Haushofmeister bei Marschallin	Viktor Madin
Haushofmeister bei Faninal	William Wernigk
Polizeikommissär	Viktor Madin
Notar	Alfred Muzzarelli
Sänger	Helge Roswaenge
Wirt	William Wernigk

31. Juli, 7., 14. August Festspielhaus

WOLFGANG AMADEUS MOZART

Die Entführung aus dem Serail

Dirigent:	Fritz Busch
Inszenierung:	Carl Ebert
Bühnenbild:	Wilhelm Reinking

Die Wiener Philharmoniker
Chor der Wiener Staatsoper

Selim, Bassa	Luis Rainer
Konstanze	Gabrielle Ritter-Ciampi
Blondchen	Erna Berger
Belmonte	Helge Roswaenge
Pedrillo	Hermann Gallos
Osmin	Karl Norbert
Klaas, Schiffer	Wilhelm Diegelmann
Anführer der Wachen	Karl Ettl

2., 13., 23. August Festspielhaus

CHRISTOPH WILLIBALD GLUCK

Orpheus und Eurydike

Dirigent:	Bruno Walter
Inszenierung:	Karl Heinz Martin
Bühnenbild:	Cesar Klein
Choreographie:	Margarete Wallmann

Die Wiener Philharmoniker
Chor der Wiener Staatsoper
Tänzergruppe Margarete Wallmann

Orpheus	Sigrid Onegin
Eurydike	Maria Müller
Eros	Maria Cebotari
Geister des Elysiums	Aenne Michalsky Maria Motzko

4., 30. August Festspielhaus

WOLFGANG AMADEUS MOZART

Così fan tutte

Dirigent:	Clemens Krauss
Inszenierung:	Lothar Wallerstein
Bühnenbild:	Ludwig Sievert

Die Wiener Philharmoniker
Chor der Wiener Staatsoper

Fiordiligi	Viorica Ursuleac
Dorabella	Eva Hadrabova
Guglielmo	Karl Hammes
Ferrando	Franz Völker
Despina	Adele Kern
Don Alfonso	Josef von Manowarda

6., 16. August Festspielhaus

WOLFGANG AMADEUS MOZART

Die Zauberflöte

Dirigent:	Bruno Walter
Inszenierung:	Franz Ludwig Hörth
Bühnenbild:	Oskar Strnad

Die Wiener Philharmoniker
Chor der Wiener Staatsoper

Sarastro	Richard Mayr
Tamino	Helge Roswaenge
Sprecher	Josef von Manowarda
1. Priester	Raul Lange
2. Priester	Wilhelm Trautz
Königin der Nacht	Marie Gerhart
Pamina	Lotte Schöne
1. Dame	Luise Helletsgruber
2. Dame	Aenne Michalsky
3. Dame	Gertrud Rünger
Papageno	Karl Hammes
Papagena	Irene Eisinger
Monostatos	William Wernigk
1. Knabe	Maria Cebotari
2. Knabe	Luise Weikersheim
3. Knabe	Polly Batic
1. Geharnischter	Wilhelm Trautz
2. Geharnischter	Karl Ettl

12., 20., 27. August Festspielhaus

CARL MARIA VON WEBER

Oberon

Dirigent:	Bruno Walter
Inszenierung:	Franz Ludwig Hörth
Bühnenbild:	Oskar Strnad
Choreographie:	Margarete Wallmann

Die Wiener Philharmoniker
Chor der Wiener Staatsoper
Tänzergruppe Margarete Wallmann

Oberon	Lotte Schöne
Titania	Gretl Henhofer
Elfen: Puck	Else Ruziczka
Droll	Aenne Michalsky
1. Meermädchen	Maria Cebotari
2. Meermädchen	Polly Batic
Harun al Raschid	Wilhelm Diegelmann
Rezia	Maria Müller
Fatime	Elfriede Marher
Babekan	Hans Bergen
Mesru	Andrei Jerschik
Almansor	Luis Rainer
Roschana	Dagny Servaes
Nadine	Ruth Maria Schmidt
Abdallah	Heinrich Berthold
Kaiser Karl der Große	Fritz Birkmayer
Hüon	Helge Roswaenge
Scherasmin	Karl Hammes

15. August Festspielhaus

WOLFGANG AMADEUS MOZART

Die Hochzeit des Figaro

Dirigent:	Clemens Krauss
Inszenierung:	Lothar Wallerstein
Bühnenbild:	Alfred Roller

Die Wiener Philharmoniker
Chor der Wiener Staatsoper

Graf Almaviva	Alfred Jerger
Gräfin	Viorica Ursuleac
Susanne	Adele Kern
Figaro	Karl Hammes
Basilio	Erich Zimmermann
Bartolo	Karl Norbert
Marcelline	Gertrud Rünger
Cherubin	Irene Eisinger
Antonio	Viktor Madin
Barbarina	Aenne Michalsky
Curzio	Hermann Gallos

19., 26. August Festspielhaus

RICHARD STRAUSS

Die Frau ohne Schatten

Dirigent:	Clemens Krauss
Inszenierung:	Lothar Wallerstein
Bühnenbild:	Alfred Roller

Die Wiener Philharmoniker
Chor der Wiener Staatsoper

Der Kaiser	Franz Völker
Die Kaiserin	Viorica Ursuleac
Die Amme	Gertrud Rünger
Der Geisterbote	Karl Ettl
Hüter des Tempels	Eva Hadrabova
Erscheinung des Jünglings	Helge Roswaenge
Stimme des Falken	Eva Hadrabova
Stimme von oben	Polly Batic
Barak	Josef von Manowarda
Sein Weib	Lotte Lehmann
Der Einäugige	Viktor Madin
Der Einarmige	Alfred Muzzarelli
Der Bucklige	William Wernigk
Wächter der Stadt	Hermann Gallos, Viktor Madin, Karl Ettl
Die Ungeborenen	Adele Kern, Aenne Michalsky, Marie Neudorfer, Mitzi Mathias, Polly Batic, Rosa Brunnbauer
Sklavinnen	Adele Kern, Aenne Michalsky, Polly Batic

24., 31. August Festspielhaus

LUDWIG VAN BEETHOVEN

Fidelio

Dirigent:	Richard Strauss
Inszenierung:	Lothar Wallerstein
Bühnenbild:	Clemens Holzmeister

Die Wiener Philharmoniker
Chor der Wiener Staatsoper

Don Fernando	Richard Mayr
Don Pizarro	Wilhelm Rode
Florestan	Franz Völker
Leonore	Lotte Lehmann
Rocco	Josef von Manowarda
Marzelline	Luise Helletsgruber
Jaquino	Hermann Gallos
1. Gefangener	William Wernigk
2. Gefangener	Karl Ettl

BALLETT

8., 17. August Festspielhaus

Das jüngste Gericht

Tanz-Mysterien-Spiel in 5 Bildern von Felix Emmel

Musik: G. F. Händel
Instrumentation: Ernst Roters

Choreographie und Regie: Margarete Wallmann
Dirigent: Efrem Kurtz
Bühnenbild: Felix Emmel
Kostüme: P.P.Erkens / Marietta Müller-Stempel

Tänzergruppe Margarete Wallmann
mit Mila Cirul, Doryta Brown, Andrei Jerschik, Jolas Coutsoudis
Mozarteum-Orchester

ORCHESTERKONZERTE
der Wiener Philharmoniker

31. Juli, 11 Uhr Mozarteum

Dirigent: Fritz Busch
Solisten: Julia Nessy, Sopran; Rudolf Serkin, Klavier

W. A. MOZART: Symphonie C-Dur, KV 425 „Linzer",
Konzert für Klavier und Orchester G-Dur, KV 453
Szene und Rondo „Mia speranza adorata", KV 416
Arie „Vado, ma dove? oh Dei!" KV 583
Symphonie D-Dur, KV 504 „Prager"

3. August, 20 Uhr Mozarteum

Dirigent: Philippe Gaubert
Solist: Jacques Thibaut, Violine

F. SCHMITT: La Tragédie de Salomé, op. 50
P. DUKAS: La Péri
CL. DEBUSSY: Prélude à l'après midi d'un faune
E. LALO: Symphonie espagnole d-Moll
M. RAVEL: Daphnis et Chloë, Suite Nr. 2

5. August, 20 Uhr Festspielhaus

Dirigent: Clemens Krauss

JOH. STRAUSS: Künstlerleben, Walzer, op. 316
Polka und Csárdás aus „Ritter Pásmán"
Morgenblätter, Walzer, op. 279
Ouvertüre zu „Die Fledermaus"
Ägyptischer Marsch, op. 335
Kaiser-Walzer, op. 437
An der schönen blauen Donau, Walzer, op. 314
Perpetuum mobile, op. 257
JOH. u. JOS. STRAUSS: Pizzicato-Polka

7. August, 11 Uhr Mozarteum

Dirigent: Bruno Walter
Solist: Joseph Lhevinne, Klavier

J. HAYDN: Symphonie Nr. 95, c-Moll
C. M. v. WEBER: Konzertstück für Klavier und Orchester f-Moll, op. 79
R. WAGNER: Siegfried-Idyll
L. v. BEETHOVEN: Symphonie Nr. 5, c-Moll, op. 67

11. August, 20 Uhr Mozarteum

Dirigent: Fritz Busch

L. v. BEETHOVEN: Symphonie Nr. 4, B-Dur, op. 60
Symphonie Nr. 7, A-Dur, op. 92

14. August, 11 Uhr Mozarteum

Dirigent: Bruno Walter
Solistin: Gabrielle Tambuyser, Klavier

W. A. MOZART: Symphonie D-Dur, KV 385 „Haffner"
Konzert für Klavier und Orchester A-Dur, KV 488
Eine kleine Nachtmusik G-Dur, KV 525
Symphonie g-Moll, KV 550

15. August, 11 Uhr Festspielhaus

Dirigent: Clemens Krauss
Soli: Eva Hadrabova, Sigrid Onegin; Helge Roswaenge, Josef von Manowarda
Orgel: Franz Schütz; Continuo: Karl Pilss
Chor der Wiener Staatsoper

J. S. BACH: Hohe Messe in h-Moll

21. August, 11 Uhr Festspielhaus

Dirigent: Richard Strauss

R. STRAUSS: „Also sprach Zarathustra", op. 30
Eine Alpensinfonie, op. 64

25. August, 20 Uhr Festspielhaus

Dirigent: Bruno Walter

F. SCHUBERT: Symphonie Nr. 8, h-Moll „Unvollendete"
A. BRUCKNER: Symphonie Nr. 5, B-Dur

28. August, 11 Uhr Mozarteum

Dirigent: Richard Strauss

W. A. MOZART: Symphonie Es-Dur, KV 543
L. v. BEETHOVEN: Symphonie Nr. 6, F-Dur, op. 68 „Pastorale"
C. M. v. WEBER: Ouvertüre zu „Euryanthe"

SERENADEN

4. August, 21 Uhr Residenz

Die Wiener Philharmoniker

Dirigent: Bernhard Paumgartner

W. A. MOZART: Marsch D-Dur, KV 335
Serenade D-Dur, KV 320, „Posthorn-Serenade"
Eine kleine Nachtmusik G-Dur, KV 525

6. August, 21 Uhr Residenz

Quartett Mairecker

Mitwirkend: Bläservereinigung der Wiener Staatsoper; Otto Stix, Kontrabaß

W. A. MOZART: Streichquartett D-Dur, KV 575
F. SCHUBERT: Oktett F-Dur, op. 166

8. August, 21 Uhr Residenz

Die Wiener Philharmoniker

Dirigent: Bernhard Paumgartner

W. A. MOZART:	Marsch D-Dur, KV 249
	Serenade D-Dur, KV 250 „Haffner-Serenade" (Violinsolo: Franz Mairecker)
	Adagio c-Moll und Rondo C-Dur, KV 617
	Drei deutsche Tänze, KV 605

16. August, 21 Uhr Residenz

Quartett Mairecker

Mitwirkend: Bläservereinigung der Wiener Staatsoper; Otto Stix, Kontrabaß

W. A. MOZART:	Streichquartett C-Dur, KV 465 „Dissonanzenquartett"
L. v. BEETHOVEN:	Septett Es-Dur, op. 20

17. August, 21 Uhr Residenz

Die Wiener Philharmoniker

Dirigent: Bernhard Paumgartner

W. A. MOZART:	Cassation B-Dur, KV 99
	Marsch D-Dur, KV 237
	Serenade D-Dur, KV 203 (Violinsolo: Julius Stwertka)

30. August, 21 Uhr Residenz

Die Wiener Philharmoniker

Dirigent: Bernhard Paumgartner

W. A. MOZART:	Marsch D-Dur, KV 215
	Serenade D-Dur, KV 204
	Sechs deutsche Tänze, KV 571

KONZERTE GEISTLICHER MUSIK

Dirigent: Joseph Messner
Orgel: Franz Sauer
Der Salzburger Domchor / Das Orchester des Dom-Musik-Vereines

1. August, 20.30 Uhr Dom[2]

Soli: Maria Keldorfer-Gehmacher, Elisabeth von Pander; Hermann Gallos, Paul Lorenzi

W. A. MOZART:	Litaniae de venerabili altaris sacramento Es-Dur, KV 243
	Missa C-Dur, KV 317 „Krönungsmesse"

10. August, 20.30 Uhr Dom[2]

Soli: Paula Neßwetha, Emma Wolf-Dengel; Franz Köth, Alfred Holländer

A. BRUCKNER:	Messe in d-Moll
	Motetten: „Tota pulchra", „Ave Maria"

18. August, 20.30 Uhr Dom[2]

Soli: Thea Böhm-Linhard; Helge Roswaenge, Josef v. Manowarda

J. HAYDN:	„Die Schöpfung", Oratorium

21. August, 20.30 Uhr Dom[2]

Soli: Gabrielle Ritter-Ciampi, Maria Ranzow; Andre Kreuchauff, Karl Ettl, Karl Stumvoll, Violinsolo

L. v. BEETHOVEN:	Missa solemnis, D-Dur, op. 123

28. August, 20.30 Uhr Dom[2]

Soli: Josefine Stransky, Jella von Braun-Fernwald; Hermann Gallos, Richard Mayr

W. A. MOZART:	Requiem, KV 626

25. August, 11 Uhr Stiftskirche St. Peter[1]

Dirigent: Bernhard Paumgartner; Orgel: Franz Sauer

Soli: Felicie Hüni-Mihacsek, Maria Keldorfer-Gehmacher; Hermann Gallos, Richard Mayr

Mitglieder des Wiener Philharmonischen und Mozarteum-Orchesters, des Mozarteumschors, des Damensingvereines Hummel, der Salzburger Liedertafel und des Wiener Staatsopernchors

W. A. MOZART:	c-Moll-Messe, KV 427

1933

28. Juli—31. August

SCHAUSPIEL

30. Juli, 2., 6., 13., 15., 20., 27., 30. August Domplatz / Festspielhaus

HUGO VON HOFMANNSTHAL

Jedermann

Regie:	Max Reinhardt
Musik und Dirigent:	Einar Nilson
Orgel:	Franz Sauer
Tänze:	Hede Schaffgotsch
Stimme des Herrn	Josef Danegger 30. 7. Raul Lange 2.—30. 8
Tod	Luis Rainer
Jedermann	Paul Hartmann
Jedermanns Mutter	Frieda Richard
Guter Gesell	Fred Liewehr 30. 7. Karl Burgstaller 2.—30. 8.
Hausvogt	Nikolaus Habel
Koch	Harry Horner
Armer Nachbar	Fritz Horn
Schuldknecht	Hanns Kurth
Schuldknechts Weib	Poldi Czernitz-Renn
Buhlschaft	Dagny Servaes
Dicker Vetter	Wilhelm Diegelmann
Dünner Vetter	Richard Eybner
Mammon	Josef Danegger 30. 7. Raul Lange 2.—30. 8.
Gute Werke	Mariane Walla
Glaube	Helene Thimig
Teufel	Luis Rainer
Spielansager	Franz Löser

17., 21., 25., 31. August
Felsenreitschule / Festspielhaus

JOHANN WOLFGANG VON GOETHE

Faust

Der Tragödie I. Teil

Regie:	Max Reinhardt
Bühnenbild:	Clemens Holzmeister
Kostüme:	Herbert Ploberger
Musik:	Bernhard Paumgartner
Dirigent:	Herbert von Karajan Karl Hudez
Choreographie:	Margarete Wallmann

Mozarteumsorchester — Mozarteumschor

Orgel:	Franz Sauer

Tänzergruppe Margarete Wallmann

Der Herr	Luis Rainer
Raphael	Fred Liewehr
Gabriel	Hedwig Pistorius
Michael	Raul Lange
Mephisto	Max Pallenberg
Faust	Ewald Balser
Erdgeist	Raul Lange
Wagner	Franz Pfaudler
Schüler	Richard Tomaselli
Margarethe	Paula Wessely
Marthe	Lotte Medelsky

Lieschen	Nora Minor
Valentin	Fred Liewehr
Frosch	Harry Horner
Brander	Richard Eybner
Siebel	Karl Norbert
Altmeyer	Franz Pfaudler
Hexe	Frieda Richard
Böser Geist	Helene Thimig

OPER

29. Juli Festspielhaus
LUDWIG VAN BEETHOVEN
Fidelio

Dirigent:	Richard Strauss
Inszenierung:	Lothar Wallerstein
Bühnenbild:	Clemens Holzmeister

Die Wiener Philharmoniker
Chor der Wiener Staatsoper

Don Fernando	Richard Mayr
Don Pizarro	Alfred Jerger
Florestan	Franz Völker
Leonore	Elisabeth Rethberg
Rocco	Josef von Manowarda
Marzelline	Luise Helletsgruber
Jaquino	Hermann Gallos
1. Gefangener	William Wernigk
2. Gefangener	Karl Ettl

31. Juli, 7. August Festspielhaus
CHRISTOPH WILLIBALD GLUCK
Orpheus und Eurydike

Dirigent:	Bruno Walter
Inszenierung:	Margarete Wallmann
Bühnenbild:	Cesar Klein
Choreographie:	Margarete Wallmann

Die Wiener Philharmoniker
Chor der Wiener Staatsoper
Tänzergruppe Margarete Wallmann

Orpheus	Rosette Anday
Eurydike	Maria Cebotari
Eros	Irene Eisinger
Geister des Elysiums	Aenne Michalsky Maria Motzko

1., 10., 29. August Festspielhaus
RICHARD STRAUSS
Der Rosenkavalier

Dirigent:	Clemens Krauss
Inszenierung:	Lothar Wallerstein
Bühnenbild:	Alfred Roller

Die Wiener Philharmoniker
Chor der Wiener Staatsoper

Marschallin	Viorica Ursuleac 1., 10. Lotte Lehmann 29.
Baron Ochs	Richard Mayr
Octavian	Eva Hadrabova 1., 10. Margit Angerer 29.
Faninal	Viktor Madin
Sophie	Adele Kern
Leitmetzerin	Aenne Michalsky
Valzacchi	Hermann Gallos
Annina	Gertrud Rünger
Haushofmeister bei Marschallin	Viktor Maiwald
Haushofmeister bei Faninal	William Wernigk
Polizeikommissär	Karl Ettl
Notar	Alfred Muzzarelli
Sänger	Helge Roswaenge
Wirt	William Wernigk

3., 11. August Festspielhaus
WOLFGANG AMADEUS MOZART
Die Hochzeit des Figaro

Dirigent:	Clemens Krauss
Inszenierung:	Lothar Wallerstein
Bühnenbild:	Alfred Roller

Die Wiener Philharmoniker
Chor der Wiener Staatsoper

Graf Almaviva	Alfred Jerger
Gräfin	Viorica Ursuleac
Susanne	Adele Kern
Figaro	Karl Hammes
Basilio	William Wernigk
Bartolo	Karl Norbert
Marcelline	Gertrud Rünger
Cherubin	Irene Eisinger
Antonio	Viktor Madin
Barbarina	Maria Elsner
Curzio	Hermann Gallos

4., 16., 26. August Festspielhaus
RICHARD WAGNER
Tristan und Isolde

Dirigent:	Bruno Walter
Inszenierung:	Otto Erhardt
Bühnenbild:	Oskar Strnad

Die Wiener Philharmoniker
Chor der Wiener Staatsoper

Tristan	Hans Grahl
König Marke	Richard Mayr
Isolde	Dorothea Manski
Kurwenal	Josef von Manowarda
Melot	Hans Duhan
Brangäne	Gertrud Rünger
Hirte	Hermann Gallos
Steuermann	Alfred Muzzarelli
Junger Seemann	Helge Roswaenge

5., 18. August Festspielhaus
WOLFGANG AMADEUS MOZART
Così fan tutte

Dirigent:	Clemens Krauss
Inszenierung:	Lothar Wallerstein
Bühnenbild:	Ludwig Sievert

Die Wiener Philharmoniker
Chor der Wiener Staatsoper

Fiordiligi	Viorica Ursuleac
Dorabella	Eva Hadrabova
Guglielmo	Karl Hammes
Ferrando	Franz Völker
Despina	Adele Kern
Don Alfonso	Josef von Manowarda

9., 19., 28. August Festspielhaus
CARL MARIA VON WEBER
Oberon

Dirigent:	Bruno Walter
Inszenierung:	Franz Ludwig Hörth
Bühnenbild:	Oskar Strnad
Choreographie:	Margarete Wallmann

Die Wiener Philharmoniker
Chor der Wiener Staatsoper
Tänzergruppe Margarete Wallmann

Oberon	Lotte Schöne
Titania	Helene Kavalir
Elfen: Puck	Else Ruziczka 9. Erna Krumpholz 19., 28.
Droll	Aenne Michalsky
Meermädchen	Ilonka Holndonner
Harun al Raschid	Wilhelm Diegelmann
Rezia	Maria Müller
Fatime	Irene Eisinger
Babekan	Hans Bergen
Mesru	Andrei Jerschik
Almansor	Walter Sofka 9. Karl Ettl 19., 28.
Roschana	Dagny Servaes
Nadine	Ruth Maria Schmidt
Abdallah	Heinrich Berthold
Kaiser Karl der Große	Fritz Birkmayer
Hüon	Helge Roswaenge
Scherasmin	Karl Hammes

12., 23. August Festspielhaus
WOLFGANG AMADEUS MOZART
Die Zauberflöte

Dirigent:	Bruno Walter
Inszenierung:	Oskar Strnad
Bühnenbild:	Oskar Strnad

Die Wiener Philharmoniker
Chor der Wiener Staatsoper

Sarastro	Richard Mayr
Tamino	Helge Roswaenge
Sprecher	Josef von Manowarda
1. Priester	Georges Müller
2. Priester	Karl Ettl
Königin der Nacht	Marie Gerhart
Pamina	Lotte Schöne
1. Dame	Luise Helletsgruber
2. Dame	Aenne Michalsky
3. Dame	Gertrud Rünger
Papageno	Karl Hammes
Papagena	Irene Eisinger
Monostatos	William Wernigk
1. Knabe	Maria Cebotari
2. Knabe	Luise Weikersheim
3. Knabe	Polly Batic
1. Geharnischter	Georges Müller
2. Geharnischter	Karl Ettl

14., 24. August Festspielhaus
RICHARD STRAUSS
Die ägyptische Helena
(Uraufführung der neuen Wiener Fassung)

Dirigent:	Clemens Krauss
Inszenierung:	Lothar Wallerstein

Bühnenbild:	Alfred Roller und Robert Kautsky

Die Wiener Philharmoniker
Chor der Wiener Staatsoper

Helena	Viorica Ursuleac
Menelas	Franz Völker
Hermione	Irene Eisinger
Aithra	Margit Angerer
Altair	Alfred Jerger
Da-Ud	Helge Roswaenge
1. Dienerin	Luise Helletsgruber
2. Dienerin	Polly Batic
1. Elf	Aenne Michalsky
2. Elf	Margit Szathmary
3. Elf	Fanny Salinger
4. Elf	Frieda Stroinigg
Die alles wissende Muschel	Gertrud Rünger

22. August Festspielhaus
RICHARD STRAUSS

Die Frau ohne Schatten

Dirigent:	Clemens Krauss
Inszenierung:	Lothar Wallerstein
Bühnenbild:	Alfred Roller

Die Wiener Philharmoniker
Chor der Wiener Staatsoper

Der Kaiser	Franz Völker
Die Kaiserin	Viorica Ursuleac
Die Amme	Gertrud Rünger
Der Geisterbote	Karl Ettl
Hüter des Tempels	Eva Hadrabova
Erscheinung des Jünglings	Helge Roswaenge
Stimme des Falken	Eva Hadrabova
Stimme von oben	Polly Batic
Barak	Josef von Manowarda
Sein Weib	Rose Pauly
Der Einäugige	Alfred Muzzarelli
Der Einarmige	Viktor Madin
Der Bucklige	William Wernigk
Wächter der Stadt	Hermann Gallos Viktor Madin Karl Ettl
Die Ungeborenen	Adele Kern, Aenne Michalsky, Marie Neudorfer, Mitzi Mathias, Polly Batic, Rosa Brunnbauer
Sklavinnen	Adele Kern Aenne Michalsky Polly Batic

ORCHESTERKONZERTE
der Wiener Philharmoniker

30. Juli, 11 Uhr Mozarteum[1]
Dirigent: Richard Strauss
Solist: Ralph Lawton, Klavier

W. A. MOZART:	Symphonie D-Dur, KV 504 „Prager" Serenade B-Dur, KV 361 Konzert für Klavier und Orchester A-Dur, KV 488

2. August, 20 Uhr Mozarteum
Dirigent: Bruno Walter
Solistin: Lotte Schöne, Sopran

L. v. BEETHOVEN:	Symphonie Nr. 8, F-Dur, op. 93
W. A. MOZART:	Arien aus „Zaide", KV 344
G. MAHLER:	Symphonie Nr. 4, G-Dur, mit Sopransolo

6. August, 11 Uhr Mozarteum
Dirigent: Vittorio Gui
An der Orgel: Franz Sauer

G. ROSSINI:	Ouvertüre zu „Die Italienerin in Algier"
J. BRAHMS:	Symphonie Nr. 2, D-Dur, op. 73
O. RESPIGHI:	I Pini di Roma
R. STRAUSS:	Till Eulenspiegels lustige Streiche, op. 28

8. August, 20 Uhr Festspielhaus
Dirigent: Bruno Walter
Soli: Elisabeth Rethberg, Gertrud Rünger; Helge Roswaenge, Richard Mayr
Wiener Staatsopernchor

G. VERDI:	Requiem

13. August, 11 Uhr Mozarteum
Dirigent: Clemens Krauss

JOS. STRAUSS:	Mein Lebenslauf ist Lieb und Lust, Walzer, op. 263 Moulinet, Polka française, op. 57
JOH. STRAUSS:	Csárdás aus „Ritter Pásmán" Kaiser-Walzer, op. 437 Leichtes Blut, Polka schnell, op. 319 Ägyptischer Marsch, op. 335 Wein, Weib und Gesang, Walzer op. 333
JOH. u. JOS. STRAUSS:	Pizzicato-Polka
JOH. STRAUSS:	Perpetuum mobile, op. 257 Ouvertüre zu „Die Fledermaus"

15. August, 11 Uhr Mozarteum
Dirigent: Robert Heger

J. BRAHMS:	Symphonie Nr. 1, c-Moll, op. 68
A. BRUCKNER:	Symphonie Nr. 4, Es-Dur „Romantische"

20. August, 11 Uhr Festspielhaus
Dirigent: Otto Klemperer

L. v. BEETHOVEN:	Symphonie Nr. 1, C-Dur, op. 21
A. BRUCKNER:	Symphonie Nr. 8, c-Moll

27. August, 11 Uhr Mozarteum[1]
Dirigent: Bruno Walter

W. A. MOZART:	Symphonie C-Dur, KV 200 Eine kleine Nachtmusik G-Dur, KV 525 Menuette und deutsche Tänze aus KV 568, 599, 605 Symphonie C-Dur, KV 551 „Jupiter"

30. August, 20 Uhr Mozarteum
Dirigent: Clemens Krauss
Solisten: Leopold Wlach, Saxophon; Alfred Cortot, Klavier

CL. DEBUSSY:	Rhapsodie für Saxophon und Orchester
C. SAINT-SAËNS:	Konzert für Klavier und Orchester Nr. 4, c-Moll, op. 44
M. RAVEL:	Bolero
C. FRANCK:	Symphonische Variationen für Klavier und Orchester
M. MUSSORGSKIJ / M. RAVEL:	Bilder einer Ausstellung

SERENADEN

28. Juli, 21 Uhr Residenz

Das Mozartorchester Salzburg

Dirigent: Bernhard Paumgartner

W. A. MOZART:	Divertimento D-Dur, KV 251 Symphonie A-Dur, KV 201 Eine kleine Nachtmusik, G-Dur, KV 525

5. August, 21 Uhr Residenz

Die Wiener Philharmoniker

Dirigent: Bernhard Paumgartner
Soli: Karl Swoboda, Oboe; Johann Löw, Klarinette; Emil Kreuziger, Horn; Hugo Burghauser, Fagott

W. A. MOZART:	Sinfonia concertante Es-Dur, für Oboe, Klarinette, Horn, Fagott und Orchester, KV 297 b
	Marsch D-Dur, KV 249
	Serenade D-Dur, KV 250 „Haffner-Serenade" (Violinsolo: Paul Fischer)

12. August, 21 Uhr Residenz

Das Mozartorchester Salzburg

Dirigent: Bernhard Paumgartner

W. A. MOZART:	Marsch D-Dur, KV 237
	Serenade D-Dur, KV 203
	Sechs deutsche Tänze, KV 571

15. August, 21 Uhr Residenz

Die Wiener Philharmoniker

Dirigent: Bernhard Paumgartner

W. A. MOZART:	Divertimento D-Dur, KV 131
	Marsch D-Dur, KV 335
	Serenade D-Dur, KV 320 „Posthorn-Serenade"

17. August, 21 Uhr Residenz

Quartett Mairecker

Mitwirkend: Alfons Grünberg, 2. Viola

A. BRUCKNER:	Streichquintett F-Dur
W. A. MOZART:	Streichquintett g-Moll, KV 516

21. August, 21 Uhr Residenz

Quartett Mairecker

Mitwirkend: Viktor Polatschek, Klarinette; Alfons Grünberg, 2. Viola; Rudolf Mayr, 2. Cello

W. A. MOZART:	Klarinettenquintett A-Dur, KV 581 „Stadler-Quintett"
H. WOLF:	Italienische Serenade, G-Dur
J. BRAHMS:	Streichsextett G-Dur, op. 36

24. August, 21 Uhr Residenz

Die Wiener Philharmoniker

Dirigent: Bernhard Paumgartner

W. A. MOZART:	Symphonie C-Dur, KV 425 „Linzer"
	Cassation B-Dur, KV 99
	Zwei Kontretänze: „La Bataille" und „Der Sieg vom Helden Coburg", C-Dur, KV 535 und 587

LIEDERABEND

27. August, 20 Uhr Mozarteum

Lotte Lehmann, Sopran

Am Flügel: Bruno Walter
Lieder von F. Schubert, R. Schumann, J. Brahms und H. Wolf

KONZERTE GEISTLICHER MUSIK

Dirigent: Joseph Messner
Orgel: Franz Sauer
Der Salzburger Domchor / Das Orchester des Dom-Musik-Vereines

30. Juli, 20.30 Uhr Dom[2]

Soli: Maria Keldorfer-Gehmacher, Dorothea Schröder; Georges Müller, Paul Lorenzi

W. A. MOZART:	Vesperae solennes de confessore, KV 339
	Missa C-Dur, KV 317 „Krönungsmesse"

6. August, 20.30 Uhr Dom[2]

Soli: Gabrielle Ritter-Ciampi, Emilie Rutschka; George Jouatte, Josef von Manowarda

G. ROSSINI:	Stabat mater

13. August, 20.30 Uhr Dom[2]

Soli: Erika Rokyta; Hans Duhan

J. BRAHMS:	Ein deutsches Requiem, op. 45

20. August, 20.30 Uhr Dom[2]

Soli: Isolde van Dyck, Maria Ocherbauer; William Wernigk, Karl Ettl

A. BRUCKNER:	Große Messe in f-Moll

27. August, 20.30 Uhr Dom[2]

Soli: Maria Keldorfer-Gehmacher, Jella von Braun-Fernwald; Hermann Gallos, Richard Mayr

W. A. MOZART:	Requiem, KV 626

25. August, 11 Uhr Stiftskirche St. Peter[1]

Dirigent: Bernhard Paumgartner; Orgel: Franz Sauer
Soli: Erika Rokyta, Maria Keldorfer-Gehmacher; Hermann Gallos, Richard Mayr
Mitglieder des Wiener Philharmonischen und Mozarteum-Orchesters, des Damensingvereines Hummel, des Mozarteumschores, der Salzburger Liedertafel und des Wiener Staatsopernchores

W. A. MOZART:	c-Moll-Messe, KV 427

1934

29. Juli—2. September

SCHAUSPIEL

29. Juli, 5., 12., 19., 26. August, 2. September Domplatz / Festspielhaus

HUGO VON HOFMANNSTHAL

Jedermann

Regie:	Max Reinhardt
Musik:	Einar Nilson
Dirigent:	Bernhard Paumgartner
Orgel:	Franz Sauer
Tänze:	Hede Schaffgotsch
Stimme des Herrn	Raul Lange 29. 7.—26. 8.
	* * * 2. 9.
Tod	Luis Rainer 29. 7.—26. 8.
	Raul Lange 2. 9.
Jedermann	Paul Hartmann
Jedermanns Mutter	Frieda Richard
Guter Gesell	Fred Liewehr 29. 7.—26. 8.
	Karl Burgstaller 2. 9.

Hausvogt	Karl Trabauer
Koch	Harry Horner
Armer Nachbar	Fritz Horn
Schuldknecht	Hanns Kurth
Schuldknechts Weib	Poldi Czernitz-Renn
Buhlschaft	Dagny Servaes
Dicker Vetter	Wilhelm Schich
Dünner Vetter	Richard Eybner 29. 7.—26. 8. Theodor Danegger 2. 9.
Mammon	Raul Lange
Gute Werke	Mariane Walla
Glaube	Hedwig Pistorius 29. 7., 26. 8., 2. 9. Helene Thimig 5.—19. 8.
Teufel	Luis Rainer 29. 7.—28. 8. Theodor Danegger 2. 9.
Spielansager	Franz Löser

7., 11., 15., 21., 27. August, 1. September
Felsenreitschule

JOHANN WOLFGANG VON GOETHE

Faust

Der Tragödie erster Teil

Regie:	Max Reinhardt
Bühnenbild:	Clemens Holzmeister
Kostüme:	Herbert Ploberger
Musik:	Bernhard Paumgartner
Choreographie:	Margarete Wallmann
Dirigent:	Karl Hudez

Mozarteumsorchester
Mozarteumschor
Der Chor „Rodina" (Sofia; Leitung Assen Naidenoff)
Ballett der Wiener Staatsoper

Orgel:	Franz Sauer
Der Herr	Luis Rainer 7.—21. 8. Hanns Kurth 27. 8., 1. 9.
Raphael	Fred Liewehr 7.—27. 8. Karl Burgstaller 1. 9.
Gabriel	Hedwig Pistorius
Michael	Raul Lange
Mephisto	Raoul Aslan
Faust	Ewald Balser 7.—21. 8. Luis Rainer 27. 8., 1. 9.
Erdgeist	Raul Lange
Wagner	Theodor Danegger
Schüler	Richard Tomaselli 7.—27. 8. Harry Horner 1. 9.
Margarethe	Paula Wessely 7., 15.—27. 8., 1. 9. Angela Salloker 11. 8.
Marthe	Lotte Medelsky
Lieschen	Vilma Degischer
Valentin	Fred Liewehr 7.—27. 8. Karl Burgstaller 1. 9.
Frosch	Harry Horner 7.—27. 8. Kurt Kasznar 1. 9.
Brander	Richard Eybner
Siebel	Wilhelm Schich
Altmeyer	Theodor Danegger
Hexe	Frieda Richard
Böser Geist	Helene Thimig 7., 15. 8. Hedwig Pistorius 11., 21., 27. 8., 1. 9.

OPER

29. Juli*, 14. August Festspielhaus

LUDWIG VAN BEETHOVEN

Fidelio

Dirigent:	Clemens Krauss
Inszenierung:	Lothar Wallerstein
Bühnenbild:	Clemens Holzmeister

Die Wiener Philharmoniker
Chor der Wiener Staatsoper

Don Fernando	Karl Hammes
Don Pizarro	Alfred Jerger
Florestan	Franz Völker
Leonore	Lotte Lehmann
Rocco	Richard Mayr
Marzelline	Luise Helletsgruber
Jaquino	Hermann Gallos
1. Gefangener	William Wernigk
2. Gefangener	Karl Ettl

* Verschiebung der Eröffnungsvorstellung vom 28. auf 29. Juli, 11 Uhr (infolge Begräbnis Bundeskanzlers Dr. Dollfuß), eingeleitet mit dem Trauermarsch aus Beethovens „Eroica"

30. Juli, 24., 31. August Festspielhaus

RICHARD WAGNER

Tristan und Isolde

Dirigent:	Bruno Walter
Inszenierung:	Otto Erhardt
Bühnenbild:	Oskar Strnad

Die Wiener Philharmoniker
Chor der Wiener Staatsoper

Tristan	Theo Strack
König Marke	Richard Mayr
Isolde	Anny Konetzni 30. 7., 24. 8 Dorothea Manski 31. 8.
Kurwenal	Josef von Manowarda
Melot	Hans Duhan
Brangäne	Gertrud Rünger 30. 7., 31. 8. Rosette Anday 24. 8.
Hirte	Hermann Gallos
Steuermann	Alfred Muzzarelli
Junger Seemann	Georges Müller 30. 7., 24. 8. Hermann Gallos 31. 8.

1., 18., 29. August Festspielhaus

RICHARD STRAUSS

Der Rosenkavalier

Dirigent:	Clemens Krauss
Inszenierung:	Lothar Wallerstein
Bühnenbild:	Alfred Roller

Die Wiener Philharmoniker
Chor der Wiener Staatsoper

Marschallin	Lotte Lehmann
Baron Ochs	Richard Mayr
Octavian	Eva Hadrabova
Faninal	Hermann Wiedemann
Sophie	Adele Kern
Leitmetzerin	Aenne Michalsky
Valzacchi	Hermann Gallos
Annina	Gertrud Rünger
Haushofmeister bei Marschallin	Viktor Madin
Haushofmeister bei Faninal	William Wernigk
Polizeikommissär	Viktor Madin
Notar	Alfred Muzzarelli
Sänger	Charles Kullmann
Wirt	William Wernigk

3. August Festspielhaus

WOLFGANG AMADEUS MOZART

Die Hochzeit des Figaro

Dirigent:	Clemens Krauss
Inszenierung:	Lothar Wallerstein
Bühnenbild:	Alfred Roller

Die Wiener Philharmoniker
Chor der Wiener Staatsoper

Graf Almaviva	Alfred Jerger
Gräfin	Viorica Ursuleac
Susanne	Adele Kern
Figaro	Karl Hammes
Basilio	William Wernigk
Bartolo	Karl Norbert
Marcelline	Gertrud Rünger
Cherubin	Margit Bokor
Antonio	Viktor Madin
Barbarina	Aenne Michalsky
Curzio	Hermann Gallos

4., 8., 16., 20.*, 25. August Festspielhaus

WOLFGANG AMADEUS MOZART

Don Giovanni

(in italienischer Sprache)

Dirigent:	Bruno Walter
Inszenierung:	Karl Heinz Martin
Bühnenbild:	Oskar Strnad
Choreographie:	Margarete Wallmann

Die Wiener Philharmoniker
Chor und Ballett der Wiener Staatsoper

Don Giovanni	Ezio Pinza
Donna Elvira	Maria Müller 4., 16. Luise Helletsgruber 8., 20., 25.
Il Commendatore	Emanuel List
Donna Anna	Dusolina Giannini 4., 16.—25. Elisabeth Feuge 8.

Don Ottavio	Dino Borgioli
Leporello	Virgilio Lazzari
Zerline	Lotte Schöne
Masetto	Karl Ettl

* Die für 20. August vorgesehene Aufführung der „Frau ohne Schatten" wurde aus technischen Gründen durch „Don Giovanni" ersetzt

9. August Festspielhaus

RICHARD STRAUSS

Die ägyptische Helena

Dirigent:	Clemens Krauss
Inszenierung:	Lothar Wallerstein
Bühnenbild:	Alfred Roller und Robert Kautsky

Die Wiener Philharmoniker
Chor der Wiener Staatsoper

Helena	Viorica Ursuleac
Menelas	Franz Völker
Hermione	Elise Bachrich
Aithra	Margit Bokor
Altair	Alfred Jerger
Da-Ud	Charles Kullmann
1. Dienerin	Luise Helletsgruber
2. Dienerin	Polly Batic
1. Elf	Aenne Michalsky
2. Elf	Margit Szathmary
3. Elf	Fanny Salinger
4. Elf	Frieda Stroinigg
Die alles wissende Muschel	Gertrud Rünger

13., 22. August Festspielhaus

CARL MARIA VON WEBER

Oberon

Dirigent:	Bruno Walter
Inszenierung:	Franz Ludwig Hörth
Bühnenbild:	Oskar Strnad
Choreographie:	Margarete Wallmann

Die Wiener Philharmoniker
Chor und Ballett der Wiener Staatsoper

Oberon	Margit Bokor
Titania	Herma Lutwak
Elfen: Puck	Gertrud Rünger
Droll	Aenne Michalsky
Meermädchen	Aenne Michalsky
Harun al Raschid	Wilhelm Schich
Rezia	Maria Müller 13. Anny Konetzni 22.
Fatime	Rosette Anday
Babekan	Hans Bergen
Mesru	Andrei Jerschik
Almansor	Karl Ettl
Roschana	Dagny Servaes
Nadine	Ruth Maria Schmidt
Abdallah	Heinrich Berthold
Kaiser Karl der Große	Fritz Birkmayer
Hüon	Charles Kullmann
Scherasmin	Karl Hammes

17. August Festspielhaus

RICHARD STRAUSS

Elektra

Dirigent:	Clemens Krauss
Inszenierung:	Lothar Wallerstein
Bühnenbild:	Alfred Roller

Die Wiener Philharmoniker
Chor der Wiener Staatsoper

Klytämnestra	Gertrud Rünger
Elektra	Rose Pauly
Chrysothemis	Viorica Ursuleac
Aegisth	Gunnar Graarud
Orest	Alfred Jerger
Pfleger des Orest	Karl Ettl
Vertraute	Margit Szatmary
Schleppenträgerin	Martha Karl
Junger Diener	William Wernigk
Alter Diener	Alfred Muzzarelli
Aufseherin	Margit Bokor
1. Magd	Bella Paalen
2. Magd	Polly Batic
3. Magd	Eva Hadrabova
4. Magd	Aenne Michalsky
5. Magd	Luise Helletsgruber

28. August Festspielhaus

WOLFGANG AMADEUS MOZART

Così fan tutte

Dirigent:	Clemens Krauss
Inszenierung:	Lothar Wallerstein
Bühnenbild:	Ludwig Sievert

Die Wiener Philharmoniker

Fiordiligi	Viorica Ursuleac
Dorabella	Gertrud Rünger
Guglielmo	Karl Hammes
Ferrando	Franz Völker
Despina	Adele Kern
Don Alfonso	Josef von Manowarda

ORCHESTERKONZERTE
der Wiener Philharmoniker

31. Juli, 20 Uhr Mozarteum

Dirigent: Willem Mengelberg

J. CHRISTIAN BACH:	Sinfonia B-Dur, op. 18, Nr. 2
L. v. BEETHOVEN:	Symphonie Nr. 6, F-Dur, op. 68 „Pastorale"
P. I. TSCHAIKOWSKIJ:	Symphonie Nr. 5, e-Moll, op. 64

2. August, 20 Uhr Mozarteum

Dirigent: Vittorio Gui

J. BRAHMS:	Symphonie Nr. 1, c-Moll, op. 68
G. B. PERGOLESI / V. GUI:	Adagio aus der Triosonate G-Dur Kantate „Euridice"
F. BUSONI:	Tanzwalzer für Orchester, op. 53
L. v. BEETHOVEN:	Ouvertüre z. d. Trauerspiel „Coriolan", op. 62
R. WAGNER:	Karfreitagszauber aus „Parsifal"

10. August, 20 Uhr Festspielhaus

Dirigent: Bruno Walter

G. F. HÄNDEL:	Concerto grosso g-Moll, op. 6, Nr. 6
J. HAYDN:	Symphonie Nr. 88, G-Dur
L. v. BEETHOVEN:	Symphonie Nr. 3, Es-Dur, op. 55 „Eroica"

12. August, 11 Uhr Mozarteum

Dirigent: Felix von Weingartner
Solist: Robert Casadesus, Klavier

L. v. BEETHOVEN:	Ouvertüre zu Goethes „Egmont", op. 84 Konzert für Klavier und Orchester Nr. 5, Es-Dur, op. 73 Symphonie Nr. 5, c-Moll, op. 67

15. August, 11 Uhr Mozarteum

Dirigent: Bruno Walter
Soli: Rosette Anday, Alt; Charles Kullmann, Tenor

F. SCHUBERT:	Symphonie Nr. 8, h-Moll „Unvollendete"
G. MAHLER:	Das Lied von der Erde

19. August, 11 Uhr Mozarteum[1]

Dirigent und Solist: Bruno Walter

W. A. MOZART:	Divertimento B-Dur, KV 287 Konzert für Klavier und Orchester d-Moll, KV 466 Symphonie g-Moll, KV 550

23. August, 20 Uhr Festspielhaus

Dirigent: Arturo Toscanini

W. A. MOZART:	Symphonie D-Dur, KV 385 „Haffner"
J. BRAHMS:	Variationen über ein Thema von Joseph Haydn, op. 56a
L. v. BEETHOVEN:	Symphonie Nr. 7, A-Dur, op. 92

26. August, 11 Uhr Festspielhaus

Dirigent: Arturo Toscanini
Solistin: Lotte Lehmann, Sopran

R. WAGNER:	Eine Faust-Ouvertüre
	Vorspiel zum 1. und 3. Akt „Lohengrin"
	Hallenarie aus „Tannhäuser"
	Siegfrieds Rheinfahrt aus „Götterdämmerung"
	Drei Lieder nach Gedichten v. Mathilde Wesendonck
	Siegfrieds Tod und Trauermarsch aus „Götterdämmerung"
	Vorspiel zu „Die Meistersinger von Nürnberg"

30. August, 20 Uhr Festspielhaus

Dirigent: Arturo Toscanini

L. CHERUBINI:	Ouvertüre zu „Anakreon"
J. BRAHMS:	Symphonie Nr. 3, F-Dur, op. 90
CL. DEBUSSY:	Prélude à l'après-midi d'un faune
H. BERLIOZ:	La reine Mab, Scherzo aus „Romeo und Julia"
J. S. BACH / O. RESPIGHI:	Passacaglia

CHORKONZERTE

5. August, 11 Uhr Mozarteum

Die Wiener Sängerknaben

Musikalische Leitung: Leopold Emmer

A. LORTZING:	Die Opernprobe

Chöre und Arien von J. Handl, J. Gallus, M. Reger, R. Strauss und L. Emmer

6. August, 20 Uhr Mozarteum

Chor der Wiener Staatsoper

Dirigent und am Flügel: Clemens Krauss
Solistin: Viorica Ursuleac, Sopran

R. STRAUSS:	Zwei Gesänge, op. 34/1, 2
	„Frühlingsfeier", op. 56/5
	„Mein Auge", op. 37/4
	„Cäcilie", op. 27/2
	Deutsche Motette, op. 62

KAMMERKONZERT

9. August, 20 Uhr Mozarteum[1]

Das Mozartorchester Salzburg

Dirigent: Bernhard Paumgartner
Solistin: Lily Krauss, Klavier

W. A. MOZART:	Divertimento F-Dur, KV 247
L. v. BEETHOVEN:	Konzert für Klavier und Orchester Nr. 3 c-Moll, op. 37
W. A. MOZART:	Symphonie A-Dur, KV 201

LIEDERABEND

2. September, 11 Uhr Mozarteum

Lotte Lehmann, Sopran

Am Flügel: Bruno Walter
Lieder von L. v. Beethoven, F. Schubert, R. Schumann, J. Brahms und H. Wolf

SERENADEN

3. August, 21 Uhr Residenz

Das Mozartorchester Salzburg

Dirigent: Bernhard Paumgartner

W. A. MOZART:	Divertimento D-Dur, KV 251
	Marsch D-Dur, KV 237
	Serenade D-Dur, KV 203 (Violinsolo: Theodor Müller)
	Sechs deutsche Tänze, KV 571

13. August, 21 Uhr Residenz

Das Mozartorchester Salzburg

Dirigent: Bernhard Paumgartner

W. A. MOZART:	Eine kleine Nachtmusik G-Dur, KV 525
	Marsch D-Dur, KV 249
	Serenade D-Dur, KV 250 „Haffner-Serenade" (Violinsolo: Theodor Müller)

16. August, 21 Uhr Residenz

Quartett Mairecker

Mitwirkend: Alfons Grünberg, 2. Viola

W. A. MOZART:	Streichquintett C-Dur, KV 515
F. SCHUBERT:	Streichquartett d-Moll, op. posth. „Der Tod und das Mädchen"

22. August, 21 Uhr Residenz

Das Mozartorchester Salzburg

Dirigent: Bernhard Paumgartner

W. A. MOZART:	Marsch C-Dur aus KV 408
	Serenade c-Moll, KV 388
	Symphonie C-Dur, KV 425 „Linzer"

24. August, 21 Uhr Residenz

Das Mozartorchester Salzburg

Dirigent: Bernhard Paumgartner

W. A. MOZART:	Cassation B-Dur, KV 99
	Marsch D-Dur, KV 335
	Serenade D-Dur, KV 320

1. September, 21 Uhr Residenz

Quartett Mairecker

Mitwirkend: Rudolf Mayr, 2. Violoncello

W. A. MOZART:	Streichquartett G-Dur, KV 387
F. SCHUBERT:	Streichquintett C-Dur, op. 163

KONZERTE GEISTLICHER MUSIK

29. Juli, 20.30 Uhr Dom[2]

Dirigent: Joseph Messner
Orgel: Franz Sauer
Soli: Christa Kern, Sopran; Martha Schlager, Alt; Frédéric Anspach, Tenor; Paul Lorenzi, Baß
Der Salzburger Domchor — Das verstärkte Orchester des Dom-Musik-Vereines

W. A. MOZART:	Litaniae de venerabili altaris sacramento, KV 243
	Missa solemnis C-Dur, KV 337

5. August, 20.30 Uhr Dom[2]

Dirigent: Joseph Messner
Orgel: Franz Sauer

Soli: Rose Baumann-Radulescu, Gertrude Pitzinger; Frédéric Anspach, Paul Lorenzi
Der Salzburger Domchor — Das verstärkte Orchester des Dom-Musik-Vereines
A. DVOŘÁK: Stabat mater

12. August, 20.30 Uhr Dom[2]
Dirigent: Joseph Messner
Soli: Stella Romano, Sopran; Giuseppe Manachini, Bariton
Der Salzburger Domchor — Das verstärkte Orchester des Dom-Musik-Vereines
G. VERDI: Stabat mater
V. GNECCHI: Biblische Kantate (Uraufführung)

19. August, 20.30 Uhr Dom[2]
Dirigent: Joseph Messner
Soli: Rose Baumann-Radulescu, Jella Hochreiter; Franz Furch, Karl Ettl
Der Salzburger Domchor — Das verstärkte Orchester des Dom-Musik-Vereines
L. v. BEETHOVEN: Missa solemnis D-Dur, op. 123

26. August, 20.30 Uhr Dom[2]
Dirigent: Joseph Messner
Orgel: Franz Sauer
Soli: Maria Keldorfer-Gehmacher, Jella von Braun-Fernwald; Hermann Gallos, Josef von Manowarda
Der Salzburger Domchor / Das Orchester des Dom-Musik-Vereines
W. A. MOZART: Requiem, KV 626

28. August, 20 Uhr Stiftskirche St. Peter[1]
Dirigent: Bernhard Paumgartner; Orgel: Franz Sauer
Soli: Felicie Hüni-Mihacsek, Maria Keldorfer-Gehmacher; Hermann Gallos, Karl Ettl
Das Mozartorchester und Mitglieder der Wiener Philharmoniker
Der Mozarteumschor und Mitglieder des Wiener Staatsopernchors
W. A. MOZART: c-Moll-Messe, KV 427

1935

27. Juli—1. September

SCHAUSPIEL

28. Juli, 4., 11., 18., 25. August, 1. September Domplatz / Festspielhaus
HUGO VON HOFMANNSTHAL

Jedermann

Regie: Max Reinhardt
Musik: Einar Nilson
Dirigent: Bernhard Paumgartner
Tänze: Hede Schaffgotsch
Orgel: Franz Sauer

Stimme des Herrn Raul Lange
Tod Kurt von Lessen
Jedermann Attila Hörbiger
Jedermanns Mutter Frieda Richard
Guter Gesell Karl Burgstaller 28.7, Fred Liewehr 4.—25. 8., 1. 9.
Hausvogt Friedrich Bertel
Koch Harry Horner
Armer Nachbar Fritz Horn
Schuldknecht Hanns Kurth
Schuldknechts Weib Poldi Czernitz-Renn
Buhlschaft Dagny Servaes
Dicker Vetter Wilhelm Schich
Dünner Vetter Richard Eybner
Mammon Raul Lange
Gute Werke Mariane Walla
Glaube Helene Thimig
Teufel Ludwig Stössel
Spielansager Hans Bergen

2., 6., 10., 16., 22. August, 1. September Felsenreitschule
JOHANN WOLFGANG VON GOETHE

Faust
Der Tragödie erster Teil

Regie: Max Reinhardt
Bühnenbild: Clemens Holzmeister
Kostüme: Herbert Ploberger
Musik: Bernhard Paumgartner
Dirigent: Karl Hudez
Choreographie: Margarete Wallmann
Mozarteumsorchester — Mozarteumschor
Ballett der Wiener Staatsoper
Orgel: Franz Sauer

Der Herr Josef Danegger 2.—10., 22. 8., 1. 9., Alfred Jerger 16. 8.
Raphael Fred Liewehr
Gabriel Hedwig Pistorius
Michael Raul Lange
Mephisto Raoul Aslan
Faust Ewald Balser
Erdgeist Raul Lange
Wagner Ludwig Stössel
Schüler Harry Horner
Margarethe Paula Wessely
Marthe Lotte Medelsky
Lieschen Vilma Degischer 2., 6., 22. 8., Nora Minor 10., 16. 8., 1. 9.
Valentin Fred Liewehr
Frosch Harry Horner
Brander Richard Eybner
Siebel Wilhelm Schich
Altmeyer Ludwig Stössel
Hexe Frieda Richard
Böser Geist Helene Thimig

OPER

27. Juli Festspielhaus
RICHARD WAGNER

Tristan und Isolde

Dirigent: Bruno Walter
Inszenierung: Otto Erhardt
Bühnenbild: Oskar Strnad
Die Wiener Philharmoniker
Chor der Wiener Staatsoper

Tristan Josef Kalenberg
König Marke Emanuel List
Isolde Anny Konetzni
Kurwenal Emil Schipper
Melot Hans Duhan
Brangäne Kerstin Thorborg
Hirte Hermann Gallos
Steuermann Alfred Muzzarelli
Junger Seemann Hermann Gallos

29. Juli, 3., 17., 26. August
Festspielhaus
GIUSEPPE VERDI

Falstaff
(in italienischer Sprache)

Dirigent: Arturo Toscanini
Inszenierung: Guido Salvini
Bühnenbild: Robert Kautsky
Kostüme: Ladislaus Czettel
Choreographie: Margarete Wallmann
Die Wiener Philharmoniker
Chor und Ballett der Wiener Staatsoper

Falstaff Mariano Stabile
Ford Piero Biasini
Fenton Dino Borgioli
Dr. Cajus Angelo Badà
Bardolph Giuseppe Nessi
Pistol Fernando Autori
Mrs. Ford Maria Caniglia 29. 7., 3. 8., Dusolina Giannini 17., 26. 8.
Nanette Edith Mason
Mrs. Page Mita Vasari
Mrs. Quickly Angelica Cravcenco

30. Juli, 9., 27. August Festspielhaus

RICHARD STRAUSS

Der Rosenkavalier

Dirigent: Josef Krips
Inszenierung: Lothar Wallerstein
Bühnenbild: Alfred Roller
Die Wiener Philharmoniker
Chor der Wiener Staatsoper

Marschallin Lotte Lehmann
Baron Ochs Fritz Krenn
Octavian Eva Hadrabova 30. 7.
Jarmila Novotna 9. 8.
Margit Angerer 27. 8.
Faninal Viktor Madin 30. 7., 9. 8.
Hermann Wiedemann 27. 8.
Sophie Adele Kern
Leitmetzerin Aenne Michalsky
Valzacchi Hermann Gallos
Annina Polly Batic
Haushofmeister bei Marschallin Viktor Maiwald 30. 7., 9. 8.
Viktor Madin 27. 8.
Haushofmeister bei Faninal William Wernigk
Polizeikommissär Karl Ettl 30. 7., 9. 8.
Viktor Madin 27. 8.
Notar Alfred Muzzarelli
Sänger Charles Kullmann
Wirt William Wernigk

1., 8., 15., 23., 28. August Festspielhaus

WOLFGANG AMADEUS MOZART

Don Giovanni

(in italienischer Sprache)

Dirigent: Bruno Walter
Inszenierung: Karl Heinz Martin
Bühnenbild: Oskar Strnad
Choreographie: Margarete Wallmann
Die Wiener Philharmoniker
Chor und Ballett der Wiener Staatsoper

Don Giovanni Ezio Pinza
Donna Elvira Luise Helletsgruber
Il Commendatore Emanuel List
Donna Anna Giannina Arangi-Lombardi 1., 8., 15.
Dusolina Giannini 23., 28.
Don Ottavio Dino Borgioli
Leporello Virgilio Lazzari 1., 8., 15., 28.
Fernando Autori 23.
Zerline Lotte Schöne 1., 23., 28.
Aenne Michalsky 8., 15.
Masetto Karl Ettl

5., 19. August Festspielhaus

WOLFGANG AMADEUS MOZART

Così fan tutte

Dirigent: Felix v. Weingartner
Inszenierung: Lothar Wallerstein
Bühnenbild: Ludwig Sievert
Die Wiener Philharmoniker
Chor der Wiener Staatsoper

Fiordiligi Jarmila Novotna
Dorabella Eva Hadrabova
Guglielmo Alfred Jerger
Ferrando Charles Kullmann
Despina Adele Kern
Don Alfonso Karl Norbert

7., 14., 24., 31. August Festspielhaus

LUDWIG VAN BEETHOVEN

Fidelio

Dirigent: Arturo Toscanini
Inszenierung: Lothar Wallerstein
Bühnenbild: Clemens Holzmeister
Die Wiener Philharmoniker
Chor der Wiener Staatsoper

Don Fernando Emanuel List
Don Pizarro Alfred Jerger
Florestan Andreas von Rösler
Leonore Lotte Lehmann
Rocco Anton Baumann
Marzelline Luise Helletsgruber
Jaquino Hermann Gallos
1. Gefangener William Wernigk
2. Gefangener Karl Ettl

12., 21., 29. August Festspielhaus

WOLFGANG AMADEUS MOZART

Die Entführung aus dem Serail

Dirigent: Bruno Walter
Inszenierung: Herbert Graf
Bühnenbild: Oskar Strnad
Die Wiener Philharmoniker
Chor und Ballett der Wiener Staatsoper

Selim, Bassa Alfred Muzzarelli
Konstanze Margherita Perras
Blondchen Margit Bokor 12.
Lotte Schöne 21., 29.
Belmonte Charles Kullmann
Pedrillo William Wernigk
Osmin Berthold Sterneck 12., 29.
Ludwig Hofmann 21.
Anführer der Wachen Karl Ettl

13., 30. August Festspielhaus

WOLFGANG AMADEUS MOZART

Die Hochzeit des Figaro

Dirigent: Felix v. Weingartner
Inszenierung: Lothar Wallerstein
Bühnenbild: Alfred Roller
Choreographie 3. Akt Margarete Wallmann
Die Wiener Philharmoniker
Chor und Ballett der Wiener Staatsoper

Graf Almaviva Alfred Jerger
Gräfin Jarmila Novotna
Susanne Adele Kern
Figaro Ludwig Hofmann
Basilio William Wernigk
Bartolo Karl Norbert
Marcelline Polly Batic
Cherubin Margit Bokor
Antonio Viktor Madin
Barbarina Dora Komarek
Curzio Hermann Gallos

ORCHESTERKONZERTE

der Wiener Philharmoniker

28. Juli, 11 Uhr Mozarteum

Dirigent: Felix von Weingartner
L. v. BEETHOVEN: Symphonie Nr. 1, C-Dur, op. 21
Ouvertüre „Leonore" 2 C-Dur, op. 72 a
Symphonie Nr. 3, Es-Dur, op. 55 „Eroica"

31. Juli, 20 Uhr Mozarteum

Dirigent: Erich Kleiber
Solist: Marcell Maas, Klavier
W. A. MOZART: Symphonie B-Dur, KV 319
J. S. BACH: Konzert für Klavier und Orchester, d-Moll
L. v. BEETHOVEN: Symphonie Nr. 7, A-Dur, op. 92

4. August, 11 Uhr Mozarteum

Dirigent: Felix von Weingartner
Solistin: Vera de Villiers, Sopran
H. BERLIOZ: Symphonie fantastique, op. 14
CL. DEBUSSY: Prélude à l'après-midi d'un faune
H. BERLIOZ: „Absence"
H. FOUQUES-DUPARC: „Phidyle"
P. DUKAS: L'apprenti sorcier

11. August, 11 Uhr Mozarteum

Dirigent: Adrian Boult
G. T. HOLST: Ballett aus „The perfect fool"
A. BLISS: Music for Strings (Uraufführung)
A. E. BAX: „Tintagel" Symphonische Dichtung
R. VAUGHAN WILLIAMS: Job, A masque for dancing (1931)

15. August, 11 Uhr Festspielhaus

Dirigent: Arturo Toscanini

G. A. ROSSINI:	Ouvertüre zu „La scala di seta"
W. A. MOZART:	Symphonie g-Moll, KV 550
J. BRAHMS:	Symphonie Nr. 4, e-Moll, op. 98

18. August, 11 Uhr Mozarteum

Dirigent: Bruno Walter
Soli: Robert und Gaby Casadesus, Klavier

W. A. MOZART:	Symphonie D-Dur, KV 385 „Haffner" Fuge für zwei Klaviere c-Moll, KV 426
A. BRUCKNER:	Symphonie Nr. 4, Es-Dur „Romantische"

20. August, 19 Uhr Festspielhaus

Dirigent: Erich Kleiber

A. DVOŘÁK:	Symphonie Nr. 9, e-Moll, op. 95 „Aus der Neuen Welt"
F. SCHUBERT:	Symphonie Nr. 5, B-Dur
JOS. STRAUSS:	Sphärenklänge, Walzer, op. 235

22. August, 11 Uhr Festspielhaus

Dirigent: Arturo Toscanini

G. F. HÄNDEL:	Concerto grosso h-Moll, op. 6, Nr. 12
F. MENDELSSOHN-BARTHOLDY:	Symphonie Nr. 5, d-Moll, op. 107 „Reformationssymphonie"
CL. DEBUSSY:	Nocturnes (Nuages, Fêtes)
R. WAGNER:	Siegfried-Idyll
G. VERDI:	Ouvertüre zu „Die sizilianische Vesper"

25. August, 11 Uhr Festspielhaus

Dirigent: Bruno Walter

F. SCHUBERT:	Symphonie Nr. 8, h-Moll „Unvollendete" Ouvertüre, Entre-acte, Ballettmusik I. u. II. aus „Rosamunde"
W. A. MOZART:	Zwei Menuette Drei deutsche Tänze, KV 605
F. v. SUPPÉ:	Ouvertüre zu „Die schöne Galathee"
JOH. STRAUSS:	Geschichten aus dem Wienerwald Walzer, op. 325 Ouvertüre zu „Die Fledermaus"

25. August, 15.45 Uhr Mozarteum

Außerordentliches Konzert

Dirigent: Arturo Toscanini

G. A. ROSSINI:	Ouvertüre zu „La scala di seta"
R. WAGNER:	Siegfried-Idyll
F. MENDELSSOHN-BARTHOLDY:	Symphonie Nr. 5, d-Moll, op. 107 „Reformationssymphonie"

SOLISTENKONZERT

13. August, 20.30 Uhr Mozarteum

Heinz und Robert Scholz, Klavier

J. S. BACH / E. SCHWEBSCH:	Die Kunst der Fuge

KAMMERKONZERT

1. September, 11 Uhr Mozarteum

Das Rosé-Quartett

F. SCHUBERT:	Streichquartett G-Dur, op. 161
W. A. MOZART:	Streichquartett d-Moll, KV 421
L. v. BEETHOVEN:	Streichquartett F-Dur, op. 135

LIEDERABEND

20. August, 11 Uhr Mozarteum

Lotte Lehmann, Sopran

Am Flügel: Bruno Walter
Lieder von W. A. Mozart (KV 523, 524, 308, 518), R. Schumann, H. Duparc, M. P. Mussorgskij, H. Berlioz, J. Brahms

SERENADEN

7. August, 21 Uhr Residenz

Das Mozarteum-Orchester

Dirigent: Bernhard Paumgartner

W. A. MOZART:	Divertimento D-Dur, KV 251 Marsch D-Dur, KV 237 Serenade D-Dur, KV 203 (Solovioline: Theodor Müller) Sechs deutsche Tänze, KV 571

10. August, 21 Uhr Residenz

Quartett Mairecker

W. A. MOZART:	Streichquartett B-Dur, KV 589
F. SCHUBERT:	Quartettsatz c-Moll, op. posth.
J. HAYDN:	Streichquartett C-Dur, op. 76, Nr. 3 „Kaiserquartett"

16. August, 21 Uhr Residenz

Quartett Mairecker

W. A. MOZART:	Streichquartett A-Dur, KV 464 „Paukenquartett"
F. SCHUBERT:	Streichquartett G-Dur, op. 161

20. August, 21 Uhr Residenz

Das Mozart-Orchester Salzburg

Dirigent: Bernhard Paumgartner

W. A. MOZART:	Marsch D-Dur, KV 249 Serenade D-Dur, KV 250 „Haffner-Serenade" (Violinsolo: Theodor Müller) Eine kleine Nachtmusik G-Dur, KV 525

26. August, 21 Uhr Residenz

Das Mozart-Orchester Salzburg

Dirigent: Bernhard Paumgartner

W. A. MOZART:	Serenade D-Dur, KV 100 Divertimento F-Dur, KV 247 Symphonie A-Dur, KV 201

31. August, 21 Uhr Residenz

Das Mozart-Orchester Salzburg

Dirigent: Bernhard Paumgartner
Solist: Theodor Müller, Violine

W. A. MOZART:	Marsch B-Dur aus KV 99 Rondo concertante für Violine und Orchester B-Dur, KV 269 Serenade D-Dur, KV 320 „Posthorn-Serenade" Marsch D-Dur, KV 335

KONZERTE GEISTLICHER MUSIK

28. Juli, 20.30 Uhr Dom[2]

Dirigent: Joseph Messner
Orgel: Franz Sauer
Soli: Lucia Corridori, Sopran; Maria Ocherbauer, Alt; Georges Müller, Tenor; Paul Lorenzi, Baß
Der Salzburger Domchor — Das verstärkte Orchester des Dom-Musik-Vereines

W. A. MOZART:	Sonate C-Dur für Orgel und Orchester, KV 329
	Motette „Exsultate, jubilate", KV 165
L. v. BEETHOVEN:	Messe C-Dur, op. 86

4. August, 20.30 Uhr Dom[2]

Dirigent: Joseph Messner
Orgel: Franz Sauer
Solistin: Lucia Corridori, Sopran;
Der Salzburger Domchor — Das verstärkte Orchester des Dom-Musik-Vereines

G. P. PALESTRINA:	Stabat mater
V. GNECCHI:	Missa Salisburgensis

11. August, 20.30 Uhr Dom[2]

Dirigent: Joseph Messner
Orgel: Franz Sauer
Soli: Maria Keldorfer-Gehmacher, Sopran; Luise Haager-Gruber, Alt; Georges Müller, Tenor; Paul Lorenzi, Baß
Der Salzburger Domchor — Das Orchester des Dom-Musik-Vereines

J. S. BACH:	„Actus tragicus", Kantate Nr. 106
G. F. HÄNDEL:	Psalm 100
W. A. MOZART:	Missa C-Dur, KV 317 „Krönungsmesse"

18. August, 20.30 Uhr Dom[2]

Dirigent und an der Orgel: Joseph Messner
Solistin: Eide Norena, Sopran
Der Salzburger Domchor

J. S. BACH:	Motette „Jesu, meine Freude"
J. BRAHMS:	Choralvorspiel „O wie selig seid ihr"
	Motette „Warum ist das Licht gegeben"
J. S. BACH:	Bist du bei mir
G. F. HÄNDEL:	„O hätt' ich Jubals Harfe"
H. WOLF:	Ach des Knaben Augen
	Charwoche
	Schlafendes Jesuskind
A. BRUCKNER:	Motette „Ave Maria"
M. REGER:	Romanze für die Orgel
	Motette „Palmsonntagmorgen"

25. August, 20.30 Uhr Dom[2]

Dirigent: Joseph Messner
Orgel: Franz Sauer
Soli: Elisabeth Forini, Emilie Rutschka; Hermann Gallos, Felix Loeffel
Der Salzburger Domchor — Das verstärkte Orchester des Dom-Musik-Vereines

W. A. MOZART:	Requiem, KV 626

KIRCHENKONZERTE

Dirigent: Bernhard Paumgartner
Orgel: Franz Sauer

17. August, 11 Uhr Stiftskirche St. Peter[1]

Soli: Felicie Hüni-Mihacsek, Maria Keldorfer-Gehmacher; Hermann Gallos, Felix Loeffel
Das Mozart-Orchester — Der Mozarteumschor — Mitglieder des Wiener Staatsopernchors

W. A. MOZART:	c-Moll-Messe, KV 427

24. August, 11 Uhr Stiftskirche St. Peter[1]

Soli: Erika Rokyta, Sopran; Martha Schlager, Alt; Hermann Gallos, Tenor; Felix Loeffel, Baß
Das Mozart-Orchester — Der Mozarteumschor

W. A. MOZART:	Kyrie d-Moll, KV 341
	Offertorium „Sub tuum praesidium", KV 198
	Sonate C-Dur für Orgel und Orchester, KV 329
	Offertorium „Inter natos mulierum", KV 72
	Aus „Vesperae solennes de confessore", KV 339
	Aus „Litaniae de venerabili altaris sacramento" Es-Dur, KV 243
	Motette „Ave verum corpus", KV 618

1936

25. Juli—31. August

SCHAUSPIEL

26. Juli, 2., 9., 15., 23., 30. August
Domplatz / Festspielhaus

HUGO VON HOFMANNSTHAL

Jedermann

Regie:	Max Reinhardt
Musik:	Einar Nilson
Dirigent:	Bernhard Paumgartner
Tänze:	Hede Schaffgotsch
Orgel:	Franz Sauer
Stimme des Herrn	Raul Lange
Tod	Kurt von Lessen
Jedermann	Attila Hörbiger
Jedermanns Mutter	Frieda Richard
Guter Gesell	Fred Liewehr 26. 7., 2.—15. 8.
	Karl Burgstaller 23., 30. 8.
Hausvogt	Kurt Kasznar
Koch	Harry Horner 26. 7.—15. 8.
	HansHerbert23.,30.8.
Armer Nachbar	Fritz Horn
Schuldknecht	Hanns Kurth
Schuldknechts Weib	Roswitha Posselt 26. 7., 2., 9., 30. 8.
	Poldi Czernitz-Renn 15., 23. 8.
Buhlschaft	Dagny Servaes
Dicker Vetter	Josef Danegger
Dünner Vetter	Richard Eybner 26. 7.—15. 8.
	Harry Horner 23., 30. 8.
Mammon	Raul Lange
Gute Werke	Mariane Walla
Glaube	Helene Thimig
Teufel	Ludwig Stössel
Spielansager	Hans Bergen 26. 7., 2., 9. 8.
	Alfred Schnayder 15.—30. 8.

15. August 100. Aufführung seit dem Jahre 1920

30. Juli, 3., 7., 12., 19., 28. August
Felsenreitschule

JOHANN WOLFGANG VON GOETHE

Faust

Der Tragödie erster Teil

Regie:	Max Reinhardt
Bühnenbild:	Clemens Holzmeister
Kostüme:	Herbert Ploberger
Musik:	Bernhard Paumgartner
Dirigent:	Karl Hudez
Choreographie:	Margarete Wallmann
Orgel:	Franz Sauer

Mozarteumsorchester — Mozarteumschor
Ballett der Wiener Staatsoper

Der Herr	Josef Danegger
Raphael	Fred Liewehr 30. 7., 3.—19. 8. Harry Horner 28. 8.
Gabriel	Hedwig Pistorius
Michael	Raul Lange
Mephisto	Franz Schafheitlin
Faust	Ewald Balser
Erdgeist	Raul Lange
Wagner	Ludwig Stössel
Schüler	Harry Horner 30. 7., 3. 8. Richard Tomaselli 7.—28. 8.
Margarethe	Paula Wessely
Marthe	Lotte Medelsky
Lieschen	Vilma Degischer 30. 7., 3., 28. 8. Nora Minor 7.—19. 8.
Valentin	Fred Liewehr 30. 7., 3.—19. 8. Raul Lange 28. 8.
Frosch	Harry Horner
Brander	Richard Eybner
Siebel	Josef Danegger
Altmeyer	Ludwig Stössel
Hexe	Frieda Richard
Böser Geist	Helene Thimig

OPER

25. Juli, 5., 16., 31. August Festspielhaus

LUDWIG VAN BEETHOVEN

Fidelio

Dirigent:	Arturo Toscanini
Inszenierung:	Lothar Wallerstein
Bühnenbild:	Clemens Holzmeister

Die Wiener Philharmoniker
Chor der Wiener Staatsoper

Don Fernando	Carl Bissuti
Don Pizarro	Alfred Jerger
Florestan	Koloman von Pataky
Leonore	Lotte Lehmann 25. 7., 16., 31. 8. Anny Konetzni 5. 8.
Rocco	Anton Baumann
Marzelline	Luise Helletsgruber
Jaquino	Hermann Gallos
1. Gefangener	William Wernigk
2. Gefangener	Karl Ettl

27. Juli, 29. August Festspielhaus

WOLFGANG AMADEUS MOZART

Die Hochzeit des Figaro

Dirigent:	Felix v. Weingartner
Inszenierung:	Lothar Wallerstein
Bühnenbild:	Alfred Roller
Choreographie 3. Akt	Margarete Wallmann

Die Wiener Philharmoniker
Chor und Ballett der Wiener Staatsoper

Graf Almaviva	Alfred Jerger
Gräfin	Jarmila Novotna
Susanne	Elisabeth Schumann
Figaro	Ludwig Hofmann
Basilio	William Wernigk
Bartolo	Karl Ettl
Marcelline	Polly Batic
Cherubin	Margit Bokor
Antonio	Viktor Madin
Barbarina	Dora Komarek
Curzio	Hermann Gallos

28. Juli, 4., 13., 24. August Festspielhaus

WOLFGANG AMADEUS MOZART

Don Giovanni

(in italienischer Sprache)

Dirigent:	Bruno Walter
Inszenierung:	Karl Heinz Martin
Bühnenbild:	Oskar Strnad
Choreographie:	Margarete Wallmann

Die Wiener Philharmoniker
Chor und Ballett der Wiener Staatsoper

Don Giovanni	Mariano Stabile
Donna Elvira	Luise Helletsgruber 28. 7., 4. 8. Hilde Konetzni 13., 24. 8.
Il Commendatore	Herbert Alsen
Donna Anna	Dusolina Giannini
Don Ottavio	Dino Borgioli
Leporello	Virgilio Lazzari
Zerline	Aenne Michalsky
Masetto	Karl Ettl

29. Juli, 25. August Festspielhaus

WOLFGANG AMADEUS MOZART

Così fan tutte

Dirigent:	Felix v. Weingartner
Inszenierung:	Lothar Wallerstein
Bühnenbild:	Ludwig Sievert

Die Wiener Philharmoniker
Chor der Wiener Staatsoper

Fiordiligi	Jarmila Novotna
Dorabella	Eva Hadrabova
Guglielmo	Alfred Jerger
Ferrando	Charles Kullmann
Despina	Elisabeth Schumann
Don Alfonso	Carl Bissuti

31. Juli, 10., 20., 26. August
Festspielhaus

GIUSEPPE VERDI

Falstaff

(in italienischer Sprache)

Dirigent:	Arturo Toscanini
Inszenierung:	Guido Salvini
Bühnenbild:	Robert Kautsky
Kostüme:	Ladislaus Czettel
Choreographie:	Margarete Wallmann

Die Wiener Philharmoniker
Chor und Ballett der Wiener Staatsoper

Falstaff	Mariano Stabile
Ford	Piero Biasini
Fenton	Dino Borgioli
Dr. Cajus	Alfredo Tedeschi
Bardolph	Giuseppe Nessi
Pistol	Virgilio Lazzari
Mrs. Ford	Franca Somigli
Nanette	Augusta Oltrabella
Mrs. Page	Mita Vasari
Mrs. Quickly	Angelica Cravcenco

1., 17. August Festspielhaus

CHRISTOPH WILLIBALD GLUCK

Orpheus und Eurydike

Dirigent:	Bruno Walter
Inszenierung:	Margarete Wallmann
Choreographie:	Margarete Wallmann
Bühnenbild:	Robert Kautsky
Kostüme:	Ladislaus Czettel

Die Wiener Philharmoniker
Chor und Ballett der Wiener Staatsoper

Orpheus	Kerstin Thorborg
Eurydike	Jarmila Novotna
Eros	Margit Bokor
Seliger Geist	Dora Komarek

8., 14., 18., 22. August Festspielhaus

RICHARD WAGNER

Die Meistersinger von Nürnberg

Dirigent:	Arturo Toscanini
Inszenierung:	Herbert Graf
Bühnenbild:	Robert Kautsky
Kostüme:	Willi Bahner

Die Wiener Philharmoniker
Chor und Ballett der Wiener Staatsoper

Hans Sachs	Hans Hermann Nissen
Pogner	Herbert Alsen
Vogelsang	Georg Maikl
Nachtigall	Rolf Telasko
Beckmesser	Hermann Wiedemann
Kothner	Viktor Madin
Zorn	Anton Dermota
Eißlinger	Eduard Fritsch
Moser	Hermann Gallos
Ortel	Alfred Muzzarelli
Schwarz	Carl Bissuti
Foltz	Karl Ettl
Stolzing	Charles Kullmann
David	Richard Sallaba

Eva	Lotte Lehmann
Magdalena	Kerstin Thorborg
Nachtwächter	Carl Bissuti

11., 21. August Festspielhaus

HUGO WOLF

Der Corregidor

Dirigent:	Bruno Walter
Inszenierung:	Lothar Wallerstein
Bühnenbild:	Robert Kautsky
Kostüme:	Ladislaus Czettel

Die Wiener Philharmoniker
Chor der Wiener Staatsoper

Corregidor	Gunnar Graarud
Juan Lopez	Carl Bissuti
Pedro	William Wernigk
Tonuelo	Nicola Zec
Repela	Ludwig Hofmann
Tio Lukas	Alfred Jerger
Nachbar	Hermann Gallos
Mercedes	Kerstin Thorborg
Frasquita	Jarmila Novotna
Duenna	Polly Batic
Manuela	Bella Paalen
Nachtwächter	Alfred Muzzarelli

27. August Festspielhaus

RICHARD WAGNER

Tristan und Isolde

Dirigent:	Bruno Walter
Inszenierung:	Otto Erhardt
Bühnenbild:	Oskar Strnad

Die Wiener Philharmoniker
Chor der Wiener Staatsoper

Tristan	Josef Kalenberg
König Marke	Ludwig Hofmann
Isolde	Anny Konetzni
Kurwenal	Emil Schipper
Melot	Hans Duhan
Brangäne	Kerstin Thorborg
Hirte	Hermann Gallos
Steuermann	Alfred Muzzarelli
Junger Seemann	Anton Dermota

ORCHESTERKONZERTE
der Wiener Philharmoniker

26. Juli, 11 Uhr Mozarteum

Dirigent: Felix von Weingartner

L. v. BEETHOVEN:	Ouvertüre zum Ballett „Die Geschöpfe des Prometheus"
	Symphonie Nr. 2, D-Dur, op. 36
	Symphonie Nr. 7, A-Dur, op. 92

2. August, 11 Uhr Mozarteum

Dirigent: Pierre Monteux

H. BERLIOZ:	Ouvertüre zu „Benvenuto Cellini"
C. FRANCK:	Symphonie d-Moll
CL. DEBUSSY:	Nocturnes: „Nuages", „Fêtes"
V. d'INDY:	Prélude de Fervaal
M. RAVEL:	„Daphnis und Chloë", Suite Nr. 2

6. August, 20 Uhr Mozarteum

Dirigent: Bruno Walter

C. M. v. WEBER:	Ouvertüre zu „Euryanthe"
R. SCHUMANN:	Symphonie Nr. 1, B-Dur, op. 38 „Frühlingssymphonie"
J. BRAHMS:	Symphonie Nr. 2, D-Dur, op. 73

12. August, 11 Uhr Festspielhaus

Dirigent: Arturo Toscanini
Orgel: Franz Sauer
Soli: Anna Báthy, Sopran; Alexander Svéd, Bariton
Chor der Wiener Staatsoper

J. BRAHMS:	Tragische Ouvertüre, op. 81
	Ein deutsches Requiem, op. 45

16. August, 11 Uhr Mozarteum

Dirigent: Artur Rodzinski
Solist: Paul Wittgenstein, Klavier

W. JERGER:	Partita für Orchester, op. 21
D.SCHOSTAKOWITSCH:	Symphonie Nr. 1, f-Moll, op. 10
F. SCHMIDT:	Konzertante Variationen über ein Thema von Beethoven für Klavier (linke Hand) und Orchester
I. ALBÉNIZ:	Fête-Dieu à Seville
I. STRAWINSKY:	Der Feuervogel, Orchestersuite

19. August, 11 Uhr Festspielhaus

Dirigent: Bruno Walter
Solo: Kerstin Thorborg, Alt
Frauenchor der Wiener Staatsoper — Knabenchor des Mozarteums Salzburg

L. v. BEETHOVEN:	Ouvertüre z. d. Trauerspiel „Coriolan" op. 62
G. MAHLER:	Symphonie Nr. 3, d-Moll

21. August, 11 Uhr Mozarteum

Dirigent: Bruno Walter
Solist: Zino Francescatti, Violine

W. A. MOZART:	Divertimento B-Dur, KV 287
	Konzert für Violine und Orchester G-Dur, KV 216
	Symphonie g-Moll, KV 550

23. August, 11 Uhr Festspielhaus

Dirigent: Felix von Weingartner; Orgel: Franz Sauer
Soli: Erika Rokyta, Kerstin Thorborg, Karl Ettl, Georg Maikl, Alexander Svéd
Chor der Wiener Staatsoper

F. LISZT:	„Christus", Oratorium

28. August, 11 Uhr Festspielhaus

Dirigent: Arturo Toscanini

F. SCHUBERT:	Symphonie Nr. 7, C-Dur
K. GOLDMARK:	Symphonie Es-Dur, op. 26 „Ländliche Hochzeit" (daraus 3 Sätze)
F. SMETANA:	„Die Moldau" aus „Mein Vaterland"
G. ROSSINI:	Ouvertüre zu „Semiramis"

KAMMERKONZERT

30. August, 11 Uhr Mozarteum

Das Rosé-Quartett
Mitwirkend: Alma Rosé, Violine; Leopold Wlach, Klarinette

W. A. MOZART:	Streichquintett g-Moll, KV 516
	Klarinettenquintett A-Dur, KV 581 „Stadler-Quintett"
	Streichquartett Es-Dur, KV 428

SOLISTENKONZERT

15. August, 11 Uhr Mozarteum

Heinz und Robert Scholz, Klavier

J. S. BACH /
E. SCHWEBSCH: Die Kunst der Fuge

LIEDERABEND

12. August, 20 Uhr Mozarteum

Lotte Lehmann, Sopran

Am Flügel: Bruno Walter
Lieder von J. Brahms, F. Mendelssohn-Bartholdy, P. Cornelius, R. Franz und H. Wolf

SERENADEN

29. Juli, 21 Uhr Residenz

Das Mozart-Orchester Salzburg

Dirigent: Bernhard Paumgartner
W. A. MOZART: Divertimento F-Dur, KV 247
Marsch D-Dur, KV 237
Serenade D-Dur, KV 203
(Violinsolo: Theodor Müller)
Sechs deutsche Tänze, KV 571

3. August, 21 Uhr Residenz

Quartett Mairecker

W. A. MOZART: Streichquartett D-Dur, KV 499
H. WOLF: Italienische Serenade G-Dur
J. HAYDN: Streichquartett G-Dur, op. 76, Nr. 1

5. August, 21 Uhr Residenz

Das Mozart-Orchester Salzburg

Dirigent: Bernhard Paumgartner
W. A. MOZART: Marsch D-Dur, KV 249
Serenade D-Dur, KV 250
„Haffner-Serenade"
(Violinsolo: Theodor Müller)
Mozart-Suite, unbekannte kleine Orchesterstücke, herausgegeben und bearbeitet von Bernhard Paumgartner

10. August, 21 Uhr Residenz

Das Mozart-Orchester Salzburg

Dirigent: Bernhard Paumgartner
Solisten: Theodor Müller, Violine; Wilhelm Reutterer, Viola
W. A. MOZART: Marsch C-Dur, KV 408
Serenade c-Moll, KV 388
Konzertante Symphonie für Violine, Viola und Orchester Es-Dur, KV 364
Mozart-Suite, unbekannte kleine Orchesterstücke, herausgegeben und bearbeitet von Bernhard Paumgartner

19. August, 21 Uhr Residenz

Quartett Mairecker

W. A. MOZART: Streichquartett B-Dur, KV 458
„Jagdquartett"
F. SCHUBERT: Streichquartett a-Moll, op. 29
J. HAYDN: Variationen aus dem Streichquartett C-Dur, op. 76, Nr. 3
„Kaiserquartett"
H. WOLF: Italienische Serenade G-Dur

26. August, 21 Uhr Residenz

Das Mozart-Orchester Salzburg

Dirigent: Bernhard Paumgartner
W. A. MOZART: Symphonie A-Dur, KV 201
Eine kleine Nachtmusik G-Dur, KV 525
Sechs deutsche Tänze, KV 571

KONZERTE GEISTLICHER MUSIK

Dirigent: Joseph Messner
Orgel: Franz Sauer
Der Salzburger Domchor — Das verstärkte Orchester des Dom-Musik-Vereines

26. Juli, 20.30 Uhr Dom[2]

Soli: Maria Keldorfer-Gehmacher, Sopran; Jella von Braun-Fernwald, Alt; William Wernigk, Tenor; Karl Ettl, Baß

Alte Salzburger Meister 1500—1800 (P. Hofhaymer, S. Bernardi, P. Guetfreund, G. Muffat, A. Caldara, L. Mozart, M. Haydn)
W. A. MOZART: Missa C-Dur, KV 317 „Krönungsmesse"

2. August, 20.30 Uhr Dom[2]

Soli: Lucia Corridori, Sopran; Paul Lorenzi, Bariton
A. BRUCKNER: Messe in e-Moll
J. MESSNER: Te Deum, op. 38

9. August, 20.30 Uhr Dom[2]

Soli: Eide Norena, Sopran; Jella von Braun-Fernwald, Alt; William Wernigk, Tenor; Paul Lorenzi, Baß
G. B. PERGOLESI: Stabat mater
W. A. MOZART: Missa solemnis C-Dur, KV 337

15. August, 20.30 Uhr Dom[2]

Soli: Maria Keldorfer-Gehmacher, Sopran; George Jouatte, Tenor; Paul Lorenzi, Bariton
A. PROVAZNIK: Cantantibus organis (Psalm 150)
F. v. WEINGARTNER: Auferstehung
F. LISZT: 13. Psalm

23. August, 20.30 Uhr Dom[2]

Soli: Eide Norena, Emilie Rutschka; George Jouatte, Georg von Tschurtschenthaler
W. A. MOZART: Requiem, KV 626

30. August, 20.30 Uhr Dom[2]

Benjamino Gigli singt Werke von G. F. Händel, A. Stradella, L. Perosi, J. S. Bach, G. Verdi, G. Bizet, C. Franck und R. Wagner
W. A. MOZART: Sonate C-Dur für Orgel und Orchester, KV 329
O. NICOLAI: Pater noster
A. BRUCKNER: Motette „Ave Maria"
M. HAYDN: Motette „Tenebrae factae sunt"

KIRCHENKONZERTE

Dirigent: Bernhard Paumgartner
Orgel: Franz Sauer

14. August, 11 Uhr Stiftskirche St. Peter[1]

Soli: Felicie Hüni-Mihacsek, Maria Keldorfer-Gehmacher; Hermann Gallos, Paul Lorenzi
Das Mozarteumsorchester — Der Mozarteumschor — Mitglieder des Wiener Staatsopernchors
W. A. MOZART: c-Moll-Messe, KV 427

22. August, 11 Uhr Stiftskirche St. Peter[1]
Soli: Erika Rokyta, Sopran; Martha Schlager, Alt; Max Meili, Tenor; Paul Lorenzi, Baß
Das Mozarteumsorchester — Der Mozarteumschor
J. J. FUX: Kirchenarie „Alma Redemptoris"
J. S. BACH: Kirchen-Kantate Nr. 189 „Meine Seele rühmt und preist"

W. A. MOZART: Offertorium „Inter natos mulierum", KV 72
Offertorium „Sub tuum praesidium", KV 198
Motette „Ave verum corpus", KV 618
Vesperae solennes de confessore, KV 339

1937
24. Juli—31. August

SCHAUSPIEL

25. Juli, 1., 8., 15., 22., 29. August
Domplatz / Festspielhaus

HUGO VON HOFMANNSTHAL
Jedermann

Regie:	Max Reinhardt
Musik:	Einar Nilson
Dirigent:	Bernhard Paumgartner
Tänze:	Hede Schaffgotsch
Orgel:	Franz Sauer

Stimme des Herrn	Raul Lange
Tod	Herbert Berghof
Jedermann	Attila Hörbiger
Jedermanns Mutter	Frieda Richard
Guter Gesell	Fred Liewehr
Hausvogt	Adolf Lermer
Koch	Harry Horner
Armer Nachbar	Fritz Horn
Schuldknecht	Hanns Kurth
Schuldknechts Weib	Roswitha Posselt
Buhlschaft	Dagny Servaes
Dicker Vetter	Josef Danegger
Dünner Vetter	Richard Eybner
Mammon	Raul Lange
Gute Werke	Mariane Walla
Glaube	Helene Thimig
Teufel	Ludwig Stössel
Spielansager	Alfred Schnayder

29. Juli, 3., 10., 17., 21., 27. August
Felsenreitschule

JOHANN WOLFGANG VON GOETHE
Faust
Der Tragödie erster Teil

Regie:	Max Reinhardt
Bühnenbild:	Clemens Holzmeister
Kostüme:	Herbert Ploberger
Musik:	Bernhard Paumgartner
Dirigent:	Karl Hudez
Choreographie:	Margarete Wallmann
Orgel:	Franz Sauer

Mozarteumsorchester — Mozarteumschor
Ballett der Wiener Staatsoper

Der Herr	Josef Danegger
Raphael	Fred Liewehr
Gabriel	Harry Horner
Michael	Raul Lange
Mephisto	Werner Krauß
Faust	Ewald Balser
Erdgeist	Raul Lange
Wagner	Ludwig Stössel
Schüler	Richard Tomaselli
Margarethe	Paula Wessely
Marthe	Lotte Medelsky
Lieschen	Vilma Degischer
Valentin	Fred Liewehr
Frosch	Harry Horner
Brander	Richard Eybner
Siebel	Josef Danegger
Altmeyer	Ludwig Stössel
Hexe	Frieda Richard
Böser Geist	Helene Thimig

OPER

24. Juli, 26. August Festspielhaus

LUDWIG VAN BEETHOVEN
Fidelio

Dirigent:	Arturo Toscanini
Inszenierung:	Lothar Wallerstein
Bühnenbild:	Clemens Holzmeister

Die Wiener Philharmoniker
Chor der Wiener Staatsoper

Don Fernando	Carl Bissuti
Don Pizarro	Alfred Jerger
Florestan	Helge Roswaenge
Leonore	Lotte Lehmann
Rocco	Alexander Kipnis
Marzelline	Harriet Henders
Jaquino	Hermann Gallos
1. Gefangener	William Wernigk
2. Gefangener	Karl Ettl

26. Juli, 9., 23. August Festspielhaus

GIUSEPPE VERDI
Falstaff
(in italienischer Sprache)

Dirigent:	Arturo Toscanini
Inszenierung:	Guido Salvini
Bühnenbild:	Robert Kautsky
Kostüme:	Ladislaus Czettel
Choreographie:	Margarete Wallmann

Die Wiener Philharmoniker
Chor und Ballett der Wiener Staatsoper

Falstaff	Mariano Stabile
Ford	Piero Biasini
Fenton	Dino Borgioli
Dr. Cajus	Alfredo Tedeschi
Bardolph	Giuseppe Nessi
Pistol	Virgilio Lazzari
Mrs. Ford	Franca Somigli
Nanette	Augusta Oltrabella
Mrs. Page	Mita Vasari
Mrs. Quickly	Angelica Cravcenco

27. Juli, 6., 24. August Festspielhaus

RICHARD STRAUSS
Der Rosenkavalier

Dirigent:	Hans Knappertsbusch
Inszenierung:	Lothar Wallerstein
Bühnenbild:	Alfred Roller

Die Wiener Philharmoniker
Chor der Wiener Staatsoper

Marschallin	Lotte Lehmann 27. 7., 24. 8. Hilde Konetzni 6. 8.
Baron Ochs	Fritz Krenn
Octavian	Jarmila Novotna 27. 7., 24. 8. Margit Bokor 6. 8.
Faninal	Hermann Wiedemann
Sophie	Esther Réthy
Leitmetzerin	Aenne Michalsky
Valzacchi	Hermann Gallos
Annina	Rosette Anday
Haushofmeister bei Marschallin	Viktor Maiwald
Haushofmeister bei Faninal	William Wernigk
Polizeikommissär	Viktor Madin
Notar	Alfred Muzzarelli
Sänger	Emmerich von Godin
Wirt	William Wernigk

30. Juli, 7., 16., 31. August
Festspielhaus

WOLFGANG AMADEUS MOZART
Die Zauberflöte

Dirigent:	Arturo Toscanini
Inszenierung:	Herbert Graf
Bühnenbild:	Hans Wildermann

Die Wiener Philharmoniker
Chor der Wiener Staatsoper

Sarastro	Alexander Kipnis
Tamino	Helge Roswaenge
Sprecher	Alfred Jerger

Priester	Richard Sallaba
Königin der Nacht	Julie Osváth
Pamina	Jarmila Novotna
1. Dame	Hilde Konetzni
2. Dame	Stefania Fratnikova
3. Dame	Kerstin Thorborg
Papageno	Willi Domgraf-Faßbaender
Papagena	Dora Komarek
Monostatos	William Wernigk
1. Knabe	Kurt Pech
2. Knabe	Albert Feuhl
3. Knabe	Fritz Mascha
1. Geharnischter	Anton Dermota
2. Geharnischter	Carl Bissuti

31. Juli, 14. August Festspielhaus

CHRISTOPH WILLIBALD GLUCK

Orpheus und Eurydike

Dirigent:	Bruno Walter
Inszenierung:	Margarete Wallmann
Choreographie:	Margarete Wallmann
Bühnenbild:	Robert Kautsky
Kostüme:	Ladislaus Czettel

Die Wiener Philharmoniker
Chor und Ballett der Wiener Staatsoper

Orpheus	Kerstin Thorborg
Eurydike	Jarmila Novotna
Eros	Margit Bokor
Seliger Geist	Dora Komarek

2., 13., 28. August Festspielhaus

WOLFGANG AMADEUS MOZART

Don Giovanni

(in italienischer Sprache)

Dirigent:	Bruno Walter
Inszenierung:	Karl Heinz Martin
Bühnenbild:	Oskar Strnad
Choreographie:	Margarete Wallmann

Die Wiener Philharmoniker
Chor und Ballett der Wiener Staatsoper

Don Giovanni	Ezio Pinza
Donna Elvira	Luise Helletsgruber
Il Commendatore	Herbert Alsen
Donna Anna	Elisabeth Rethberg
Don Ottavio	Dino Borgioli
Leporello	Virgilio Lazzari
Zerline	Margit Bokor
Masetto	Karl Ettl

5., 12., 20. August Festspielhaus

RICHARD WAGNER

Die Meistersinger von Nürnberg

Dirigent:	Arturo Toscanini
Inszenierung:	Herbert Graf
Bühnenbild:	Robert Kautsky
Kostüme:	Willi Bahner

Die Wiener Philharmoniker
Chor und Ballett der Wiener Staatsoper

Hans Sachs	Hans Hermann Nissen
Pogner	Herbert Alsen
Vogelsang	Georg Maikl
Nachtigall	Rolf Telasko
Beckmesser	Hermann Wiedemann
Kothner	Viktor Madin
Zorn	Anton Dermota
Eißlinger	Eduard Fritsch
Moser	Hermann Gallos
Ortel	Alfred Muzzarelli
Schwarz	Carl Bissuti
Foltz	Karl Ettl
Stolzing	Henk Noort
David	Richard Sallaba
Eva	Maria Reining
Magdalena	Kerstin Thorborg
Nachtwächter	Carl Bissuti

8., 22. August Festspielhaus

RICHARD STRAUSS

Elektra

Dirigent:	Hans Knappertsbusch
Inszenierung:	Lothar Wallerstein
Bühnenbild:	Alfred Roller

Die Wiener Philharmoniker
Chor der Wiener Staatsoper

Klytämnestra	Rosette Anday
Elektra	Rose Pauly
Chrysothemis	Hilde Konetzni
Aegisth	Georg Maikl
Orest	Alfred Jerger
Pfleger des Orest	Karl Ettl
Vertraute	Frieda Stroinigg
Schleppenträgerin	Martha Karl
Junger Diener	William Wernigk
Alter Diener	Alfred Muzzarelli
Aufseherin	Margit Bokor
1. Magd	Bella Paalen
2. Magd	Polly Batic
3. Magd	Dora With
4. Magd	Aenne Michalsky
5. Magd	Luise Helletsgruber

11., 19., 30. August Festspielhaus

WOLFGANG AMADEUS MOZART

Le Nozze di Figaro

(in italienischer Sprache)

Dirigent:	Bruno Walter
Inszenierung:	Lothar Wallerstein
Bühnenbild:	Alfred Roller
Choreographie 3. Akt:	Margarete Wallmann

Die Wiener Philharmoniker
Chor und Ballett der Wiener Staatsoper

Graf Almaviva	Mariano Stabile
Gräfin	Aulikki Rautawaara
Susanna	Esther Réthy
Figaro	Ezio Pinza
Basilio	William Wernigk
Bartolo	Virgilio Lazzari
Marcellina	Angelica Cravcenco
Cherubino	Jarmila Novotna
Antonio	Viktor Madin
Barbarina	Dora Komarek
Curzio	Giuseppe Nessi

18., 25. August Festspielhaus

CARL MARIA VON WEBER

Euryanthe

Dirigent:	Bruno Walter
Inszenierung:	Lothar Wallerstein
Bühnenbild:	Clemens Holzmeister
Kostüme:	Marielouise Luksch
Choreographie:	Margarete Wallmann Willy Fränzl

Die Wiener Philharmoniker
Chor und Ballett der Wiener Staatsoper

König Ludwig VI.	Herbert Alsen
Adolar	Karl Friedrich
Euryanthe	Maria Reining
Lysiart	Alexander Svéd
Eglantine	Kerstin Thorborg
Berta	Dora Komarek
Rudolf	Eduard Fritsch

ORCHESTERKONZERTE

der Wiener Philharmoniker

25. Juli, 11 Uhr Mozarteum

Dirigent: Artur Rodzinski

G. F. HÄNDEL:	„Wassermusik", Suite für Orchester (bearbeitet von Sir Hamilton Harty)
J. BRAHMS:	Symphonie Nr. 4, e-Moll, op. 98
S. BARBER:	Symphonie Nr. 1, op. 9
M. RAVEL:	„Daphnis und Chloë", Suite Nr. 2

28. Juli, 20 Uhr Mozarteum

Dirigent: Hans Knappertsbusch

L. v. BEETHOVEN:	Symphonie Nr. 4, B-Dur, op. 60 Symphonie Nr. 7, A-Dur, op. 92

4. August, 20 Uhr Mozarteum

Dirigent: Hans Knappertsbusch

R. STRAUSS:	Don Juan, op. 20 „Also sprach Zarathustra", op. 30 Till Eulenspiegels lustige Streiche, op. 28

8. August, 11 Uhr Mozarteum[1]

Dirigent: Bruno Walter

Solistin: Yvonne Lefébure, Klavier

W. A. MOZART: Symphonie D-Dur, KV 504 „Prager"
Konzert für Klavier und Orchester C-Dur, KV 467
Ballettmusik zur Pantomime „Les petits Riens", KV 299 b
Symphonie Es-Dur, KV 543

14. August, 11 Uhr Festspielhaus

Dirigent: Arturo Toscanini
Solisten: Zinka Kunz, Sopran; Kerstin Thorborg, Alt; Helge Roswaenge, Tenor; Alexander Kipnis, Baß
Chor der Wiener Staatsoper
G. VERDI: Te Deum
Requiem

22. August, 11 Uhr Festspielhaus

Dirigent: Bruno Walter
L. v. BEETHOVEN: Symphonie Nr. 1, C-Dur, op. 21
A. BRUCKNER: Symphonie Nr. 8, c-Moll

24. August, 16.15 Uhr Festspielhaus

Außerordentliches Orchesterkonzert
Dirigent: Arturo Toscanini
G. ROSSINI: Ouvertüre zu „Die Italienerin in Algier"
L. v. BEETHOVEN: Symphonie Nr. 6, F-Dur, op. 68 „Pastorale"
R. STRAUSS: Tod und Verklärung, op. 24

27. August, 11 Uhr Festspielhaus

Dirigent: Wilhelm Furtwängler
Solisten: Ria Ginster, Sopran; Rosette Anday, Alt; Helge Roswaenge, Tenor; Herbert Alsen, Baß
Chor der Wiener Staatsoper
L. v. BEETHOVEN: Symphonie Nr. 9, d-Moll, op. 125, mit Schlußchor über Schillers Ode „An die Freude"

29. August, 11 Uhr Festspielhaus

Dirigent: Arturo Toscanini
Solisten: Walter Stiasny, Erich Leinsdorf, Klavier
Ein Kammerchor der Wiener Staatsoper
J. BRAHMS: Serenade D-Dur, op. 11, 1. Satz
Variationen über ein Thema von Joseph Haydn, op. 56 a
Liebeslieder, Walzer f. d. Pianoforte zu vier Händen und Gesang, erste Sammlung, op. 52
Symphonie Nr. 1, c-Moll, op. 68

LIEDERABENDE

29. Juli, 20 Uhr Mozarteum (Sonderkonzert)

Österreichs Gegenwart im Lied

Helen Gahagan, Sopran; Hans Duhan, Bariton
Am Flügel: Joseph Marx und Fritz Kuba
Lieder von J. Hauer, H. E. Heller, R. Reti, J. Marx, A. Berg, W. Kienzl und J. Rinaldini

1. August, 11 Uhr Mozarteum

Lotte Lehmann, Sopran

Am Flügel: Bruno Walter
Lieder von J. Brahms, R. Schumann, F. Schubert, R. Strauss und H. Wolf

20. August, 11 Uhr Mozarteum

Lotte Lehmann, Sopran

Am Flügel: Bruno Walter
Lieder von F. Schubert, R. Schumann, J. Brahms und R. Strauss

SOLISTENKONZERT

15. August, 11 Uhr Mozarteum

Heinz und Robert Scholz, Klavier

J. S. BACH / E. SCHWEBSCH: Die Kunst der Fuge

MOZART-ABENDMUSIK

26. August, 20 Uhr Mozarteum

Dirigent: Bernhard Paumgartner
Solisten: Marcelle Denya, Sopran; Enrico Pierangeli, Violine
Das Salzburger Mozart-Orchester
W. A. MOZART: Symphonie A-Dur, KV 201
Szene mit Rondo „Ch'io mi scordi di te" für Sopran mit obligatem Klaviersolo und Orchester, KV 505 (Klavier: Robert Scholz)
Arietten: „Dans un bois solitaire", KV 308
„Oiseaux, si tous les ans", KV 307
Konzert für Violine und Orchester A-Dur, KV 219
Symphonie C-Dur, KV 425 „Linzer"

SERENADEN

31. Juli, 21 Uhr Residenz

Das Mozart-Orchester Salzburg

Dirigent: Bernhard Paumgartner
W. A. MOZART: Marsch D-Dur, KV 335
Symphonie D-Dur, KV 297
Eine kleine Nachtmusik G-Dur, KV 525
Sechs deutsche Tänze, KV 571

3. August, 21 Uhr Residenz

Das Weißgärber-Quartett

Mitwirkend: Leopold Wlach, Klarinette
J. HAYDN: Streichquartett F-Dur, op. 3, Nr. 5 „Serenaden-Quartett"
W. A. MOZART: Klarinettenquintett A-Dur, KV 581 „Stadler-Quintett"
F. SCHUBERT: Streichquartett B-Dur, op. 168

10. August, 21 Uhr Residenz

Mairecker-Quartett

W. A. MOZART: Streichquartett C-Dur, KV 465 „Dissonanzenquartett"
F. SCHUBERT: Streichquartett d-Moll, op. posth. „Der Tod und das Mädchen"

17. August, 21 Uhr Residenz

Mairecker-Quartett

W. A. MOZART: Streichquartett D-Dur, KV 575
F. SCHUBERT: Streichquartett G-Dur, op. 161

19. August, 21 Uhr Residenz

Das Mozart-Orchester Salzburg

Dirigent: Bernhard Paumgartner

W. A. MOZART:	Marsch D-Dur, KV 189
	Serenade D-Dur, KV 185 (Violinsolo: Theodor Müller)
	Mozart-Suite (Kleine Orchesterstücke aus KV 446, 602, 568 und 163, herausgegeben und bearbeitet von B. Paumgartner)

23. August, 21 Uhr Residenz

Das Mozart-Orchester Salzburg

Dirigent: Bernhard Paumgartner

W. A. MOZART:	Marsch D-Dur, KV 408/2
	Serenade D-Dur, KV 250 „Haffner-Serenade“
	Divertimento F-Dur, KV 247
	Drei deutsche Tänze, KV 605

30. August, 21 Uhr Residenz

Das Mozart-Orchester Salzburg

Dirigent: Bernhard Paumgartner

W. A. MOZART:	Divertimento Es-Dur, KV 196 e
	Symphonie g-Moll, KV 183
	Mozart-Suite (Kleine Orchesterstücke aus KV 446, 602, 568 und 163, herausgegeben und bearbeitet von B. Paumgartner)

KONZERTE GEISTLICHER MUSIK

Dirigent: Joseph Messner
Orgel: Franz Sauer

25. Juli, 20.30 Uhr Dom[2]

Soli: Maria Keldorfer-Gehmacher, Sopran; Louise Paichl, Alt; Georges Müller, Tenor; Paul Lorenzi, Baß
Der Salzburger Domchor — Das verstärkte Orchester des Dom-Musik-Vereines

J. S. BACH:	„Actus tragicus“, Kantate Nr. 106
J. BRAHMS:	Motette „Warum ist das Licht gegeben“
W. A. MOZART:	Missa C-Dur, KV 317 „Krönungsmesse“

1. August, 20.30 Uhr Dom[2]

Eide Norena, Sopran
in Sologesängen von J. S. Bach, G. F. Händel, A. Stradella, G. Verdi und H. Wolf
Die Wiener Sängerknaben
in Chören von J. Handel, T. L. Victoria, H. H. Wetzler, F. Ledwinka, M. Springer und C. Franck
Das verstärkte Orchester des Dom-Musik-Vereines

8. August, 20.30 Uhr Dom[2]

Soli: Anna Báthy, Sopran; Maria von Basilides, Alt; Andreas von Rösler, Tenor; Michael Szekely, Baß
Der Salzburger Domchor — Das verstärkte Orchester des Dom-Musik-Vereines

J. MESSNER:	Symphonische Festmusik, op. 45
E. v. DOHNÁNYI:	Szegediner Festmesse

15. August, 20.30 Uhr Dom[2]

Soli: Eide Norena, Sopran; Eugen Sardelic, Bariton
Der Salzburger Domchor — Das verstärkte Orchester des Dom-Musik-Vereines

J. BRAHMS:	Ein deutsches Requiem, op. 45

22. August, 20.30 Uhr Dom[2]

Soli: Elisabeth Forini, Maria Ocherbauer-Frodl, Anton Dermota, Paul Lorenzi
Der Salzburger Domchor — Das verstärkte Orchester des Dom-Musik-Vereines

A. PROVAZNIK:	116. Psalm (Uraufführung) Solistin: Jarmila Novotna, Sopran
P. CORNELIUS / J. MESSNER:	Vergine (Gesänge) Solistin: Maria Ocherbauer-Frodl, Mezzosopran
L. v. BEETHOVEN:	Messe C-Dur, op. 86

29. August, 20.30 Uhr Dom[2]

Soli: Eide Norena, Fanny Elsta; Andreas von Rösler, Alois Pernerstorfer
Der Salzburger Domchor — Das verstärkte Orchester des Dom-Musik-Vereines

W. A. MOZART:	Requiem, KV 626

KIRCHENKONZERTE

11. August, 11 Uhr Stiftskirche St. Peter[1]

Dirigent: Bernhard Paumgartner; Orgel: Franz Sauer
Soli: Felicie Hüni-Mihacsek, Maria Keldorfer-Gehmacher; Hermann Gallos, Fritz Krenn
Das Mozart-Orchester — Der Mozarteum-Chor, Mitglieder des Wiener Staatsopernchors

W. A. MOZART:	c-Moll-Messe, KV 427

21. August, 11 Uhr Stiftskirche St. Peter[1]

Dirigent: Bernhard Paumgartner; Orgel: Franz Sauer
Soli: Erika Rokyta, Martha Schlager-Haustein; Max Meili, Bess Borkmann
Das Mozart-Orchester — Der Mozarteums-Chor

W. A. MOZART:	Offertorium „Veni Sancte Spiritus“, KV 47
	Offertorium „Scande coeli limina“, KV 34
	Offertorium „Inter natos mulierum“, KV 72
	Litaniae de venerabili altaris sacramento Es-Dur, KV 243
	Offertorium „Venite populi“, KV 260
	Motette „Exsultate, jubilate“, KV 165
	Motette „Ave verum corpus“, KV 618

24. August, 20 Uhr Stiftskirche St. Peter

Der Straßburger Domchor
Dirigent: Abbé Alphonse Hoch; Orgel: Fernand Rich
Soli: Erika Rokyta, Sopran; Louise Debonte, Alt; Etchéverry, Baß
Werke von J. Desprez, N. Bernier, L. N. Clérambault, Debousset, Arr. C. Reysz, A. Campra, M. R. Delalande, J. de Berchem, P. de la Rue, Couillard, M. A. Charpentier, J. Obrecht, F. Couperin, A. Bruckner, W. A. Mozart (KV 327, 618)

1938

23. Juli—31. August

SCHAUSPIEL

24., 31. Juli, 7., 14., 21., 28. August
Festspielhaus

HEINRICH VON KLEIST

Amphitryon

Regie:	Erich Engel
Bühnenbild:	Stefan Hlawa
Musik:	Rudolf Wagner-Régeny
Dirigent:	Karl Hudez

Jupiter	Ferdinand Marian
Merkur	Erhard Siedel
Amphitryon	Raimund Bucher
Sosias	Wilfried Seyferth
Alkmene	Heidi Kuhlmann
Charis	Elisabeth Flickenschildt
Photidas	Robert Klupp
Argatiphontidas	Jochen Hauer

28. Juli, 5., 9., 17., 24., 30. August
Felsenreitschule

JOHANN WOLFGANG VON GOETHE

Egmont

Regie:	Heinz Hilpert
Bühnenbild:	Ernst Schütte
Musik:	Ludwig v. Beethoven
Dirigent:	Wilhelm Loibner

Salzburger Mozartorchester

Regentin	Elisabeth Flickenschildt
Egmont	Ewald Balser
Oranien	Theodor Loos
Alba	Werner Krauß
Ferdinand	Albin Skoda
Machiavell	Otto Woegerer
Richard	Adolf Spallinger 28. 7., 5., 9., 17. 8. Richard Tomaselli 24., 30. 8.
Silva	Karl Burgstaller
Gomez	Hanns Kurth
Klärchen	Angela Salloker
Ihre Mutter	Frieda Richard
Brackenburg	Hans Thimig
Soest	Erhard Siedel
Jetter	Bruno Hübner
Zimmermann	Rudolf Teubler
Seifensieder	Max Lammer
Buyk	Jakob Sinn
Ruysum	Volker Soetber
Vansen	Otto Wernicke
Wirt	Hugo Lindinger

OPER

23. Juli, 10., 19., 29. August Festspielhaus

RICHARD WAGNER

Die Meistersinger von Nürnberg

Dirigent:	Wilhelm Furtwängler
Inszenierung:	Erich von Wymetal
Bühnenbild:	Robert Kautsky
Kostüme:	Willi Bahner

Die Wiener Philharmoniker
Chor und Ballett der Wiener Staatsoper

Hans Sachs	Walter Großmann 23. 7. Karl Kamann 10.—29. 8.
Pogner	Herbert Alsen
Vogelsang	Georg Maikl
Nachtigall	Georg Monthy
Beckmesser	Alfred Jerger
Kothner	Fritz Krenn
Zorn	Anton Arnold
Eißlinger	Eduard Fritsch
Moser	Hermann Gallos
Ortel	Alfred Muzzarelli
Schwarz	Carl Bissuti
Foltz	Karl Ettl
Stolzing	Set Svanholm 23. 7., 10., 29. 8. August Seider 19. 8.
David	Erich Zimmermann
Eva	Maria Reining
Magdalena	Piroska Tutsek
Nachtwächter	Carl Bissuti

25. Juli, 3., 15., 27. August Festspielhaus

WOLFGANG AMADEUS MOZART

Don Giovanni

(in italienischer Sprache)

Dirigent:	Karl Böhm
Inszenierung:	Wolf Völker
Bühnenbild:	Robert Kautsky

Die Wiener Philharmoniker
Chor der Wiener Staatsoper

Don Giovanni	Ezio Pinza
Donna Elvira	Luise Helletsgruber
Il Commendatore	Herbert Alsen
Donna Anna	Elisabeth Rethberg
Don Ottavio	Anton Dermota
Leporello	Virgilio Lazzari
Zerline	Maria Cebotari
Masetto	Karl Ettl

26. Juli, 2., 12., 22. August Festspielhaus

RICHARD STRAUSS

Der Rosenkavalier

Dirigent:	Karl Böhm
Inszenierung:	Erich von Wymetal
Bühnenbild:	Alfred Roller

Die Wiener Philharmoniker
Chor der Wiener Staatsoper

Marschallin	Hilde Konetzni
Baron Ochs	Fritz Krenn
Octavian	Marta Rohs
Faninal	Walter Großmann 26. 7.—12. 8. Viktor Madin 22. 8.
Sophie	Esther Réthy 26. 7.—12. 8. Maria Cebotari 22. 8.
Leitmetzerin	Aenne Michalsky
Valzacchi	Hermann Gallos
Annina	Dora With 26. 7., 2. 8. Olga Levko-Antosch 12., 22. 8.
Haushofmeister bei Marschallin	Viktor Madin 26. 7.—12. 8. Viktor Maiwald 22. 8.
Haushofmeister bei Faninal	William Wernigk
Polizeikommissär	Viktor Madin 26. 7.—12. 8. Karl Ettl 22. 8.
Notar	Alfred Muzzarelli
Sänger	Helge Roswaenge 26. 7., 22. 8. Emmerich von Godin 2., 12. 8.
Wirt	William Wernigk

29. Juli, 4., 16., 26. August Festspielhaus

RICHARD WAGNER

Tannhäuser

Dirigent:	Hans Knappertsbusch
Inszenierung:	Max Hofmüller
Bühnenbild:	Robert Kautsky
Choreographie:	Willy Fränzl

Die Wiener Philharmoniker
Chor und Ballett der Wiener Staatsoper

Landgraf	Herbert Alsen
Tannhäuser	Set Svanholm
Wolfram von Eschenbach	Alexander Svéd
Walter von der Vogelweide	Anton Dermota
Biterolf	Carl Bissuti
Heinrich	William Wernigk
Reinmar	Karl Ettl
Elisabeth	Maria Reining 29. 7., 4. 8. Hilde Konetzni 16., 26. 8.
Venus	Piroska Tutsek
Hirtenknabe	Esther Réthy

30. Juli, 8., 20., 31. August Festspielhaus

LUDWIG VAN BEETHOVEN

Fidelio

Dirigent:	Hans Knappertsbusch
Inszenierung:	Erich von Wymetal

Die Wiener Philharmoniker
Chor der Wiener Staatsoper

Don Fernando	Carl Bissuti
Don Pizarro	Paul Schöffler 30. 7.—20. 8.
	Fritz Krenn 31. 8.
Florestan	Helge Roswaenge
Leonore	Hilde Konetzni 30. 7., 20., 31. 8.
	Gertrud Rünger 8. 8.
Rocco	Josef von Manowarda
Marzelline	Luise Helletsgruber
Jaquino	Richard Sallaba
1. Gefangener	Anton Dermota
2. Gefangener	Karl Ettl

1., 11., 25. August Festspielhaus

WOLFGANG AMADEUS MOZART

Le Nozze di Figaro

(in italienischer Sprache)

Dirigent:	Hans Knappertsbusch
Inszenierung:	Guido Salvini
Bühnenbild:	Alfred Roller

Die Wiener Philharmoniker
Chor der Wiener Staatsoper

Graf Almaviva	Mariano Stabile
Gräfin	Maria Cebotari
Susanna	Esther Réthy
Figaro	Ezio Pinza
Basilio	Gino del Signore
Bartolo	Virgilio Lazzari
Marcellina	Angelica Cravcenco
Cherubino	Marta Rohs
Antonio	Viktor Madin
Barbarina	Dora Komarek
Curzio	Giuseppe Nessi

6., 13., 18., 23. August Festspielhaus

GIUSEPPE VERDI

Falstaff

(in italienischer Sprache)

Dirigent:	Vittorio Gui
Inszenierung:	Guido Salvini
Bühnenbild:	Robert Kautsky
Choreographie:	Willy Fränzl

Die Wiener Philharmoniker
Chor und Ballett der Wiener Staatsoper

Falstaff	Mariano Stabile
Ford	Piero Biasini
Fenton	Gino del Signore
Dr. Cajus	Alfredo Tedeschi
Bardolph	Giuseppe Nessi
Pistol	Virgilio Lazzari
Mrs. Ford	Augusta Oltrabella
Nanette	Gianna Perea-Labia
Mrs. Page	Mita Vasari
Mrs. Quickly	Angelica Cravcenco

ORCHESTERKONZERTE

der Wiener Philharmoniker

27. Juli, 20 Uhr Mozarteum

Dirigent: Hans Knappertsbusch

J. BRAHMS:	Symphonie Nr. 3, F-Dur, op. 90
L. v. BEETHOVEN:	Symphonie Nr. 3, Es-Dur, op. 55 „Eroica“

31. Juli, 11 Uhr Mozarteum

Dirigent: Vittorio Gui

L. v. BEETHOVEN:	Symphonie Nr. 6, F-Dur, op. 68 „Pastorale“
J. S. BACH / V. GUI:	Drei Choräle
J. BRAHMS:	Tragische Ouvertüre, op. 81
R. STRAUSS:	Don Juan, op. 20

7. August, 11 Uhr Mozarteum

Dirigent: Edwin Fischer
Soli: Edwin Fischer und Ferry Gebhardt, Klavier

J. HAYDN:	Symphonie Nr. 93, D-Dur
W. A. MOZART:	Konzert für Klavier und Orchester d-Moll, KV 466
	Notturno D-Dur, KV 286
	Konzert für zwei Klaviere und Orchester Es-Dur, KV 365

15. August, 11 Uhr Festspielhaus

Dirigent: Vittorio Gui
Solist: Claudio Arrau, Klavier

N. PORPORA / V. GUI:	Triosonate D-Dur
E. PORRINO:	„Sardinia“, symphonische Dichtung
C. FRANCK:	Symphonische Variationen für Klavier und Orchester
CL. DEBUSSY:	Images Nr. 2: Ibéria
J. BRAHMS:	Akademische Festouvertüre, op. 80

21. August, 11 Uhr Mozarteum

Dirigent: Karl Böhm
Solist: Friedrich Wührer, Klavier

C. M. v. WEBER:	Ouvertüre zu „Der Freischütz“
W. A. MOZART:	Symphonie D-Dur, KV 385 „Haffner“
	Konzert für Klavier und Orchester C-Dur, KV 467
L. v. BEETHOVEN:	Symphonie Nr. 5, c-Moll, op. 67

24. August, 11 Uhr Festspielhaus

Dirigent: Hans Knappertsbusch
Soli: Esther Réthy, Sopran; Piroska Tutsek, Alt; Helge Roswaenge, Tenor; Herbert Alsen, Baß
Chor der Wiener Staatsoper

L. v. BEETHOVEN:	Symphonie Nr. 9, d-Moll, op. 125 mit Schlußchor über Schillers Ode „An die Freude“

28. August, 11 Uhr Festspielhaus

Dirigent: Wilhelm Furtwängler

H. PFITZNER:	Ouvertüre zu Kleists „Käthchen von Heilbronn“, op. 17
F. SCHUBERT:	Symphonie Nr. 8, h-Moll „Unvollendete“
A. BRUCKNER:	Symphonie Nr. 7, E-Dur

KAMMERKONZERT

9. August, 20 Uhr Mozarteum

Das Österreichische Schubert-Quartett Salzburg

Mitwirkend: Elly Ney, Klavier; Wilhelm Jerger, Kontrabaß

F. SCHUBERT:	Streichquartett a-Moll, op. 29
	Wandererfantasie C-Dur, op. 15
	Klavierquintett A-Dur, op. 114 „Forellenquintett“

SOLISTENKONZERT

14. August, 11 Uhr Mozarteum

Heinz und Robert Scholz, Klavier

J. S. BACH / E. SCHWEBSCH:	Die Kunst der Fuge

Wegen Erkrankung von Robert Scholz am 5. August abgesagt

SERENADEN

26. Juli, 21 Uhr Residenz

Das Salzburger Mozart-Quartett

Mitwirkend: Franz Kreinecker, Klarinette

W. A. MOZART: Streichquartett B-Dur, KV 458 „Jagdquartett"
Klarinettenquintett A-Dur, KV 581 „Stadler-Quintett"

30. Juli, 21 Uhr Residenz

Das Salzburger Mozart-Orchester

W. A. MOZART: Marsch C-Dur, KV 408
Symphonie C-Dur, KV 425 „Linzer"
Divertimento Es-Dur, KV 196 e
Eine kleine Nachtmusik G-Dur, KV 525

5. August, 21 Uhr Residenz

Das Weißgärber-Quartett

W. A. MOZART: Streichquartett D-Dur, KV 499
H. WOLF: Italienische Serenade G-Dur
L. v. BEETHOVEN: Streichquartett f-Moll, op. 95

8. August, 21 Uhr Residenz

Das Salzburger Mozart-Orchester

W. A. MOZART: Divertimento D-Dur, KV 251
Symphonie A-Dur, KV 201
Kleine Orchesterstücke aus KV 335, 203, 602, 568, 605, 249

11. August, 21 Uhr Residenz

Das Salzburger Mozart-Orchester

W. A. MOZART: Marsch C-Dur, KV 408
Divertimento F-Dur, KV 247
Serenade c-Moll, KV 388
Sechs deutsche Tänze, KV 571

17. August, 21 Uhr Mozarteum

Das Weißgärber-Quartett

Mitwirkend: Ernst Morawec, 2. Viola, Rudolf Mayr, Violoncello; Wilhelm Jerger, Kontrabaß
J. HAYDN: Streichquartett F-Dur, op. 3, Nr. 5 „Serenaden-Quartett"
W. A. MOZART: Eine kleine Nachtmusik G-Dur, KV 525
J. BRAHMS: Streichsextett G-Dur, op. 36

23. August, 21 Uhr Residenz

Das Salzburger Mozart-Orchester

W. A. MOZART: Cassation B-Dur, KV 99
Symphonie A-Dur, KV 201
Eine kleine Nachtmusik G-Dur, KV 525
Kleine Orchesterstücke aus KV 335, 203, 602, 568, 249

27. August, 21 Uhr Mozarteum

Die Bläservereinigung der Wiener Staatsoper

G. ROSSINI: Quartett Nr. 1, F-Dur
W. A. MOZART: Divertimento Es-Dur, KV 252
Serenade c-Moll, KV 388

KONZERTE GEISTLICHER MUSIK

Dirigent: Joseph Messner
Orgel: Franz Sauer
Der Salzburger Domchor — Das Mozarteumsorchester

24. Juli, 17 Uhr Dom[2]

Soli: Maria Keldorfer-Gehmacher, Sopran; Irma Drummer, Alt; Georges Müller, Tenor; Josef Steinkleibl, Baß
Alte Salzburger Meister 1500—1800 (P. Hofhaymer, St. Bernardi, P. Guetfreund, G. Muffat, A. Caldara, L. Mozart, H. I. F. v. Biber, M. Haydn)
W. A. MOZART: Missa C-Dur, KV 317 „Krönungsmesse"

31. Juli, 17 Uhr Dom[2]

Soli: Adelheid Holz, Sopran; Paul Lorenzi, Bariton
J. BRAHMS: Ein deutsches Requiem, op. 45

7. August, 17 Uhr Dom[2]

Soli: Hilda Bittner, Sopran; Fanny Elsta, Alt; Georges Müller, 1. Tenor; Jan Schipper, 2. Tenor; Paul Lorenzi, Baß
F. SCHUBERT: Messe Nr. 6, Es-Dur
W. A. MOZART: Offertorium „Sub tuum praesidium", KV 198

14. August, 17 Uhr Dom[2]

Soli: Hilda Bittner, Sopran; Paul Lorenzi, Bariton
A. BRUCKNER: Messe in e-Moll
Motetten: „Tota pulchra", „Ave Maria"
J. MESSNER: Te Deum, op. 38

21. August, 17 Uhr Dom[2]

Soli: Eide Norena, Sopran; Maria Ocherbauer-Frodl, Alt; Jan Schipper, Tenor; Paul Lorenzi, Baß
G. B. PERGOLESI: Stabat mater
W. A. MOZART: Missa solemnis C-Dur, KV 337

28. August, 17 Uhr Dom[2]

Soli: Eide Norena, Emilie Rutschka; Hans Depser, Laurens Bogtman; Posaune: Ferdinand Danes
W. A. MOZART: Requiem, KV 626

KIRCHENKONZERTE

28. Juli, 20 Uhr Dom

Orgelkonzert

Franz Schütz, Orgel
Mitwirkend: Marjorie McClung, Sopran
Willi Boskovsky, Violine; Josef Niedermayr, Flöte; Hans Kamesch, Oboe
J. S. BACH: Präludium und Fuge a-Moll
Arien aus Kantaten und aus der „Johannes-Passion", Toccata und Fuge d-Moll, Choralvorspiele, Passacaglia und Doppelfuge c-Moll

13. August Stiftskirche St. Peter[1]

Dirigent: Meinhard von Zallinger
Orgel: Franz Sauer
Soli: Felicie Hüni-Mihacsek, Helene Vierthaler; Julius Patzak, Georg Hann
Das Mozart-Orchester und Mitglieder der Wiener Philharmoniker — Mitglieder des Wiener Staatsopernchores
W. A. MOZART: c-Moll-Messe, KV 427

1939
1.—31. August

SCHAUSPIEL

4., 12., 20., 26. August Felsenreitschule
WILLIAM SHAKESPEARE

Viel Lärm um nichts

Regie:	Heinz Hilpert
Bühnenbild:	Ernst Schütte
Musik:	Franz Schubert
Dirigent:	Erwin Mausz
Mozarteum-Orchester	

Leonato	Alfred Neugebauer
Antonio	Karl Hellmer
Don Pedro	Otto Woegerer
Don Juan	Paul Dahlke 4.—20. Karl Mark-Felsen 26.
Borachio	Erhard Siedel
Konrad	Volker Soetber
Benedikt	Ewald Balser
Claudio	Albin Skoda
Balthasar	Kurt von Ruffin
Mönch	Karl Ehmann
Holzapfel	Bruno Hübner 4.—20. Hans Bergen 26.
Schlehwein	Franz Pfaudler
Schreiber	Josef Zeilbeck
Hero	Eva Lissa
Beatrice	Angela Salloker
Ursula	Lisl Kinast
Margareta	Traute Mauz

10., 17., 28. August Stadttheater
JEAN BAPTISTE MOLIÈRE

Der Bürger als Edelmann

Regie:	Heinz Hilpert
Bühnenbild:	Otto Niedermoser
Musik:	Richard Strauss
Dirigent:	Rudolf Moralt
Tänze:	Grete Wiesenthal
Die Wiener Philharmoniker	
Chor und Ballett der Wiener Staatsoper	

Jourdain	Hans Moser
Lucile	Eva Lissa
Cléonte	Albin Skoda
Dorante	Otto Woegerer
Mascarille	Josef Zeilbeck
Dorimene	Elisabeth Flickenschildt
Nicole	Lotte Lang
Covielle	Wilfried Seyferth
Philosoph	Karl Ehmann
Fechtmeister	Richard Eybner
Tanzmeister	Alexander Pichler
Musiklehrer	Karl Hellmer
Nerine	Lisl Kinast
Lucette	Lisbeth Wilbrandt
Charles	Alfred Edthofer
Schneidermeister	Karl Mark-Felsen
Schäfer	Aenne Michalsky
Schäferin	Elisabeth Rutgers

OPER

1., 8., 15., 24., 29. August Festspielhaus
RICHARD STRAUSS

Der Rosenkavalier

Dirigent:	Karl Böhm
Inszenierung:	Erich von Wymetal
Bühnenbild:	Alfred Roller
Die Wiener Philharmoniker	

Marschallin	Hilde Konetzni 1.—15., 29. Elisabeth Rethberg 24.
Baron Ochs	Fritz Krenn
Octavian	Marta Rohs
Faninal	Hermann Wiedemann
Sophie	Esther Réthy
Leitmetzerin	Aenne Michalsky
Valzacchi	Hermann Gallos
Annina	Dora With
Haushofmeister bei Marschallin	Viktor Madin
Haushofmeister bei Faninal	William Wernigk
Polizeikommissär	Viktor Madin
Notar	Alfred Muzzarelli 1., 8., 29. Karl Ettl 15., 24.
Sänger	Anton Dermota 1.—15. Emmerich von Godin 24., 29.
Wirt	William Wernigk

3., 11., 19., 30. August Festspielhaus
CARL MARIA VON WEBER

Der Freischütz

Dirigent:	Hans Knappertsbusch
Inszenierung:	Heinrich K. Strohm
Bühnenbild:	Benno von Arent
Kostüme:	Benno von Arent
Die Wiener Philharmoniker	
Chor der Wiener Staatsoper	

Ottokar	Paul Schöffler
Kuno	Carl Bissuti 3., 11., 19. Karl Ettl 30.
Agathe	Tiana Lemnitz 3., 11., 19. Hilde Konetzni 30.
Ännchen	Elisabeth Rutgers
Kaspar	Michael Bohnen 3., 11., 19. Herbert Alsen 30.
Max	Franz Völker
Samiel	Volker Soetber
Eremit	Herbert Alsen 3., 11., 19. Carl Bissuti 30.
Kilian	Wilhelm Franter

5., 23. August Festspielhaus
GIUSEPPE VERDI

Falstaff
(in italienischer Sprache)

Dirigent:	Tullio Serafin
Inszenierung:	Guido Salvini
Bühnenbild:	Robert Kautsky
Choreographie:	Willy Fränzl
Die Wiener Philharmoniker	
Chor und Ballett der Wiener Staatsoper	

Falstaff	Mariano Stabile
Ford	Piero Biasini
Fenton	Gino del Signore
Dr. Cajus	Alfredo Tedeschi
Bardolph	Giuseppe Nessi
Pistol	Virgilio Lazzari
Mrs. Ford	Franca Somigli
Nanette	Augusta Oltrabella
Mrs. Page	Mita Vasari
Mrs. Quickly	Angelica Cravcenco

7., 14., 22. August Stadttheater
WOLFGANG AMADEUS MOZART

Die Entführung aus dem Serail

Dirigent:	Karl Böhm
Inszenierung:	Wolf Völker
Bühnenbild:	Robert Kautsky
Kostüme:	Ulrich Roller
Die Wiener Philharmoniker	

Selim, Bassa	Albin Skoda
Konstanze	Maria Cebotari
Blondchen	Irma Beilke
Belmonte	Helge Roswaenge 7., 22. Anton Dermota 14.
Pedrillo	Richard Sallaba
Osmin	Salvatore Baccaloni
Anführer der Wachen	Karl Ettl

9., 18., 27. August Festspielhaus
WOLFGANG AMADEUS MOZART

Don Giovanni
(in italienischer Sprache)

Dirigent:	Clemens Krauss
Inszenierung:	Wolf Völker
Bühnenbild:	Robert Kautsky
Die Wiener Philharmoniker	

Don Giovanni	Ezio Pinza
Donna Elvira	Hilde Konetzni
Il Commendatore	Ludwig Weber
Donna Anna	Elisabeth Rethberg 9., 18. Felicie Hüni-Mihacsek 27.
Don Ottavio	Anton Dermota
Leporello	Virgilio Lazzari
Zerline	Maria Cebotari
Masetto	Karl Ettl

13., 21., 31. August Festspielhaus

WOLFGANG AMADEUS MOZART

Le Nozze di Figaro

(in italienischer Sprache)

Dirigent:	Hans Knappertsbusch
Inszenierung:	Guido Salvini
Bühnenbild:	Alfred Roller
Choreographie:	Willy Fränzl

Die Wiener Philharmoniker
Chor und Ballett der Wiener Staatsoper

Graf Almaviva	Mariano Stabile
Gräfin	Maria Reining
Susanna	Esther Réthy
Figaro	Ezio Pinza
Basilio	Gino del Signore
Bartolo	Virgilio Lazzari
Marcellina	Angelica Cravcenco
Cherubino	Marta Rohs
Antonio	Viktor Madin
Barbarina	Maria Schober
Curzio	Giuseppe Nessi

16., 25. August Festspielhaus

GIOACCHINO ROSSINI

Il Barbiere di Siviglia

(in italienischer Sprache)

Dirigent:	Tullio Serafin
Inszenierung:	Guido Salvini
Bühnenbild:	G. Salvini, A. Calvo
Kostüme:	G. Salvini, A. Calvo

Die Wiener Philharmoniker
Chor der Wiener Staatsoper

Graf Almaviva	Luigi Fort
Dr. Bartolo	Salvatore Baccaloni
Rosina	Margherita Carosio
Basilio	Ezio Pinza
Berta	Mita Vasari
Figaro	Mariano Stabile
Fiorillo	Alfio Tedesco
Offizier	Giuseppe Nessi
Notar	Ferry Klos

ORCHESTERKONZERTE

der Wiener Philharmoniker

2. August, 11 Uhr Mozarteum

Dirigent: Tullio Serafin
Solist: Piero Biasini, Bariton

A. SCARLATTI:	Sinfonia zu einer Oper
I. PIZZETTI:	Concerto dell'Estate
V. GNECCHI:	Prolog zu „Cassandra"
R. PICK-MANGIAGALLI:	Notturno e Rondo fantastico, op. 28
O. RESPIGHI:	I Pini di Roma

6. August, 20 Uhr Festspielhaus

Dirigent: Hans Knappertsbusch
Soli: Esther Réthy, Sopran; Piroska Tutsek, Alt; Anton Dermota, Tenor; Herbert Alsen, Baß
Chor der Wiener Staatsoper

L. v. BEETHOVEN:	Symphonie Nr. 9, d-Moll, op. 125, mit Schlußchor über Schillers Ode „An die Freude"

13. August, 11 Uhr Mozarteum

Dirigent: Clemens Krauss

JOH. STRAUSS:	Morgenblätter-Walzer, op. 279
	Annen-Polka, op. 117
	Csárdás aus „Ritter Pásmán"
	Kaiser-Walzer, op. 437
	Leichtes Blut, Polka schnell, op. 319
	Ägyptischer Marsch, op. 335
	Geschichten aus dem Wienerwald, Walzer, op. 325
JOH. u. JOS. STRAUSS:	Pizzicato-Polka
JOH. STRAUSS:	Perpetuum mobile, op. 257
	Ouvertüre zu „Die Fledermaus"

20. August, 11 Uhr Mozarteum

Dirigent: Karl Böhm
Solist: Walter Gieseking, Klavier

W. JERGER:	Salzburger Hof- und Barockmusik (Uraufführung)
L. v. BEETHOVEN:	Konzert für Klavier und Orchester Nr. 4, G-Dur, op. 58
J. BRAHMS:	Symphonie Nr. 1, c-Moll, op. 68

27. August, 11 Uhr Mozarteum

Dirigent: Richard Strauss
Dieses Konzert mußte am 23. August infolge Erkrankung des Dirigenten abgesagt werden.

30. August, 11 Uhr Festspielhaus

Dirigent: Willem Mengelberg
Dieses Konzert konnte wegen Absage des Dirigenten nicht stattfinden.

SYMPHONISCHES KONZERT

des Trompeterchores der Stadt Wien

22. August, 21 Uhr Felsenreitschule

Dirigent: Hans Heinz Scholtys
Solist: Paul Bender, Baß; am Flügel: Karl Pilss
Der Chor der Wiener Staatsoper

A. C. HOCHSTETTER:	Feierliche Einzugsfanfare
C. FÜRICH:	Bergpsalm (Uraufführung)
J. BRAHMS:	Vier ernste Gesänge
G. METAXA:	Fanfare in Es
F. BAYER:	Bläserfestmusik
R. STRAUSS:	Feierlicher Einzug der Ritter des Johanniterordens
F. SCHMIDT:	Königsfanfaren aus „Fredigundis"
A. UHL:	Symphonischer Marsch
C. LOEWE:	Kleiner Haushalt
	In der Marienkirche
	Hochzeitslied
	Odins Meeresritt
K. PILSS:	Festliches Vorspiel
	Heldenklage
	Heldischer Hymnus

KAMMERMUSIKABEND

14. August, 20 Uhr Mozarteum

Ausführende: Elly Ney, Klavier; Max Strub, Violine; Karl Stumvoll, Viola; Ludwig Hoelscher, Violoncello; Hermann Koholzer, Kontrabaß

W. A. MOZART:	Klavierquartett g-Moll, KV 478
	Rondo für Klavier a-Moll, KV 511
F. SCHUBERT:	Moments musicaux aus op. 94
	Klavierquintett A-Dur, op. 114 „Forellenquintett"

CHORKONZERT

25. August, 11 Uhr Mozarteum

Dirigent: Clemens Krauss
Soli: Hilde Konetzni, Sopran; Paul Schöffler, Baß; am Flügel: Karl Pilss

Chor der Wiener Staatsoper
R. STRAUSS: Hymne, op. 34/2
Waldseligkeit, op. 49/I
Freundliche Vision, op. 48/I
Liebeshymnus, op. 32/3
Der Abend, op. 34/I
Traum durch die Dämmerung, op. 29/I
Zueignung, op. 10/I
Cäcilie, op. 27/2
Deutsche Motette, op. 62

SERENADEN

5. August, 21 Uhr Residenz

Quartett Mairecker

Mitwirkend: Die Bläservereinigung der Wiener Philharmoniker; Otto Rühm, Kontrabaß
W. A. MOZART: Streichquartett B-Dur, KV 458 „Jagdquartett"
F. SCHUBERT: Oktett F-Dur, op. 166

10. August, 21 Uhr Residenz

Das Salzburger Mozarteum-Orchester

Dirigent: Willem van Hoogstraten
W. A. MOZART: Marsch D-Dur, KV 249
Divertimento D-Dur, KV 334
Serenade D-Dur, KV 320 „Posthorn-Serenade"
Kontretanz aus KV 609
Kontretanz C-Dur, KV 535 „La Bataille"

17. August, 21 Uhr Residenz

Das Salzburger Mozarteum-Orchester

Dirigent: Willem van Hoogstraten
W. A. MOZART: Symphonie C-Dur, KV 338
Andante für Flöte und Orchester C-Dur, KV 315
Divertimento D-Dur, KV 251
Contretanz B-Dur, KV 123

21. August, 21 Uhr Residenz

Salzburger Mozart-Quartett

Mitwirkend: Otto Pröbstle, 2. Viola
J. HAYDN: Streichquartett D-Dur, op. 64, Nr. 5 „Lerchenquartett"
F. SCHUBERT: Quartettsatz c-Moll, op. posth.
W. A. MOZART: Streichquintett g-Moll, KV 516

28. August, 21 Uhr Residenz

Das Salzburger Mozarteum-Orchester

Dirigent: Willem van Hoogstraten
W. A. MOZART: Marsch D-Dur, KV 335
Serenade D-Dur, KV 204
(Violinsolo: Kurt Schäffer)
Symphonie D-Dur, KV 297
Drei deutsche Tänze, KV 605

31. August, 21 Uhr Residenz

Das Salzburger Mozarteum-Orchester

Dirigent: Willem van Hoogstraten
W. A. MOZART: Symphonie B-Dur, KV 319
Eine kleine Nachtmusik G-Dur, KV 525
Ouvertüre zu „Der Schauspieldirektor", KV 486

KONZERTE GEISTLICHER MUSIK

Dirigent: Meinhard von Zallinger
Orgel: Franz Sauer

12. August, 11 Uhr Stiftskirche St. Peter[1]
Soli: Felicie Hüni-Mihacsek, Gisela Mayr; Julius Patzak, Georg Hann
Das Salzburger Mozarteum-Orchester — Mitglieder des Wiener Staatsopernchores
W. A. MOZART: c-Moll-Messe, KV 427

26. August, 11 Uhr Stiftskirche St. Peter[1]
Soli: Felicie Hüni-Mihacsek, Piroska Tutsek; Julius Patzak, Georg Hann
Das Salzburger Mozarteum-Orchester — Der Wiener Staatsopernchor
W. A. MOZART: Requiem, KV 626

Die bis 8. September geplanten Festspiele wurden am 31. August vorzeitig beendet. Es entfielen daher insgesamt zwölf Veranstaltungen.

1940
13.—27. Juli

KONZERTZYKLUS
der Wiener Philharmoniker

13. Juli, 20 Uhr Festspielhaus
Dirigent: Hans Knappertsbusch
L. v. BEETHOVEN: Ouvertüre „Leonore" 3, C-Dur, op. 72 a
A. BRUCKNER: Symphonie Nr. 7, E-Dur

17. Juli, 20 Uhr Mozarteum
Dirigent: Karl Böhm
Solist: Wolfgang Schneiderhan, Violine
W. JERGER: Salzburger Hof- und Barockmusik
W. A. MOZART: Konzert für Violine und Orchester A-Dur, KV 219
P.I.TSCHAIKOWSKIJ: Symphonie Nr. 4, f-Moll, op. 36

20. Juli, 20 Uhr Festspielhaus
Dirigent: Franz Lehár
Soli: Esther Réthy, Sopran; Marcell Wittrisch, Tenor
F. LEHÁR: Ouvertüre zu „Land des Lächelns", Wolgalied und „Einer wird kommen" aus „Zarewitsch", „All mein Fühlen, all mein Sehnen" und „O Mädchen, mein Mädchen" aus „Friederike", zwei Zwischenspiele und „Meine Lippen, die küssen so heiß" aus „Giuditta", „Niemand liebt dich so wie ich" aus „Paganini", „Frei und jung dabei" aus „Schön ist die Welt", Ouvertüre zu „Die lustige Witwe", „Liebe, du Himmel auf Erden" aus „Paganini", „Immer nur lä-

cheln" aus „Land des Lächelns", „Hab ein blaues Himmelbett" aus „Frasquita", Vorspiel zu „Eva", „Hab nur dich allein" aus „Zarewitsch", „Gold und Silber", Walzer, „Die Welt bekränzt sich mit Rosen" aus „Die lustige Witwe"

23. Juli, 20 Uhr Mozarteum

Dirigent: Hans Knappertsbusch
Solist: Emil von Sauer, Klavier

O. RESPIGHI:	Antiche arie e danze. Zweite Suite
R. SCHUMANN:	Konzert für Klavier und Orchester a-Moll, op. 54
L. v. BEETHOVEN:	Symphonie Nr. 7, A-Dur, op. 92

25. Juli, 20 Uhr Mozarteum

Dirigent: Hans Knappertsbusch

F. v. SUPPÉ:	Ouvertüre zu „Die schöne Galathee"
JOH. STRAUSS:	Geschichten aus dem Wienerwald, Walzer, op. 325
	Leichtes Blut, Polka schnell, op. 319
K. KOMZÁK:	Badner Madln, Walzer
JOH. STRAUSS:	Ägyptischer Marsch, op. 335
R. HEUBERGER:	Ouvertüre zu „Der Opernball"
J. LANNER:	Hofballtänze, Walzer
JOH. STRAUSS:	Perpetuum mobile, op. 257
JOH. u. JOS. STRAUSS:	Pizzicato-Polka
C. M. ZIEHRER:	Weana Madln, Walzer
JOH. STRAUSS (Vater):	Radetzky-Marsch

26. Juli, 20 Uhr Festspielhaus
(Wiederholung des Konzertes vom 25. Juli)

27. Juli, 20 Uhr Festspielhaus

Dirigent: Hans Knappertsbusch
Solistin: Gertrud Rünger, Alt

R. WAGNER:	Eine Faust-Ouvertüre
	Siegfried-Idyll
	Drei Wesendonck-Lieder: Schmerzen, Im Treibhaus, Träume
	Vorspiel und Isoldens Liebestod aus „Tristan und Isolde"
	Siegfrieds Rheinfahrt aus „Götterdämmerung"
	Ouvertüre zu „Tannhäuser"

29. Juli, 20 Uhr Festspielhaus

Außerordentliches Konzert (Wiederholung 30. 7., 20 Uhr)

Dirigent: Wilhelm Furtwängler

L. v. BEETHOVEN:	Symphonie Nr. 8, F-Dur, op. 93
R. WAGNER:	Siegfrieds Tod und Trauermusik aus „Götterdämmerung"
J. BRAHMS:	Symphonie Nr. 1, c-Moll, op. 68

SERENADEN

19. Juli, 20.30 Uhr Residenz

Bläservereinigung der Wiener Philharmoniker

L. v. BEETHOVEN:	Rondino Es-Dur
G. ROSSINI:	Quartett Nr. 1, F-Dur
R. STRAUSS:	Serenade Es-Dur, op. 7
W. A. MOZART:	Serenade B-Dur, KV 361

26. Juli, 20.30 Uhr Residenz

Schneiderhan-Quartett

Mitglieder der Bläservereinigung der Wiener Philharmoniker und Otto Rühm, Kontrabaß

L. v. BEETHOVEN:	Septett Es-Dur, op. 20
F. SCHUBERT:	Oktett F-Dur, op. 166

1941

2.—24. August

SCHAUSPIEL

3., 7., 11., 16., 20., 23. August
Felsenreitschule

WILLIAM SHAKESPEARE

Viel Lärm um nichts

Regie:	Heinz Hilpert
Bühnenbild:	Ernst Schütte
Musik:	Franz Schubert
Dirigent:	Erwin Mausz

Mozarteum-Orchester

Leonato	Alfred Neugebauer
Antonio	Karl Hellmer
Don Pedro	Otto Woegerer
Don Juan	Wilfried Seyferth
Borachio	Axel von Ambesser 3.—16. Eduard Benoni 20., 23.
Konrad	Volker Soetber
Benedikt	Ewald Balser
Claudio	Albin Skoda
Balthasar	Karl Pichler
Mönch	Karl Ehmann
Holzapfel	Bruno Hübner
Schlehwein	Friedrich Maurer
Schreiber	Eduard Benoni 3.—16. Karl Mark-Felsen 20., 23.
Hero	Eleonore Hoogstraten
Beatrice	Angela Salloker
Ursula	Lisl Kinast
Margareta	Ingrid Kampass

OPER

2., 9., 14., 19. August Festspielhaus

WOLFGANG AMADEUS MOZART

Die Zauberflöte

Dirigent:	Karl Böhm
Inszenierung:	Heinz Arnold
Bühnenbild:	Ludwig Sievert
Kostüme:	Ludwig Sievert

Die Wiener Philharmoniker

Sarastro	Ludwig Weber
Tamino	Peter Anders 2., 9. Anton Dermota 14., 19.
Sprecher	Kurt Böhme
Priester	William Wernigk
Königin der Nacht	Lea Piltti
Pamina	Maria Reining
1. Dame	Hilde Konetzni
2. Dame	Dora With
3. Dame	Elena Nicolaidi
Papageno	Alfred Poell
Papagena	Dora Komarek
Monostatos	Karl Wessely
1. Knabe	Erika Pirschl
2. Knabe	Elfriede Trötschel
3. Knabe	Anny Schneller
1. Geharnischter	Wilhelm Franter
2. Geharnischter	Franz Normann

4., 10., 15., 21. August Festspielhaus

RICHARD STRAUSS

Der Rosenkavalier

Dirigent:	Hans Knappertsbusch
Inszenierung:	Erich von Wymetal
Bühnenbild:	Alfred Roller

Die Wiener Philharmoniker

Marschallin	Anny Konetzni
Baron Ochs	Fritz Krenn
Octavian	Marta Rohs
Faninal	Hermann Wiedemann 4., 21. Viktor Madin 10., 15.
Sophie	Elisabeth Rutgers 4., 10. Esther Réthy 15., 21.
Leitmetzerin	Aenne Michalsky
Valzacchi	Hermann Gallos
Annina	Olga Levko-Antosch
Haushofmeister bei Marschallin	Hermann Baier
Haushofmeister bei Faninal	Wilhelm Franter
Polizeikommissär	Karl Ettl
Notar	Alfred Muzzarelli
Sänger	Anton Dermota 4., 21. Karl Friedrich 10., 15.
Wirt	William Wernigk

6., 12., 17., 24. August Festspielhaus

WOLFGANG AMADEUS MOZART

Die Hochzeit des Figaro

Dirigent:	Karl Böhm
Inszenierung:	Rudolf Zindler
Bühnenbild:	Alfred Roller

Die Wiener Philharmoniker

Graf Almaviva	Mathieu Ahlersmeyer
Gräfin	Margarete Teschemacher
Susanne	Elfriede Weidlich
Figaro	Paul Schöffler
Basilio	Karl Wessely
Bartolo	Kurt Böhme
Marcelline	Dora With
Cherubin	Marta Rohs
Antonio	Viktor Madin
Barbarina	Elfriede Trötschel
Curzio	Hermann Gallos

8., 13., 18., 22. August Festspielhaus

WOLFGANG AMADEUS MOZART

Don Juan

Dirigent:	Hans Knappertsbusch
Inszenierung:	Wolf Völker
Bühnenbild:	Robert Kautsky

Die Wiener Philharmoniker

Don Juan	Paul Schöffler
Donna Elvira	Hilde Konetzni
Der Komtur	Herbert Alsen
Donna Anna	Helena Braun
Don Ottavio	Anton Dermota
Leporello	Fritz Krenn
Zerline	Dora Komarek 8., 13. Elisabeth Rutgers 18., 22.
Masetto	Erich Kunz

BALLETT

14., 17., 23. August Landestheater

Das Ballett der Salzburger Festspiele

Choreographie:	Willy Fränzl
Dirigent:	Anton Paulik

Mitglieder d. Balletts d. Wiener Staatsoper
Die Wiener Philharmoniker

Tanzfolge:
1. Salzburgs Sehenswürdigkeiten
2. Aus Salzburgs Festspielen
3. Salzburgs Gäste
4. Ausklang ohne Schnürlregen

Nach der Musik von L. v. Beethoven, Ch. W. Gluck, L. Mozart, W. A. Mozart, F. Silcher, Jos. Strauß, Joh. Strauß, C. M. v. Weber, A. Lortzing, F. Smetana, G. Bizet, E. Wolf-Ferrari.

Ausführende: Julia Drapal, Willy Fränzl, Erwin Pokorny, Carl Raimund und das Corps de Ballet.

ORCHESTERKONZERTE

5. August, 20 Uhr Mozarteum[1]

Das Mozarteum-Orchester

Dirigent: Willem van Hoogstraten
Solist: Ludwig Hoelscher, Violoncello

W. A. MOZART:	Symphonie D-Dur, KV 504 „Prager"
J. HAYDN:	Konzert für Violoncello und Orchester D-Dur
W. A. MOZART:	Symphonie C-Dur, KV 425 „Linzer"

10. August, 11 Uhr Mozarteum

Die Wiener Philharmoniker

Dirigent: Karl Böhm

C. M. v. WEBER:	Ouvertüre zu „Der Freischütz"
TH. BERGER:	Rondino giocoso, op. 4
R. STRAUSS:	Tod und Verklärung, op. 24
J. BRAHMS:	Symphonie Nr. 2, D-Dur, op. 73

16. August, 20 Uhr Mozarteum

Die Wiener Philharmoniker

Dirigent: Clemens Krauss
Solist: Josef Niedermayr, Flöte

J. HAYDN:	Symphonie Nr. 88, G-Dur
W. A. MOZART:	Konzert für Flöte und Orchester, D-Dur, KV 314
F. SCHUBERT:	Symphonie Nr. 8, h-Moll „Unvollendete"
L. v. BEETHOVEN:	Ouvertüre „Leonore" 3, C-Dur, op. 72 a

20. August, 20 Uhr Mozarteum

Die Wiener Philharmoniker

Dirigent: Clemens Krauss
Solistin: Elly Ney, Klavier
Chor der Wiener Staatsoper

R. STRAUSS:	Orchestersuite aus der Musik zum „Bürger als Edelmann" des Molière, op. 60 Burleske d-Moll für Klavier und Orchester Wandrers Sturmlied (Goethe), op. 14 Till Eulenspiegels lustige Streiche, op. 28

24. August, 11 Uhr Festspielhaus

Die Wiener Philharmoniker

Dirigent: Hans Knappertsbusch
Soli: Esther Réthy, Sopran; Elena Nicolaidi, Alt; Anton Dermota, Tenor; Herbert Alsen, Baß
Chor der Wiener Staatsoper

L. v. BEETHOVEN:	Symphonie Nr. 9, d-Moll, op. 125, mit Schlußchor über Schillers Ode „An die Freude"

SERENADEN

3. August, 21 Uhr Residenz

Bläservereinigung der Wiener Philharmoniker

Mitwirkend: Franz Kvarda, Violoncello; Otto Rühm, Kontrabaß

R. STRAUSS:	Serenade Es-Dur, op. 7
A. DVOŘÁK:	Serenade d-Moll, op. 44
W. A. MOZART:	Serenade B-Dur, KV 361

6. August, 21 Uhr Residenz

Das Mozarteum-Orchester

Dirigent: Willem van Hoogstraten

W. A. MOZART: Divertimento D-Dur, KV 251
Symphonie A-Dur, KV 201
Sechs deutsche Tänze, KV 571

7. August, 21 Uhr Residenz

Weißgärber-Quartett

J. HAYDN: Streichquartett C-Dur, op. 54, Nr. 2, „Tostquartett"
W. A. MOZART: Streichquartett D-Dur, KV 575
F. SCHUBERT: Quartett-Satz c-Moll, op. posth.

11. August, 21 Uhr Residenz

Mozarteum-Quartett

W. A. MOZART: Streichquartett C-Dur, KV 157
Streichquartett Es-Dur, KV 428
Streichquartett B-Dur, KV 458 „Jagdquartett"

14. August, 21 Uhr Residenz

Das Mozarteum-Orchester

Dirigent: Willem van Hoogstraten

W. A. MOZART: Marsch D-Dur, KV 249
Serenade D-Dur, KV 250 „Haffner-Serenade" (Violinsolo: Kurt Schäffer)
Drei deutsche Tänze, KV 605

17. August, 21 Uhr Residenz

Das Mozarteum-Orchester

Dirigent: Willem van Hoogstraten

W. A. MOZART: Marsch D-Dur, KV 335/1
Symphonie D-Dur, KV 297
Sechs deutsche Tänze, KV 600

19. August, 21 Uhr Residenz

Schneiderhan-Quartett

J. HAYDN: Streichquartett D-Dur, op. 64, Nr. 5 „Lerchenquartett"
W. A. MOZART: Streichquartett C-Dur, KV 465
H. WOLF: Italienische Serenade G-Dur

23. August, 21 Uhr Residenz

Schneiderhan-Quartett

Bläservereinigung der Wiener Philharmoniker

Mitwirkend: Otto Rühm, Kontrabaß

J. HAYDN: Streichquartett G-Dur, op. 76, Nr. 1
F. SCHUBERT: Oktett F-Dur, op. 166

24. August, 21 Uhr Residenz

Das Mozarteum-Orchester

Dirigent: Willem van Hoogstraten

W. A. MOZART: Cassation B-Dur, KV 99
Divertimento F-Dur, KV 247
Symphonie D-Dur, KV 385 „Haffner"

KONZERT GEISTLICHER MUSIK

16. August, 11 Uhr Stiftskirche St. Peter[1]

Dirigent: Meinhard von Zallinger
Orgel: Franz Sauer
Soli: Felicie Hüni-Mihacsek, Anneliese Schlosshauer; Julius Patzak, Georg Hann
Das Mozarteum-Orchester — Mitglieder des Wiener Staatsopernchors

W. A. MOZART: c-Moll-Messe, KV 427

1942

5.—30. August

SCHAUSPIEL

6., 8., 11., 14., 20., 26. August
Felsenreitschule

JOHANN WOLFGANG VON GOETHE

Iphigenie auf Tauris

Regie: Lothar Müthel
Bühnenbild: Wilhelm Reinking

Iphigenie Hedwig Pistorius
Thoas Ewald Balser
Orest Fred Liewehr
Pylades Siegmar Schneider
Arkas Franz Herterich

10., 13., 17., 21., 23., 29., 30. August
Landestheater

JOHANN NESTROY

Einen Jux will er sich machen

Musik und Gesangstexte von Alexander Steinbrecher nach musikalischen Motiven von Adolf Müller sen.

Regie: Herbert Waniek
Bühnenbild: Stefan Hlawa
Kostüme: Stefan Hlawa
Dirigent: Franz Salmhofer

Zangler Richard Eybner
Marie Maria Kramer
Weinberl Hermann Thimig
Christopherl Alma Seidler
Kraps Eduard Volters
Frau Gertrud Lotte Medelsky
Melchior FerdinandMaierhofer
August Sonders Alexander Trojan
Hupfer Hermann Wawra
Madame Knorr Maria Mayen
Frau von Fischer Auguste Pünkösdy
Frl. Blumenblatt Gisela Wilke
Brunninger Armand Ozory
Philippine Liselotte Medelsky
Lisette Ingeborg Fürst

OPER

5., 10., 16., 22., 25., 30. August
Festspielhaus

WOLFGANG AMADEUS MOZART

Die Hochzeit des Figaro

Dirigent: Clemens Krauss
Inszenierung: Walter Felsenstein
Bühnenbild: Stefan Hlawa
Kostüme: Stefan Hlawa
Das Orchester der Wiener Staatsoper

Graf Almaviva Hans Hotter
Gräfin Helena Braun
Susanne Irma Beilke
Figaro Erich Kunz
Basilio Josef Witt
Bartolo Gustav Neidlinger
Marcelline Res Fischer
Cherubin Gerda Sommerschuh
Antonio Franz Normann
Barbarina Liane Timm
Curzio William Wernigk

9., 12., 15., 18., 24., 28. August
Festspielhaus

RICHARD STRAUSS

Arabella

Dirigent:	Clemens Krauss
Inszenierung:	Rudolf Hartmann
Bühnenbild:	Robert Kautsky
Kostüme:	Erni Kniepert

Das Orchester der Wiener Staatsoper

Graf Waldner	Theo Herrmann
Adelaide	Luise Willer
Arabella	Viorica Ursuleac
Zdenka	Trude Eipperle
Mandryka	Hans Reinmar
Matteo	Horst Taubmann
Graf Elemer	Franz Klarwein
Graf Dominik	Odo Ruepp
Graf Lamoral	Alfred Poell
Fiaker-Milli	Else Böttcher
Kartenaufschlägerin	Ruth Michaelis
Welko	William Wernigk

ORCHESTERKONZERTE

der Wiener Philharmoniker

7. August, 19 Uhr Mozarteum

Dirigent: Richard Strauss
Soli: Wolfgang Schneiderhan, Violine; Ernst Morawec, Viola

W. A. MOZART:	Symphonie A-Dur, KV 201
	Konzertante Symphonie für Violine, Viola und Orchester Es-Dur, KV 364
	Symphonie C-Dur, KV 551 „Jupiter"

13. August, 19 Uhr Festspielhaus

Dirigent: Willem Mengelberg

C. M. v. WEBER:	Ouvertüre zu „Euryanthe"
J. BRAHMS:	Variationen über ein Thema von Joseph Haydn, op. 56a
R. STRAUSS:	Ein Heldenleben, op. 40 (Violinsolo: Willi Boskovsky)

16. August, 11 Uhr Mozarteum

Dirigent: Willem Mengelberg
Solist: Cor de Groot, Klavier

L. v. BEETHOVEN:	Ouvertüre zu Goethes „Egmont" op. 84
	Konzert für Klavier und Orchester Nr. 5, Es-Dur, op. 73
	Symphonie Nr. 7, A-Dur, op. 92

19. August, 19 Uhr Festspielhaus

Dirigent: Karl Böhm
Soli: Trude Eipperle, Sopran; Marta Rohs, Alt; Peter Anders, Tenor; Hans Hotter, Baß
Konzertvereinigung Wiener Staatsopernchor

G. VERDI:	Requiem

21. August, 19 Uhr Festspielhaus

Dirigent: Karl Böhm

W. A. MOZART:	Symphonie D-Dur, KV 385 „Haffner"
A. BRUCKNER:	Symphonie Nr. 7, E-Dur

23. August, 11 Uhr Mozarteum

Dirigent: Clemens Krauss

JOS. STRAUSS:	Dorfschwalben aus Österreich, Walzer, op. 164
	Libelle, Polka mazur, op. 204
	Eingesendet, Polka schnell, op. 240
JOH. STRAUSS:	Ouvertüre zu „Indigo"
	Rosen aus dem Süden, Walzer, op. 388
	Annen-Polka, op. 117
	Csárdás aus „Ritter Pásmán"
	Ägyptischer Marsch, op. 335
	Unter Donner und Blitz, Polka schnell, op. 324
	Kaiser-Walzer, op. 437
	Perpetuum mobile, op. 257
	An der schönen blauen Donau, op. 314
JOH. u. JOS. STRAUSS:	Pizzicato-Polka

27. August, 19 Uhr Festspielhaus

Dirigent: Clemens Krauss
Konzertvereinigung Wiener Staatsopernchor

G. PALESTRINA:	Wohl ruht sich wonniglich
	O süßer Schlummer
O. de LASSUS:	Landsknechts-Ständchen
A. SCANDELLI:	Canzone napolitana
G. MARTUCCI:	Notturno
O. RESPIGHI:	I Pini di Roma
J. BRAHMS:	Fest- und Gedenksprüche, op. 109
R. STRAUSS:	Till Eulenspiegels lustige Streiche, op. 28

30. August, 11 Uhr Mozarteum

Dirigent: Ernest Ansermet
Solist: José Cubiles, Klavier

Z. KODALY:	Variationen über ein ungarisches Volkslied
M. de FALLA:	„Nächte in spanischen Gärten", symphonische Impressionen für Klavier und Orchester
L. v. BEETHOVEN:	Symphonie Nr. 3, Es-Dur, op. 55 „Eroica"

KAMMERKONZERTE

Das Kammerorchester Edwin Fischer

9. August, 11 Uhr Mozarteum

J. S. BACH:	Konzert für Flöte, Violine und Streichorchester a-Moll
	„Ricercare" aus dem „Musikalischen Opfer"
	Konzert für Cembalo (Klavier) und Streichorchester f-Moll
	Konzert für drei Klaviere C-Dur

14. August, 11 Uhr Mozarteum

E. F. DALL'ABACO:	Concerto da chiesa B-Dur
G. GABRIELI:	Due canzoni per sonar
G. B. PERGOLESI:	Konzert für Streicher f-Moll
A. VIVALDI:	Konzert für zwei Violinen und Streicher d-Moll
W. A. MOZART / E. FISCHER:	Fantasie für Orgelwalze f-Moll, KV 608
A. VIVALDI / J. S. BACH:	Concerto für vier Violinen, übertragen für vier Klaviere

20. August, 19 Uhr Mozarteum

W. A. MOZART:	Konzert für Horn und Orchester Es-Dur, KV 447
	Adagio für Harmonika C-Dur, KV 356
	Adagio c-Moll und Rondo C-Dur, KV 617
	Konzert für Klavier und Orchester G-Dur, KV 453
J. HAYDN:	Symphonie Nr. 104, D-Dur „Salomon"

SERENADEN

6. August, 21 Uhr Residenz

Das Mozarteum-Orchester

Dirigent: Willem van Hoogstraten

W. A. MOZART:	Marsch D-Dur, KV 335 Symphonie D-Dur, KV 297 Eine kleine Nachtmusik G-Dur, KV 525 Sechs deutsche Tänze, KV 571

11. August, 21 Uhr Residenz

Schneiderhan-Quartett

J. HAYDN:	Streichquartett F-Dur, op. 3, Nr. 5 „Serenaden-Quartett"
W. A. MOZART:	Streichquartett d-Moll, KV 421
L. v. BEETHOVEN:	Streichquartett B-Dur, op. 18, Nr. 6

14. August, 21 Uhr Residenz

Bläservereinigung der Wiener Philharmoniker

J. HAYDN:	Oktett F-Dur
W. A. MOZART:	Divertimento Es-Dur, KV 252
L. SPOHR:	Notturno für Harmonie- und Janitscharen-Musik, op. 34

17. August, 21 Uhr Residenz

Das Mozarteum-Orchester

Dirigent: Willem van Hoogstraten

W. A. MOZART:	Cassation B-Dur, KV 99 Symphonie D-Dur, KV 504 „Prager" Drei deutsche Tänze, KV 605

23. August, 21 Uhr Residenz

Mozarteum-Quartett

J. HAYDN:	Streichquartett D-Dur, op. 64, Nr. 5 „Lerchenquartett"
F. SCHUBERT:	Streichquartett a-Moll, op. 29
W. A. MOZART:	Streichquartett C-Dur, KV 465 „Dissonanzenquartett"

26. August, 21 Uhr Residenz

Das Mozarteum-Orchester

Dirigent: Willem van Hoogstraten

W. A. MOZART:	Divertimento D-Dur, KV 251 Symphonie C-Dur, KV 425 „Linzer" Kleine ausgewählte Stücke aus KV 408, 131, 299b, 568, 203, 249

29. August, 21 Uhr Felsenreitschule

Weißgärber-Quartett
Konzertvereinigung Wiener Staatsopernchor

Mitwirkend: Else Böttcher, Sopran

F. SCHUBERT:	Streichquartett Es-Dur, op. 125, Nr. 1 Vier Chöre: Die Nacht, Gondelfahrt, Ständchen, Nachtgesang im Walde (Klavierbegleitung: Karl Pichler. Das Hornquintett der Wiener Staatsoper) Thema mit Variationen aus dem Streichquartett d-Moll, „Der Tod und das Mädchen"

1943

4.—29. August

Salzburger Theater- und Musiksommer

SCHAUSPIEL

5., 6., 9., 13., 21., 26. August
Felsenreitschule

JOHANN WOLFGANG VON GOETHE

Iphigenie auf Tauris

Regie:	Otto Falckenberg
Bühnenbild:	Wilhelm Reinking
Iphigenie	Liselotte Schreiner
Thoas	Hans Jungbauer
Orest	Gert Brüdern
Pylades	Bernhard Wicki
Arkas	Karl Hanft

7., 9., 11., 13., 28. August Landestheater

LUDWIG ANZENGRUBER

Der G'wissenswurm

Regie:	Eduard Köck
Bühnenbild:	H. Klement
Grillhofer	Ludwig Auer
Dusterer	Eduard Köck
Michl	Franz Ludwig
Wastl	Leopold Esterle
Annamirl	Maria Wiesinger
Rosl	Anna Zötsch
Die Horlacher-Lies	Ilse Exl
Leonhard	Hans Kratzer
Der alte Poltner	Leonhard Auer
Sein Weib	Mimi Auer-Gstöttner
Hansl	Ernst Auer
Nazl	Rudolf Rab

15., 17., 20., 23., 25. August
Landestheater

LUDWIG ANZENGRUBER

Der Meineidbauer

Regie:	Eduard Köck
Matthias Ferner	Eduard Köck
Kreszenz	Herta Agostini
Franz	Leopold Esterle
Andreas Höllerer	Leonhard Auer
Toni	Hans Dengel
Großknecht	Ludwig Auer
Die alte Burgerliese	Mimi Auer-Gstöttner
Jakob	Ernst Auer
Vroni	Ilse Exl
Bader v. Ottenschlag	Franz Ludwig
Die Baumahm	Anna Zötsch
Rosl	Beatrix Kadler
Kathrein	Maria Wiesinger

OPER

4., 10., 14., 18., 22., 29. August
Festspielhaus

WOLFGANG AMADEUS MOZART

Die Zauberflöte

Dirigent:	Clemens Krauss
Inszenierung:	Clemens Krauss
Bühnenbild:	Stefan Hlawa
Kostüme:	Erni Kniepert
Die Wiener Philharmoniker	
Sarastro	Georg Hann
Tamino	Julius Patzak
Sprecher	Hans Hotter
Priester	Horst Taubmann
Königin der Nacht	Hildegard Kapferer
Pamina	Irma Beilke
1. Dame	Maud Cunitz
2. Dame	Coba Wackers
3. Dame	Maria Cornelius
Papageno	Paul Hörbiger
Papagena	Gusti Huber
Monostatos	Josef Witt
1. Knabe	Käthe Nentwig
2. Knabe	Gertrud Friedrich
3. Knabe	Anny Schneller

1. Geharnischter	Karl Ostertag
2. Geharnischter	Theo Herrmann

8., 12., 16., 19., 24., 27. August
Festspielhaus

RICHARD STRAUSS

Arabella

Dirigent:	Clemens Krauss
Inszenierung:	Rudolf Hartmann
Bühnenbild:	Robert Kautsky
Kostüme:	Erni Kniepert

Die Wiener Philharmoniker

Graf Waldner	Theo Herrmann
Adelaide	Luise Willer
Arabella	Viorica Ursuleac
Zdenka	Maud Cunitz
Mandryka	Hans Reinmar
Matteo	Horst Taubmann
Graf Elemer	Franz Klarwein
Graf Dominik	Josef Witt
Graf Lamoral	Alfred Poell
Fiaker-Milli	Irma Handler
Kartenaufschlägerin	Ruth Michaelis
Welko	Franz Szkokan

ORCHESTERKONZERTE

der Wiener Philharmoniker

6. August, 19 Uhr Mozarteum

Dirigent: Richard Strauss
Solist: Conrad Hansen, Klavier

W. A. MOZART:	Symphonie g-Moll, KV 550
	Konzert für Klavier und Orchester D-Dur, KV 537 „Krönungs-Konzert"
	Symphonie Es-Dur, KV 543

11. August, 19 Uhr Mozarteum

Dirigent: Karl Böhm
Solist: Gottfried Freiberg, Horn

R. STRAUSS:	Don Juan, op. 20
	Zweites Hornkonzert Es-Dur für Horn und Orchester (1942) (Uraufführung)
J. BRAHMS:	Symphonie Nr. 1, c-Moll, op. 68

15. August, 11 Uhr Festspielhaus

Dirigent: George Georgescu

L. v. BEETHOVEN:	Symphonie Nr. 1, C-Dur, op. 21
P.CONSTANTINESCU:	Rumänische Tänze aus dem Ballett „Bauernhochzeit in den Karpathen"
R. STRAUSS:	Ein Heldenleben, op. 40 (Violinsolo: Willi Boskovsky)

17. August, 19 Uhr Festspielhaus

Dirigent: Karl Böhm
Soli: Irma Beilke, Sopran; Luise Willer, Alt; Franz Klarwein, Tenor; Hans Hotter, Bariton
Konzertvereinigung Wiener Staatsopernchor

L. v. BEETHOVEN:	Symphonie Nr. 9, d-Moll, op. 125, mit Schlußchor über Schillers Ode „An die Freude"

20. August, 19 Uhr Mozarteum

Dirigent: Ernest Ansermet

G. F. HÄNDEL:	Concerto grosse F-Dur, op. 3, Nr. 4
W. A. MOZART:	Symphonie C-Dur, KV 425 „Linzer"
F. LISZT:	Zwei Episoden aus Lenaus „Faust": Der nächtliche Zug, Der Tanz in der Dorfschenke (1. Mephistowalzer)
M. de FALLA:	Suite aus dem Ballett „Der Dreispitz"

22. August, 11 Uhr Mozarteum

Dirigent: Clemens Krauss

JOS. STRAUSS:	Frauenwürde, Walzer, op. 277
	Die Schwätzerin, Polka, op. 144
	Brennende Liebe, Polka mazur, op. 129
	Jockey-Polka, op. 278
JOH. STRAUSS:	Wiener Blut, Walzer, op. 354
	Im Krapfenwaldl, Polka, op. 336
	Eljen a Magyar! Polka, op. 332
	Einzugsmarsch aus „Der Zigeunerbaron"
	Frühlingsstimmen, Walzer, op. 410
JOH. u. JOS. STRAUSS:	Pizzicato-Polka
JOH. STRAUSS:	Perpetuum mobile, op. 257
	Kaiser-Walzer, op. 437

25. August, 19 Uhr Festspielhaus

Dirigent: George Georgescu

R. STRAUSS:	Tod und Verklärung, op. 24
W. JERGER:	Salzburger Hof- und Barockmusik
L. v. BEETHOVEN:	Symphonie Nr. 7, A-Dur, op. 92

28. August, 19 Uhr Mozarteum

Dirigent: Clemens Krauss
Solist: Wolfgang Schneiderhan, Violine

J. HAYDN:	Symphonie Nr. 103, Es-Dur „Mit dem Paukenwirbel"
W. A. MOZART:	Konzert für Violine und Orchester A-Dur, KV 219
L. v. BEETHOVEN:	Symphonie Nr. 5, c-Moll, op. 67

KAMMERMUSIKABENDE

7. August, 19 Uhr Mozarteum

Ausführende: Isolde Ahlgrimm, Klavier; Jaroslav Suchy, Violine; Richard Krotschak, Violoncello; Otto Stiglitz, Violoncello; Rudolf Streng, Viola

R. STRAUSS:	Quartett c-Moll für Klavier, Violine, Viola und Cello, op. 13
	Sonate F-Dur für Violoncello und Klavier, op. 6
	Sonate Es-Dur für Violine und Klavier, op. 18

18. August, 19 Uhr Mozarteum

Schneiderhan-Quartett

R. SCHUMANN:	Streichquartett A-Dur, op. 41/3
W. JERGER:	Streichquartett C-Dur
J. BRAHMS:	Streichquartett B-Dur, op. 67

KAMMERKONZERTE

Das Kammerorchester Edwin Fischer

23. August, 19 Uhr Mozarteum

J. S. BACH:	Ouvertüre Nr. 1, C-Dur
	Konzert für Klavier und Streicher E-Dur

Vier Choralvorspiele für die Orgel (für Kammerorchester von W. Westernach)
Konzert für drei Klaviere und Streicher d-Moll

26. August, 19 Uhr Mozarteum

E. F. DALL'ABACO: Concerto da chiesa a-Moll
G. GABRIELI: Canzoni primi toni a 10 und Canzoni quarti toni a 15
G. B. PERGOLESI: Concertino f-Moll für Streicher
J. HAYDN: Symphonie Nr. 7, C-Dur, „Le midi"
W. A. MOZART: Konzert für Klavier und Orchester Es-Dur, KV 482

29. August, 11 Uhr Mozarteum

L. v. BEETHOVEN: Konzert für Klavier und Orchester Nr. 5, Es-Dur, op. 73
W. A. MOZART: Symphonie g-Moll, KV 183
Sinfonia concertante Es-Dur für Oboe, Klarinette, Horn, Fagott und Orchester, KV 297b
Konzert-Rondo für Klavier und Orchester, D-Dur, KV 382

SERENADEN

5. August, 21 Uhr Residenz

Mozarteum-Quartett

Mitwirkend: Leopold Wlach, Klarinette
J. HAYDN: Streichquartett D-Dur, op. 64, Nr. 5 „Lerchenquartett"
W. A. MOZART: Klarinettenquintett A-Dur, KV 581 „Stadler-Quintett"
K. DITTERS v. DITTERSDORF: Streichquartett Nr. 5, Es-Dur

9. August, 21 Uhr Residenz

Weißgärber-Quartett
Konzertvereinigung Wiener Staatsopernchor

J. HAYDN: Streichquartett F-Dur, op. 3, Nr. 5 „Serenaden-Quartett"
Chöre von R. Schumann und A. Dvořák
F. SCHUBERT: Menuetto
A. DVOŘÁK: Romanze
L. v. BEETHOVEN: Presto
Volkslieder von J. Ecard, C. Othmayr und R. Rossmayer
J. BRANDTS-BUYS: Scherzo
Mandolinata

13. August, 21 Uhr Residenz

Schneiderhan-Quartett

J. HAYDN: Streichquartett G-Dur, op. 77, Nr. 1
W. A. MOZART: Streichquartett Es-Dur, KV 428
F. SCHUBERT: Streichquartett g-Moll, op. posth.

15. August, 21 Uhr Residenz

Schneiderhan-Quartett
Bläservereinigung der Wiener Philharmoniker

Mitwirkend: Otto Rühm, Kontrabaß
W. A. MOZART: Streichquartett B-Dur, KV 458 „Jagdquartett"
F. SCHUBERT: Oktett F-Dur, op. 166

21. August, 21 Uhr Residenz

Bläservereinigung der Wiener Philharmoniker

M. HAYDN: Quartett D-Dur
C. REINECKE: Sextett B-Dur, op. 271
W. A. MOZART: Serenade c-Moll, KV 388

26. August, 21 Uhr Residenz

Weißgärber-Quartett
Konzertvereinigung Wiener Staatsopernchor

J. HAYDN: Streichquartett C-Dur, op. 76, Nr. 3 „Kaiserquartett"
Chöre von J. Brahms und J. Haydn
W. A. MOZART: Streichquartett D-Dur, KV 499
Kanons (KV 348, 558, 561 und 560)

1944

5.—31. August

Salzburger Theater- und Musiksommer

PLANUNG

SCHAUSPIEL

GOTTHOLD EPHRAIM LESSING

Emilia Galotti

(8., 10., 13., 20., 27. August)

JOHANN NESTROY

Lumpazivagabundus

(11., 12., 15., 16., 19., 23., 24., 26., 30., 31. August)

OPER

WOLFGANG AMADEUS MOZART

Così fan tutte

(19., 21., 24., 26. August)

Die Zauberflöte

(5., 6., 9., 22., 27., 29. August)

RICHARD STRAUSS

Die Liebe der Danae

(15., 17., 20., 25., 31. August)

KONZERTE

Orchesterkonzerte:

Die Wiener Philharmoniker (6., 11., 14., 20., 23., 27., 30. August)
Die Berliner Philharmoniker (16., 18. August)

Schubertiaden:

(12., 19., 21., 24., 26., 28. August)

Serenaden:

(7., 12., 18., 23., 28., 30. August)

Auf Grund der Entscheidung des Reichsbevollmächtigten für den totalen Kriegseinsatz wurde der für die Wehrmacht und Rüstungsarbeiter vorgesehene Musiksommer am 29. Juli abgesagt; um die bereits geleistete Arbeit nicht gänzlich fruchtlos zu opfern, sollte über Wunsch des Gauleiters die eine oder andere beabsichtigte Aufführung im örtlichen Rahmen für die Salzburger Bevölkerung durchgeführt werden. Die Proben zu „Die Liebe der Danae" liefen weiter, ebenso wurden die Vorarbeiten für die beiden Schauspiele nicht eingestellt.

STATTGEFUNDEN HABEN

OPER

16. August 18 Uhr Festspielhaus
(öffentliche Generalprobe)

RICHARD STRAUSS

Die Liebe der Danae

Dirigent:	Clemens Krauss
Inszenierung:	Rudolf Hartmann
Bühnenbild:	Emil Preetorius
Kostüme:	Emil Preetorius
Kostüme der Danae:	Erni Kniepert

Die Wiener Philharmoniker

Midas	Horst Taubmann
Jupiter	Hans Hotter
Merkur	Franz Klarwein
Pollux	Karl Ostertag
Danae	Viorica Ursuleac
Xanthe	Irma Handler
1. König	Walter Carnuth
2. König	Joszi Trojan-Regar
3. König	Theo Reuter
4. König	Georg Wieter
Semele	Maud Cunitz
Europa	Stefania Fratnikova
Alkmene	Maria Cornelius
Leda	Anka Jelacic

KONZERT

14. August 19.30 Uhr Festspielhaus
Dirigent: Wilhelm Furtwängler
Die Wiener Philharmoniker

A. BRUCKNER: Symphonie Nr. 8 c-Moll

Dieses Konzert wurde von Berlin aus bewilligt.

1945

12. August—1. September

ERÖFFNUNGSABEND

12. August, 20 Uhr
Festspielhaus, Stadtsaal

Begrüßungsansprache des Landeshauptmannes Dr. Adolf von Schemel
Erwiderung des kommandierenden Generals
W. A. MOZART: Serenade

Ansprache des Festspielpräsidenten Baron Heinrich Puthon

JOHANN STRAUSS:
Csárdás aus „Die Fledermaus"
F. LEHAR:
„Liebe, du Himmel auf Erden"
Esther Réthy, Sopran
Am Klavier: Bertil Wetzelsberger
JOHANN STRAUSS:
An der schönen blauen Donau, Walzer op. 314

Dirigent: Felix Prohaska
Das Mozarteum-Orchester

SCHAUSPIEL

Veranstaltung des Landestheaters

14., 20., 27. August Mozarteum
HUGO VON HOFMANNSTHAL

Der Tor und der Tod

Regie:	Erwin Faber
Bühnenbild:	Kurt Richter
Der Tod	Josef Zechell
Claudio	Albin Skoda
Kammerdiener	Josef Weyrich
Claudios Mutter	Frieda Richard
Geliebte des Claudio	Martha Marbo
Ein Jugendfreund	Alexander Trojan

Vor der Aufführung
F. SCHUBERT: Streichquartett d-Moll (Der Tod und das Mädchen) gespielt vom Baltz-Quartett

OPER

15., 18., 22., 25., 28. August, 1. September
Landestheater

WOLFGANG AMADEUS MOZART

Die Entführung aus dem Serail

Dirigent:	Felix Prohaska
Inszenierung:	Herbert Waniek
Bühnenbild:	Wilhelm Reinking

Das Mozarteum-Orchester

Selim, Bassa	Albin Skoda
Konstanze	Maria Cebotari
Blondchen	Rosl Schwaiger
Belmonte	Julius Patzak
Pedrillo	Walter Carnuth
Osmin	Ludwig Weber
Klaas, Schiffer	Carlheinz Hundius

ORCHESTERKONZERTE

des Mozarteum-Orchesters

13. August, 19 Uhr Mozarteum
Dirigent: Bertil Wetzelsberger
Solistin: Esther Réthy, Sopran

J. HAYDN:	Symphonie Nr. 102, B-Dur
CH. W. GLUCK:	Arie aus „Alceste"
L. v. BEETHOVEN:	Szene und Arie „Ah! Perfido!", op. 65
P. I. TSCHAIKOWSKIJ:	Symphonie Nr. 5, e-Moll, op. 64

16. August, 19 Uhr Festspielhaus
Dirigent: Robert F. Denzler

L. v. BEETHOVEN:	Symphonie Nr. 3, Es-Dur, op. 55 „Eroica"
A. DVOŘAK:	Symphonie Nr. 9, e-Moll, op. 95 „Aus der Neuen Welt"

21. August, 19 Uhr Festspielhaus
Dirigent: Eugen Jochum
Solist: Gilbert Schuchter, Klavier

L. v. BEETHOVEN:	Ouvertüre zu Goethes „Egmont", op. 84
W. A. MOZART:	Konzert für Klavier und Orchester c-Moll, KV 491
L. v. BEETHOVEN:	Symphonie Nr. 7, A-Dur, op. 92

24. August, 19 Uhr Festspielhaus
Dirigent: Bernhard Paumgartner
Soli: Rosl Schwaiger, Sopran; Margot Pinter, Klavier

F. SCHUBERT:	Symphonie Nr. 8, h-Moll „Unvollendete"

F. LISZT:	Konzert für Klavier und Orchester Nr. 1, Es-Dur
J. HAYDN:	Symphonie Nr. 88, G-Dur
JOH. STRAUSS:	Frühlingsstimmen-Walzer, op. 410
	An der schönen blauen Donau, Walzer, op. 314
JOH.STRAUSS (Vater):	Radetzky-Marsch

30. August, 19 Uhr Mozarteum

Dirigent: Felix Prohaska
Solist: Franz Bruckbauer, Violine

C. PROHASKA:	Serenade G-Dur, op. 20
F. MENDELSSOHN-BARTHOLDY:	Konzert für Violine und Orchester e-Moll, op. 64
W. A. MOZART:	Symphonie D-Dur, KV 385 „Haffner"

SOLISTENKONZERT

23. August, 19 Uhr Mozarteum

Gilbert Winkler, Klavier

Werke von J. Brahms, F. Chopin, Cl. Debussy, P. I. Tschaikowskij, S. Rachmaninow, G. Winkler

CHORKONZERTE

19. August, 19 Uhr Mozarteum

Wiener Sängerknaben

Musikalische Leitung: Hans Gillesberger
Am Klavier: Henriette Berger
Werke von J. Gallus, D. Buxtehude, W. A. Mozart (KV 476), G. Palestrina, F. Schubert
J. HAYDN: „Der Apotheker", Oper in einem Aufzug
Volkslieder und Wiener Weisen

25. August, 19 Uhr Mozarteum

Wiener Sängerknaben

Musikalische Leitung: Hans Gillesberger
Am Klavier: Henriette Berger; Solistin: Esther Réthy, Sopran
Werke von G. B. Nanino, G. Croce, G. Verdi, W. A. Mozart, F. Schubert, J. Gallus, Joh. Strauß
J. HAYDN: „Der Apotheker", Oper in einem Aufzug

28. August, 19 Uhr Mozarteum

Konzert des Madrigalchors

Leitung: Konrad Lechner
Soli: Esther Réthy, Sopran; Irmgard Lechner, Cembalo
Werke von P. Peuerl, H. L. Haßler, M. Franck, J. Arcadelt, O. de Lassus, Cl. Monteverdi und G. F. Händel; Volkslieder, bearbeitet von K. Lechner

SERENADEN

14. August, 20 Uhr Felsenreitschule

Hans Joachim Adomeit, Violoncello
Gilbert Schuchter, Klavier

L. v. BEETHOVEN:	Sonate C-Dur, op. 102/1
J. BRAHMS:	Sonate F-Dur, op. 99
H. PFITZNER:	Sonate fis-Moll, op. 1

17. August, 20 Uhr Felsenreitschule

Baltz-Quartett

J. HAYDN:	Streichquartett C-Dur, op.33, Nr. 3
W. A. MOZART:	Divertimento D-Dur, KV 334
H. WOLF:	Italienische Serenade G-Dur

20. August, 20 Uhr Felsenreitschule

Das Mozarteum-Orchester

Dirigent: Bernhard Paumgartner

W. A. MOZART:	Marsch D-Dur, KV 335
	Symphonie A-Dur, KV 201
J. HAYDN:	Divertimento B-Dur (mit dem Chorale St. Antoni)
W. A. MOZART:	Sechs deutsche Tänze, KV 571

27. August, 20 Uhr Felsenreitschule

Das Mozarteum-Orchester

Dirigent: Bernhard Paumgartner
Solist: Julius Patzak, Tenor

W. A. MOZART:	Marsch C-Dur, KV 408
	Symphonie C-Dur, KV 425 „Linzer"
	Rezitativ und Arie „Misero! o sogno!", KV 431
	Eine kleine Nachtmusik G-Dur, KV 525

29. August, 20 Uhr Felsenreitschule

Das Mozarteum-Orchester

Dirigent: Bernhard Paumgartner

W. A. MOZART:	Symphonie Es-Dur, KV 543
	Divertimento D-Dur, KV 251
	Mozart-Suite (kleine Orchesterstücke aus KV 103, 203, 602, 446, 605, 568, bearbeitet von B. Paumgartner)

ÖSTERREICHISCHE ABENDE

17. August, 19 Uhr Mozarteum

Rosl Schwaiger, Sopran

Am Flügel: Maria Schwaiger; Klarinette: Otto Lang
Lieder von W. A. Mozart (KV 152, 474, 596, 476), F. Schubert und Joh. Strauß
Österreichische Volkslieder

21. August, 19 Uhr Mozarteum

Julius Patzak, Tenor

Am Flügel: Heinrich Schmidt
Lieder von F. Schubert und H. Wolf

22. August, 19 Uhr Mozarteum

Martha Schlager-Haustein, Sopran

Am Flügel: Paul Schilhawsky
Lieder von F. Schubert und H. Wolf

24. August, 19 Uhr Mozarteum

Ludwig Weber, Baß

Am Flügel: Heinrich Schmidt
Arien von G. Verdi; Lieder von F. Schubert, C. Loewe, H. Wolf und M. Mussorgskij

29. August, 19 Uhr Mozarteum

Maria Cebotari, Sopran

Am Flügel: Ernst Reichert
Arien von G. F. Händel, W. A. Mozart (aus KV 492), C. M. v. Weber und G. Bizet; Kanzonetten von J. Haydn; Lieder von F. Schubert und E. W. Korngold

1. September, 19 Uhr Mozarteum

Franz Bruckbauer, Violine; Paul Schilhawsky, Klavier

CL. DEBUSSY:	Sonate G-Dur
G. ENESCO:	Sonate, op. 6
CL. DEBUSSY:	La fille aux cheveux de lin Clair de lune
M. RAVEL:	Tzigane

KONZERTE GEISTLICHER MUSIK

Dirigent: Joseph Messner
Das Mozarteum-Orchester — Der Salzburger Domchor

26. August, 19 Uhr Mozarteum
Orgel: Josef Mertin
Soli: Rosl Schwaiger, Sopran; Erna Kreuzer, Alt; Julius Patzak, Tenor; Ludwig Weber, Baß

G. B. PERGOLESI:	Stabat mater
W. A. MOZART:	Missa C-Dur, KV 317 „Krönungsmesse" Einlagen: „Ave verum corpus", KV 618, „Sub tuum praesidium", KV 198

31. August, 19 Uhr Mozarteum
Orgel: Anton Dawidowicz
Soli: Gertrude Erhardt, Sopran; Erna Kreuzer, Alt; Julius Patzak, Tenor; Ludwig Weber, Baß

W. A. MOZART:	Requiem, KV 626

1946
1.—31. August

SCHAUSPIEL

4., 11., 15., 18., 25., 31. August
Domplatz / Festspielhaus
HUGO VON HOFMANNSTHAL

Jedermann

Regie:	Heinz Hilpert
Musik:	Einar Nilson
Dirigent:	Karl Hudez
Tänze:	Tilly Proschko
Stimme des Herrn	Felix Steinboeck
Tod	Stefan Skodler
Jedermann	Ewald Balser
Jedermanns Mutter	Frieda Richard
Guter Gesell	Alexander Trojan
Hausvogt	Alfred Edthofer
Koch	Franz Ringler
Armer Nachbar	Alfred Schnayder
Schuldknecht	Otto Schmöle
Schuldknechts Weib	Poldi Czernitz-Renn
Buhlschaft	Grete Zimmer
Dicker Vetter	Wilhelm Schmidt
Dünner Vetter	Karl Dönch
Mammon	Otto Schmöle
Gute Werke	Alma Seidler
Glaube	Helene Thimig
Teufel	Erwin Faber 4.—18., 31. Georg Hohensinn 25.
Spielansager:	Curth A. Tichy

7., 9., 14., 17., 21. August
Felsenreitschule
CARLO GOLDONI

Der Diener zweier Herren

Musik nach Mozart und nach alten Weisen zu Texten Kurz-Bernardons von Bernhard Paumgartner

Regie:	Hermann Thimig
Regiebuch:	Max Reinhardt
Bühnenbild:	Oskar Laske
Kostüme:	Oskar Laske
Dirigent:	Karl Hudez
Tänze:	Grete Wiesenthal
Pantalone	Wilhelm Schmidt
Rosaura	Hilde Mikulicz
Dottore	Otto Schmöle
Silvio	Stefan Skodler
Florindo	Alexander Trojan
Beatrice	Sylvia Devez
Brighella	Hermann Wawra
Smeraldina	Susi Nicoletti
Truffaldino	Hermann Thimig
Träger	Alfred Schnayder
1. Aufwärter	Theodor Danegger
2. Aufwärter	Rudolf Sieb

OPER

1., 8., 13., 20. August Festspielhaus
WOLFGANG AMADEUS MOZART

Don Giovanni
(in italienischer Sprache)

Dirigent:	Josef Krips

Die Wiener Philharmoniker
Chor und Ballett der Wiener Staatsoper

Don Giovanni	Hans Hotter
Donna Elvira	Maud Cunitz
Il Commendatore	Ludwig Weber
Donna Anna	Ljuba Welitsch
Don Ottavio	Anton Dermota
Leporello	Georg Hann
Zerline	Hilde Güden
Masetto	Karl Dönch

6., 12., 17., 22., 24., 27. August
Festspielhaus
RICHARD STRAUSS

Der Rosenkavalier

Dirigent:	Hans Swarowsky
Inszenierung:	Oskar Wälterlin

Die Wiener Philharmoniker
Chor der Wiener Staatsoper

Marschallin	Hilde Konetzni
Baron Ochs	Fritz Krenn
Octavian	Maud Cunitz
Faninal	Georg Hann 6. Karl Schmidt 12.—27.
Sophie	Rosl Schwaiger
Leitmetzerin	Jarmila Barton
Valzacchi	Peter Klein 6.—24. Hermann Gallos 27.
Annina	Rosette Anday
Haushofmeister bei Marschallin	Viktor Madin
Haushofmeister bei Faninal	William Wernigk
Polizeikommissär	Viktor Madin
Notar	Alfred Muzzarelli
Sänger	Anton Dermota
Wirt	William Wernigk

10., 16., 19., 26., 29. August
Festspielhaus
WOLFGANG AMADEUS MOZART

Le Nozze di Figaro
(in italienischer Sprache)

Dirigent:	Felix Prohaska
Inszenierung:	Oscar Fritz Schuh
Choreographie 3. Akt:	Erika Hanka

Die Wiener Philharmoniker
Chor und Ballett der Wiener Staatsoper

Graf Almaviva	Walter Höfermayer
Gräfin	Maria Cebotari
Susanna	Irmgard Seefried
Figaro	Erich Kunz
Basilio	Peter Klein
Bartolo	Ludwig Weber
Marcellina	Ruth Michaelis
Cherubino	Elfie Mayerhofer
Antonio	Viktor Madin
Barbarina	Rosl Schwaiger
Curzio	William Wernigk

ORCHESTERKONZERTE
der Wiener Philharmoniker

3. August, 19.30 Uhr Mozarteum

Dirigent: Bernhard Paumgartner
Solistin: Irmgard Seefried, Sopran
Ernst Reichert („Walter"-Flügel aus Mozarts Zeit)

W. A. MOZART:	Symphonie A-Dur, KV 201
	Eine kleine Nachtmusik G-Dur, KV 525
	Szene und Rondo „Per pietà, ben mio" aus KV 588
	Szene mit Rondo „Ch'io mi scordi di te" für Sopran mit obligatem Klavier-Solo und Orchester, KV 505
	Symphonie C-Dur, KV 425 „Linzer"

11. August, 11 Uhr Festspielhaus

Dirigent: Carl Schuricht

A. BRUCKNER:	Symphonie Nr. 5, B-Dur (Urfassung)

14. August, 19.30 Uhr Festspielhaus

Dirigent: Carl Schuricht
Soli: Peter Rybar, Violine; Oscar Kromer, Viola

L. v. BEETHOVEN:	Ouvertüre zu Goethes „Egmont", op. 84
W. A. MOZART:	Konzertante Symphonie für Violine, Viola und Orchester, Es-Dur, KV 364
J. BRAHMS:	Symphonie Nr. 4, e-Moll, op. 98

18. August, 11 Uhr Festspielhaus

Dirigent: John Barbirolli

G. ROSSINI:	Ouvertüre zu „Semiramis"
E. ELGAR:	Introduktion und Allegro für Streicher, op. 47
W. A. MOZART:	Symphonie Es-Dur, KV 543
J. BRAHMS:	Symphonie Nr. 1, c-Moll, op. 68

21. August, 19.30 Uhr Festspielhaus

Dirigent: Ernest Ansermet
Solistin: Erika Frieser, Klavier

L. v. BEETHOVEN:	Symphonie Nr. 6, F-Dur, op. 68 „Pastorale"
I. STRAWINSKY:	Suite aus dem Ballett „Petruschka"
M. RAVEL:	La Valse

25. August, 11 Uhr Festspielhaus

Dirigent: Charles Munch
Solistin: Nicole Henriot, Klavier

H. BERLIOZ:	Phantastische Symphonie in fünf Teilen, op. 14
M. RAVEL:	Konzert für Klavier und Orchester G-Dur
	„Daphnis und Chloë" Suite Nr. 2

30. August, 19.30 Uhr Festspielhaus

Dirigent: Bertil Wetzelsberger

C. M. v. WEBER:	Ouvertüre zu „Oberon"
S. BARBER:	Adagio für Streicher
R. STRAUSS:	Don Juan, op. 20
P. I. TSCHAIKOWSKIJ:	Symphonie Nr. 4, f-Moll, op. 36

SOLISTENKONZERTE

11. August, 21 Uhr Festspielhaus

Grace Moore, Sopran

Am Flügel: Ivor Newton

Arien und Lieder von J. B. Lully, G. F. Händel, Cl. Debussy, G. Bizet, H. Duparc, P. I. Tschaikowskij, F. Bridge u. a.
Klaviersoli gespielt von Ivor Newton

2. September, 19.30 Uhr Festspielhaus

Yehudi Menuhin, Violine

Das Mozarteum-Orchester
Dirigent: Antal Dorati

W. A. MOZART:	Symphonie D-Dur, KV 385 „Haffner"
J. S. BACH:	Konzert für Violine und Orchester Nr. 2, E-Dur
A. COPLAND:	Quiet City (Ruhige Stadt)
L. v. BEETHOVEN:	Konzert für Violine und Orchester D-Dur, op. 61

KAMMERKONZERTE

5. August, 19.30 Uhr Mozarteum

Quartett Calvet

Mitwirkend: Jacques Février, Klavier

M. RAVEL:	Streichquartett F-Dur
C. FRANCK:	Klavierquintett f-Moll
CL. DEBUSSY:	Streichquartett g-Moll, op. 10

7. August, 19.30 Uhr Mozarteum

Edwin Fischer, Klavier
Die Wiener Philharmoniker

W. A. MOZART:	Konzert für Klavier und Orchester C-Dur, KV 503
	Symphonie g-Moll, KV 550
	Konzert für Klavier und Orchester Es-Dur, KV 482

15. August, 19.30 Uhr Mozarteum

Winterthurer Streichquartett

J. HAYDN:	Streichquartett D-Dur, op. 76, Nr. 5
W. A. MOZART:	Streichquartett G-Dur, KV 387
F. SCHUBERT:	Streichquartett d-Moll, op. posth. „Der Tod und das Mädchen"

23. August, 19.30 Uhr Mozarteum

Das Wiener Philharmonia-Quartett

Mitwirkend: Paul Weingarten, Klavier; Karl Schreinzer, Kontrabaß

J. HAYDN:	Streichquartett C-Dur, op. 76, Nr. 3 „Kaiserquartett"
F. SCHUBERT:	Klavierquintett A-Dur, op. 114 „Forellenquintett"
A. DVOŘÁK:	Streichquartett Es-Dur, op. 51

27. August, 19.30 Uhr Mozarteum

Wiener Sängerknaben

Leitung: Romano Picutti
Werke von G. Croce, G. Palestrina, J. P. Sweelinck, A. Scarlatti, J. Gallus, J. Brahms, G. Verdi, F. Schubert, J. Herbeck, J. Ph. Rameau, M. Reger, R. Schumann und W. A. Mozart
Volkslieder

SERENADEN

Dirigent: Bernhard Paumgartner

2. August, 21 Uhr Felsenreitschule

Das Mozarteum-Orchester

Solist: Karl Öhlberger, Fagott

W. A. MOZART: Marsch D-Dur, KV 335
Konzert für Fagott und Orchester B-Dur, KV 191
Symphonie D-Dur, KV 504 „Prager"
Sechs deutsche Tänze, KV 571

9. August, 21 Uhr Felsenreitschule

Das Mozarteum-Orchester

Solist: Gottfried Freiberg, Horn
W. A. MOZART: Marsch D-Dur, KV 249
Divertimento D-Dur, KV 131
Konzert für Horn und Orchester Es-Dur, KV 447
Symphonie D-Dur, KV 297

23. August, 21 Uhr Felsenreitschule

Die Wiener Philharmoniker

Soli: Else Mühl, Trude Ballasch, Sopran; Hugo Lindinger, Baß; Otmar Nussio, Flöte
W. A. MOZART: Symphonie C-Dur, KV 200
Konzert für Flöte und Orchester D-Dur, KV 314
Zwei Notturni: „Ecco quel fiero istante", KV 436: „Mi lagnerò tacendo", KV 437
Canzonetta „Più non si trovano", KV 549
Serenade D-Dur, KV 320 „Posthorn-Serenade"

28. August, 21 Uhr Felsenreitschule

Die Wiener Philharmoniker

Solistin: Annette Brun, Sopran
W. A. MOZART: Marsch C-Dur, KV 408/1
Arie „Ah questo seno deh vieni", KV 374
Arie „Vado, ma dove? oh Deï!" KV 583
Ariette „Oiseaux, si tous les ans", KV 307
Serenade D-Dur, KV 250 „Haffner-Serenade"

KONZERTE GEISTLICHER MUSIK

Dirigent: Joseph Messner
Der Salzburger Domchor — Das Mozarteum-Orchester

4. August, 20.30 Uhr Aula academica
Soli: Rosl Schwaiger, Sopran; Martha Schlager-Haustein, Alt; Anton Dermota, Erich Majkut, Tenor; Friedrich Nidetzky, Baß
F. SCHUBERT: Messe Nr. 6, Es-Dur
„Salve Regina", Solokantate für Sopran und Orchester

18. August, 21 Uhr Aula academica
Soli: Gertrude Hutter, Sopran; Rosette Anday, Alt; Erich Majkut, Tenor; Manfred Jungwirth, Baß
A. BRUCKNER: Große Messe in f-Moll

25. August, 21 Uhr Aula academica
Soli: Irmgard Seefried, Sopran; Ruth Michaelis, Alt; Erich Majkut, Tenor; Ludwig Weber, Baß
W. A. MOZART: Requiem, KV 626

1947

27. Juli—31. August

SCHAUSPIEL

27. Juli, 3., 10., 15., 17., 24., 31. August
Domplatz / Festspielhaus

HUGO VON HOFMANNSTHAL

Jedermann

Regie: Helene Thimig
Musik: Einar Nilson
Dirigent: Karl Hudez
Choreographie: Rosalia Chladek

Stimme des Herrn Herbert Alsen
Tod Ernst Deutsch
Jedermann Attila Hörbiger
Jedermanns Mutter Lotte Medelsky
Guter Gesell Josef Meinrad
Hausvogt Alfred Edthofer 27. 7., 3., 10., 17., 24. 8. Gerhard Riedmann 15., 31. 8.
Koch Franz Ringler
Armer Nachbar Fritz Horn 27. 7. bis 10. 8., 17., 24. 8. Alfred Edthofer 15., 31. 8.
Schuldknecht Otto Schmöle
Schuldknechts Weib Alice Lach
Buhlschaft Elfe Gerhart
Dicker Vetter Fritz Eckhardt
Dünner Vetter Theo Lingen
Mammon Wolfgang Heinz
Gute Werke Alma Seidler
Glaube Helene Thimig
Teufel Karl Paryla
Spielansager(in) Susi Nicoletti 27. 7. Gerhard Riedmann 3.—31. 8.

5., 11., 16., 21., 25. August Landestheater

ALEXANDER LERNET-HOLENIA

Die Frau des Potiphar

Regie: Oskar Wälterlin
Bühnenbild: Heinz Bruno Gallée
Kostüme: Karin Schoor-Schauberger
Dirigent: Karl Hudez

Erzengel Michael Harald Brixel
Erzengel Gabriel Hans Neuhauser
Der Pharao Herbert Alsen
Potiphar Curd Jürgens
Frau des Potiphar Gusti Wolf
Joseph Oskar Werner
Marschall Paul Horn
Erzschenk Otto Schmöle
Truchseß Wilhelm Heim
Großeunuch Karl Kyser
Tege Beatrix Degenschild
Josaphat Gerhard Riedmann

OPER

28. Juli, 4., 16., 25. August Festspielhaus

WOLFGANG AMADEUS MOZART

Le Nozze di Figaro

(in italienischer Sprache)

Dirigent: Josef Krips 28. 7.—16. 8. Otto Klemperer 25. 8.
Inszenierung: Lothar Wallerstein
Bühnenbild: Alfred Roller
Choreographie 3. Akt: Erika Hanka
Die Wiener Philharmoniker
Chor und Ballett der Wiener Staatsoper

Graf Almaviva	Walter Höfermayer
Gräfin	Maria Cebotari
Susanna	Elisabeth Schwarzkopf 28. 7. Irmgard Seefried 4.—25. 8.
Figaro	Erich Kunz
Basilio	Peter Klein
Bartolo	Ludwig Weber
Marcellina	Ruth Michaelis
Cherubino	Hilde Güden
Antonio	Wilhelm Felden
Barbarina	Karoline Reinhardt
Curzio	William Wernigk

1., 8., 19., 26. August Landestheater

WOLFGANG AMADEUS MOZART

Così fan tutte

Dirigent:	Josef Krips
Inszenierung:	Oscar Fritz Schuh
Bühnenbild:	Robert Kautsky
Choreographie:	Erika Hanka

Die Wiener Philharmoniker
Chor und Ballett der Wiener Staatsoper

Fiordiligi	Irmgard Seefried
Dorabella	Sena Jurinac
Guglielmo	Erich Kunz
Ferrando	Anton Dermota
Despina	Hilde Güden
Don Alfonso	Paul Schöffler

6., 9., 14., 22., 28. August Festspielhaus

GOTTFRIED VON EINEM

Dantons Tod
(Uraufführung)

Dirigent:	Ferenc Fricsay
Inszenierung:	Oscar Fritz Schuh
Bühnenbild:	Caspar Neher

Die Wiener Philharmoniker
Chor der Wiener Staatsoper

George Danton	Paul Schöffler 6., 14. Mathieu Ahlersmeyer 9., 22., 28.
Camille Desmoulins	Julius Patzak 6.—14., 28. Horst Taubmann 22.
Herault de Séchelles	Peter Klein
Robespierre	Josef Witt
St. Just	Ludwig Weber
Hermann	Herbert Alsen
Simon	Georg Hann 6.—14., 28. Karl Dönch 22.
Ein junger Mensch	Erwin Nowaro
1. Henker	William Wernigk
2. Henker	Wilhelm Felden
Julie	Gisela Thury
Lucile	Maria Cebotari
Eine Dame	Trude Ballasch
Frau des Simon	Rosette Anday

12., 18., 23., 29. August Festspielhaus

RICHARD STRAUSS

Arabella

Dirigent:	Karl Böhm
Inszenierung:	Günther Rennert
Bühnenbild:	Robert Kautsky

Die Wiener Philharmoniker
Chor der Wiener Staatsoper

Graf Waldner	Georg Hann
Adelaide	Rosette Anday
Arabella	Maria Reining
Zdenka	Lisa Della Casa
Mandryka	Hans Hotter
Matteo	Horst Taubmann
Graf Elemer	Julius Patzak
Graf Dominik	Josef Witt
Graf Lamoral	Alfred Poell
Fiaker-Milli	Herma Handl
Kartenaufschlägerin	Ruth Michaelis
Welko	Franz Szkokan

ORCHESTERKONZERTE
der Wiener Philharmoniker

2. August, 19.30 Uhr Mozarteum

Dirigent und Solist: Edwin Fischer

W. A. MOZART:	Konzert für Klavier und Orchester c-Moll, KV 491
	Symphonie Es-Dur, KV 543
	Konzert für Klavier und Orchester d-Moll, KV 466

10. August, 11 Uhr Festspielhaus

Dirigent: Wilhelm Furtwängler

C. M. v. WEBER:	Ouvertüre zu „Der Freischütz"
R. STRAUSS:	Tod und Verklärung, op. 24
F. SCHUBERT:	Symphonie Nr. 7, C-Dur

13. August, 19.30 Uhr Festspielhaus

Dirigent: Wilhelm Furtwängler
Solist: Yehudi Menuhin, Violine

P. HINDEMITH:	Symphonische Metamorphosen über Themen von C. M. v. Weber
J. BRAHMS:	Konzert für Violine und Orchester D-Dur, op. 77
	Symphonie Nr. 1, c-Moll, op. 68

17. August, 11 Uhr Festspielhaus

Dirigent: Charles Munch

C. FRANCK:	Symphonie d-Moll
CL. DEBUSSY:	Images Nr. 2: Ibéria
A. ROUSSEL:	Symphonie Nr. 3, g-Moll, op. 42

20. August, 19.30 Uhr Festspielhaus

Dirigent: John Barbirolli

C. M. v. WEBER:	Ouvertüre zu „Euryanthe"
F. DELIUS:	„The walk to the Paradise garden" aus der Oper „Romeo und Julia"
J. HAYDN:	Symphonie Nr. 92, G-Dur „Oxford"
J. BRAHMS:	Symphonie Nr. 4, e-Moll, op. 98

24. August, 11 Uhr Festspielhaus

Dirigent: Otto Klemperer
Solistin: Hilde Güden, Sopran

H. PURCELL:	Suite from „The Fairy Queen"
R. HARRIS:	Third Symphony, in einem Satz
G. MAHLER:	Symphonie Nr. 4, G-Dur, mit Sopransolo

27. August, 19.30 Uhr Festspielhaus

Dirigent: Ernest Ansermet

A. HONEGGER:	Symphonie Nr. 3, „Liturgique"
F. MARTIN:	Petite Symphonie concertante
I. STRAWINSKY:	Der Feuervogel, Orchestersuite

30. August, 19.30 Uhr Festspielhaus

Dirigent: Hans Knappertsbusch

F. SCHUBERT:	Symphonie Nr. 5, B-Dur
L. v. BEETHOVEN:	Symphonie Nr. 7, A-Dur, op. 92

CHORKONZERT

22. August, 19.30 Uhr Mozarteum

Straßburger Domchor

Musikalische Leitung: Abbé Alphonse Hoch
Soli: Erika Rokyta, Sopran; Josef Kuntz, Orgel
Solisten des Mozarteum-Orchesters
Werke von J. K. v. Kerll, T. L. de Victoria, E. du Caurroy, F. A. Bonporti, Couillard, O. de Lassus, G. Muffat, P. degli Antonii, F. X. Murschhauser, W. A. Mozart (KV 115, 618)
Alte französische Volkslieder

KAMMERKONZERTE

30. Juli, 19.30 Uhr Mozarteum

Das Wiener Philharmonia-Quartett

W. A. MOZART:	Streichquartett D-Dur, KV 575
F. SMETANA:	Streichquartett e-Moll „Aus meinem Leben"
L. v. BEETHOVEN:	Streichquartett Es-Dur, op. 74 „Harfen-Quartett"

31. Juli, 19.30 Uhr Mozarteum

Edwin Fischer, Klavier
Wolfgang Schneiderhan, Violine

F. SCHUBERT:	Sonatine g-Moll, op. 137, Nr. 3
J. BRAHMS:	Sonate G-Dur, op. 78, Nr. 1 „Regensonate"
L. v. BEETHOVEN:	Sonate c-Moll, op. 30, Nr. 2

7. August, 19.30 Uhr Mozarteum

Moderne österreichische Meister

J. MARX:	Frühlingssonate für Violine und Klavier (Walter Barylli, Violine; Paul Weingarten, Klavier)
A. SCHÖNBERG:	Sechs kleine Klavierstücke, op. 19 (Paul Weingarten, Klavier)
A. HEILLER:	Toccata für zwei Klaviere zu vier Händen (Erna und Anton Heiller, Klavier)
E. KRENEK:	Reisetagebuch aus den österreichischen Alpen für Gesang und Klavier, op. 62 (Julius Patzak, Tenor; Heinrich Schmidt, Klavier)

21. August, 19.30 Uhr Mozarteum

Schneiderhan-Quartett

W. A. MOZART:	Streichquartett B-Dur, KV 458 „Jagdquartett"
L. v. BEETHOVEN:	Streichquartett f-Moll, op. 95
F. SCHUBERT:	Streichquartett d-Moll, op. posth. „Der Tod und das Mädchen"

26. August, 19.30 Uhr Mozarteum

Das Mozarteum-Orchester

Dirigent: Bernhard Paumgartner

W. A. MOZART:	Symphonie Es-Dur, KV 543
	Symphonie g-Moll, KV 550
	Symphonie C-Dur, KV 551 „Jupiter"

SERENADEN

Werke von WOLFGANG AMADEUS MOZART
Dirigent: Bernhard Paumgartner
Das Mozarteum-Orchester

29. Juli, 21 Uhr Felsenreitschule

Marsch D-Dur, KV 249
Symphonie A-Dur, KV 201
Eine kleine Nachtmusik G-Dur, KV 525
Sechs deutsche Tänze, KV 571

8. August, 21 Uhr Felsenreitschule

Soli: Otmar Nussio, Flöte; Simonne Sporck, Harfe; Friedrich Wildgans, Klarinette

Ouvertüre zu „Lucio Silla", KV 135
Konzert für Flöte, Harfe und Orchester C-Dur, KV 299
Konzert für Klarinette und Orchester A-Dur, KV 622
Marsch C-Dur, KV 408

15. August, 21 Uhr Felsenreitschule

Solistin: Mary Jacob-Gimmi, Sopran

Cassation B-Dur, KV 99
Arie „Vado, ma dove? oh Dei!" KV 583
Szene „Bella mia fiamma", KV 528
Serenade D-Dur, KV 203
(Violinsolo: Joseph Schröcksnadel)

19. August, 21 Uhr Felsenreitschule

Solistin: Maria Stader, Sopran

Marsch D-Dur, KV 335
Symphonie (Ouvertüre) Es-Dur, KV 184
Rezitativ und Arie „Alcandro, lo confesso", KV 294
Szene und Arie „Misera, dove son!", KV 369
Symphonie C-Dur, KV 425 „Linzer"

KONZERTE GEISTLICHER MUSIK

Dirigent: Joseph Messner

3. August, 21 Uhr Aula academica

Soli: Rosl Schwaiger, Sopran; Martha Schlager-Haustein, Alt; Erich Majkut, Tenor; Georg Oeggl, Baß
Ernst Reichert, Cembalo
Der Salzburger Domchor — Das Mozarteum-Orchester

J. S. BACH:	„Actus tragicus", Kantate Nr. 106
W. A. MOZART:	Missa C-Dur, KV 317 „Krönungsmesse"

10. August, 21 Uhr Aula academica

Soli: Irmgard Seefried, Sopran; Gisela Thury, Alt; Anton Dermota, Tenor; Ludwig Weber, Baß
Der Salzburger Domchor — Das Mozarteum-Orchester

G. VERDI:	Requiem

17. August, 21 Uhr Aula academica

Der Salzburger Domchor — Bläser des Mozarteum-Orchesters

G. PALESTRINA:	Stabat mater
A. BRUCKNER:	Messe in e-Moll

24. August, 21 Uhr Aula academica

Soli: Gertrude Hutter, Sopran; Rosette Anday, Alt; Julius Patzak, Tenor; Manfred Jungwirth, Baß
Der Salzburger Domchor — Das Mozarteum-Orchester

W. A. MOZART:	Requiem, KV 626

31. August, 21 Uhr Aula academica

Soli: Leni Neuenschwandtner, Sopran; Lilian Benningsen, Alt; Hubert F. Grabner, Tenor; Friedrich Nidetzky, Baß
Der Salzburger Domchor — Das Mozarteum-Orchester

J. HAYDN:	Große Messe B-Dur „Harmonie-Messe"

1948

28. Juli—31. August

SCHAUSPIEL

29. Juli, 5., 12., 18., 23. August
Landestheater

FRANZ GRILLPARZER

Des Meeres und der Liebe Wellen

Regie:	Ernst Lothar
Bühnenbild:	Otto Niedermoser
Kostüme:	Otto Niedermoser
Musikalische Einrichtung:	Gottfried von Einem
Hero	Paula Wessely
Oberpriester	Heinz Moog
Leander	Horst Caspar
Naukleros	Karl Paryla
Janthe	Judith Holzmeister
Hüter des Tempels	Karl Skraup
Heros Vater	Gustav Waldau
Heros Mutter	Lotte Medelsky

1., 8., 15., 22., 29., 31. August
Domplatz / Festspielhaus

HUGO VON HOFMANNSTHAL

Jedermann

Regie:	Helene Thimig
Musik:	Einar Nilson / Joseph Messner
Dirigent:	Karl Hudez
Orgel:	Franz Sauer
Stimme des Herrn	Franz Höbling
Tod	Ernst Deutsch
Jedermann	Attila Hörbiger
Jedermanns Mutter	Hedwig Bleibtreu
Guter Gesell	Fred Liewehr
Hausvogt	Franz Waldeck
Koch	Franz Ringler
Armer Nachbar	Alfred Edthofer
Schuldknecht	Otto Schmöle
Schuldknechts Weib	Alice Lach
Buhlschaft	Maria Becker
Dicker Vetter	Hermann Erhardt
Dünner Vetter	Richard Eybner 1.—22. Karl Dönch 29., 31.
Mammon	Wolfgang Heinz
Gute Werke	Alma Seidler
Glaube	Helene Thimig
Teufel	Karl Paryla
Spielansager	Fred Liewehr

OPER

28. Juli, 2., 7., 10., 13., 16. August
Felsenreitschule

CHRISTOPH WILLIBALD GLUCK

Orpheus und Eurydike

Dirigent:	Herbert von Karajan
Inszenierung:	Oscar Fritz Schuh
Bühnenbild:	Caspar Neher
Kostüme:	Caspar Neher
Choreographie:	Bernhard Wosien

Die Wiener Philharmoniker
Chor und Ballett der Wiener Staatsoper

Orpheus	Elisabeth Höngen
Eurydike	Maria Cebotari
Eros	Sena Jurinac
Seliger Geist	Elisabeth Schwarzkopf

31. Juli, 3., 6. August Festspielhaus

LUDWIG VAN BEETHOVEN

Fidelio

Dirigent:	Wilhelm Furtwängler
Inszenierung:	Günther Rennert
Bühnenbild:	Emil Preetorius
Kostüme:	Emil Preetorius

Die Wiener Philharmoniker
Chor der Wiener Staatsoper

Don Fernando	Otto Edelmann
Don Pizarro	Ferdinand Frantz
Florestan	Julius Patzak
Leonore	Erna Schlüter
Rocco	Herbert Alsen
Marzelline	Lisa Della Casa
Jaquino	Rudolf Schock
1. Gefangener	Hermann Gallos
2. Gefangener	Karl Dönch

1., 9., 19., 26. August Landestheater

WOLFGANG AMADEUS MOZART

Die Entführung aus dem Serail

Dirigent:	Josef Krips
Inszenierung:	Herbert Waniek
Bühnenbild:	Wilhelm Reinking

Die Wiener Philharmoniker
Chor der Wiener Staatsoper

Selim, Bassa	Heinz Woester
Konstanze	Wilma Lipp
Blondchen	Emmy Loose
Belmonte	Walther Ludwig
Pedrillo	Peter Klein
Osmin	Endré Koréh
Klaas, Schiffer	Richard Eybner 1. Josef Albin 9.—26.

11., 14., 17., 21., 27. August
Festspielhaus

WOLFGANG AMADEUS MOZART

Le Nozze di Figaro

(in italienischer Sprache)

Dirigent:	Herbert von Karajan
Inszenierung:	Oscar Fritz Schuh
Bühnenbild:	Caspar Neher
Kostüme:	Caspar Neher
Choreographie 3. Akt:	Bernhard Wosien

Die Wiener Philharmoniker
Chor und Ballett der Wiener Staatsoper

Graf Almaviva	Walter Höfermayer
Gräfin	Elisabeth Schwarzkopf
Susanna	Irmgard Seefried
Figaro	Giuseppe Taddei
Basilio	Josef Witt
Bartolo	Marjan Rus
Marcellina	Elisabeth Höngen 11.—17. Maria Ilosvay 21., 27.
Cherubino	Sena Jurinac
Antonio	Alois Pernerstorfer
Barbarina	Magda Gabory
Curzio	William Wernigk

15., 20., 24., 28. August Landestheater

FRANK MARTIN

Der Zaubertrank

(Le vin herbé)

Dirigent:	Ferenc Fricsay
Inszenierung:	Oscar Fritz Schuh
Bühnenbild:	Caspar Neher
Kostüme:	Caspar Neher

Das Zaubertrank-Orchester
Chor der Wiener Staatsoper

Tristan	Julius Patzak
Isot	Maria Cebotari
Marke	Endré Koréh
Brangäne	Hilde Zadek
Die Mutter Isots	Maria Ilosvay
Isot, die Weißhändige	Dagmar Hermann
Sprecher	Alfred Poell
Herzog von Hoël	Karl Dönch
Kaherdin	Wilhelm Friedrich
Ein Greis	Karl Dönch

ORCHESTERKONZERTE

der Wiener Philharmoniker

5. August, 19.30 Uhr Festspielhaus
Dirigent: Wilhelm Furtwängler

A. UHL:	Introduktion und Variationen über „Es geht eine dunkle Wolk' herein"
H. PFITZNER:	Drei Vorspiele zu „Palestrina"
I. STRAWINSKY:	Suite aus dem Ballett „Petruschka" (Neufassung 1947)
R. STRAUSS:	Ein Heldenleben, op. 40

8. August, 19.30 Uhr Mozarteum

Dirigent und Solist: Edwin Fischer

W. A. MOZART:	Konzert für Klavier und Orchester D-Dur, KV 537 „Krönungskonzert“
	Symphonie C-Dur, KV 551 „Jupiter“
L. v. BEETHOVEN:	Konzert für Klavier und Orchester Nr. 3, c-Moll, op. 37

15. August, 11 Uhr Festspielhaus

Dirigent: Alceo Galliera
Mitwirkend: Der Wiener Staatsopernchor

A. DVOŘÁK:	Symphonie Nr. 9, e-Moll, op. 95 „Aus der Neuen Welt“
CL. DEBUSSY:	Drei Nocturnes
I. STRAWINSKY:	Der Feuervogel, Orchestersuite

18. August, 19.30 Uhr Festspielhaus

Dirigent: Herbert von Karajan

J. HAYDN:	Symphonie Nr. 104, D-Dur „Salomon“
R. STRAUSS:	Metamorphosen, Studie für 23 Solostreicher
L. v. BEETHOVEN:	Symphonie Nr. 5, c-Moll, op. 67

22. August, 11 Uhr Festspielhaus

Dirigent: Herbert von Karajan
Soli: Elisabeth Schwarzkopf, Sopran; Paul Schöffler, Baß; Alois Forer, Orgel
Singverein der Gesellschaft der Musikfreunde Wien

J. BRAHMS:	Ein deutsches Requiem, op. 45

25. August, 19.30 Uhr Festspielhaus

Dirigent: Artur Rodzinski

C. M. v. WEBER:	Ouvertüre zu „Oberon“
L. v. BEETHOVEN:	Symphonie Nr. 1, C-Dur, op. 21
P. I. TSCHAIKOWSKIJ:	Symphonie Nr. 4, f-Moll, op. 36

30. August, 19.30 Uhr Festspielhaus

Dirigent: Hans Knappertsbusch

F. SCHUBERT:	Symphonie Nr. 8, h-Moll „Unvollendete“
A. BRUCKNER:	Symphonie Nr. 4, Es-Dur „Romantische“

CHORKONZERT

20. August, 19.30 Uhr Mozarteum

Straßburger Domchor

Musikalische Leitung: Abbé Alphonse Hoch
Soli: Erika Rokyta, Sopran; Joseph Peyron, Tenor; Marie-Louise Girod, Orgel
Das Mozarteum-Orchester
Werke von P. du Mage, J. de Berchem, J. Desprez, L. Marchand, J. Mouton, Fr. Cosset, N. Bernier, Couillard, M. R. Delalande, J. Ph. Rameau, H. Berlioz und W. A. Mozart (Laudate Dominum aus KV 339)

KAMMERKONZERTE

30. Juli, 19.30 Uhr Mozarteum

Trio Pasquier

L. v. BEETHOVEN:	Serenade D-Dur, op. 8
FL. SCHMITT:	Streichtrio, op. 105
W. A. MOZART:	Divertimento Es-Dur, KV 563

4. August, 19.30 Uhr Mozarteum

Végh-Quartett

W. A. MOZART:	Streichquartett Es-Dur, KV 428
A. BERG:	Lyrische Suite für Streichquartett (1926)
L. v. BEETHOVEN:	Streichquartett C-Dur, op. 59, Nr. 3

9. August, 19.30 Uhr Mozarteum

Trio Edwin Fischer, Georg Kulenkampff, Enrico Mainardi

L. v. BEETHOVEN:	Klaviertrio B-Dur, op. 97
J. BRAHMS:	Klaviertrio H-Dur, op. 8
F. SCHUBERT:	Klaviertrio B-Dur, op. 99

14. August, 19.30 Uhr Landestheater

Das „Pierrot-Lunaire-Ensemble“ der Accademia filarmonica Romana
Das Mozarteum-Orchester

Dirigent: Otmar Nussio
Mitwirkend: Annemarie Hegner, Rezitation

W. A. MOZART:	Divertimento D-Dur, KV 334
A. SCHÖNBERG:	„Pierrot Lunaire“, op. 21 (Melodramen)

24. August, 19.30 Uhr Mozarteum

Schneiderhan-Quartett

Mitwirkend: Alfons Grünberg, Viola; Hans Czegka, Violoncello; Leopold Wlach, Klarinette

J. HAYDN:	Streichquartett G-Dur, op. 76, Nr. 1
W. A. MOZART:	Klarinettenquintett A-Dur, KV 581 „Stadler-Quintett“
J. BRAHMS:	Streichsextett G-Dur, op. 36

SERENADEN

Dirigent: Bernhard Paumgartner
Das Mozarteum-Orchester

30. Juli, 21 Uhr Felsenreitschule

W. A. MOZART:	Marsch D-Dur, KV 237
	Serenade D-Dur, KV 203 (Violinsolo: Norbert Hofmann)
	Sechs deutsche Tänze, KV 571

4. August, 21 Uhr Felsenreitschule

W. A. MOZART:	Serenade D-Dur, KV 239 „Serenata notturna“
	Marsch D-Dur, KV 249
	Serenade D-Dur, KV 250 „Haffner-Serenade“ (Violinsolo: Norbert Hofmann)

12. August, 21 Uhr Felsenreitschule

Soli: Louis Gay des Combes, Violine; Otmar Nussio, Flöte

W. A. MOZART:	Marsch C-Dur, KV 408/1
	Konzert für Violine und Orchester G-Dur, KV 216
J. HAYDN:	Symphonie Nr. 53, D-Dur, „L'impériale“
W. A. MOZART:	Konzert für Flöte und Orchester D-Dur, KV 314

19. August, 21 Uhr Felsenreitschule

Solist: Alois Heine, Klarinette

W. A. MOZART:	Notturno D-Dur, KV 286
	Serenade D-Dur, KV 185

(Violinsolo: Norbert Hofmann)
Konzert für Klarinette und Orchester A-Dur, KV 622
Eine kleine Nachtmusik G-Dur, KV 525

KONZERTE GEISTLICHER MUSIK

Dirigent: Joseph Messner
Der Salzburger Domchor — Das Mozarteum-Orchester

1. August, 21 Uhr Aula academica
Solo: Stefanie Holeschovsky, Sopran
G. PALESTRINA: „Missa Papae Marcelli"
G. VERDI: „Stabat mater"
„Laudi alla vergine Maria"
„Te Deum"

8. August, 21 Uhr Aula academica
Soli: Maria Cebotari, Sopran; Gisela Thury, Alt; Julius Patzak, Tenor; Georg Hann, Baß
W. A. MOZART: Motette für Sopran „Exsultate, jubilate", KV 165
L. v. BEETHOVEN: Messe C-Dur, op. 86

15. August, 21 Uhr Aula academica
Soli: Irmgard Seefried, Sopran; Rosette Anday, Alt; Walther Ludwig, Tenor; Ferdinand Frantz, Baß
G. ROSSINI: „Stabat mater"

22. August, 21 Uhr Aula academica
Soli: Maria Cebotari, Sopran; Fanny Elsta, Alt; Horst Taubmann, Tenor; Georg Hann, Baß
A. BRUCKNER: Große Messe in f-Moll

26. August, 21 Uhr Mozarteum
Orgel: Franz Sauer
G. FAURÉ: „Requiem"
Soli: Leni Neuenschwandtner, Sopran; Hans Braun, Bariton
V. GNECCHI: „Missa Salisburgensis"
Solo: Mary Jacob-Gimmi, Sopran

29. August, 21 Uhr Aula academica
Soli: Irmgard Seefried, Sopran; Gisela Thury, Alt; Julius Patzak, Tenor; Ferdinand Frantz, Baß
W. A. MOZART: Requiem, KV 626

1949

27. Juli—30. August

SCHAUSPIEL

31. Juli, 7., 14., 15., 21., 28. August
Domplatz / Festspielhaus

HUGO VON HOFMANNSTHAL

Jedermann

Regie:	Helene Thimig
Musik:	Einar Nilson / Joseph Messner
Dirigent:	Karl Hudez
Orgel:	Franz Sauer
Stimme des Herrn	Werner Krauß 31. 7.—21. 8. Karl Blühm 28. 8.
Tod	Ernst Deutsch
Jedermann	Attila Hörbiger
Jedermanns Mutter	Lotte Medelsky
Guter Gesell	Fred Liewehr
Hausvogt	Franz Waldeck
Koch	Franz Ringler
Armer Nachbar	Alfred Edthofer
Schuldknecht	Otto Schmöle
Schuldknechts Weib	Roswitha Posselt
Buhlschaft	Maria Becker
Dicker Vetter	Hermann Erhardt
Dünner Vetter	Richard Eybner 31. 7.—21. 8. Karl Dönch 28. 8.
Mammon	Wolfgang Heinz
Gute Werke	Alma Seidler
Glaube	Helene Thimig
Teufel	Werner Krauß 31. 7.—21. 8. Karl Blühm 28. 8.
Spielansager	Fred Liewehr

28. Juli, 4., 11., 16., 20. August
Landestheater

JOHANN WOLFGANG VON GOETHE

Clavigo

Regie:	Ernst Lothar
Bühnenbild:	Stefan Hlawa
Kostüme:	Eva Pohl
Musikalische Einrichtung:	Bernhard Paumgartner
Clavigo	Will Quadflieg
Karlos	Hans Jaray
Beaumarchais	Karl Paryla
Marie Beaumarchais	Käthe Gold
Sophie Guilbert	Vilma Degischer
Guilbert	Fritz Delius
Buenco	Hans Thimig
Saint George	Josef Zechell

6., 13., 18., 24., 27. August
Landestheater

JOHANN WOLFGANG VON GOETHE

Iphigenie auf Tauris

Regie:	Leopold Lindtberg
Bühnenbild:	Teo Otto
Kostüme:	Teo Otto
Iphigenie	Maria Becker
Thoas	Ewald Balser
Orest	Will Quadflieg
Pylades	Robert Freitag
Arkas	Fritz Delius

OPER

27. Juli, 5., 11., 19. August
Felsenreitschule

WOLFGANG AMADEUS MOZART

Die Zauberflöte

Dirigent:	Wilhelm Furtwängler
Inszenierung:	Oscar Fritz Schuh
Bühnenbild:	Caspar Neher
Kostüme:	Caspar Neher
Die Wiener Philharmoniker	
Chor der Wiener Staatsoper	
Sarastro	Josef Greindl
Tamino	Walther Ludwig
Sprecher	Paul Schöffler
1. Priester	Hermann Gallos
2. Priester	Karl Dönch
Königin der Nacht	Wilma Lipp
Pamina	Irmgard Seefried
1. Dame	Gertrud Grob-Prandl
2. Dame	Sieglinde Wagner
3. Dame	Elisabeth Höngen
Papageno	Karl Schmitt-Walter
Papagena	Edith Oravez
Monostatos	Peter Klein
1. Knabe	Elisabeth Rutgers
2. Knabe	Ruthilde Boesch
3. Knabe	Polly Batic
1. Geharnischter	Ernst Haefliger 27. 7., 5., 19. 8. Lorenz Fehenberger 11. 8.
2. Geharnischter	Hermann Uhde

30. Juli, 3., 8., 16., 20. August
Festspielhaus

LUDWIG VAN BEETHOVEN

Fidelio

Dirigent:	Wilhelm Furtwängler
Inszenierung:	Günther Rennert
Bühnenbild:	Emil Preetorius
Kostüme:	Emil Preetorius

Die Wiener Philharmoniker
Chor der Wiener Staatsoper

Don Fernando	Hans Braun
Don Pizarro	Paul Schöffler
Florestan	Julius Patzak
Leonore	Kirsten Flagstad
Rocco	Josef Greindl
Marzelline	Irmgard Seefried
Jaquino	Richard Holm
1. Gefangener	Hermann Gallos
2. Gefangener	Karl Dönch

2., 6., 13., 23. August Felsenreitschule

CHRISTOPH WILLIBALD GLUCK

Orpheus und Eurydike

Dirigent:	Josef Krips
Inszenierung:	Oscar Fritz Schuh
Bühnenbild:	Caspar Neher
Kostüme:	Caspar Neher
Choreographie:	Bernhard Wosien

Die Wiener Philharmoniker
Chor und Ballett der Wiener Staatsoper

Orpheus	Elisabeth Höngen
Eurydike	Jarmila Novotna
Eros	Hilde Güden
Seliger Geist	Wilma Lipp

9., 17., 22., 27. August Felsenreitschule

CARL ORFF

Antigonae
(Uraufführung)

Dirigent:	Ferenc Fricsay
Inszenierung:	Oscar Fritz Schuh
Bühnenbild:	Caspar Neher
Kostüme:	Caspar Neher

Die Wiener Philharmoniker

Antigonae	Res Fischer
Ismene	Maria Ilosvay
Chorführer	Benno Kusche
Kreon	Hermann Uhde
Ein Wächter	Helmut Krebs
Haemon	Lorenz Fehenberger
Tiresias	Ernst Haefliger
Ein Bote	Josef Greindl
Eurydice	Hilde Zadek
Chor der thebanischen Alten	Chor der Wiener Staatsoper

10., 15., 26., 28. August Landestheater

WOLFGANG AMADEUS MOZART

Titus

Neue Bearbeitung und Übersetzung von Hans Curjel und Bernhard Paumgartner

Dirigent:	Josef Krips
Inszenierung:	Hans Curjel
Bühnenbild:	Hans Erni
Kostüme:	Hans Erni

Die Wiener Philharmoniker
Chor der Wiener Staatsoper

Titus	Julius Patzak
Vitellia	Hilde Zadek
Sextus	Marta Rohs
Servilia	Wilma Lipp
Annius	Richard Holm
Publius	Otto Edelmann

12., 18., 25., 29. August
Festspielhaus

RICHARD STRAUSS

Der Rosenkavalier

Dirigent:	George Szell
Inszenierung:	Lothar Wallerstein
Bühnenbild:	Alfred Roller
Kostüme:	Alfred Roller

Die Wiener Philharmoniker
Chor der Wiener Staatsoper

Marschallin	Maria Reining
Baron Ochs	Jaro Prohaska
Octavian	Jarmila Novotna
Faninal	Georg Hann
Sophie	Hilde Güden
Leitmetzerin	Stefanie Holeschovsky
Valzacchi	Peter Klein
Annina	Dagmar Hermann
Haushofmeister bei Marschallin	Georg Monthy
Haushofmeister bei Faninal	William Wernigk
Polizeikommissär	Georg Monthy
Notar	Alfred Muzzarelli
Sänger	Helge Roswaenge
Wirt	William Wernigk

ORCHESTERKONZERTE
der Wiener Philharmoniker

1. August, 20 Uhr Mozarteum

Dirigent und Solist: Edwin Fischer

W. A. MOZART:	Konzert für Klavier und Orchester c-Moll, KV 491
	Symphonie Es-Dur, KV 543
L. v. BEETHOVEN:	Konzert für Klavier und Orchester Nr. 4, G-Dur, op. 58

7. August, 11 Uhr Festspielhaus

Dirigent: Wilhelm Furtwängler

H. PFITZNER:	Symphonie C-Dur, op. 46
A. BRUCKNER:	Symphonie Nr. 8, c-Moll

14. August, 11 Uhr Festspielhaus

Dirigent: Herbert von Karajan
Soli: Hilde Zadek, Sopran; Margarete Klose, Alt; Helge Roswaenge, Tenor; Boris Christoff, Baß
Singverein der Gesellschaft der Musikfreunde Wien

G. VERDI:	Requiem

17. August, 20 Uhr Festspielhaus

Dirigent: Herbert von Karajan
Soli: Irmgard Seefried, Sopran; Elisabeth Höngen, Alt; Walther Ludwig, Tenor; Boris Christoff, Baß
Singverein der Gesellschaft der Musikfreunde Wien

L. v. BEETHOVEN:	Symphonie Nr. 9, d-Moll, op. 125, mit Schlußchor über Schillers Ode „An die Freude"

21. August, 11 Uhr Festspielhaus

Dirigent: Bruno Walter
Soli: Kathleen Ferrier, Alt; Julius Patzak, Tenor

W. A. MOZART:	Symphonie g-Moll, KV 550
G. MAHLER:	Das Lied von der Erde

22. August, 20 Uhr Festspielhaus

Dirigent: Bruno Walter
Soli: Kathleen Ferrier, Alt; Julius Patzak, Tenor

F. SCHUBERT:	Symphonie Nr. 8, h-Moll „Unvollendete"
G. MAHLER:	Das Lied von der Erde

24. August, 20 Uhr Festspielhaus

Dirigent: George Szell

J. HAYDN:	Symphonie Nr. 92, G-Dur, „Oxford"
R. STRAUSS:	Till Eulenspiegels lustige Streiche, op.28
F. SCHUBERT:	Symphonie Nr. 7, C-Dur

28. August, 11 Uhr Festspielhaus

Dirigent: Josef Krips
Soli: Marta Rohs, Alt; Fred Liewehr, Sprecher
Chor der Wiener Staatsoper

L. v. BEETHOVEN:	Musik zu Goethes „Egmont", op. 84, mit verbindenden Worten von Grillparzer

F. SCHUBERT: „Gesang der Geister über den Wassern", op. 167
J. BRAHMS: Rhapsodie für Altstimme, Männerchor und Orchester, op. 53
L. v. BEETHOVEN: Symphonie Nr. 7, A-Dur, op. 92

30. August, 20 Uhr Festspielhaus
Dirigent: Hans Knappertsbusch
R. WAGNER: Siegfried-Idyll
A. BRUCKNER: Symphonie Nr. 7, E-Dur

CHORKONZERT

23. August, 20 Uhr Mozarteum

Straßburger Domchor

Musikalische Leitung: Abbé Alphonse Hoch
Soli: Irmgard Seefried, Sopran; Julius Patzak, Tenor; Paul Schöffler, Bariton; Josef Greindl, Baß
Jeanne Demessieux, Orgel
Das Mozarteum-Orchester
H. BERLIOZ: „Des Heilands Kindheit" in der Bearbeitung von Felix von Weingartner

KAMMERKONZERTE

29. Juli, 20 Uhr Mozarteum

Trio Pasquier

J. S. BACH / W. A. MOZART: Präludien und Fugen: f-Moll, d-Moll, A-Dur, g-Moll aus KV 404a
A. ROUSSEL: Streichtrio op. 58
L. v. BEETHOVEN: Streichtrio c-Moll, op. 9, Nr. 3

5. August, 20 Uhr Mozarteum

Trio Edwin Fischer, Wolfgang Schneiderhan, Enrico Mainardi

J. BRAHMS: Klaviertrio C-Dur, op. 87
L. v. BEETHOVEN: Klaviertrio D-Dur, op. 70, Nr. 1 „Geistertrio"
F. SCHUBERT: Klaviertrio Es-Dur, op. 100

13. August, 20 Uhr Mozarteum

Schneiderhan-Quartett

Mitwirkend: Alfons Grünberg, Viola
F. SCHUBERT: Streichquartett Es-Dur, op. 125, Nr. 1
W. A. MOZART: Streichquintett g-Moll, KV 516
L. v. BEETHOVEN: Streichquartett C-Dur, op. 59, Nr. 3

25. August, 20 Uhr Mozarteum

Wiener Oktett

Mitwirkend: Paul Schilhawsky, Klavier
F. SCHUBERT: Klavierquintett A-Dur, op. 114 „Forellenquintett"
E. WELLESZ: Oktett F-Dur, op. 67 (Uraufführung)
F. SCHUBERT: Oktett F-Dur, op. 166

SERENADEN

Dirigent: Bernhard Paumgartner
Das Mozarteum-Orchester

4. August, 21 Uhr Felsenreitschule
W. A. MOZART: Divertimento F-Dur, KV 247
Marsch D-Dur, KV 335/1
Serenade D-Dur, KV 320 „Posthorn-Serenade"

10. August, 21 Uhr Felsenreitschule
W. A. MOZART: Marsch D-Dur, KV 189
Serenade D-Dur, KV 185
(Violinsolo: Norbert Hofmann)
Zwölf Menuette, KV 568

15. August, 21 Uhr Felsenreitschule
W. A. MOZART: Symphonie C-Dur, KV 96
Marsch D-Dur, KV 249
Serenade D-Dur, KV 203
(Violinsolo: Norbert Hofmann)

26. August, 21 Uhr Felsenreitschule
Soli: Nobert Hofmann, Violine; Ernst Brandstätter, Viola
J. HAYDN: Symphonie Nr. 90, C-Dur
W. A. MOZART: Konzertante Symphonie für Violine, Viola und Orchester, Es-Dur, KV 364
Eine kleine Nachtmusik G-Dur, KV 525

MATINEEN

Dirigent: Bernhard Paumgartner
Das Mozarteum-Orchester — Der Mozarteum-Chor — Die Salzburger Liedertafel

31. Juli, 11 Uhr Mozarteum
Soli: Hannelore Steffek, Sopran; Friedrich Wührer, Klavier
W. A. MOZART: Serenade G-Dur, Cassation, KV 63
Arie „Vorrei spiegarvi, oh Dio", KV 418
Marsch C-Dur aus „Idomeneo", KV 366
Konzert für Klavier und Orchester D-Dur, KV 537 „Krönungskonzert"
Kyrie d-Moll, KV 341
Motette „Ave verum corpus", KV 618

15. August, 11 Uhr Mozarteum
Solist: Arthur Grumiaux, Violine
Orgel: Franz Sauer
W. A. MOZART: Marsch C-Dur, KV 408
Symphonie C-Dur, KV 162
Konzert für Violine und Orchester G-Dur, KV 216
Cassation B-Dur, KV 99
Offertorium „Inter natos mulierum", KV 72

KONZERTE GEISTLICHER MUSIK

Dirigent: Joseph Messner
Der Salzburger Domchor — Das Mozarteum-Orchester

31. Juli, 20.30 Uhr Aula academica
Soli: Hilde Zadek, Sopran; Eleanore Gifford, Alt; Julius Patzak, Tenor; Hans Braun, Baß
E. d'ASTORGA: Stabat mater
W. A. MOZART: Missa C-Dur, KV 317 „Krönungsmesse"

7. August, 20.30 Uhr Aula academica

Soli: Irmgard Seefried, Sopran; Rosette Anday, Alt; Lorenz Fehenberger, Tenor; Ferdinand Frantz, Baß
G. ROSSINI: Stabat mater

14. August, 20.30 Uhr Aula academica

Soli: Felicie Hüni-Mihacsek, Sopran; Lorenz Fehenberger, Tenor; Paul Schöffler, Baß
J. HAYDN: „Die Schöpfung", Oratorium

21. August, 20.30 Uhr Aula academica

Soli: Stefanie Holeschovsky, Sopran; Fanny Elsta, Alt; Lorenz Fehenberger, Leo Cordes-Dermota, Tenor; Georg Hann, Baß
F. SCHUBERT: Messe Nr. 6, Es-Dur
A. BRUCKNER: Te Deum

28. August, 20.30 Uhr Aula academica

Soli: Hilde Güden, Sopran; Rosette Anday, Alt; Julius Patzak, Tenor; Ferdinand Frantz, Baß
W. A. MOZART: Requiem, KV 626

20. August Mozarteum

GEDÄCHTNISFEIER FÜR MARIA CEBOTARI

Gedächtnisrede, gehalten von Ministerialrat Dr. Egon Hilbert
RAINER MARIA RILKE: Schlußstück / Aus einem Requiem
GEORG TRAKL: Das tiefe Leid
gesprochen von Burgschauspielerin Käthe Gold
JOHANNES BRAHMS: Vier ernste Gesänge
gesungen von Kammersänger Josef Greindl
CHRISTOPH W. GLUCK: Arie des Orpheus aus „Orpheus und Eurydike"
gesungen von Kammersängerin Elisabeth Höngen
Am Flügel: Ernst Reichert

1950
27. Juli—31. August

SCHAUSPIEL

30. Juli, 6., 13., 15., 20., 27. August
Domplatz / Festspielhaus

HUGO VON HOFMANNSTHAL

Jedermann

Regie: Helene Thimig
Musik: Einar Nilson / Joseph Messner
Dirigent: Karl Hudez
Tänze: Tamara Rauser
Orgel: Franz Sauer
Mozarteum-Orchester — Mozarteum-Chor

Stimme des Herrn Karl Blühm
Tod Ernst Deutsch
Jedermann Attila Hörbiger
Jedermanns Mutter Lotte Medelsky
Guter Gesell Fred Liewehr
Hausvogt Franz Waldeck
Koch Franz Ringler
Armer Nachbar Hans Thimig
Schuldknecht Otto Schmöle
Schuldknechts Weib Roswitha Posselt
Buhlschaft Judith Holzmeister
Dicker Vetter Hermann Erhardt
Dünner Vetter Richard Eybner
Mammon Wolfgang Heinz
Gute Werke Alma Seidler
Glaube Helene Thimig
Teufel Harald Kreutzberg
Spielansager Fred Liewehr

28. Juli, 1., 5., 10., 14., 19., 22., 26. August Landestheater

FERDINAND RAIMUND

Der Verschwender

Regie: Ernst Lothar
Bühnenbild: Clemens Holzmeister
Kostüme: Erni Kniepert
Musik: Konradin Kreutzer
Bearbeitung und Ergänzung: Bernhard Paumgartner
Dirigent: Alexander Steinbrecher
Choreographie: Tilly Losch
Mitglieder des Wiener Staatsopernballetts und des Balletts des Salzburger Landestheaters
Mozarteum-Orchester

Cheristane Aglaja Schmid
Azur Alfred Jerger
Julius v. Flottwell Hans Jaray
Wolf Leopold Rudolf
Valentin Josef Meinrad
Rosa Inge Konradi
Chevalier Dumont Oscar Karlweis
Herr v. Pralling Karl Eidlitz
Herr v. Helm Mario Haindorff
Herr v. Walter Heinrich Wilbert
Gründling Hans Thimig
Sockel Ferdinand Maierhofer
Fritz Franz Böheim
Johann Theodor Grieg
Präsident v. Klugheim Alfred Neugebauer
Amalie Judith Holzmeister
Baron Flitterstein Hans Jungbauer
Altes Weib Adrienne Gessner
Bettler Alfred Jerger
Haushofmeister Johannes van Hamme
Juwelier Hans Schröck
Die Jugend Inge Konradi
Fortunatus Wurzel Ferdinand Maierhofer
Das Hohe Alter Gustav Waldau
Quecksilber Josef Meinrad
Rappelkopf Hans Thimig
Habakuk Franz Böheim
Lieschen Maria Kramer
Gärtner Kurt von Lessen

2., 8., 16., 23. August Landestheater

WILLIAM SHAKESPEARE

Was ihr wollt

Regie: Josef Gielen
Bühnenbild: Stefan Hlawa
Kostüme: Stefan Hlawa
Musik: Bernhard Paumgartner
Dirigent: Karl Hudez
Mozarteum-Orchester

Orsino O. W. Fischer
Viola Susi Nicoletti
Sebastian Erich Auer
Olivia Judith Holzmeister
Maria Alma Seidler
Junker Tobias Ewald Balser
Junker Christoph Josef Meinrad
Malvolio Werner Krauß
Fabio Hans Thimig
Narr Albin Skoda
Antonio Michael Janisch
Schiffshauptmann Otto Schmöle
Priester Karl Eidlitz
Valentin Gandolf Buschbeck
Curio Wolfgang Litschauer

OPER

27., 31. Juli, 4., 18., 29. August
Festspielhaus

WOLFGANG AMADEUS MOZART

Don Giovanni
(in italienischer Sprache)

Dirigent: Wilhelm Furtwängler
Inszenierung: Oscar Fritz Schuh
Bühnenbild: Clemens Holzmeister
Kostüme: Caspar Neher
Choreographie: Erika Hanka
Die Wiener Philharmoniker
Chor und Ballett der Wiener Staatsoper

Don Giovanni	Tito Gobbi
Donna Elvira	Elisabeth Schwarzkopf 27. 7.—18. 8. Esther Réthy 29. 8.
Il Commendatore	Josef Greindl
Donna Anna	Ljuba Welitsch 27. 7.—18. 8. Annelies Kupper 29. 8.
Don Ottavio	Anton Dermota
Leporello	Erich Kunz
Zerline	Irmgard Seefried
Masetto	Alfred Poell

29. Juli, 3., 16., 21. August
Felsenreitschule

WOLFGANG AMADEUS MOZART

Die Zauberflöte

Dirigent:	Wilhelm Furtwängler
Inszenierung:	Oscar Fritz Schuh
Bühnenbild:	Caspar Neher
Kostüme:	Caspar Neher

Die Wiener Philharmoniker
Chor der Wiener Staatsoper

Sarastro	Josef Greindl
Tamino	Walther Ludwig
Sprecher	Paul Schöffler
1. Priester	Fred Liewehr
2. Priester	Franz Höbling
Königin der Nacht	Wilma Lipp
Pamina	Irmgard Seefried
1. Dame	Lisa Della Casa 29.7. Annelies Kupper 3.—21. 8.
2. Dame	Sieglinde Wagner
3. Dame	Elisabeth Höngen
Papageno	Erich Kunz
Papagena	Hedda Heusser
Monostatos	Peter Klein
1. Knabe	Hannelore Steffek
2. Knabe	Luise Leitner
3. Knabe	Friedl Meusburger
1. Geharnischter	Richard Holm
2. Geharnischter	Hermann Uhde

9., 15., 25., 28. August Landestheater

BENJAMIN BRITTEN

Der Raub der Lukrezia

Dirigent:	Josef Krips
Inszenierung:	Josef Gielen
Bühnenbild:	Caspar Neher
Kostüme:	Caspar Neher

Die Wiener Philharmoniker

Chorus (Mann)	Julius Patzak
Chorus (Frau)	Annelies Kupper
Collatinus	Kurt Böhme
Junius	Alfred Poell
Prinz Tarquinius	Hermann Uhde
Lukrezia	Elisabeth Höngen
Bianca, Amme	Dagmar Hermann
Lucia, Dienerin	Hilde Güden

BORIS BLACHER

Romeo und Julia

Dirigent:	Josef Krips
Inszenierung:	Josef Gielen
Bühnenbild:	Caspar Neher
Kostüme:	Caspar Neher
Choreographie:	Erika Hanka

Die Wiener Philharmoniker
Chor und Ballett der Wiener Staatsoper

Romeo	Richard Holm
Julia	Hilde Güden
Lady Capulet	Sieglinde Wagner
Die Amme	Dagmar Hermann
Capulet	Hermann Uhde
Tybalt	Josef Witt
Benvolio	Kurt Böhme
Peter	Erich Majkut
1. Musikant	Hans Thimig
2. Musikant	Richard Tomaselli
3. Musikant	Hugo Lindinger

5., 11., 14., 17., 22. August Festspielhaus

LUDWIG VAN BEETHOVEN

Fidelio

Dirigent:	Wilhelm Furtwängler
Inszenierung:	Günther Rennert
Bühnenbild:	Emil Preetorius
Kostüme:	Emil Preetorius

Die Wiener Philharmoniker
Chor der Wiener Staatsoper

Don Fernando	Hans Braun
Don Pizarro	Paul Schöffler
Florestan	Julius Patzak
Leonore	Kirsten Flagstad
Rocco	Josef Greindl
Marzelline	Elisabeth Schwarzkopf
Jaquino	Anton Dermota
1. Gefangener	Hermann Gallos
2. Gefangener	Ljubomir Pantscheff

12., 19., 26., 30. August Festspielhaus

RICHARD STRAUSS

Capriccio

Dirigent:	Karl Böhm
Inszenierung:	Rudolf Hartmann
Bühnenbild:	Gustav Vargo
Kostüme:	Gustav Vargo
Tanzszene:	Erika Hanka

Die Wiener Philharmoniker

Gräfin	Lisa Della Casa
Graf	Willi Wolff
Flamand	Anton Dermota
Olivier	Hans Braun
La Roche	Paul Schöffler
Clairon	Elisabeth Höngen
Taupe	Peter Klein
Italienische Sängerin	Wilma Lipp
Italienischer Tenor	Karl Friedrich
Junge Tänzerin	Inge Hiltscher
Tänzer	Arnold Jandosch
Haushofmeister	Franz Bierbach

ORCHESTERKONZERTE

der Wiener Philharmoniker

1. August, 20 Uhr Mozarteum

Dirigent: Karl Böhm
Solist: Wolfgang Schneiderhan, Violine

W. A. MOZART:	Ouvertüre zu „Der Schauspieldirektor“, KV 486
	Serenade D-Dur, KV 239 „Serenata notturna“
	Konzert für Violine und Orchester A-Dur, KV 219
	Symphonie g-Moll, KV 550

6. August, 11 Uhr Festspielhaus

Dirigent: Rafael Kubelik

A. SPITZMÜLLER:	Trois Hymnes à la Paix, op. 27
W. A. MOZART:	Symphonie D-Dur, KV 504 „Prager“
B. MARTINŮ:	Doppelkonzert für zwei Streichorchester, Klavier und Pauken
A. DVOŘÁK:	Symphonie Nr. 7, d-Moll, op. 70

15. August, 11 Uhr Festspielhaus

Dirigent: Wilhelm Furtwängler

I. STRAWINSKY:	Symphonie in drei Sätzen (1945)
R. STRAUSS:	Till Eulenspiegels lustige Streiche, op. 28
J. BRAHMS:	Symphonie Nr. 4, e-Moll, op. 98

20. August, 11 Uhr Festspielhaus

Dirigent: Josef Krips
Orgel: Alois Forer
Soli: Annelies Kupper, Sopran; Rosette Anday, Alt; Julius Patzak, Anton Dermota, Tenor; Otto Edelmann, Baß
Chor der Wiener Staatsoper

F. SCHMIDT:	Oratorium „Das Buch mit sieben Siegeln“

23. August, 20 Uhr Festspielhaus

Dirigent: Bruno Walter
Solistin: Irmgard Seefried, Sopran

L. v. BEETHOVEN:	Ouvertüre zu Goethes „Egmont“, op. 84
W. A. MOZART:	Symphonie C-Dur, KV 551 „Jupiter“
G. MAHLER:	Symphonie Nr. 4, G-Dur, mit Sopransolo

24. August, 20 Uhr Festspielhaus

Dirigent: Bruno Walter; Solistin Irmgard Seefried, Sopran

L. v. BEETHOVEN: Ouvertüre zu Goethes „Egmont", op. 84
W. A. MOZART: Symphonie Es-Dur, KV 543
G. MAHLER: Symphonie Nr. 4, G-Dur, mit Sopransolo

27. August, 20.30 Uhr Festspielhaus

Dirigent: Hans Knappertsbusch

TH. BERGER: Rondino giocoso, op. 4
R. STRAUSS: Orchestersuite aus der Musik zum „Bürger als Edelmann" des Molière, op. 60
A. BRUCKNER: Symphonie Nr. 3, d-Moll

31. August, 20 Uhr Festspielhaus

Dirigent: Wilhelm Furtwängler
Soli: Willi Boskovsky, Violine; Josef Niedermayr, Flöte; Wilhelm Furtwängler, Klavier

J. S. BACH: Brandenburgisches Konzert Nr. 3, G-Dur
Brandenburgisches Konzert Nr. 5, D-Dur
L. v. BEETHOVEN: Symphonie Nr. 3, Es-Dur, op. 55 „Eroica"

TRAPP-KONZERTE

Leitung: Franz Wasner
Ausführende: Familie Trapp (Agathe, Eleonore, Maria, Martina, Maria Auguste, Hedwig, Werner) und Franz Wasner

10. August, 20 Uhr Mozarteum

Werke von O. de Lassus, G. Palestrina, Th. Morley, O. Gibbons, A. Vivaldi, G. F. Händel, J. S. Bach, W. A. Mozart (KV 554, 508) und J. Brahms
Volkslieder

19. August, 17 Uhr Domplatz
Werke von J. S. Bach, G. Palestrina, J. E. Eberlin, G. Aichinger, H. L. Haßler, M. Praetorius, H. Isaac, J. Dowland, G. F. Händel, J. W. Häßler und Volkslieder

SERENADEN

Dirigent: Bernhard Paumgartner
Das Mozarteum-Orchester

7. August, 21 Uhr Felsenreitschule

Mitwirkend: Gotjeluk, Oboe; Delécluse, Klarinette; Allord, Fagott; Bernard, Horn

W. A. MOZART: Symphonie C-Dur, KV 200
Sinfonia concertante Es-Dur für Oboe, Klarinette, Horn, Fagott und Orchester, KV 297 b
Eine kleine Nachtmusik G-Dur, KV 525

9. August, 21 Uhr Felsenreitschule

J. HAYDN: Divertimento B-Dur (mit dem Chorale St. Antoni)
W. A. MOZART: Marsch D-Dur, KV 249
Serenade D-Dur, KV 250 „Haffner-Serenade" (Violinsolo: J. Schröcksnadel)

15. August, 21 Uhr Felsenreitschule

Mitwirkend: Hannelore Steffek, Sopran; Friedl Meusburger, Alt; Walter Raninger, Baß; Susi Jeans, Orgel

W. A. MOZART: Serenade c-Moll, KV 388
Zwei Notturni: „Ecco quel fiero istante", KV 436 „Mi lagnerò tacendo", KV 437
Canzonetta: „Più non si trovano", KV 549
J. HAYDN: Konzert für Orgel und Orchester C-Dur (Manualiter)

28. August, 21 Uhr Felsenreitschule

W. A. MOZART: Divertimento D-Dur, KV 131
Bläser-Concertante und Finale aus der Serenade D-Dur, KV 320
Symphonie B-Dur, KV 319

MATINEEN

Dirigent: Bernhard Paumgartner
Das Mozarteum-Orchester

30. Juli, 11 Uhr Mozarteum

Mitwirkend: Luciano Sgrizzi, Klavier

W. A. MOZART: Divertimento D-Dur, KV 251
Konzert für Klavier und Orchester C-Dur, KV 246 „Lützow-Konzert"
Symphonie C-Dur, KV 338, mit Menuett C-Dur, KV 409

13. August, 11 Uhr Mozarteum

Mitwirkend: Marcel Saillet, Oboe; Clara Haskil, Klavier

W. A. MOZART: Ouvertüre zu „Idomeneo", KV 366
Konzert für Oboe und Orchester C-Dur, KV 314*
Konzert für Klavier und Orchester Es-Dur, KV 271 „Jeunehomme-Konzert"
Symphonie A-Dur, KV 201

* Ursprüngliche, wiederaufgefundene Oboen-Fassung in C

KAMMERKONZERTE

28. Juli, 20 Uhr Mozarteum

Friedrich Wührer, Heinz Scholz, Klavier

J. S. BACH / E. SCHWEBSCH: Die Kunst der Fuge (Am 200. Jahrestag seines Ablebens, zur Todesstunde des Meisters)

2. August, 20 Uhr Mozarteum

Paul Badura-Skoda, Klavier; Wolfgang Schneiderhan, Violine; Enrico Mainardi, Violoncello

J. S. BACH: Partita II d-Moll für Violine solo
Suite für Violoncello solo Nr. 6, D-Dur
J. BRAHMS: Klaviertrio H-Dur, op. 8

7. August, 20 Uhr Mozarteum

Schneiderhan-Quartett

W. A. MOZART: Streichquartett D-Dur, KV 499
TH. BERGER: Streichquartett in E, op. 2
F. SCHUBERT: Streichquartett G-Dur, op. 161

17. August, 20 Uhr Mozarteum

Günther Ramin, Orgel

J. S. BACH: Partita über den Choral „Sei gegrüßet, Jesu gütig"
Triosonate Nr. 6, G-Dur
Präludium und Fuge in e-Moll
Passacaglia in c-Moll
Präludium und Fuge in Es-Dur

24. August, 20 Uhr Mozarteum

Das Salzburger Collegium Musicum

Leitung und am Cembalo: Günther Ramin
Mitwirkend: Maria Stader, Sopran; Norbert Hofmann, Violine; Marcel Saillet, Oboe; Rupert Schwarzbauer, Flöte I; Walter Haseke, Flöte II

J. S. BACH:	Ouvertüre Nr. 1, C-Dur
	Kantate Nr. 202 „Weichet nur, betrübte Schatten"
	Konzert für Violine, Oboe und Streichorchester d-Moll
	Brandenburgisches Konzert Nr. 4, G-Dur

SOLISTENKONZERT

25. August, 20 Uhr Festspielhaus

Yehudi Menuhin, Violine; Paul Schilhawsky, Klavier

G. TARTINI:	Sonate für Violine und Klavier g-Moll „Teufelstriller"
B. BARTÓK:	Sonate für Violine solo
L. v. BEETHOVEN:	Sonate für Violine und Klavier A-Dur, op. 47 „Kreutzersonate"
E. BLOCH:	Abodah
P. de SARASATE:	Malaguena
	Habanera
M. RAVEL:	Habanera
N. PAGANINI:	Caprice, Nr. 24

KONZERTE GEISTLICHER MUSIK

Dirigent: Joseph Messner
Der Salzburger Domchor — Das Mozarteum-Orchester

30. Juli, 20.30 Uhr Aula academica

Soli: Hilde Güden, Sopran; Clara Ölschläger, Alt; Julius Patzak, Tenor; Hans Braun, Bariton

J. S. BACH:	Kantate „Ich will den Kreuzstab gerne tragen"
J. HAYDN:	„Die sieben Worte des Erlösers am Kreuze"
M. HAYDN:	Motette „Tenebrae factae sunt"

6. August, 20.30 Uhr Aula academica

Soli: Irmgard Seefried, Sopran; Paul Schöffler, Bariton

J. BRAHMS:	Ein deutsches Requiem, op. 45

13. August, 20.30 Uhr Aula academica

Soli: Annelies Kupper, Sopran; Fanny Elsta, Alt; Lorenz Fehenberger, Tenor; Hans Braun, Baß

W. A. MOZART:	Motette „Exsultate, jubilate", KV 165
L. v. BEETHOVEN:	Messe C-Dur, op. 86

20. August, 20.30 Uhr Aula academica

Soli: Annelies Kupper, Sopran; Rosette Anday, Alt; Lorenz Fehenberger, Tenor; Josef Greindl, Baß

G. F. HÄNDEL:	„Der Messias", Oratorium, in der Bearbeitung von W. A. Mozart, KV 572

27. August, 11.30 Uhr Aula academica

Soli: Hilde Güden, Sopran; Rosette Anday, Alt; Julius Patzak, Tenor; Josef Greindl, Baß

W. A. MOZART:	Requiem, KV 626

29. August, 20 Uhr Mozarteum

Konzert der Wiener Hofmusikkapelle

Dirigent: Josef Krips
Soli: Wiener Sängerknaben, Sopran und Alt; Erich Majkut, Tenor; Harald Pröglhöf, Baß
Ausführende: Die Hofmusikkapelle, bestehend aus Mitgliedern des Staatsopernorchesters (Wiener Philharmoniker), des Staatsopernchores und der Wiener Sängerknaben

A. BRUCKNER:	Große Messe in f-Moll

KIRCHENKONZERTE

12. August, 11 Uhr Stiftskirche St. Peter[1]

Dirigent: Bernhard Paumgartner; Orgel: Franz Sauer
Soli: Elisabeth Schwarzkopf, Maria Stader; Julius Patzak, Hans Braun
Das Mozarteum-Orchester — Der Mozarteumschor — Die Salzburger Liedertafel

W. A. MOZART:	c-Moll-Messe, KV 427

15. August, 20 Uhr Kollegienkirche

Musikalische Weihestunde

Leitung: Franz Wasner
Ausführende: Familie Trapp (Agathe, Eleonore, Maria, Martina, Maria Auguste, Hedwig, Werner) und Franz Wasner
Werke von P. de la Rue, Cl. Casciolini, W. A. Mozart (KV 618), T. L. de Victoria, O. de Lassus, König Johann IV von Portugal, A. Lotti, J. E. Eberlin und F. Wasner

1951

27. Juli—31. August

SCHAUSPIEL

29. Juli, 5., 12., 13., 15., 19., 26. August
Dompaltz / Festspielhaus

HUGO VON HOFMANNSTHAL

Jedermann

Regie:	Helene Thimig
Musik:	Einar Nilson / Joseph Messner
Dirigent:	Karl Hudez
Tänze:	Tamara Rauser
Orgel:	Franz Sauer

Mozarteum-Orchester — Mozarteum-Chor

Stimme des Herrn	Karl Blühm
Tod	Ernst Deutsch
Jedermann	Attila Hörbiger
Jedermanns Mutter	Lotte Medelsky
Guter Gesell	Fred Liewehr
Hausvogt	Franz Waldeck
Koch	Franz Ringler
Armer Nachbar	Theodor Grieg
Schuldknecht	Otto Schmöle
Schuldknechts Weib	Roswitha Posselt
Buhlschaft	Judith Holzmeister
Dicker Vetter	Hermann Erhardt
Dünner Vetter	Richard Eybner
Mammon	Wolfgang Heinz
Gute Werke	Alma Seidler
Glaube	Helene Thimig
Teufel	Franz Böheim
Spielansager	Fred Liewehr

28., 31. Juli, 6., 11., 17., 22., 25. August
Landestheater

WILLIAM SHAKESPEARE

Wie es Euch gefällt

Regie:	Gustaf Gründgens
Bühnenbild:	Wilhelm Reinking
Musik:	Gottfried von Einem

Der Herzog	Ewald Balser
Friedrich	Rudolf Therkatz
Amiens	Eduard Volters
Jacques	Raoul Aslan
Le Beau	Viktor Braun
Ein Edelmann	Tonio Riedl
Charles	Josef Hinterstoißer
Oliver	Kurt Meisel
Jakob	Gandolf Buschbeck
Orlando	Max Eckard
Adam	Karl Skraup
Dennis	Kurt Weinzierl
Probstein	Ludwig Linkmann
Ehrn Olivarius	August Herbst
Corinus	Gustav Waldau
Sylvius	Peer Schmidt
Wilhelm	Franz Böheim
Hymen	Johanna von Koczian
Rosalinde	Käthe Gold
Celia	Judith Holzmeister
Phöbe	Solveig Thomas
Käthchen	Gusti Wolf

10., 14., 18., 23., 26., 29. August
Landestheater

HEINRICH VON KLEIST

Der zerbrochene Krug

Regie:	Berthold Viertel
Bühnenbild:	Rochus Gliese
Musikalische Einleitung:	Gottfried von Einem

Gerichtsrat Walter	Alfred Neugebauer
Dorfrichter Adam	Oskar Homolka
Schreiber Licht	Wilfried Seyferth
Frau Marthe Rull	Therese Giehse
Eve	Inge Konradi
Veit Tümpel	Otto Schmöle
Ruprecht	Erich Auer
Frau Brigitte	Elisabeth Neumann
Bedienter	Richard Tomaselli
Liese	Evi Servaes
Margarete	Maria Ott
Ein Büttel	Mario Haindorff

OPER

27. Juli, 4., 9., 14., 25. August
Felsenreitschule

WOLFGANG AMADEUS MOZART

Idomeneo

(in italienischer Sprache)

Dirigent:	Georg Solti
Inszenierung:	Josef Gielen
Bühnenbild:	Caspar Neher
Kostüme:	Caspar Neher
Choreographie:	Erika Hanka

Die Wiener Philharmoniker
Chor und Ballett der Wiener Staatsoper

Idomeneo	Rudolf Schock
Idamantes	Richard Holm
Elektra	Jane Lawrence
Ilia	Hilde Güden
Arbaces	Leo Cordes-Dermota
Oberpriester	Kurt Böhme
1. Vertraute	Hannelore Steffek
2. Vertraute	Susanna Naidis
1. Trojaner	Rudolf Stumper
2. Trojaner	Walter Raninger

1., 6., 10., 17., 29. August
Felsenreitschule

WOLFGANG AMADEUS MOZART

Die Zauberflöte

Dirigent:	Wilhelm Furtwängler
Inszenierung:	Oscar Fritz Schuh
Bühnenbild:	Caspar Neher
Kostüme:	Caspar Neher

Die Wiener Philharmoniker
Chor der Wiener Staatsoper

Sarastro	Josef Greindl
Tamino	Anton Dermota
Sprecher	Paul Schöffler
1. Priester	Fred Liewehr
2. Priester	Franz Höbling
Königin der Nacht	Wilma Lipp
Pamina	Irmgard Seefried
1. Dame	Christl Goltz
2. Dame	Margherita Kenney
3. Dame	Sieglinde Wagner
Papageno	Erich Kunz
Papagena	Edith Oravez
Monostatos	Peter Klein
1. Knabe	Hannelore Steffek
2. Knabe	Luise Leitner
3. Knabe	Friedl Meusburger
1. Geharnischter	Hans Beirer
2. Geharnischter	Franz Bierbach

7., 11., 18., 21., 30. August
Festspielhaus

GIUSEPPE VERDI

Othello

(in italienischer Sprache)

Dirigent:	Wilhelm Furtwängler
Inszenierung:	Herbert Graf
Bühnenbild:	Stefan Hlawa
Kostüme:	Eva Pohl

Die Wiener Philharmoniker
Chor der Wiener Staatsoper

Othello	Ramon Vinay
Jago	Paul Schöffler
Cassio	Anton Dermota
Rodrigo	August Jaresch
Lodovico	Josef Greindl
Montano	Georg Monthy
Herold	Franz Bierbach
Desdemona	Dragica Martinis
Emilia	Sieglinde Wagner

16., 20., 24., 27. August Festspielhaus

ALBAN BERG

Wozzeck

Dirigent:	Karl Böhm
Inszenierung:	Oscar Fritz Schuh
Bühnenbild:	Caspar Neher
Kostüme:	Caspar Neher

Die Wiener Philharmoniker
Chor der Wiener Staatsoper

Wozzeck	Josef Herrmann
Tambourmajor	Hans Beirer
Andres	Heinrich Bensing
Hauptmann	Peter Klein
Doktor	Karl Dönch
1. Handwerksbursch	Marjan Rus
2. Handwerksbursch	Harald Pröglhöf
Der Narr	August Jaresch
Marie	Christl Goltz
Margret	Polly Batic

ORCHESTERKONZERTE

der Wiener Philharmoniker

30. Juli, 20 Uhr Mozarteum

Dirigent und Solist: Edwin Fischer

W. A. MOZART:	Konzert für Klavier und Orchester c-Moll, KV 491
J. HAYDN:	Symphonie Nr. 104, D-Dur „Salomon"
L. v. BEETHOVEN:	Konzert für Klavier und Orchester Nr. 1, C-Dur, op. 15

12. August, 19 Uhr Mozarteum[1]

Dirigent: Eugen Jochum

W. A. MOZART:	Symphonie B-Dur, KV 319
	Eine kleine Nachtmusik G-Dur, KV 525
	Symphonie C-Dur, KV 551 „Jupiter"

19. August, 11 Uhr Festspielhaus

Dirigent: Wilhelm Furtwängler
Solist: Dietrich Fischer-Dieskau, Bariton

F. MENDELSSOHN-BARTHOLDY:	Ouvertüre „Die Hebriden", op. 26

G. MAHLER: Lieder eines fahrenden Gesellen
A. BRUCKNER: Symphonie Nr. 5, B-Dur (Urfassung)

22. August, 20 Uhr Festspielhaus
Dirigent: Leopold Stokowski
D. SCHOSTAKOWITSCH /
L. STOKOWSKI: Präludium es-Moll
M. MUSSORGSKIJ /
L. STOKOWSKI: Bilder einer Ausstellung
F. PICHA: Stepančikovo (dramatische Ouvertüre), op. 20
P.I.TSCHAIKOWSKIJ:
Symphonie Nr. 5, e-Moll, op. 64

23. August, 20 Uhr Festspielhaus
Dirigent: Leopold Stokowski
D. SCHOSTAKOWITSCH /
L. STOKOWSKI: Präludium es-Moll
M. MUSSORGSKIJ /
L. STOKOWSKI: Bilder einer Ausstellung
I. STRAWINSKY: Pastorale
P.I.TSCHAIKOWSKIJ:
Symphonie Nr. 5, e-Moll, op. 64

26. August, 11 Uhr Festspielhaus
Dirigent: Rafael Kubelik
W. A. MOZART: Symphonie g-Moll, KV 183
A. HONEGGER: Symphonie Nr. 2, für Streicher und Trompete
L. JANÁČEK: Taras Bulba, Rhapsodie für Orchester
A. DVOŘÁK: Symphonie Nr. 9, e-Moll, op. 95 „Aus der Neuen Welt"

28. August, 20 Uhr Festspielhaus
Dirigent: Karl Böhm
Solistin: Christl Goltz, Sopran
R. STRAUSS: Don Juan, op. 20
Zwischenspiel aus „Intermezzo", op. 72
Vier letzte Lieder (1948)
Ein Heldenleben, op. 40

31. August, 20 Uhr Festspielhaus
Dirigent: Wilhelm Furtwängler
Soli: Irmgard Seefried, Sopran; Sieglinde Wagner, Alt; Anton Dermota, Tenor; Josef Greindl, Baß
Chor der Wiener Staatsoper — Mitglieder des Salzburger Domchores
L. v. BEETHOVEN: Symphonie Nr. 9, d-Moll, op. 125, mit Schlußchor über Schillers Ode „An die Freude"

SERENADEN

Werke von WOLFGANG AMADEUS MOZART
Dirigent: Bernhard Paumgartner
Das Mozarteum-Orchester

2. August, 21 Uhr Felsenreitschule
Marsch D-Dur, KV 189
Serenade D-Dur, KV 185
(Violinsolo: Joseph Schröcksnadel)
Sechs deutsche Tänze, KV 509

8. August, 21 Uhr Felsenreitschule
Symphonie C-Dur, KV 200
Sechs Menuette, KV 599
Kontretanz „Der Sieg vom Helden Coburg", KV 587
Eine kleine Nachtmusik G-Dur, KV 525

13. August, 21 Uhr Felsenreitschule
Marsch D-Dur, KV 237
Serenade D-Dur, KV 203
(Violinsolo: Joseph Schröcksnadel)
Sechs deutsche Tänze, KV 567

30. August, 20 Uhr Aula academica
Soli: Kurt Redel, Flöte; Artiss de Volt, Harfe
Serenade B-Dur, KV 361
Konzert für Flöte, Harfe und Orchester C-Dur, KV 299
Zwei Menuette mit eingefügten Kontretänzen, KV 463
Kontretanz C-Dur, KV 535 „La Bataille"

MATINEEN

Werke von WOLFGANG AMADEUS MOZART
Dirigent: Bernhard Paumgartner
Das Mozarteum-Orchester

5. August, 11 Uhr Mozarteum
Soli: Sebastian Huber, Horn; Friedrich Wührer, Klavier
Divertimento D-Dur, KV 136
Konzert für Horn und Orchester Es-Dur, KV 447
Konzert für Klavier und Orchester G-Dur, KV 453
Sechs deutsche Tänze, KV 600

12. August, 11 Uhr Mozarteum
Soli: Henry Magnée, Flöte; Heinz Scholz und Gilbert Schuchter, Klavier
Divertimento D-Dur, KV 251
Konzert für Flöte und Orchester G-Dur, KV 313
Konzert für zwei Klaviere und Orchester Es-Dur, KV 365

15. August, 11 Uhr Mozarteum
Soli: Ulysse Delécluse, Klarinette; Willi Boskovsky, Violine
Symphonie G-Dur, KV 129
Konzert für Klarinette und Orchester A-Dur, KV 622
Konzert für Violine und Orchester D-Dur, KV 218

KAMMERKONZERTE

2. August, 20 Uhr Mozarteum
Schneiderhan-Quartett
Mitwirkend: Irmgard Seefried, Sopran
J. HAYDN: Streichquartett op. 76, Nr. 1, G-Dur
O. RESPIGHI: „Il tramonto" Lyrisches Gedicht für Sopranstimme und Streichquartett
J. BRAHMS: Streichquartett c-Moll op. 51, Nr. 1

8. August, 20 Uhr Mozarteum

Quartetto Italiano

Mitwirkend: Anton von Bavier, Klarinette

L. BOCCHERINI:	Streichquartett D-Dur, op. 6, Nr. 1
R. SCHUMANN:	Streichquartett F-Dur, op. 41, Nr. 2
W. A. MOZART:	Klarinettenquintett A-Dur, KV 581 „Stadlerquintett"
CL. DEBUSSY:	Streichquartett g-Moll, op. 10

13. August, 20 Uhr Mozarteum[1]

Barylli-Quartett

Mitwirkend: Erich Weis, Bratsche; Paul Schilhawsky, Klavier

W. A. MOZART:	Streichquintett g-Moll, KV 516
F. SCHUBERT:	Klavierquintett A-Dur, op. 114 „Forellenquintett"

15. August, 20 Uhr Mozarteum

Bläservereinigung der Wiener Philharmoniker

K. PILSS:	Serenade G-Dur für Flöte, Oboe, Klarinette, Horn und Fagott
J. IBERT:	Trois pièces brèves für Flöte, Oboe, Klarinette, Horn und Fagott
P. HINDEMITH:	Kleine Kammermusik für fünf Bläser op. 24, Nr. 2
W. A. MOZART:	Serenade B-Dur, KV 361

21. August, 20 Uhr Mozarteum

Végh-Quartett

L. v. BEETHOVEN:	Streichquartett Es-Dur, op. 127
B. BARTÓK:	Streichquartett Nr. 6 (1939)
W. A. MOZART:	Streichquartett D-Dur, KV 575

SOLISTENKONZERTE

31. Juli, 20 Uhr Mozarteum

Monique Haas, Klavier

J PH. RAMEAU:	Gavotte variée Le rappel des oiseaux Les Cyclopes
FR. COUPERIN:	Les barricades mystérieuses Tic-Toc-Choc
CL. DEBUSSY:	Reflets dans l'eau Pour le piano (Prélude, Sarabande, Toccata)
F. MENDELSSOHN-BARTHOLDY:	Variations sérieuses
B. BARTÓK:	Sonatine I, II, III
M. RAVEL:	Gaspard de la nuit (Ondine, Le Gibet, Scarbo)

3. August, 20 Uhr Festspielhaus

Friedrich Gulda, Klavier

J. S. BACH:	Toccata c-Moll
L. v. BEETHOVEN:	Sonate c-Moll, op. 111
S. PROKOFIEFF:	Sonate Nr. 7, op. 83
CL. DEBUSSY:	Reflets dans l'eau Feux d'artifice

25. August, 20 Uhr Mozarteum

Clara Haskil, Klavier

Dirigent: Bernhard Paumgartner
Das Mozarteum-Orchester

W. A. MOZART:	Symphonie (Ouvertüre) G-Dur, KV 318 Konzert für Klavier und Orchester F-Dur, KV 459 „Krönungskonzert" Symphonie A-Dur, KV 201 Konzert für Klavier und Orchester d-Moll, KV 466

CHORKONZERTE

24. August, 20 Uhr Mozarteum

Norwegischer Kirchenknabenchor „Olavsguttene"

Musikalische Leitung: Ragnvald Bjarne
Soli: Ragnar Ulfung, Tenor; Arvid Aasen, Bariton; Eivind Bull-Hansen, Violine; Kaare Pedersen, Klavier; Melvin Simonsen, Orgel
Werke von W. A. Mozart (aus KV 626 und Ave verum corpus, KV 618), A. Becker, G. Palestrina, J. S. Bach, E. Grieg, L. M. Lindeman, F. Mendelssohn-Bartholdy, B. Flies, O. de Lassus, T. L. de Victoria und G. Gabrieli

27. August, 20 Uhr Mozarteum

Straßburger Domchor

Musikalische Leitung: Abbé Alphonse Hoch
Soli: Erika Rokyta, Sopran; Eric Marion, Tenor;
Jeanne Demessieux, Orgel
Das Mozarteum-Orchester
Werke von Fr. Couperin, P. de la Rue, J. Desprez, J. Mouton, L. N. Clérambault, Fr. Cosset, E. du Caurroy, A. Raison, M. R. Delalande, C. Franck, O. Messiaen, G. Fauré und J. Demessieux

KIRCHENKONZERT

11. August, 11 Uhr Stiftskirche St. Peter[1]

Dirigent: Bernhard Paumgartner
Orgel: Franz Sauer
Soli: Irmgard Seefried, Leona Vanni; Leo Cordes-Dermota, Josef Greindl
Das Mozarteum-Orchester — Mozarteumschor
Mitglieder der Salzburger Liedertafel

W. A. MOZART:	c-Moll-Messe, KV 427 Laudate Dominum aus KV 339 Ave verum, KV 618, Tantum ergo, KV 197

KONZERTE GEISTLICHER MUSIK

Dirigent: Joseph Messner
Der Salzburger Domchor — Das Mozarteum-Orchester

29. Juli, 20.30 Uhr Aula academica

Soli: Hilde Güden, Sopran; Lorenz Fehenberger, Tenor; Karl Wolfram, Baß

J. HAYDN:	„Die Schöpfung", Oratorium

5. August, 20.30 Uhr Aula academica

Soli: Wilma Lipp, Sopran; Lorenz Fehenberger, Tenor; Willi Leitner, Baß

L. v. BEETHOVEN:	Oratorium „Christus am Ölberg", op. 85
A. BRUCKNER:	„150. Psalm"

12. August, 21 Uhr Aula academica

Soli: Hanni Mack, Sopran; Trude Sannwald, Alt, Anton Dermota, Hubert F. Grabner, Tenor; Rudolf Watzke, Baß

F. SCHUBERT:	Messe Nr. 6, Es-Dur
A. BRUCKNER:	Te Deum

19. August, 20.30 Uhr Aula academica

Soli: Hilde Güden, Sopran; Gertrude Pitzinger, Alt; Richard Brünner, Tenor; Rudolf Watzke, Baß

F. MENDELSSOHN-BARTHOLDY: Oratorium „Paulus", op. 36

26. August, 20.30 Uhr Aula academica

Soli: Hilde Güden, Sopran; Gertrude Pitzinger, Alt; Anton Dermota, Tenor; Paul Schöffler, Baß

W. A. MOZART: Requiem, KV 626

1952
26. Juli—31. August

SCHAUSPIEL

27. Juli, 3., 10., 15., 17., 24., 31. August
Domplatz / Festspielhaus

HUGO VON HOFMANNSTHAL
Jedermann

Regie:	Ernst Lothar
Kostüme:	Caspar Neher
Musik:	Einar Nilson / Joseph Messner
Rhythmische Gestaltung:	Grete Wiesenthal
Dirigent:	Karl Hudez
Orgel:	Franz Sauer
Stimme des Herrn	Karl Blühm
Tod	Franz Schafheitlin
Jedermann	Will Quadflieg
Jedermanns Mutter	Lotte Medelsky
Guter Gesell	Erich Auer
Hausvogt	Karl Navratil
Koch	Mario Haindorff
Armer Nachbar	Theodor Grieg
Schuldknecht	Wolfgang Hebenstreith
Schuldknechts Weib	Roswitha Posselt
Buhlschaft	Lola Müthel
Dicker Vetter	Hugo Lindinger 27.7. Fritz Imhoff 3.—31.8.
Dünner Vetter	Heinz Conrads
Mammon	Willy Rösner
Gute Werke	Alma Seidler
Glaube	Antje Weisgerber
Teufel	Peer Schmidt
Spielansager	Helmut Janatsch

28., 30. Juli, 9., 16., 21., 27. August
Landestheater

JOHANN NESTROY
Die Träume von Schale und Kern
(Müller, Kohlenbrenner und Sesseltrager)

Bearbeitung für die Salzburger Festspiele von Hans Weigel

Regie:	Axel von Ambesser
Bühnenbild:	Wolfgang Znamenacek
Kostüme:	Erni Kniepert
Musik:	Karl von Feilitzsch
Dirigent:	Karl von Feilitzsch 28., 30. 7. Karl Hudez 9.—27.8.

Das Mozarteum-Orchester

Rübezahl, Arzt, Musikus, Gärtner, Notarius, Kipfelkoch	
François, Tod	Erik Frey
Weiß, Max, Schwan	Hermann Thimig
Schwarz, Eduard, Rabe	Bruno Hübner
Rot, Hermann, Fuchs	Hans Putz
Gertrud, Thekla	Gusti Wolf
Margaret, Kunigunde	Susi Nicoletti
Sandl, Dorothea	Jane Tilden
Martin, Falk	Otto Schenk
Vanili	Hanns Obonya
Becher	Franz Waldeck
Nanette	Inge Konradi
Stephan	Curt von Lessen
Prompt	Franz Pfaudler
Sandbank	Rudolf Rhomberg 28. 7.—16. 8. Franz Böheim 21., 27. 8.
Neger	Wolfgang Glück
Feldstein	Alfred Neugebauer
Waldbaum	Viktor Braun
Baculus	Philipp Zeska
Marthe	Vera Comployer
Pomade	Richard Tomaselli
Odeur	Erland Erlandsen
Toilette	Richard Kley
Maus	Heribert Aichinger
Mäcen	Gustav Waldau
Pracht	Loek Huismann
Proczpak	Franz Böheim
Sepherl	Gisa Wurm
Cajetan	Rudolf Rhomberg 28. 7.—16. 8. Viktor Braun 21., 27. 8.
Lerche	Franz Wettig

6., 12., 15., 17., 24. August
Felsenreitschule

CARLO GOLDONI
Der Lügner

Übersetzung, szenische und musikalische Einrichtung von Bernhard Paumgartner

Regie:	Oskar Wälterlin
Bühnenbild:	Caspar Neher
Kostüme:	Caspar Neher
Choreographie:	Grete Wiesenthal
Dirigent:	Vittorio Negri-Bryks

Camerata Academica des Mozarteums

Doktor Balanzoni	Rudolf Therkatz
Beatrice	Annemarie Düringer
Rosaura	Hilde Mikulicz
Columbine	Susi Nicoletti
Ottavio	Werner Hinz
Florindo	Heinrich Schweiger
Brighella	Hugo Lindinger
Pantalone	Paul Bildt
Lelio	Albin Skoda
Arlecchino	Peer Schmidt
Kutscher	Franz Böheim
Geschäftsangestellter	Friedemann Held

OPER

26. Juli, 2., 8., 23., 29. August
Festspielhaus

WOLFGANG AMADEUS MOZART
Le Nozze di Figaro
(in italienischer Sprache)

Dirigent:	Rudolf Moralt
Inszenierung:	Herbert Graf
Bühnenbild:	Stefan Hlawa
Kostüme:	Stefan Hlawa
Tanz (3. Akt):	Grete Wiesenthal

Die Wiener Philharmoniker
Chor der Wiener Staatsoper

Graf Almaviva	George London 26. 7.—8. 8., 29. 8. Alfred Poell 23. 8.
Gräfin	Elisabeth Schwarzkopf
Susanna	Irmgard Seefried
Figaro	Erich Kunz
Basilio	Peter Klein
Bartolo	Endré Koréh
Marcellina	Georgine von Milinkovic
Cherubino	Hilde Güden
Antonio	Karl Dönch
Barbarina	Anny Felbermayer
Curzio	Erich Majkut

29. Juli, 4., 16., 22., 28. August
Festspielhaus

GIUSEPPE VERDI
Othello

Dirigent:	Mario Rossi
Inszenierung:	Herbert Graf
Bühnenbild:	Stefan Hlawa
Kostüme:	Eva Pohl

Die Wiener Philharmoniker
Chor der Wiener Staatsoper

Othello	Ramon Vinay
Jago	Paul Schöffler
Cassio	Anton Dermota
Rodrigo	August Jaresch
Lodovico	Endré Koréh
Montano	Georg Monthy
Herold	Franz Bierbach
Desdemona	Rosanna Carteri
Emilia	Sieglinde Wagner

31. Juli, 7., 18., 26. August
Felsenreitschule

WOLFGANG AMADEUS MOZART

Die Zauberflöte

Dirigent:	Rudolf Moralt
Inszenierung:	Oscar Fritz Schuh
Bühnenbild:	Caspar Neher
Kostüme:	Caspar Neher

Die Wiener Philharmoniker
Chor der Wiener Staatsoper

Sarastro	Josef Greindl
Tamino	Anton Dermota 31. 7., 26. 8. Richard Holm 7., 18. 8.
Sprecher	Paul Schöffler
1. Priester	Josef Witt
2. Priester	Franz Höbling
Königin der Nacht	Wilma Lipp
Pamina	Irmgard Seefried
1. Dame	Annelies Kupper
2. Dame	Margherita Kenney
3. Dame	Sieglinde Wagner
Papageno	Erich Kunz
Papagena	Edith Oravez
Monostatos	Peter Klein
1. Knabe	Anny Felbermayer
2. Knabe	Luise Leitner
3. Knabe	Friedl Meusburger
1. Geharnischter	Josef Gostic
2. Geharnischter	Franz Bierbach

3., 6., 12., 15., 24. August Landestheater

GAETANO DONIZETTI

Don Pasquale

(in italienischer Sprache)

Dirigent:	Mario Rossi
Inszenierung:	Oscar Fritz Schuh
Bühnenbild:	Caspar Neher
Kostüme:	Caspar Neher

Die Wiener Philharmoniker
Chor der Wiener Staatsoper

Don Pasquale	Sesto Bruscantini
Doktor Malatesta	Karl Dönch
Ernesto	Helmut Krebs
Norina	Hilde Güden
Carlotto	Alfredo Nobile

14., 19., 25., 30. August Festspielhaus

RICHARD STRAUSS

Die Liebe der Danae

(Uraufführung)

Dirigent:	Clemens Krauss
Inszenierung:	Rudolf Hartmann
Bühnenbild:	Emil Preetorius
Kostüme:	Emil Preetorius

Die Wiener Philharmoniker
Chor der Wiener Staatsoper

Jupiter	Paul Schöffler 14., 25., 30. Alfred Poell 19.
Merkur	Josef Traxel
Pollux	László Szemere
Danae	Annelies Kupper
Xanthe	Anny Felbermayer
Midas	Josef Gostic
Vier Könige	August Jaresch Erich Majkut Harald Pröglhöf Franz Bierbach
Semele	Dorothea Siebert
Europa	Esther Réthy
Alkmene	Georgine von Milinkovic
Leda	Sieglinde Wagner

ORCHESTERKONZERTE

der Wiener Philharmoniker

28. Juli, 20 Uhr Mozarteum

Dirigent: Ferenc Fricsay

G. v. EINEM:	Capriccio, op. 2
B. BARTÓK:	Divertimento für Streichorchester
P.I.TSCHAIKOWSKIJ:	Symphonie Nr. 6, h-Moll, op. 74 „Pathétique"

3. August, 11 Uhr Festspielhaus

Dirigent: Clemens Krauss

J. HAYDN:	Symphonie Nr. 88, G-Dur
L. v. BEETHOVEN:	Symphonie Nr. 7, A-Dur, op. 92
M. RAVEL:	Rhapsodie espagnole
R. STRAUSS:	Till Eulenspiegels lustige Streiche, op. 28

13. August, 20 Uhr Mozarteum[1]

Dirigent: Clemens Krauss
Solistin: Viorica Ursuleac, Sopran

W. A. MOZART:	Symphonie D-Dur, KV 202 Symphonie C-Dur, KV 551 „Jupiter"
R. STRAUSS:	Hymne an die Liebe, op. 71/1 Drei letzte Lieder (1948), Nr. 2, 3, 4 Don Juan, op. 20

17. August, 11 Uhr Festspielhaus

Dirigent: Rafael Kubelik

G. MAHLER:	Symphonie Nr. 5, cis-Moll
F. SMETANA:	„Vyšehrad" und „Die Moldau" aus „Mein Vaterland"

20., 21. August, 20 Uhr Festspielhaus

Dirigent: Victor de Sabata
Soli: Elisabeth Schwarzkopf, Sopran; Fedora Barbieri, Alt; Anton Dermota, Tenor; Josef Greindl, Baß
Chor der Wiener Staatsoper — Mitglieder des Salzburger Domchores

G. VERDI:	Requiem

24. August, 11 Uhr Festspielhaus

Dirigent: Paul Hindemith
Solist: Helmut Wobisch, Trompete

G. F. HÄNDEL:	Concerto grosso e-Moll, op. 6, Nr. 3
J. HAYDN:	Konzert für Trompete und Orchester
P. HINDEMITH:	Symphonia Serena (1946)

27. August, 20 Uhr Festspielhaus

Dirigent: Igor Markevitch
Solist: Claudio Arrau, Klavier

F. SCHUBERT:	Symphonie Nr. 3, D-Dur
L. v. BEETHOVEN:	Konzert für Klavier und Orchester Nr. 4, G-Dur, op. 58
I. STRAWINSKY:	„Le Sacre du Printemps"

31. August, 20.30 Uhr Festspielhaus

Dirigent: George Szell

L. v. BEETHOVEN:	Symphonie Nr. 6, F-Dur, op. 68 „Pastorale"
J. BRAHMS:	Symphonie Nr. 1, c-Moll, op. 68

SERENADEN

Werke von WOLFGANG AMADEUS MOZART
Dirigent: Bernhard Paumgartner
Das Mozarteum-Orchester

9. August, 21 Uhr Felsenreitschule

Soli: Joseph Schröcksnadel, Violine; Michael Mann, Viola
Marsch C-Dur, KV 408/1
Divertimento D-Dur, KV 136
Konzertante Symphonie für Violine, Viola und Orchester Es-Dur, KV 364
Sechs deutsche Tänze, KV 571

13. August, 21 Uhr Felsenreitschule

Ouvertüre zu „La Clemenza di Tito", KV 621
Eine kleine Nachtmusik G-Dur, KV 525
Symphonie B-Dur, KV 319

22. August, 21 Uhr Aula academica

Solist: Gastone Tassinari, Flöte
Marsch D-Dur, KV 249
Divertimento D-Dur, KV 131
Konzert für Flöte und Orchester G-Dur, KV 313
Zwei Kontretänze: „Der Sieg vom Helden Coburg", KV 587
„La Bataille" C-Dur, KV 535

MATINEEN

Werke von WOLFGANG AMADEUS MOZART
Dirigent: Bernhard Paumgartner
Das Mozarteum-Orchester

27. Juli, 11 Uhr Mozarteum

Soli: Willi Boskovsky, Violine; Franz Sauer, Orgel
Drei Kirchensonaten für Orgel und Orchester: D-Dur, KV 245, F-Dur, KV 244, C-Dur, KV 336
Konzert für Violine und Orchester A-Dur, KV 219
Symphonie C-Dur, KV 200

10. August, 11 Uhr Mozarteum

Soli: Teresa Stich-Randall, Sopran; Hubert Boese, Kurt Neumüller, Heinz Scholz, Klavier
Konzert für drei Klaviere und Orchester F-Dur, KV 242 „Lodron-Konzert"
Szene und Rondo „Mia speranza adorata", KV 416
Arie „Vorrei spiegarvi, oh Dio", KV 418
Symphonie D-Dur, KV 504 „Prager"

15. August, 11 Uhr Mozarteum

Soli: Géza Anda, Klavier; Arthur Jensen, Oboe; Alois Heine, Klarinette; Sebastian Huber, Horn; Alois Huttya, Fagott
Sinfonia concertante Es-Dur für Oboe, Klarinette, Horn, Fagott und Orchester, KV 297 b
Konzert für Klavier und Orchester Es-Dur, KV 482
Symphonie D-Dur, KV 297

31. August, 11 Uhr Mozarteum

Soli: Clara Haskil, Klavier; Kurt Redel, Flöte
Ouvertüre zu „Der Schauspieldirektor", KV 486
Konzert für Flöte und Orchester D-Dur, KV 314
Konzert für Klavier und Orchester A-Dur, KV 488
Symphonie G-Dur, KV 199

KAMMERKONZERTE

1. August, 20 Uhr Mozarteum

Koeckert-Quartett

F. SCHUBERT: Streichquartett Es-Dur, op. 125, Nr. 1
K. A. HARTMANN: Erstes Streichquartett „Carillon"
L. v. BEETHOVEN: Streichquartett a-Moll, op. 132

5. August, 20 Uhr Mozarteum[1]

Barylli-Quartett

Mitwirkend: Paul Schilhawsky, Klavier
W. A. MOZART: Streichquartett B-Dur, KV 458 „Jagdquartett"
Klavierquartett g-Moll, KV 478
Streichquartett Es-Dur, KV 428

9. August, 20 Uhr Mozarteum

Trio Edwin Fischer, Wolfgang Schneiderhan, Enrico Mainardi

W. A. MOZART: Klaviertrio C-Dur, KV 548
L. v. BEETHOVEN: Klaviertrio B-Dur, op. 97
J. BRAHMS: Klaviertrio C-Dur, op. 87

18. August, 20 Uhr Mozarteum

Peter Pears, Tenor

Am Flügel: Benjamin Britten
Lieder von J. Dowland, H. Purcell, F. Schubert, B. Britten, Arie von G. F. Händel
Volkslieder (bearbeitet von B. Britten)

23. August, 20 Uhr Mozarteum

Stuttgarter Kammerorchester

Dirigent: Karl Münchinger
L. v. BEETHOVEN: Große Fuge B-Dur, op. 133
A. HONEGGER: Symphonie Nr. 2 für Streicher und Trompete (1941)
G. B. PERGOLESI: Concertino f-Moll
O. RESPIGHI: Antiche arie e danze. Dritte Suite

26. August, 20 Uhr Mozarteum

Camerata Academica des Mozarteums

Dirigent: Bernhard Paumgartner
A. VIVALDI: Concerto Nr. II „La Notte" für Flöte, Streichorchester und Continuo op. 10 Nr. 2 (Solo: Gastone Tassinari)
O. VECCHI: „Selva di varia ricreatione"
Soli: Leona Vanni, Liselotte Fölser, Sopran
Nathalie Narichkine, Alt;
Erich Joseph Lassner, Bariton
L. de CAIX d'HERVELOIS: Suite D-Dur für Viola da gamba, Streichorchester und Continuo (Solo: Karl Maria Schwamberger)

A. SCARLATTI:	Cantata a voce sola con violini e tromba (Bearbeitet von B. Paumgartner) Soli: Teresa Stich-Randall, Sopran; Helmut Wobisch, Trompete
J. S. BACH:	Konzert Nr. 1 c-Moll für zwei Cembali und Streichorchester Soli: Ernst Reichert, Hans Schurich
W. A. MOZART:	Divertimento F-Dur, KV 247

SOLISTENKONZERT

11. August, 20 Uhr Mozarteum

Géza Anda, Klavier

J. HAYDN:	Sonate F-Dur
R. SCHUMANN:	Symphonische Etüden, op. 13
R. LIEBERMANN:	Sonate für Klavier (1951)
J. BRAHMS:	Variationen über ein Thema von Paganini, op. 35

CHORKONZERT

25. August, 20 Uhr Mozarteum

Straßburger Domchor

Musikalische Leitung: Abbé Alphonse Hoch
Soli: Maria Stader, Sopran; Lucie Rauh, Alt; Anton Dermota, Tenor; Josef Greindl, Baß; Marie-Louise Girod, Orgel
Das Mozarteum-Orchester
G. ROSSINI: Stabat mater
Alte geistliche Musik aus Frankreich (Werke von J. B. Lully, Fr. Couperin, L. Couperin, N. Bernier, J. F. Dandrieu, M. R. Delalande, W. A. Mozart: Laudate Dominum aus KV 339)

KIRCHENKONZERT

16. August, 11 Uhr Erzabteikirche St. Peter[1]

Dirigent: Bernhard Paumgartner
Orgel: Franz Sauer
Soli: Maria Stader, Teresa Stich-Randall; Helmut Krebs, Oskar Czerwenka
Das Mozarteum-Orchester — Mozarteumschor
Mitglieder der Salzburger Liedertafel

W. A. MOZART:	c-Moll-Messe, KV 427 Laudate Dominum aus KV 339 Ave verum, KV 618

KONZERTE GEISTLICHER MUSIK

Dirigent: Joseph Messner

27. Juli, 20.30 Uhr Aula academica

Soli: Mary Jacob-Gimmi, Sopran; Rosette Anday, Alt; Julius Patzak, Tenor; Karl Wolfram, Baß
Der Salzburger Domchor — Das Mozarteum-Orchester
G. F. HÄNDEL: „Der Messias", Oratorium in der Bearbeitung von W. A. Mozart, KV 572

3. August, 20.30 Uhr Aula academica

Soli: Ilona Steingruber, Sopran; Rosette Anday, Alt; Lorenz Fehenberger, Tenor; Rudolf Watzke, Baß
Der Salzburger Domchor — Das Mozarteum-Orchester

J. HAYDN:	Große Messe B-Dur „Harmonie-Messe"
F. SCHUBERT:	„Salve Regina" Solokantate für Sopran „Totus in corde" Solokantate für Tenor

10. August, 20.30 Uhr Aula academica

Orgel: Franz Sauer
Soli: Maria Stader, Sopran; Luise Haager-Gruber, Alt; Richard Brünner, Tenor; Rudolf Watzke, Baß
Der Salzburger Domchor — Das Mozarteum-Orchester

G. B. PERGOLESI:	Stabat mater
W. A. MOZART:	Missa solemnis C-Dur, KV 337

17. August, 20.30 Uhr Aula academica

Solo: George Maran, Tenor
Der Salzburger Domchor — Bläser des Mozarteum-Orchesters

A. BRUCKNER:	Messe in e-Moll Motetten: „Tota pulchra", „Ave Maria"

24. August, 20.30 Uhr Aula academica

Soli: Maria Stader, Sopran; Gertrude Pitzinger, Alt; Anton Dermota, Tenor; Otto Wiener, Baß
Der Salzburger Domchor — Das Mozarteum-Orchester

W. A. MOZART:	Passionskantate, KV 42
L. v. BEETHOVEN:	Messe C-Dur, op. 86

30. August, 20.30 Uhr Aula academica

Soli: Hilde Güden, Sopran; Gertrude Pitzinger, Alt; Anton Dermota, Tenor; Otto Wiener, Baß
Der Salzburger Domchor — Das Mozarteum-Orchester

W. A. MOZART:	Requiem, KV 626

1953

26. Juli—31. August

SCHAUSPIEL

26. Juli, 2., 9., 15., 16., 23., 30. August

Domplatz / Festspielhaus
HUGO VON HOFMANNSTHAL

Jedermann

Regie:	Ernst Lothar
Kostüme:	Caspar Neher
Musik:	Einar Nilson / Joseph Messner
Dirigent:	Karl Hudez
Orgel:	Franz Sauer
Stimme des Herrn	Karl Blühm
Tod	Claus Clausen 26. 7.—23. 8. Stefan Skodler 30. 8.
Jedermann	Will Quadflieg
Jedermanns Mutter	Adrienne Gessner
Guter Gesell	Erich Auer
Hausvogt	Karl Navratil
Koch	Mario Haindorff
Armer Nachbar	Theodor Grieg
Schuldknecht	Wolfgang Hebenstreith
Schuldknechts Weib	Roswitha Posselt
Buhlschaft	Heidemarie Hatheyer
Dicker Vetter	Fritz Imhoff
Dünner Vetter	Bruno Hübner
Mammon	Friedrich Domin
Gute Werke	Alma Seidler
Glaube	Antje Weisgerber
Teufel	Erik Frey
Spielansager	Helmut Janatsch

12., 15., 16., 23. August Felsenreitschule

WILLIAM SHAKESPEARE

Julius Cäsar

Regie: Josef Gielen
Bühnenbild: Caspar Neher
Kostüme: Caspar Neher
Musik: Hans Totzauer
Dirigent: Karl Hudez

Julius Cäsar Werner Krauß
Octavius Cäsar Fred Liewehr
Marcus Antonius Ernst Deutsch
M. Aemilius Lepidus Franz Ringler
Verschworene:
Marcus Brutus Ewald Balser
Cassius Werner Hinz
Casca Kurt Meisel
Trebonius Stefan Skodler
Ligarius Karl Blühm
Decius Brutus Norbert Ecker
Metellus Cimber Michael Janisch
Cinna Hannes Schiel
Calpurnia Liselotte Schreiner
Portia Antje Weisgerber
Popilius Lena Karl Eidlitz
Tribunen:
Flavius Otto Schmöle
Marullus Herbert Herbe
Artemidorus Helmut Janatsch
Ein Wahrsager Helmut Krauß
Der junge Cato Erland Erlandsen
Diener des Brutus:
Lucius Heinrich Schweiger
Varro Richard Tomaselli
Claudius Hannes Schiel
Strato Karl Friedl
Pindarus, Diener des Cassius Eduard Volters

OPER

27. Juli, 3., 8., 18., 28. August
Felsenreitschule

WOLFGANG AMADEUS MOZART

Don Giovanni
(in italienischer Sprache)

Dirigent: Wilhelm Furtwängler
Inszenierung: Herbert Graf
Bühnenbild: Clemens Holzmeister
Tänze: Grete Wiesenthal
Die Wiener Philharmoniker
Chor der Wiener Staatsoper

Don Giovanni Cesare Siepi
Donna Elvira Elisabeth Schwarzkopf
Il Commendatore Raffaele Arié
Donna Anna Elisabeth Grümmer
Don Ottavio Anton Dermota
Leporello Otto Edelmann
Zerline Erna Berger
Masetto Walter Berry

28. Juli, 6., 10., 13., 21., 25. August
Festspielhaus

RICHARD STRAUSS

Der Rosenkavalier

Dirigent: Clemens Krauss 28. 7., 6., 13.—25. 8
Karl Böhm 10. 8.
Inszenierung: Josef Gielen
Bühnenbild: Alfred Roller
Kostüme: Alfred Roller
Die Wiener Philharmoniker
Chor der Wiener Staatsoper

Marschallin Maria Reining
Baron Ochs Kurt Böhme
Octavian Lisa Della Casa
Faninal Alfred Poell
Sophie Hilde Güden
Leitmetzerin Judith Hellwig
Valzacchi László Szemere
Annina Sieglinde Wagner
Haushofmeister bei Marschallin Georges Müller
Haushofmeister bei Faninal August Jaresch
Polizeikommissär Franz Bierbach
Notar Oskar Czerwenka
Sänger Karl Terkal
Wirt August Jaresch

31. Juli, 4., 9., 15., 23. August Residenz

WOLFGANG AMADEUS MOZART

Così fan tutte
(in italienischer Sprache)

Dirigent: Karl Böhm
Inszenierung: Oscar Fritz Schuh
Bühnenbild: Caspar Neher
Kostüme: Caspar Neher
Choreographie: Grete Wiesenthal
Die Wiener Philharmoniker
Chor und Ballett der Wiener Staatsoper

Fiordiligi Irmgard Seefried
Dorabella Dagmar Hermann
Guglielmo Erich Kunz
Ferrando Anton Dermota
Despina Lisa Otto
Don Alfonso Paul Schöffler

7., 11., 14., 29. August Festspielhaus

WOLFGANG AMADEUS MOZART

Die Hochzeit des Figaro

Dirigent: Wilhelm Furtwängler
Inszenierung: Herbert Graf
Bühnenbild: Stefan Hlawa
Kostüme: Stefan Hlawa
Tanz (dritter Akt): Grete Wiesenthal
Die Wiener Philharmoniker
Chor und Ballett der Wiener Staatsoper

Graf Almaviva Paul Schöffler
Gräfin Elisabeth Schwarzkopf
Susanne Irmgard Seefried
Figaro Erich Kunz
Basilio Peter Klein
Bartolo Endré Koréh
Marcelline Sieglinde Wagner
Cherubin Hilde Güden
Antonio Alois Pernerstorfer
Barbarina Liselotte Maikl
Curzio Erich Majkut

17., 22., 24., 27. August Festspielhaus

GOTTFRIED VON EINEM

Der Prozeß
(Uraufführung)

Dirigent: Karl Böhm
Inszenierung: Oscar Fritz Schuh
Bühnenbild: Caspar Neher
Kostüme: Caspar Neher
Die Wiener Philharmoniker

Josef K. Max Lorenz
Direktorstellvertreter Peter Klein
Albert K. Endré Koréh
Ein Bursche Erich Majkut
Frau Grubach Polly Batic
Drei Herren { Fritz Mayer, Ludwig Fleck, Richard Bauer }
Der Advokat Alfred Poell
Der Student Peter Klein
Titorelli László Szemere
Der Aufseher, Ein Passant, Der Fabrikant, Der Geistliche } Ludwig Hofmann
Untersuchungsrichter, Der Prügler } Oskar Czerwenka
Franz, Kanzleidirektor } Walter Berry
Willem, Gerichtsdiener } Alois Pernerstorfer
Frl. Bürstner, Die Frau des Gerichtsdieners, Leni } Lisa Della Casa
Buckliges Mädchen Luise Leitner

BALLETT

Ballet du Théâtre National de l'Opéra de Paris

Maîtres de Ballet: M. M. Albert Aveline, Serge Lifar
Etoiles: Christiane Vaussard, Nina Vyroubova, Madeleine Lafon, Serge Lifar, Michel Renault, Alexandre Kalioujny, Max Bozzoni
Chef d'orchestre: M. Louis Fourestier
Das Mozarteum-Orchester

30. August Festspielhaus

FRÉDÉRIC CHOPIN

Suite de Danses

Mise en scène: Albert Aveline

CLAUDE DEBUSSY

Prélude à l'après-midi d'un faune

Chorégraphie: Serge Lifar

GEORGES AURIC
Phèdre
Chorégraphie: Serge Lifar
Rideau / Décors / Costumes: Jean Cocteau

GEORGES BIZET
Le Palais de Cristal
(Symphonie en ut)

Chorégraphie: George Balanchine
Décors / Costumes: Léonore Fini

31. August Festspielhaus
HENRI SAUGUET
Les Mirages
Chorégraphie: Serge Lifar
Décors / Costumes: A. M. Cassandre

LUDWIG VAN BEETHOVEN
Les Créatures de Prométhée
(Prologue)

Chorégraphie: Serge Lifar

JENS LOLLE
Les Caprices de Cupidon
Chorégraphie: d'après Vincenze Galéotti réglée par Harald Lander
Décors / Costumes: Chapelain-Midy

EDOUARD LALO
Suite en blanc
(Noir et blanc)

Chorégraphie: Serge Lifar

ORCHESTERKONZERTE
der Wiener Philharmoniker

1. August, 20 Uhr Festspielhaus

Dirigent: Victor de Sabata

H. BERLIOZ:	Le Carnaval Romain
R. STRAUSS:	Tod und Verklärung, op. 24
M. RAVEL:	La Valse
I. STRAWINSKY:	Le Chant du Rossignol
G. VERDI:	Ouvertüre zu „Die sizilianische Vesper"

9. August, 11 Uhr Festspielhaus

Dirigent: Guido Cantelli

G. FRESCOBALDI:	Quattro pezzi
R. SCHUMANN:	Symphonie Nr. 4, d-Moll, op. 120
CL. DEBUSSY:	La Mer

16. August, 20 Uhr Mozarteum[1]

Dirigent: Edwin Fischer
Soli: Edwin Fischer, Harry Datyner, Klavier

W. A. MOZART:	Konzert für Klavier und Orchester d-Moll, KV 466
	Symphonie g-Moll, KV 550
	Konzert für zwei Klaviere und Orchester Es-Dur, KV 365

19. August, 20 Uhr Festspielhaus

Dirigent: Bruno Walter

C. M. v. WEBER:	Ouvertüre zu „Euryanthe"
W. A. MOZART:	Symphonie D-Dur, KV 504 „Prager"
A. BRUCKNER:	Symphonie Nr. 9, d-Moll (Urfassung)

20. August, 20 Uhr Festspielhaus

Dirigent: Bruno Walter

L. v. BEETHOVEN:	Symphonie Nr. 2, D-Dur, op. 36
A. BRUCKNER:	Symphonie Nr. 9, d-Moll (Urfassung)

23. August, 11 Uhr Festspielhaus

Dirigent: Karl Böhm

F. SCHUBERT:	Symphonie Nr. 5, B-Dur
R. STRAUSS:	Till Eulenspiegels lustige Streiche, op. 28
J. BRAHMS:	Symphonie Nr. 2, D-Dur, op. 73

26. August, 20 Uhr Festspielhaus

Dirigent: Igor Markevitch

S. PROKOFIEFF:	Symphonie classique D-Dur, op. 25
P. DUKAS:	L'apprenti sorcier (Zauberlehrling)
B. BRITTEN:	Variationen und Fuge über ein Thema von Purcell, op. 34
P.I.TSCHAIKOWSKIJ:	Symphonie Nr. 4, f-Moll, op. 36

30. August, 20.30 Uhr Festspielhaus

Dirigent: Wilhelm Furtwängler

R. STRAUSS:	Don Juan, op. 20
P. HINDEMITH:	Symphonie „Die Harmonie der Welt"
F. SCHUBERT:	Symphonie Nr. 7, C-Dur

SERENADEN

30. Juli, 21 Uhr Felsenreitschule

Das Mozarteum-Orchester

Dirigent: Bernhard Paumgartner

W. A. MOZART:	Marsch D-Dur, KV 249
	Serenade D-Dur, KV 250 „Haffner-Serenade" (Violinsolo: Joseph Schröcksnadel)
	Sechs deutsche Tänze, KV 509

5. August, 21 Uhr Residenz

Bläservereinigung der Wiener Philharmoniker

J. HAYDN:	Oktett F-Dur
W. A. MOZART:	Serenade c-Moll, KV 388
L. v. BEETHOVEN:	Oktett Es-Dur, op. 103

11. August, 21 Uhr Residenz

Das Mozarteum-Orchester

Dirigent: Bernhard Paumgartner
Solistin: Germaine Thyssens-Valentin, Klavier

W. A. MOZART:	Marsch D-Dur, KV 237
	Serenade D-Dur, KV 203 (Violinsolo: Joseph Schröcksnadel)
	Konzert für Klavier und Orchester A-Dur, KV 488
	Zwei Menuette mit eingefügten Kontretänzen, KV 463

14. August, 21 Uhr Residenz

Wiener Oktett

M. HAYDN:	Divertimento G-Dur
W. A. MOZART:	Divertimento D-Dur, KV 334
F. SCHUBERT:	Oktett F-Dur, op. 166

20. August, 21 Uhr Residenz

Das Mozarteum-Orchester

Dirigent: Bernhard Paumgartner

W. A. MOZART:	Cassation B-Dur, KV 99
	Eine kleine Nachtmusik G-Dur, KV 525
	Symphonie C-Dur, KV 200
	Zwei Kontretänze: „Der Sieg vom Helden Coburg", KV 587, „La Bataille" C-Dur, KV 535

24. August, 21 Uhr Residenz

Camerata Academica des Mozarteums

Dirigent: Bernhard Paumgartner

W. A. MOZART:	Marsch D-Dur, KV 335 Serenade D-Dur, KV 185 (Violinsolo: Christa Richter-Steiner) Konzertante Symphonie Es-Dur, KV 364 Sechs deutsche Tänze, KV 571

MATINEEN

Dirigent: Bernhard Paumgartner

29. Juli, 11 Uhr Mozarteum

Soli: Géza Anda, Klavier; Sebastian Huber, Horn
Das Mozarteum-Orchester

W. A. MOZART:	Ouvertüre und Ballettmusik zu „Les petits Riens", KV 299 b Konzert für Horn und Orchester Es-Dur, KV 447 Konzert für Klavier und Orchester G-Dur, KV 453 Symphonie C-Dur, KV 338, mit Menuett C-Dur, KV 409

2. August, 11 Uhr Mozarteum

Soli: Teresa Stich-Randall, Sopran; Willi Boskovsky, Violine
Das Mozarteum-Orchester

W. A. MOZART:	Ouvertüre zu „Lucio Silla", KV 135 Konzert für Violine und Orchester G-Dur, KV 216 Szene und Arie „Misera, dove son!", KV 369 Rezitativ und Arie „Alcandro, lo confesso", KV 294 Symphonie D-Dur, KV 385 „Haffner"

15. August, 11 Uhr Mozarteum

Das Mozarteum-Orchester
Soli: Robert Soetens, Violine; Alois Heine, Klarinette

W. A. MOZART:	Ouvertüre zu „La Betulia liberata", KV 118 Konzert für Violine und Orchester D-Dur, KV 218 Konzert für Klarinette und Orchester A-Dur, KV 622 Symphonie g-Moll, KV 183

30. August, 11 Uhr Mozarteum

Soli: Clara Haskil, Klavier; Artur Jensen, Oboe
Camerata Academica des Mozarteums

W. A. MOZART:	Ouvertüre zu „La finta giardiniera", KV 196 Konzert für Oboe und Orchester C-Dur, KV 314 Konzert für Klavier und Orchester Es-Dur, KV 271, „Jeunehomme-Konzert" Divertimento D-Dur, KV 205

KAMMERKONZERTE

29. Juli, 20 Uhr Mozarteum[1]

Wiener Konzerthaus-Quartett

Mitwirkend: Josef Niedermayr, Flöte; Ferdinand Stangler, Bratsche

W. A. MOZART:	Streichquartett C-Dur, KV 465 „Dissonanzenquartett" Flötenquartett D-Dur, KV 285 Streichquintett C-Dur, KV 515

30. Juli, 20 Uhr Mozarteum

Orgelkonzert Alois Forer

Werke von P. Hofhaymer, W. A. Mozart (KV 594), A. Bruckner, J. Lechthaler und F. Schmidt

5. August, 20 Uhr Mozarteum

Wiener Konzerthaus-Quartett

J. HAYDN:	Streichquartett A-Dur, op. 3, Nr. 6
F. SCHUBERT:	Streichquartett d-Moll, op. posth. „Der Tod und das Mädchen"
A. DVOŘÁK:	Streichquartett F-Dur, op. 96

8. August, 20 Uhr Mozarteum

Trio Edwin Fischer, Wolfgang Schneiderhan, Enrico Mainardi

R. SCHUMANN:	Klaviertrio d-Moll, op. 63
L. v. BEETHOVEN:	Klaviertrio D-Dur, op. 70, Nr. 1 „Geistertrio"
J. BRAHMS:	Klaviertrio H-Dur, op. 8

12. August, 20 Uhr Mozarteum

Hugo-Wolf-Gedächtnisfeier

(anläßlich seines 50. Todesjahres)

Elisabeth Schwarzkopf, Sopran
Am Flügel: Wilhelm Furtwängler
Lieder von H. Wolf

22. August, 20 Uhr Mozarteum

Barylli-Quartett

W. A. MOZART:	Streichquartett d-Moll, KV 421
B. BARTÓK:	Streichquartett Nr. 3
H. WOLF:	Italienische Serenade G-Dur
F. SCHUBERT:	Streichquartett G-Dur, op. 161

SOLISTENKONZERTE

6. August, 20 Uhr Mozarteum

Wilhelm Backhaus, Klavier

L. v. BEETHOVEN:	Sonate Es-Dur, op. 27, Nr. 1 „quasi una fantasia" Sonate f-Moll, op. 57 „Appassionata" Sonate Es-Dur, op. 81 a Sonate c-Moll, op. 111

16. August, 11 Uhr Festspielhaus

Yehudi Menuhin, Violine

J. S. BACH:	Partita III, E-Dur
B. BARTÓK:	Sonata
J. S. BACH:	Partita II, d-Moll

KIRCHENKONZERT

8. August, 11 Uhr Erzabteikirche St. Peter[1]

Dirigent: Bernhard Paumgartner
Orgel: Franz Sauer

Soli: Maria Stader-Erismann, Leona Vanni, Sopran; Hubert F. Grabner, Tenor; Oskar Czerwenka, Baß
Das Mozarteum-Orchester — Mozarteumschor — Mitglieder des Wiener Staatsopernchores und Rundfunkchor Rot-Weiß-Rot
W. A. MOZART: c-Moll-Messe, KV 427
Laudate Dominum aus KV 339
Ave verum, KV 618

KONZERTE GEISTLICHER MUSIK

Dirigent: Joseph Messner
Der Salzburger Domchor — Das Mozarteum-Orchester

26. Juli, 20.30 Uhr Aula academica
Soli: Edith Oravez, Sopran; Lorenz Fehenberger, Tenor; Oskar Czerwenka, Baß
J. HAYDN: „Die Schöpfung", Oratorium

2. August, 20.30 Uhr Aula academica
Soli: Tilla Briem, Sopran; Hilde Rössel-Majdan, Alt; Anton Dermota, George Maran, Tenor; Otto Wiener, Baß
J. MESSNER: Stabat mater, op. 74, Kantate für Sopran und Orchester
F. SCHUBERT: Messe Nr. 6, Es-Dur

9. August, 20.30 Uhr Aula academica
Soli: Maria Stader, Sopran; Hilde Rössel-Majdan, Alt; George Maran, Tenor; Franz Bierbach, Baß
W. A. MOZART: Vesperae solennes de confessore, KV 339
Missa C-Dur, KV 317 „Krönungsmesse"

16. August, 20.30 Uhr Aula academica
Soli: Tilla Briem, Sopran; Gertrude Pitzinger, Alt; Lorenz Fehenberger, Tenor; Oskar Czerwenka, Baß
G. F. HÄNDEL: „Judas Maccabäus", Oratorium

23. August, 20.30 Uhr Aula academica
Soli: Käthe Nentwig, Sopran; Gertrude Pitzinger, Alt; Michael Senechal, Tenor; Otto Wiener, Baß
W. A. MOZART: Requiem, KV 626

29. August, 20.30 Uhr Aula academica
Soli: Edith Oravez, Sopran; Michael Senechal, Tenor; Franz Bierbach, Baß
L. v. BEETHOVEN: Oratorium „Christus am Ölberg", op. 85

4. August, 20 Uhr Mozarteum

Konzert der Wiener Hofmusikkapelle

Dirigent: Anton Lippe
Soli: Julius Patzak, Tenor; Walter Berry, Baß; und zwei Sängerknaben
Ausführende: Die Hofmusikkapelle, bestehend aus Mitgliedern des Staatsopernorchesters (Wiener Philharmoniker), des Staatsopernchores und den Wiener Sängerknaben (zwei Knabenchöre)
Motetten aus fünf Jahrhunderten
Werke von L. Senfl, J. Gallus, J. J. Fux, G. Croce, G. Palestrina, A. Scarlatti, A. Bruckner
L. v. BEETHOVEN: Messe C-Dur, op. 86

22. August, 11 Uhr Residenz

MAX-REINHARDT-GEDÄCHTNISFEIER

Anläßlich seines 10. Todestages
Unter Mitwirkung von Ewald Balser, Ernst Deutsch, Ernst Lothar, Irmgard Seefried, Bruno Walter

1954

25. Juli—30. August

SCHAUSPIEL

25. Juli, 1., 8., 15., 21., 22., 29. August
Domplatz / Festspielhaus
HUGO VON HOFMANNSTHAL

Jedermann

Regie: Ernst Lothar
Kostüme: Caspar Neher
Rhythmische Gestaltung: Grete Wiesenthal
Musik: Einar Nilson / Joseph Messner
Dirigent: Karl Hudez
Orgel: Franz Sauer

Stimme des Herrn Karl Blühm
Tod Claus Clausen
Jedermann Will Quadflieg
Jedermanns Mutter Adrienne Gessner
Guter Gesell Erich Auer
Hausvogt Karl Navratil
Koch Mario Haindorff
Armer Nachbar Theodor Grieg
Schuldknecht Wolfgang Hebenstreith
Schuldknechts Weib Roswitha Posselt
Buhlschaft Heidemarie Hatheyer
Dicker Vetter Fritz Imhoff
Dünner Vetter Bruno Hübner
Mammon Friedrich Domin
Gute Werke Alma Seidler
Glaube Antje Weisgerber
Teufel O. E. Hasse
Spielansager Helmut Janatsch

OPER

26., 30. Juli, 5., 16., 28. August
Festspielhaus
CARL MARIA VON WEBER

Der Freischütz

Dirigent: Wilhelm Furtwängler
Inszenierung: Günther Rennert
Bühnenbild: Teo Otto
Kostüme: Teo Otto
Die Wiener Philharmoniker
Chor der Wiener Staatsoper

Ottokar Alfred Poell
Kuno Oskar Czerwenka
Agathe Elisabeth Grümmer
Ännchen Rita Streich
Kaspar Kurt Böhme
Max Hans Hopf
Samiel Claus Clausen
Eremit Otto Edelmann
Kilian Karl Dönch

29. Juli, 2., 8., 15., 22. August Residenz
WOLFGANG AMADEUS MOZART

Così fan tutte

(in italienischer Sprache)

Dirigent: Karl Böhm
Inszenierung: Oscar Fritz Schuh
Bühnenbild: Caspar Neher
Kostüme: Caspar Neher
Die Wiener Philharmoniker
Chor der Wiener Staatsoper

Fiordiligi Irmgard Seefried
Dorabella Dagmar Hermann
Guglielmo Erich Kunz
Ferrando Anton Dermota
Despina Lisa Otto
Don Alfonso Paul Schöffler

3., 6., 10., 13., 18. August
Felsenreitschule

WOLFGANG AMADEUS MOZART

Don Giovanni
(in italienischer Sprache)

Dirigent: Wilhelm Furtwängler
Inszenierung: Herbert Graf
Bühnenbild: Clemens Holzmeister
Die Wiener Philharmoniker
Chor der Wiener Staatsoper

Don Giovanni Cesare Siepi
Donna Elvira Elisabeth Schwarzkopf
Il Commendatore Deszö Ernster
Donna Anna Elisabeth Grümmer
Don Ottavio Anton Dermota
Leporello Otto Edelmann
Zerline Erna Berger
Masetto Walter Berry

7., 11., 14., 19., 24. August Festspielhaus

RICHARD STRAUSS

Ariadne auf Naxos

Dirigent: Karl Böhm
Inszenierung: Josef Gielen
Bühnenbild: Stefan Hlawa
Kostüme: Stefan Hlawa
Die Wiener Philharmoniker

Haushofmeister Alfred Neugebauer
Musiklehrer Paul Schöffler
Komponist Irmgard Seefried
Tenor (Bacchus) Rudolf Schock
Offizier Georges Müller
Tanzmeister Peter Klein
Perückenmacher Walter Berry
Lakai Franz Bierbach
Zerbinetta Hilde Güden
Primadonna (Ariadne) Lisa Della Casa
Harlekin Alfred Poell
Scaramuccio August Jaresch
Truffaldin Oskar Czerwenka
Brighella Murray Dickie
7.—19. Wilfried Fränzl
24. (Vorspiel) Peter Klein
24. (Oper)
Najade Rita Streich
Dryade Hilde Rössel-Majdan
Echo Lisa Otto

17., 20., 23., 27. August Festspielhaus

ROLF LIEBERMANN

Penelope
(Uraufführung)

Dirigent: George Szell
Inszenierung: Oscar Fritz Schuh
Bühnenbild: Caspar Neher
Kostüme: Caspar Neher
Die Wiener Philharmoniker
Chor der Wiener Staatsoper

Penelope Christl Goltz
Telemachos Anneliese Rothenberger
Leiokritos Karl Dönch
Eurymachos Walter Berry
Demoptolemos Peter Klein
Ercole Rudolf Schock
Achille Theo Baylé
Der Podestà Max Lorenz
Odysseus Kurt Böhme
1. Bote Otto Vajda
2. Bote Kurt Equiluz

BALLETT

12., 15., 22., 29. August Felsenreitschule

Ballettabend

Künstlerische Leitung: Margarete Wallmann
Tanzsolisten: Sabine Leblanc, Victor Ferrari, Walter Scherer, Norman Thomson und Boris Trailine als Gäste Lucie Bräuer, Traude Brexner, Lisl Temple, Carl Raimund vom Wiener Staatsopernballett
Ballett der Wiener Staatsoper
Dirigent: Ernst Märzendorfer
Das Mozarteum-Orchester

WOLFGANG AMADEUS MOZART

Salzburger Divertimento
(Erstaufführung)

Eingerichtet und bearbeitet von Bernhard Paumgartner
Choreographie: Margarete Wallmann
Bühnenbild: Gustav Vargo
Kostüme: Stefan Hlawa

ARTHUR HONEGGER

La Danse des Morts
(Der Totentanz)
(Österreichische Erstaufführung)

In Szene gesetzt von Margarete Wallmann
Bühnenbild: Gustav Vargo
Kostüme: Stefan Hlawa / Nicola Benois
Der Sprecher: Karl Blühm
Soli: Lisa Della Casa, Sopran; Jean Madeira, Mezzosopran; Otto Wiener, Bariton
Chor der Wiener Staatsoper

ALFREDO CASELLA

La Giara
(Der große Krug)

Choreographie: Margarete Wallmann
Bühnenbild: Gustav Vargo
Kostüme: Mario Vellani Marschi
Sizilianisches Volkslied gesungen von Miro Brajnik

ORCHESTERKONZERTE
der Wiener Philharmoniker

25. Juli, 20.30 Uhr Festspielhaus

Dirigent: Hans Knappertsbusch
A. BRUCKNER: Symphonie Nr. 8, c-Moll

1. August, 11 Uhr Mozarteum[1]

Dirigent und Solist: Edwin Fischer
W. A. MOZART: Konzert für Klavier und Orchester c-Moll, KV 491
Symphonie D-Dur, KV 385 „Haffner"
Konzert für Klavier und Orchester Es-Dur, KV 482

8. August, 11 Uhr Festspielhaus

Dirigent: Guido Cantelli
G. ROSSINI: Ouvertüre zu „Die diebische Elster"
F. MENDELSSOHN-BARTHOLDY: Symphonie Nr. 4, A-Dur, op. 90 „Italienische"
CL. DEBUSSY: Prélude à l'après midi d'un faune
M. RAVEL: „Daphnis und Chloë", Suite Nr. 2

17. August, 11 Uhr Mozarteum

Dirigent: Karl Böhm
W. A. MOZART: Symphonie C-Dur, KV 338, mit Menuett C-Dur, KV 409
L. v. BEETHOVEN: Symphonie Nr. 4, B-Dur, op. 60
M. REGER: Variationen und Fuge über ein Thema von Mozart, op. 132

21. August, 20 Uhr Festspielhaus

Dirigent: Dimitri Mitropoulos
F. COUPERIN / D. MILHAUD: Introduktion und Allegro
R. SCHUMANN: Symphonie Nr. 2, C-Dur, op. 61
S. PROKOFIEFF: Symphonie Nr. 5, op. 100

22. August, 11 Uhr Festspielhaus

Dirigent: Dimitri Mitropoulos
F. COUPERIN / D. MILHAUD: Introduktion und Allegro
E. KŘENEK: Symphonische Elegie (für Streicher)

G. v. EINEM: Orchestermusik op. 9
S. PROKOFIEFF: Symphonie Nr. 5, op. 100

25. August, 20 Uhr Festspielhaus

Dirigent: George Szell
J. HAYDN: Symphonie Nr. 93, D-Dur
B. BLACHER: Orchestervariationen über ein Thema von N. Paganini, op. 26
J. BRAHMS: Symphonie Nr. 4, e-Moll, op. 98

30. August, 20 Uhr Festspielhaus

Dirigent: Wilhelm Furtwängler
L. v. BEETHOVEN: Symphonie Nr. 8, F-Dur, op. 93
Große Fuge B-Dur, op. 133
Symphonie Nr. 7, A-Dur, op. 92

SERENADEN

31. Juli, 21 Uhr Residenz

Das Mozarteum-Orchester

Dirigent: Bernhard Paumgartner
W. A. MOZART: Marsch D-Dur, KV 408/2
Notturno D-Dur, KV 286
Serenade D-Dur, KV 239 „Serenata notturna"
Drei Kontretänze: „Les filles malicieuses", KV 610, „Der Sieg vom Helden Coburg", KV 587, „La Bataille" C-Dur, KV 535

9. August, 21 Uhr Residenz

Bläservereinigung der Wiener Philharmoniker

W. A. MOZART: Serenade Es-Dur, KV 375
Serenade B-Dur, KV 361

14. August, 21 Uhr Residenz

Wiener Oktett

Mitwirkend: Josef Lackner, Horn; Hans Scholz, Violoncello
W. A. MOZART: Divertimento B-Dur, KV 287
L. v. BEETHOVEN: Septett Es-Dur, op. 20

16. August, 21 Uhr Residenz

Das Mozarteum-Orchester

Dirigent: Bernhard Paumgartner
W. A. MOZART: Serenade D-Dur, KV 250 „Haffner-Serenade"
(Violinsolo: Joseph Schröcksnadel)
Sechs Menuette, KV 599
Marsch D-Dur, KV 249

19. August, 21 Uhr Residenz

Das Mozarteum-Orchester

Dirigent: Bernhard Paumgartner
W. A. MOZART: Marsch D-Dur, KV 215
Serenade D-Dur, KV 320 „Posthorn-Serenade"
Eine kleine Nachtmusik G-Dur, KV 525
Marsch D-Dur, KV 335/1

23. August, 21 Uhr Residenz

Das Mozarteum-Orchester

Dirigent: Bernhard Paumgartner
W. A. MOZART: Serenade D-Dur, KV 204
(Violinsolo: Joseph Schröcksnadel)
Zwölf deutsche Tänze, KV 586
Marsch D-Dur, KV 335/2

MATINEEN

Dirigent: Bernhard Paumgartner

27. Juli, 11 Uhr Mozarteum

Solist: Hans Henkemans, Klavier
Camerata Academica des Mozarteums
W. A. MOZART: Ouvertüre zu „La finta semplice", KV 51
Konzert für Klavier und Orchester, F-Dur, KV 459
Divertimento Es-Dur, KV 113
Symphonie B-Dur, KV 319

7. August, 11 Uhr Mozarteum

Soli: Teresa Stich-Randall, Sopran; Willi Boskovsky, Violine
Das Mozarteum-Orchester
W. A. MOZART: Symphonie („Ouvertüre") C-Dur KV 208/102
Konzert für Violine und Orchester B-Dur, KV 207
Rezitativ und Arie „Basta, vincesti", KV 486a
Arie „Vorrei spiegarvi, oh Dio", KV 418
Symphonie C-Dur, KV 425 „Linzer"

15. August, 11 Uhr Mozarteum

Soli: Lisa Della Casa, Sopran; Géza Anda, Klavier
Camerata Academica des Mozarteums
W. A. MOZART: Symphonie D-Dur, KV 181
Rezitativ und Arie „Ah, lo previdi", KV 272
Szene „Bella mia fiamma", KV 528
Konzert für Klavier und Orchester C-Dur, KV 467
Symphonie A-Dur, KV 201

21. August, 11 Uhr Mozarteum

Soli: Orietta Moscucci, Sopran; Clara Haskil, Klavier
Camerata Academica des Mozarteums
W. A. MOZART: Symphonie G-Dur, KV 74
Arie „L'amerò sarò costante" aus „Il Rè pastore", KV 208
Arie „Amoretti che ascosi" aus „La finta semplice", KV 51
Konzert für Klavier und Orchester A-Dur, KV 488
Symphonie C-Dur, KV 200

29. August, 11 Uhr Mozarteum

Soli: Ingrid Haebler, Klavier; Kurt Redel, Flöte
Das Mozarteum-Orchester
W. A. MOZART: Symphonie C-Dur, KV 96
Konzert für Flöte und Orchester G-Dur, KV 313
Konzert für Klavier und Orchester A-Dur, KV 414
Symphonie D-Dur, KV 504 „Prager"

KAMMERKONZERTE

27. Juli, 20 Uhr Mozarteum

Quartetto Italiano

W. A. MOZART:	Streichquartett G-Dur, KV 387
CL. DEBUSSY:	Streichquartett g-Moll, op. 10
G. VERDI:	Streichquartett e-Moll, op. 68

4. August, 20 Uhr Mozarteum

Trio Edwin Fischer, Wolfgang Schneiderhan, Enrico Mainardi

J. BRAHMS:	Klaviertrio c-Moll, op. 101
	Klaviertrio H-Dur, op. 8
	Klaviertrio C-Dur, op. 87

8. August, 20 Uhr Mozarteum

Bläservereinigung des Pariser Konservatoriums

Ensemble Instrumental du Conservatoire national de Musique de Paris sous la direction du Fernand Oubradous

W. A. MOZART:	Serenade c-Moll, KV 388
A. ROUSSEL:	Divertissement, op. 6
F. OUBRADOUS:	Symphonies et danses
J. FRANÇAIX:	Divertimento Nr. 3
A. E. CHABRIER:	Pièces pittoresques

9. August, 20 Uhr Mozarteum[1]

Barylli-Quartett

Mitwirkend: Paul Schilhawsky, Klavier; Wilhelm Hübner, Viola

W. A. MOZART:	Streichquartett B-Dur, KV 458 „Jagdquartett"
	Klavierquartett Es-Dur, KV 493
	Streichquintett C-Dur, KV 515

24. August, 20 Uhr Mozarteum

Der Rundfunk- und Mozarteum-Kammerchor

Dirigent: Bernhard Paumgartner
Orgel: Leopold Hager
Das Mozarteum-Orchester

W. A. MOZART:	Symphonie C-Dur, KV 425 „Linzer"
	Kyrie d-Moll, KV 341
	Offertorium „Inter natos mulierum", KV 72
	Graduale „Sancta Maria, mater Dei", KV 273
	Motette „Ave verum corpus", KV 618
	Offertorium „Venite populi", KV 260

SOLISTENKONZERTE

28. Juli, 20 Uhr Mozarteum

Edwin Fischer, Klavier

L. v. BEETHOVEN:	Sonate c-Moll, op. 111
	Sonate D-Dur, op. 28
	Sonate C-Dur, op. 53 „Waldsteinsonate"

31. Juli, 20 Uhr Mozarteum

Géza Anda, Klavier

L. v. BEETHOVEN:	Sonate D-Dur, op. 10, Nr. 3
R. SCHUMANN:	Carnaval, op. 9
B. BARTÓK:	Suite, op. 14
F. LISZT:	Mephisto-Walzer
	Konzert-Etüde Des-Dur
	La Campanella

4. August, 20 Uhr Festspielhaus

Yehudi Menuhin, Violine; Louis Kentner, Klavier

J. BRAHMS:	Sonate für Violine und Klavier d-Moll, op. 108
J. S. BACH:	Sonate I, g-Moll, für Violine solo
F. SCHUBERT:	Wandererphantasie C-Dur, op. 15
L. v. BEETHOVEN:	Sonate für Violine und Klavier A-Dur, op. 47 „Kreutzersonate"

26. August, 20 Uhr Festspielhaus

Nathan Milstein, Violine; Eugenio Bagnoli, Klavier

G. F. HÄNDEL:	Sonate D-Dur
J. S. BACH:	Partita II d-Moll, für Violine solo
L. v. BEETHOVEN:	Sonate F-Dur, op. 24 „Frühlingssonate"
E. BLOCH:	Improvisation
N. MILSTEIN:	Paganiniana
I. STRAWINSKY:	Chanson Russe
J. SUK:	Burlesque

LIEDERABENDE

14. August, 20 Uhr Mozarteum

Elisabeth Schwarzkopf, Sopran

Am Flügel: Gerald Moore
Lieder von Hugo Wolf

18. August, 20 Uhr Mozarteum

Irmgard Seefried, Sopran

Am Flügel: Erik Werba
Lieder von Franz Schubert

KIRCHENKONZERT

14. August, 11 Uhr Erzabteikirche St. Peter[1]

Dirigent: Bernhard Paumgartner
Orgel: Franz Sauer
Soli: Erna Berger, Doris Amiet; Jon Otnes, Walter Raninger
Das Mozarteum-Orchester
Der Mozarteum-Kammer- und Rundfunk-Chor
Mitglieder des Wiener Staatsopern-Chores

W. A. MOZART:	c-Moll-Messe, KV 427
	Ave verum, KV 618

KONZERTE GEISTLICHER MUSIK

Dirigent: Joseph Messner
Der Salzburger Domchor — Das Mozarteum-Orchester

28. Juli, 20 Uhr Aula academica

Soli: Rosl Schwaiger, Sopran; May Torrend, Alt; Jon Otnes, Tenor; Otto Wiener, Baß
Orgel: Franz Sauer

W. A. MOZART:	Kirchen-Sonate B-Dur, KV 68
	Litaniae de B. M. V. (Lauretanae) B-Dur, KV 109
	Regina Coeli C-Dur, KV 276
	Missa C-Dur, KV 317 „Krönungsmesse"

2. August, 20 Uhr Aula academica

Soli: Rosl Schwaiger, Sopran; Paula de Backer, Alt; Jon Otnes, Tenor; Otto Wiener, Baß
Orgel: Franz Sauer

G. MUFFAT:	Concerto „Perseverantia"
F. SCHUBERT:	Messe in G
W. A. MOZART:	Vesperae de Dominica, KV 321

20. August, 20 Uhr Aula academica

Soli: Maria Podvinec, Sopran; Adelheid Berger, Alt; George Maran, Tenor; Franz Bierbach, Baß; Orgel: Franz Sauer

G. B. PERGOLESI:	Stabat mater
W. A. MOZART:	Missa brevis C-Dur, KV 220 „Spatzenmesse"

27. August, 20 Uhr Aula academica

Soli: Edith Oravez, Sopran; Gertrude Pitzinger, Alt; George Maran, Tenor; Oskar Czerwenka, Baß

W. A. MOZART:	Requiem, KV 626

1955

24. Juli—30. August

SCHAUSPIEL

24., 31. Juli, 7., 14., 15., 21., 28. August
Domplatz / Festspielhaus

HUGO VON HOFMANNSTHAL

Jedermann

Regie:	Ernst Lothar
Kostüme:	Caspar Neher
Musik:	Einar Nilson / Joseph Messner
Rhythmische Gestaltung:	Grete Wiesenthal
Dirigent:	Karl Hudez
Orgel:	Franz Sauer

Stimme des Herrn	Karl Blühm
Tod	Claus Clausen
Jedermann	Will Quadflieg
Jedermanns Mutter	Adrienne Gessner
Guter Gesell	Alexander Trojan
Hausvogt	Karl Navratil
Koch	Mario Haindorff
Armer Nachbar	Theodor Grieg
Schuldknecht	Wolfgang Hebenstreith
Schuldknechts Weib	Roswitha Posselt
Buhlschaft	Heidemarie Hatheyer
Dicker Vetter	Fritz Imhoff
Dünner Vetter	Bruno Hübner
Mammon	Friedrich Domin
Gute Werke	Hilde Mikulicz
Glaube	Antje Weisgerber
Teufel	Kurt Meisel
Spielansager	Helmut Janatsch

5., 12., 16., 22., 27. August
Landestheater

FRIEDRICH VON SCHILLER

Kabale und Liebe

Regie:	Ernst Lothar
Bühnenbild:	Stefan Hlawa
Kostüme:	Stefan Hlawa

Präsident	Walter Franck
Ferdinand	Will Quadflieg
Hofmarschall	Leopold Rudolf
Lady Milford	Heidemarie Hatheyer
Wurm	Bruno Hübner
Miller	Ewald Balser
Dessen Frau	Adrienne Gessner
Luise	Maria Schell
Sophie	Nicole Heesters
Kammerdiener	Erich Ponto

Gastspiel des Théâtre National Populaire Paris

7., 9. August Landestheater

JEAN BAPTISTE MOLIERE

Don Juan

Regie:	Jean Vilar
Kostüme:	Léon Gischia
Musik:	Maurice Jarre

Don Juan	Jean Vilar
Sganarelle	Daniel Sorano
Elvire	Monique Chaumette
Gusman	Georges Riquier
Don Carlos	Jean Topart
Don Alonse	Roger Mollien
Don Louis	Georges Wilson
Charlotte	Zanie Campan
Mathurine	Christiane Minazzoli
Pierrot	Jean-Pierre Darras
La Statue du Commandeur	Philippe Noiret
La Violette	Maurice Coussonneau
Ragotin	André Schlesser
M. Dimanche	Jean-Paul-Moulinot
La Ramée	Philippe Noiret
Un Pauvre	Georges Riquier

OPER

25. Juli, 2., 8., 16., 26. August
Felsenreitschule

WOLFGANG AMADEUS MOZART

Die Zauberflöte

Dirigent:	Georg Solti
Inszenierung:	Herbert Graf
Bühnenbild:	Oskar Kokoschka
Kostüme:	Oskar Kokoschka

Die Wiener Philharmoniker
Chor der Wiener Staatsoper

Sarastro	Gottlob Frick
Tamino	Anton Dermota
Sprecher	Paul Schöffler
1. Priester	Georges Müller
2. Priester	Georg Monthy
Königin der Nacht	Erika Köth
Pamina	Elisabeth Grümmer
1. Dame	Gerda Scheyrer
2. Dame	Christa Ludwig
3. Dame	Hilde Rössel-Majdan
Papageno	Erich Kunz
Papagena	Hannelore Steffek
Monostatos	Peter Klein
3 Knaben	3 Regensburger Domspatzen
1. Geharnischter	Helmut Melchert
2. Geharnischter	Franz Bierbach

1., 9., 19., 25. August Festspielhaus

HANS PFITZNER

Palestrina

Dirigent:	Rudolf Kempe
Inszenierung:	Günther Rennert
Bühnenbild:	Wilhelm Reinking
Kostüme:	Wilhelm Reinking

Die Wiener Philharmoniker
Chor der Wiener Staatsoper

Papst Pius IV.	Gottlob Frick
Giovanni Morone	Ferdinand Frantz
Bernardo Novagerio	Helmut Melchert
Christoph Madruscht	Otto von Rohr
Carlo Borromeo	Paul Schöffler
Kardinal von Lothringen	Hans Herbert Fiedler
Abdisu	Peter Klein
Brus von Müglitz	Walter Berry
Graf Luna	Alfred Poell
Bischof von Budoja	Rudolf Christ
Theophilus	August Jaresch
Dandini von Grosseto	Waldemar Kmentt
Bischof von Fiesole	Georges Müller
Bischof von Feltre	Franz Bierbach
Avosmediano	Theo Baylé
Spanischer Bischof	Walter Raninger
Ercole Severolus	Otto Wiener
Palestrina	Max Lorenz
Ighino	Elisabeth Söderström
Silla	Jean Madeira
Erscheinung der Lukrezia	Hilde Rössel-Majdan

3., 10., 14., 21., 28. August Landestheater

WOLFGANG AMADEUS MOZART

Die Entführung aus dem Serail

Dirigent:	Karl Böhm
Inszenierung:	Oscar Fritz Schuh
Bühnenbild:	Caspar Neher
Kostüme:	Caspar Neher

Die Wiener Philharmoniker
Chor der Wiener Staatsoper

Selim, Bassa	Hannsgeorg Laubenthal
Konstanze	Erika Köth 3., 10., 21., 28. Ilse Hollweg 14.
Blondchen	Hannelore Steffek
Belmonte	Anton Dermota
Pedrillo	Murray Dickie
Osmin	Kurt Böhme
Klaas, Schiffer	Wolfgang Hebenstreith

6., 12., 18., 22., 29. August Festspielhaus

RICHARD STRAUSS

Ariadne auf Naxos

Dirigent:	Karl Böhm
Inszenierung:	Josef Gielen
Bühnenbild:	Stefan Hlawa
Kostüme:	Stefan Hlawa

Die Wiener Philharmoniker

Haushofmeister	Alfred Neugebauer
Musiklehrer	Paul Schöffler
Komponist	Christa Ludwig
Tenor (Bacchus)	Rudolf Schock
Offizier	Georges Müller
Tanzmeister	Peter Klein
Perückenmacher	Walter Berry
Zerbinetta	Hilde Güden
Primadonna (Ariadne)	Lisa Della Casa 6., 18., 29. Hilde Zadek 12., 22.
Harlekin	Erich Kunz
Scaramuccio	August Jaresch
Truffaldin	Oskar Czerwenka
Brighella	Murray Dickie
Najade	Rita Streich
Dryade	Hilde Rössel-Majdan
Echo	Gerda Scheyrer

17., 20., 23., 27. August Festspielhaus

WERNER EGK

Irische Legende

(Uraufführung)

Dirigent:	George Szell
Inszenierung:	Oscar Fritz Schuh
Bühnenbild:	Caspar Neher
Kostüme:	Caspar Neher

Die Wiener Philharmoniker
Chor der Wiener Staatsoper

Cathleen	Inge Borkh
Aleel, ein Dichter	Kurt Böhme
Der Tiger	Walter Berry
Der Geier	László Szemere
1. Eule	Chloe Owen
2. Eule	Lilian Benningsen
1. Kaufmann	Max Lorenz
2. Kaufmann	Oskar Czerwenka
1. Hirte	Waldemar Kmentt
2. Hirte	Theo Baylé
Erscheinung des verdammten Faust	Gottlob Frick
Oona, Amme	Margarete Klose
Stimme hinter der Szene (Satanas)	Gottlob Frick
Verwalter	Franz Bierbach
Die Schlange	Maria Litto
Die leeren Seelen	Patricia Brinton und Frauenchor

BALLETT

11., 15., 21., 28. August Felsenreitschule

Szenische Oratorien

Künstlerische Leitung: Margarete Wallmann

Tanzsolisten: Hélène Trailine, Vera Zorina, Sabine Leblanc, Victor Ferrari, Deryk Mendel, Wladimir Oukthomsky, Walter Scherer, Boris Trailine u. a. als Gäste
Lucie Bräuer und Traude Brexner vom Wiener Staatsopernballett

Ballett der Wiener Staatsoper

Dirigent: Ernst Märzendorfer

Das Mozarteum-Orchester

IGOR STRAWINSKY

Persephone

Melodrama von André Gide

Choreographisch in Szene gesetzt von Margarete Wallmann

Bühnenbild / Kostüme: Nicola Benois

Die Sprecherin: Marianne Hoppe

Solist: Waldemar Kmentt, Tenor

ARTHUR HONEGGER

La Danse des Morts

(Der Totentanz)

Dichtung von Paul Claudel
Choreographisch in Szene gesetzt von Margarete Wallmann

Bühnenbild: Gustav Vargo
Kostüme: Stefan Hlawa / Nicola Benois
Der Sprecher: Karl Blühm
Soli: Hilde Zadek, Sopran; Vera Presti, Mezzosopran; Otto Wiener, Bariton
Chor der Wiener Staatsoper

ORCHESTERKONZERTE

der Wiener Philharmoniker

26. Juli, 20 Uhr Festspielhaus

Dirigent: Hans Knappertsbusch
Solist: Clifford Curzon, Klavier

J. BRAHMS:	Tragische Ouvertüre, op. 81
	Konzert für Klavier und Orchester Nr. 2, B-Dur, op. 83
	Symphonie Nr. 3, F-Dur, op. 90

31. Juli, 20 Uhr Mozarteum[1]

Dirigent: Karl Böhm
Solist: Paul Badura-Skoda, Klavier

W. A. MOZART:	Symphonie D-Dur, KV 385 „Haffner"
	Konzert für Klavier und Orchester B-Dur, KV 595
L. v. BEETHOVEN:	Symphonie Nr. 4, B-Dur, op. 60

7. August, 20.30 Uhr Festspielhaus

Dirigent: Eugene Ormandy

R. STRAUSS:	Don Juan, op. 20
B. BARTÓK:	Konzert für Orchester (1943)
P.I.TSCHAIKOWSKIJ:	Symphonie Nr. 4, f-Moll, op. 36

21. August, 11 Uhr Festspielhaus

Dirigent: Karl Böhm

C. M. v. WEBER:	Ouvertüre zu „Oberon"
TH. BERGER:	Chronique Symphonique
A. BRUCKNER:	Symphonie Nr. 7, E-Dur

24. August, 20 Uhr Festspielhaus

Dirigent: Rafael Kubelik
Solist: Wolfgang Schneiderhan, Violine

L. v. BEETHOVEN:	Ouvertüre zu Goethes „Egmont", op. 84
	Konzert für Violine und Orchester D-Dur, op. 61
A. DVOŘÁK:	Symphonie Nr. 9, e-Moll, op. 95 „Aus der Neuen Welt"

30. August, 20 Uhr Festspielhaus

Dirigent: Charles Munch

W. A. MOZART:	Maurerische Trauermusik c-Moll, KV 477 (In memoriam Wilhelm Furtwängler)
A. HONEGGER:	Symphonie Nr. 5 „di tre re" (1950)
A. ROUSSEL:	„Bacchus et Ariane", 2. Suite, op. 43
L. v. BEETHOVEN:	Symphonie Nr. 3, Es-Dur, op. 55 „Eroica"

SERENADEN

27. Juli, 21 Uhr Residenz

Scarlatti-Orchester (Neapel)

Dirigent: Franco Caracciolo

J. HAYDN:	Zwei Notturni für den König von Neapel, Ferdinando IV.: a) in F-Dur, b) in C-Dur
W. A. MOZART:	Symphonie D-Dur, KV 297
G. F. GHEDINI:	Concerto grosso F-Dur
F. BUSONI:	Lustspiel-Ouvertüre, op. 38

29. Juli, 21 Uhr Residenz

Bläservereinigung der Wiener Philharmoniker

W. A. MOZART:	Serenade c-Moll, KV 388 Divertimento Nr. 1, B-Dur, KV 439b Divertimento F-Dur, KV 213
L. v. BEETHOVEN:	Oktett Es-Dur, op. 103

30. Juli, 21 Uhr Residenz

Das Mozarteum-Orchester

Dirigent: Bernhard Paumgartner
Soli: André Lardrot, Oboe; Otto Lang, Klarinette; Alois Huttya, Fagott; Albert Linder, Horn

W. A. MOZART:	Symphonie (Ouvertüre) G-Dur, KV 318 Sinfonia concertante Es-Dur für Oboe, Klarinette, Horn, Fagott und Orchester, KV 297b Tanzsuite (Zusammenstellung Bernhard Paumgartner)

4. August, 21 Uhr Residenz

Das Mozarteum-Orchester

Dirigent: Bernhard Paumgartner

W. A. MOZART:	Serenade D-Dur, KV 185 (Violinsolo: Joseph Schröcksnadel) Divertimento D-Dur, KV 131 Sechs deutsche Tänze, KV 509

10. August, 21 Uhr Residenz

Wiener Oktett

W. A. MOZART:	Eine kleine Nachtmusik G-Dur, KV 525
F. SCHUBERT:	Oktett F-Dur, op. 166

13. August, 21 Uhr Residenz

Münchener Kammerorchester

Dirigent: Christoph Stepp
Solist: Franz Kelch, Baß

H. I. F. v. BIBER:	Serenada C-Dur (Mit dem Nachtwächterbaß)
M. HAYDN:	Divertimento D-Dur
W. A. MOZART:	Divertimento D-Dur, KV 136 Divertimento F-Dur, KV 247

20. August, 21 Uhr Residenz

Das Mozarteum-Orchester

Dirigent: Bernhard Paumgartner
Solist: Rudolf Klepač, Fagott

W. A. MOZART:	Serenade D-Dur, KV 203 (Violinsolo: Joseph Schröcksnadel) Konzert für Fagott und Orchester B-Dur, KV 191 Tanz-Suite

25. August, 21 Uhr Residenz

Camerata Academica des Mozarteums

Dirigent: Bernhard Paumgartner

W. A. MOZART:	Ouvertüre zu „La finta semplice", KV 51 Divertimento D-Dur, KV 205 Ein musikalischer Spaß, KV 522 „Dorfmusikantensextett" Zwei Menuette mit eingefügten Kontretänzen, KV 463

MATINEEN

Dirigent: Bernhard Paumgartner

31. Juli, 11 Uhr Mozarteum

Soli: Ingrid Haebler, Klavier; André Gertler, Violine
Camerata Academica des Mozarteums

W. A. MOZART:	Ouvertüre zu „Lucio Silla", KV 135 Konzert für Violine und Orchester G-Dur, KV 216 Konzert für Klavier und Orchester B-Dur, KV 238 Symphonie D-Dur, KV 297

4. August, 11 Uhr Mozarteum

Soli: Géza Anda, Klavier; Christa Richter-Steiner, Violine; Paul Doktor, Viola
Camerata Academica des Mozarteums

W. A. MOZART:	Symphonie g-Moll, KV 183 Konzertante Symphonie für Violine, Viola und Orchester Es-Dur, KV 364 Konzert für Klavier und Orchester G-Dur, KV 453 Symphonie C-Dur, KV 338, mit Menuett C-Dur, KV 409

14. August, 11 Uhr Mozarteum

Soli: Teresa Stich-Randall, Sopran; Ilse von Alpenheim, Klavier
Camerata Academica des Mozarteums

W. A. MOZART:	Symphonie (Ouvertüre) Es-Dur, KV 184 Konzert für Klavier und Orchester C-Dur, KV 246 „Lützow-Konzert" Konzertarien: „Basta, vincesti", KV 486a, „Misera, dove son!", KV 369 Symphonie g-Moll, KV 550

20. August, 11 Uhr Mozarteum

Soli: Willi Boskovsky, Violine; Anton Dermota, Tenor
Camerata Academica des Mozarteums

W. A. MOZART:	Symphonie Es-Dur, KV 132 Konzert für Violine und Orchester D-Dur, KV 211 Konzertarien: „Per pietà, non ricercate", KV 420, „Misero! o sogno", KV 431 Symphonie D-Dur, KV 504 „Prager"

28. August, 11 Uhr Mozarteum

Soli: Rita Streich, Sopran; Clara Haskil, Klavier
Das Mozarteum-Orchester

W. A. MOZART:	Ouvertüre zu „Idomeneo", KV 366 Konzert für Klavier und Orchester c-Moll, KV 491 Arien: „In te spero, o sposo amato", KV 440, „Popoli di Tessaglia", KV 316 Symphonie C-Dur, KV 425 „Linzer"

KAMMERKONZERTE

27. Juli, 20 Uhr Mozarteum

Paul Schilhawsky, Heinz Scholz, Klavier

J. S. BACH / E. SCHWEBSCH:	Die Kunst der Fuge

29. Juli, 20 Uhr Mozarteum

Scarlatti-Orchester (Neapel)

Dirigent: Franco Caracciolo
Solist: Ruggero Gerlin, Klavier

A. SACCHINI:	Ouvertüre zu „Oedipe à Colone"
A. SCARLATTI:	Konzert F-Dur
G. PAISIELLO:	Konzert für Klavier und Orchester
L. BOCCHERINI:	Symphonie A-Dur
D. CIMAROSA:	Ouvertüre zu „Il matrimonio segreto"

5. August, 20 Uhr Mozarteum

Boccherini-Quintett

L. BOCCHERINI:	Streichquintett c-Moll, op. 29, Nr. 1
G. F. MALIPIERO:	Sinfonia per archi (Neufassung des Komponisten für das Boccherini-Quintett)
F. SCHUBERT:	Streichquintett C-Dur, op. 163

8. August, 20 Uhr Mozarteum

Juilliard-String-Quartet

J. HAYDN:	Streichquartett G-Dur, op. 77, Nr. 1
A. SCHÖNBERG:	Streichquartett Nr. 3, op. 30
L. v. BEETHOVEN:	Streichquartett a-Moll, op. 132

13. August, 20 Uhr Mozarteum[1]

Barylli-Quartett

Mitwirkend: Wilhelm Hübner, Viola

W. A. MOZART:	Streichquartett Es-Dur, KV 428
	Streichquintett D-Dur, KV 593
	Streichquintett g-Moll, KV 516

16. August, 20 Uhr Mozarteum

Geistliche Musik

Dirigent: Bernhard Paumgartner
Soli: Teresa Stich-Randall, Annelore Cahnbley, Sopran; Franz Sauer, Orgel
Das Mozarteum-Orchester
Salzburger Rundfunk- und Mozarteum-Chor

W. A. MOZART:	Kyrie Es-Dur, KV 322
	Offertorium „Scande coeli limina", KV 34
	Motette „Exsultate, jubilate", KV 165
	„Laudate Dominum" aus KV 339
V. GNECCHI:	Aus der „Missa Salisburgensis"

23. August, 20 Uhr Mozarteum

Smetana-Quartett

L. JANÁČEK:	Streichquartett Nr. 2 „Intime Briefe"
A. DVOŘÁK:	Streichquartett As-Dur, op. 105
F. SMETANA:	Streichquartett e-Moll „Aus meinem Leben"

29. August, 20 Uhr Mozarteum

Duo Enrico Mainardi, Violoncello; Carlo Zecchi, Klavier

L. v. BEETHOVEN:	Sonate g-Moll, op. 5, Nr. 2
	Sonate D-Dur, op. 102, Nr. 2
	Sonate A-Dur, op. 69

SOLISTENKONZERTE

28. Juli, 20 Uhr Festspielhaus

Gioconda de Vito, Violine; Tito Aprea, Klavier

W. A. MOZART:	Sonate für Klavier und Violine e-Moll, KV 304
L. v. BEETHOVEN:	Sonate für Violine und Klavier A-Dur, op. 47 „Kreutzersonate"
C. FRANCK:	Violinsonate A-Dur

30. Juli, 20 Uhr Mozarteum

Géza Anda, Klavier

L. v. BEETHOVEN:	Sonate A-Dur, op. 101
F. LISZT:	Sonate h-Moll
F. CHOPIN:	Zwölf Etüden, op. 25

4. August, 20 Uhr Mozarteum

Enrico Mainardi, Violoncello

J. S. BACH:	Suite Nr. 1, G-Dur
	Suite Nr. 5, c-Moll
	Suite Nr. 6, D-Dur

13. August, 20 Uhr Festspielhaus

Nathan Milstein, Violine; Eugenio Bagnoli, Klavier

G. B. VITALI:	Chaconne
J. S. BACH:	Sonate g-Moll
J. BRAHMS:	Sonate d-Moll, op. 108
L. v. BEETHOVEN:	Romanze F-Dur
N. PAGANINI:	Zwei Caprices Es-Dur, g-Moll
CH. W. GLUCK:	Melodie
F. RIES:	Perpetuum mobile

CHORKONZERT

7. August, 11 Uhr Mozarteum

Straßburger Domchor

Musikalische Leitung: Abbé Alphonse Hoch
Soli: Jeanne Demessieux, Orgel; Otto Wiener, Baß-Bariton
Werke von G. F. Händel, T. L. de Victoria, J. S. Bach, G. Palestrina, O. de Lassus, P. de la Rue, Fr. Cosset, C. Franck, F. Liszt, O. Messiaen, W. A. Mozart (KV 618)

KIRCHENKONZERT

13. August, 11 Uhr Erzabteikirche St. Peter[1]

Dirigent: Bernhard Paumgartner
Orgel: Franz Sauer
Soli: Teresa Stich-Randall, Annelore Cahnbley; George Maran, Walter Raninger
Das Mozarteum-Orchester
Der Mozarteum-Kammer- und Rundfunkchor
Mitglieder des Wiener Staatsopernchores

W. A. MOZART:	c-Moll-Messe, KV 427
	Ave verum, KV 618

KONZERTE GEISTLICHER MUSIK

Dirigent: Joseph Messner
Der Salzburger Domchor — Das Mozarteum-Orchester

28. Juli, 20 Uhr Aula academica

Soli: Rosl Schwaiger, Sopran; Lilian Benningsen, Alt; Michael Senechal, Tenor; Franz Kelch, Baß
Orgel: Franz Sauer

W. A. MOZART:	Sonate C-Dur für Orgel und Orchester, KV 329 Passionskantate, KV 42 Te Deum C-Dur, KV 141 Missa C-Dur, KV 317 „Krönungsmesse"

3. August, 20 Uhr Aula academica

Soli: Rosl Schwaiger, Sopran; May Torrend, Alt; George Maran, Tenor; Karl Greisel, Baß
Orgel: Franz Sauer

W. A. MOZART:	Regina Coeli B-Dur, KV 127
J. HAYDN:	„Paukenmesse", Missa in tempore belli, C-Dur

14. August, 20 Uhr Aula academica

Soli: Meta Meik-Rörig, Sopran; Jean Madeira, Alt; Richard Brünner, Tenor; Otto Wiener, Baß

W. A. MOZART:	Motette für Sopran „Exsultate, jubilate", KV 165
L. v. BEETHOVEN:	Messe C-Dur, op. 86

19. August, 20 Uhr Aula academica

Soli: Laurence Dutoit, Sopran; Gertrude Pitzinger, Alt; Richard Brünner, Tenor; Franz Kelch, Baß
Orgel: Franz Sauer

W. A. MOZART:	Missa solemnis C-Dur, KV 337 Vesperae solennes de confessore, KV 339

27. August, 20 Uhr Aula academica

Soli: Edith Oravez, Sopran; Gertrude Pitzinger, Alt; George Maran, Tenor; Norman Foster, Baß

W. A. MOZART:	Requiem, KV 626

1956

MOZART-FEIER JÄNNER 1956

27., 29. Jänner Festspielhaus

WOLFGANG AMADEUS MOZART

Idomeneo

(in italienischer Sprache)

Dirigent:	Karl Böhm
Inszenierung:	Oscar Fritz Schuh
Bühnenbild:	Caspar Neher
Kostüme:	Caspar Neher

Die Wiener Philharmoniker
Chor der Wiener Staatsoper

Idomeneo	Rudolf Schock
Idamantes	Waldemar Kmentt
Elektra	Christl Goltz
Ilia	Gerda Scheyrer
Arbaces	Eberhard Waechter
Oberpriester	Kurt Böhme
KretensischeMädchen	Anny Felbermayer Ruthilde Boesch
Trojaner	Rudolf Stumper Alois Buchbauer

21. Juli—30. August

SCHAUSPIEL

22., 29. Juli, 5., 12., 15., 19., 26. August
Domplatz / Festspielhaus

HUGO VON HOFMANNSTHAL

Jedermann

Regie:	Ernst Lothar
Kostüme:	Caspar Neher
Musik:	Einar Nilson / Joseph Messner
Rhythmische Gestaltung:	Grete Wiesenthal
Dirigent:	Karl Hudez
Orgel:	Franz Sauer
Stimme des Herrn	Karl Blühm
Tod	Ernst Deutsch
Jedermann	Will Quadflieg
Jedermanns Mutter	Adrienne Gessner
Guter Gesell	Walther Reyer
Hausvogt	Karl Navratil
Koch	Mario Haindorff
Armer Nachbar	Theodor Grieg
Schuldknecht	Wolfgang Hebenstreith
Schuldknechts Weib	Roswitha Posselt
Buhlschaft	Martha Wallner
Dicker Vetter	Fritz Imhoff
Dünner Vetter	Bruno Hübner
Mammon	Hanns Ernst Jäger
Gute Werke	Hilde Mikulicz
Glaube	Antje Weisgerber
Teufel	Kurt Meisel
Spielansager	Helmut Janatsch

8., 14., 16., 20., 23., 28. August
Landestheater

JOHANN WOLFGANG VON GOETHE

Egmont

Regie:	Ernst Lothar
Bühnenbild:	Stefan Hlawa
Kostüme:	Stefan Hlawa
Musik:	Ludwig v. Beethoven
Dirigent:	Ernst Märzendorfer

Das Mozarteum-Orchester

Regentin	Elisabeth Flickenschildt
Egmont	Will Quadflieg
Oranien	Ewald Balser
Alba	Walter Franck
Ferdinand	Walther Reyer
Machiavell	Alfred Neugebauer
Richard	Helmut Janatsch
Silva	Otto Schmöle
Gomez	Guido Wieland
Klärchen	Inge Konradi
Ihre Mutter	Adrienne Gessner
Brackenburg	Kurt Meisel
Soest	Hugo Lindinger
Jetter	Bruno Hübner
Zimmermann	Theodor Grieg
Seifensieder	Viktor Braun
Buyck	Wolfgang Hebenstreith
Ruysum	Peter Stanchina
Vansen	Ernst Ginsberg

OPER

21., 28. Juli, 3., 10., 21., 30. August
Festspielhaus

WOLFGANG AMADEUS MOZART

Le Nozze di Figaro

(in italienischer Sprache)

Dirigent:	Karl Böhm
Inszenierung:	Oscar Fritz Schuh
Bühnenbild:	Caspar Neher

Die Wiener Philharmoniker
Chor der Wiener Staatsoper

Graf Almaviva	Dietrich Fischer-Dieskau
Gräfin	Elisabeth Schwarzkopf
Susanna	Irmgard Seefried
Figaro	Erich Kunz
Basilio	Peter Klein
Bartolo	Oskar Czerwenka
Marcellina	Elisabeth Höngen
Cherubino	Christa Ludwig
Antonio	Alois Pernerstorfer
Barbarina	Anny Felbermayer
Curzio	Murray Dickie

24. Juli, 4., 11., 18., 27. August
Felsenreitschule

WOLFGANG AMADEUS MOZART
Don Giovanni
(in italienischer Sprache)

Dirigent: Dimitri Mitropoulos
Inszenierung: Herbert Graf
Bühnenbild: Clemens Holzmeister
Kostüme: Rolf Gérard
Die Wiener Philharmoniker
Chor der Wiener Staatsoper

Don Giovanni Cesare Siepi
Donna Elvira Lisa Della Casa
Il Commendatore Gottlob Frick
Donna Anna Elisabeth Grümmer
Don Ottavio Leopold Simoneau
Leporello Fernando Corena
Zerline Rita Streich
Masetto Walter Berry

25. Juli, 1., 7., 17., 26. August
Landestheater

WOLFGANG AMADEUS MOZART
Die Entführung aus dem Serail

Dirigent: George Szell
Inszenierung: Oscar Fritz Schuh
Bühnenbild: Caspar Neher
Kostüme: Caspar Neher
Die Wiener Philharmoniker
Chor der Wiener Staatsoper

Selim, Bassa Hannsgeorg Laubenthal
Konstanze Erika Köth 25. 7.—17. 8.
Mimi Coertse 26. 8.
Blondchen Lisa Otto
Belmonte Rudolf Schock
Pedrillo Murray Dickie
Osmin Kurt Böhme
Klaas, Schiffer Wolfgang Hebenstreith 25. 7.—7. 8., 26. 8.
Viktor Braun 17. 8.

30. Juli, 14., 24. August Festspielhaus

WOLFGANG AMADEUS MOZART
Idomeneo
(in italienischer Sprache)

Dirigent: Karl Böhm
Inszenierung: Oscar Fritz Schuh
Bühnenbild: Caspar Neher
Kostüme: Caspar Neher
Die Wiener Philharmoniker
Chor der Wiener Staatsoper

Idomeneo Rudolf Schock
Idamantes Waldemar Kmentt
Elektra Christl Goltz
Ilia Hildegard Hillebrecht
Arbaces Eberhard Waechter
Oberpriester Kurt Böhme
Kretensische Mädchen Anny Felbermayer
Ruthilde Boesch
Trojaner Kurt Equiluz
Alois Buchbauer

2., 9., 16., 25., 29. August
Felsenreitschule

WOLFGANG AMADEUS MOZART
Die Zauberflöte

Dirigent: Georg Solti
Inszenierung: Herbert Graf
Bühnenbild: Oskar Kokoschka
Kostüme: Oskar Kokoschka
Die Wiener Philharmoniker
Chor der Wiener Staatsoper

Sarastro Gottlob Frick
Tamino Anton Dermota
Sprecher Paul Schöffler
1. Priester Waldemar Kmentt
2. Priester Eberhard Waechter
Königin der Nacht Erika Köth 2., 9., 25., 29.
Rita Streich 16.
Pamina Elisabeth Grümmer
1. Dame Gerda Scheyrer
2. Dame Christa Ludwig
3. Dame Rosl Zapf
Papageno Walter Berry
Papagena Anneliese Rothenberger
Monostatos Peter Klein
3 Knaben 3 Regensburger Domspatzen
1. Geharnischter Ernst Kozub
2. Geharnischter Franz Bierbach

8., 13., 20., 23., 28. August Residenz

WOLFGANG AMADEUS MOZART
Così fan tutte
(in italienischer Sprache)

Dirigent: Karl Böhm
Inszenierung: Oscar Fritz Schuh
Bühnenbild: Caspar Neher
Kostüme: Caspar Neher
Die Wiener Philharmoniker
Chor der Wiener Staatsoper

Fiordiligi Irmgard Seefried
Dorabella Christa Ludwig
Guglielmo Erich Kunz
Ferrando Anton Dermota
Despina Lisa Otto
Don Alfonso Paul Schöffler

BALLETT
Gastspiel des New York City Ballet

Künstlerische Leitung: George Balanchine
Stellvertretender Direktor: Jerome Robbins
Tanzsolisten: Maria Tallchief, Tanaquil LeClercq, Diana Adams, Patricia Wilde, Melissa Hayden, Yvonne Mounsey, Jillana
André Eglevsky, Nicholas Magallanes, Francisco Moncion, Herbert Bliss, Todd Bolender, Roy Tobias, Jacques d'Amboise
Dirigenten: Leon Barzin / Hugo Fiorato
Das Mozarteum-Orchester

26. August Festspielhaus

WOLFGANG AMADEUS MOZART
Divertimento B-Dur, KV 287
Choreographie: George Balanchine
Bühnenbild: James Stuart Morcom
Kostüme: Karinska

BENJAMIN BRITTEN
Fanfare
Choreographie: Jerome Robbins
Bühnenbild / Kostüme: Irene Sharaff

LEO DELIBES
Sylvia
(Pas de deux)
Choreographie: George Balanchine
Kostüme: Karinska

EMANUEL CHABRIER
Bourrée fantasque
Choreographie: George Balanchine
Kostüme: Karinska

28. August Festspielhaus

PETER I. TSCHAIKOWSKIJ
Schwanensee (2. Akt)
Choreographie: George Balanchine
Bühnenbild / Kostüme: Cecil Beaton

IGOR STRAWINSKY
Der Käfig
(Konzert für Streicher in D)
Choreographie: Jerome Robbins
Kostüme: Ruth Sobotka
Bühnenbild: Jean Rosenthal

CLAUDE DEBUSSY
Nachmittag eines Fauns
Choreographie: Jerome Robbins
Kostüme: Irene Sharaff
Bühnenbild: Jean Rosenthal

HERSHY KAY
Western Symphony
Choreographie: George Balanchine
Bühnenbild: John Boyt
Kostüme: Karinska

30. August Festspielhaus

PETER I. TSCHAIKOWSKIJ
Schwanensee (2. Akt)

WOLFGANG AMADEUS MOZART
Divertimento B-Dur, KV 287

CLAUDE DEBUSSY
Nachmittag eines Fauns

EMANUEL CHABRIER
Bourrée fantasque

ORCHESTERKONZERTE

der Wiener Philharmoniker

26. Juli, 20 Uhr Festspielhaus

Dirigent: Bruno Walter
Orgel: Franz Sauer
Soli: Lisa Della Casa, Sopran; Ira Malaniuk, Alt; Anton Dermota, Tenor; Cesare Siepi, Baß
Konzertvereinigung Wiener Staatsopernchor
W. A. MOZART: Symphonie g-Moll, KV 183
Requiem, KV 626

5. August, 20 Uhr Mozarteum[1]

Dirigent und Solist: George Szell
W. A. MOZART: Symphonie g-Moll, KV 550
Konzert für Klavier und Orchester A-Dur, KV 488
Symphonie C-Dur, KV 551 „Jupiter"

12. August, 20.30 Uhr Festspielhaus

Dirigent: Karl Böhm
Soli: Wolfgang Schneiderhan, Violine; Enrico Mainardi, Violoncello
W. A. MOZART: Symphonie D-Dur, KV 385 „Haffner"
J. BRAHMS: Konzert für Violine, Violoncello und Orchester a-Moll, op. 102
F. SCHUBERT: Symphonie Nr. 7, C-Dur

15. August, 20.30 Uhr Felsenreitschule

Dirigent: Dimitri Mitropoulos
Solist: Leopold Simoneau, Tenor
Konzertvereinigung Wiener Staatsopernchor
H. BERLIOZ: Requiem, op. 5
(In memoriam Wilhelm Furtwängler)

19. August, 20.30 Uhr Festspielhaus

Dirigent: Dimitri Mitropoulos
Solist: Robert Casadesus, Klavier
W. A. MOZART: Ouvertüre zu „La Clemenza di Tito", KV 621
Konzert für Klavier und Orchester c-Moll, KV 491
R. STRAUSS: Eine Alpensinfonie, op. 64

22. August, 20 Uhr Festspielhaus

Dirigent: Fritz Reiner
Solist: Claudio Arrau, Klavier
H. BERLIOZ: Ouvertüre „Römischer Carneval", op. 9
R. STRAUSS: „Also sprach Zarathustra", op. 30
L. v. BEETHOVEN: Konzert für Klavier und Orchester Nr. 5, Es-Dur, op. 73

26. August, 11 Uhr Festspielhaus

Dirigent: Rafael Kubelik
Solistin: Ludmila Bertlova, Violine
B. MARTINŮ: Les Fresques de Piero della Francesca (Uraufführung)
A. DVOŘÁK: Konzert für Violine und Orchester a-Moll, op. 53
P.I.TSCHAIKOWSKIJ:
Symphonie Nr. 6, h-Moll, op. 74 „Pathétique"

SERENADEN

23. Juli, 21 Uhr Residenz

Das Mozarteum-Orchester

Dirigent: Bernhard Paumgartner
W. A. MOZART: Divertimento Es-Dur, KV 113
Serenade D-Dur, KV 320 „Posthorn-Serenade"
Sechs deutsche Tänze, KV 571

31. Juli, 21 Uhr Residenz

Das Mozarteum-Orchester

Dirigent: Bernhard Paumgartner
Solist: Sebastian Huber, Horn
W. A. MOZART: Marsch C-Dur, KV 408
Konzert-Rondo für Horn und Orchester Es-Dur, KV 371
Serenade D-Dur, KV 250 „Haffner-Serenade"
(Violinsolo: Joseph Schröcksnadel)

3. August, 21 Uhr Residenz

Camerata Academica des Mozarteums

Dirigent: Bernhard Paumgartner
Salzburger Rundfunk- und Mozarteum-Kammerchor
Vokalmusik aus wenig bekannten Werken für Soli, Chor und Orchester von WOLFGANG AMADEUS MOZART
Ouvertüre, Introduktion, Terzett „Che accidenti" aus „Lo sposo deluso", KV 430
Arie „Ut navis in aequore" aus „Apollo et Hyacinthus", KV 38
Ouvertüre, Ballett, Chor, Duett „Già l'oro sen volano", Terzett „A caro sposo" aus „Ascanio in Alba", KV 111
Terzett „Mandina amabile", KV 480
Quartett „Dite almeno, in che mancai", KV 479
Terzett „Ich bin die erste Sängerin" aus „Der Schauspieldirektor", KV 486
Duett „Così si fa" und Finale aus „L'oca del Cairo", KV 422

7. August, 21 Uhr Residenz

I Virtuosi di Roma

Dirigent: Renato Fasano
Soli: Renato Zanfini, Oboe; Giuseppe Anedda, Flavio Cornacchia, Mandoline; Edmondo Malanotte, Violine; Benedetto Mazzacurati, Violoncello
T. ALBINONI: Sonate A-Dur für Streicher
ANONYM:
(Venezianische Schule): Konzert c-Moll für Oboe und Streicher
A. VIVALDI: Konzert G-Dur für zwei Mandolinen, Streicher und Cembalo
Konzert A-Dur für Streicher und Cembalo
Konzert B-Dur für Violine, Violoncello, Streicher und Cembalo
G. ROSSINI: Sonate Nr. 5 Es-Dur für zwei Violinen, Violoncello und Kontrabaß

10. August, 21 Uhr Residenz

Wiener Oktett

Mitwirkend: Otto Nitsch, 2. Horn

M. POOT:	Oktett
W. A. MOZART:	Divertimento F-Dur, KV 247
L. SPOHR:	Oktett, op. 32

17. August, 21 Uhr Residenz

Camerata Academica des Mozarteums

Dirigent: Bernhard Paumgartner
Soli: Karlheinz Franke, Joseph Schröcksnadel, Violine

W. A. MOZART:	Symphonie D-Dur, KV 181 Concertone für zwei Solo-Violinen und Orchester C-Dur, KV 190 Eine kleine Nachtmusik G-Dur, KV 525

21. August, 21 Uhr Residenz

Bläservereinigung der Wiener Philharmoniker

L. v. BEETHOVEN:	Sextett Es-Dur, op. 71
W. A. MOZART:	Serenade Es-Dur, KV 375
R. STRAUSS:	Suite B-Dur, op. 4

27. August, 21 Uhr Residenz

Camerata Academica des Mozarteums

Dirigent: Bernhard Paumgartner
Solist: Albert Linder, Horn

W. A. MOZART:	Serenade D-Dur, KV 239 „Serenata notturna" Konzert für Horn und Orchester Es-Dur, KV 417 Divertimento F-Dur, KV 138 Zwei Menuette mit eingefügten Kontretänzen, KV 463

MATINEEN

Dirigent: Bernhard Paumgartner

22. Juli, 11 Uhr Mozarteum

Soli: Ingrid Haebler, Klavier; Willi Boskovsky, Violine
Camerata Academica des Mozarteums

W. A. MOZART:	Symphonie (Ouvertüre) G-Dur, KV 318 Konzert für Violine und Orchester D-Dur, KV 218 Konzert für Klavier und Orchester B-Dur, KV 450 Symphonie C-Dur, KV 425 „Linzer"

29. Juli, 11 Uhr Mozarteum

Soli: Leopold Simoneau, Tenor; Paul Schilhawsky, Heinz Scholz, Klavier
Camerata Academica des Mozarteums

W. A. MOZART:	Symphonie C-Dur, KV 96 Konzert für zwei Klaviere und Orchester Es-Dur, KV 365 Arien: „Per pietà, non ricercate", KV 420, „Misero! o sogno!", KV 431 Symphonie A-Dur, KV 201

5. August, 11 Uhr Mozarteum

Soli: Arthur Grumiaux, Violine; Gernot Sieber, Klavier
Das Mozarteum-Orchester

W. A. MOZART:	Ouvertüre zu „La finta semplice", KV 51 Konzert für Violine und Orchester A-Dur, KV 219 Konzert für Klavier und Orchester D-Dur, KV 175 Symphonie C-Dur, KV 338, mit Menuett C-Dur, KV 409

12. August, 11 Uhr Mozarteum

Soli: Kim Borg, Baß; Hans Henkemans, Klavier; Alfred Bürgschwendtner, Kontrabaß
Camerata Academica des Mozarteums

J. M. HAYDN:	Sinfonia (Ouvertüre) zu „Andromeda e Perseo"
W. A. MOZART:	Konzert für Klavier und Orchester B-Dur, KV 595 Rezitativ und Arie „Così dunque tradisci", KV 432 Arie „Per questa bella mano", KV 612 Symphonie B-Dur, KV 319

19. August, 11 Uhr Mozarteum

Soli: Rita Streich, Sopran; Géza Anda, Klavier
Das Mozarteum-Orchester

W. A. MOZART:	Ouvertüre zu „Il Rè pastore", KV 208 Konzert für Klavier und Orchester Es-Dur, KV 482 Arien: „Vado, ma dove? oh Dei!", KV 583, „No, no, che non sei capace", KV 419, „Nehmt meinen Dank, ihr holden Gönner", KV 383 Symphonie D-Dur, KV 297

25. August, 11 Uhr Mozarteum

Soli: Alice Heksch, Klavier; Alois Heine, Klarinette
Das Mozarteum-Orchester

W. A. MOZART:	Ouvertüre zu „Der Schauspieldirektor", KV 486 Konzert für Klavier und Orchester Es-Dur, KV 271 „Jeunehomme-Konzert" Konzert für Klarinette und Orchester A-Dur, KV 622 Symphonie C-Dur, KV 200

KAMMERKONZERTE

23. Juli, 20 Uhr Mozarteum[1]

Wiener Konzerthausquartett

Mitwirkend: Helmuth Weis, Viola

W. A. MOZART:	Streichquartett D-Dur, KV 155 Streichquartett d-Moll, KV 173 Streichquartett D-Dur, KV 575 Streichquintett c-Moll, KV 406

28. Juli, 20 Uhr Mozarteum

Stuttgarter Kammerorchester

Dirigent: Karl Münchinger

G. F. HÄNDEL	Concerto grosso d-Moll, op. 6, Nr. 10
J. S. BACH:	Brandenburgisches Konzert Nr. 3, G-Dur Orchestersuite Nr. 3, D-Dur
W. A. MOZART:	Divertimento D-Dur, KV 334

9. August, 20 Uhr Mozarteum

I Virtuosi di Roma

Dirigent: Renato Fasano

A. CORELLI:	Concerto grosso D-Dur, op. 6, Nr. 4
G. VALENTINI:	Concerto C-Dur für Oboe, Violine, Streichorchester und Cembalo
T. ALBINONI:	Sonate für Streichquintett A-Dur, op. 2, Nr. 3
A. VIVALDI:	„Die vier Jahreszeiten", op. 8

11. August, 20 Uhr Mozarteum

Das Amadeus-Streichquartett

W. A. MOZART:	Streichquartett C-Dur, KV 465 „Dissonanzenquartett"
B. BRITTEN:	Streichquartett Nr. 2, C-Dur, op. 36
L. v. BEETHOVEN:	Streichquartett Es-Dur, op. 127

14. August, 20 Uhr Mozarteum

Barylli-Quartett

Mitwirkend: Anton von Bavier, Klarinette

J. HAYDN:	Streichquartett G-Dur, op. 76, Nr. 1
W. A. MOZART:	Klarinettenquintett A-Dur, KV 581 „Stadler-Quintett"
L. v. BEETHOVEN:	Streichquartett B-Dur, op. 130, Nr. 3 „Galitzin-Quartett"

18. August, 20 Uhr Mozarteum

Münchner Kammerorchester

Dirigent: Christoph Stepp
Solist: Hans Bohnenstingl, Klavier

W. A. MOZART:	Divertimento B-Dur, KV 137
L. v. BEETHOVEN:	Große Fuge B-Dur, op. 133
G. WIMBERGER:	Concerto für Klavier und 15 Streicher
B. BRITTEN:	Variationen über ein Thema von Frank Bridge, op. 10

21. August, 20 Uhr Mozarteum

Smetana Quartett

W. A. MOZART:	Streichquartett Es-Dur, KV 428
F. SMETANA:	Streichquartett d-Moll
F. SCHUBERT:	Streichquartett d-Moll, op. posth. „Der Tod und das Mädchen"

25. August, 20 Uhr Mozarteum

Zagreber Solisten

Dirigent: Antonio Janigro
Soli: Antonio Janigro, Violoncello; Rudolf Klepac, Fagott

L. BOCCHERINI:	Konzert für Violoncello und Streichorchester B-Dur
G. ROSSINI:	I. Sonate für Streicher G-Dur
A. VIVALDI:	Konzert für Fagott und Orchester e-Moll
M. KELEMEN:	Konzertante Improvisationen
W. A. MOZART:	Divertimento D-Dur, KV 136

LIEDERABENDE

27. Juli, 20 Uhr Mozarteum

Cesare Siepi, Baß

Am Flügel: Leo Taubmann
Lieder und Arien von J. B. Lully, R. Schumann, J. Brahms, W. A. Mozart (KV 612), M. Ravel, A. Boito, G. Verdi und G. Rossini

31. Juli, 20 Uhr Mozarteum

Irmgard Seefried, Sopran

Am Flügel: Erik Werba
Zyklen-Abend mit Werken von R. Schumann, B. Bartók und H. Wolf

7. August, 20 Uhr Mozarteum

Elisabeth Schwarzkopf, Sopran

Am Flügel: Gerald Moore
Lieder von J. S. Bach, G. B. Pergolesi, G. F. Händel, Chr. W. Gluck, L. v. Beethoven, F. Schubert, H. Wolf und R. Strauss

13. August, 20 Uhr Mozarteum

Dietrich Fischer-Dieskau, Bariton

Am Flügel: Gerald Moore
Lieder von F. Schubert und R. Schumann

SOLISTENKONZERTE

4. August, 20 Uhr Mozarteum

Arthur Grumiaux, Violine; Riccardo Castagnone, Klavier

F. M. VERACINI / R. CASTAGNONE:	Sonate Nr. 7, A-Dur
L. v. BEETHOVEN:	Sonate für Violine und Klavier G-Dur, op. 96
CL. DEBUSSY:	Sonate für Violine und Klavier
I. STRAWINSKY:	Divertimento (inspiré par la Muse de Pierre Tschaikowskij)

6. August, 20 Uhr Mozarteum

Nathan Milstein, Violine; Eugenio Bagnoli, Klavier

A. VIVALDI:	Sonate A-Dur
J. S. BACH:	Partita I, h-Moll (für Violine solo)
L. v. BEETHOVEN:	Sonate für Violine und Klavier A-Dur, op. 47 „Kreutzersonate"
A. GLASUNOW:	Konzert a-Moll, op. 82

17. August, 20 Uhr Mozarteum

Géza Anda, Klavier

R. SCHUMANN:	Symphonische Etüden, op. 13
	Kreisleriana, op. 16
	Carnaval, op. 9

23. August, 20 Uhr Mozarteum

Claudio Arrau, Klavier

W. A. MOZART:	Fantasie c-Moll, KV 475
	Sonate c-Moll, KV 457
	Sonate F-Dur, KV 332
	Sonate a-Moll, KV 310
	Sonate D-Dur, KV 576

CHORKONZERT

4. August, 11 Uhr Mozarteum

Straßburger Domchor

Musikalische Leitung: Abbé Alphonse Hoch
Soli: Monique Linval, Sopran; Lucie Rauh, Alt; José Denisty, Tenor; J. Chr. Benoit, Bariton; Jeanne Demessieux, Orgel
Werke von J. S. Bach, G. Palestrina, G. Frescobaldi, Couillard, F. Couperin, J. B. Lully, F. X. Richter, J. Ph. Rameau, G. F. Händel und W. A. Mozart (KV 146, 327, 608, 618 und aus KV 115, 339)

KIRCHENKONZERT

11. August, 11 Uhr Erzabteikirche St. Peter[1]

Dirigent: Bernhard Paumgartner
Orgel: Franz Sauer
Soli: Maria Stader-Erismann, Annelore Cahnbley; George Maran, Walter Raninger
Das Mozarteum-Orchester

Der Salzburger Rundfunk- und Mozarteum-Kammerchor

W. A. MOZART:	c-Moll-Messe, KV 427
	Ave verum, KV 618

KONZERTE GEISTLICHER MUSIK

Dirigent: Joseph Messner
Orgel: Franz Sauer
Der Salzburger Domchor — Das Mozarteum-Orchester

29. Juli, 20 Uhr Aula academica
Soli: Rosl Schwaiger, Sopran; Gertrude Pitzinger, Alt; John van Kesteren, Tenor; Norman Foster, Baß

W. A. MOZART:	Sonate C-Dur für Orgel und Orchester, KV 329
	Vesperae de Dominica, KV 321
	Missa C-Dur, KV 317 „Krönungsmesse"
M. HAYDN:	Motette „Tenebrae factae sunt"

5. August, 20 Uhr Aula academica
Soli: Edith Oravez, Sopran; Gertrude Pitzinger, Alt; Lorenz Fehenberger, Tenor; Alois Pernerstorfer, Baß

W. A. MOZART:	Kirchen-Sonate B-Dur, KV 68
	Litaniae de B. M. V. (Lauretanae) B-Dur, KV 109
J. HAYDN:	Große Messe B-Dur „Harmonie-Messe"

24. August, 20 Uhr Aula academica
Soli: Elisabeth Grümmer, Sopran; Gertrude Burgstaller, Alt; George Maran, Tenor; Franz Bierbach, Baß

W. A. MOZART:	Kirchen-Sonate C-Dur, KV 328
	Vesperae solennes de confessore, KV 339
	Missa brevis C-Dur, KV 220 „Spatzenmesse"

29. August, 20 Uhr Aula academica
Soli: Ruthilde Boesch, Sopran; Gertrude Burgstaller, Alt; John van Kesteren, Tenor; Oskar Czerwenka, Baß

W. A. MOZART:	Litaniae de venerabili altaris sacramento Es-Dur, KV 243
A. BRUCKNER:	Motette: „Tota pulchra"
	Te Deum

1957
27. Juli—31. August

SCHAUSPIEL

28. Juli, 4., 11., 15., 18., 25., 31. August
Domplatz / Festspielhaus

HUGO VON HOFMANNSTHAL

Jedermann

Regie:	Ernst Lothar
Kostüme:	Caspar Neher
Musik:	Einar Nilson / Joseph Messner
Rhythmische Gestaltung:	Grete Wiesenthal
Dirigent:	Karl Hudez
Orgel:	Franz Sauer
Stimme des Herrn	Karl Blühm
Tod	Ernst Deutsch 28. 7.—25. 8. Helmut Janatsch 31. 8.
Jedermann	Will Quadflieg
Jedermanns Mutter	Adrienne Gessner
Guter Gesell	Walther Reyer 28. 7., 4., 11., 25., 31. 8. Karl Blühm 15., 18. 8.
Hausvogt	Karl Navratil
Koch	Mario Haindorff 28. 7., 4., 25., 31. 8. Viktor Braun 11., 15., 18. 8.
Armer Nachbar	Günther Haenel
Schuldknecht	Wolfgang Hebenstreith
Schuldknechts Weib	Roswitha Posselt
Buhlschaft	Martha Wallner
Dicker Vetter	Fritz Imhoff
Dünner Vetter	Franz Böheim
Mammon	Hanns Ernst Jäger
Gute Werke	Hilde Mikulicz
Glaube	Maria Becker
Teufel	Ernst Ginsberg
Spielansager	Helmut Janatsch 28. 7.—25. 8. Curth A. Tichy 31. 8.

29. Juli, 5., 16., 22., 27. August
Landestheater

EUGENE O'NEILL

Fast ein Poet
(Ein Hauch von Poesie)
(Deutsche Erstaufführung)

Regie:	Oscar Fritz Schuh
Bühnenbild:	Caspar Neher
Kostüme:	Caspar Neher
Mickey Maloy	Hans Putz
Jamie Cregan	Siegfried Lowitz
Sara Melody	Aglaja Schmid
Nora Melody	Adrienne Gessner
Cornelius Melody	Attila Hörbiger
Deborah	Marianne Hoppe
Dan Roche	Hugo Lindinger
Paddy O'Dowd	Günther Haenel
Patch Riley	Theodor Danegger
Nicholas Gadsby	Rudolf Therkatz

6., 14., 19., 24., 28. August
Landestheater

GOTTHOLD EPHRAIM LESSING

Emilia Galotti

Regie:	Ernst Lothar
Bühnenbild:	Teo Otto
Kostüme:	Teo Otto
Emilia Galotti	Liselotte Pulver
Odoardo Galotti	Ewald Balser
Claudia Galotti	Elisabeth Flickenschildt
Hettore Gonzaga	Will Quadflieg
Marinelli	Ernst Ginsberg
Camillo Rota	Raoul Aslan
Conti	Leopold Rudolf
Graf Appiani	Hannsgeorg Laubenthal
Gräfin Orsina	Maria Becker
Angelo	Carl Bosse
Pirro	Viktor Braun
Battista	Curth A. Tichy
Kammerdiener	August Herbst

OPER

27. Juli, 6., 12., 20., 26. August
Felsenreitschule

LUDWIG VAN BEETHOVEN

Fidelio

Musikalische und szenische Leitung:	Herbert von Karajan
Bühnenbild:	Helmut Jürgens
Kostüme:	Helmut Jürgens

Die Wiener Philharmoniker
Chor der Wiener Staatsoper

Don Fernando	Nicola Zaccaria 27. 7.—12. 8. Kurt Böhme 20., 26. 8.
Don Pizarro	Paul Schöffler
Florestan	Giuseppe Zampieri
Leonore	Christl Goltz
Rocco	Otto Edelmann

Marzelline	Sena Jurinac
Jaquino	Waldemar Kmentt
1. Gefangener	Erich Majkut
2. Gefangener	Walter Berry

30. Juli, 3., 8., 13., 24. August
Festspielhaus

WOLFGANG AMADEUS MOZART

Le Nozze di Figaro

(in italienischer Sprache)

Dirigent:	Karl Böhm
Inszenierung:	Günther Rennert
Bühnenbild:	Ita Maximowna
Kostüme:	Ita Maximowna

Die Wiener Philharmoniker
Chor der Wiener Staatsoper

Graf Almaviva	Dietrich Fischer-Dieskau
Gräfin	Elisabeth Schwarzkopf
Susanna	Irmgard Seefried
Figaro	Erich Kunz
Basilio	Murray Dickie
Bartolo	Georg Stern
Marcellina	Sieglinde Wagner
Cherubino	Christa Ludwig
Antonio	Alois Pernerstorfer
Barbarina	Anny Felbermayer
Curzio	Erich Majkut

2., 9., 18., 25. August Landestheater

WOLFGANG AMADEUS MOZART

Die Entführung aus dem Serail

Dirigent:	Josef Keilberth 2.—18. Bernhard Conz 25.
Inszenierung:	Oscar Fritz Schuh
Bühnenbild:	Caspar Neher
Kostüme:	Caspar Neher

Die Wiener Philharmoniker
Chor der Wiener Staatsoper

Selim, Bassa	Hannsgeorg Laubenthal
Konstanze	Erika Köth
Blondchen	Lisa Otto
Belmonte	Nicolai Gedda
Pedrillo	Murray Dickie
Osmin	Kurt Böhme
Klaas, Schiffer	Wolfgang Hebenstreith

2., 9., 18., 25. August Residenz

WOLFGANG AMADEUS MOZART

Così fan tutte

(in italienischer Sprache)

Dirigent:	Karl Böhm
Inszenierung:	Oscar Fritz Schuh
Bühnenbild:	Caspar Neher
Kostüme:	Caspar Neher

Die Wiener Philharmoniker
Chor der Wiener Staatsoper

Fiordiligi	Irmgard Seefried
Dorabella	Christa Ludwig
Guglielmo	Erich Kunz
Ferrando	Anton Dermota
Despina	Rita Streich
Don Alfonso	Paul Schöffler

7., 16., 19., 30. August Felsenreitschule

RICHARD STRAUSS

Elektra

Dirigent:	Dimitri Mitropoulos
Inszenierung:	Herbert Graf
Bühnenbild:	Gustav Vargo
Kostüme:	Andreas Nomikos

Die Wiener Philharmoniker
Chor der Wiener Staatsoper

Klytaemnestra	Jean Madeira
Elektra	Inge Borkh
Chrysothemis	Lisa Della Casa
Aegisth	Max Lorenz
Orest	Kurt Böhme
Pfleger des Orest	Alois Pernerstorfer
Vertraute	Anny Felbermayer
Schleppenträgerin	Karol Loraine
Junger Diener	Erich Majkut
Alter Diener	Georg Littasy
Aufseherin	Audrey Gerber-Candy
1. Magd	Kerstin Meyer
2. Magd	Sonja Draksler
3. Magd	Sieglinde Wagner
4. Magd	Marilyn Horne
5. Magd	Lisa Otto

10., 14., 21., 27. August Festspielhaus

GIUSEPPE VERDI

Falstaff

(in italienischer Sprache)

Musikalische und szenische Leitung:	Herbert von Karajan
Bühnenbild:	G.Bartolini-Salimbeni
Kostüme:	G.Bartolini-Salimbeni

Die Wiener Philharmoniker
Chor und Ballett der Wiener Staatsoper

Falstaff	Tito Gobbi
Ford	Rolando Panerai
Fenton	Luigi Alva 10., 14. Giuseppe Zampieri 21., 27.
Dr. Cajus	Tomaso Spataro
Bardolph	Renato Ercolani
Pistol	Mario Petri
Mrs. Ford	Elisabeth Schwarzkopf
Nanette	Anna Moffo
Mrs. Page	Anna Maria Canali
Mrs. Quickly	Giulietta Simionato

17., 23., 29. August Landestheater

ROLF LIEBERMANN

Die Schule der Frauen

(Uraufführung der deutschen Fassung)

Dirigent:	George Szell
Inszenierung:	Oscar Fritz Schuh
Bühnenbild:	Caspar Neher
Kostüme:	Caspar Neher

Die Wiener Philharmoniker

Poquelin	Walter Berry
Arnolphe	Kurt Böhme
Agnes	Anneliese Rothenberger
Horace	Nicolai Gedda
Georgette	Christa Ludwig
Oronte	Alois Pernerstorfer

ORCHESTERKONZERTE

28. Juli, 20 Uhr Festspielhaus

Die Wiener Philharmoniker

Dirigent: Herbert von Karajan

A. BRUCKNER:	Symphonie Nr. 8, c-Moll

29. Juli, 20 Uhr Mozarteum

Das Berliner Philharmonische Orchester

Dirigent: Herbert von Karajan
Solist: Géza Anda, Klavier

W. A. MOZART:	Symphonie D-Dur, KV 385 „Haffner“ Konzert für Klavier und Orchester C-Dur, KV 467 Symphonie C-Dur, KV 551 „Jupiter“

1. August, 20 Uhr Festspielhaus

Das Berliner Philharmonische Orchester

Dirigent: Rafael Kubelik
Solist: Rudolf Firkusny, Klavier

P. HINDEMITH:	Symphonische Metamorphosen Carl Maria Weberscher Themen
A. DVOŘÁK:	Konzert für Klavier und Orchester g-Moll, op. 33
J. BRAHMS:	Symphonie Nr. 1, c-Moll, op. 68

3. August, 20 Uhr Mozarteum

Das Berliner Philharmonische Orchester

Dirigent: George Szell
Solist: Leon Fleisher, Klavier

W. A. MOZART:	Symphonie A-Dur, KV 201 Konzert für Klavier und Orchester C-Dur, KV 503 Symphonie g-Moll, KV 550

6. August, 20 Uhr Mozarteum

Das Berliner Philharmonische Orchester

Dirigent: Wolfgang Sawallisch
Solist: Wolfgang Schneiderhan, Violine

W. A. MOZART:	Symphonie D-Dur, KV 297
	Konzert für Violine und Orchester A-Dur, KV 219
	Symphonie Es-Dur, KV 543

9. August, 20 Uhr Festspielhaus

Das Berliner Philharmonische Orchester

Dirigent: Eduard van Beinum
Solist: Nathan Milstein, Violine

L. v. BEETHOVEN:	Symphonie Nr. 3, Es-Dur, op. 55 „Eroica"
F. MENDELSSOHN-BARTHOLDY:	Konzert für Violine und Orchester e-Moll, op. 64
CL. DEBUSSY:	La Mer

18. August, 11 Uhr Mozarteum[1]

Die Wiener Philharmoniker

Dirigent: Joseph Keilberth
Solist: Gottfried Freiberg, Horn

W. A. MOZART:	Ouvertüre zu „Der Schauspieldirektor", KV 486
	Symphonie B-Dur, KV 319
	Konzert für Horn und Orchester Es-Dur, KV 447
	Symphonie C-Dur, KV 425 „Linzer"

22. August, 20 Uhr; 23. August, 11 Uhr Felsenreitschule

Die Wiener Philharmoniker

Dirigent: Herbert von Karajan
Soli: Lisa Della Casa, Sopran; Dietrich Fischer-Dieskau, Bariton
Orgel: Franz Sauer
Singverein der Gesellschaft der Musikfreunde Wien

J. BRAHMS:	Ein deutsches Requiem, op. 45

25. August, 11 Uhr Festspielhaus

Die Wiener Philharmoniker

Dirigent: Karl Böhm
Solist: Friedrich Gulda, Klavier

F. SCHUBERT:	Symphonie Nr. 8, h-Moll „Unvollendete"
R. STRAUSS:	Burleske (d-Moll) für Klavier und Orchester
L. v. BEETHOVEN:	Symphonie Nr. 7, A-Dur, op. 92

28. August, 20 Uhr Festspielhaus

Die Wiener Philharmoniker

Dirigent: Dimitri Mitropoulos
Solist: Robert Casadesus, Klavier

R. SCHUMANN:	Symphonie Nr. 1, B-Dur, op. 38 „Frühlingssymphonie"
M. RAVEL:	Konzert für Klavier und Orchester D-Dur (für die linke Hand)
R. STRAUSS:	Sinfonia domestica, op. 53

KONZERTE ZEITGENÖSSISCHER MUSIK

veranstaltet von der Internationalen Gesellschaft für Neue Musik, Sektion Österreich

13. August, 20 Uhr Mozarteum

Das Berliner Philharmonische Orchester

Dirigent: Herbert von Karajan
Solistin: Gerty Herzog, Klavier

TH. BERGER:	Sinfonia Parabolica (Uraufführung)
G. v. EINEM:	Konzert für Klavier und Orchester, op. 20
A. HONEGGER:	Symphonie Nr. 3 „Liturgique" 1945/46

14. August, 11 Uhr Mozarteum

Die Wiener Philharmoniker

Dirigent: Dimitri Mitropoulos

G. SCHULLER:	Symphonie für Blech und Schlagzeug 1949/50
M. GOULD:	Jekyll- und Hyde-Variationen
R. MANN:	Phantasie für Orchester
S. BARBER:	Medeas Meditation und Rachetanz
W. SCHUMAN:	Zirkus-Ouvertüre

SERENADEN

3. August, 21 Uhr Residenz

I Musici

A. CORELLI:	Concerto grosso C-Dur, op. 6, Nr. 10
L. LEO:	Concerto C-Dur für Violoncello und Streicher
A. VIVALDI:	Concerto d-Moll für Viola d'amore, Streicher und Cembalo
	„Die vier Jahreszeiten", op. 8

5. August, 21 Uhr Residenz

Camerata Academica des Mozarteums

Dirigent: Bernhard Paumgartner

W. A. MOZART:	Marsch D-Dur, KV 290
	Divertimento D-Dur, KV 205
	Serenade D-Dur, KV 185 (Violinsolo: Christa Richter-Steiner)

10. August, 21 Uhr Residenz

Festival Strings Lucerne

Dirigent: Rudolf Baumgartner

A. CORELLI:	Concerto grosso D-Dur, op. 6, Nr. 4
G. PH. TELEMANN:	Bourlesque de Don Quichotte
G. TARTINI:	Symphonie D-Dur
G. B. PERGOLESI:	Concertino Nr. 2, G-Dur
J. PH. RAMEAU:	Troisième concert en la Majeur

13. August, 21 Uhr Residenz

Das Mozarteum-Orchester

Dirigent: Bernhard Paumgartner
Solist: Karlheinz Franke, Violine

W. A. MOZART:	Marsch D-Dur, KV 408/2
	Konzert für Violine und Orchester D-Dur, KV 211
	Serenade B-Dur, KV 361

17. August, 21 Uhr Residenz

Orchestre Fernand Oubradous

Dirigent: Fernand Oubradous
Solist: Jean-Pierre Rampal, Flöte

S. LEDUC:	Symphonie D-Dur

A. E. M. GRÉTRY:	Konzert für Flöte und Orchester C-Dur
J. Ph. RAMEAU:	Symphonies des „Indes Galantes" (Auszüge)
W. A. MOZART:	Konzert für Flöte und Orchester D-Dur, KV 314
A. VIVALDI:	Concerto F-Dur

21. August, 21 Uhr Residenz

Camerata Academica des Mozarteums

Dirigent: Bernhard Paumgartner

W. A. MOZART:	Marsch D-Dur, KV 335/1
	Serenade D-Dur, KV 203 (Violinsolo: Christa Richter-Steiner)
	Eine kleine Nachtmusik G-Dur, KV 525

24. August, 21 Uhr Residenz

Das Mozarteum-Orchester

Dirigent: Ernst Märzendorfer
Soli: André Lardrot, Oboe; Rudolf Klepac, Fagott; Karlheinz Franke, Violine; Milos Sadlo, Violoncello

F. SCHUBERT:	Ouvertüre B-Dur (1816)
J. HAYDN:	Sinfonia concertante für Oboe, Fagott, Violine, Violoncello und Orchester, op. 84
C. M. v. WEBER:	Symphonie Nr. 1, C-Dur

26. August, 21 Uhr Residenz

Das Mozarteum-Orchester

Dirigent: Bernhard Paumgartner
Solist: André Lardrot, Oboe

W. A. MOZART:	Konzert für Oboe und Orchester C-Dur, KV 314
	Marsch D-Dur, KV 249
	Serenade D-Dur, KV 250 „Haffner-Serenade" (Violinsolo: Joseph Schröcksnadel)

MATINEEN

Dirigent: Bernhard Paumgartner

28. Juli, 11 Uhr Mozarteum

Soli: Gernot Sieber, Klavier; Willi Boskovsky, Violine
Das Mozarteum-Orchester

W. A. MOZART:	Ouvertüre und Marsch aus „Idomeneo", KV 366
	Konzert für Klavier und Orchester C-Dur, KV 415
	Konzert für Violine und Orchester G-Dur, KV 216
	Symphonie G-Dur, KV 74

4. August, 11 Uhr Mozarteum

Soli: Erika Köth, Sopran; Clara Haskil, Géza Anda, Klavier
Camerata Academica des Mozarteums

W. A. MOZART:	Ouvertüre zu „Der Schauspieldirektor", KV 486
	Konzert für zwei Klaviere und Orchester Es-Dur, KV 365
	Arie „L'amerò, sarò costante" aus „Il Rè pastore", KV 208
	Rezitativ und Arie „Ma, che vi fece, o stelle", KV 368
	Symphonie F-Dur, KV 112

11. August, 11 Uhr Mozarteum

Soli: Teresa Stich-Randall, Sopran; Hans Henkemans, Klavier
Camerata Academica des Mozarteums

W. A. MOZART:	Ouvertüre zu „La Clemenza di Tito", KV 621
	Arie „Ah se in ciel, benigne stelle", KV 538
	Konzert für Klavier und Orchester B-Dur, KV 238
	Szene „Bella mia fiamma", KV 528
	Symphonie D-Dur, KV 385 „Haffner"

24. August, 11 Uhr Mozarteum

Soli: Rita Streich, Sopran; Christa Richter-Steiner, Violine, Paul Doktor, Viola
Camerata Academica des Mozarteums

W. A. MOZART:	Sinfonia zu der „Azione teatrale" („Serenata") „Il sogno di Scipione", KV 141 a
	Konzertante Symphonie für Violine, Viola und Orchester, Es-Dur, KV 364
	Szene und Rondo „Mia speranza adorata", KV 416
	Arie „Vorrei spiegarvi, oh Dio", KV 418
	Symphonie g-Moll, KV 183

31. August, 11 Uhr Mozarteum

Soli: Ingrid Haebler, Klavier; Walter Raninger, Baß
Das Mozarteum-Orchester

W. A. MOZART:	Sinfonia zu „Il Rè pastore", KV 208/102
	Konzert für Klavier und Orchester B-Dur, KV 456
	Arie „Mentre ti lascio o figlia", KV 513
	Arie „Rivolgete a lui lo sguardo", KV 584
	Symphonie D-Dur, KV 48

KAMMERKONZERTE

30. Juli, 20 Uhr Mozarteum

Dennis-Brain-Bläserensemble

W. A. MOZART:	Divertimento B-Dur, KV 270
	Klavierquintett Es-Dur, KV 452
P. HINDEMITH:	Kleine Kammermusik für fünf Bläser, op. 24, Nr. 2
F. POULENC:	Sextett für Klavier und Bläserquintett

1. August, 20 Uhr Mozarteum

I Musici

G. B. PERGOLESI:	Concertino Nr. 2, G-Dur
A. VIVALDI:	Concerto c-Moll für Streicher und Cembalo
	Concerto a-Moll für zwei Violinen, Streicher und Cembalo
F. A. BONPORTI:	Recitativo für Streicher
G. GIORDANI:	Concerto für Klavier und Streicher
A. VIVALDI:	Concerto F-Dur für drei Violinen, Streicher und Cembalo

7. August, 20 Uhr Mozarteum

Festival Strings Lucerne

Dirigent: Rudolf Baumgartner
Solisten: Wolfgang Schneiderhan, Rudolf Baumgartner, Violine

A. VIVALDI:	Concerto in la Maggiore per archi
H. PURCELL:	Pavane und Chaconne
J. S. BACH:	Konzert für Violine und Orchester Nr. 2, E-Dur

P. HINDEMITH:	Fünf Stücke für Streichorchester, op. 44
J. S. BACH:	Konzert für zwei Violinen und Streicher d-Moll

10. August, 20 Uhr Mozarteum

Wiener Oktett

M. HAYDN:	Divertimento G-Dur
J. BRAHMS:	Klarinettenquintett h-Moll, op. 115
L. v. BEETHOVEN:	Septett Es-Dur, op. 20

20. August, 20 Uhr Mozarteum[1]

Barylli-Quartett

Mitwirkend: Wilhelm Hübner, Viola

W. A. MOZART:	Streichquartett d-Moll, KV 421
	Streichquintett D-Dur, KV 593
	Streichquintett C-Dur, KV 515

LIEDERABENDE

5. August, 20 Uhr Mozarteum

Dietrich Fischer-Dieskau, Bariton

Am Flügel: Gerald Moore
Lieder von F. Schubert

11. August, 20 Uhr Mozarteum

Lisa Della Casa, Sopran

Am Flügel: Arpad Sándor
Lieder von F. Schubert, J. Brahms, O. Schoeck, M. Ravel und R. Strauss

15. August, 20 Uhr Mozarteum

Irmgard Seefried, Sopran

Am Flügel: Erik Werba
Lieder von W. A. Mozart (KV 476), L. v. Beethoven, F. Schubert, R. Schumann und H. Wolf

19. August, 20 Uhr Mozarteum

Elisabeth Schwarzkopf, Sopran

Am Flügel: Gerald Moore
Lieder von H. Wolf

22. August, 20 Uhr Mozarteum

Anton Dermota, Tenor

Am Flügel: Hilda Berger-Weyerwald
Lieder von R. Schumann, H. Wolf und R. Strauss

SOLISTENKONZERTE

31. Juli, 20 Uhr Mozarteum

Enrico Mainardi, Violoncello

J. S. BACH:	Suite Nr. 1, G-Dur
	Suite Nr. 2, d-Moll
	Suite Nr. 3, C-Dur

4. August, 20 Uhr Mozarteum

Nathan Milstein, Violine

J. S. BACH:	Sonate I, g-Moll
	Partita II, d-Moll
	Sonate III, C-Dur

8. August, 20 Uhr Mozarteum

Clara Haskil, Klavier

W. A. MOZART:	Sonate C-Dur, KV 330
L. v. BEETHOVEN:	Sonate Es-Dur, op. 31, Nr. 3
F. SCHUBERT:	Sonate B-Dur (1828), op. posth.

16. August, 20 Uhr Mozarteum

Rudolf Firkusny, Klavier

J. HAYDN:	Sonate c-Moll
F. CHOPIN:	Sonate h-Moll, op. 58
L. JANÁČEK:	Sonate es-Moll „1. Oktober 1905"
M. MUSSORGSKIJ:	Bilder einer Ausstellung

CHORKONZERT

10. August, 11 Uhr Mozarteum

Straßburger Domchor

Musikalische Leitung: Abbé Alphonse Hoch
Soli: Françoise Ogéas, Sopran; Jeanne Demessieux, Orgel
Camerata Academica des Mozarteums
Werke von Fr. Couperin, J. de Berchem, P. de la Rue, Couillard, M. R. Delalande, C. Franck, G. Fauré, R. Schumann, F. Schubert, W. A. Mozart (KV 546, 72 und „Laudate Dominum" aus KV 339)

KIRCHENKONZERT

17. August, 11 Uhr Erzabteikirche St. Peter[1]

Dirigent: Bernhard Paumgartner
Orgel: Franz Sauer
Soli: Anna Moffo, Annelore Cahnbley; George Maran, Walter Raninger
Das Mozarteum-Orchester
Der Salzburger Rundfunk- und Mozarteum-Chor

W. A. MOZART:	c-Moll-Messe, KV 427
	Ave verum, KV 618

KONZERTE GEISTLICHER MUSIK

Dirigent: Joseph Messner
Orgel: Franz Sauer
Der Salzburger Domchor — Das Mozarteum-Orchester

31. Juli, 20 Uhr Aula academica

Soli: Edith Oravez, Sopran; Claudia Hellmann, Alt; Lorenz Fehenberger, Tenor; Friedrich Nidetzky, Baß

W. A. MOZART:	Litaniae Lauretanae D-Dur, KV 195
	Missa C-Dur, KV 317 „Krönungsmesse"

4. August, 20 Uhr Aula academica

Soli: Hermine Biedermann, Sopran; Gertrude Pitzinger, Alt; Lorenz Fehenberger, Tenor; Karl Wolfram, Baß

W. A. MOZART:	Regina Coeli C-Dur, KV 276
L. v. BEETHOVEN:	Messe C-Dur, op. 86

11. August, 20 Uhr Aula academica

Soli: Edith Oravez, Sopran; Kerstin Meyer, Alt; John van Kesteren, Tenor; Norman Foster, Baß

W. A. MOZART:	Offertorium „Benedictus sit Deus", KV 117
J. HAYDN:	„Paukenmesse", Missa in tempore belli, C-Dur

29. August, 20 Uhr Aula academica

Soli: Lisa Otto, Sopran; Kerstin Meyer, Alt; George Maran, Tenor; Franz Pacher, Baß

W. A. MOZART:	Requiem, KV 626

1958
26. Juli—31. August

SCHAUSPIEL

27. Juli, 3., 10., 15., 17., 24., 31. August
Domplatz / Festspielhaus
HUGO VON HOFMANNSTHAL
Jedermann

Regie:	Ernst Lothar
Kostüme:	Caspar Neher
Musik:	Einar Nilson / Joseph Messner
Rhythmische Gestaltung:	Grete Wiesenthal
Dirigent:	Karl Hudez
Orgel:	Franz Sauer
Stimme des Herrn	Karl Blühm
Tod	Ernst Deutsch
Jedermann	Will Quadflieg
Jedermanns Mutter	Adrienne Gessner
Guter Gesell	Erich Auer
Hausvogt	Karl Navratil
Koch	Mario Haindorff
Armer Nachbar	Günther Haenel
Schuldknecht	Wolfgang Hebenstreith
Schuldknechts Weib	Roswitha Posselt
Buhlschaft	Martha Wallner
Dicker Vetter	Fritz Imhoff
Dünner Vetter	Kurt Sowinetz
Mammon	Hanns Ernst Jäger
Gute Werke	Hilde Mikulicz
Glaube	Maria Becker
Teufel	Albin Skoda 27. 7. Ernst Ginsberg 3.—31. 8.
Spielansager	Helmut Janatsch

28. Juli, 3., 9., 16., 26. August
Landestheater
ARCHIBALD MACLEISH
Spiel um Job
(Deutsche Erstaufführung)

Regie:	Oscar Fritz Schuh
Bühnenbild:	Caspar Neher
Kostüme:	Caspar Neher
Bühnenmusik:	Irmfried Radauer
Herr Zoisl	Peter Lühr
Haftiger	Charles Regnier
Eine ferne Stimme	Albin Skoda
Job	Hans Christian Blech
Sarah	Antje Weisgerber
1. Bote	Helmut Qualtinger
2. Bote	Heinrich Schweiger
Mädchen	Louise Martini
Frau Adams	Kitty Stengel
Jolly Adams	Dagmar Thomas
Frau Lesure	Maria Gabler
Frau Botticelli	Evi Servaes
Frau Murphy	Agnes Delsarto
Zophar	Johannes Schauer
Eliphas	Joseph Offenbach
Bildad	Kaspar Brüninghaus

6., 13., 19., 23., 29. August
Landestheater
FRANZ WERFEL
Juarez und Maximilian

Regie:	Ernst Lothar
Bühnenbild:	Teo Otto
Kostüme:	Elli Rolf
Kaiser Maximilian	Fred Liewehr
Kaiserin Charlotte	Erni Wilhelmi
Prinzessin Salm-Salm	Susanne von Almassy
Monseñor Labastida	Peter Stanchina
Don Lares	Guido Wieland
Don Lacunza	Wolfgang Hebenstreith
Lizentiat Don Siliceo	Johannes Schauer
Tomas Meja	Günther Haenel
Leonardo Marquez	Karl Blühm
Oberst Miguel Lopez	Ernst Ginsberg
Dr. Basch	Hans Thimig
Stefan Herzfeld	Hans Jaray
Don José Blasio	Curth A. Tichy
Dr. Bilimek	Mario Haindorff
Grill	August Herbst
Kanonikus Soria	Kurt Prade
Korporal Wimberger	Fritz Imhoff
Yatipan	Hanns Obonya
Polyphemio	Kurt Sowinetz
Madame Barrio	Caroline Reich
Marschall Bazaine	Jochen Brockmann
Edouard Pierron	Helmut Janatsch
Porfirio Diaz	Albin Skoda
Riva Palacio	Benno Smytt
Rincon-Gallardo	Erich Auer
Elizea	Otto Kerry
Clark	Carl Bosse
Stadtverordneter	Hans Ziegler

OPER

26. Juli, 2., 13., 20., 27. August
Felsenreitschule
GIUSEPPE VERDI
Don Carlos
(in italienischer Sprache)

Dirigent:	Herbert von Karajan
Inszenierung:	Gustaf Gründgens
Bühnenbild:	Caspar Neher
Kostüme:	Caspar Neher

Die Wiener Philharmoniker
Chor der Wiener Staatsoper

Ein Mönch	Nicola Zaccaria
Philipp II.	Cesare Siepi
Don Carlos	Eugenio Fernandi
Marquis von Posa	Ettore Bastianini
Graf Lerma	Carlo Schmidt
Großinquisitor	Marco Stefanoni
Elisabeth von Valois	Sena Jurinac
Prinzessin Eboli	Giulietta Simionato 26. 7., 2., 20., 27. 8. Christa Ludwig 13. 8.
Marquesa von Mondekar	Margarete Sjöstedt
Tebaldo	Norbert Balatsch
Gräfin Aremberg	Elfriede Ruess
Ein Herold	Norman Foster
Stimme vom Himmel	Anneliese Rothenberger

29. Juli, 7., 12., 18., 28. August
Festspielhaus
RICHARD STRAUSS
Arabella

Dirigent:	Joseph Keilberth
Inszenierung:	Rudolf Hartmann
Bühnenbild:	Stefan Hlawa
Kostüme:	Erni Kniepert

Die Wiener Philharmoniker
Chor der Wiener Staatsoper

Graf Waldner	Otto Edelmann
Adelaide	Ira Malaniuk
Arabella	Lisa Della Casa
Zdenka	Anneliese Rothenberger
Mandryka	Dietrich Fischer-Dieskau
Matteo	Kurt Ruesche
Graf Elemer	Helmut Melchert
Graf Dominik	Georg Stern
Graf Lamoral	Karl Weber
Fiaker-Milli	Eta Köhrer
Kartenaufschlägerin	Kerstin Meyer
Welko	Willi Lenninger

4., 14., 19., 23., 30. August
Festspielhaus
WOLFGANG AMADEUS MOZART
Le Nozze di Figaro
(in italienischer Sprache)

Dirigent:	Karl Böhm
Inszenierung:	Günther Rennert
Bühnenbild:	Ita Maximowna
Kostüme:	Ita Maximowna

Die Wiener Philharmoniker
Chor der Wiener Staatsoper

Graf Almaviva	Dietrich Fischer-Dieskau 4., 19.—30. EberhardWaechter14.
Gräfin	Elisabeth Schwarzkopf
Susanna	Irmgard Seefried
Figaro	Erich Kunz
Basilio	Murray Dickie
Bartolo	Georg Stern

Marcellina	Kerstin Meyer
Cherubino	Christa Ludwig
Antonio	Alois Pernerstorfer
Barbarina	Anny Felbermayer
Curzio	Erich Majkut

5., 9., 15., 25. August Felsenreitschule

LUDWIG VAN BEETHOVEN

Fidelio

Musikalische und szenische Leitung:	Herbert von Karajan
Bühnenbild:	Helmut Jürgens
Kostüme:	Helmut Jürgens

Die Wiener Philharmoniker
Chor der Wiener Staatsoper

Don Fernando	Nicola Zaccaria
Don Pizarro	Paul Schöffler
Florestan	Giuseppe Zampieri
Leonore	Christl Goltz
Rocco	Otto Edelmann
Marzelline	Sena Jurinac
Jaquino	Rudolf Christ
1. Gefangener	Erich Majkut
2. Gefangener	Alois Pernerstorfer

11., 17., 24., 31. August Residenz

WOLFGANG AMADEUS MOZART

Così fan tutte

(in italienischer Sprache)

Dirigent:	Karl Böhm
Inszenierung:	Oscar Fritz Schuh
Bühnenbild:	Caspar Neher
Kostüme:	Caspar Neher

Die Wiener Philharmoniker
Chor der Wiener Staatsoper

Fiordiligi	Elisabeth Schwarzkopf
Dorabella	Christa Ludwig
Guglielmo	Rolando Panerai
Ferrando	Luigi Alva
Despina	Graziella Sciutti
Don Alfonso	Franco Calabrese 11., 17. Carlo Schmidt 24., 31.

16., 22., 26. August Festspielhaus

SAMUEL BARBER

Vanessa

(in englischer Sprache)

Dirigent:	Dimitri Mitropoulos
Inszenierung:	Gian-Carlo Menotti
Regie:	Nathaniel C. Merrill
Bühnenbild:	Cecil Beaton
Kostüme:	Cecil Beaton
Choreographie:	Willy Fränzl

Die Wiener Philharmoniker
Chor und Ballett der Wiener Staatsoper

Vanessa	Eleanor Steber
Erika, ihre Nichte	Rosalind Elias
Vanessas Mutter	Ira Malaniuk
Anatol	Nicolai Gedda
Der alte Doktor	Giorgio Tozzi
Nicholas	Alois Pernerstorfer
Ein Diener	Norman Foster

BALLETT

International Ballet of the Marquis de Cuevas

Directeur: Marquis de Cuevas
Maître de Ballet: John Taras
Solistes: Rosella Hightower, Nina Vyroubova, Jacqueline Moreau, Génia Melikova, Maria Santestevan, Serge Golovine, Nicholas Polajenko, Wasil Tupin, Georges Goviloff, Daniel Seillier
Chef d'Orchestre: Jean Doussard
Das Mozarteum-Orchester

12., 14. August Landestheater

EDOUARD LALO

Noir et blanc

Choréauteur: Serge Lifar
Costumes: Monique Cheseaud

VITTORIO RIETI / BELLINI

La Somnambule

Chorégraphie: George Balanchine
Décor / Costumes: André Delfau

PETER I. TSCHAIKOWSKIJ

Le Cygne noir

Extrait du „Lac des Cygnes"
Chorégraphie: d'après Marius Petipa

JACQUES OFFENBACH

Gaîté parisienne

Chorégraphie: Léonide Massine
Décor / Costumes: d'après Winterhalter

15. August Landestheater

PETER I. TSCHAIKOWSKIJ

Lac des Cygnes (2e acte)

Chorégraphie: d'après Marius Petipa / Léon Ivanoff
Costumes: Jean Robier / Monique Cheseaud

JOHANN SEBASTIAN BACH
(6ème Concerto Brandebourgeois)

Diagramme

Chorégraphie: Janine Charat
Décor / Costumes: Gérard Munschy

WOLFGANG AMADEUS MOZART
(sur un thème de Gluck) Orchestrée par Tschaikowskij

Tarasiana

Chorégraphie: John Taras
Costumes: Jean Robier

ARAM I. CHATSCHATURJAN

Le Prisonnier du Caucase

Chorégraphie: George Skibine
Décor: Georges Wakhevitch
Costumes: Wakhevitch / Dobouchidze

17. August Landestheater

PETER I. TSCHAIKOWSKIJ

Lac des Cygnes (2e acte)

JOHANN SEBASTIAN BACH

Diagramme

PETER I. TSCHAIKOWSKIJ

Adage de la Fée des roses

(Extrait de „La Belle au Bois Dormant")

Chorégraphie: d'après Marius Petipa
Décor: Marie Thérèse Respens
Costumes: Jean Robier

ARAM I. CHATSCHATURJAN

Le Prisonnier du Caucase

ORCHESTERKONZERTE

30. Juli, 20 Uhr Festspielhaus

Die Wiener Philharmoniker

Dirigent: Karl Böhm
Solistin: Lisa Della Casa, Sopran

C. M. v. WEBER:	Ouvertüre zu „Der Freischütz"
R. STRAUSS:	Vier letzte Lieder (1948)
A. BRUCKNER:	Symphonie Nr. 7, E-Dur

2. August, 20 Uhr Mozarteum

Das Concertgebouw-Orchester

Dirigent: Wolfgang Sawallisch
Solist: Friedrich Gulda, Klavier

W. A. MOZART:	Symphonie g-Moll, KV 183 Konzert für Klavier und Orchester Es-Dur, KV 449 Symphonie g-Moll, KV 550

6. August, 20 Uhr Mozarteum

Das Concertgebouw-Orchester

Dirigent: George Szell
Solist: Rudolf Firkusny, Klavier

W. A. MOZART: Symphonie B-Dur, KV 319
Konzert für Klavier und Orchester Es-Dur, KV 271 „Jeunehomme-Konzert"
Symphonie C-Dur, KV 551 „Jupiter"

8. August, 20 Uhr Mozarteum

Das Concertgebouw-Orchester

Dirigent: George Szell

G. v. EINEM: Ballade für Orchester (Europäische Erstaufführung)
W. WALTON: Partita für Orchester (Europäische Erstaufführung)
S. PROKOFIEFF: Symphonie Nr. 5, op. 100

10. August, 20 Uhr Festspielhaus

Das Concertgebouw-Orchester

Dirigent: Dimitri Mitropoulos
Solist: Glenn Gould, Klavier

J. S. BACH: Konzert für Klavier und Orchester d-Moll
J. BRAHMS: Symphonie Nr. 3, F-Dur, op. 90
R. STRAUSS: „Also sprach Zarathustra", op. 30

12. August, 20 Uhr Mozarteum

Das Concertgebouw-Orchester

Dirigent: Eugen Jochum
Solist: Hans Henkemans, Klavier

F. MENDELSSOHN-BARTHOLDY: Musik zu Shakespeares „Sommernachtstraum" (Ouvertüre, Notturno, Scherzo)
H. HENKEMANS: Passacaglia und Gigue
L. v. BEETHOVEN: Symphonie Nr. 3, Es-Dur, op. 55 „Eroica"

21. August, 20 Uhr Felsenreitschule

Die Wiener Philharmoniker

Dirigent: Herbert von Karajan
Soli: Leonie Rysanek-Grossmann, Sopran; Christa Ludwig, Mezzosopran; Giuseppe Zampieri, Tenor; Cesare Siepi, Baß
Singverein der Gesellschaft der Musikfreunde Wien

G. VERDI: Requiem

24. August, 11 Uhr Festspielhaus

Die Wiener Philharmoniker

Dirigent: Dimitri Mitropoulos
Solist: Zino Francescatti, Violine

J. BRAHMS: Akademische Festouvertüre, op. 80
Konzert für Violine und Orchester D-Dur, op. 77
L. v. BEETHOVEN: Symphonie Nr. 2, D-Dur, op. 36
J. S. BACH: Fantasie und Fuge g-Moll nach dem Original (für Orgel) bearbeitet von D. Mitropoulos

29. August, 20 Uhr Mozarteum[1]

Die Wiener Philharmoniker

Dirigent: Joseph Keilberth
Solistin: Maria Stader, Sopran

W. A. MOZART: Symphonie C-Dur, KV 128
Motette „Exsultate, jubilate", KV 165
Symphonie D-Dur, KV 202
Arie „Vorrei spiegarvi, oh Dio", KV 418
Symphonie Es-Dur, KV 543

KONZERT ELEKTRONISCHER MUSIK

16. August, 11 Uhr Mozarteum

Aus dem Studio des Westdeutschen Rundfunks Köln und dem Studio di Fonologia der RAI Mailand

H. EIMERT: Nr. 4 und 5 aus „Fünf Stücke" (1955/56)
G. LIGETI: Artikulation (1958)
L. BERIO: Perspectives (1957)
H. POUSSEUR: Scambi (1957/58)
G. M. KÖNIG: Essay (1957)
B. MADERNA: Continuo (1958)
K. STOCKHAUSEN: Gesang der Jünglinge (1955/56)

Einführung: Herbert Eimert und Luciano Berio

SERENADEN

31. Juli, 21 Uhr Residenz

I Musici

G. B. PERGOLESI: Concertino Nr. 1, G-Dur, für Streicher
G. TORELLI: Concerto grosso E-Dur, op. 8, Nr. 3
L. BOCCHERINI: Konzert D-Dur für Violoncello und Streicher
A. VIVALDI: Konzert für Violine, Streicher und Cembalo, op. 8, Nr. 11
W. A. MOZART: Serenade D-Dur, KV 239 „Serenata notturna"

1. August, 21 Uhr Residenz

Das Mozarteum-Orchester

Dirigent: Bernhard Paumgartner
Soli: Dodi Protero, Thea Lovrencevic, Sopran; Walter Raninger, Baß

W. A. MOZART: Divertimento D-Dur, KV 251
Drei Notturni: „Ecco quel fiero istante", KV 436, „Mi lagnerò tacendo", KV 437, „Se lontan, ben mio, tu sei", KV 438
Sechs deutsche Tänze, KV 509
Kontretanz C-Dur, KV 535 „La Bataille"

13. August, 21 Uhr Residenz

Camerata Academica des Mozarteums

Dirigent: Bernhard Paumgartner

W. A. MOZART: Divertimento Es-Dur, KV 113
Eine kleine Nachtmusik G-Dur, KV 525
Marsch D-Dur, KV 335
Serenade D-Dur, KV 203
(Violinsolo: Christa Richter-Steiner)

16. August, 21 Uhr Residenz

Camerata Academica des Mozarteums

Dirigent: Bernhard Conz
Solist: Rudolf Klepač, Fagott

G. F. HÄNDEL: Concerto grosso g-Moll, op. 6, Nr. 6
W. A. MOZART: Symphonie D-Dur, KV 181
J. CHRISTIAN BACH: Konzert für Fagott und Orchester Es-Dur
F. SCHUBERT: Symphonie Nr. 2, B-Dur

19. August, 21 Uhr Residenz

Bläservereinigung der Wiener Philharmoniker

J. HAYDN: Oktett F-Dur
L. v. BEETHOVEN: Oktett Es-Dur, op. 103
W. A. MOZART: Serenade c-Moll, KV 388

28. August, 21 Uhr Residenz

Das Mozarteum-Orchester

Dirigent: Bernhard Paumgartner
W. A. MOZART: Marsch D-Dur, KV 335/2
Serenade D-Dur, KV 320 „Posthorn-Serenade"
Zwei Kontretänze: „Der Sieg vom Helden Coburg", KV 587
„La Bataille" C-Dur, KV 535

MATINEEN

Werke von WOLFGANG AMADEUS MOZART

Dirigent: Bernhard Paumgartner

27. Juli, 11 Uhr Mozarteum

Soli: Kim Borg, Baß; Ingrid Haebler, Klavier
Camerata Academica des Mozarteums
Ouvertüre zu „Der Schauspieldirektor", KV 486
Divertimento B-Dur, KV 137
Konzert für Klavier und Orchester D-Dur, KV 537 „Krönungskonzert"
Rezitativ und Arie „Alcandro, lo confesso", KV 512
Ariette „Un bacio di mano", KV 541
Symphonie C-Dur, KV 200

3. August, 11 Uhr Mozarteum

Solist: Hans Henkemans, Klavier
Das Mozarteum-Orchester
Ouvertüre zu „Idomeneo", KV 366
Divertimento D-Dur, KV 136
Konzert für Klavier und Orchester B-Dur, KV 456
Serenade (Contredanse) F-Dur, KV 101
Symphonie F-Dur, KV 112

10. August, 11 Uhr Mozarteum

Soli: Rita Streich, Sopran; Paul Badura-Skoda, Klavier
Camerata Academica des Mozarteums
Divertimento F-Dur, KV 138
Arie „Aer tranquillo" aus „Il Rè pastore", KV 208
Arie „Ah se in ciel, benigne stelle", KV 538
Konzert für Klavier und Orchester B-Dur, KV 595
Symphonie D-Dur, KV 48

17. August, 11 Uhr Mozarteum

Soli: Erika Köth, Sopran; Willi Boskovsky, Violine
Camerata Academica des Mozarteums
Symphonie Es-Dur, KV 132
Konzert für Violine und Orchester D-Dur, KV 271 a
Rezitativ und Arie „Popoli di Tessaglia", KV 316
Arie „Nehmt meinen Dank, ihr holden Gönner", KV 383
Symphonie A-Dur, KV 201

31. August, 11 Uhr Mozarteum

Soli: Kurt Redel, Flöte; Dora Wagner, Harfe
Das Mozarteum-Orchester
Symphonie (Ouvertüre) G-Dur, KV 318
Divertimento D-Dur, KV 131
Konzert für Flöte, Harfe und Orchester C-Dur, KV 299
Symphonie C-Dur, KV 338, mit Menuett C-Dur, KV 409

KAMMERKONZERTE

28. Juli, 20 Uhr Mozarteum

I Musici

A. CORELLI: Concerto grosso D-Dur, op. 6, Nr. 4
F. GEMINIANI: Concerto grosso D-Dur, op. 7, Nr. 1
A. VIVALDI: Konzert a-Moll für Viola d'amore, Streicher und Cembalo
Konzert e-Moll für Violine, Streicher und Cembalo „Il Favorito"
J. CHRISTIAN BACH: Konzert D-Dur für Klavier und Streicher
W. A. MOZART: Divertimento D-Dur, KV 136

1. August, 20 Uhr Mozarteum

Barylli-Quartett

L. v. BEETHOVEN: Streichquartett c-Moll, op. 18, Nr. 4
P. HINDEMITH: 3. Streichquartett, op. 22
F. SCHUBERT: Streichquartett d-Moll, op. posth. „Der Tod und das Mädchen"

14. August, 20 Uhr Mozarteum

Ungarisches Quartett

L. v. BEETHOVEN: Streichquartett C-Dur, op. 59, Nr. 3
B. BARTÓK: Streichquartett Nr. 6
M. RAVEL: Streichquartett F-Dur

18. August, 20 Uhr Mozarteum[1]

Végh-Quartett

W. A. MOZART: Streichquartett d-Moll, KV 421
Streichquartett G-Dur, KV 387
Streichquartett C-Dur, KV 465 „Dissonanzenquartett"

23. August, 20 Uhr Mozarteum

Das Mozarteum-Orchester

Dirigent: Bernhard Conz
Soli: Eleanor Steber, Sopran; Aurèle Nicolet, Flöte
J. PACHELBEL: Canon und Gigue für Streichorchester
W. A. MOZART: Szene „Bella mia fiamma", KV 528
Konzert für Flöte und Orchester D-Dur, KV 314
L. v. BEETHOVEN: Symphonie Nr. 1, C-Dur, op. 21

LIEDERABENDE

27. Juli, 20 Uhr Mozarteum

Elisabeth Schwarzkopf, Sopran

Am Flügel: Gerald Moore
Lieder von H. Wolf

7. August, 20 Uhr Mozarteum

Irmgard Seefried, Sopran

Am Flügel: Erik Werba
Lieder von W. A. Mozart (KV 524, 519, 579, 520, 518), F. Schubert, M. Mussorgskij und R. Strauss

9. August, 20 Uhr Mozarteum

Dietrich Fischer-Dieskau, Bariton

Am Flügel: Gerald Moore
Lieder von J. Brahms (Im Jahre seines 125. Geburtstages)

26. August, 20 Uhr Mozarteum

Irmgard Seefried, Sopran; Dietrich Fischer-Dieskau, Bariton

Am Flügel: Erik Werba
H. WOLF: Italienisches Liederbuch (Paul Heyse)

SOLISTENKONZERTE

31. Juli, 20 Uhr Mozarteum

Wilhelm Kempff, Klavier

R. SCHUMANN:	Fantasie C-Dur, op. 17
L. v. BEETHOVEN:	6 Bagatellen, op. 126
J. BRAHMS:	Sonate f-Moll, op. 5

3. August, 20 Uhr Mozarteum

Pierre Fournier, Violoncello; Franz Holetschek, Klavier

J. BRAHMS:	Sonate F-Dur, op. 99
Z. KODÁLY:	Sonate op. 8 (für Violoncello solo)
Cl. DEBUSSY:	Sonate
P.I.TSCHAIKOWSKIJ:	Variationen über ein Rokoko-Thema, op. 33

13. August, 20 Uhr Mozarteum

Glenn Gould, Klavier

Wegen Erkrankung des Künstlers ausgefallen

25. August, 20 Uhr Mozarteum

Zino Francescatti, Violine; Eugenio Bagnoli, Klavier

J. BRAHMS:	Sonate d-Moll, op. 108
J. S. BACH:	Partita I, h-Moll (für Violine solo)
P. BEN-HAIM:	Sonate G-Dur (für Violine solo)
C. SAINT-SAENS:	Introduction et Rondo capriccioso, op. 28
M. RAVEL:	Tzigane

KONZERTE GEISTLICHER MUSIK

Dirigent: Joseph Messner
Der Salzburger Domchor — Das Mozarteum-Orchester

27. Juli, 20 Uhr Aula academica

Soli: Edith Oravez, Sopran; Ruth Michaelis, Alt; Erich Majkut, Tenor; Walter Raninger, Baß

W. A. MOZART:	Sonate C-Dur für Orgel und Orchester, KV 329
	Vesperae de Dominica, KV 321
	Missa C-Dur, KV 317 „Krönungsmesse"

11. August, 20 Uhr Aula academica

Soli: Hanni Mack-Cossak, Sopran; Paula de Backer, Alt; Lorenz Fehenberger, Hubert F. Grabner, Tenor; Georg Littasy, Baß

F. SCHUBERT:	Messe Nr. 6, Es-Dur
A. BRUCKNER:	Motette „Tota pulchra"
	Te Deum

24. August, 20 Uhr Aula academica

Orgel: Franz Sauer
Soli: Laurence Dutoit, Sopran; Gertrude Pitzinger, Alt; Erich Majkut, Tenor; Fernand Koenig, Baß

W. A. MOZART:	Kirchen-Sonate Es-Dur, KV 67
	Passionskantate, KV 42
	Missa brevis C-Dur, KV 220 „Spatzenmesse"

31. August, 20 Uhr Aula academica

Orgel: Franz Sauer
Soli: Anneliese Rothenberger, Sopran; Gertrude Pitzinger, Alt; George Maran, Tenor; Franz Bacher, Baß
W. A. MOZART: Requiem, KV 626

KIRCHENKONZERT

16. August, 11 Uhr Erzabteikirche St. Peter[1]

Dirigent: Bernhard Paumgartner
Orgel: Franz Sauer
Soli: Maria Stader, Annelore Cahnbley; George Maran, Walter Raninger
Das Mozarteum-Orchester
Der Salzburger Rundfunk- und Mozarteum-Kammerchor

W. A. MOZART:	c-Moll-Messe, KV 427
	Ave verum, KV 618

1959
26. Juli—31. August

SCHAUSPIEL

26. Juli, 2., 9., 15., 16., 23., 30. August
Domplatz / Festspielhaus
HUGO VON HOFMANNSTHAL

Jedermann

Regie:	Ernst Lothar
Kostüme:	Caspar Neher
Musik:	Einar Nilson / Joseph Messner
Rhythmische Gestaltung:	Grete Wiesenthal
Dirigent:	Karl Hudez
Orgel:	Franz Sauer
Stimme des Herrn	Karl Blühm
Tod	Ernst Deutsch 26. 7.—23. 8. Helmut Janatsch 30. 8.
Jedermann	Will Quadflieg
Jedermanns Mutter	Adrienne Gessner
Guter Gesell	Erich Auer
Hausvogt	Viktor Braun
Koch	Mario Haindorff
Armer Nachbar	Günther Haenel 26. 7. Ludwig Linkmann 2.—30. 8.
Schuldknecht	Wolfgang Hebenstreith
Schuldknechts Weib	Roswitha Posselt

Buhlschaft	Martha Wallner
Dicker Vetter	Fritz Imhoff
Dünner Vetter	Kurt Sowinetz
Mammon	Hanns Ernst Jäger
Gute Werke	Hilde Mikulicz
Glaube	Maria Becker
Teufel	Ernst Ginsberg
Spielansager	Helmut Janatsch 26. 7.—23. 8. Ernst Meister 30. 8.

16. August 200ste Aufführung seit der Erst-Inszenierung Max Reinhardts am 20. August 1920

29. Juli, 4., 11., 19., 29. August
Landestheater

FRITZ HOCHWÄLDER

Donnerstag
(Uraufführung)

Regie:	Oscar Fritz Schuh
Bühnenbild:	Caspar Neher
Kostüme:	Caspar Neher
Bühnenmusik:	Irmfried Radauer

Niklaus Manuel	
Pomfrit	Otto Bolesch
Florian Birnstrudl	Hugo Gottschlich
Maskeron	Paul Hoffmann
Wondrak	Helmut Qualtinger
Amalie Kneifel	Louise Martini
Kormoran	Oskar Wegrostek
Professor Persenbeug	Rudolf Therkatz
Estrella	Aglaja Schmid
Frate Thomas	Peter Mosbacher
Josef Kapora	Kurt Stieler

13., 21., 31. August Felsenreitschule

HUGO VON HOFMANNSTHAL

Der Turm

Regie:	Ernst Lothar
Bühnenbild:	Gustav Manker
Kostüme:	Herbert Ploberger
Musik:	Bernhard Paumgartner

König Basilius	Ernst Ginsberg
Sigismund	Maximilian Schell
Julian	Ullrich Haupt
Anton	Ludwig Linkmann
Bruder Ignatius	Rudolf Therkatz
Olivier	Hanns Ernst Jäger
Kinderkönig	Peter Broglé
Arzt	Mathias Wieman
Junger Mönch	Peter Morgenstern
Graf Adam	Erich Auer
Beichtvater d. Königs	Eduard Cossovel
Simon	Kurt Sowinetz
Pförtner	Kurt Prade
Schreiber Jeronim	Hanns Obonya
Indrik	Wolfgang Hebenstreith
Stallmeister	Hans Christian
Stelzbeiniger	Ernst Meister
Reiter	Richard Tomaselli
Reiterbub	Ingo Koblitz
Bauernfrau	Adrienne Gessner
Junge Zigeunerin	Martha Wallner

SCHILLER-MATINEE

15. August, 11 Uhr Mozarteum

Will Quadflieg
spricht und liest Gedichte und Briefe von FRIEDRICH VON SCHILLER

OPER

27. Juli, 1., 7., 18., 26. August
Festspielhaus

WOLFGANG AMADEUS MOZART

Die Zauberflöte

Dirigent:	George Szell
Inszenierung:	Günther Rennert
Bühnenbild:	Ita Maximowna
Kostüme:	Ita Maximowna

Die Wiener Philharmoniker
Chor der Wiener Staatsoper

Sarastro	Kurt Böhme
Tamino	Leopold Simoneau
Sprecher	Hans Hotter
1. Priester	Erich Majkut
2. Priester	Alfred Jerger
Königin der Nacht	Erika Köth
Pamina	Lisa Della Casa
1. Dame	Friederike Sailer
2. Dame	Hetty Plümacher
3. Dame	Sieglinde Wagner
Papageno	Walter Berry
Papagena	Graziella Sciutti
Monostatos	Karl Dönch
3 Knaben	3 Wiener Sängerknaben
1. Geharnischter	Robert Charlebois
2. Geharnischter	Alois Pernerstorfer

28. Juli, 9., 16., 23. August
Landestheater

JOSEPH HAYDN

Die Welt auf dem Monde

Dirigent:	Bernhard Conz
Inszenierung:	Georg Reinhardt
Bühnenbild:	Heinrich Wendel
Kostüme:	Heinrich Wendel
Choreographie:	Erich Walter

Die Wiener Philharmoniker

Ecclitico	Cesare Curzi
Ernesto	Ernst Gutstein
Buonafede	Oskar Czerwenka
Flaminia	Anneliese Rothenberger
Clarice	Dodi Protero
Lisetta	Cora Canne Meijer
Cecco	Ferry Gruber

28. Juli, 9., 16., 23. August Residenz

WOLFGANG AMADEUS MOZART

Così fan tutte
(in italienischer Sprache)

Dirigent:	Karl Böhm
Inszenierung:	Oscar Fritz Schuh
Bühnenbild:	Caspar Neher
Kostüme:	Caspar Neher

Die Wiener Philharmoniker
Chor der Wiener Staatsoper

Fiordiligi	Irmgard Seefried
Dorabella	Christa Ludwig
Guglielmo	Rolando Panerai
Ferrando	Nicolai Gedda
Despina	Graziella Sciutti
Don Alfonso	Karl Dönch

5., 10., 15., 22., 27. August
Felsenreitschule

CHRISTOPH WILLIBALD GLUCK

Orpheus und Eurydike
(in italienischer Sprache)

Dirigent:	Herbert von Karajan
Inszenierung:	Oscar Fritz Schuh
Bühnenbild:	Caspar Neher
Kostüme:	Caspar Neher
Choreographie:	Yvonne Georgi

Die Wiener Philharmoniker
Chor und Ballett der Wiener Staatsoper

Orpheus	Giulietta Simionato
Eurydike	Sena Jurinac
Eros	Graziella Sciutti

8., 14., 20., 25., 29. August
Festspielhaus

RICHARD STRAUSS

Die schweigsame Frau

Dirigent:	Karl Böhm
Inszenierung:	Günther Rennert
Bühnenbild:	Teo Otto
Kostüme:	Erni Kniepert

Die Wiener Philharmoniker
Chor der Wiener Staatsoper

Sir Morosus	Hans Hotter
Haushälterin	Georgine von Milinkovic
Der Barbier	Hermann Prey
Henry Morosus	Fritz Wunderlich
Aminta, seine Frau	Hilde Güden
Isotta	Pierette Alarie
Carlotta	Hetty Plümacher
Morbio	Josef Knapp
Vanuzzi	Karl Dönch
Farfallo	Alois Pernerstorfer

17., 24., 28. August Festspielhaus

HEIMO ERBSE

Julietta
(Uraufführung)

Dirigent:	Antal Doratí
Inszenierung:	Oskar Wälterlin
Bühnenbild:	Caspar Neher
Kostüme:	Caspar Neher
Choreographie:	Yvonne Georgi

Die Wiener Philharmoniker
Chor und Ballett der Wiener Staatsoper

Julietta	Rita Streich
Kommandant	Rudolf Knoll
Mutter	Sieglinde Wagner
Forstmeister	Gerhard Stolze
Graf Falkenberg	Walter Berry
Arzt	Alois Pernerstorfer

Babett	Elisabeth Höngen
Leopardo	Erich Majkut
Alfonso	Alfred Jerger

BALLETT

12., 13., 15., 17. August Landestheater

Jerome Robbins' „Ballets: U.S.A."

with Jamie Bauer, Muriel Bentley, Wilma Curley, Patricia Dunn, Gwenn Lewis, Erin Martin, Christine Mayer, Jane Mason, Barbara Milberg, Beryl Towbin Tommy Abbott, Bob Bakanic, Lawrence Gradus, John Jones, Michael Maule, James Moore, Jay Norman, Bill Reilly, Doug Spingler, James White

Choreography: Jerome Robbins
Musical Direction: Werner Torkanowsky
Das Mozarteum-Orchester

„Moves"

(A Ballet in Silence)

ROBERT PRINCE

„N. Y. Export, Op. Jazz"

Decor: Ben Shahn
Costumes: Ben Shahn / Florence Klotz

CLAUDE DEBUSSY

„Afternoon of a Faun"

(„Prélude à l'après-midi d'un faune")

Decor: Jean Rosenthal
Costumes: Irene Sharaff

FRÉDÉRIC CHOPIN
Orchestration: Hershy Kay

„The Concert" or „The Perils of Everybody"

Decor: Saul Steinberg
Costumes: Irene Sharaff

ORCHESTERKONZERTE

30. Juli, 20 Uhr Festspielhaus

Die Wiener Philharmoniker

Dirigent: Karl Böhm

L. v. BEETHOVEN:	Ouvertüre zu Goethes „Egmont", op. 84
G. v. EINEM:	Symphonische Szenen für Orchester, op. 22
A. BRUCKNER:	Symphonie Nr. 4, Es-Dur „Romantische" (Originalfassung)

1. August, 20 Uhr Mozarteum

Orchestre National de la Radiodiffusion-Télévision Française

Dirigent: Georg Solti
Solist: Clifford Curzon, Klavier

J. HAYDN:	Symphonie Nr. 102, B-Dur
W. A. MOZART:	Konzert für Klavier und Orchester A-Dur, KV 488
	Symphonie Es-Dur, KV 543

3. August, 20 Uhr Mozarteum

Orchestre National de la R.-T.-F.

Dirigent: George Szell
Solistin: Erica Morini, Violine

W. A. MOZART:	Symphonie D-Dur, KV 385 „Haffner"
	Konzert für Violine und Orchester A-Dur, KV 219
J. HAYDN:	Symphonie Nr. 92, G-Dur „Oxford"

6. August, 20 Uhr Mozarteum

Orchestre National de la R.-T.-F.

Dirigent Manuel Rosenthal

A. ROUSSEL:	Bacchus et Ariane (extraits du ballet)
H. DUTILLEUX:	Symphonie
O. MESSIAEN:	L'ascension
M. RAVEL:	Rhapsodie espagnole

9. August, 20 Uhr Festspielhaus

Orchestre National de la R.-T.-F.

Dirigent: Joseph Keilberth
Solist: Wolfgang Schneiderhan, Violine

F. MENDELSSOHN-BARTHOLDY:	Ouvertüre „Die Hebriden", op. 26
F. MARTIN:	Violinkonzert
J. BRAHMS:	Symphonie Nr. 4, e-Moll, op. 98

11. August, 20 Uhr Mozarteum

Orchestre National de la R.-T.-F.

Dirigent: Rudolf Kempe
Solist: Clifford Curzon, Klavier

G. F. HÄNDEL:	Concerto grosso G-Dur, op. 6, Nr. 1
W. A. MOZART:	Konzert für Klavier und Orchester c-Moll, KV 491
H. BERLIOZ:	Phantastische Symphonie in 5 Teilen, op. 14

16. August, 20 Uhr Festspielhaus

New York Philharmonic

Dirigent: Leonard Bernstein
Solist: Seymour Lipkin, Klavier

S. BARBER:	Second Essay for Orchestra
L. BERNSTEIN:	„The age of Anxiety", Symphonie Nr. 2 für Klavier und Orchester (Nach W. H. Auden)
D. SCHOSTAKOWITSCH:	Symphonie Nr. 5, d-Moll, op. 47

19. August, 20 Uhr Felsenreitschule

Die Wiener Philharmoniker

Dirigent: Herbert von Karajan
Orgel: Franz Sauer
Soli: Leontyne Price, Christa Ludwig; Nicolai Gedda, Nicola Zaccaria; Willi Boskovsky, Violinsolo
Singverein der Gesellschaft der Musikfreunde Wien

L. v. BEETHOVEN:	Missa solemnis D-Dur, op. 123

23. August, 11 Uhr Festspielhaus

Die Wiener Philharmoniker

Dirigent: Dimitri Mitropoulos
Orgel: Alois Forer
Soli: Hilde Güden, Sopran; Ira Malaniuk, Alt; Anton Dermota, Fritz Wunderlich, Tenor; Walter Berry, Baß
Singverein der Gesellschaft der Musikfreunde Wien

F. SCHMIDT:	Oratorium „Das Buch mit sieben Siegeln"

27. August, 11 Uhr Mozarteum[1]

Die Wiener Philharmoniker

Dirigent: Karl Münchinger
Solist: Gérard Souzay, Bariton
Mitglieder des Wiener Staatsopernchores

W. A. MOZART:	Ouvertüre zu „Die Hochzeit des Figaro", KV 492
	Symphonie B-Dur, KV 319

J. S. BACH:	Kantate „Ich will den Kreuzstab gerne tragen" (Cembalo: Kurt Neumüller)
W. A. MOZART:	Symphonie C-Dur, KV 551 „Jupiter"

30. August, 20 Uhr Festspielhaus

Die Wiener Philharmoniker

Dirigent: Rafael Kubelik
Soli: Hilde Rössel-Majdan, Alt; Waldemar Kmentt, Tenor

F. SCHUBERT:	Symphonie Nr. 4, c-Moll, „Tragische"
G. MAHLER:	Das Lied von der Erde

KONZERT

des Salzburger Rundfunk- und Mozarteum-Kammerchors

20. August, 20 Uhr Mozarteum

Dirigent: Ernst Hinreiner
Soli: Laurence Dutoit, Sopran; Kurt Equiluz, Tenor; Bengt Wiksten, Bariton; Robert Kuppelwieser, Cembalo
Das Mozarteum-Orchester

G. F. HÄNDEL:	„Das Alexanderfest", weltliches Oratorium in der Fassung von W. A. Mozart, KV 591

SERENADEN

30. Juli, 21 Uhr Residenz

Festival Strings Lucerne

Dirigent: Rudolf Baumgartner

H. PURCELL:	Suite for string orchestra „The married Beau"
A. VIVALDI:	Concerto grosso d-Moll, op. 3, Nr. 11
G. F. HÄNDEL:	Concerto grosso h-Moll, op. 6, Nr. 12
J. HAYDN:	Divertimento Es-Dur „Das Echo"
W. A. MOZART:	Divertimento F-Dur, KV 138

31. Juli, 21 Uhr Residenz

Das Mozarteum-Orchester

Dirigent: Bernhard Paumgartner

W. A. MOZART:	Marsch D-Dur, KV 249
	Serenade D-Dur, KV 250 „Haffner-Serenade" (Violinsolo: Joseph Schröcksnadel)
	Zwei Kontretänze: „Der Sieg vom Helden Coburg", KV 587
	„La Bataille" C-Dur, KV 535

5. August, 21 Uhr Residenz

I Virtuosi di Roma

Dirigent: Renato Fasano
Italienische Instrumentalmusik des 17. und 18. Jahrhunderts

T. ALBINONI:	Concerto d-Moll für Oboe und Streicher
G. B. PERGOLESI:	Concertino für vier Violinen, Violetta, Violone und Cembalo
G. REALI:	„Follia" für zwei Violinen, Violoncello, Kontrabaß und Cembalo di ripieno
A. VIVALDI:	4 Concerti für Streicher und Cembalo di ripieno:
	Concerto Es-Dur, op. VIII „La tempesta di mare"
	Concerto E-Dur „Il riposo"
	Concerto G-Dur „La rustica"
	Concerto A-Dur

10. August, 21 Uhr Residenz

Das Mozarteum-Orchester

Dirigent: Bernhard Conz
Solist: Tivadar Bantay, Oboe

G. Ph. TELEMANN:	Ouvertüre D-Dur
J. HAYDN:	Notturno Nr. 2, C-Dur
G. F. HÄNDEL:	Konzert g-Moll für Oboe und Streichorchester
W. A. MOZART:	Symphonie C-Dur, KV 338, mit Menuett, KV 409

13. August, 21 Uhr Residenz

Wiener Oktett

W. A. MOZART:	Divertimento D-Dur, KV 334
L. v. BEETHOVEN:	Septett Es-Dur, op. 20

20. August, 21 Uhr **Residenz**

Camerata Academica des Mozarteums

Dirigent: Bernhard Paumgartner

G. F. HÄNDEL:	Concerto grosso F-Dur „Wassermusik"
	Concerto grosso D-Dur „Feuerwerksmusik"
W. A. MOZART:	Notturno D-Dur, KV 286
	Marsch D-Dur, KV 408/2

24. August, 21 Uhr Residenz

Das Mozarteum-Orchester

Dirigent: Bernhard Paumgartner

W. A. MOZART:	Serenade D-Dur, **KV 185** (Violinsolo: Joseph Schröcksnadel)
	Eine kleine Nachtmusik G-Dur, KV 525
	Marsch C-Dur, KV 408/1

28. August, 21 Uhr Residenz

Salzburger Bläserkammermusik-Vereinigung

Dirigent: Rudolf Klepač

W. A. MOZART:	Divertimento F-Dur, KV 213
	Serenade Es-Dur, KV 375
Ch. GOUNOD:	Kleine Symphonie
W. A. MOZART:	Serenade c-Moll, KV 388

MATINEEN

2. August, 11 Uhr Mozarteum

Dirigent: Bernhard Paumgartner
Soli: Rita Streich, Sopran; Eugen Prokop, Violine
Camerata Academica des Mozarteums

J. HAYDN:	Symphonie Nr. 53, D-Dur „L'impériale"
	Konzert für Violine und Orchester C-Dur
	Arie „Vada adagio, signorina"
W. A. MOZART:	Arie „Vorrei spiegarvi, oh Dio", KV 418
	Symphonie g-Moll, KV 550

9. August, 11 Uhr Mozarteum

Dirigent: Robert Wagner
Soli: Teresa Stich-Randall, Sopran; Hans Leygraf, Klavier
Das Mozarteum-Orchester

W. A. MOZART:	Ouvertüre zu „La Clemenza di Tito", KV 621
	Konzert für Klavier und Orchester F-Dur, KV 459 „Krönungskonzert"

	Rezitativ und Arie „Ah, lo previdi" KV 272
	Szene und Arie „Misera, dove son!", KV 369
J. HAYDN:	Symphonie Nr. 88, G-Dur

16. August, 11 Uhr Mozarteum

Dirigent: Bernhard Paumgartner
Soli: Pierette Alarie, Sopran; Robert Alexander Bohnke, Klavier
Camerata Academica des Mozarteums

W. A. MOZART:	Symphonie (Ouvertüre) G-Dur, KV 318
	Konzert für Klavier und Orchester B-Dur, KV 595
	Rezitativ und Arie „Ma, che vi fece, o stelle", KV 368
	Szene und Rondo „Mia speranza adorata", KV 416
J. HAYDN:	Divertimento G-Dur, op. 31, Nr. 1
W. A. MOZART:	Symphonie D-Dur, KV 297

22. August, 11 Uhr Mozarteum

Dirigent: Bernhard Paumgartner
Soli: Dodi Protero, Sopran; Gregoria Gobbi Nardi, Rio Nardi, Klavier
Camerata Academica des Mozarteums

J. HAYDN:	Symphonie Nr. 71, B-Dur
W. A. MOZART:	Konzert für zwei Klaviere und Orchester Es-Dur, KV 365
	Scena mit Rondo „Non più, tutto ascoltai", KV 490
	Arie „Voi avete un cor fedele", KV 217
	Symphonie A-Dur, KV 201

30. August, 11 Uhr Mozarteum

Dirigent: Bernhard Paumgartner
Soli: Pierette Alarie, Sopran; Leopold Simoneau, Tenor; Gilbert Schuchter, Klavier
Das Mozarteum-Orchester

J. HAYDN:	Symphonie Nr. 73, D-Dur „La Chasse"
W. A. MOZART:	Konzert für Klavier und Orchester D-Dur, KV 451
	Drei Gesangsduette:
	„Come ti piace, imponi" aus „La Clemenza di Tito", KV 621
	„Spiegarti non poss'io" aus „Idomeneo", KV 489
	„Tu mi lasci" aus „La finta giardiniera", KV 196
	Symphonie C-Dur, KV 425 „Linzer"

KAMMERKONZERTE

27. Juli, 20 Uhr Mozarteum

Tschechisches Nonett

L. SPOHR:	Grand Nonett F-Dur, op. 31
S. PROKOFIEFF:	Quintett op. 39 (1924)
B. MARTINŮ:	Nonett (1959) (Uraufführung)

31. Juli, 20 Uhr Mozarteum

Festival Strings Lucerne

Dirigent: Rudolf Baumgartner
Solistin: Irmgard Seefried, Sopran

J. H. ROMAN:	Sinfonia Nr. XX, e-Moll
J. S. BACH:	Kantate Nr. 202 „Weichet nur, betrübte Schatten"
O. RESPIGHI:	„Il tramonto" Poemetto lirico per canto ed orchestra d'archi
R. KITTLER:	Konzert für die Festival Strings Lucerne (1958)
B. BARTÓK:	Rumänische Volkstänze

4. August, 20 Uhr Mozarteum

I Virtuosi di Roma

Dirigent: Renato Fasano

A. VIVALDI:	Berühmte Konzerte aus op. 8 „Il cimento dell'armonia e dell' inventione" und op. 3 „L'estro armonico"
	Concerto g-Moll, op. 3, Nr. 2
	Concerto C-Dur, op. 8, Nr. 12
	Concerto D-Dur, op. 8, Nr. 11
	Concerto d-Moll, op. 3, Nr. 11
	Concerto a-Moll, op. 3, Nr. 6
	Concerto E-Dur, op. 3, Nr. 12
	Concerto a-Moll, op. 3, Nr. 8

8. August, 20 Uhr Mozarteum

Der Niederländische Kammerchor

Musikalische Leitung: Felix de Nobel
Werke von A. Brumel, J. Desprez, O. de Lassus, G. Palestrina, J. P. Sweelinck, H. L. Haßler, P. Hindemith, D. Milhaud, Cl. Debussy und M. Ravel

10. August, 20 Uhr Mozarteum[1]

Barylli-Quartett

Mitwirkend: Alfred Prinz, Klarinette; Wilhelm Hübner, Viola

W. A. MOZART:	Streichquartett d-Moll, KV 421
	Klarinettenquintett A-Dur, KV 581 „Stadler-Quintett"
	Streichquintett C-Dur, KV 515

26. August, 20 Uhr Mozarteum

Bläservereinigung der Wiener Philharmoniker

J. HAYDN:	Divertimento B-Dur (mit dem Chorale St. Antoni)
P. HINDEMITH:	Kleine Kammermusik für fünf Bläser, op. 24, Nr. 2
A. DVOŘÁK:	Serenade d-Moll, op. 44

LIEDERABENDE

29. Juli, 20 Uhr Mozarteum

Dietrich Fischer-Dieskau, Bariton

Am Flügel: Gerald Moore
Lieder von R. Schumann

12. August, 20 Uhr Mozarteum

Irmgard Seefried, Sopran

Am Flügel: Erik Werba
Lieder von J. Brahms und H. Wolf

14. August, 20 Uhr Mozarteum

Leopold Simoneau, Tenor

Am Flügel: Erik Werba
Lieder von J. Haydn, G. F. Händel, J. Ph. Rameau, H. Duparc und G. Fauré

18. August, 20 Uhr Mozarteum

Nicolai Gedda, Tenor

Am Flügel: Erik Werba
Lieder von N. Piccinni, A. Falconieri, O. Respighi, F. B. Pratella, C. Franck, Cl. Debussy, G. Fauré, M. Glinka, P. I. Tschaikowskij, N. Rimski-Korsakow, S. Rachmaninow, M. Mussorgskij und D. Schostakowitsch

SOLISTENKONZERTE

7. August, 20 Uhr Mozarteum
(Infolge Erkrankung verschoben auf den 25. August)

Glenn Gould, Klavier

J. P. SWEELINCK:	Fantasia für Orgel
A. SCHÖNBERG:	Suite, op. 25
W. A. MOZART:	Sonate C-Dur, KV 330
J. S. BACH:	Aria mit 30 Veränderungen (Klavierübung Teil IV) „Goldberg-Variationen"

13. August, 20 Uhr Mozarteum

Enrico Mainardi, Violoncello; Carlo Zecchi, Klavier

L. v. BEETHOVEN:	Sonate C-Dur, op. 102, Nr. 1
F. SCHUBERT:	Sonate a-Moll (1823)
J. BRAHMS:	Sonate e-Moll, op. 38

21. August, 20 Uhr Mozarteum

Wolfgang Schneiderhan, Violine; Carl Seemann, Klavier

W. A. MOZART:	Sonate D-Dur, KV 306
L. v. BEETHOVEN:	Sonate c-Moll, op. 30/2
F. SCHUBERT:	Sonatine g-Moll, op. 137/3
J. BRAHMS:	Sonate d-Moll, op. 108

29. August, 20 Uhr Mozarteum

Wilhelm Backhaus, Klavier

L. v. BEETHOVEN:	Sonate c-Moll, op. 13 „Pathétique" Sonate d-Moll, op. 31, Nr. 2 „Der Sturm" Sonate C-Dur, op. 53 „Waldstein" Sonate Fis-Dur, op. 78 Sonate As-Dur, op. 110

KONZERTE GEISTLICHER MUSIK

Dirigent: Joseph Messner
Orgel: Franz Sauer
Der Salzburger Domchor — Das Mozarteum-Orchester

26. Juli, 20 Uhr Aula academica

Soli: Ilona Steingruber-Wildgans, Sopran; Ira Malaniuk, Alt; Lorenz Fehenberger, Tenor; Hans van der Leeuw, Baß

W. A. MOZART:	Kirchen-Sonate B-Dur, KV 68 **Litaniae de B. M. V. (Lauretanae) B-Dur, KV 109**
J. HAYDN:	Große Messe B-Dur „Harmonie-Messe"

2. August, 20 Uhr Aula academica

Soli: Edith Oravez, Sopran; Eva Görner, Alt; Lorenz Fehenberger, Tenor; Fernand Koenig, Baß

W. A. MOZART:	Litaniae Lauretanae D-Dur, KV 195 Kirchen-Sonate C-Dur, KV 329 Missa C-Dur, KV 317 „Krönungsmesse"

16. August, 20 Uhr Aula academica

Soli: Laurence Dutoit, Sopran; Gertrude Pitzinger, Alt; Fritz Wunderlich, Tenor; Franz Pacher, Baß

W. A. MOZART:	Kirchen-Sonate C-Dur, KV 328 Regina Coeli C-Dur, KV 276
J. HAYDN:	„Paukenmesse", Missa in tempore belli, C-Dur

23. August, 20 Uhr Aula academica

Soli: Edith Jaeger, Sopran; Gertrude Pitzinger, Alt; George Maran, Tenor; Georg Littasy, Baß

W. A. MOZART:	Requiem, KV 626

KIRCHENKONZERT

8. August, 11 Uhr Erzabteikirche St. Peter[1]

Dirigent: Ernst Hinreiner
Orgel: Franz Sauer
Soli: Teresa Stich-Randall, Annelore Cahnbley; George Maran, Walter Raninger
Das Mozarteum-Orchester
Der Salzburger Rundfunk- und Mozarteum-Kammerchor

W. A. MOZART:	c-Moll-Messe, KV 427 **Ave verum, KV 618**

CHORKONZERT

22. August, 20 Uhr Mozarteum

Straßburger Domchor

Musikalische Leitung: Abbé Alphonse Hoch
Soli: Hanni Mack-Cossak, Sopran; Charles Jauquier, Tenor; Raymond Steffner, Baß; Jeanne Demessieux, Orgel
Camerata Academica des Mozarteums
Werke von G. F. Händel, F. X. Richter, F. Schubert, Ch. M. Widor, G. Fauré, C. Franck und H. Berlioz

1960

26. Juli—30. August

FESTAKT

AUS ANLASS DER ERÖFFNUNG DES NEUEN FESTSPIELHAUSES

26. Juli, 11 Uhr Neues Festspielhaus

	Bundeshymne
Ansprachen:	Bundesminister für Handel und Wiederaufbau Dr. Fritz Bock Bundesminister für Unterricht Dr. Heinrich Drimmel Landeshauptmann von Salzburg Dr. Josef Klaus Bundespräsident Dr. Adolf Schärf

W. A. MOZART: Gloria aus der „Großen Messe c-Moll, KV 427"
Dirigent: Herbert von Karajan
Soli: Leontyne Price, Sopran; Christa Ludwig, Mezzosopran; Waldemar Kmentt, Tenor; Franz Sauer, Orgel
Die Wiener Philharmoniker — Chor der Wiener Staatsoper

SCHAUSPIEL

31. Juli, 7., 14., 15., 21., 28. August
Domplatz / Altes Festspielhaus
HUGO VON HOFMANNSTHAL
Jedermann

Regie:	William Dieterle
Musik:	Joseph Messner
Rhythmische Gestaltung:	Franz Bauer-Pantoulier
Dirigent:	Karl Hudez
Orgel:	Franz Sauer
Stimme des Herrn	Karl Blühm
Tod	Ernst Deutsch
Jedermann	Walther Reyer
Jedermanns Mutter	Dagny Servaes 31.7., 7., 14., 21., 28. 8. Hedwig Pistorius 15. 8.
Guter Gesell	Peter Pasetti
Hausvogt	Herbert Fux
Koch	Hans Schellbach
Armer Nachbar	Ludwig Linkmann
Schuldknecht	Wolfgang Hebenstreith
Schuldknechts Weib	Roswitha Posselt
Buhlschaft	Sigrid Marquardt
Dicker Vetter	Hugo Lindinger
Dünner Vetter	Kurt Sowinetz
Mammon	Benno Sterzenbach
Gute Werke	Annemarie Düringer
Glaube	Elisabeth Flickenschildt
Teufel	Ernst Ginsberg
Spielansager	Hans Brockmann

29. Juli, 6., 13., 19., 25. August
Landestheater
EUGENE O'NEILL
Hughie
(Deutsche Erstaufführung)

Regie:	Oscar Fritz Schuh
Bühnenbild:	Caspar Neher
Kostüme:	Caspar Neher
Erie, ein Maulheld	Werner Hinz
Ein Nachtportier	Hans Putz

JEAN BAPTISTE MOLIERE
Tartuffe

Regie:	Ernst Ginsberg
Bühnenbild:	Johannes Waltz
Kostüme:	Elisabeth Urbancic
Madame Pernelle	Anne Kersten
Orgon	Hans Dieter Zeidler
Elmire	Elfriede Kuzmany
Damis	Klaus Knuth
Mariane	Evelyn Balser
Valère	Ernst Anders
Cleanthe	Karl Schönböck
Tartuffe	Ernst Ginsberg
Dorine	Inge Konradi
Loyal	Joachim Teege
Polizeioffizier	Karl Blühm

4., 9., 15., 20., 26. August Landestheater
CALDERON DE LA BARCA
Dame Kobold

Regie:	Rudolf Steinboeck
Bühnenbild:	Fritz Butz
Kostüme:	Fritz Butz
Bühnenmusik:	Kurt Heuser
Donna Angela	Aglaja Schmid
Don Juan	Kurt Heintel
Don Luis	Erik Frey
Donna Beatriz	Maria Emo
Don Manuel	Peter Arens
Cosme	Peter Weck
Isabel	Nicole Heesters
Rodrigo	Kurt Sowinetz

OPER

26. Juli, 4., 6., 13., 18., 28. August
Neues Festspielhaus
RICHARD STRAUSS
Der Rosenkavalier

Dirigent:	Herbert von Karajan
Inszenierung:	Rudolf Hartmann
Bühnenbild:	Teo Otto
Kostüme:	Erni Kniepert

Die Wiener Philharmoniker
Chor der Wiener Staatsoper

Marschallin	Lisa Della Casa 26.7., 4., 13.—28. 8. Elisabeth Schwarzkopf 6. 8.
Baron Ochs	Otto Edelmann
Octavian	Sena Jurinac
Faninal	Erich Kunz 26. 7., 4., 13.—28. 8. Alfred Poell 6. 8.
Sophie	Hilde Güden 26. 7. Anneliese Rothenberger 4.—28. 8.
Leitmetzerin	Judith Hellwig
Valzacchi	Renato Ercolani
Annina	Hilde Rössel-Majdan
Haushofmeister bei Marschallin	Erich Majkut
Haushofmeister bei Faninal	Siegfried R. Frese
Polizeikommissär	Alois Pernerstorfer
Notar	Josef Knapp
Sänger	Giuseppe Zampieri
Wirt	Fritz Sperlbauer

27. Juli, 7., 21., 27. August Landestheater
WOLFGANG AMADEUS MOZART
Così fan tutte
(in italienischer Sprache)

Dirigent:	Karl Böhm
Inszenierung:	Günther Rennert
Bühnenbild:	Leni Bauer-Ecsy
Kostüme:	Leni Bauer-Ecsy

Die Wiener Philharmoniker
Chor der Wiener Staatsoper

Fiordiligi	Elisabeth Schwarzkopf
Dorabella	Christa Ludwig
Guglielmo	Hermann Prey
Ferrando	Waldemar Kmentt
Despina	Graziella Sciutti
Don Alfonso	Karl Dönch

1., 9., 14., 22. August Felsenreitschule
GIUSEPPE VERDI
Don Carlos
(in italienischer Sprache)

Dirigent: Nello Santi
In der Inszenierung von Gustaf Gründgens

Regie:	Peter Gorski
Bühnenbild:	Caspar Neher
Kostüme:	Caspar Neher

Die Wiener Philharmoniker
Chor der Wiener Staatsoper

Ein Mönch	Nicola Zaccaria
Philipp II.	Boris Christoff
Don Carlos	Eugenio Fernandi
Marquis von Posa	Ettore Bastianini
Graf Lerma	Carlo Schmidt
Der Großinquisitor	Raffaele Arié
Elisabeth von Valois	Sena Jurinac
Prinzessin Eboli	Regina Resnik 1., 9. Christa Ludwig 14., 22.
Marquesa von Mondekar	Liselotte Maikl
Tebaldo	Norbert Balatsch
Gräfin Aremberg	Irene Bernhofer
Ein Herold	Klaus Klinke
Stimme vom Himmel	Liselotte Maikl

3., 10., 17., 25., 29. August
Altes Festspielhaus
WOLFGANG AMADEUS MOZART
Don Giovanni
(in italienischer Sprache)

Dirigent:	Herbert von Karajan
Inszenierung:	Oscar Fritz Schuh
Bühnenbild:	Teo Otto
Kostüme:	Georges Wakhevitch

Die Wiener Philharmoniker
Chor der Wiener Staatsoper

Don Giovanni	Eberhard Waechter
Donna Elvira	Elisabeth Schwarzkopf
Il Commendatore	Nicola Zaccaria
Donna Anna	Leontyne Price
Don Ottavio	Cesare Valletti
Leporello	Walter Berry
Zerline	Graziella Sciutti
Masetto	Rolando Panerai

5., 15., 19., 24. August Residenz

WOLFGANG AMADEUS MOZART

La finta semplice

Dirigent:	Bernhard Conz
Inszenierung:	Georg Reinhardt
Bühnenbild:	Heinrich Wendel
Kostüme:	Xenia Chris

Das Mozarteum-Orchester

Cassandro	Franz Mazura
Polidoro	Erwin Wohlfahrt
Giacinta	Bianca-Maria Casoni
Ninetta	Edith Mathis
Fracasso	Manfred Schmidt
Simone	Peter Prohaska
Rosina	Ingeborg Hallstein

8., 16., 26. August Altes Festspielhaus

WOLFGANG AMADEUS MOZART

Le Nozze di Figaro

(in italienischer Sprache)

Dirigent:	Karl Böhm
Inszenierung:	Günther Rennert
Bühnenbild:	Ita Maximowna
Kostüme:	Ita Maximowna

Die Wiener Philharmoniker
Chor der Wiener Staatsoper

Graf Almaviva	Dietrich Fischer-Dieskau
Gräfin	Lisa Della Casa
Susanna	Irmgard Seefried
Figaro	Erich Kunz
Basilio	Murray Dickie
Bartolo	Alois Pernerstorfer
Marcellina	Hilde Rössel-Majdan
Cherubino	Christa Ludwig
Antonio	Ljubomir Pantscheff
Barbarina	Liselotte Maikl
Curzio	Erich Majkut

12., 19., 30. August Altes Festspielhaus

WOLFGANG AMADEUS MOZART

Die Zauberflöte

Dirigent:	Joseph Keilberth
Inszenierung:	Günther Rennert
Bühnenbild:	Ita Maximowna
Kostüme:	Ita Maximowna

Die Wiener Philharmoniker
Chor der Wiener Staatsoper

Sarastro	Gottlob Frick
Tamino	Fritz Wunderlich
Sprecher	Eberhard Waechter
1. Priester	Erich Majkut
2. Priester	Ljubomir Pantscheff
Königin der Nacht	Erika Köth 12., Elena Raina 19., Mimi Coertse 30.
Pamina	Lieselotte Fölser
1. Dame	Lisa Otto
2. Dame	Hetty Plümacher
3. Dame	Sieglinde Wagner
Papageno	Walter Berry
Papagena	Graziella Sciutti
Monostatos	Kurt Marschner
3 Knaben	3 Wiener Sängerknaben
1. Geharnischter	Robert Charlebois
2. Geharnischter	Alois Pernerstorfer

15., 20., 23. August Neues Festspielhaus

FRANK MARTIN

Mysterium von der Geburt des Herrn

(Szenische Uraufführung)

Dirigent:	Heinz Wallberg
Inszenierung:	Margarete Wallmann
Bühnenbild:	Helmut Jürgens
Kostüme:	Anni Keim-Strauss

Das Berliner Philharmonische Orchester
Chor und Ballett der Wiener Staatsoper
Ein Salzburger Kammerchor

Gott Vater	Günther Wilhelms
Erzengel Gabriel	Waldemar Kmentt
Lucifer	Ludwig Welter
Satan	Gerhard Stolze
Beelzebub	Murray Dickie
Astaroth	Siegfried R. Frese
Ein Spieler als Prologus	Caspar Bröcheler
Unsere Frau	Teresa Stich-Randall
Joseph	Otto Wiener
Elisabeth	Regina Resnik
Simeon der Prophet	Frederick Guthrie
Die Prophetin Anna	Regina Resnik
Ein Priester	Guus Hoekman
Die Heiligen 3 Könige	Siegfried R. Frese, Kurt Equiluz, Ludwig Welter
Rifflart	Murray Dickie
Ysambert	Kurt Equiluz
Pellion	Caspar Bröcheler
Aloris	Guus Hoekman

BALLETT

Luisillo y su Teatro de Danza Española

Künstlerische Leitung / Choreographie: Luisillo
Mitwirkende: Maria Vivo, Josefa Ibarz, Carmen Aracena, Nuria Ranz, Silvia Ros, Cecilia Santos, Angeles Tirado, Fina Vivo, Lita Vivo
Enrique Alabarta, Miguel Galindo, José Granero, Miguel Puertas, Pablo Canas, Francisco Gonzalez, Carlos Palacios, Francisco Quesada

Cantaores Flamencos: Rafael de los Reyes / Nino Alegria
Guitarristas: Fernando Sanchez, Antonio Losada, Antonio de Cordoba
Instrumentalista: Pedro Alvarez
Dirigent: José R. Azagra
Das Mozarteum-Orchester

11., 12. August Landestheater

Sinfonia Sevillana

Musik: Joaquin Turina
Bühnenbild / Kostüme: Leo Anchoriz

Trigales de Trebujena

Musik für Gitarre: J. R. Azagra / G. Serrano
Bühnenbild: Luis Roberto Zafra
Kostüme: nach Stichen von Gustave Doré

Romance Cordobes

Musik: Joaquin Nin
Kostüme: Capuletti

Pandeirada de Santiago

Musik: José Ruiz Azagra
Bühnenbild: Luis Roberto Zafra
Kostüme: Federico Laorga

Gigantes y Cabezudos

(Riesen und große Masken)

Musik: Manuel Fernandez Caballero
Bühnenbild / Kostüme: Capuletti

Luna de Sangre

(Blutroter Mond)

Ballett ohne Musik
Choreographie: Luis Perez Davila
Kostüme: Federico Laorga

Botilleria de los Faroles

Musik für Gitarre: J. R. Azagra / G. Serrano
Bühnenbild: Luis Roberto Zafra
Kostüme: Federico Laorga

14., 16. August Landestheater

Amanecer en el Parque

(Morgendämmerung im Park)

Musik: Joaquin Turina
Bühnenbild / Kostüme: Roman Calatayu

Gitanos de la Alpujarra

Musik für Gitarre: J. R. Azagra / G. Serrano
Bühnenbild: Clave
Kostüme: nach Stichen von Gustave Doré

Polo

Musik: Joaquin Nin
Kostüme: Federico Laorga

Ronda Huertana

(Das Erntefest)
Musik: J. R. Azagra
Bühnenbild / Kostüme: Roman Calatayu

Nocturno Flamenco

(Seguiriyas Gitanes)

Musik für Gitarre: J. R. Azagra / G. Serrano
Kostüme: Federico Laorga

El Ciego

(Der Blinde)

Musik: Joaquin Turina
Kostüme: Federico Laorga

Café Flamenco

Musik für Gitarre: J. R. Azagra / G. Serrano
Dekoration / Kostüme: Roman Calatayu

ORCHESTERKONZERTE

2. August, 20 Uhr Neues Festspielhaus

Die Wiener Philharmoniker

Dirigent: Karl Böhm
Solist: Wilhelm Backhaus, Klavier

W. A. MOZART:	Symphonie C-Dur, KV 338, mit Menuett C-Dur, KV 409
	Konzert für Klavier und Orchester B-Dur, KV 595
L. v. BEETHOVEN:	Symphonie Nr. 7, A-Dur, op. 92

5. August, 20 Uhr Mozarteum[1]

Die Wiener Philharmoniker

Dirigent: Karl Münchinger
Solist: Friedrich Gulda, Klavier

W. A. MOZART:	Ouvertüre zu „Der Schauspieldirektor", KV 486
	Symphonie A-Dur, KV 201
	Konzert für Klavier und Orchester C-Dur, KV 503
	Symphonie D-Dur, KV 385 „Haffner"

7. August, 20 Uhr Neues Festspielhaus

Das Berliner Philharmonische Orchester

Dirigent: Herbert von Karajan

J. S. BACH:	Orchestersuite Nr. 2, h-Moll (Flötensolo: Karl Heinz Zöller)
I. STRAWINSKY:	Symphonie en ut
R. STRAUSS:	Ein Heldenleben, op. 40 (Violinsolo: Michèl Schwalbé)

14. August, 20 Uhr Mozarteum

Die Wiener Philharmoniker

Dirigent: Carl Schuricht
Solist: Willi Boskovsky, Violine

W. A. MOZART:	Symphonie D-Dur, KV 504 „Prager"
	Konzert für Violine und Orchester G-Dur, KV 216
	Symphonie C-Dur, KV 551 „Jupiter"

17. August, 20 Uhr Neues Festspielhaus

Das Berliner Philharmonische Orchester

Dirigent: Joseph Keilberth
Solist: Christian Ferras, Violine

F. SCHUBERT:	Ouvertüre zu „Rosamunde", op. 26
A. BERG:	Konzert für Violine und Orchester „Dem Andenken eines Engels"
A. BRUCKNER:	Symphonie Nr. 9, d-Moll (Originalfassung)

21. August, 11 Uhr Altes Festspielhaus

Die Wiener Philharmoniker

Dirigent: Heinz Wallberg
Solist: Alfred Brendel, Klavier

P. HINDEMITH:	Symphonie „Mathis der Maler"
E. KŘENEK:	Zweites Klavierkonzert, op. 81 (1937)
I. STRAWINSKY:	Der Feuervogel (Fassung 1919)

21. August, 20 Uhr Neues Festspielhaus

Das Berliner Philharmonische Orchester

Dirigent: Dimitri Mitropoulos

F. MENDELSSOHN-BARTHOLDY:	Symphonie Nr. 3, a-Moll, op. 56 „Schottische"
A. SCHÖNBERG:	Variationen für Orchester, op. 31
CL. DEBUSSY:	La Mer

24. August, 20 Uhr Neues Festspielhaus

Die Wiener Philharmoniker

Dirigent: Herbert von Karajan
Orgel: Franz Sauer
Soli: Leontyne Price, Sopran; Hilde Rössel-Majdan, Alt; Fritz Wunderlich, Tenor; Eberhard Waechter, Walter Berry, Baß
Singverein der Gesellschaft der Musikfreunde Wien

W. A. MOZART:	Requiem, KV 626
A. BRUCKNER:	Te Deum

28. August, 11 Uhr Felsenreitschule

Die Wiener Philharmoniker

Dirigent: Dimitri Mitropoulos
Soli: Mimi Coertse, Hilde Zadek, Sopran; Lucretia West, Ira Malaniuk, Alt; Giuseppe Zampieri, Tenor; Hermann Prey, Bariton; Otto Edelmann, Baß
Konzertvereinigung Wiener Staatsopernchor
Singverein der Gesellschaft der Musikfreunde Wien
Die Wiener Sängerknaben

G. MAHLER:	Symphonie Nr. 8, Es-Dur, „Symphonie der Tausend"

SERENADEN

27. Juli, 21 Uhr Residenz

Das Mozarteum-Orchester

Dirigent: Bernhard Conz

L. MOZART:	Jagd-Symphonie
W. A. MOZART:	Serenade D-Dur, KV 320 „Posthorn-Serenade"
	Drei deutsche Tänze aus KV 602, 600 und 605

28. Juli, 21 Uhr Residenz

Camerata Academica des Mozarteums

Dirigent: Robert Wagner

W. A. MOZART:	Divertimento D-Dur, KV 251 (Solooboe: Tivadar Bantay) Serenade D-Dur, KV 203 (Violinsolo: Christa Richter-Steiner) Marsch D-Dur, KV 237

30. Juli, 21 Uhr Residenz

Südwestdeutsches Kammerorchester

Dirigent: Friedrich Tilegant

J. HAYDN:	Cassation G-Dur
L. BOCCHERINI:	Drei Tänze
W. A. MOZART:	Divertimento F-Dur, KV 138 Serenade D-Dur, KV 239 „Serenata notturna"

8. August, 21 Uhr Residenz

Das Mozarteum-Orchester

Dirigent: Mladen Basič

W. A. MOZART:	Serenade D-Dur, KV 250 „Haffner-Serenade" Marsch D-Dur, KV 249 Eine kleine Nachtmusik G-Dur, KV 525

18. August, 21 Uhr Residenz

Salzburger Bläserkammermusik-Vereinigung

Dirigent: Rudolf Klepač

F. A. ROSETTI: (RÖSSLER)	Septett D-Dur
W. A. MOZART:	Divertimento Es-Dur, KV 166 Serenade c-Moll, KV 388
J. HAYDN:	Divertimento B-Dur (mit dem Chorale St. Antoni)

23. August, 21 Uhr Residenz

Das Mozarteum-Orchester

Dirigent: Gerhard Wimberger

W. A. MOZART:	Cassation B-Dur, KV 99 Sechs deutsche Tänze, KV 567 Divertimento D-Dur, KV 131 Marsch D-Dur, KV 408/2

26. August, 21 Uhr Residenz

Bläservereinigung der Wiener Philharmoniker

W. A. MOZART:	Divertimento F-Dur, KV 213 Serenade Es-Dur, KV 375 Serenade B-Dur, KV 361

MATINEEN

Dirigent: Bernhard Paumgartner

31. Juli, 11 Uhr Mozarteum

Soli: Rita Streich, Sopran; Ingrid Haebler, Klavier
Camerata Academica des Mozarteums

W. A. MOZART:	Symphonie (Ouvertüre) Es-Dur, KV 184 Konzert für Klavier und Orchester G-Dur, KV 453 Arie „Vorrei spiegarvi, oh Dio", KV 418 Rezitativ und Arie „Alcandro, lo confesso", KV 294 Symphonie D-Dur, KV 504 „Prager"

7. August, 11 Uhr Mozarteum

Soli: Teresa Stich-Randall, Sopran; Géza Anda, Klavier
Camerata Academica des Mozarteums

W. A. MOZART:	Ouvertüre zu „Lucio Silla", KV 135 Konzert für Klavier und Orchester C-Dur, KV 467 Rezitativ und Arie „Ah, lo previdi", KV 272 Arie Licenza aus „Il sogno di Scipione", KV 126, Nr. 11 b Symphonie g-Moll, KV 183

15. August, 11 Uhr Mozarteum

Soli: Cesare Valletti, Tenor; Rudolf Klepač, Fagott
Camerata Academica des Mozarteums

W. A. MOZART:	Symphonie D-Dur, KV 181 Konzert für Fagott und Orchester B-Dur, KV 191 Rezitativ und Arie „Misero! o sogno!", KV 431 Arie „Per pietà, non ricercate", KV 420 Symphonie G-Dur, KV 74

21. August, 11 Uhr Mozarteum

Soli: Teresa Stich-Randall, Sopran; André Navarra, Violoncello
Camerata Academica des Mozarteums

J. HAYDN:	Symphonie Nr. 70, D-Dur Konzert für Violoncello und Orchester D-Dur
W. A. MOZART:	Arie „Ah se in ciel, benigne stelle", KV 538 Arie „Alma grande e nobil core" KV 578 Divertimento D-Dur KV 205

27. August, 11 Uhr Mozarteum

Soli: Murray Dickie, Tenor; Jörg Demus, Klavier; Tivadar Bantay, Oboe; Otto Lang, Klarinette; Hans Michael Höltzel, Horn; Rudolf Klepač, Fagott
Das Mozarteum-Orchester

W. A. MOZART:	Sinfonia concertante, Es-Dur, für Oboe, Klarinette, Horn, Fagott und Orchester, KV 297 b Konzert für Klavier und Orchester D-Dur, KV 537 „Krönungskonzert" Arie „Se al labbro mio non credi" KV 295 Arie „Müßt' ich auch durch tausend Drachen", KV 435 Symphonie F-Dur, KV 112

KAMMERKONZERTE

29. Juli, 20 Uhr Mozarteum

Südwestdeutsches Kammerorchester

Dirigent: Friedrich Tilegant
Soli: Reinhold Barchet, Violine; Jacoba Muckel, Violoncello

G. PH. TELEMANN:	Suite g-Moll
G. F. HÄNDEL:	Concerto grosso g-Moll, op. 6, Nr. 6
G. B. PERGOLESI:	Concertino f-Moll
J. CHRISTOPH BACH:	Symphonie concertante A-Dur für Violine, Violoncello und Orchester
B. MARCELLO:	Introduzione, Aria und Presto

2. August, 20 Uhr Mozarteum[1]

Wiener Konzerthausquartett

Mitwirkend: Josef Herrmann, Kontrabaß; Josef Veleba, 1. Horn; Otto Nitsch, 2. Horn

W. A. MOZART:	Streichquartett Es-Dur, KV 428
	Streichquartett D-Dur, KV 575
	Divertimento D-Dur, KV 334

4. August, 20 Uhr Mozarteum

I Musici

A. CORELLI:	Concerto grosso g-Moll, op. 6 Nr. 8 (fatto per la notte di natale)
G. B. PERGOLESI:	Concertino für Streicher g-Moll Nr. 1
A. VIVALDI:	Konzert E-Dur für Violine, Streicher u. Cembalo, op. 35, Nr. 6 „L'amorosa"
W. A. MOZART:	Adagio und Fuge c-Moll, KV 546
J. S. BACH:	Konzert für zwei Violinen, Streicher und Cembalo d-Moll

9. August, 20 Uhr Mozarteum

Mitglieder des Kölner Rundfunk-Sinfonieorchesters (WDR)

Dirigent: Pierre Boulez
Solistin: Eva Maria Rogner, Sopran

K. STOCKHAUSEN:	Kontrapunkte (1953)
A. v. WEBERN:	Fünf geistliche Lieder, op. 15
	Sechs Lieder, op. 14
	Drei Volkstexte, op. 17
	Konzert, op. 24
P. BOULEZ:	Improvisation sur Mallarmé I. und II. (1957)

11. August, 20 Uhr Mozarteum

Juilliard String Quartet

L. v. BEETHOVEN:	Streichquartett F-Dur, op. 135
B. BARTÓK:	Streichquartett Nr. 4
M. RAVEL:	Streichquartett F-Dur

22. August, 20 Uhr Mozarteum

Trio Hongrois

J. HAYDN:	Klaviertrio G-Dur, op. 75, Nr. 1
L. v. BEETHOVEN:	Klaviertrio D-Dur, op. 70, Nr. 1 „Geistertrio"
J. BRAHMS:	Klaviertrio H-Dur, op. 8

LIEDERABENDE

28. Juli, 20 Uhr Mozarteum

Dietrich Fischer-Dieskau, Bariton

Am Flügel: Gerald Moore
Lieder von H. Wolf

31. Juli, 20 Uhr Mozarteum

Irmgard Seefried, Sopran
Dietrich Fischer-Dieskau, Bariton

Am Flügel: Gerald Moore und Erik Werba
Lieder von H. Wolf
(zur 100. Wiederkehr seines Geburtstages)

6. August, 20 Uhr Mozarteum

Cesare Valletti, Tenor

Am Flügel: Leo Taubmann
Lieder von G. F. Händel, G. Sarti, B. Pasquini, A. Scarlatti, I. Pizzetti, H. Berlioz, R. Schumann

13. August, 20 Uhr Mozarteum

Elisabeth Schwarzkopf, Sopran

Am Flügel: Gerald Moore
Lieder von F. Schubert

18. August, 20 Uhr Mozarteum

Irmgard Seefried, Sopran

Am Flügel: Erik Werba
Lieder von R. Schumann

SOLISTENKONZERTE

30. Juli, 20 Uhr Mozarteum

Wilhelm Backhaus, Klavier

L. v. BEETHOVEN:	Sonate F-Dur, op. 10, Nr. 2
	Sonate As-Dur, op. 26 (Trauermarsch)
	Sonate Es-Dur, op. 31, Nr. 3
	Sonate A-Dur, op. 101
	Sonate E-Dur, op. 109

3. August, 20 Uhr Mozarteum

Géza Anda, Klavier

J. HAYDN:	Sonate F-Dur
J. BRAHMS:	Sonate f-Moll, op. 5
F. CHOPIN:	Zwölf Etüden, op. 25

10. August, 20 Uhr Mozarteum

Pierre Fournier, Violoncello; Urs Voegelin, Klavier

L. v. BEETHOVEN:	Sonate A-Dur, op. 69
J. S. BACH:	Suite Nr. 3, C-Dur (für Violoncello allein)
A. HONEGGER:	Sonate
F. CHOPIN:	Introduction et Polonaise, op. 3 (Originalwerk)
N. PAGANINI:	Variationen auf einer Saite

16. August, 20 Uhr Mozarteum

Shura Cherkassky, Klavier

J. PH. RAMEAU:	Gavotte und Variationen, a-Moll
F. SCHUBERT:	Grande Sonata Nr. 2, A-Dur, posth.
F. CHOPIN:	Scherzo cis-Moll, op. 39
	Impromptu As-Dur, op. 29
	Nocturne e-Moll, op. 72
	Walzer, As-Dur, op. 42
I. PADEREWSKI:	Variationen und Fuge über ein Originalthema, op. 11
I. STRAWINSKY:	Pétrouchka-Suite

23. August, 20 Uhr Mozarteum

Robert und Gaby Casadesus, Klavier

W. A. MOZART:	Sonate für zwei Klaviere D-Dur, KV 448
F. SCHUBERT:	Fantasie f-Moll für vierhändiges Klavier, op. 103
M. RAVEL:	„Ma Mère l'Oye", Suite

A. E. CHABRIER:	Deuxième valse romantique pour deux pianos
R. CASADESUS:	Tarantelle pour deux pianos, op. 36
FL. SCHMITT:	Rapsodie française pour deux pianos, op. 53

KONZERTE GEISTLICHER MUSIK

Dirigent: Joseph Messner
Orgel: Franz Sauer
Der Salzburger Domchor — Das Mozarteum-Orchester

31. Juli, 20 Uhr Aula academica

Soli: Rosl Schwaiger, Sopran; Friederike Baumgartner, Alt; George Maran, Tenor; Alois Pernerstorfer, Baß

W. A. MOZART:	Kirchen-Sonate D-Dur, KV 245
	Offertorium sub venerabili sacramento, KV 177 und 342
J. HAYDN:	Messe d-Moll „Nelson-Messe"

14. August, 11.30 Uhr Aula academica

Soli: Edith Oravez, Sopran; Ira Malaniuk, Alt; Hubert F. Grabner, Tenor; Franz Pacher, Baß

G. B. PERGOLESI:	Stabat mater (Zum 250. Geburtstag)
W. A. MOZART:	Kirchen-Sonate C-Dur, KV 329
	Missa C-Dur, KV 317 „Krönungs-Messe"

27. August, 20 Uhr Aula academica

Soli: Laurence Dutoit, Sopran; Friederike Baumgartner, Alt; Desmond Clayton, Tenor; Friedrich Nidetzky, Baß

W. A. MOZART:	Offertorium „Benedictus sit Deus", KV 117
L. v. BEETHOVEN:	Messe C-Dur, op. 86

KIRCHENKONZERT

13. August, 11 Uhr Erzabteikirche St. Peter[1]

Dirigent: Bernhard Paumgartner
Orgel: Franz Sauer
Soli: Edith Mathis, Annelore Cahnbley; George Maran, Walter Raninger
Das Mozarteum-Orchester — Der Salzburger Rundfunk- und Mozarteum-Kammerchor

W. A. MOZART:	c-Moll-Messe KV 427
	Ave verum, KV 618

6. August, 20 Uhr Aula academica

Veranstaltung des Salzburger Rundfunk- und Mozarteum-Chors

TOBIAS PHILIPP FREIHERR VON GEBLER

THAMOS, KÖNIG IN ÄGYPTEN

Chöre und Zwischenaktmusik:
WOLFGANG AMADEUS MOZART, KV 345

Konzertfassung und verbindender Text: Bernhard Paumgartner

Dirigent: Ernst Hinreiner

Gesangssolisten: Annelore Cahnbley, Sopran; Margarete Kissel, Alt; Rudolf Orbert, Tenor; Helmut Pesendorfer, Bariton; Robert Granzer, Baß-Bariton
Camerata Academica des Mozarteums
Salzburger Rundfunk und Mozarteum-Chor
Die Personen der Handlung und ihre Sprecher:

Thamos	Franz Trager
Pheron	Otto Bolesch
Mirza	Herta Weber
Sethos	Hans Heinrich Welser
Sais	Regina Wilbert
Phanes	Paul Horn
Sprecher (Erzähler)	Otto David

1961

26. Juli—31. August

SCHAUSPIEL

27. Juli, 10., 17., 25. August
Felsenreitschule

FERDINAND RAIMUND

Der Bauer als Millionär

Regie:	Rudolf Steinboeck
Bühnenbild:	Lois Egg
Kostüme:	Erni Kniepert
Musik:	Paul Angerer / Josef Drechsler
Choreographie:	Dia Luca
Dirigent:	Paul Angerer

Das Mozarteum-Orchester
Das Ballett der Wiener Volksoper

Lacrimosa	Käthe Gold
Bustorius	Hanns Obonya
Ajaxerle	Ernst Anders
Zenobius	Viktor Braun
Zufriedenheit	Paula Wessely
Jugend	Renate Holm
Hohes Alter	Hans Moser
Neid	Kurt Sowinetz
Haß	Erik Frey
Nigowitz	Franz Böheim
Tophan	Otto Kerry
Die Nacht	Laurence Dutoit
Fortunatus Wurzel	Josef Meinrad
Lottchen	Christiane Hörbiger
Lorenz	Otto Schenk
Habakuk	Kurt Weinzierl
Karl Schilf	Erich Auer
Musensohn	Helmut Janatsch
Schmeichelfeld	Richard Tomaselli
Afterling	Hugo Gottschlich

30. Juli, 6., 13., 15., 20., 27. August
Domplatz / Neues Festspielhaus

HUGO VON HOFMANNSTHAL

Jedermann

Regie:	Gottfried Reinhardt
Kostüme:	Tony Duquette
Musik:	Ernst Křenek
Choreographie:	Heinz Rosen
Dirigent:	Ernst Hinreiner
Orgel:	Franz Sauer

Stimme des Herrn	Ewald Balser
Tod	Kurt Heintel
Jedermann	Walther Reyer
Jedermanns Mutter	Alma Seidler
Guter Gesell	Wolfgang Gasser
Hausvogt	Eduard Cossovel
Koch	Viktor Braun
Armer Nachbar	Helmut Janatsch
Schuldknecht	Karl Blühm
Schuldknechts Weib	Roswitha Posselt
Buhlschaft	Ellen Schwiers
Dicker Vetter	Rudolf Rhomberg
Dünner Vetter	Peter P. Jost
Mammon	Paul Dahlke
Gute Werke	Sonja Sutter
Glaube	Paula Wessely
Teufel	Heinrich Schweiger
Spielansager	Julius Patzak

11., 19., 26., 31. August
Neues Festspielhaus

JOHANN WOLFGANG VON GOETHE

Faust

Der Tragödie erster Teil

Regie:	Leopold Lindtberg
Bühnenbild:	Teo Otto

Kostüme:	Teo Otto
Musik und Dirigent:	Rolf Langnese
Choreographie:	Janine Charrat
Sprechchöre:	Ellen Widmann

Direktor	Paul Hoffmann
Dichter	Peter Lühr
Lustige Person	Boy Gobert
Der Herr	Ewald Balser
Raphael	Judith Holzmeister
Gabriel	Erich Auer
Michael	Wolfgang Stendar
Mephisto	Will Quadflieg
Faust	Attila Hörbiger
Wagner	Bruno Hübner
Schüler	Bruno Dallansky
Margarete	Aglaja Schmid
Marthe	Susi Nicoletti
Lieschen	Annemarie Düringer
Valentin	Walther Reyer
Frosch	Franz Böheim
Brander	Kurt Sowinetz
Siebel	Edd Stavjanik
Altmayer	Hanns Obonya
Hexe	Blanche Aubry
Irrlicht	Dolores Hubert

GOETHE-MATINEE

15. August 11 Uhr Mozarteum

Will Quadflieg

spricht Dichtungen von
JOHANN WOLFGANG VON GOETHE

OPER

26. Juli, 10., 28. August
Neues Festspielhaus

WOLFGANG AMADEUS MOZART

Idomeneo

(in italienischer Sprache)

Dirigent:	Ferenc Fricsay
Inszenierung:	Paul Hager
Bühnenbild:	Stefan Hlawa
Kostüme:	Charlotte Flemming
Choreographie:	Heinz Rosen

Die Wiener Philharmoniker
Chor der Wiener Staatsoper

Idomeneo	Waldemar Kmentt
Idamantes	Ernst Haefliger
Elektra	Elisabeth Grümmer
Ilia	Pilar Lorengar
Arbaces	Renato Capecchi
Oberpriester	Eberhard Waechter
Stimme des Orakels	Georg Littasy
Kretensische Mädchen	Irmgard Stadler Margret Nessel
Trojaner	Kurt Equiluz Robert Kerns

28. Juli, 3., 12., 18., 25., 30. August
Neues Festspielhaus

RICHARD STRAUSS

Der Rosenkavalier

Dirigent:	Karl Böhm
Inszenierung:	Rudolf Hartmann
Bühnenbild:	Teo Otto
Kostüme:	Erni Kniepert

Die Wiener Philharmoniker
Chor der Wiener Staatsoper

Marschallin	Elisabeth Schwarzkopf
Baron Ochs	Otto Edelmann
Octavian	Christa Ludwig
Faninal	Otto Wiener 28. 7., 3.—25. 8. Willy Ferenz 30. 8.
Sophie	Anneliese Rothenberger
Leitmetzerin	Judith Hellwig
Valzacchi	Renato Ercolani
Annina	Sieglinde Wagner
Haushofmeister bei Marschallin	Glade Peterson
Haushofmeister bei Faninal	Siegfried R. Frese
Polizeikommissär	Robert Granzer
Notar	Josef Knapp
Sänger	Nicolai Gedda 28. 7.—12. 8. Giuseppe Zampieri 18.—30. 8.
Wirt	Fritz Sperlbauer

1., 8., 14., 27. August
Altes Festspielhaus

WOLFGANG AMADEUS MOZART

Così fan tutte

(in italienischer Sprache)

Dirigent:	Karl Böhm
Inszenierung:	Günther Rennert
Bühnenbild:	Leni Bauer-Ecsy
Kostüme:	Leni Bauer-Ecsy

Die Wiener Philharmoniker
Chor der Wiener Staatsoper

Fiordiligi	Elisabeth Schwarzkopf
Dorabella	Christa Ludwig
Guglielmo	Hermann Prey
Ferrando	Waldemar Kmentt
Despina	Graziella Sciutti
Don Alfonso	Karl Dönch

2., 5., 11., 19., 22. August
Altes Festspielhaus

WOLFGANG AMADEUS MOZART

Don Giovanni

(in italienischer Sprache)

Dirigent:	Herbert von Karajan
Inszenierung:	Oscar Fritz Schuh
Bühnenbild:	Teo Otto
Kostüme:	Georges Wakhevitch

Die Wiener Philharmoniker
Chor der Wiener Staatsoper

Don Giovanni	Eberhard Waechter
Donna Elvira	Wilma Lipp
Il Commendatore	Nicola Zaccaria
Donna Anna	Leontyne Price
Don Ottavio	Nicolai Gedda
Leporello	Walter Berry
Zerline	Graziella Sciutti
Masetto	Rolando Panerai

4., 8., 13., 16., 23. August Residenz

WOLFGANG AMADEUS MOZART

Die Entführung aus dem Serail

Dirigent:	Istvan Kertesz
Inszenierung:	Hans Hartleb
Bühnenbild:	Hans Ulrich Schmückle
Kostüme:	Hans Ulrich Schmückle

Das Mozarteum-Orchester
Chor der Wiener Staatsoper

Selim, Bassa	Andreas Wolf
Konstanze	Ruth Margret Pütz
Blondchen	Renate Holm
Belmonte	Fritz Wunderlich
Pedrillo	Erwin Wohlfahrt
Osmin	Georg Littasy

9., 15., 24., 29. August Felsenreitschule

GIUSEPPE VERDI

Simone Boccanegra

(in italienischer Sprache)

Dirigent:	Gianandrea Gavazzeni
Inszenierung:	Herbert Graf
Bühnenbild:	Georges Wakhevitch
Kostüme:	Georges Wakhevitch

Die Wiener Philharmoniker
Chor der Wiener Staatsoper

Simone Boccanegra	Tito Gobbi
Amelia Grimaldi	Leyla Gencer
Jacopo Fiesco	Giorgio Tozzi
Paolo Albiani	Rolando Panerai 9.—24. Robert Kerns 29.
Pietro	Vito Susca
Gabriele Adorno	Giuseppe Zampieri
Hauptmann	Glade Petersen

16., 21., 26. August Altes Festspielhaus

RUDOLF WAGNER-RÉGENY

Das Bergwerk zu Falun

(Uraufführung)

Dirigent:	Heinz Wallberg
Inszenierung:	Paul Hager
Bühnenbild:	Leni Bauer-Ecsy
Kostüme:	Leni Bauer-Ecsy

Die Wiener Philharmoniker
Chor der Wiener Staatsoper

Elis Fröbom	Hermann Uhde
Pehrson Dahlsjö	Ludwig Welter
Anna	Elisabeth Schwarzenberg
Großmutter	Res Fischer
Bergkönigin	Sona Cervena
Der alte Torbern	Max Lorenz
Frau Jensen	Sieglinde Wagner

Ilsebill	Sieglinde Kahmann	*Peter*	Siegfried R. Frese	*Der alte Fischer*	Mino Yahia
Regine	Mary Richards	*Klaus*	Ljubomir Pantscheff	*Seine Frau*	Hilde Konetzni
Kathrine	Laurence Dutoit	*Portugieser*	Josef Knapp	*Sein Sohn*	Kurt Equiluz

ORCHESTERKONZERTE

29. Juli, 20 Uhr Neues Festspielhaus

Die Wiener Philharmoniker

Dirigent: Wolfgang Sawallisch
Solist: Dietrich Fischer-Dieskau, Bariton

J. HAYDN: Symphonie Nr. 48, C-Dur „Maria Theresia"
R. SCHUMANN: Szenen aus Goethes Faust
Drei Gesänge (Sonnenaufgang, Faust erblindet, Faust's Tod)
F. SCHUBERT: Symphonie Nr. 7, C-Dur

4. August, 20 Uhr Neues Festspielhaus

Die Staatskapelle Dresden

Dirigent: Franz Konwitschny
Solist: Friedrich Gulda, Klavier

L. v. BEETHOVEN: Symphonie Nr. 4, B-Dur, op. 60
W. A. MOZART: Konzert für Klavier und Orchester A-Dur, KV 488
R. STRAUSS: Sinfonia domestica, op. 53

6. August, 20.30 Uhr Neues Festspielhaus

Die Staatskapelle Dresden

Dirigent: George Szell
Solist: Nikita Magaloff, Klavier

L. v. BEETHOVEN: Ouvertüre zu dem Trauerspiel „Coriolan", op. 62
Konzert für Klavier und Orchester Nr. 5, Es-Dur, op. 73
Symphonie Nr. 5, c-Moll, op. 67

8. August, 11 Uhr Mozarteum[1]

Die Wiener Philharmoniker

Dirigent: Karl Münchinger
Solist: Paul Badura-Skoda, Klavier

W. A. MOZART: Symphonie C-Dur, KV 200
Konzert-Rondo für Klavier und Orchester A-Dur, KV 386
Konzert für Klavier und Orchester Es-Dur, KV 482
J. HAYDN: Symphonie Nr. 101, D-Dur (Die Uhr)

9. August, 20 Uhr Mozarteum

Die Staatskapelle Dresden

Dirigent: Joseph Keilberth

J. HAYDN: Symphonie Nr. 99 Es-Dur
R. STRAUSS: Orchestersuite aus der Musik zum „Bürger als Edelmann" des Molière, op. 60
L. v. BEETHOVEN: Symphonie Nr. 2 D-Dur, op. 36

11. August, 20 Uhr Mozarteum

Die Staatskapelle Dresden

Dirigent: Miltiades Caridis
Solist: Jörg Demus, Klavier

W. A. MOZART: Divertimento D-Dur, KV 131
Konzert für Klavier und Orchester C-Dur, KV 467
Symphonie Es-Dur, KV 543

13. August, 20.30 Uhr Neues Festspielhaus

Die Staatskapelle Dresden

Dirigent: Karl Böhm
Solist: Nathan Milstein, Violine

W. A. MOZART: Symphonie (Ouvertüre) G-Dur, KV 318
Konzert für Violine und Orchester A-Dur, KV 219
A. BRUCKNER: Symphonie Nr. 7, E-Dur

17. August, 20 Uhr Neues Festspielhaus

Die Wiener Philharmoniker

Dirigent: Heinz Wallberg
Solist: Shura Cherkassky, Klavier

F. SCHUBERT: Symphonie Nr. 8, h-Moll „Unvollendete"
S. RACHMANINOW: Konzert für Klavier und Orchester Nr. 2, c-Moll, op. 18
J. BRAHMS: Symphonie Nr. 1, c-Moll, op. 68

20. August, 20.30 Uhr Neues Festspielhaus

Die Wiener Philharmoniker

Dirigent: Herbert von Karajan
Soli: Leontyne Price, Sopran; Christa Ludwig, Mezzosopran; Nicolai Gedda, Tenor; Gérard Souzay, Bariton; Walter Berry, Baß
Singverein der Gesellschaft der Musikfreunde Wien

J. S. BACH: Hohe Messe in h-Moll

23. August, 20 Uhr Neues Festspielhaus

Die Wiener Philharmoniker

Dirigent: Carl Schuricht
Solist: Robert Casadesus, Klavier

G. H. STÖLZEL: Concerto grosso a quattro chori
W. A. MOZART: Konzert für Klavier und Orchester B-Dur, KV 595
L. v. BEETHOVEN: Symphonie Nr. 3, Es-Dur, op. 55 „Eroica"

27. August 11 Uhr Neues Festspielhaus

Die Wiener Philharmoniker

Dirigent: Ferenc Fricsay
Soli: Géza Anda, Klavier; Wolfgang Schneiderhan, Violine; Pierre Fournier, Violoncello

Z. KODALY: Tänze aus Galánta
L. v. BEETHOVEN: Konzert für Klavier, Violine, Violoncello und Orchester C-Dur, op. 56 „Tripelkonzert"
J. BRAHMS: Symphonie Nr. 2, D-Dur, op. 73

SERENADEN

28. Juli, 21 Uhr Residenz

I Virtuosi di Roma

Dirigent: Renato Fasano

A. VIVALDI: Concerto B-Dur, op. 4, Nr. 9 „La cetra"
Concerto E-Dur, op. 3, Nr. 12

aus „L'estro armonico"
Concerto a-Moll, op. 4, Nr. 4
„La stravaganza"
Concerto G-Dur

W. A. MOZART: Serenade D-Dur, KV 239
„Serenata notturna"
Adagio C-Dur, KV 580 a
Adagio und Fuge c-Moll, KV 546

31. Juli, 21 Uhr Residenz

Festival Strings Lucerne

Dirigent: Rudolf Baumgartner
Solist: Heinz Holliger, Oboe

A. VIVALDI: Concerto grosso h-Moll, op. 3, Nr. 10, aus „L'estro armonico"
C. PH. E. BACH: Konzert für Oboe und Streichorchester Es-Dur
W. A. MOZART: Divertimento F-Dur, KV 138
J. HAYDN: Divertimento Es-Dur „Das Echo"
J. M. LECLAIR: Konzert C-Dur, Nr. 3, für Oboe und Streichorchester
G. B. PERGOLESI: Concertino G-Dur, Nr. 2

5. August, 21 Uhr Residenz

Salzburger Bläserkammermusik-Vereinigung

Dirigent: Rudolf Klepač

W. A. MOZART: Divertimento Es-Dur, KV 289
Divertimento B-Dur, KV 186
R. STRAUSS: Serenade Es-Dur, op. 7
L. v. BEETHOVEN: Oktett Es-Dur, op. 103

7. August, 21 Uhr Residenz

Das Mozarteum-Orchester

Dirigent: Mladen Basič

W. A. MOZART: Marsch D-Dur, KV 237
Serenade D-Dur, KV 203
(Violinsolo: Joseph Schröcksnadel)
Sechs deutsche Tänze, KV 509
Marsch C-Dur, KV 408/3

12. August, 21 Uhr Residenz

Camerata Academica des Mozarteums

Dirigent: Bernhard Conz

W. A. MOZART: Marsch D-Dur, KV 189
Serenade D-Dur, KV 185
Marsch C-Dur, KV 214
Eine kleine Nachtmusik G-Dur, KV 525

14. August, 21 Uhr Residenz

Bläservereinigung der Wiener Philharmoniker

M. HAYDN: Divertimento D-Dur
J. HAYDN: Oktett F-Dur
G. ROSSINI: Quartett Nr. 1, F-Dur
W. A. MOZART: Serenade c-Moll, KV 388

21. August, 21 Uhr Residenz

Das Mozarteum-Orchester

Dirigent: Leopold Hager

W. A. MOZART: Ballettmusik zur Pantomime „Les petits Riens", KV 299 b
Serenade D-Dur, KV 320 „Posthorn-Serenade"
Marsch D-Dur, KV 335/1

24. August, 21 Uhr Residenz

Das Mozarteum-Orchester

Dirigent: Istvan Kertesz

W. A. MOZART: Marsch D-Dur, KV 249
Serenade D-Dur, KV 250 „Haffner-Serenade" (Violinsolo: Joseph Schröcksnadel)
Sechs deutsche Tänze aus KV 600, 602, 605
Marsch C-Dur, KV 408/1

MATINEEN

Werke von WOLFGANG AMADEUS MOZART
Dirigent: Bernhard Paumgartner

30. Juli, 11 Uhr Residenz

Soli: Edith Mathis, Sopran; Ingrid Haebler, Klavier
Camerata Academica des Mozarteums

Symphonie (Ouvertüre) Es-Dur, KV 184
Konzert für Klavier und Orchester c-Moll, KV 491
Rezitativ und Arie „Alcandro, lo confesso", KV 294
Szene und Arie „Misera, dove son!", KV 369
Symphonie B-Dur, KV 319

6. August, 11 Uhr Mozarteum

Soli: Ingeborg Hallstein, Sopran; Michèl Schwalbé, Violine
Camerata Academica des Mozarteums

Symphonie D-Dur, KV 202
Konzert für Violine und Orchester G-Dur, KV 216
Rezitativ und Arie „Popoli di Tessaglia", KV 316
Rezitativ und Arie „Ma, che vi fece, o stelle", KV 368
Symphonie g-Moll, KV 183

13. August, 11 Uhr Mozarteum

Soli: Giorgio Tozzi, Baß; Alfred Brendel, Klavier
Camerata Academica des Mozarteums

Symphonie D-Dur, KV 48
Konzert für Klavier und Orchester d-Moll, KV 466
Arie „Mentre ti lascio o figlia", KV 513
Rezitativ und Arie „Così dunque tradisci", KV 432
Symphonie C-Dur, KV 551 „Jupiter"

20. August, 11 Uhr Mozarteum

Soli: Ruth Margret Pütz, Sopran; Dénes Zsigmondy, Violine
Camerata Academica des Mozarteums

Symphonie C-Dur, KV 96
Konzert für Violine und Orchester D-Dur, KV 218
Szene und Rondo „Mia speranza adorata", KV 416
Arie „No, no, che non sei capace", KV 419
Symphonie D-Dur, KV 297

26. August, 11 Uhr Mozarteum

Soli: Heinz Holliger, Oboe; Paul Schilhawsky, Heinz Scholz, Gilbert Schuchter, Klavier
Das Mozarteum-Orchester

Ouvertüre zu „Der Schauspieldirektor", KV 486
Konzert für drei Klaviere und Orchester F-Dur, KV 242 „Lodron-Konzert"
Konzert für Oboe und Orchester C-Dur, KV 314
Symphonie C-Dur, KV 425 „Linzer"

KAMMERKONZERTE

29. Juli, 20 Uhr Mozarteum

I Virtuosi di Roma

Dirigent: Renato Fasano

A. CORELLI:	Concerto grosso D-Dur, op. 6, Nr. 7
T. ALBINONI:	Konzert D-Dur, op. 7, Nr. 6 (Bearbeitung B. Paumgartner)
A. VIVALDI:	Konzert G-Dur Konzert E-Dur „Der Frühling" Konzert g-Moll „Der Sommer" Konzert F-Dur „Der Herbst" Konzert f-Moll „Der Winter"

1. August, 20 Uhr Mozarteum

Festival Strings Lucerne

Dirigent: Rudolf Baumgartner
Solistin: Isolde Ahlgrimm, Cembalo

A. VIVALDI:	Konzert für Streichorchester A-Dur
H. PURCELL:	Drei Fantasien für Streicher
J. S. BACH:	Konzert für Cembalo und Streichorchester d-Moll
W. A. MOZART:	Divertimento B-Dur, KV 137
P. MÜLLER:	Konzert für zwei Violinen, Streichorchester und Cembalo (1959) Erstaufführung

7. August, 20 Uhr Mozarteum

Borodin-Quartett

J. BRAHMS:	Streichquartett a-Moll, op. 51, Nr. 2
D.SCHOSTAKOWITSCH:	Streichquartett Nr. 8, c-Moll (Uraufführung)
M. RAVEL:	Quatuor pour 2 Violons, alto et Violoncello

14. August, 20 Uhr Mozarteum

Ungarisches Streichquartett

J. HAYDN:	Streichquartett D-Dur, op. 64, Nr. 5 „Lerchenquartett"
B. BARTÓK:	Streichquartett, Nr. 5
F. SCHUBERT:	Streichquartett G-Dur, op. 161

19. August, 20 Uhr Mozarteum

Végh-Quartett

J. HAYDN:	Streichquartett F-Dur, op. 77, Nr. 2
L. v. BEETHOVEN:	Streichquartett D-Dur, op. 18, Nr. 3
CL. DEBUSSY:	Streichquartett g-Moll, op. 10

21. August, 20 Uhr Mozarteum[1]

Wiener Philharmonisches Streichquartett

Mitwirkend: Alfred Boskovsky, Klarinette; Wilhelm Hübner, Viola

W. A. MOZART:	Streichquartett B-Dur, KV 589 Klarinettenquintett A-Dur, KV 581 „Stadler-Quintett" Streichquintett Es-Dur, KV 614

LIEDERABENDE

30. Juli, 20 Uhr Mozarteum

Dietrich Fischer-Dieskau, Bariton

Am Flügel: Gerald Moore
Lieder von H. Wolf

5. August, 20 Uhr Mozarteum

Elisabeth Schwarzkopf, Sopran

Am Flügel: Gerald Moore
Lieder von H. Wolf

12. August, 20 Uhr Mozarteum

Hermann Prey, Bariton

Am Flügel: Alfred Brendel
Lieder von L. v. Beethoven und F. Schubert

17. August, 20 Uhr Mozarteum

Nicolai Gedda, Tenor

Am Flügel: Erik Werba
Lieder von G. F. Händel, F. Schubert, R. Strauss, H. Duparc, F. Poulenc, N. Miaskowsky, A. Chatschaturjan und S. Rachmaninow

28. August, 20 Uhr Mozarteum

Christa Ludwig, Mezzosopran; Walter Berry, Baß-Bariton

Am Flügel: Erik Werba
Lieder von Cl. Monteverdi, H. Wolf und A. Dvořák

SOLISTENKONZERTE

27. Juli, 20 Uhr Mozarteum

Arthur Grumiaux, Violine; Istvan Hajdu, Klavier

L. v. BEETHOVEN:	Sonate D-Dur, op. 12, Nr. 1
J. BRAHMS:	Sonate G-Dur, op. 78, Nr. 1 „Regensonate"
CL. DEBUSSY:	Sonate g-Moll
I. STRAWINSKY:	Divertimento, inspiré par la Muse de P. Tschaikowskij

31. Juli, 20 Uhr Mozarteum

Shura Cherkassky, Klavier

W. A. MOZART:	Sonate C-Dur, KV 330
R. SCHUMANN:	Fantasie C-Dur, op. 17
M. MUSSORGSKIJ:	Bilder einer Ausstellung
S. BARBER:	Excursions, op. 20
F. CHOPIN:	Nocturne f-Moll, op. 55, Nr. 1 Grande Polonaise brillante précédée d'un Andante spianato, op. 22

3. August, 20 Uhr Mozarteum

Nikita Magaloff, Klavier

I. STRAWINSKY:	Sonate pour piano (1924)
W. A. MOZART:	Variationen über ein Menuett von Duport, KV 573
F. CHOPIN:	Sonate h-Moll, op. 58
R. SCHUMANN:	Papillons, op. 2
F. LISZT:	Sechs große Etüden nach Paganini

15. August, 20 Uhr Mozarteum

Nathan Milstein, Violine

J. S. BACH:	Sonate I, g-Moll, BWV 1001
	Partita II, d-Moll, BWV 1004
	Partita I, h-Moll, BWV 1002

KONZERTE GEISTLICHER MUSIK

Dirigent: Joseph Messner
Orgel: Franz Sauer
Der Salzburger Domchor — Das Mozarteum-Orchester

6. August, 20.30 Uhr Aula academica

Soli: Rosl Schwaiger, Sopran; Ira Malaniuk, Alt; Lorenz Fehenberger, Tenor; Max Pröbstl, Baß

W. A. MOZART:	Litaniae de B. M. V. (Lauretanae) B-Dur, KV 109
J. HAYDN:	Große Messe B-Dur „Harmonie-Messe"

15. August, 20.30 Uhr Aula academica

Soli: Rose Fink, Sopran; Friederike Baumgartner, Alt; Desmond Clayton, Tenor; Edmund Illerhaus, Baß

W. A. MOZART:	Litaniae Lauretanae D-Dur, KV 195
	Missa C-Dur, KV 317 „Krönungs-Messe"

20. August, 20 Uhr Aula academica

Soli: Laurence Dutoit, Sopran; Friederike Baumgartner, Alt; Lorenz Fehenberger, Desmond Clayton, Tenor; Friedrich Radtke, Baß

W. A. MOZART:	Kirchen-Sonate Es-Dur, KV 67
	Passionskantate, KV 42
F. SCHUBERT:	Messe Nr. 6, Es-Dur

27. August, 20.30 Uhr Aula academica

Soli: Leonore Kirschstein, Sopran; Claudia Hellmann, Alt; Peter Witsch, Tenor; Franz Pacher, Baß

W. A. MOZART:	Requiem, KV 626

KIRCHENKONZERT

12. August, 11 Uhr Erzabteikirche St. Peter[1]

Dirigent: Bernhard Paumgartner; Orgel: Franz Sauer
Soli: Elisabeth Witzmann, Annelore Cahnbley; George Maran, Walter Raninger
Das Mozarteum-Orchester — Der Salzburger Rundfunk- und Mozarteum-Kammerchor.

W. A. MOZART:	c-Moll-Messe, KV 427
	Ave verum, KV 618

1962
26. Juli—31. August

SCHAUSPIEL

27. Juli, 4., 9., 18., 24. August
Landestheater

JOHANN NESTROY

Lumpazivagabundus

Regie:	Leopold Lindtberg
Bühnenbild:	Lois Egg
Kostüme:	Elli Rolf
Musik:	Adolf Müller
Dirigent:	Georg Kreisler
Choreographie:	Dolores Hubert

Das Mozarteum-Orchester
Ballett der Wiener Volksoper

Stellaris	Erik Frey
Fortuna	Ursula Schult
Brillantine	Helma Gautier
Amorosa	Sonja Sutter 27. 7.—18. 8. Ingrid Kohr 24. 8.
Mystifax	Hans Unterkircher
Hilaris	Heinz Ehrenfreund
Fludribus	Klaus Rott
Lumpazivagabundus	Willy Trenk-Trebitsch
Knieriem	Attila Hörbiger
Zwirn	Bruno Dallansky
Leim	Walther Reyer
Pantsch	Michael Janisch
Fassel	Wolfgang Hebenstreith
Nannette	Elisabeth Hitzenberger
Sepherl	Gertrud Ramlo
Hannerl	Lotte Tobisch
Tischlergesell	Peter Jost
Hobelmann	Oskar Wegrostek
Peppi	Lotte Ledl
Anastasia Hobelmann	Hedwig Pistorius
Strudl	Heinz Rohn
Reserl	Angelika Hauff
Hackauf	Edd Stavjanik
Maler	Wolfgang Dauscha
Signora Palpiti	Ljuba Welitsch
Camilla	Erika Pluhar
Laura	Elfriede Ott

29. Juli, 5., 12., 15., 19., 21., 26. August
Domplatz / Neues Festspielhaus

HUGO VON HOFMANNSTHAL

Jedermann

Regie:	Gottfried Reinhardt
Kostüme:	Tony Duquette
Musik:	Ernst Křenek
Dirigent:	Ernst Hinreiner
Tänze:	Franz Bauer-Pantoulier
Orgel:	Franz Sauer

Stimme des Herrn	Ewald Balser
Tod	Kurt Heintel
Jedermann	Walther Reyer
Jedermanns Mutter	Alma Seidler
Guter Gesell	Wolfgang Gasser
Hausvogt	Eduard Cossovel
Koch	Viktor Braun
Armer Nachbar	Helmut Janatsch
Schuldknecht	Karl Blühm
Schuldknechts Weib	Roswitha Posselt
Buhlschaft	Ellen Schwiers
Dicker Vetter	Rudolf Rhomberg
Dünner Vetter	Peter P. Jost
Mammon	Benno Sterzenbach
Gute Werke	Sonja Sutter
Glaube	Paula Wessely
Teufel	Heinrich Schweiger
Spielansager	Julius Patzak

8., 14., 23., 31. August
Neues Festspielhaus

JOHANN WOLFGANG VON GOETHE

Faust

Der Tragödie I. Teil

Regie:	Leopold Lindtberg
Bühnenbild:	Teo Otto
Kostüme:	Teo Otto
Musik und Dirigent:	Rolf Langnese
Choreographie:	Janine Charrat
Sprechchöre:	Ellen Widmann

Direktor	Paul Hoffmann
Dichter	Peter Lühr
Lustige Person	Willy Trenk-Trebitsch
Der Herr	Ewald Balser
Raphael	Judith Holzmeister
Gabriel	Erich Auer
Michael	Wolfgang Stendar
Mephisto	Will Quadflieg
Faust	Attila Hörbiger

Erdgeist	Leopold Lindtberg
Wagner	Günther Haenel
Schüler	Bruno Dallansky
Margarete	Aglaja Schmid
Marthe	Susi Nicoletti
Lieschen	Annemarie Düringer
Valentin	Walther Reyer
Frosch	Franz Böheim
Brander	Kurt Sowinetz
Siebel	Edd Stavjanik
Altmayer	Hanns Obonya
Hexe	Blanche Aubry
Irrlicht	Dolores Hubert

13., 16., 20., 27. August Felsenreitschule

FERDINAND RAIMUND

Der Bauer als Millionär

Regie:	Rudolf Steinboeck
Bühnenbild:	Lois Egg
Kostüme:	Erni Kniepert
Musik:	Paul Angerer / Josef Drechsler
Dirigent:	Paul Angerer
Choreographie:	Dia Luca

Das Mozarteum-Orchester
Ballett der Wiener Volksoper

Lacrimosa	Käthe Gold
Bustorius	Hanns Obonya
Ajaxerle	Ernst Anders
Zenobius	Viktor Braun
Zufriedenheit	Paula Wessely
Jugend	Renate Holm
Hohes Alter	Hans Moser
Neid	Kurt Sowinetz
Haß	Erik Frey
Nigowitz	Franz Böheim
Tophan	Otto Kerry
Nacht	Evelyn La Bruce
Fortunatus Wurzel	Josef Meinrad
Lottchen	Christiane Hörbiger
Lorenz	Otto Schenk
Habakuk	Kurt Weinzierl
Karl Schilf	Erich Auer
Musensohn	Helmut Janatsch
Schmeichelfeld	Richard Tomaselli
Afterling	Hugo Gottschlich

REZITATIONSABEND

12. August 20 Uhr Landestheater

Will Quadflieg

spricht Dichtungen von
RAINER MARIA RILKE

OPER

26. Juli, 2., 10., 17., 29. August
Altes Festspielhaus

WOLFGANG AMADEUS MOZART

Le Nozze di Figaro

(in italienischer Sprache)

Dirigent:	Heinz Wallberg 26. 7.—10. 8., 29. 8. Bernhard Conz 17. 8.
Inszenierung:	Gustav Rudolf Sellner
Bühnenbild:	Michael Raffaelli
Kostüme:	Michael Raffaelli

Die Wiener Philharmoniker
Chor der Wiener Staatsoper

Graf Almaviva	Dietrich Fischer-Dieskau
Gräfin	Sena Jurinac
Susanna	Graziella Sciutti
Figaro	Geraint Evans
Basilio	John van Kesteren
Bartolo	Oskar Czerwenka
Marcellina	Patricia Johnson
Cherubino	Evelyn Lear
Antonio	Siegfried R. Frese
Barbarina	Elfriede Pfleger
Curzio	Martin Vantin

28. Juli, 2., 6., 15., 23., 29. August
Residenz

WOLFGANG AMADEUS MOZART

Die Entführung aus dem Serail

Dirigent:	Istvan Kertesz
Inszenierung:	Karlheinz Haberland
Bühnenbild:	Hans Ulrich Schmückle
Kostüme:	Liselotte Erler

Das Mozarteum-Orchester
Chor der Wiener Staatsoper

Selim, Bassa	Peter Minich
Konstanze	Erika Köth
Blondchen	Renate Holm
Belmonte	Donald Grobe
Pedrillo	Gerhard Unger
Osmin	Ludwig Welter
Klaas, Schiffer	Mario Haindorff

31. Juli, 4., 11., 20., 25., 30. August
Neues Festspielhaus

GIUSEPPE VERDI

Der Troubadour

(in italienischer Sprache)

Inszenierung und musikalische Leitung:	Herbert von Karajan
Bühnenbild:	Teo Otto
Kostüme:	Georges Wakhevitch

Die Wiener Philharmoniker
Chor der Wiener Staatsoper
Kammerchor der Salzburger Festspiele

Graf von Luna	Ettore Bastianini
Leonore	Leontyne Price
Azucena	Giulietta Simionato
Manrico	Franco Corelli
Ferrando	Nicola Zaccaria
Ines	Laurence Dutoit
Ruiz	Siegfried R. Frese
Alter Zigeuner	Rudolf Zimmer 31. 7.—11. 8. Karl Caslavsky 20—30. 8.
Bote	Kurt Equiluz

3., 9., 12., 24., 28. August
Felsenreitschule

CHRISTOPH WILLIBALD GLUCK

Iphigenie in Aulis

Dirigent:	Karl Böhm
Inszenierung:	Günther Rennert
Bühnenbild:	Caspar Neher
Kostüme:	Caspar Neher
Choreographie:	Erich Walter

Die Wiener Philharmoniker
Chor der Wiener Staatsoper
Kammerchor der Salzburger Festspiele

Artemis	Elisabeth Steiner
Agamemnon	Walter Berry
Klytämnestra	Inge Borkh
Iphigenie	Christa Ludwig
Achilles	James King
Kalchas	Otto Edelmann
Arkas	Alois Pernerstorfer

8., 15., 21., 26. August
Altes Festspielhaus

WOLFGANG AMADEUS MOZART

Così fan tutte

(in italienischer Sprache)

Dirigent:	Karl Böhm
Inszenierung:	Günther Rennert
Bühnenbild:	Leni Bauer-Ecsy
Kostüme:	Leni Bauer-Ecsy

Die Wiener Philharmoniker
Chor der Wiener Staatsoper

Fiordiligi	Elisabeth Schwarzkopf
Dorabella	Christa Ludwig
Guglielmo	Hermann Prey
Ferrando	Waldemar Kmentt
Despina	Graziella Sciutti
Don Alfonso	Karl Dönch

18., 27. August Neues Festspielhaus

WOLFGANG AMADEUS MOZART

Idomeneo

(in italienischer Sprache)

Dirigent:	Peter Maag
Inszenierung:	Paul Hager
Bühnenbild:	Stefan Hlawa
Kostüme:	Charlotte Flemming

Die Wiener Philharmoniker
Chor der Wiener Staatsoper

Idomeneo	Waldemar Kmentt
Idamantes	Ernst Haefliger
Elektra	Elisabeth Grümmer
Ilia	Pilar Lorengar
Arbaces	Renato Capecchi
Oberpriester	Ludwig Welter
Stimme des Orakels	Georg Littasy
Kretensische Mädchen	Irmgard Stadler, Margret Nessel
Trojaner	Kurt Equiluz, Siegfried R. Frese

BALLETT

14., 15., 19. August Altes Festspielhaus
Théâtre Royal de la Monnaie, Bruxelles

Ballet du XXème Siècle

Directeur artistique: Maurice Béjart
Solisten: Tania Bari, Nicole Raes, Blanche Aubrée, Nicole Floris, Duska Sifnios, Marie Claire Carrié
Germinal Casado, Flavio Bennati, Pierre Dobrievich, Antonio Cano, André Leclair, Paolo Bortoluzzi
Dirigent: Pierre Boulez
Die Wiener Philharmoniker

IGOR STRAWINSKY
Les Noces
(Die Hochzeit)

Choreographie: Maurice Béjart
Bühnenbild / Kostüme: Joëlle Roustan / Roger Bernard
Gesangssolisten: I. Stadler, F. Baumgartner, K. Equiluz, W. Raninger
Ein Kammerchor der Salzburger Festspiele

IGOR STRAWINSKY
Le Sacre du Printemps

Choreographie: Maurice Béjart
Bühnenbild: Pierre Caille

ORCHESTERKONZERTE

3. August, 11 Uhr Mozarteum

Die Wiener Philharmoniker

Dirigent: Zubin Mehta
Solist: Géza Anda, Klavier

W. A. MOZART:	Symphonie D-Dur, KV 504 „Prager"
B. BARTÓK:	Konzert für Klavier und Orchester Nr. 2
A. DVOŘÁK:	Symphonie Nr. 7, d-Moll, op. 70

7. August, 20 Uhr Mozarteum[1]

Die Wiener Philharmoniker

Dirigent: Joseph Keilberth
Solist: Werner Tripp, Flöte

W. A. MOZART:	Symphonie A-Dur, KV 201
	Konzert für Flöte und Orchester G-Dur, KV 313
	Symphonie C-Dur, KV 551 „Jupiter"

9. August, 20.30 Uhr Neues Festspielhaus

Das Berliner Philharmonische Orchester

Dirigent: Herbert von Karajan
Soli: Leontyne Price, Sopran; Giulietta Simionato, Alt; Giuseppe Zampieri, Tenor; Nicolai Ghiaurov, Baß
Singverein der Gesellschaft der Musikfreunde Wien

G. VERDI:	Requiem

11. August, 20 Uhr Mozarteum

Das Berliner Philharmonische Orchester

Dirigent: Istvan Kertesz
Solistin: Elisabeth Schwarzkopf, Sopran

L. v. BEETHOVEN:	Symphonie Nr. 8, F-Dur, op. 93
R. STRAUSS:	Vier letzte Lieder (1948)
B. BARTÓK:	Konzert für Orchester (1943)

15. August, 11 Uhr Mozarteum

Das Berliner Philharmonische Orchester

Dirigent: William Steinberg
Solist: Rudolf Firkusny, Klavier

G. v. EINEM:	Philadelphia Symphony
J. BRAHMS:	Konzert für Klavier und Orchester Nr. 1, d-Moll, op. 15
L. v. BEETHOVEN:	Symphonie Nr. 7, A-Dur, op. 92

16. August, 20 Uhr Mozarteum

Das Berliner Philharmonische Orchester

Dirigent: Rudolf Kempe
Solist: Nikita Magaloff, Klavier

J. HAYDN:	Symphonie Nr. 55, Es-Dur „Der Schulmeister"
L. v. BEETHOVEN:	Konzert für Klavier und Orchester Nr. 4, G-Dur, op. 58
W. A. MOZART:	Symphonie Es-Dur, KV 543

19. August, 20.30 Uhr Neues Festspielhaus

Das Berliner Philharmonische Orchester

Dirigent: Karl Böhm
Solist: Dietrich Fischer-Dieskau, Bariton

W. A. MOZART:	Symphonie g-Moll, KV 550
G. MAHLER:	„Kindertotenlieder"
R. STRAUSS:	„Also sprach Zarathustra", op. 30 (Violinsolo: Michèl Schwalbé)

22. August, 20.30 Uhr Neues Festspielhaus

Die Wiener Philharmoniker

Dirigent: Paul Klecki
Soli: Elisabeth Grümmer, Sopran; Christa Ludwig, Alt; Ernst Haefliger, Tenor; Walter Berry, Baß
Konzertvereinigung Wiener Staatsopernchor

Z. KODÁLY:	Psalmus hungaricus, 55. Psalm für Tenorsolo und Orchester, op. 13
L. v. BEETHOVEN:	Symphonie Nr. 9, d-Moll, op. 125, mit Schlußchor über Schillers Ode „An die Freude"

26. August, 11 Uhr Neues Festspielhaus

Die Wiener Philharmoniker

Dirigent: Georg Solti
Solist: Zino Francescatti, Violine

L. JANÁČEK:	Sinfonietta
L. v. BEETHOVEN:	Konzert für Violine und Orchester D-Dur, op. 61
J. BRAHMS:	Symphonie Nr. 4, e-Moll, op. 98

SERENADEN

30. Juli, 21 Uhr Residenz

Salzburger Bläserkammermusik-Vereinigung

Dirigent: Rudolf Klepač

W. A. MOZART:	Divertimento B-Dur, KV 270
J. HAYDN:	Divertimento B-Dur (mit dem Chorale St. Antoni)
W. A. MOZART:	Serenade Es-Dur, KV 375

1. August, 21 Uhr Residenz

Das Mozarteum-Orchester

Dirigent: Gilbert Schuchter

W. A. MOZART:	Marsch D-Dur, KV 215
	Serenade D-Dur, KV 204
	Zwei Menuette, KV 604

Zwei Menuette mit eingefügten Kontretänzen, KV 463
Kontretanz „Das Donnerwetter" D-Dur, KV 534
Serenade D-Dur, KV 239 „Serenata notturna"
Drei deutsche Tänze, KV 605

7. August, 21 Uhr Residenz

Camerata Academica des Mozarteums

Dirigent: Leopold Hager

W. A. MOZART: Marsch D-Dur, KV 237
Serenade D-Dur, KV 203
Eine kleine Nachtmusik G-Dur, KV 525

10. August, 21 Uhr Residenz

Bläservereinigung der Wiener Philharmoniker

W. A. MOZART: Serenade c-Moll, KV 388
F. A. ROSETTI (RÖSSLER): Septett D-Dur
W. A. MOZART: Serenade B-Dur, KV 361

16. August, 21 Uhr Residenz

Camerata Academica des Mozarteums

Dirigent: Gerhard Wimberger

W. A. MOZART: Marsch D-Dur, KV 408/2
Serenade G-Dur Cassation, KV 63
Serenade D-Dur, KV 185

22. August, 21 Uhr Residenz

Das Mozarteum-Orchester

Dirigent: Mladen Basič

W. A. MOZART: Divertimento D-Dur, KV 205
Cassation B-Dur, KV 99
Marsch D-Dur, KV 335/1
Serenade D-Dur, KV 320 „Posthorn-Serenade"

28. August, 21 Uhr Residenz

Das Mozarteum-Orchester

Dirigent: Christoph von Dohnányi

W. A. MOZART: Marsch D-Dur, KV 249
Sechs deutsche Tänze, KV 509
Serenade D-Dur, KV 250 „Haffner-Serenade"

MATINEEN

Werke von WOLFGANG AMADEUS MOZART
Dirigent: Bernhard Paumgartner

29. Juli, 11 Uhr Mozarteum

Soli: Michèl Schwalbé, Violine; Erich Penzel, Horn
Camerata Academica des Mozarteums

Symphonie G-Dur, KV 199
Konzert für Horn und Orchester Es-Dur, KV 417
Konzert für Violine und Orchester A-Dur, KV 219
Symphonie C-Dur, KV 200

5. August, 11 Uhr Mozarteum

Soli: Donald Grobe, Tenor; Géza Anda, Klavier
Camerata Academica des Mozarteums

Marsch C-Dur, KV 408/1
Sinfonia (Ouvertüre) C-Dur zu „Il Rè pastore", KV 208/102
Konzert für Klavier und Orchester Es-Dur, KV 482
Rezitativ und Arie „Misero! o sogno!", KV 431
Symphonie D-Dur, KV 385 „Haffner"

12. August, 11 Uhr Mozarteum

Soli: Renato Capecchi, Baß; Alfred Brendel, Klavier
Camerata Academica des Mozarteums

Symphonie A-Dur, KV 134
Konzert für Klavier und Orchester C-Dur, KV 503
Konzert-Rondo für Klavier und Orchester D-Dur, KV 382
Rezitativ und Arie „Alcandro, lo confesso", KV 512
Rezitativ und Arie „Così dunque tradisci", KV 432
Ariette „Un bacio di mano", KV 541
Symphonie C-Dur, KV 162

19. August, 11 Uhr Mozarteum

Soli: Maria Stader, Sopran; Ingrid Haebler, Klavier
Camerata Academica des Mozarteums

Symphonie (Ouvertüre) G-Dur, KV 318
Konzert für Klavier und Orchester F-Dur, KV 459, „Krönungskonzert"
Arie des Aminta „L'amerò, sarò, costante" aus „Il Rè pastore", KV 208
Arie „Voi avete un cor fedele", KV 217
Arie „Nehmt meinen Dank, ihr holden Gönner", KV 383
Symphonie D-Dur, KV 133

25. August, 11 Uhr Mozarteum

Soli: Graziella Sciutti, Sopran; Willi Boskovsky, Violine
Das Mozarteum-Orchester

Marsch D-Dur, KV 385 a
Divertimento D-Dur, KV 131
Rezitativ und Arie „Basta, vincesti", KV 486 a
Arie „Chi sà, chi sà, qual sia", KV 582
Arie „Un moto di gioia mi sento", KV 579
Konzert für Violine und Orchester D-Dur, KV 218
Symphonie F-Dur, KV 130

KAMMERKONZERTE

29. Juli, 20 Uhr Mozarteum

Tschechisches Kammerorchester Prag

Dirigent: Josef Vlach
Solist: Ivan Moravec, Klavier

G. BENDA: Symphonie B-Dur
W. A. MOZART: Konzert für Klavier und Orchester Es-Dur, KV 449
J. S. BACH: Brandenburgisches Konzert Nr 3, G-Dur
W. A. MOZART: Adagio und Fuge c-Moll, KV 546
A. DVOŘÁK: Serenade E-Dur, op. 22

2. August, 20 Uhr Mozarteum

Wiener Oktett

Mitwirkend: Wolfgang Tomböck, 2. Horn

W. A. MOZART:	Divertimento B-Dur, KV 287
F. SCHUBERT:	Oktett F-Dur, op. 166

13. August, 20 Uhr Mozarteum

Boccherini-Quintett

L. BOCCHERINI:	Streichquintett E-Dur, op. 18, Nr. 6
W. A. MOZART:	Divertimento Es-Dur, KV 563
L. BOCCHERINI:	Streichquintett F-Dur, op. 13, Nr. 3
	Streichquintett D-Dur, op. 40, Nr. 2

18. August, 20 Uhr Mozarteum

Kammermusikvereinigung der Berliner Philharmoniker

W. A. MOZART:	Klarinettenquintett A-Dur, KV 581 „Stadler-Quintett"
B. BARTÓK:	Contrasts für Violine, Klarinette und Klavier
L. v. BEETHOVEN:	Septett Es-Dur, op. 20

21. August, 20 Uhr Mozarteum[1]

Wiener Philharmonisches Streichquartett

Mitwirkend: Wilhelm Hübner, Viola

W. A. MOZART:	Streichquartett B-Dur, KV 458 „Jagdquartett"
	Streichquartett C-Dur, KV 465 „Dissonanzenquartett"
	Streichquintett g-Moll, KV 516

SOLISTENKONZERTE

28. Juli, 20 Uhr Mozarteum

Wilhelm Backhaus, Klavier

W. A. MOZART:	Sonate C-Dur, KV 330
	Sonate F-Dur, KV 332
J. HAYDN:	Sonate Es-Dur
L. v. BEETHOVEN:	Sonate f-Moll, op. 57 „Appassionata"
	Sonate c-Moll, op. 111

1. August, 20 Uhr Mozarteum

Wanda Wilkomirska, Violine; Kurt Rapf, Klavier

J. S. BACH:	Partita II, d-Moll, für Violine solo
W. A. MOZART:	Sonate für Klavier und Violine B-Dur, KV 454
Z. KODÁLY:	Adagio
B. BARTÓK:	II. Rhapsodie „Lassu", „Friss"
K. SZYMANOWSKI:	Nokturn und Tarantella

5. August, 20 Uhr Mozarteum

Nikita Magaloff, Klavier

W. A. MOZART:	Sonate D-Dur, KV 576
J. BRAHMS:	Sonate f-Moll, op. 5
F. SCHUBERT:	Quatre Impromptus, op. 90

LIEDERABENDE

27. Juli, 20 Uhr Mozarteum

Gérard Souzay, Bariton

Am Flügel: Dalton Baldwin

Lieder von J. B. Lully, F. Schubert, Cl. Debussy und R. Strauss

30. Juli, 20 Uhr Mozarteum

Dietrich Fischer-Dieskau, Bariton

Am Flügel: Gerald Moore

Lieder von F. Busoni, G. Mahler, H. Pfitzner und R. Strauss

3. August, 20 Uhr Mozarteum

Hermann Prey, Bariton

Am Flügel: Alfred Brendel

F. Schubert: „Die schöne Müllerin", op. 25

17. August, 20 Uhr Mozarteum

Elisabeth Schwarzkopf, Sopran

Am Flügel: Gerald Moore

Lieder von F. Schubert, J. Brahms, R. Strauss und H. Wolf

KONZERTE GEISTLICHER MUSIK

Dirigent: Joseph Messner

Der Salzburger Domchor — Das Mozarteum-Orchester

5. August, 20 Uhr Aula academica

Soli: Antonia Fahberg, Sopran; Claudia Hellmann, Alt; Lorenz Fehenberger, Tenor; Max Pröbstl, Baß

G. ROSSINI:	Stabat mater

12. August, 20 Uhr Aula academica

Orgel: Franz Sauer

Soli: Christa Zottl, Sopran; Friederike Baumgartner, Alt; George Maran, Tenor; Fernand Koenig, Baß

W. A. MOZART:	Vesperae solennes de confessore, KV 339
	Missa C-Dur, KV 317 „Krönungsmesse"

26. August, 20 Uhr Aula academica

Orgel: Franz Sauer

Soli: Edith Jaeger, Sopran; Ira Malaniuk, Alt; Peter Witsch, Tenor; Alois Pernerstorfer, Baß

W. A. MOZART:	Requiem, KV 626

KIRCHENKONZERT

11. August, 11 Uhr Erzabteikirche St. Peter[1]

Dirigent: Bernhard Paumgartner

Orgel: Franz Sauer

Soli: Edith Mathis, Annelore Cahnbley; George Maran, Walter Raninger

Das Mozarteum-Orchester — Der Salzburger Rundfunk- und Mozarteum-Chor

W. A. MOZART:	c-Moll-Messe, KV 427
	Ave verum, KV 618

CHORKONZERT

6. August, 20 Uhr Mozarteum

Veranstaltung des Salzburger Rundfunk- und Mozarteum-Chors

Weltliche Chorwerke

Dirigent: Ernst Hinreiner

Soli: Annelore Cahnbley, Margaret Nessel, Maria Taborsky, Sopran; Kurt Equiluz, George Maran, Tenor; Karl Greisel, Walter Raninger, Bariton

Die Camerata Academica des Mozarteums
Salzburger Rundfunk- und Mozarteumschor

W. A. MOZART: Ouvertüre zu „Titus", KV 621
„Dir, Seele des Weltalls", KV 429
„Mi lagnerò tacendo", KV 437
„La libertà", KV 532
„La partenza", KV 436
„Das Bandel", KV 441
„Più non si trovano", KV 549
Divertimento D-Dur, KV 251
„Laut verkünde unsre Freude", KV 623
Quartett „Dite almeno, in che mancai", KV 479
Finale aus dem Opernfragment „L'oca del Cairo", KV 422, instrumental ergänzt von B. Paumgartner

1963

26. Juli—31. August

SCHAUSPIEL

28. Juli, 4., 11., 15., 18., 25. August
Domplatz / Neues Festspielhaus

HUGO VON HOFMANNSTHAL

Jedermann

Regie:	Helene Thimig
Musik:	Joseph Messner / Einar Nilson
Dirigent:	Ernst Hinreiner
Tanz:	Herbert Juzek
Orgel:	Oskar Peter

Das Mozarteum-Orchester
Salzburger Rundfunk- und Mozarteum-Chor

Stimme des Herrn	Paul Hartmann
Tod	Kurt Heintel
Jedermann	Walther Reyer
Jedermanns Mutter	Alma Seidler
Guter Gesell	Wolfgang Gasser
Hausvogt	Eduard Cossovel
Koch	Viktor Braun
Armer Nachbar	Helmut Janatsch
Schuldknecht	Karl Blühm
Schuldknechts Weib	Roswitha Posselt
Buhlschaft	Maria Emo
Dicker Vetter	Rudolf Rhomberg
Dünner Vetter	Peter P. Jost
Mammon	Leonard Steckel
Gute Werke	Sonja Sutter
Glaube	Helene Thimig
Teufel	Heinrich Schweiger
Spielansager	Frank Dietrich

3., 10., 21., 31. August
Kleines Festspielhaus

JOHANN WOLFGANG VON GOETHE

Faust

Der Tragödie zweiter Teil

Regie:	Leopold Lindtberg
Bühnenbild:	Teo Otto
Kostüme:	Teo Otto
Musik und Dirigent:	Rolf Langnese
Choreographie:	Dore Hoyer
Sprechchöre:	Ellen Widmann

Faust	Thomas Holtzmann
Mephisto	Will Quadflieg
Ariel	Detlef Jacobsen
Kaiser	Wolfgang Stendar
Kanzler	Paul Hoffmann
Heermeister	Helmut Janatsch
Schatzmeister	Gerhard Geisler
Herold	Erik Frey
Knabe Wagenlenker	Karlheinz Martell 3.—21. Detlef Jacobsen 31.
Narr	Max Mairich
Baccalaureus	Bruno Dallansky
Wagner	Joachim Teege
Homunculus	Margaret Carl
Erichtho	Gisela Mattishent
Chiron	Paul Hartmann
Manto	Erna Korhel
Anaxagoras	Benno Sterzenbach
Thales	Hanns Obonya
Helena	Sonja Sutter
Lynceus	Paul Schöffler
Euphorion	Karlheinz Martell 3.—21. Detlef Jacobsen 31.
Raufebold	Michael Janisch
Habebald	Edd Stavjanik
Haltefest	Max Mairich
Wandrer	Benno Sterzenbach
Philemon	Rudolf Forster
Baucis	Mila Kopp
Sorge	Alma Seidler
Mater gloriosa	Gisela Mattishent
Una Poenitentium	Aglaja Schmidt 3., 31. Dietlindt **Haug 10.,21.**

REZITATIONSABEND

13. August, 20 Uhr Mozarteum

Will Quadflieg

spricht und liest Dichtungen und Briefe von FRIEDRICH HÖLDERLIN

OPER

26. Juli, 3., 9., 17., 22., 28. August
Neues Festspielhaus

WOLFGANG AMADEUS MOZART

Die Zauberflöte

Dirigent:	Istvan Kertesz
Inszenierung:	Otto Schenk
Bühnenbild:	Jörg Zimmermann
Kostüme:	Hill Reihs-Gromes

Die Wiener Philharmoniker
Chor der Wiener Staatsoper

Sarastro	Walter Kreppel
Tamino	Waldemar Kmentt
Sprecher	Franz Crass
1. Priester	Martin Häusler
2. Priester	Josef Knapp
Königin der Nacht	Roberta Peters
Pamina	Pilar Lorengar 26. 7., 3., 17.—28. 8. Irmgard **Seefried 9. 8.**
1. Dame	Maria van Dongen
2. Dame	Cvetka Ahlin
3. Dame	Patricia Johnson
Papageno	Walter Berry
Papagena	Anneliese Rothenberger
Monostatos	Renato Ercolani
1. Knabe	Lucia Popp
2. Knabe	Yvonne Helvey
3. Knabe	Hildegard Rütgers
1. Geharnischter	James King
2. Geharnischter	Georg Littasy

27. Juli, 2., 7., 14., 20. 28. August
Residenz

WOLFGANG AMADEUS MOZART

Die Entführung aus dem Serail

Dirigent:	Bernhard Conz
Inszenierung:	Karlheinz Haberland
Bühnenbild:	Hans Ulrich Schmückle
Kostüme:	Liselotte Erler

Das Mozarteum-Orchester
Chor der Wiener Staatsoper

Selim, Bassa	Peter Minich
Konstanze	Erika Köth
Blondchen	Renate Holm
Belmonte	Donald Grobe
Pedrillo	Gerhard Unger
Osmin	Ludwig Welter
Klaas, ***Schiffer***	Mario Haindorff

29. Juli 19.30 Uhr

ERÖFFNUNG DES KLEINEN FESTSPIELHAUSES

Die Wiener Philharmoniker
Dirigent: Fritz Sedlak

W. A. MOZART:
Marsch F-Dur aus „Idomeneo", KV 366

Ansprache: Landeshauptmann DDr. Hans Lechner

Bundeshymne

29. Juli, 5., 11., 19., 26. August
Kleines Festspielhaus

WOLFGANG AMADEUS MOZART

Le Nozze di Figaro

(in italienischer Sprache)

Dirigent: Lorin Maazel
Inszenierung: Gustav Rudolf Sellner
Bühnenbild: Michael Raffaelli
Kostüme: Michael Raffaelli
Die Wiener Philharmoniker
Chor der Wiener Staatsoper

Graf Almaviva Dietrich Fischer-Dieskau
Gräfin Hilde Güden
Susanna Graziella Sciutti
Figaro Geraint Evans 29. 7., 5.—19. 8. Walter Berry 26. 8.
Basilio John van Kesteren
Bartolo Peter Lagger
Marcellina Patricia Johnson
Cherubino Evelyn Lear
Antonio Siegfried R. Frese
Barbarina Barbara Vogel
Curzio Martin Vantin

31. Juli, 10., 29. August
Neues Festspielhaus

RICHARD STRAUSS

Der Rosenkavalier

Dirigent: Herbert von Karajan
Inszenierung: Rudolf Hartmann
Bühnenbild: Teo Otto
Kostüme: Erni Kniepert
Die Wiener Philharmoniker
Chor der Wiener Staatsoper

Marschallin Elisabeth Schwarzkopf
Baron Ochs Otto Edelmann
Octavian Sena Jurinac
Faninal Karl Dönch
Sophie Anneliese Rothenberger
Leitmetzerin Judith Hellwig
Valzacchi Renato Ercolani
Annina Hetty Plümacher
Haushofmeister bei Marschallin Martin Häusler
Haushofmeister bei Faninal Siegfried R. Frese
Polizeikommissär Alois Pernerstorfer
Notar Josef Knapp
Sänger Regolo Romani
Wirt Fritz Sperlbauer

1., 12., 18., 23. August Felsenreitschule

CHRISTOPH WILLIBALD GLUCK

Iphigenie in Aulis

Dirigent: Karl Böhm
Inszenierung: Günther Rennert
Bühnenbild: Caspar Neher
Kostüme: Caspar Neher
Choreographie: Erich Walter und Herbert Juzek
Die Wiener Philharmoniker
Chor der Wiener Staatsoper
Ein Kammerchor der Salzburger Festspiele
Ballett der Wiener Volksoper

Artemis Lucia Popp
Agamemnon Walter Berry
Klytämnestra Inge Borkh
Iphigenie Christa Ludwig
Achilles James King
Kalchas Otto Edelmann
Arkas Alois Pernerstorfer

8., 14., 20., 25. August
Kleines Festspielhaus

WOLFGANG AMADEUS MOZART

Così fan tutte

(in italienischer Sprache)

Dirigent: Karl Böhm
Inszenierung: Günther Rennert
Bühnenbild: Leni Bauer-Ecsy
Kostüme: Leni Bauer-Ecsy
Die Wiener Philharmoniker
Chor der Wiener Staatsoper

Fiordiligi Elisabeth Schwarzkopf
Dorabella Christa Ludwig
Guglielmo Hermann Prey
Ferrando Waldemar Kmentt
Despina Graziella Sciutti
Don Alfonso Karl Dönch

13., 16., 27., 30. August
Neues Festspielhaus

GIUSEPPE VERDI

Der Troubadour

(in italienischer Sprache)

Inszenierung und musikal. Leitung: Herbert von Karajan
Bühnenbild: Teo Otto
Kostüme: Georges Wakhevitch
Die Wiener Philharmoniker
Chor der Wiener Staatsoper
Ein Kammerchor der Salzburger Festspiele

Graf von Luna Ettore Bastianini
Leonore Leontyne Price
Azucena Giulietta Simionato
Manrico James McCracken
Ferrando Nicola Zaccaria
Inez Laurence Dutoit
Ruiz Siegfried R. Frese
Alter Zigeuner Rudolf Zimmer
Bote Kurt Equiluz

BALLETT

Het Nationale Ballet Amsterdam

Das Niederländische Nationalballett

Directrice: Sonia Gaskell
Maîtres de Ballet:
Karel Shook / Roland Casenave
Choreographen:
Rudi van Dantzig / Robert Kaesen
Solisten: Marianna Hilarides, Sonja van Beers, Maria Sylvaine, Irène de Vos, Panchita de Péri, Maria Bovet, Maria Koppers, Kathleen Smith
Conrad van de Weetering, Billy Wilson, Ronald Snijders, Sylvester Campbell, Ben de Rochemont, Philip Kaesen, Jan Arntz, Bill Earl
Dirigent: André Presser
Das Mozarteum-Orchester

15. August Kleines Festspielhaus

PETER I. TSCHAIKOWSKIJ

Serenade

(D-Dur für Streichorchester)

Choreographie: George Balanchine
Kostüme: Gerard van der Meeren

HENK BADINGS
(Elektronische Musik)

Jungle

Choreographie: Rudi van Dantzig
Bühnenbild / Kostüme: Toer van Schayk

ALAN HOVHANESS

Shirah

Choreographie / Bühnenbild / Kostüme:
Pearl Lang

IGOR STRAWINSKY

Petruschka

Choreographie: Michael Fokine
Bühnenbild / Kostüme: Alexandre Benois

16. August Kleines Festspielhaus

PAUL HINDEMITH

Die vier Temperamente

(Thema und vier Variationen für Klavier und Streichorchester)

Choreographie: George Balanchine

TON DE LEEUW

Schatten

(Ombres)

Choreographie: Rudi van Dantzig
Bühnenbild / Kostüme: Toer van Schayk

BELA BARTÓK
Der wunderbare Mandarin
Choreographie:
Ernö Vashegyi / Vera Pasztor
Bühnenbild / Kostüme: Roger Chailloux

EDOUARD LALO
Suite en blanc
Choreographie: Serge Lifar

17. August Kleines Festspielhaus
GEORGES BIZET
Symphonie in C
Choreographie: George Balanchine
Kostüme: Gerard van der Meeren

MEYER KUPFERMAN
Persephone
Choreographie / Bühnenbild / Kostüme:
Pearl Lang

ARAM I. CHATSCHATURJAN
Le Prisonnier du Caucase
Choreographie: George Skibine;
Ch. Abachidze für die russischen Volkstänze
Bühnenbild / Kostüme:
Georges Wakhevitch

ORCHESTERKONZERTE

30. Juli, 20.30 Uhr Großes Festspielhaus
Die Tschechische Philharmonie Prag
Dirigent: Karel Ancerl
Solist: Josef Suk, Violine

A. DVOŘÁK:	Ouvertüre „Karneval", op. 92
	Konzert für Violine und Orchester a-Moll, op. 53
	Symphonie Nr. 9, e-Moll, op. 95 „Aus der Neuen Welt"

2. August, 20.30 Uhr Großes Festspielhaus
Die Wiener Philharmoniker
Dirigent: Zubin Mehta
Solist: Nathan Milstein, Violine

W. A. MOZART:	Ouvertüre zu „Der Schauspieldirektor", KV 486
J. BRAHMS:	Konzert für Violine und Orchester D-Dur, op. 77
A. BRUCKNER:	Symphonie Nr. 9, d-Moll

4. August, 20.30 Uhr Großes Festspielhaus
Die Tschechische Philharmonie Prag
Dirigent: George Szell
Solist: Rudolf Firkusny, Klavier

L. v. BEETHOVEN:	Ouvertüre zu Goethes „Egmont", op. 84
	Konzert für Klavier und Orchester Nr. 3, c-Moll, op. 37
	Symphonie Nr. 3, Es-Dur, op. 55 „Eroica"

6. August, 20.30 Uhr Großes Festspielhaus
Die Tschechische Philharmonie Prag
Dirigent: Wolfgang Sawallisch
Solist: Wolfgang Schneiderhan, Violine

F. SCHUBERT:	Symphonie Nr. 5, B-Dur
I. STRAWINSKY:	Konzert für Violine und Orchester in D, op. 61
A. DVOŘÁK:	Symphonie Nr. 8, G-Dur, op. 88 „Die Englische"

8. August, 11 Uhr Mozarteum[1]
Die Wiener Philharmoniker
Dirigent: Istvan Kertesz
Solisten: Irmgard Seefried, Sopran; Anton Fietz, Violine
Salzburger Rundfunk- und Mozarteum-Chor
Orgel: Robert Kuppelwieser

W. A. MOZART:	Symphonie B-Dur, KV 319
	Adagio E-Dur für Violine und Orchester, KV 261
	Arie „Kommet her, ihr frechen Sünder", KV 146
	Rezitativ und Arie „Ergo interest", KV 143
	„Laudate Dominum" aus KV 339
	Symphonie Es-Dur, KV 543

9. August, 20.30 Uhr Kleines Festspielhaus
Die Tschechische Philharmonie Prag
Dirigent und Solist: Lorin Maazel

J. S. BACH:	Brandenburgisches Konzert Nr. 4, G-Dur
W. A. MOZART:	Konzert für Violine und Orchester G-Dur, KV 216
L. v. BEETHOVEN:	Symphonie Nr. 5, c-Moll, op. 67

12. August, 20.30 Uhr Großes Festspielhaus
Die Tschechische Philharmonie Prag
Dirigent: George Georgescu
Solist: Valentin Gheorghiu, Klavier

J. HAYDN:	Symphonie Nr. 104, D-Dur „Salomon"
R. SCHUMANN:	Konzert für Klavier und Orchester a-Moll, op. 54
F. SCHUBERT:	Symphonie Nr. 7, C-Dur

15. August, 20.30 Uhr Großes Festspielhaus
Die Wiener Philharmoniker
Dirigent: Herbert von Karajan
Soli: Gundula Janowitz, Christa Ludwig; Waldemar Kmentt, Walter Berry
Singverein der Gesellschaft der Musikfreunde Wien

L. v. BEETHOVEN:	Symphonie Nr. 9, d-Moll, op. 125, mit Schlußchor über Schillers Ode „An die Freude"

21. August, 20.30 Uhr Großes Festspielhaus
Die Wiener Philharmoniker
Dirigent: Karl Böhm
Solist: Hans Richter-Haaser, Klavier

J. BRAHMS:	Variationen über ein Thema von Joseph Haydn, op. 56 a
	Konzert für Klavier und Orchester Nr. 1, d-Moll, op. 15
	Symphonie Nr. 3, F-Dur, op. 90

24. August, 20.30 Uhr Großes Festspielhaus
Die Wiener Philharmoniker
Dirigent: Lorin Maazel
Solist: Géza Anda, Klavier

H. BERLIOZ:	Phantastische Symphonie in fünf Teilen, op. 14

L. v. BEETHOVEN:	Konzert für Klavier und Orchester Nr. 1, C-Dur, op. 15
R. STRAUSS:	„Till Eulenspiegels lustige Streiche", op. 28

SERENADEN

28. Juli, 21 Uhr Residenz

Salzburger Bläserkammermusik-Vereinigung

Dirigent: Rudolf Klepač

L. v. BEETHOVEN:	Sextett Es-Dur, op. 71
J. HAYDN:	Oktett F-Dur
W. A. MOZART:	Serenade c-Moll, KV 388

30. Juli, 21 Uhr Residenz

Zagreber Solisten
(Radio-Television Zagreb)

Dirigent: Antonio Janigro
Solist: Jelka Stanič, Violine

W. A. MOZART:	Divertimento D-Dur, KV 136
G. B. PERGOLESI:	Concertino Nr. 2, G-Dur
G. PH. TELEMANN:	Konzert für Violine und Orchester a-Moll
G. ROSSINI:	III. Sonate für Streicher C-Dur
A. CORELLI:	Sarabande, Gigue, Badinerie
W. A. MOZART:	Eine kleine Nachtmusik G-Dur, KV 525

5. August, 21 Uhr Residenz

Ungarisches Kammerorchester Budapest

Dirigent: Vilmos Tátrai

W. A. MOZART:	Divertimento D-Dur, KV 251 Ballettmusik zur Pantomime „Les petits Riens", KV 299 b Divertimento D-Dur, KV 334

8. August, 21 Uhr Residenz

Das Mozarteum-Orchester

Dirigent: Carl Melles

W. A. MOZART:	Serenade D-Dur, KV 204 (Violinsolo: Joseph Schröcksnadel) Serenade D-Dur, KV 239 „Serenata notturna" Zwölf deutsche Tänze, KV 586

11. August, 21 Uhr Residenz

Camerata Academica des Mozarteums

Dirigent: Rolf Maedel

W. A. MOZART:	Divertimento Es-Dur, KV 113 Marsch D-Dur, KV 335/1 Serenade D-Dur, KV 320 „Posthorn-Serenade" Marsch D-Dur, KV 335/2

19. August, 21 Uhr Residenz

Das Mozarteum-Orchester

Dirigent: Mladen Basič

W. A. MOZART:	Divertimento D-Dur, KV 131 Marsch D-Dur, KV 237 Serenade D-Dur, KV 203 (Violinsolo: Joseph Schröcksnadel)

23. August, 21 Uhr Residenz

Das Mozarteum-Orchester

Dirigent: Leopold Hager

W. A. MOZART:	Sechs deutsche Tänze, KV 509 Marsch D-Dur, KV 249 Serenade D-Dur, KV 250 „Haffner-Serenade" (Violinsolo: J. Schröcksnadel)

26. August, 21 Uhr Residenz

Camerata Academica des Mozarteums

Dirigent: Wolfgang Rennert

W. A. MOZART:	Zwei Kontretänze, KV 603 Drei deutsche Tänze, KV 605 Marsch D-Dur, KV 189 Serenade D-Dur, KV 185

MATINEEN

Dirigent: Bernhard Paumgartner

28. Juli, 11 Uhr Mozarteum

Soli: Maria van Dongen, Sopran; Rudolf Firkusny, Klavier
Camerata Academica des Mozarteums

W. A. MOZART:	Symphonie G-Dur, KV 45 a Konzert für Klavier und Orchester Es-Dur, KV 271 „Jeunehomme-Konzert" Rezitativ und Arie „Basta, vincesti", KV 486 a Arie „Alma grande e nobil core", KV 578 Symphonie A-Dur, KV 201

4. August, 11 Uhr Mozarteum

Solistin: Hilde Güden, Sopran
Camerata Academica des Mozarteums
Bläserquartett der Philharmonia Hungarica

W. A. MOZART:	Marsch C-Dur, KV 214 Sinfonia concertante Es-Dur für Oboe, Klarinette, Horn, Fagott und Orchester, KV 297 b Arie des Aminta „L'amerò, sarò costante" aus „Il Rè pastore", KV 208 Scena mit Rondo „Non temer, amato bene", KV 490 Symphonie D-Dur, KV 297

11. August, 11 Uhr Mozarteum

Soli: Donald Grobe, Tenor; Michèl Schwalbé, Violine
Camerata Academica des Mozarteums

W. A. MOZART:	Symphonie Es-Dur, KV 16 Konzert für Violine und Orchester D-Dur, KV 271 a Rezitativ und Arie „Misero! o sogno!", KV 431 Arie „Müßt' ich auch durch tausend Drachen", KV 435 Symphonie g-Moll, KV 183

18. August, 11 Uhr Mozarteum

Soli: Graziella Sciutti, Sopran; Walter Klien, Klavier
Camerata Academica des Mozarteums

W. A. MOZART:	Symphonie G-Dur, KV 74 Konzert für Klavier und Orchester c-Moll, KV 491 Rezitativ und Arie „Ah questo seno deh vieni", KV 374 Arie „Voi avete un cor fedele", KV 217 Symphonie D-Dur, KV 202

25. August, 11 Uhr Mozarteum

Soli: Christa Ludwig, Sopran; Géza Anda, Klavier
Das Mozarteum-Orchester

W. A. MOZART:	Marsch C-Dur, KV 408
	Divertimento Es-Dur, KV 196e
	Konzert für Klavier und Orchester D-Dur, KV 451
	Szene mit Rondo „Ch'io mi scordi di te" für Sopran mit obligatem Klavier-Solo und Orchester, KV 505
	Symphonie C-Dur, KV 425 „Linzer"

KAMMERKONZERTE

28. Juli, 20 Uhr Mozarteum

Zagreber Solisten
(Radio-Television Zagreb)

Dirigent: Antonio Janigro
Soli: Jelka Stanič, Violine; Antonio Janigro, Violoncello; Rudolf Klepač, Fagott

A. VIVALDI:	III. Sinfonie G-Dur für Streicher und Cembalo
	Konzert für Fagott und Orchester e-Moll
	Konzert A-Dur für Streicher
W. A. MOZART:	Divertimento F-Dur, KV 138
G. TARTINI:	Konzert für Violine u. Orchester D-Dur
P. HINDEMITH:	„Trauermusik" für Violoncello und Streichorchester
A. v. WEBERN:	Fünf Sätze für Streichquartett, op. 5
D.SCHOSTAKOWITSCH:	Scherzo aus op. 11

3. August, 20 Uhr Mozarteum

Ungarisches Kammerorchester Budapest

Dirigent: Vilmos Tátrai
Solistin: Vera Dénes, Violoncello

F. GEMINIANI:	Concerto grosso e-Moll, op. 3, Nr. 3
C. STAMITZ:	Orchesterquartett C-Dur
G. TARTINI:	Konzert D-Dur für Violoncello und Orchester
B. BARTÓK:	Divertimento für Streichorchester (1939)

11. August, 20 Uhr Mozarteum

Bläservereinigung der Wiener Philharmoniker

A. GYROWETZ:	Quintetto
L. JANÁČEK:	„Mládi" (Jugend)
J. HAYDN:	Divertimento F-Dur
L. v. BEETHOVEN:	Oktett Es-Dur, op. 103

18. August, 20 Uhr Mozarteum

Der Niederländische Kammerchor

Musikalische Leitung: Felix de Nobel
Werke von J. Desprez, Cl. Janequin, G. Palestrina, C. Gesualdo, J. Sweelinck, F. Poulenc, D. Lesur und L. Dallapiccola

22. August, 20 Uhr Mozarteum[1]

Wiener Oktett

M. HAYDN:	Divertimento G-Dur
W. A. MOZART:	Klarinettenquintett A-Dur, KV 581 „Stadler-Quintett"
	Divertimento B-Dur, KV 287

LIEDERABENDE

29. Juli, 20 Uhr Mozarteum

Hermann Prey, Bariton

Am Flügel: Günther Weissenborn
Lieder von F. Schubert und R. Strauss

1. August, 20 Uhr Mozarteum

Dietrich Fischer-Dieskau, Bariton

Am Flügel: Gerald Moore
Lieder von F. Schubert

7. August, 20 Uhr Mozarteum

Gérard Souzay, Bariton

Am Flügel: Dalton Baldwin
Lieder von J. Haydn, L. v. Beethoven, F. Poulenc, M. Ravel und F. Liszt

10. August, 20 Uhr Mozarteum

Christa Ludwig, Sopran

Am Flügel: Erik Werba
Lieder von G. Mahler, R. Schumann, J. Brahms und R. Strauss

12. August, 20 Uhr Mozarteum

Irmgard Seefried, Sopran

Am Flügel: Erik Werba
Lieder von Ch. W. Gluck, W. A. Mozart, (KV 523, 520), Ch. G. Neefe, L. v. Beethoven, F. Schubert, G. Mahler, F. Mendelssohn-Bartholdy, J. Brahms, R. Schumann und H. Wolf

17. August, 20 Uhr Mozarteum

Elisabeth Schwarzkopf, Sopran

Am Flügel: Gerald Moore
Lieder von H. Wolf

SOLISTENKONZERTE

27. Juli, 20 Uhr Mozarteum

Wilhelm Backhaus, Klavier

L. v. BEETHOVEN:	Sonate D-Dur, op. 10, Nr. 3
	Sonate cis-Moll, op. 27, Nr. 2 „Sonata quasi una fantasia"
	Sonate G-Dur, op. 79
	Sonate e-Moll, op. 90
	Sonate Es-Dur, op. 81a

31. Juli, 20 Uhr Mozarteum

Nathan Milstein, Violine; Walter Klien, Klavier

A. VIVALDI:	Sonate D-Dur (Original)
J. S. BACH:	Sonate I, g-Moll, für Violine solo
W. A. MOZART:	Sonate C-Dur, KV 296
J. BRAHMS:	Sonate d-Moll, op. 108

6. August, 20 Uhr Mozarteum

Shura Cherkassky, Klavier

F. MENDELSSOHN-BARTHOLDY:	Rondo capriccioso, op. 14
R. SCHUMANN:	Sonate fis-Moll, op. 11
F. CHOPIN:	Sonate b-Moll, op. 35
B. BARTÓK:	Sonata

CL. DEBUSSY: L'isle joyeuse
F. LISZT: Mephisto-Walzer

KONZERTE GEISTLICHER MUSIK

Dirigent: Joseph Messner
Der Salzburger Domchor — Das Mozarteum-Orchester

4. August, 20 Uhr Aula academica

Soli: Antonia Fahberg, Sopran; Claudia Hellmann, Alt; Lorenz Fehenberger, Tenor; Max Pröbstl, Baß
L. v. BEETHOVEN: Messe C-Dur, op. 86
A. BRUCKNER: Te Deum

18. August, 20 Uhr Aula academica

Orgel: Gerhard Zukriegel
Soli: Karin Hurdström, Sopran; Friederike Baumgartner, Alt; Peter Witsch, Tenor; Walter Raninger, Baß
J. HAYDN: Oratorium „Die sieben Worte des Erlösers am Kreuze"
M. HAYDN: Motette „Tenebrae factae sunt"
W. A. MOZART: Missa C-Dur, KV 317 „Krönungs-Messe"

25. August, 20 Uhr Aula academica

Orgel: Gerhard Zukriegel
Soli: Irmgard Stadler, Sopran; Hanna Ludwig, Alt; Georg Jelden, Tenor; Heinrich Pflanzl, Baß
W. A. MOZART: Requiem, KV 626

KIRCHENKONZERT

10. August, 11 Uhr Erzabteikirche St. Peter[1]

Dirigent: Bernhard Paumgartner
Orgel: Robert Kuppelwieser
Soli: Hilde Güden, Elisabeth Thomann; George Maran, Walter Raninger
Das Mozarteum-Orchester — Der Salzburger Rundfunk- und Mozarteum-Chor
W. A. MOZART: c-Moll-Messe, KV 427
Ave verum, KV 618

CHORKONZERT

27. Juli, 11 Uhr Mozarteum

Straßburger Domchor

Musikalische Leitung: Abbé Alphonse Hoch
Soli: Gisèle Prevet, Sopran; Geneviève Macaux, Alt; Charles Jauquier, Tenor; André Vessières, Baß; Odile Pierre, Orgel
Straßburger Radio-Kammerorchester
W. A. MOZART: Te Deum C-Dur, KV 141
Drei Kirchen-Sonaten: C-Dur, KV 329, Allegro; Es-Dur, KV 67, Andantino; C-Dur, KV 336, Allegro
Regina Coeli C-Dur, KV 276
Motette für Sopran „Exsultate, jubilate", KV 165
Vesperae de Dominica, KV 321
Motette „Ave verum", KV 618
M. R. DELALANDE: Psalm „De profundis"

27. August, 20 Uhr Mozarteum

Veranstaltung des Salzburger Rundfunk- und Mozarteum-Chores

Salzburger Kirchenmusik der Mozart-Zeit

Dirigent: Ernst Hinreiner; Orgel: Robert Kuppelwieser
Soli: Maria Antonia Harvey, Sopran; Ira Malaniuk, Alt; Robert Behan, Tenor; Hartmut Müller, Baß
Camerata Academica des Mozarteums
Der Salzburger Rundfunk- und Mozarteumchor
J. E. EBERLIN: „Magnificat"
A. CALDARA: „Crucifixus"
L. MOZART: „Parasti mensam", Motette zum „Heiligsten Sakrament"
M. HAYDN: Motette „Tenebrae factae sunt"
W. A. MOZART: Offertorium „Benedictus sit Deus", KV 117
Missa (solemnis) c-Moll, KV 139 „Waisenhaus-Messe"

Gedenkstunde für MAX REINHARDT

26. August, 11 Uhr Kleines Festspielhaus

L. v. BEETHOVEN: Ouvertüre zu „Fidelio"
Bernhard Paumgartner: Gedenkworte
Attila Hörbiger liest Max Reinhardts „Rede über den Schauspieler"
Helene Thimig liest aus Hugo von Hofmannsthals „Der Tod des Tizian"
F. MENDELSSOHN-BARTHOLDY: Aus der Musik zu Shakespeares Lustspiel „Ein Sommernachtstraum", op. 21 und op. 61 (Notturno-Ouvertüre)

Es spielen die Wiener Philharmoniker unter der Leitung von Lorin Maazel

1964

26. Juli—31. August

SCHAUSPIEL

26. Juli, 2., 9., 15., 16., 23., 30. August
Domplatz / Großes Festspielhaus

HUGO VON HOFMANNSTHAL

Jedermann

Regie: Helene Thimig
Kostüme: Magda Oberhofer
Musik: Joseph Messner, Einar Nilson
Dirigent: Ernst Hinreiner
Tanz: Herbert Juzek
Orgel: Oskar Peter
Mozarteum-Orchester, Salzburger Rundfunk- und Mozarteum-Chor
Stimme des Herrn Ewald Balser
Tod Kurt Heintel
Teufel Heinrich Schweiger
Jedermann Walther Reyer
Jedermanns Mutter Alma Seidler
Guter Gesell Michael Heltau
Hausvogt Wolfgang Dauscha
Koch Viktor Braun
Armer Nachbar Helmut Janatsch
Schuldknecht Karl Blühm
Schuldknechts Weib Roswitha Posselt

Buhlschaft	Anna Smolik
Dicker Vetter	Rudolf Rhomberg
Dünner Vetter	Franz Messner
Mammon	Leonard Steckel
Gute Werke	Sonja Sutter
Glaube	Helene Thimig
Spielansager	Frank Dietrich

11., 20., 28., 31. August
Kleines Festspielhaus

JOHANN WOLFGANG VON GOETHE

Faust

Der Tragödie erster Teil

Regie:	Leopold Lindtberg
Bühnenbild:	Teo Otto
Kostüme:	Teo Otto
Musik und Dirigent:	Rolf Langnese
Choreographie:	Dore Hoyer
Sprechchöre:	Ellen Widmann

Direktor	Paul Hoffmann
Dichter	Peter Lühr
Lustige Person	Heinrich Schweiger
Der Herr	Ewald Balser
Raphael	Judith Holzmeister
Gabriel	Karlheinz Martell
Michael	Wolfgang Stendar
Mephisto	Will Quadflieg
Faust	Thomas Holtzmann
Erdgeist	Paul Hartmann
Wagner	Bruno Hübner
Schüler	Bruno Dallansky
Margarete	Aglaja Schmid
Marthe	Susi Nicoletti
Lieschen	Evelyn Balser
Valentin	Kurt Heintel
Frosch	Max Mairich
Brander	Heinrich Schweiger
Siebel	Edd Stavjanik
Altmayer	Hanns Obonya
Hexe	Blanche Aubry
Irrlicht	Dolores Hubert

13., 27. August Felsenreitschule

WILLIAM SHAKESPEARE

Die lustigen Weiber von Windsor

Regie:	Rudolf Steinboeck
Bühnenbild:	Lois Egg
Kostüme:	Erni Kniepert
Musik:	Paul Angerer

Sir John Falstaff	Ewald Balser
Fenton	Walther Reyer
Robert Seicht	Manfred Inger
Abraham Schmächtig	Ernst Anders
Frank Ford	Fred Liewehr
George Page	Hans Günther Müller
Sir Hugh Evans	Theo Lingen
Doktor Caius	Andreas Wolf
Der Gastwirt zum Hosenband	Hermann Thimig
Bardolph	Gandolf Buschbeck
Pistol	Peter P. Jost
Nimm	Achim Benning
Robin	Heinz Zuber
Simpel	Peter Panhans
John Rugby	Otto Kerry
Mistress Ford	Paula Wessely
Mistress Page	Käthe Gold
Anne Page	Johanna Matz
Mistress Quick	Jane Tilden

17., 24., 29., 31. August
Kleines Festspielhaus

JOHANN WOLFGANG VON GOETHE

Faust

Der Tragödie zweiter Teil

Regie:	Leopold Lindtberg
Bühnenbild:	Teo Otto
Kostüme:	Teo Otto
Musik und Dirigent:	Rolf Langnese
Choreographie:	Dore Hoyer
Sprechchöre:	Ellen Widmann

Faust	Thomas Holtzmann
Mephisto	Will Quadflieg
Ariel	Detlef Jacobsen
Kaiser	Wolfgang Stendar
Kanzler	Paul Hoffmann
Heermeister	Kurt Heintel
Schatzmeister	Gerhard Geisler
Herold	Erik Frey
Knabe Wagenlenker	Karlheinz Martell
Narr	Max Mairich
Baccalaureus	Bruno Dallansky
Wagner	Bruno Hübner
Homunculus	Margaret Carl
Erichtho	Judith Holzmeister
Chiron	Leonard Steckel
Manto	Erna Korhel
Anaxagoras	Benno Sterzenbach
Thales	Hanns Obonya
Helena	Sonja Sutter
Lynceus	Peter Lühr
Euphorion	Karlheinz Martell
Raufebold	Michael Janisch
Habebald	Edd Stavjanik
Haltefest	Max Mairich
Wandrer	Benno Sterzenbach
Philemon	Rudolf Forster
Baucis	Mila Kopp
Sorge	Alma Seidler
Mater gloriosa	Judith Holzmeister
Una Poenitentium	Aglaja Schmid

OPER

26. Juli, 2., 15., 18., 25. August
Kleines Festspielhaus

RICHARD STRAUSS

Ariadne auf Naxos

Dirigent:	Karl Böhm
Inszenierung:	Günther Rennert
Bühnenbild:	Ita Maximowna
Kostüme:	Ita Maximowna

Die Wiener Philharmoniker

Haushofmeister	Erik Frey
Musiklehrer	Paul Schöffler
Komponist	Sena Jurinac
Tenor (Bacchus)	Jess Thomas
Ein Tanzmeister	John van Kesteren 26. 7., 15.—25. 8. David Thaw 2. 8.
Ein Perückenmacher	Walter Raninger
Ein Lakai	Herbert Lackner
Zerbinetta	Reri Grist
Primadonna (Ariadne)	Christa Ludwig 26. 7., 2., 15., 25. 8. Hildegard Hillebrecht 18. 8.
Harlekin	Gerd Feldhoff
Scaramuccio	David Thaw
Truffaldin	Georg Stern
Brighella	Gerhard Unger
Najade	Lucia Popp
Dryade	Claudia Hellmann
Echo	Lisa Otto

27. Juli, 8., 12., 18., 24. August
Großes Festspielhaus

WOLFGANG AMADEUS MOZART

Die Zauberflöte

Dirigent:	Istvan Kertesz
Inszenierung:	Otto Schenk
Bühnenbild:	Jörg Zimmermann
Kostüme:	Hill Reihs-Gromes

Die Wiener Philharmoniker
Chor der Wiener Staatsoper

Sarastro	Walter Kreppel
Tamino	Waldemar Kmentt
Sprecher	Paul Schöffler
1. Priester	Paul Späni
2. Priester	Josef Knapp
Königin der Nacht	Roberta Peters
Pamina	Pilar Lorengar
1. Dame	Maria van Dongen
2. Dame	Cvetka Ahlin
3. Dame	Vera Little
Papageno	Walter Berry
Papagena	Renate Holm
Monostatos	Renato Ercolani
1. Knabe	Lucia Popp 27. 7., 8., 12. 8. Maria A. Harvey 18., 24. 8.
2. Knabe	Yvonne Helvey
3. Knabe	Hildegard Rütgers
1. Geharnischter	Herbert Schachtschneider
2. Geharnischter	Georg Littasy

28. Juli, 6., 9., 15., 26. August Residenz

WOLFGANG AMADEUS MOZART

Lucio Silla

(in italienischer Sprache)

Dirigent:	Bernhard Conz
Inszenierung:	Christoph Groszer
Bühnenbild:	Ekkehard Grübler
Kostüme:	Ekkehard Grübler

Das Mozarteum-Orchester
Ein Kammerchor der Salzburger Festspiele

Lucio Silla	William Dooley
Giunia	Melitta Muszely
Cecilio	Donald Grobe

Lucio Cinna	Klaus Lange
Celia	Elisabeth Witzmann
Aufidio	Tugomir Franc

30. Juli, 9., 21., 30. August
Kleines Festspielhaus

WOLFGANG AMADEUS MOZART

Le Nozze di Figaro

(in italienischer Sprache)

Dirigent:	Lorin Maazel
Inszenierung:	Gustav Rudolf Sellner
Bühnenbild:	Michael Raffaelli
Kostüme:	Michael Raffaelli

Die Wiener Philharmoniker
Chor der Wiener Staatsoper

Graf Almaviva	Dietrich Fischer-Dieskau
Gräfin	Hilde Güden
Susanna	Graziella Sciutti
Figaro	Geraint Evans
Basilio	John van Kesteren
Bartolo	Peter Lagger
Marcellina	Dorothea von Stein
Cherubino	Evelyn Lear
Antonio	Siegfried R. Frese
Barbarina	Barbara Bardy
Curzio	Martin Vantin

1., 13., 29. August Großes Festspielhaus

RICHARD STRAUSS

Der Rosenkavalier

Dirigent:	Herbert von Karajan
Inszenierung:	Rudolf Hartmann
Bühnenbild:	Teo Otto
Kostüme:	Erni Kniepert

Die Wiener Philharmoniker
Chor der Wiener Staatsoper

Marschallin	Elisabeth Schwarzkopf
Baron Ochs	Otto Edelmann
Octavian	Sena Jurinac
Faninal	Willy Ferenz
Sophie	Anneliese Rothenberger
Leitmetzerin	Judith Hellwig
Valzacchi	Renato Ercolani
Annina	Hetty Plümacher
Haushofmeister bei Marschallin	Richard van Vrooman
Haushofmeister bei Faninal	Siegfried R. Frese
Polizeikommissär	Alois Pernerstorfer
Notar	Josef Knapp
Sänger	Ermanno Lorenzi
Wirt	Fritz Sperlbauer

7., 14., 19., 23. August Felsenreitschule

GIUSEPPE VERDI

Macbeth

(in italienischer Sprache)

Dirigent:	Wolfgang Sawallisch
Inszenierung:	Oscar Fritz Schuh
Bühnenbild:	Teo Otto
Kostüme:	Teo Otto

Die Wiener Philharmoniker
Chor der Wiener Staatsoper
Ein Kammerchor der Salzburger Festspiele

Macbeth	Dietrich Fischer-Dieskau
Lady Macbeth	Grace Bumbry
Macduff	Ermanno Lorenzi
Banquo	Peter Lagger
Malcolm	Francisco Lazaro
Kammerfrau	Božena Ruk-Fočić
Arzt	Alois Pernerstorfer
Duncan	Eduard Cossovel
Diener	Walter Raninger
Mörder	Herbert Lackner

10., 16., 22., 26. August
Kleines Festspielhaus

WOLFGANG AMADEUS MOZART

Così fan tutte

(in italienischer Sprache)

Dirigent:	Karl Böhm
Inszenierung:	Günther Rennert
Bühnenbild:	Leni Bauer-Ecsy
Kostüme:	Leni Bauer-Ecsy

Die Wiener Philharmoniker
Chor der Wiener Staatsoper

Fiordiligi	Elisabeth Schwarzkopf
Dorabella	Christa Ludwig
Guglielmo	Hermann Prey
Ferrando	Waldemar Kmentt
Despina	Graziella Sciutti
Don Alfonso	Karl Dönch

11., 17., 27. August Großes Festspielhaus

RICHARD STRAUSS

Elektra

Inszenierung und musikal. Leitung:	Herbert von Karajan
Bühnenbild:	Teo Otto
Kostüme:	Teo Otto

Die Wiener Philharmoniker
Chor der Wiener Staatsoper

Klytämnestra	Martha Mödl
Elektra	Astrid Varnay
Chrysothemis	Hildegard Hillebrecht
Aegisth	James King
Orest	Eberhard Waechter
Pfleger des Orest	Tugomir Franc
Vertraute	Hildegard Rütgers
Schleppenträgerin	Anja de Haan
Junger Diener	Richard van Vrooman
Alter Diener	Siegfried R. Frese
Aufseherin	Judith Hellwig
1. Magd	Helen Watts
2. Magd	Margarete Sjöstedt
3. Magd	Cvetka Ahlin
4. Magd	Lisa Otto
5. Magd	Lucia Popp

BALLETT

Das Ballett der Kroatischen Nationaloper Zagreb

Solisten: Nevenka Bidjin, Sonja Kastl, Vesna Butorac, Maja Bezjak, Djurdjica Ludvig, Dušanka Sifnios Stane Leben, Milorad Miškovič, Damir Novak, Miljenko Vikič, Aleksej Judenič
Dirigent: Mladen Bašić
Das Mozarteum-Orchester

21. August Großes Festspielhaus

RICHARD STRAUSS

Josephslegende

Inszenierung / Choreographie: Pia und Pino Mlakar
Bühnenbild / Kostüme: Dušan Ristić

MILKO KELEMEN

L'héros et son miroir

(Der Spiegel)

Inszenierung / Choreographie: Sonja Kastl / Nevenka Bidjin
Bühnenbild: Aleksandar Augustinčić
Kostüme: Diana Kosec

ALEXANDER P. BORODIN

Polowetzer Tänze

(Aus der Oper „Fürst Igor")

Nach der Choreographie Michael Fokins, inszeniert von Djurdja Fučkar
Bühnenbild: Zvonko Agbaba
Kostüme: Inga Kostinčer

22. August Großes Festspielhaus

SERGEJ S. PROKOFIEFF

Romeo und Julia

Inszenierung / Choreographie: Dimitrije Parlić
Bühnenbild: Zvonko Agbaba
Kostüme: Inga Kostinčer

REZITATIONSABEND

22. August, 20 Uhr Mozarteum

Will Quadflieg

spricht und liest Romantiker

Gedichte und Briefe von Joseph von Eichendorff, Bettina von Arnim, Clemens Brentano, Philipp Otto Runge

ORCHESTERKONZERTE

3. August, 20 Uhr Großes Festspielhaus

Das Berliner Philharmonische Orchester

Dirigent: Zubin Mehta
Solist: Wolfgang Schneiderhan, Violine

I. STRAWINSKY:	Symphonie in drei Sätzen (1945)
W. A. MOZART:	Konzert für Violine und Orchester A-Dur, KV 219
J. BRAHMS:	Symphonie Nr. 1, c-Moll, op. 68

5. August, 20 Uhr Großes Festspielhaus

Das Berliner Philharmonische Orchester

Dirigent: Carl Schuricht

W. A. MOZART:	Symphonie D-Dur, KV 504 „Prager"
A. BRUCKNER:	Symphonie Nr. 7, E-Dur

8. August, 20 Uhr Mozarteum

Das Berliner Philharmonische Orchester

Dirigent: Wolfgang Sawallisch
Solist: Géza Anda, Klavier

J. HAYDN:	Symphonie Nr. 52, c-Moll
W. A. MOZART:	Konzert für Klavier und Orchester d-Moll, KV 466
L. v. BEETHOVEN:	Symphonie Nr. 1, C-Dur, op. 21

10. August, 11 Uhr Mozarteum[1]

Die Wiener Philharmoniker

Dirigent: Karl Böhm

W. A. MOZART:	Serenade D-Dur, KV 239 „Serenata notturna"
	Symphonie C-Dur, KV 338, mit Menuett C-Dur, KV 409
	Symphonie C-Dur, KV 551 „Jupiter"

10. August, 20 Uhr Großes Festspielhaus

Das Berliner Philharmonische Orchester

Dirigent: George Szell
Solist: Clifford Curzon, Klavier

CH. W. GLUCK:	Ouvertüre zu „Alceste"
W. A. MOZART:	Konzert für Klavier und Orchester B-Dur, KV 595
R. STRAUSS:	Sinfonia domestica, op. 53

15. August, 20.30 Uhr Großes Festspielhaus

Das Berliner Philharmonische Orchester

Dirigent: Herbert von Karajan
Soli: Elisabeth Schwarzkopf, Sopran; Lothar Koch, Oboe

R. STRAUSS:	Konzert für Oboe und kleines Orchester (1945)
	Vier letzte Lieder (1948)
	Ein Heldenleben, op. 40

16. August, 11 Uhr Großes Festspielhaus

Die Wiener Philharmoniker

Dirigent: Georg Solti
Solistin: Annie Fischer, Klavier

R. STRAUSS:	Till Eulenspiegels lustige Streiche, op. 28
B. BARTÓK:	Konzert für Klavier und Orchester, Nr. 3
G. MAHLER:	Symphonie Nr. 1, D-Dur

20. August, 20 Uhr Großes Festspielhaus

Die Wiener Philharmoniker

Dirigent: Karl Böhm

W. A. MOZART:	Symphonie g-Moll, KV 550
R. STRAUSS:	„Don Juan", op. 20
L. v. BEETHOVEN:	Symphonie Nr. 7, A-Dur, op. 92

28. August, 20 Uhr Großes Festspielhaus

Die Wiener Philharmoniker

Dirigent: Lorin Maazel
Solist: Sviatoslav Richter, Klavier

L. v. BEETHOVEN:	Ouvertüre „Leonore" III., C-Dur, op. 72 a
J. BRAHMS:	Konzert für Klavier und Orchester Nr. 2, B-Dur, op. 83
M. MUSSORGSKIJ / M. RAVEL:	Bilder einer Ausstellung

30. August, 11 Uhr Großes Festspielhaus

Die Wiener Philharmoniker

Dirigent: Herbert von Karajan
Pierre Fournier, Solo-Cello; Rudolf Streng, Solo-Viola

R. STRAUSS:	Don Quixote, op. 35
	„Also sprach Zarathustra", op. 30

SERENADEN

29. Juli, 21 Uhr Residenz

Festival Strings Lucerne

Dirigent: Rudolf Baumgartner
Soli: Esther Nyffenegger, Violoncello; Walter Prystawski, Brigitte Seeger, Herbert Hoever, Violine

F. GEMINIANI:	Concerto grosso, op. 3, Nr. 3, e-Moll
F. COUPERIN:	Pièces en concert pour violoncelle et cordes
G. PH. TELEMANN:	Bourlesque de Don Quichotte
W. A. MOZART:	Divertimento B-Dur, KV 137
J. S. BACH:	Konzert für drei Violinen und Streichorchester D-Dur

31. Juli, 21 Uhr Residenz

Das Mozarteum-Orchester

Dirigent: Kurt Wöss
Solisten: André Lardrot, Oboe; Otto Lang, Klarinette; Rudolf Klepač, Fagott, Alois Aigner, Horn

W. A. MOZART:	Sinfonia concertante Es-Dur für Oboe, Klarinette, Horn, Fagott und Orchester, KV 297 b
	Sechs deutsche Tänze, KV 509
	Marsch D-Dur, KV 237
	Serenade D-Dur, KV 203 (Violinsolo: Joseph Schröcksnadel)

4. August, 21 Uhr Residenz

Salzburger Bläserkammermusik-Vereinigung

Dirigent: Rudolf Klepač

R. STRAUSS:	Serenade Es-Dur, op. 7
W. A. MOZART:	Divertimento Es-Dur, KV 196 e
CH. GOUNOD:	Petite Symphonie, B-Dur

7. August, 21 Uhr Residenz

Camerata Academica des Mozarteums

Dirigent: Gerhard Wimberger

W. A. MOZART:	Marsch D-Dur, KV 335/1
	Serenade D-Dur, KV 185 (Violinsolo: Jaroslav Suchy)
	Divertimento Es-Dur, KV 113
	Eine kleine Nachtmusik G-Dur, KV 525
	Marsch C-Dur, KV 408/1

12. August, 21 Uhr Residenz

Das Mozarteum-Orchester

Dirigent: Christoph Stepp

M. HAYDN:	Serenade A-Dur
W. A. MOZART:	Serenade D-Dur, KV 204 (Violinsolo: Joseph Schröcksnadel)
	Marsch D-Dur, KV 215

16. August, 21 Uhr Residenz

Camerata Academica des Mozarteums

Dirigent: Leopold Hager

W. A. MOZART:	Marsch F-Dur, KV 248
	Divertimento F-Dur, KV 138
	Serenade D-Dur, KV 320 „Posthorn-Serenade" (Posthornsolo: Franz Xaver Streitwieser)
	Marsch D-Dur, KV 335/2

18. August, 21 Uhr Residenz

Das Mozarteum-Orchester

Dirigent: Mladen Basič

W. A. MOZART:	Marsch D-Dur, KV 290
	Divertimento D-Dur, KV 205
	Marsch D-Dur, KV 249
	Serenade D-Dur, KV 250 „Haffner-Serenade" (Violinsolo: Joseph Schröcksnadel)

MATINEEN

Dirigent: Bernhard Paumgartner

2. August, 11 Uhr Mozarteum

Soli: Pilar Lorengar, Sopran; Michèl Schwalbé, Violine; Rudolf Streng, Viola
Camerata Academica des Mozarteums

W. A. MOZART:	Symphonie B-Dur, KV 22
	Konzertante Symphonie für Violine, Viola und Orchester, Es-Dur, KV 364
	Rezitativ und Arie „Ah lo previdi", KV 272
	Symphonie C-Dur, KV 200

9. August, 11 Uhr Mozarteum

Soli: John van Kesteren, Tenor; Géza Anda, Klavier
Camerata Academica des Mozarteums

W. A. MOZART:	Ouvertüre zu „Il sogno di Scipione", KV 126
	Konzert für Klavier und Orchester B-Dur, KV 456
	Arie „Si mostra la sorte", KV 209
	Arie „Se al labbro mio non credi", KV 295
	Symphonie G-Dur, KV 110

15. August, 11 Uhr Mozarteum

Soli: Graziella Sciutti, Sopran; Ingrid Haebler, Klavier
Camerata Academica des Mozarteums

W. A. MOZART:	Symphonie D-Dur, KV 48
	Konzert für Klavier und Orchester D-Dur, KV 537 „Krönungs-Konzert"
	Andante G-Dur, aus KV 297 a
	Motette „Exsultate, jubilate", KV 165
	Symphonie B-Dur, KV 319

23. August, 11 Uhr Mozarteum

Soli: Roberta Peters, Sopran; Werner Tripp, Flöte
Camerata Academica des Mozarteums

W. A. MOZART:	Sinfonia D-Dur, KV 19
	Konzert für Flöte und Orchester G-Dur, KV 313
	Rezitativ und Arie „Popoli di Tessaglia", KV 316
	Symphonie B-Dur, KV 182

29. August, 11 Uhr Mozarteum

Soli: Geraint Evans, Baß; Alfred Brendel, Klavier
Das Mozarteum-Orchester

W. A. MOZART:	Ouvertüre zu „La finta giardiniera", KV 196
	Konzert für Klavier und Orchester G-Dur, KV 453
	Arie „Mentre ti lascio o figlia", KV 513
	Ariette „Un bacio di mano", KV 541
	Symphonie D-Dur, KV 202

KAMMERKONZERTE

28. Juli, 20 Uhr Mozarteum

Festival Strings Lucerne

Dirigent: Rudolf Baumgartner
Soli: Hubert Harry, Klavier; Walter Prystawski, Violine; Esther Nyffenegger, Violoncello

A. VIVALDI:	Concerto in sol maggiore per archi „Alla rustica"
O. GIBBONS / K. HUBER:	Fantasia a cinque „In nomine"
W. A. MOZART:	Konzert für Klavier und Orchester C-Dur, KV 415
J. PH. RAMEAU:	Quatrième concert en sextuor
B. MARTINŮ:	Concert pour Trio avec piano et orchestre à cordes

4. August, 20 Uhr Mozarteum

Rumänisches Trio

W. A. MOZART:	Klaviertrio G-Dur, KV 496
V. GHEORGHIU:	Klaviertrio A-Dur
F. SCHUBERT:	Klaviertrio B-Dur, op. 99

16. August, 20 Uhr Mozarteum[1]

Wiener Philharmonisches Streichquartett

Mitwirkend: Paul Fürst, Viola

W. A. MOZART:	Streichquartett Es-Dur, KV 428
	Streichquartett G-Dur, KV 387
	Streichquintett C-Dur, KV 515

20. August, 20 Uhr Mozarteum

Die Wiener Solisten

Dirigent: Wilfried Böttcher

P. HINDEMITH:	Fünf Streicherstücke, op. 44
H. EDER:	Concerto a dodici per archi, op. 38 (1963)
B. BARTÓK:	Rumänische Volkstänze
J. HAYDN:	Streichquartett F-Dur, op. 3, Nr. 5 „Serenaden-Quartett"
W. A. MOZART:	Divertimento D-Dur, KV 136

LIEDERABENDE

31. Juli, 20 Uhr Mozarteum

Christa Ludwig, Mezzosopran
Am Flügel: Erik Werba
Lieder von H. Wolf

5. August, 20 Uhr Mozarteum

Irmgard Seefried, Sopran
Am Flügel: Erik Werba
Lieder von R. Schumann

12. August, 20 Uhr Mozarteum

Evelyn Lear, Sopran
Am Flügel: Erik Werba
Lieder von R. Strauss

14. August, 20 Uhr Mozarteum

Hermann Prey, Bariton
Am Flügel: Gerald Moore
Lieder von F. Schubert

17. August, 20 Uhr Mozarteum

Dietrich Fischer-Dieskau, Bariton
Am Flügel: Gerald Moore
J. Brahms: Die schöne Magelone, op. 33

19. August, 20 Uhr Mozarteum

Elisabeth Schwarzkopf, Sopran
Am Flügel: Gerald Moore
Lieder von H. Wolf

SOLISTENKONZERTE

29. Juli, 20 Uhr Mozarteum

Friedrich Gulda, Klavier
L. v. BEETHOVEN: Sonate A-Dur, op. 2, Nr. 2
Sonate cis-Moll, op. 27, Nr. 2
„Sonata quasi una fantasia"
Sonate As-Dur, op. 110
Sonate c-Moll, op. 111

1. August, 20 Uhr Mozarteum

Wolfgang Schneiderhan, Violine; Walter Klien, Klavier
W. A. MOZART: Sonate Es-Dur, KV 380
Sonate A-Dur, KV 526
Sonate F-Dur, KV 376
Sonate B-Dur, KV 454

3. August, 20 Uhr Mozarteum

Van Cliburn, Klavier
J. BRAHMS: Klavierstücke, op. 118, Nr. 1, 2, 3
L. v. BEETHOVEN: Sonate f-Moll, op. 57 „Appassionata"
S. BARBER: Sonate f-Moll, op. 26
F. CHOPIN: Sonate h-Moll, op. 58

30. August, 20 Uhr Mozarteum
(Nachgeholtes Konzert vom 13. August)

Pierre Fournier, Violoncello
J. S. BACH: Suite Nr. 1, G-Dur
Suite Nr. 3, C-Dur
Suite Nr. 6, D-Dur

25. August, 20 Uhr Mozarteum

Sviatoslav Richter, Klavier
F. SCHUBERT: Sonate e-Moll (1817)
Sonate a-Moll (1823)
Sonate B-Dur (1828), op. posth.

KONZERTE GEISTLICHER MUSIK

Dirigent: Joseph Messner
Orgel: Gerhard Zukriegel
Der Salzburger Domchor — Das Mozarteum-Orchester

2. August, 20 Uhr Aula academica

Soli: Laurence Dutoit, Sopran; Gertrude Burgstaller, Alt; Peter Witsch, Tenor; Franz Pacher, Baß
W. A. MOZART: Requiem, KV 626

16. August, 20 Uhr Aula academica

Soli: Rosl Schwaiger, Sopran; Claudia Hellmann, Alt; Erich Kienbacher, Tenor; Walter Raninger, Baß
W. A. MOZART: Kirchen-Sonate B-Dur, KV 68
Litaniae de B.M.V. (Lauretanae) B-Dur, KV 109
J. HAYDN: Messe d-Moll „Nelson-Messe"

23. August, 20 Uhr Aula academica

Soli: Antonia Fahberg, Sopran; Friederike Baumgartner, Alt; Lorenz Fehenberger, Tenor; Max Pröbstl, Baß
L. v. BEETHOVEN: Oratorium „Christus am Ölberg", op. 85
W. A. MOZART: Missa C-Dur, KV 317 „Krönungs-Messe"

KIRCHENKONZERT

8. August, 11 Uhr Erzabteikirche St. Peter[1]

Dirigent: Bernhard Paumgartner; Orgel: Robert Kuppelwieser
Soli: Hilde Güden, Annelore Cahnbley; George Maran, Walter Raninger
Das Mozarteum-Orchester — Der Salzburger Rundfunk- und Mozarteum-Chor
W. A. MOZART: c-Moll-Messe, KV 427
Ave verum, KV 618

1965

26. Juli—31. August

SCHAUSPIEL

27. Juli, 6., 14., 26. August
Felsenreitschule

SOPHOKLES

König Ödipus
Ödipus auf Kolonos

Deutsch von Rudolf Bayr

Regie:	Gustav Rudolf Sellner
Bühnenbild:	Fritz Wotruba
Kostüme:	Fritz Wotruba
Musik:	Ernst Křenek
Dirigent:	Oskar Peter
Sprechchöre:	Ellen Widmann

Mitglieder des Mozarteum-Orchesters
Kammerchor der Salzburger Festspiele

König Ödipus

Ödipus	Erich Schellow
Priester	Gert Westphal
Kreon	Heinrich Schweiger
Teiresias	Leopold Rudolf
Iokaste	Maria Wimmer
Korinther	Max Mairich
Hirte	Hans Hessling
Bote	Karlheinz Martell

Ödipus auf Kolonos

Ödipus	Erich Schellow
Antigone	Sonja Sutter
Koloner	Max Mairich
Ismene	Erika Pluhar
Theseus	Rolf Henniger
Kreon	Heinrich Schweiger
Polyneikes	Peter Kollek
Bote	Karlheinz Martell

1., 8., 15., 22., 29. August
Domplatz / Großes Festspielhaus

HUGO VON HOFMANNSTHAL

Jedermann

Regie:	Helene Thimig
Kostüme:	Magda Oberhofer
Musik:	Joseph Messner / Einar Nilson
Dirigent:	Ernst Hinreiner
Tanz:	Herbert Juzek
Orgel:	Oskar Peter

Das Mozarteum-Orchester
Salzburger Rundfunk- und Mozarteum-Chor

Stimme des Herrn	Will Quadflieg
Tod	Kurt Heintel
Jedermann	Walther Reyer
Jedermanns Mutter	Mila Kopp
Guter Gesell	Michael Heltau
Hausvogt	Wolfgang Dauscha
Koch	Viktor Braun
Armer Nachbar	Helmut Janatsch
Schuldknecht	Karl Blühm
Schuldknechts Weib	Roswitha Posselt
Buhlschaft	Eva Kerbler
Dicker Vetter	Rudolf Rhomberg
Dünner Vetter	Franz Messner
Mammon	Jochen Brockmann
Gute Werke	Sonja Sutter
Glaube	Helene Thimig
Teufel	Heinrich Schweiger
Spielansager	Frank Dietrich

9., 18., 24., 28. August
Kleines Festspielhaus

JOHANN WOLFGANG VON GOETHE

Faust

Der Tragödie erster Teil

Regie:	Leopold Lindtberg
Bühnenbild:	Teo Otto
Kostüme:	Teo Otto
Musik und Dirigent:	Rolf Langnese
Choreographie:	Dore Hoyer
Sprechchöre:	Ellen Widmann

Direktor	Paul Hoffmann
Dichter	Peter Lühr
Lustige Person	Heinrich Schweiger
Der Herr	Ewald Balser
Raphael	Detlef Jacobsen 9. Judith Holzmeister 18., 24., 28.
Gabriel	Karlheinz Martell
Michael	Wolfgang Stendar 9. 18., 24. Detlef Jacobsen 28.
Mephisto	Will Quadflieg
Faust	Thomas Holtzmann
Erdgeist	Paul Hartmann
Wagner	Bruno Hübner
Schüler	Bruno Dallansky
Margarete	Aglaja Schmid
Marthe	Susi Nicoletti
Lieschen	Evelyn Balser 9., 18. Isolde Miler 24., 28.
Valentin	Kurt Heintel
Frosch	Max Mairich
Brander	Heinrich Schweiger
Siebel	Edd Stavjanik
Altmayer	Hanns Obonya
Hexe	Blanche Aubry
Irrlicht	Dolores Hubert

16., 19., 25., 31. August
Kleines Festspielhaus

JOHANN WOLFGANG VON GOETHE

Faust

Der Tragödie zweiter Teil

Regie:	Leopold Lindtberg
Bühnenbild:	Teo Otto
Kostüme:	Teo Otto
Musik und Dirigent:	Rolf Langnese
Choreographie:	Dore Hoyer
Sprechchöre:	Ellen Widmann

Faust	Thomas Holtzmann
Mephisto	Will Quadflieg
Ariel	Detlef Jacobsen
Kaiser	Wolfgang Stendar
Kanzler	Paul Hoffmann
Heermeister	Kurt Heintel
Schatzmeister	Gerhard Geisler
Herold	Erik Frey
Knabe Wagenlenker	Karlheinz Martell
Narr	Max Mairich
Baccalaureus	Bruno Dallansky
Wagner	Bruno Hübner
Homunculus	Margaret Carl
Erichtho	Judith Holzmeister
Chiron	Benno Sterzenbach
Manto	Erna Korhel
Anaxagoras	Edd Stavjanik
Thales	Hanns Obonya
Helena	Sonja Sutter
Lynceus	Peter Lühr
Euphorion	Karlheinz Martell
Raufebold	Michael Janisch
Habebald	Edd Stavjanik
Haltefest	Max Mairich
Wandrer	Benno Sterzenbach
Philemon	Rudolf Forster
Baucis	Mila Kopp
Sorge	Alma Seidler
Mater gloriosa	Judith Holzmeister
Una Poenitentium	Aglaja Schmid

BEITRAG DER SALZBURGER FESTSPIELE ZUM EUROPA STUDIO

31. Juli, 7., 11., 19., 23., 27. August
Landestheater

EUGENE O'NEILL

Alle Reichtümer der Welt

(Deutsche Erstaufführung)

Regie:	Oscar Fritz Schuh
Bühnenbild:	Fritz Butz
Kostüme:	Fritz Butz

Simon Harford	Helmut Griem
Sara Harford	Martha Wallner
Deborah Harford	Marianne Hoppe
Joel Harford	Gerhard Friedrich
Nicholas Gadsby	Josef Dahmen
Benjamin Tenard	Eduard Marks

REZITATIONSABEND

22. August, 20 Uhr, Mozarteum

Will Quadflieg

spricht und liest
Gedichte und Briefe von Matthias Claudius, Joseph von Eichendorff, Clemens Brentano, Novalis, Heinrich von Kleist, Johann Wolfgang von Goethe, Friedrich Hölderlin, Gottfried Keller,

Eduard Mörike, Eduard Stäuble, Georg Trakl, Rainer Maria Rilke, Reinhold Schneider, Hans Carossa, Hermann Hesse, Max Picard, Werner Bergengruen

OPER

26., 30. Juli, 13., 16., 25., 28. August
Großes Festspielhaus

MODEST P. MUSSORGSKIJ / Fassung NIKOLAJ A. RIMSKIJ-KORSAKOW

Boris Godunow

(in russischer Sprache)

Inszenierung und musikal. Leitung: Herbert von Karajan
Bühnenbild: Günther Schneider-Siemssen
Kostüme: Ronny Reiter
Choreographie: Wazlaw Orlikowsky
Die Wiener Philharmoniker
Chor der Wiener Staatsoper
Chor der Kroatischen Nationaloper Zagreb
Kammerchor der Salzburger Festspiele
Ballett der Salzburger Festspiele

Boris Godunow	Nicolai Ghiaurov
Fjodor	Olivera Miljaković
Xenia	Nadejda Dobrianowa
Xenias Amme	Marianne Radev
Fürst Schujskij	Gerhard Stolze
Schtschelkalow	Eberhard Waechter
Pimen	Nikolai Gjuselev
Dimitrij	Dimiter Usunow
Marina	Sena Jurinac
Rangoni	Nicolae Herlea
Warlaam	Anton Diakov
Missail	Milen Paunov
Schenkwirtin	Margarita Lilowa
Einfältiger	Aleksej Maslennikow
Nikititsch	Tugomir Franc
Hauptmann	Gregor Radev
Leibbojar	Zvonimir Prelćeć
Bojar Chruschtschow	Miljenko Grozdanić
Lowitzkij	Siegfried R. Frese
Tschernakowskij	Paul Karolidis

28. Juli, 3., 8., 11., 30. August
Kleines Festspielhaus

WOLFGANG AMADEUS MOZART

Die Entführung aus dem Serail

Dirigent: Zubin Metha 28. 7., 3., 11., 30. 8. Bernhard Conz 8. 8.
Inszenierung: Giorgio Strehler
Bühnenbild: Luciano Damiani
Kostüme: Luciano Damiani
Die Wiener Philharmoniker
Chor der Wiener Staatsoper

Selim, Bassa	Michael Heltau
Konstanze	Anneliese Rothenberger
Blondchen	Reri Grist
Belmonte	Fritz Wunderlich
Pedrillo	Gerhard Unger
Osmin	Fernando Corena

29. Juli, 17., 26. August
Großes Festspielhaus

RICHARD STRAUSS

Elektra

Inszenierung und musikal. Leitung: Herbert von Karajan
Bühnenbild: Teo Otto
Kostüme: Teo Otto
Die Wiener Philharmoniker
Chor der Wiener Staatsoper

Klytämnestra	Martha Mödl
Elektra	Astrid Varnay
Chrysothemis	Hildegard Hillebrecht
Aegisth	Gerhard Stolze
Orest	Eberhard Waechter
Pfleger des Orest	Tugomir Franc
Vertraute	Hildegard Rütgers
Schleppenträgerin	Erna Wolfram
Junger Diener	Richard van Vrooman
Alter Diener	Siegfried R. Frese
Aufseherin	Judith Hellwig
1. Magd	Helen Watts
2. Magd	Margarete Sjöstedt
3. Magd	Cvetka Ahlin
4. Magd	Lisa Otto
5. Magd	Gerda Scheyrer

1., 6., 9., 13., 24., 29. August
Residenz

WOLFGANG AMADEUS MOZART

Die Gärtnerin aus Liebe

Dirigent: Bernhard Conz
Inszenierung: Ernst Poettgen
Bühnenbild: Leni Bauer-Ecsy
Kostüme: Leni Bauer-Ecsy
Das Mozarteum-Orchester

Don Anchise	Cesare Curzi
Sandrina	Colette Boky
Graf Belfiore	Donald Grobe
Arminda	Jean Cook
Don Ramiro	Evelyn La Bruce
Serpetta	Graziella Sciutti
Nardo	Thomas Tipton

4., 12., 21., 29. August
Kleines Festspielhaus

RICHARD STRAUSS

Ariadne auf Naxos

Dirigent: Karl Böhm
Inszenierung: Günther Rennert
Bühnenbild: Ita Maximowna
Kostüme: Ita Maximowna

Die Wiener Philharmoniker

Haushofmeister	Erik Frey
Musiklehrer	Paul Schöffler
Komponist	Sena Jurinac
Tenor (Bacchus)	Jess Thomas
Ein Tanzmeister	John van Kesteren
Ein Perückenmacher	Walter Raninger
Ein Lakai	Herbert Lackner
Zerbinetta	Reri Grist
Primadonna (Ariadne)	Hildegard Hillebrecht
Harlekin	Gerd Feldhoff
Scaramuccio	David Thaw
Truffaldin	Georg Stern
Brighella	Gerhard Unger
Najade	Lotte Schädle 4., 21., 29. Jean Cook 12.
Dryade	Claudia Hellmann
Echo	Lisa Otto

7., 15., 20., 23. August Felsenreitschule

GIUSEPPE VERDI

Macbeth

(in italienischer Sprache)

Dirigent: Wolfgang Sawallisch
Inszenierung: Oscar Fritz Schuh
Bühnenbild: Teo Otto
Kostüme: Teo Otto
Die Wiener Philharmoniker
Chor der Wiener Staatsoper
Kammerchor der Salzburger Festspiele

Macbeth	Dietrich Fischer-Dieskau
Lady Macbeth	Grace Bumbry
Macduff	Giuseppe Zampieri
Banquo	Carlo Cava
Malcolm	Francisco Lazaro
Kammerfrau	Božena Ruk-Fočić
Arzt	Alois Pernerstorfer
Duncan	Eduard Cossovel
Diener	Walter Raninger
Mörder	Herbert Lackner

10., 22., 27. August
Kleines Festspielhaus

WOLFGANG AMADEUS MOZART

Così fan tutte

(in italienischer Sprache)

Dirigent: Karl Böhm
Inszenierung: Günther Rennert
Bühnenbild: Leni Bauer-Ecsy
Kostüme: Leni Bauer-Ecsy
Die Wiener Philharmoniker
Chor der Wiener Staatsoper

Fiordiligi	Evelyn Lear
Dorabella	Patricia Johnson
Guglielmo	Hermann Prey
Ferrando	Waldemar Kmentt
Despina	Graziella Sciutti
Don Alfonso	Karl Dönch

BALLETT

Gastspiel des New York City Ballet

Künstlerische Leitung: George Balanchine
Tanzsolisten: Suzanne Farrell, Melissa Hayden, Jillana, Patricia McBride, Maria Tallchief, Jacques d'Amboise, Conrad Ludlow, Nicholas Magallanes, Arthur Mitchell, Andre Prokovsky, Edward Villella
Gloria Govrin, Marnee Morris, Patricia Neary, Mimi Paul, Suki Schorer, Carol Sumner, Anthony Blum, Deni Lamont, Frank Ohman, Richard Rapp, Robert Rodham, Earle Sieveling, Roland Vasquez, William Weslow
Choreographie: George Balanchine
Dirigenten: Hugo Fiorato, Robert Irving, Simon Sadoff
Das Mozarteum-Orchester

20., 21. August Großes Festspielhaus

PETER I. TSCHAIKOWSKIJ

Serenade
(D-Dur für Streichorchester)
Kostüme: Karinska

TOSHIRO MAYUZUMI

Bugaku
Bühnenbild: David Hays
Kostüme: Karinska

IGOR STRAWINSKY

Monumentum pro Gesualdo
und
Movements for Piano and Orchestra
Bühnenbild: David Hays

GEORGES BIZET

Symphonie in C
Kostüme: Karinska

22. August Großes Festspielhaus

IGOR STRAWINSKY

Apollo

ANTON VON WEBERN

Episodes
(Symphonie op. 21; Fünf Stücke op. 10; Konzert op. 24; J. S. Bach: Ricercata aus dem „Musikalischen Opfer", instrumentiert von A. v. Webern)
Bühnenbild: David Hays

LOUIS GOTTSCHALK / HERSHY KAY

Tarantella
Kostüme: Karinska

MAURICE RAVEL

La Valse
(Valses nobles et sentimentales und La Valse)
Bühnenbild: Jean Rosenthal
Kostüme: Karinska

Meditation (nach P. I. Tschaikowskij op. 42/1) mußte wegen plötzlicher Erkrankung von Conrad Ludlow entfallen

23. August Großes Festspielhaus

PETER I. TSCHAIKOWSKIJ

Serenade

ANTON VON WEBERN

Episodes

LOUIS GOTTSCHALK / HERSHY KAY

Tarantella

MAURICE RAVEL

La Valse

ORCHESTERKONZERTE

31. Juli, 20 Uhr Großes Festspielhaus

Die Wiener Philharmoniker
Dirigent: Rafael Kubelik

J. HAYDN:	Symphonie Nr. 102, B-Dur
A. BRUCKNER:	Symphonie Nr. 4, Es-Dur „Romantische" (Originalfassung)

2. August, 20 Uhr Großes Festspielhaus

Die Staatskapelle Dresden
Dirigent: George Szell
Solist: Clifford Curzon, Klavier

L. v. BEETHOVEN:	Ouvertüre zu Goethes „Egmont", op. 84 Konzert für Klavier und Orchester Nr. 4, G-Dur, op. 58
A. BRUCKNER:	Symphonie Nr. 3, d-Moll

5. August, 20 Uhr Großes Festspielhaus

Die Staatskapelle Dresden
Dirigent: Karl Böhm

F. SCHUBERT:	Symphonie Nr. 8, h-Moll „Unvollendete" Symphonie Nr. 7, C-Dur

6. August, 20 Uhr Mozarteum[1]

Die Wiener Philharmoniker
Dirigent: Carl Schuricht

W. A. MOZART:	Symphonie D-Dur, KV 181 Symphonie g-Moll, KV 550 Symphonie C-Dur, KV 425 „Linzer"

9. August, 20 Uhr Großes Festspielhaus

Die Staatskapelle Dresden
Dirigent: Wolfgang Sawallisch

J. HAYDN:	Symphonie Nr. 98, B-Dur
I. STRAWINSKY:	Jeu de cartes
R. SCHUMANN:	Symphonie Nr. 3, Es-Dur, op. 97 „Rheinische"

12. August, 20 Uhr Großes Festspielhaus

Die Staatskapelle Dresden
Dirigent: Kurt Sanderling
Solistin: Annerose Schmidt, Klavier

C. M. v. WEBER:	Ouvertüre zu „Oberon"
W. A. MOZART:	Konzert für Klavier und Orchester B-Dur, KV 450
D. SCHOSTAKOWITSCH:	Symphonie Nr. 8, c-Moll, op. 65

14. August, 20.30 Uhr Großes Festspielhaus

Die Wiener Philharmoniker
Dirigent: Claudio Abbado
Soli: Stefania Woytowicz, Sopran, Lucretia West, Alt
Konzertvereinigung Wiener Staatsopernchor

G. MAHLER:	Symphonie Nr. 2, c-Moll „Auferstehungs-Symphonie"

15. August, 20.30 Uhr Großes Festspielhaus

Die Staatskapelle Dresden
Dirigent: Herbert von Karajan
Solist: Sviatoslav Richter, Klavier

P. I. TSCHAIKOWSKIJ:	Konzert für Klavier und Orchester Nr. 1, b-Moll, op. 23
A. DVOŘÁK:	Symphonie Nr. 4, G-Dur, op. 88

18. August, 20 Uhr Großes Festspielhaus

Die Wiener Philharmoniker

Dirigent: Zubin Mehta
Solist: Daniel Barenboim, Klavier

A. v. WEBERN:	Sechs Stücke für Orchester, op. 6
W. A. MOZART:	Konzert für Klavier und Orchester c-Moll, KV 491
J. BRAHMS:	Symphonie Nr. 2, D-Dur, op. 73

24. August, 20 Uhr Großes Festspielhaus

Die Wiener Philharmoniker

Dirigent: Karl Böhm
Soli: Pilar Lorengar, Sopran; Cvetka Ahlin, Alt; Fritz Wunderlich, Tenor; Walter Berry, Baß
Singverein der Gesellschaft der Musikfreunde Wien

L. v. BEETHOVEN:	Symphonie Nr. 9, d-Moll, op. 125, mit Schlußchor über Schillers Ode „An die Freude“

29. August, 11 Uhr Großes Festspielhaus

Die Wiener Philharmoniker

Dirigent: Herbert von Karajan
Soli: Gundula Janowitz, Sopran; Fritz Wunderlich, Tenor; Hermann Prey, Bariton; Kim Borg, Baß
Singverein der Gesellschaft der Musikfreunde Wien

J. HAYDN:	„Die Schöpfung“, Oratorium

KONZERTE ZUM GEDENKEN AN ANTON VON WEBERN

2. August, 11 Uhr Mozarteum

Dirigent: Friedrich Cerha
Ausführende: Ensemble „die reihe“
Gertie Charlent, Marie Therese Escribano, Sopran; Ivan Eröd, Klavier

A. v. WEBERN:	Vier Lieder, op. 13
	Worte des Gedenkens:
	Es spricht DDr. Heinrich Strobel
	Sechs Lieder, op. 14
	Drei kleine Stücke für Violoncello und Klavier, op. 11
	Klavierstück, op. posth.
	Vier Stücke für Violine und Klavier, op. 7
	Vier Lieder, op. 12
	Fünf Kanons, op. 16
	Konzert für 9 Instrumente, op. 24

2. August, 20 Uhr Mozarteum

Dirigent: Friedrich Cerha
Ausführende: Ensemble „die reihe“
Gertie Charlent, Marie Therese Escribano, Sopran; Ivan Eröd, Klavier

A. v. WEBERN:	Fünf Lieder nach Gedichten von Richard Dehmel (1906—1908)
	Satz für Klavier (1905—1906)
	Fünf Lieder, op. 3
	Satz für Streichtrio, op. posth.
	Fünf geistliche Lieder, op. 15
A. SCHÖNBERG:	Drei kleine Stücke für Kammerorchester aus dem Nachlaß (1910)
A. v. WEBERN:	Variationen für Klavier, op. 27
	Drei Gesänge, op. 23
	Zwei Lieder, op. 8
	Fünf Stücke für Orchester, op. 10

3. August, 20 Uhr Mozarteum

Das Lasalle-Quartett

A. v. WEBERN:	Streichquartett in einem Satz, op. posth.
	Streichtrio, op. 20
	Sechs Bagatellen, op. 9
	Streichquartett, op. 28
	Fünf Sätze für Streichquartett, op. 5

SERENADEN

31. Juli, 21 Uhr Residenz

Das Mozarteum-Orchester

Dirigent: Kurt Wöss

W. A. MOZART:	Cassation B-Dur, KV 99
	Sechs deutsche Tänze, KV 600
	Marsch D-Dur, KV 335/1
	Serenade D-Dur, KV 320 „Posthorn-Serenade“

3. August, 21 Uhr Residenz

Salzburger Bläserkammermusik-Vereinigung

Dirigent: Rudolf Klepač

W. A. MOZART:	Serenade Es-Dur, KV 375
J. HAYDN:	Divertimento B-Dur (mit dem Chorale St. Antoni)
W. A. MOZART:	Divertimento Es-Dur, KV 166

4. August, 21 Uhr Residenz

Camerata Academica des Mozarteums

Dirigent: Ernst Märzendorfer

W. A. MOZART:	Symphonie F-Dur, KV 75
	Marsch D-Dur, KV 215
	Serenade D-Dur, KV 204
	Sechs deutsche Tänze, KV 509

11. August, 21 Uhr Residenz

Das Mozarteum-Orchester

Dirigent: Hermann Michael

W. A. MOZART:	Marsch C-Dur, KV 214
	Divertimento Es-Dur, KV 113
	Marsch D-Dur, KV 249
	Serenade D-Dur, KV 250 „Haffner-Serenade“
	(Violinsolo: Joseph Schröcksnadel)

17. August, 21 Uhr Residenz

Camerata Academica des Mozarteums

Dirigent: Leopold Hager

W. A. MOZART:	Marsch C-Dur, KV 408/1
	Divertimento D-Dur, KV 131
	Eine kleine Nachtmusik G-Dur, KV 525

21. August, 21 Uhr Residenz

Camerata Academica des Mozarteums

Dirigent: Gerhard Wimberger

W. A. MOZART:	Serenade G-Dur, Cassation, KV 63
	Marsch D-Dur, KV 237
	Serenade D-Dur, KV 203
	(Violinsolo: Bruno Steinschaden)

31. August, 21 Uhr Residenz

Das Mozarteum-Orchester

Dirigent: Mladen Basič

W. A. MOZART:	Serenade D-Dur, KV 239 „Serenata notturna“ Zwei Menuette mit eingefügten Kontretänzen, KV 463 Marsch D-Dur, KV 335/2 Serenade D-Dur, KV 185 (Violinsolo: Joseph Schröcksnadel)

MATINEEN

Werke von WOLFGANG AMADEUS MOZART
Dirigent: Bernhard Paumgartner

1. August, 11 Uhr Mozarteum

Soli: Helen Watts, Alt; Hans Henkemans, Klavier
Camerata Academica des Mozarteums

Symphonie Es-Dur, KV 16
Konzert für Klavier und Orchester B-Dur, KV 238
Rezitativ und Arie „Ombra felice“ KV 255
Arie „Parto inerme“ aus „La Betulia liberata“, KV 118
Symphonie D-Dur, KV 504 „Prager“

8. August, 11 Uhr Mozarteum

Soli: Ursula Rhein, Sopran; Peter Lang, Karl Wagner, Klavier
Camerata Academica des Mozarteums

Symphonie B-Dur, KV 22
Konzert für zwei Klaviere und Orchester Es-Dur, KV 365
Arie „Chi sà, chi sà, qual sia“, KV 582
Szene und Arie „Misera, dove son!“, KV 369
Symphonie D-Dur, KV 297

15. August, 11 Uhr Mozarteum

Soli: Reri Grist, Sopran; Ingrid Haebler, Klavier
Camerata Academica des Mozarteums

Symphonie G-Dur, KV 74
Konzert für Klavier und Orchester B-Dur, KV 595
Arie „Vorrei spiegarvi, oh Dio“, KV 418
Szene und Rondo „Mia speranza adorata“, KV 416
Symphonie g-Moll, KV 183

22. August, 11 Uhr Mozarteum

Soli: Rita Streich, Sopran; Alfred Brendel, Klavier
Camerata Academica des Mozarteums

Symphonie C-Dur, KV 96
Konzert für Klavier und Orchester Es-Dur, KV 271 „Jeunehomme-Konzert“
Arien des Aminta „L'amerò, sarò costante“ und „Aer tranquillo“ aus „Il Rè pastore“, KV 208
Symphonie C-Dur, KV 338, mit Menuett C-Dur, KV 409

28. August, 11 Uhr Mozarteum

Soli: Josef Suk, Violine; Gilbert Schuchter, Klavier
Das Mozarteum-Orchester

Symphonie A-Dur, KV 201
Konzert für Violine und Orchester G-Dur, KV 216
Konzert für Klavier und Orchester B-Dur, KV 456
Symphonie D-Dur, KV 385 „Haffner“

KAMMERKONZERTE

30. Juli, 20 Uhr Mozarteum

Juilliard String Quartet

W. A. MOZART:	Streichquartett D-Dur, KV 499
B. BARTÓK:	Streichquartett Nr. 3 (1927)
A. DVOŘÁK:	Streichquartett C-Dur, op. 61

10. August, 20 Uhr Mozarteum

Das Ungarische Streichquartett

W. A. MOZART:	Streichquartett C-Dur, KV 465 „Dissonanzenquartett“
Z. KODÁLY:	Streichquartett II, op. 10
L. v. BEETHOVEN:	Streichquartett F-Dur, op. 59, Nr. 1

14. August, 20 Uhr Mozarteum

Philharmonische Solisten Berlin
(Collegium musicum der Berliner Philharmoniker)

J. CHRISTIAN BACH:	Quartett D-Dur, op. 20, Nr. 3 für Flöte, Oboe, Viola und Violoncello
W. F. BACH:	Duetto 4 F-Dur für Flöte und Oboe
W. A. MOZART:	Flötenquartett C-Dur, KV 285 b Oboenquartett F-Dur, KV 370 Streichtrio Nr. 6, f-Moll aus KV 404a Flötenquartett D-Dur, KV 285

20. August, 20 Uhr Mozarteum[1]

Wiener Philharmonisches Streichquartett
Mitwirkend: Josef Staar, Viola

W. A. MOZART:	Streichquartett B-Dur, KV 458 „Jagdquartett“ Streichquartett A-Dur, KV 464 „Paukenquartett“ Streichquintett g-Moll, KV 516

LIEDERABENDE

28. Juli, 20 Uhr Mozarteum

Grace Bumbry, Sopran
Am Flügel: Beaumont Glass
Lieder von J. Brahms

31. Juli, 20 Uhr Mozarteum

Evelyn Lear, Sopran
Am Flügel: Erik Werba
Lieder von H. Wolf

13. August, 20 Uhr Mozarteum

Dietrich Fischer-Dieskau, Bariton

Am Flügel: Gerald Moore
Lieder von L. v. Beethoven

15. August, 20 Uhr Mozarteum

Hermann Prey, Bariton

Am Flügel: Alfred Brendel
F. Schubert: Die Winterreise, op. 89

17. August, 20 Uhr Mozarteum

Walter Berry, Baß-Bariton

Am Flügel: Erik Werba
Lieder von J. Haydn, L. v. Beethoven, F. Schubert, M. Ravel und H. Wolf

19. August, 20 Uhr Mozarteum

Fritz Wunderlich, Tenor

Am Flügel: Hubert Giesen
Lieder von L. v. Beethoven, F. Schubert und R. Schumann: Dichterliebe, op. 48

SOLISTENKONZERTE

27. Juli, 20 Uhr Mozarteum

Géza Anda, Klavier

F. CHOPIN: 24 Préludes, op. 28
12 Etüden, op. 10
12 Etüden, op. 25

5. August, 20 Uhr Mozarteum

Shura Cherkassky, Klavier

G. F. HÄNDEL: Suite III, d-Moll
F. LISZT: Sonate h-Moll
S. RACHMANINOW: Variationen über ein Thema von Corelli, op. 42
S. PROKOFIEFF: Sonate Nr. 7, op. 83

7. August, 20 Uhr Mozarteum

Arturo Benedetti Michelangeli, Klavier

J.S.BACH/F.BUSONI: Chaconne d-Moll
L. v. BEETHOVEN: Sonate C-Dur, op. 2, Nr. 3
CL. DEBUSSY: Images Nr. 1 und 2
F. CHOPIN: Berceuse Des-Dur, op. 57
Scherzo b-Moll, op. 31

11. August, 20 Uhr Mozarteum

Henryk Szeryng, Violine; Marinus Flipse, Klavier

L. v. BEETHOVEN: Sonate A-Dur, op. 47 „Kreutzersonate"
W. A. MOZART: Sonate für Klavier und Violine B-Dur, KV 454
J. BRAHMS: Sonate G-Dur, op. 78, Nr. 1 „Regensonate"

21. August, 20 Uhr Mozarteum

Sviatoslav Richter, Klavier

L. v. BEETHOVEN: Sonate Es-Dur, op. 31, Nr. 3
Sonate g-Moll, op. 49, Nr. 1
Sonate G-Dur, op. 49, Nr. 2
Sonate e-Moll, op. 90
Sonate A-Dur, op. 101
Sonate As-Dur, op. 110

KONZERTE GEISTLICHER MUSIK

Dirigent: Joseph Messner; Orgel: Gerhard Zukriegel
Der Salzburger Domchor — Das Mozarteum-Orchester

4. August, 20 Uhr Aula academica

Soli: Laurence Dutoit, Sopran; Gertrude Burgstaller, Alt; Peter Witsch, Tenor; Franz Pacher, Baß

W. A. MOZART: Requiem, KV 626

8. August, 20 Uhr Aula academica

Soli: Romy Gundermann, Sopran; Erika Bollweg, Alt; Erich Kienbacher, Tenor; Edmund Illerhaus, Baß

J. HAYDN: Oratorium „Die sieben Worte des Erlösers am Kreuze"
M. HAYDN: Motette „Tenebrae factae sunt"
W. A. MOZART: Missa C-Dur, KV 317 „Krönungs-Messe"

KIRCHENKONZERT

14. August, 11 Uhr Erzabteikirche St. Peter[1]

Dirigent: Bernhard Paumgartner; Orgel: Robert Kuppelwieser
Soli: Ursula Rhein, Annelore Cahnbley, George Maran, Walter Raninger
Das Mozarteum-Orchester — Der Salzburger Rundfunk- und Mozarteum-Chor

W. A. MOZART: c-Moll-Messe, KV 427
Ave verum, KV 618

CHOR-ORCHESTERKONZERT

27. August, 20 Uhr Mozarteum

Veranstaltung des Salzburger Rundfunk- und Mozarteum-Chors
WOLFGANG AMADEUS MOZART

La Betulia liberata, Azione sacra KV 118
(in italienischer Sprache)

Dirigent: Ernst Hinreiner
Cembalo: Robert Kuppelwieser
Cello Continuo: Karl Maria Schwamberger
Camerata Academica des Mozarteums
Salzburger Rundfunk- und Mozarteum-Chor

Ozia Richard van Vrooman
Giuditta Lilian Benningsen
Amital Rosl Schwaiger
Achior Kieth Engen
Cabri Maria A. Harvey
Carmi Annelore Cahnbley

DISKUSSIONSABEND

29. Juli, 16 Uhr Residenz/Rittersaal

Die kulturelle Aufgabe der Salzburger Festspiele

(veranstaltet von der Österreichischen Gesellschaft für Literatur und den Salzburger Festspielen)

Es diskutierten: Martin Esslin, Ernst Haeusserman, Max Kaindl-Hönig, Josef Kaut, Leopold Lindtberg, Bernhard Paumgartner, Günther Rennert, Henning Rischbieter, Piero Rismondo, Oscar Fritz Schuh, Gustav Rudolf Sellner

Leitung: Wolfgang Kraus

1966

24. Juli—30. August

SCHAUSPIEL

24., 31. Juli, 7., 14., 21., 28. August
Domplatz / Großes Festspielhaus

HUGO VON HOFMANNSTHAL

Jedermann

Regie:	Helene Thimig
Kostüme:	Magda Oberhofer
Musik:	Joseph Messner / Einar Nilson
Dirigent:	Ernst Hinreiner
Choreographie:	Herbert Juzek
Orgel:	Oskar Peter

Das Mozarteum-Orchester
Salzburger Rundfunk- u. Mozarteum-Chor

Stimme des Herrn	Karl Blühm
Tod	Kurt Heintel
Jedermann	Walther Reyer
Jedermanns Mutter	Mila Kopp
Guter Gesell	Michael Heltau
Hausvogt	Herbert Fux
Koch	Friedemann Held
Armer Nachbar	Josef Krastel
Schuldknecht	Helmut Janatsch
Schuldknechts Weib	Gretl Elb
Buhlschaft	Eva Kerbler
Dicker Vetter	Rudolf Rhomberg
Dünner Vetter	Franz Messner
Mammon	Jochen Brockmann
Gute Werke	Sonja Sutter
Glaube	Judith Holzmeister
Teufel	Heinrich Schweiger
Spielansager	Alfons Lipp 24., 31. 7., 7., 28. 8. Frank Dietrich 14., 21. 8.

26. Juli, 4., 10., 18., 22., 27. August
Felsenreitschule

WILLIAM SHAKESPEARE

Ein Sommernachtstraum

Regie:	Leopold Lindtberg
Bühnenbild:	Jörg Zimmermann
Kostüme:	Jörg Zimmermann
Musik:	Felix Mendelssohn-Bartholdy
Dirigent:	Ernst Märzendorfer
Choreographie:	Albert Mol / John Heawood

Das Mozarteum-Orchester
Kammerchor der Salzburger Festspiele

Theseus / *Oberon*	Romuald Pekny
Hippolyta / *Titania*	Gisela Stein
Egeus	Robert Tessen
Hermia	Brigitte Grothum
Lysander	Peter Striebeck
Helena	Sonja Sutter
Demetrius	Peter Arens
Philostrat / *Puck*	Heinz Reincke
Squenz / *Prolog*	Hans Hessling
Schnock / *Löwe*	Max Mairich
Zettel / *Pyramus*	Josef Meinrad
Flaut / *Thisbe*	Otto Schenk
Schnauz / *Wand*	Helmut Everke
Schlucker / *Mondschein*	Manfred Inger
Eine Elfe	Libgart Schwarz

REZITATIONSABEND

31. Juli, 20 Uhr Mozarteum

Westöstlicher Divan

von Johann Wolfgang von Goethe

gelesen von Margaret Jakobs und Will Quadflieg

OPER

25. Juli, 5., 11., 14., 21., 30. August
Kleines Festspielhaus

WOLFGANG AMADEUS MOZART

Le Nozze di Figaro

(in italienischer Sprache)

Dirigent:	Karl Böhm
Inszenierung:	Günther Rennert
Bühnenbild:	Rudolf Heinrich
Kostüme:	Rudolf Heinrich

Die Wiener Philharmoniker
Chor der Wiener Staatsoper

Graf Almaviva	Ingvar Wixell
Gräfin	Claire Watson
Susanna	Reri Grist 25. 7., 5., 11., 14., 30. 8. Graziella Sciutti 21. 8.
Figaro	Walter Berry 25. 7., 5., 11. 8. Geraint Evans 14., 21., 30. 8.
Basilio	David Thaw
Bartolo	Zoltan Kelemen
Marcellina	Margarethe Bence
Cherubino	Edith Mathis
Antonio	Klaus Hirte
Barbarina	Deirdre Aselford
Curzio	Alfred Pfeifle

5. August 100. Aufführung seit Bestehen der Salzburger Festspiele

27., 30. Juli, 10., 15., 27. August
Großes Festspielhaus

GEORGES BIZET

Carmen

(in französischer Sprache)

Inszenierung und musikal. Leitung:	Herbert von Karajan
Bühnenbild:	Teo Otto
Kostüme:	Georges Wakhevitch
Choreographie:	Mariemma

Die Wiener Philharmoniker
Chor der Wiener Staatsoper
Kammerchor der Salzburger Festspiele
Kinderchor der Salzburger Festspiele
Ballett: Mariemma-Ballet de España

Carmen	Grace Bumbry
Don José	Jon Vickers
Escamillo	Justino Diaz 27., 30. 7. Ramon Vinay 10. 8. William Dooley 15. 8. Ernest Blanc 27. 8.
Micaela	Mirella Freni
Frasquita	Nadine Sautereau
Mercedes	Jane Berbié
Dancairo	Gérard Dunan
Remendado	Milen Paunov
Zuniga	Anton Diakov
Moralès	Roger Soyer
Lillas Pastia	Heinz Rohn

29. Juli, 2., 9., 13., 20., 24. August
Residenz

WOLFGANG AMADEUS MOZART

Die Gärtnerin aus Liebe

Dirigent: Bernhard Conz
Inszenierung: Ernst Poettgen
Bühnenbild: Leni Bauer-Ecsy
Kostüme: Leni Bauer-Ecsy
Das Mozarteum-Orchester
Mitglieder des Kammerchores der Salzburger Festspiele

Don Anchise Cesare Curzi
Sandrina Colette Boky
Graf Belfiore Donald Grobe
Arminda Jean Cook
Don Ramiro Evelyn La Bruce
Serpetta Adriana Martino
Nardo Thomas Tipton

31. Juli, 7., 9., 19., 23., 28. August
Kleines Festspielhaus

WOLFGANG AMADEUS MOZART

Die Entführung aus dem Serail

Dirigent: Zubin Mehta 31. 7., 7., 9. 8.
John Pritchard 19., 23., 28. 8.
Inszenierung: Giorgio Strehler
Bühnenbild: Luciano Damiani
Kostüme: Luciano Damiani
Die Wiener Philharmoniker
Chor der Wiener Staatsoper

Selim, Bassa Michael Heltau
Konstanze Anneliese Rothenberger
Blondchen Reri Grist
Belmonte Fritz Wunderlich
Pedrillo Gerhard Unger
Osmin Fernando Corena

6., 20., 26. August Großes Festspielhaus

HANS WERNER HENZE

Die Bassariden
(Uraufführung)

Dirigent: Christoph von Dohnányi
Inszenierung: Gustav Rudolf Sellner
Bühnenbild: Filippo Sanjust
Kostüme: Filippo Sanjust
Choreographie: Deryk Mendel
Die Wiener Philharmoniker
Chor der Wiener Staatsoper
Ballett der Salzburger Festspiele
Personen der Oper
Dionysos Loren Driscoll
Pentheus Kostas Paskalis
Kadmos Peter Lagger
Teiresias Helmut Melchert
Hauptmann William Dooley
Agaue Kerstin Meyer
Autonoe Ingeborg Hallstein
Beroe Vera Little

Personen des Intermezzos „Das Urteil der Kalliope"

Venus (Agaue) Kerstin Meyer
Proserpina (Autonoe) Ingeborg Hallstein
Kalliope (Teiresias) Helmut Melchert
Adonis (Hauptm.) William Dooley

13., 16., 25., 29. August
Großes Festspielhaus

MODEST P. MUSSORGSKIJ / Fassung NIKOLAJ A. RIMSKIJ-KORSAKOW

Boris Godunow
(in russischer Sprache)

Inszenierung und musikal. Leitung: Herbert von Karajan
Bühnenbild: Günther Schneider-Siemssen
Kostüme: Ronny Reiter
Choreographie: Wazlaw Orlikowsky
Die Wiener Philharmoniker
Chor der Wiener Staatsoper
Chor der Kroatischen Nationaloper Zagreb
Kammerchor der Salzburger Festspiele
Kinderchor der Salzburger Festspiele
Ballett der Salzburger Festspiele

Boris Godunow Nicolai Ghiaurov
Fjodor Gertrude Jahn
Xenia Nadejda Dobrianowa
Xenias Amme Marianne Radev
Fürst Schujskij Gerhard Stolze
Schtschelkalow Sabin Markov
Pimen Kim Borg
Dimitrij Aleksej Maslennikow
Marina Sena Jurinac
Rangoni Zoltan Kelemen
Warlaam Anton Diakov
Missail Milen Paunov
Schenkwirtin Margarita Lilowa
Einfältiger Gerhard Stolze
Nikititsch Tugomir Franc
Hauptmann Gregor Radev
Leibbojar Zvonimir Prelćeć
Bojar Chruschtschow Miljenko Grozdanić
Lowitzkij Siegfried R. Frese
Tschernakowskij Paul Karolidis

BALLETT

Mariemma — Ballet de España

Bailarines: Luis Tornin, Mari Carmen, Conchita del Mar, José Luis Ponce, Rosa Naranjos, Federico Krenstetter, Francisco Beltrán
Solistas: Tamara Sie, Elena Gandia, Josefa Camacho, Esteban Brunat, Luis Ardid, Mariano Peral y Cúerpo de baile
Cantaor: Manolo de Vega
Guitarrista: Antonio Leon „Faico"
Pianista: Rafael Urdapilleta
Choreographie: Mariemma
Dirigent: Enrique Luzuriaga
Das Mozarteum-Orchester

3. August Kleines Festspielhaus

Ballet-Suite

Musik: Antonio Soler / J. de la Vega
Bühnenbild / Kostüme: V. M. Cortezo

Iberica

Musik: J. Guridi / M. Ravel
Bühnenbild: V. M. Cortezo
Kostüme: Maribel-Ruppert

Flamencos de Santa Maria

Flamencos von C. de Iscar-Rivera
Kostüme: Raula und Maribel

Aragon

17. August Kleines Festspielhaus

La Boda de Luis Alonso (Intermezzo)

Musik: J. Jimenez

Zapateado

Musik: P. de Sarasate

Polo Gitano

Musik: T. Breton

Verdiales

Musik: Volkstümliche Weisen

Clasica y Gitana

Musik aus „La Alborada del Gracioso" von M. Ravel

El charco de la Pava

Flamencos von Mariemma und C. de Iscar
Kostüme: Raula und Maribel-Ruppert

Danzas fantasticas

Musik: J. Turina
Kostüme: Maribel-Ruppert

Jota Navarra

Musik: J. Larregla / F. Moreno-Torroba
Kostüme: Leo Anchoriz

Paso clasico Español

Musik: C. de Iscar
Danzas de la Escuela Bolera
Kostüme: Maribel-Ruppert

España

Musik: E. Chabrier
Kostüme: Cassinari, Encarnacion-Gonzalez

ORCHESTERKONZERTE

28. Juli, 20 Uhr Mozarteum[1]

Die Wiener Philharmoniker
Dirigent: Lorin Maazel
Solist: Dietrich Fischer-Dieskau, Bariton

W. A. MOZART:	Symphonie A-Dur, KV 201
	Ariette „Un bacio di mano", KV 541
	Arie „Mentre ti lascio, o figlia", KV 513
	Symphonie D-Dur, KV 504 „Prager"

1. August, 20 Uhr Großes Festspielhaus

Das Berliner Philharmonische Orchester
Dirigent: George Szell
Solist: Robert Casadesus, Klavier

C. M. v. WEBER:	Ouvertüre zu „Der Freischütz"
W. A. MOZART:	Konzert für Klavier und Orchester, c-Moll, KV 491
L. v. BEETHOVEN:	Symphonie Nr. 6, F-Dur, op. 68 „Pastorale"

5. August, 20 Uhr Großes Festspielhaus

Das Berliner Philharmonische Orchester
Dirigent: Georges Prêtre
Solist: Nathan Milstein, Violine

A. E. CHABRIER:	Ouvertüre zu „Gwendoline"
J. BRAHMS:	Konzert für Violine und Orchester, D-Dur, op. 77
C. FRANCK:	Symphonie d-Moll

7. August, 20.30 Uhr Großes Festspielhaus

Das Berliner Philharmonische Orchester
Dirigent: Karl Böhm

A. BRUCKNER:	Symphonie Nr. 8, c-Moll

8. August, 20 Uhr Kleines Festspielhaus

Die Wiener Philharmoniker
Dirigent: Seiji Ozawa
Solist: Alfred Brendel, Klavier

F. SCHUBERT:	Symphonie Nr. 5, B-Dur
R. SCHUMANN:	Konzert für Klavier und Orchester, a-Moll, op. 54
J. BRAHMS:	Symphonie Nr. 2, D-Dur, op. 73

12. August, 20 Uhr Kleines Festspielhaus

Das Berliner Philharmonische Orchester
Dirigent: Karel Ančerl
Solist: Jon Voicu, Violine

J. H. WORZISCHEK:	Symphonie D-Dur
W. A. MOZART:	Konzert für Violine und Orchester, G-Dur, KV 216
	Symphonie D-Dur, KV 385 „Haffner"

14. August, 20.30 Uhr Großes Festspielhaus

Das Berliner Philharmonische Orchester
Dirigent: Herbert von Karajan

W. A. MOZART:	Divertimento B-Dur, KV 287
H. BERLIOZ:	Phantastische Symphonie in fünf Teilen, op. 14

17. August, 20 Uhr Großes Festspielhaus

Die Wiener Philharmoniker
Dirigent: Claudio Abbado
Solist: Leonid Kogan, Violine

S. PROKOFIEFF:	Suite du ballet Chout, op. 21
W. A. MOZART:	Konzert für Violine und Orchester, A-Dur, KV 219
L. v. BEETHOVEN:	Symphonie Nr. 7, A-Dur, op. 92

21. August, 11 Uhr Großes Festspielhaus

Die Wiener Philharmoniker
Dirigent: Rafael Kubelik

J. HAYDN:	Symphonie Nr. 99, Es-Dur
L. JANÁČEK:	Sinfonietta
J. BRAHMS:	Symphonie Nr. 4, e-Moll, op. 98

24. August, 20 Uhr Großes Festspielhaus

Die Wiener Philharmoniker
Dirigent: Karl Böhm

W. A. MOZART:	Symphonie Es-Dur, KV 543
	Symphonie g-Moll, KV 550
	Symphonie C-Dur, KV 551 „Jupiter"

28. August, 11 Uhr Großes Festspielhaus

Die Wiener Philharmoniker
Dirigent: Herbert von Karajan

L. v. BEETHOVEN:	Symphonie Nr. 1, C-Dur, op. 21
A. BRUCKNER:	Symphonie Nr. 7, E-Dur

SERENADEN

28. Juli, 21 Uhr Residenz

Kammerorchester des Saarländischen Rundfunks
Dirigent: Karl Ristenpart
Solist: Maurice André, Trompete

J. CHRISTIAN BACH:	Symphonie D-Dur, op. 18, Nr. 6
G. PH. TELEMANN:	Konzert für Trompete und Streichorchester D-Dur
W. A. MOZART:	Marsch D-Dur, KV 237
	Serenade D-Dur, KV 203 (Violinsolo: Georg-Friedrich Hendel)

30. Juli, 21 Uhr Residenz

I Solisti Veneti
Dirigent: Claudio Scimone

W. A. MOZART:	Serenade D-Dur, KV 239 „Serenata notturna"
G. ROSSINI:	VI. Sonate für Streicher D-Dur „Der Sturm"
A. DVOŘÁK:	Serenade E-Dur, op. 22

6. August, 21 Uhr Residenz

Das Mozarteum-Orchester
Dirigent: Carlo Zecchi

W. A. MOZART:	Marsch D-Dur, KV 249
	Serenade D-Dur, KV 250 „Haffner-Serenade" (Violinsolo: Joseph Schröcksnadel)
	Sechs deutsche Tänze, KV 509

12. August, 21 Uhr Residenz

Salzburger Bläserkammermusik-Vereinigung

Leitung: Rudolf Klepač

W. A. MOZART: Divertimento B-Dur, KV 240
Divertimento Es-Dur, KV 196e
Serenade c-Moll, KV 388

15. August, 21 Uhr Residenz

Das Mozarteum-Orchester

Dirigent: Ernst Märzendorfer

W. A. MOZART: Cassation, G-Dur, KV 63
Marsch D-Dur, KV 335/2
Serenade D-Dur, KV 320 „Posthorn-Serenade“
Marsch D-Dur, KV 335/1

18. August, 21 Uhr Residenz

Camerata Academica des Mozarteums

Dirigent: Leopold Hager

W. A. MOZART: Cassation B-Dur, KV 99
Marsch D-Dur, KV 215
Serenade D-Dur, KV 204
(Violinsolo: Bruno Steinschaden)
Drei deutsche Tänze, KV 605

22. August, 21 Uhr Residenz

Camerata Academica des Mozarteums

Dirigent: Christoph Stepp

W. A. MOZART: Ouvertüre und 3 Kontretänze, KV 106
Eine kleine Nachtmusik G-Dur, KV 525
Marsch D-Dur, KV 189
Serenade D-Dur, KV 185
(Violinsolo: Bruno Steinschaden)

26. August, 21 Uhr Residenz

Das Mozarteum-Orchester

Dirigent: Mladen Basič

W. A. MOZART: Divertimento D-Dur, KV 205
Marsch C-Dur, KV 408/1
Zwei Menuette mit eingefügten Kontretänzen, KV 463
Serenade D-Dur, KV 100
(Oboensolo: Matthias Bamert; Hornsolo: Alois Aigner)

MATINEEN

Werke von WOLFGANG AMADEUS MOZART
Dirigent: Bernhard Paumgartner

31. Juli, 11 Uhr Mozarteum

Soli: Hanna Ludwig, Sopran; Gertie Kaan, Walter Klien, Klavier
Camerata Academica des Mozarteums
Symphonie G-Dur, KV 45a
Konzert für Klavier und Orchester, A-Dur, KV 488
Szene mit Rondo „Ch'io mi scordi di te“ für Sopran mit obligatem Klavier und Orchester, KV 505
Symphonie C-Dur, KV 200

7. August, 11 Uhr Mozarteum

Soli: Edith Mathis, Sopran; Lothar Koch, Oboe
Camerata Academica des Mozarteums
Symphonie Es-Dur, KV 132
Konzert für Oboe und Orchester, C-Dur, KV 314
Szene und Arie „Misera, dove son!“, KV 369
Arie „Voi avete un cor fedele“, KV 217
Symphonie g-Moll, KV 183

14. August, 11 Uhr Mozarteum

Soli: Ingeborg Hallstein, Sopran; Alfred Brendel, Klavier
Camerata Academica des Mozarteums
Symphonie F-Dur, KV 43
Konzert für Klavier und Orchester, B-Dur, KV 595
Szene und Rondo „Mia speranza adorata“, KV 416
Arie „No, no, che non sei capace“, KV 419
Symphonie D-Dur, KV 202

21. August, 11 Uhr Mozarteum

Soli: Tugomir Franc, Baß; Jörg Demus, Klavier
Camerata Academica des Mozarteums
Symphonie D-Dur, KV 181
Konzert für Klavier und Orchester, Es-Dur, KV 482
Rezitativ und Arie „Alcandro, lo confesso“, KV 512
Rezitativ und Arie „Così dunque tradisci“, KV 432
Symphonie B-Dur, KV 319

27. August, 11 Uhr Mozarteum

Soli: Rita Streich, Sopran; Walter Weller, Violine
Das Mozarteum-Orchester
Symphonie C-Dur, KV 128
Konzert für Violine und Orchester, D-Dur, KV 218
Motette „Exsultate jubilate“, KV 165
Symphonie C-Dur, KV 425 „Linzer“

KAMMERKONZERTE

27. Juli, 20 Uhr Mozarteum

Kammerorchester des Saarländischen Rundfunks

Dirigent: Karl Ristenpart
Solisten: Georg-Friedrich Hendel, Hans Bünte, Violine; Pierre Pierlot, Oboe

ANONYM/BRULAR/PAILLARD: Französische Tänze des 17. Jahrhunderts für Streichorchester
J.-M. LECLAIR: Konzert für Oboe und Orchester, C-Dur, op. VII, 3
M. R. DELALANDE: Symphonie pour les soupers du Roy — Deuxième Fantaisie ou Caprice que le Roy demandait souvent
J. B. ST.-GEORGES: Symphonie Concertante für 2 Solo-Violinen und Streicher, G-Dur, op. 13
G. PH. TELEMANN: „Don Quichotte“, Orchestersuite
B. BARTÓK: Divertimento für Streichorchester (1939)

29. Juli, 20 Uhr Mozarteum

I Solisti Veneti

Dirigent: Claudio Scimone
Solisten: Piero Toso, Guido Furini, Fernando Zampieri, Mario Buffa, Violine

T. ALBINONI:	Konzert F-Dur, op. 5, Nr. 2
B. GALUPPI:	„Sonata à Quattro", c-Moll
A. VIVALDI:	Konzert C-Dur für Violine und Streicher Konzert für vier Violinen in B-Dur
P. LOCATELLI:	Konzert F-Dur, op. 4, Nr. 8
G. ROSSINI:	III. Sonate für Streicher C-Dur
W. A. MOZART:	Divertimento B-Dur, KV 137

6. August, 20 Uhr Mozarteum

Tatrai-Quartett

J. HAYDN:	Streichquartett C-Dur, op. 76, Nr. 3 „Kaiserquartett"
Z. KODÁLY:	2. Streichquartett, op. 10
L. v. BEETHOVEN:	Streichquartett cis-Moll, op. 131

22. August, 20 Uhr Mozarteum[1]

Wiener Philharmonisches Streichquartett

Mitwirkend: Peter Schmidl, Klarinette; Josef Staar, Viola

W. A. MOZART:	Streichquartett d-Moll, KV 421 Klarinettenquintett A-Dur, KV 581 „Stadler-Quintett" Streichquintett C-Dur, KV 515

LIEDERABENDE

26. Juli, 20 Uhr Mozarteum

Dietrich Fischer-Dieskau, Bariton

Am Flügel: Jörg Demus
Lieder von R. Schumann

2. August, 20 Uhr Mozarteum

Grace Bumbry, Sopran

Am Flügel: Franz Rupp
Lieder von F. Schubert

14. August, 20 Uhr Mozarteum
(Nachgeholtes Konzert vom 4. August)

Fritz Wunderlich, Tenor

Am Flügel: Heinrich Schmidt
Lieder von F. Schubert, J. Haydn, R. Schumann und R. Strauss

8. August, 20 Uhr Mozarteum

Christa Ludwig, Mezzosopran
Walter Berry, Baß

Am Flügel: Erik Werba
Lieder von H. Wolf

11. August, 20 Uhr Mozarteum

Anneliese Rothenberger, Sopran

Am Flügel: Hubert Giesen
Lieder von R. Schumann, H. Wolf, Cl. Debussy und R. Strauss

16. August, 20 Uhr Mozarteum

Hermann Prey, Bariton

Am Flügel: Alfred Brendel
Lieder von F. Schubert

SOLISTENKONZERTE

25. Juli, 20 Uhr Mozarteum

Géza Anda, Klavier

F. SCHUBERT:	Sonate A-Dur, op. 120
R. SCHUMANN:	Davidsbündlertänze, op. 6
F. CHOPIN:	Sonate h-Moll, op. 58

30. Juli, 20 Uhr Mozarteum

Wilhelm Backhaus, Klavier

J. S. BACH:	„Das wohltemperierte Klavier" II. Teil Präludium und Fuge h-Moll, Nr. 24 I. Teil Präludium und Fuge G-Dur, Nr. 15 II. Teil Präludium und Fuge G-Dur, Nr. 15
W. A. MOZART:	Sonate G-Dur, KV 283 Sonate A-Dur, KV 331
L. v. BEETHOVEN:	Sonate f-Moll, op. 57 „Appassionata" Sonate c-Moll, op. 111

1. August, 20 Uhr Mozarteum

Nathan Milstein, Violine

J. S. BACH:	Sonate I g-Moll Partita II d-Moll Sonate III C-Dur

3. August, 20 Uhr Mozarteum

Arturo Benedetti Michelangeli, Klavier

Dieses Konzert wurde am 16. Juli abgesagt.

13. August, 20 Uhr Mozarteum

Leonid Kogan, Violine; Walter Naum, Klavier

J. S. BACH:	Sonate h-Moll, Nr. 1
J. BRAHMS:	Sonate d-Moll, op. 108
S. PROKOFIEFF:	Sonate D-Dur, op. 94, Nr. 2
N. PAGANINI:	Cantabile D-Dur
M. RAVEL:	Tzigane

19. August, 20 Uhr Mozarteum

Sviatoslav Richter, Klavier

C. M. v. WEBER:	Sonate Nr. 3, d-Moll, op. 49
J. BRAHMS:	Ballade op. 10, Nr. 1, d-Moll Capriccio op. 76, Nr. 8, C-Dur Intermezzo op. 116, Nr. 5, e-Moll Ballade op. 118, Nr. 3, g-Moll Rhapsodie op. 119, Nr. 4, Es-Dur
F. LISZT:	Sonate h-Moll

KONZERTE GEISTLICHER MUSIK

Dirigent: Joseph Messner
Der Salzburger Domchor — Das Mozarteum-Orchester

31. Juli, 20 Uhr Aula academica[2]

Orgel: Gerhard Zukriegel
Soli: Romy Gundermann, Sopran; Friederike Baumgartner, Alt; Erich Kienbacher, Tenor; Fernand Koenig, Baß

W. A. MOZART:	Vesperae solennes de confessore, KV 339 Missa C-Dur, KV 317 „Krönungs-Messe"

7. August, 20 Uhr Aula academica[2]

Orgel: Gerhard Zukriegel
Soli: Laurence Dutoit, Sopran; Friederike Baumgartner, Alt; Peter Witsch, Tenor; Heinz Moors, Baß

W. A. MOZART: Requiem, KV 626

23. August, 20 Uhr Aula academica[2]

Soli: Gertrud Stocklassa, Sopran; Irma Keller, Alt; Lorenz Fehenberger, Tenor; Max Pröbstl, Baß; Solovioline: Karlheinz Franke

L. v. BEETHOVEN: Messe C-Dur, op. 86
A. BRUCKNER: Te Deum

KIRCHENKONZERT

13. August, 11 Uhr Erzabteikirche St. Peter[1]

Dirigent: Bernhard Paumgartner; Orgel: Robert Kuppelwieser
Soli: Rita Streich, Annelore Cahnbley, George Maran, Walter Raninger
Das Mozarteum-Orchester — Der Salzburger Rundfunk- und Mozarteum-Chor

W. A. MOZART: c-Moll-Messe, KV 427
Ave verum, KV 618

CHORKONZERT SLAWISCHER MUSIK

15. August, 20 Uhr Kleines Festspielhaus

Chor der Kroatischen Nationaloper Zagreb

Dirigent: Miro Belamarić
Orgel, Cembalo und Klavier: Karlo Kraus

Werke von V. Jelić, J. P. Gallus, I. Lukačić, K. St. Srbin, P. I. Tschaikowskij, S. Rachmaninow, M. Tajčević, St. Mokranjac, A. Dvořák, A. Gretschaninow, J. Gotovac, J. Slavenski, B. Papandopulo, I. Matetić-Ronjgov und T. Skalovski

1967

26. Juli—30. August

SCHAUSPIEL

27. Juli, 4., 11., 14., 19., 23. August
Felsenreitschule

WILLIAM SHAKESPEARE

Ein Sommernachtstraum

Regie:	Leopold Lindtberg
Bühnenbild:	Jörg Zimmermann
Kostüme:	Jörg Zimmermann
Musik:	Felix Mendelssohn-Bartholdy
Dirigent:	Ernst Märzendorfer
Choreographie:	Albert Mol

Das Mozarteum-Orchester
Kammerchor der Salzburger Festspiele

Theseus / *Oberon*	Romuald Pekny
Hippolyta / *Titania*	Gisela Stein
Egeus	Robert Tessen
Hermia	Brigitte Grothum
Lysander	Heinz Ehrenfreund
Helena	Sonja Sutter
Demetrius	Peter Arens
Philostrat / *Puck*	Heinz Reincke
Squenz / *Prolog*	Hans Hessling
Schnock / *Löwe*	Max Mairich
Zettel / *Pyramus*	Josef Meinrad
Flaut / *Thisbe*	Otto Schenk
Schnauz / *Wand*	Helmut Everke
Schlucker / *Mondschein*	Joachim Wichmann
Eine Elfe	Ulla Purr

28. Juli, 3., 12., 17., 22., 29. August
Landestheater

HUGO VON HOFMANNSTHAL

Der Schwierige

Regie:	Rudolf Steinboeck
Bühnenbild:	Lois Egg
Kostüme:	Erni Kniepert
Hans Karl Bühl	Otto W. Fischer
Crescence	Susi Nicoletti
Stani	Peter Weck
Helene Altenwyl	Gerlinde Locker
Altenwyl	Erik Frey
Antoinette Hechingen	Christiane Hörbiger
Hechingen	Ernst Stankovski
Neuhoff	Alexander Kerst
Edine	Alma Seidler
Nanni	Ulli Fessl
Huberta	Elisabeth Gassner
Ein berühmter Mann	Paul Hoffmann
Agathe	Sylvia Lukan
Neugebauer	Franz Messner
Lukas	Emerich Reimers
Vinzenz	Hanns Obonya
Ein Kammerdiener	Josef Krastel

30. Juli, 6., 13., 15., 20., 27. August
Domplatz / Großes Festspielhaus

HUGO VON HOFMANNSTHAL

Jedermann

Regie:	Helene Thimig
Kostüme:	Magda Oberhofer
Musik:	Joseph Messner / Einar Nilson
Dirigent:	Ernst Hinreiner
Choreographie:	Herbert Juzek
Orgel:	Oskar Peter

Das Mozarteum-Orchester
Salzburger Rundfunk- u. Mozarteum-Chor

Stimme des Herrn	Karl Blühm
Tod	Kurt Heintel
Jedermann	Walther Reyer
Jedermanns Mutter	Mila Kopp
Guter Gesell	Michael Heltau
Hausvogt	Jörg Liebenfels
Koch	Friedemann Held
Armer Nachbar	Hans Thimig
Schuldknecht	Helmut Janatsch
Schuldknechts Weib	Evi Servaes
Buhlschaft	Nadja Tiller
Dicker Vetter	Rudolf Rhomberg
Dünner Vetter	Franz Messner
Mammon	Jochen Brockmann
Gute Werke	Sonja Sutter
Glaube	Judith Holzmeister
Teufel	Heinrich Schweiger
Spielansager	Alfons Lipp

20. August 250. Aufführung seit der Erst-Inszenierung Max Reinhardts am 20. August 1920

EUROPA-STUDIO DER SALZBURGER FESTSPIELE 1967

18., 24., 27. August Landestheater

LEO LEHMANN

Der Ostwind

(Europäische Erstaufführung)

Regie:	Kurt Meisel
Bühnenbild:	Lois Egg
Kostüme:	Elisabeth Urbancic-Waltz
Zauber	Siegfried Lowitz
Konarski	Bernhard Wicki
Doris	Eva Zilcher

Jack	Wolfgang Gasser
Mrs. Humphreys	Hanna Burgwitz
Herr Bamberg	Hans Hessling
Frau Bamberg	Alma Seidler
Vitek	Edd Stavjanik
Lowacki	Achim Benning
Colonel Crockett	Josef Krastel

OPER

26. Juli, 2., 11., 19., 25., 30. August
Großes Festspielhaus
WOLFGANG AMADEUS MOZART

Die Zauberflöte

Dirigent:	Wolfgang Sawallisch
Inszenierung:	Oscar Fritz Schuh
Bühnenbild:	Teo Otto
Kostüme:	Teo Otto

Die Wiener Philharmoniker
Chor der Wiener Staatsoper

Sarastro	Franz Crass
Tamino	Peter Schreier
Sprecher	Otto Wiener
1. Priester	Jörg Liebenfels
2. Priester	Fritz Holzer
Königin der Nacht	Sylvia Geszty
Pamina	Helen Donath
1. Dame	Elisabeth Ksoll
2. Dame	Cvetka Ahlin
3. Dame	Ilse Gramatzki
Papageno	Hermann Prey
Papagena	Judith Blegen
Monostatos	Gerhard Unger
1. Knabe	Monique Lobasà
2. Knabe	Ileana Cotrubas
3. Knabe	Dwyla Donohue-Schmeiser

19. August 75. Aufführung seit Bestehen der Salzburger Festspiele

29. Juli, 1., 8., 14., 28. August
Großes Festspielhaus
GEORGES BIZET

Carmen
(in französischer Sprache)

Inszenierung und musikal. Leitung:	Herbert von Karajan
Bühnenbild:	Teo Otto
Kostüme:	Georges Wakhevitch
Choreographie:	Mariemma

Die Wiener Philharmoniker
Chor der Wiener Staatsoper
Kammerchor der Salzburger Festspiele
Kinderchor der Salzburger Festspiele
Ballett: Mariemma — Ballet de España

Carmen	Grace Bumbry
Don José	Jon Vickers
Escamillo	Justino Diaz
Micaela	Mirella Freni
Frasquita	Olivera Miljaković
Mercedes	Julia Hamari
Dancairo	John van Kesteren
Remendado	Milen Paunov
Zuniga	Anton Diakov
Moralès	Robert Kerns
Lillas Pastia	Heinz Rohn

31. Juli, 7., 16., 21., 24. August
Kleines Festspielhaus
WOLFGANG AMADEUS MOZART

Le Nozze di Figaro
(in italienischer Sprache)

Dirigent:	Karl Böhm
Inszenierung:	Günther Rennert
Bühnenbild:	Rudolf Heinrich
Kostüme:	Rudolf Heinrich

Die Wiener Philharmoniker
Chor der Wiener Staatsoper

Graf Almaviva	Ingvar Wixell
Gräfin	Claire Watson
Susanna	Reri Grist
Figaro	Walter Berry 31. 7., 7., 16. 8. Geraint Evans 21., 24. 8.
Basilio	David Thaw
Bartolo	Zoltan Kelemen
Marcellina	Margarethe Bence
Cherubino	Edith Mathis
Antonio	Klaus Hirte
Barbarina	Deirdre Aselford
Curzio	Alfred Pfeifle

1., 5., 9., 15., 22., 26. August
Residenz
WOLFGANG AMADEUS MOZART

Ascanio in Alba
(in italienischer Sprache)

Dirigent:	Leopold Hager
Inszenierung:	Hellmut Matiasek
Bühnenbild:	Ekkehard Grübler
Kostüme:	Ekkehard Grübler
Choreographie:	Wazlaw Orlikowsky

Das Mozarteum-Orchester
Kammerchor der Salzburger Festspiele
Ballett der Salzburger Festspiele

Venus	Simone Mangelsdorff
Ascanio	Gertrude Jahn
Silvia	Edith Gabry
Aceste	Werner Krenn
Fauno	Richard van Vrooman

5., 10., 13., 18. August
Kleines Festspielhaus
WOLFGANG AMADEUS MOZART

Die Entführung aus dem Serail

Dirigent:	Zubin Mehta
Inszenierung:	Giorgio Strehler
Bühnenbild:	Luciano Damiani
Kostüme:	Luciano Damiani

Die Wiener Philharmoniker
Chor der Wiener Staatsoper

Selim, Bassa	Michael Heltau
Konstanze	Ingeborg Hallstein
Blondchen	Reri Grist
Belmonte	Luigi Alva
Pedrillo	Gerhard Unger
Osmin	Fernando Corena

12., 17., 26., 29. August
Großes Festspielhaus
MODEST P. MUSSORGSKIJ / Fassung NIKOLAJ A. RIMSKIJ-KORSAKOW

Boris Godunow
(in russischer Sprache)

Inszenierung und musikal. Leitung:	Herbert von Karajan
Bühnenbild:	Günther Schneider-Siemssen
Kostüme:	Ronny Reiter
Choreographie:	Wazlaw Orlikowsky

Die Wiener Philharmoniker
Chor der Wiener Staatsoper
Chor der Kroatischen Nationaloper Zagreb
Kammerchor der Salzburger Festspiele
Kinderchor der Salzburger Festspiele
Ballett der Salzburger Festspiele

Boris Godunow	Nicolai Ghiaurov
Fjodor	Olivera Miljaković
Xenia	Nadejda Dobrianowa
Xenias Amme	Marianne Radev
Fürst Schujskij	Gerhard Stolze
Schtschelkalow	Sabin Markov
Pimen	Kim Borg
Dimitrij	Ludovic Spiess 12., 17. Aleksej Maslennikow 26., 29.
Marina	Sena Jurinac
Rangoni	Zoltan Kelemen
Warlaam	Anton Diakov
Missail	Milen Paunov
Schenkwirtin	Margarita Lilowa
Einfältiger	Gerhard Stolze
Nikititsch	Gregor Radev
Hauptmann	Gregor Radev
Leibbojar	Zvonimir Prelćeć
Bojar Chruschtschow	Miljenko Grozdanić
Lowitzkij	Siegfried R. Frese
Tschernakowskij	Paul Karolidis

ORCHESTERKONZERTE

30. Juli, 20.30 Uhr Großes Festspielhaus

Die Tschechische Philharmonie Prag

Dirigent: Karel Ančerl

Solisten: Josef Suk, Violine; Eberhard Finke, Cello

F. SMETANA:	„Šárka" aus „Mein Vaterland"
L. JANÁČEK:	Taras Bulba, Rhapsodie für Orchester
W. A. MOZART:	Konzert für Violine und Orchester D-Dur, KV 211
R. STRAUSS:	Don Quixote, op. 35

3. August, 20.30 Uhr Großes Festspielhaus

Die Tschechische Philharmonie Prag

Dirigent: Karl Böhm

W. A. MOZART:	Symphonie D-Dur, KV 504 „Prager"
R. STRAUSS:	Tod und Verklärung, op. 24
A. DVOŘÁK:	Symphonie Nr. 9, e-Moll, op. 95 „Aus der Neuen Welt"

5. August, 11 Uhr Mozarteum[1]

Die Wiener Philharmoniker

Dirigent: Lorin Maazel
Solisten: Karl Mayrhofer, Oboe; Alfred Prinz, Klarinette; Roland Berger, Horn; Karl Öhlberger, Fagott

W. A. MOZART:	Symphonie C-Dur, KV 200 Sinfonia concertante Es-Dur für Oboe, Klarinette, Horn, Fagott und Orchester, KV 297b Symphonie C-Dur, KV 551 „Jupiter"

6. August, 20.30 Uhr Großes Festspielhaus

Die Tschechische Philharmonie Prag

Dirigent: Claudio Abbado
Solist: Géza Anda, Klavier

R. STRAUSS:	Till Eulenspiegels lustige Streiche, op. 28
W. A. MOZART:	Konzert für Klavier und Orchester Es-Dur, KV 482
A. DVOŘÁK:	Symphonie Nr. 8, G-Dur, op. 88 „Die Englische"

9. August, 20.30 Uhr Kleines Festspielhaus

Die Tschechische Philharmonie Prag

Dirigent: Claudio Abbado
Solist: Henryk Szeryng, Violine

P. HINDEMITH:	Symphonische Metamorphosen Carl Maria von Weberscher Themen (1943)
J. BRAHMS:	Konzert für Violine und Orchester D-Dur op. 77
F. MENDELSSOHN-BARTHOLDY:	Symphonie Nr. 4, A-Dur, op. 90 „Italienische"

13. August, 20.30 Uhr Großes Festspielhaus

The Cleveland Orchestra

Dirigent: George Szell

C. M. v. WEBER:	Ouvertüre zu „Oberon"
R. STRAUSS:	Don Juan, op. 20
L. v. BEETHOVEN:	Symphonie Nr. 3, Es-Dur, op. 55 „Eroica"

15. August, 11 Uhr Kleines Festspielhaus

Die Wiener Philharmoniker

Dirigent: Moshe Atzmon
Solist: Alfred Brendel, Klavier

J. HAYDN:	Symphonie Nr. 100, G-Dur „Militärsymphonie"
L. v. BEETHOVEN:	Konzert für Klavier und Orchester Nr. 5, Es-Dur, op. 73
R. STRAUSS:	„Also sprach Zarathustra", op. 30 (Violinsolo: Walter Weller)

15. August, 20.30 Uhr Großes Festspielhaus

The Cleveland Orchestra

Dirigent: George Szell

J. BRAHMS:	Symphonie Nr. 2, D-Dur, op. 73
W. A. MOZART:	Symphonie g-Moll, KV 550
M. RAVEL:	„Daphnis und Chloë", Suite Nr. 2

16. August, 20.30 Uhr Großes Festspielhaus

The Cleveland Orchestra

Dirigent: Herbert von Karajan
Solisten: Jörg Demus, Christoph Eschenbach, Herbert v. Karajan, Klavier

W. A. MOZART:	Konzert für drei Klaviere und Orchester F-Dur, KV 242 „Lodronkonzert"
S. PROKOFIEFF:	Symphonie Nr. 5, op. 100

20. August, 20.30 Uhr Großes Festspielhaus

Die Wiener Philharmoniker

Dirigent: Zubin Mehta
Solist: Dietrich Fischer-Dieskau, Bariton

F. SCHUBERT:	Symphonie Nr. 3, D-Dur
G. MAHLER:	Fünf Lieder aus letzter Zeit (F. Rückert)
R. STRAUSS:	„Ein Heldenleben", op. 40 (Violinsolo: Josef Sivo)

23. August, 20.30 Uhr Großes Festspielhaus

Die Wiener Philharmoniker

Dirigent: Karl Böhm
Solist: Daniel Barenboim, Klavier

J. BRAHMS:	Konzert für Klavier und Orchester Nr. 1, d-Moll, op. 15 Symphonie Nr. 1, c-Moll, op. 68

27. August, 20.30 Uhr Großes Festspielhaus

Die Wiener Philharmoniker

Dirigent: Herbert von Karajan
Solistin: Helen Donath, Sopran
Konzertvereinigung Wiener Staatsopernchor
Chor der Kroatischen Nationaloper Zagreb

A. BRUCKNER:	Symphonie Nr. 9, d-Moll
G. VERDI:	Te Deum

SERENADEN

31. Juli, 21 Uhr Residenz

Das Mozarteum-Orchester

Dirigent: Ernst Märzendorfer

L. MOZART:	Symphonie G-Dur
W. A. MOZART:	Marsch D-Dur, KV 189 Serenade D-Dur, KV 185 (Violinsolo: Joseph Schröcksnadel)

2. August, 21 Uhr Residenz

Basler Orchester-Gesellschaft

Dirigent: Leopold Hager
Solisten: Josef Brejza, Jaroslav Kotulan, Horn

F. A. ROSETTI (RÖSSLER):	Konzert Nr. 5, Es-Dur, für zwei Hörner
W. A. MOZART:	Zwei Menuette mit eingefügten Kontretänzen, KV 463 Marsch D-Dur, KV 237 Serenade D-Dur, KV 203 (Violinsolo: Walter Prystawski)

8. August, 21 Uhr Residenz

Das Mozarteum-Orchester

Dirigent: Otto Gerdes

W. A. MOZART:	Cassation B-Dur, KV 99 Sechs deutsche Tänze, KV 509 Eine kleine Nachtmusik G-Dur, KV 525

12. August, 21 Uhr Residenz

Das Mozarteum-Orchester

Dirigent: Thomas Ungar

W. A. MOZART: Serenade D-Dur, KV 239 „Serenata notturna"
Symphonie G-Dur, KV 129
Sechs deutsche Tänze, KV 571

17. August, 21 Uhr Residenz

Das Mozarteum-Orchester

Dirigent: Ulrich Weder

W. A. MOZART: Marsch D-Dur, KV 290
Divertimento D-Dur, KV 205
Marsch D-Dur, KV 335/1
Serenade D-Dur, KV 320 „Posthorn-Serenade" (Posthornsolo: August Nowicki)

21. August, 21 Uhr Residenz

Das Mozarteum-Orchester

Dirigent: Kurt Wöss

W. A. MOZART: Cassation G-Dur, KV 63
Marsch D-Dur, KV 249
Serenade D-Dur, KV 250 „Haffner-Serenade" (Violinsolo: Joseph Schröcksnadel)

25. August, 21 Uhr Residenz

Das Mozarteum-Orchester

Dirigent: Paul Angerer

W. A. MOZART: Marsch C-Dur, KV 214
Divertimento D-Dur, KV 251
Marsch D-Dur, KV 215
Serenade D-Dur, KV 204
(Violinsolo: Joseph Schröcksnadel)

28. August, 21 Uhr Residenz

Das Mozarteum-Orchester

Dirigent: Gerhard Wimberger

L. MOZART: Divertimento militare (sive Sinfonia) D-Dur
J. HAYDN: Divertimento G-Dur, op. 31, Nr. 1
W. A. MOZART: Serenade D-Dur, KV 100
(Oboensolo: Matthias Bamert; Hornsolo: Alois Aigner)
Marsch C-Dur, KV 408/1

MATINEEN

Werke von WOLFGANG AMADEUS MOZART

Dirigent: Bernhard Paumgartner

30. Juli, 11 Uhr Mozarteum

Soli: Peter Schreier, Tenor; Ingrid Haebler, Klavier
Camerata Academica des Mozarteums

Symphonie C-Dur, KV 162
Konzert für Klavier und Orchester B-Dur, KV 238
Rezitativ und Arie „Misero! o sogno!", KV 431
Arie „Per pietà, non ricercate", KV 420
Symphonie C-Dur, KV 200

6. August, 11 Uhr Mozarteum

Soli: Rita Streich, Sopran; Roberto Michelucci, Violine
Camerata Academica des Mozarteums

Symphonie D-Dur, KV 181
Konzert für Violine und Orchester A-Dur, KV 219
Scena mit Rondo „Non più, tutto ascoltai", KV 490
(Violinsolo: Bruno Steinschaden)
Arie „Chi sà, chi sà, qual sia", KV 582
Symphonie B-Dur, KV 319

13. August, 11 Uhr Mozarteum

Soli: Teresa Stich-Randall, Sopran; Alfred Brendel, Klavier
Camerata Academica des Mozarteums

Symphonie D-Dur, KV 202
Konzert für Klavier und Orchester c-Moll, KV 491
Arie „L'amerò, sarò costante" aus „Il Rè pastore", KV 208
Arie „Ah perchè cercar degg'io" aus „Il sogno di Scipione", KV 126, Nr. 11b
Symphonie g-Moll, KV 183

20. August, 11 Uhr Mozarteum

Soli: Ingeborg Hallstein, Sopran; Jörg Demus, Klavier
Camerata Academica des Mozarteums

Symphonie B-Dur, KV 182
Konzert für Klavier und Orchester D-Dur, KV 537 „Krönungskonzert"
Arie „Schon lacht der holde Frühling", KV 580
Arie „Ah se in ciel, benigne stelle", KV 538
Symphonie A-Dur, KV 201

27. August, 11 Uhr Mozarteum

Soli: Franz Crass, Baß; Josef Sivo, Wolfgang Poduschka, Violine

Das Mozarteum-Orchester

Symphonie (Ouvertüre) Es-Dur, KV 184
Concertone für zwei Solo-Violinen und Orchester C-Dur, KV 190
Rezitativ und Arie „Così dunque tradisci", KV 432
Ariette „Un bacio di mano", KV 541
Symphonie C-Dur, KV 338

KAMMERKONZERTE

28. Juli, 20 Uhr Mozarteum

Duo Enrico Mainardi, Violoncello; Carlo Zecchi, Klavier

L. v. BEETHOVEN: Sonate g-Moll, op. 5, Nr. 2
Sonate D-Dur, op. 102, Nr. 2
Sonate A-Dur, op. 69

1. August, 20 Uhr Mozarteum

Basler Orchester-Gesellschaft

Dirigent: Christoph Stepp

M. RAVEL: Le Tombeau de Couperin
W. A. MOZART: Konzert für Klarinette und Orchester A-Dur, KV 622
(Solist: Peter Rieckhoff)
J. HAYDN: Symphonie Nr. 104, D-Dur

14. August, 20 Uhr Mozarteum[1]

Wiener Philharmonisches Streichquartett

Mitwirkend: Werner Tripp, Flöte; Paul Fürst, Viola

W. A. MOZART: Streichquartett Es-Dur, KV 428
Flötenquartett D-Dur, KV 285
Streichquintett g-Moll, KV 516

22. August, 20 Uhr Mozarteum

Accademia Monteverdiana

Leitung: Denis Stevens

Werke von G. G. Gastoldi, Cl. Monteverdi, G. Frescobaldi, L. Luzzaschi, F. Caccini, C. Gesualdo, J. de Wert, L. Viadana und A. Striggio

LIEDERABENDE

4. August, 20 Uhr Mozarteum

Walter Berry, Baß

Am Flügel: Erik Werba
Lieder von F. Schubert, H. Wolf, J. Brahms und R. Schumann

10. August, 20 Uhr Mozarteum

Christa Ludwig, Mezzosopran

Am Flügel: Erik Werba
Lieder von J. Brahms

11. August, 20 Uhr Mozarteum

Grace Bumbry, Sopran

Am Flügel: Leonard Hokanson
Lieder von R. Schumann

15. August, 20 Uhr Mozarteum

Hermann Prey, Bariton

Am Flügel: Konrad Richter
Balladen von F. Schubert, C. Loewe, R. Schumann und H. Wolf

18. August, 20 Uhr Mozarteum

Dietrich Fischer-Dieskau, Bariton

Am Flügel: Jörg Demus
F. Schubert: Die Winterreise, op. 89

SOLISTENKONZERTE

27. Juli, 20 Uhr Mozarteum

Géza Anda, Klavier

Dieses Konzert konnte wegen Absage des Künstlers nicht stattfinden.

7. August, 20 Uhr Mozarteum

Henryk Szeryng, Violine; Marinus Flipse, Klavier

J.-M. LECLAIR: Sonate D-Dur
J. BRAHMS: Sonate A-Dur, op. 100, Nr. 2
J. S. BACH: Partita II, d-Moll für Violine solo
CL. DEBUSSY: Sonate g-Moll
M. RAVEL: Tzigane

12. August, 20 Uhr Mozarteum

Wilhelm Backhaus, Klavier

L. v. BEETHOVEN: Sonate Es-Dur, op. 7
Sonate C-Dur, op. 53 „Waldsteinsonate"
Sonate A-Dur, op. 101
Sonate E-Dur, op. 109

24. August, 20 Uhr Mozarteum

Sviatoslav Richter, Klavier

F. CHOPIN: Rondeau à la Mazur, F-Dur, op. 5
Ballade g-Moll, op. 23
7 Préludes aus „Vingt-quatre Préludes", op. 28
Barcarole Fis-Dur, op. 60
CL. DEBUSSY: „Douze Préludes", 2. Buch

KONZERTE GEISTLICHER MUSIK

Dirigent: Joseph Messner; Orgel: Gerhard Zukriegel
Der Salzburger Domchor — Das Mozarteum-Orchester

6. August, 20 Uhr Aula academica

Soli: Gertrude Stoklassa, Sopran; Claudia Hellmann, Alt; Wolfgang Fehenberger, Tenor; Walter Raninger, Baß

G. B. PERGOLESI: Stabat mater
W. A. MOZART: Missa C-Dur, KV 317 „Krönungsmesse"

13. August, 20 Uhr Aula academica

Soli: Laurence Dutoit, Sopran; Friederike Baumgartner, Alt; Lorenz Fehenberger, Tenor; Max Pröbstl, Baß

W. A. MOZART: Requiem, KV 626

KIRCHENKONZERT

12. August, 11 Uhr Erzabteikirche St. Peter[1]

Dirigent: Bernhard Paumgartner; Orgel: Robert Kuppelwieser
Soli: Teresa Stich-Randall, Annelore Cahnbley, George Maran, Walter Raninger
Das Mozarteum-Orchester — Der Salzburger Rundfunk- und Mozarteum-Chor

W. A. MOZART: c-Moll-Messe, KV 427
Ave verum, KV 618

CHORKONZERT

20. August, 20 Uhr Mozarteum

Veranstaltung des Salzburger Rundfunk- und Mozarteum-Chores

Salzburger Hofmusik

Dirigent: Ernst Hinreiner; Orgel: Robert Kuppelwieser
Soli: Rita Streich, Maria Antonia Harvey, Sopran; Kurt Equiluz, Tenor; Walter Haseke, Flöte
Camerata Academica des Mozarteums
Salzburger Rundfunk- und Mozarteum-Chor

H. I. F. v. BIBER: Sonata IX aus dem „Fidicinium sacroprofanum"
J. STAMITZ: Konzert für Flöte und Streicher D-Dur
M. HAYDN: Sinfonia B-Dur
W. A. MOZART: Kantate „Davidde penitente", KV 469

1968

26. Juli—30. August

SCHAUSPIEL

27. Juli, 1., 8., 12., 16., 20., 24. August

Landestheater

WILLIAM SHAKESPEARE

Der Sturm

Regie: Oscar Fritz Schuh
Bühnenbild: Teo Otto
Kostüme: Teo Otto
Musik aus der Zeit Shakespeares
Dirigent: Ernst Hintermaier
Choreographie: Rolf Scharre
Das Mozarteum-Orchester

Prospero	Will Quadflieg
Antonio	Gerhard Friedrich
Alonso	Erik Frey
Ferdinand	Michael Heltau
Sebastian	Wolfgang Stendar
Gonzalo	Eduard Marks
Adriano	Rudolf Rösner
Ariel	Heinz Ehrenfreund
Caliban	Valter Taub
Trinculo	Max Mairich
Stephano	Hans Putz
Kapitän	Heinz Rohn
Bootsmann	Hermann Schober
Miranda	Veronika Bayer 27. 7.—16. 8. Sylvia Lukan 20., 24. 8.

28. Juli, 4., 11., 15., 18., 25. August

Domplatz / Großes Festspielhaus

HUGO VON HOFMANNSTHAL

Jedermann

Regie: Helene Thimig
Kostüme: Magda Gstrein-Oberhofer
Musik: Joseph Messner / Einar Nilson
Dirigent: Ernst Hinreiner
Choreographie: Herbert Juzek
Orgel: Oskar Peter
Das Mozarteum-Orchester
Salzburger Rundfunk- u. Mozarteum-Chor

Stimme des Herrn	Karl Blühm
Tod	Kurt Heintel
Jedermann	Walther Reyer
Jedermanns Mutter	Mila Kopp
Guter Gesell	Michael Heltau
Hausvogt	Jörg Liebenfels
Koch	Friedemann Held
Armer Nachbar	Rudolf Rösner
Schuldknecht	Helmut Janatsch
Schuldknechts Weib	Eva Servaes
Buhlschaft	Nadja Tiller
Dicker Vetter	Kurt Strauß
Dünner Vetter	Alfons Lipp
Mammon	Jochen Brockmann
Gute Werke	Sonja Sutter
Glaube	Judith Holzmeister
Teufel	Heinrich Schweiger
Spielansager	Thomas Egg

4., 10., 14., 17., 22., 27. August

Landestheater

HUGO VON HOFMANNSTHAL

Der Schwierige

Regie: Rudolf Steinboeck
Bühnenbild: Lois Egg
Kostüme: Erni Kniepert

Hans Karl Bühl	Otto W. Fischer
Crescence	Susi Nicoletti
Stani	Peter Weck
Helene Altenwyl	Gerlinde Locker
Altenwyl	Erik Frey
Antoinette Hechingen	Ursula Lingen
Hechingen	Albert Rueprecht
Neuhoff	Kurt Meisel
Edine	Alma Seidler
Nanni	Ulli Fessl
Huberta	Hannelore Fischer
Ein berühmter Mann	Paul Hoffmann
Agathe	Sylvia Lukan
Neugebauer	Karl Merkatz
Lukas	Leopold Hainisch
Vinzenz	Hanns Obonya
Ein Kammerdiener	Josef Krastel

REZITATIONSABEND

6. August, 20 Uhr Mozarteum

WILL QUADFLIEG

spricht Dichtungen von

HUGO VON HOFMANNSTHAL

OPER

26., 30. Juli, 13., 17., 24., 27. August

Großes Festspielhaus

WOLFGANG AMADEUS MOZART

Don Giovanni
(in italienischer Sprache)

Inszenierung und musikal. Leitung: Herbert von Karajan
Bühnenbild: Günther Schneider-Siemssen
Kostüme: Georges Wakhevitch
Choreographie: Wazlaw Orlikowsky
Die Wiener Philharmoniker
Chor der Wiener Staatsoper
Ballett der Salzburger Festspiele

Don Giovanni	Nicolai Ghiaurov 26., 30. 7., 13. 8. Tom Krause 17.—27. 8.
Il Commendatore	Martti Talvela
Donna Anna	Gundula Janowitz
Don Ottavio	Alfredo Kraus
Donna Elvira	Teresa Zylis-Gara
Leporello	Geraint Evans
Masetto	Rolando Panerai
Zerlina	Mirella Freni 26. 7.—17. 8. Jeanette Pilou 24., 27. 8.

28. Juli, 7., 11., 18., 25. August

Kleines Festspielhaus

GIOACCHINO ROSSINI

Der Barbier von Sevilla
(in italienischer Sprache)

Dirigent: Claudio Abbado
Inszenierung: Jean-Pierre Ponnelle
Bühnenbild: Jean-Pierre Ponnelle
Kostüme: Jean-Pierre Ponnelle
Die Wiener Philharmoniker
Chor der Wiener Staatsoper

Graf Almaviva	Luigi Alva
Dr. Bartolo	Fernando Corena
Rosina	Malvina Major
Figaro	Hermann Prey
Basilio	Paolo Montarsolo
Fiorello	Hans Kraemmer
Ambrogio	Hans Kraemmer
Berta	Stefania Malagu
Ein Offizier	Victor von Halem
Ein Notar	Richard Tomaselli

31. Juli, 5., 14., 23., 28. August

Großes Festspielhaus

WOLFGANG AMADEUS MOZART

Die Zauberflöte

Dirigent: Wolfgang Sawallisch
Inszenierung: Oscar Fritz Schuh
Bühnenbild: Teo Otto
Kostüme: Teo Otto
Die Wiener Philharmoniker
Chor der Wiener Staatsoper

Sarastro	Franz Crass
Tamino	Peter Schreier
Sprecher	Otto Wiener
1. Priester	Jörg Liebenfels
2. Priester	Fritz Holzer
Königin der Nacht	Sylvia Geszty
Pamina	Helen Donath
1. Dame	Elisabeth Ksoll
2. Dame	Cvetka Ahlin
3. Dame	Ilse Gramatzki
Papageno	Hermann Prey
Papagena	Carol Malone
Monostatos	Gerhard Unger
1. Knabe	Monique Lobasà
2. Knabe	Ileana Cotrubas
3. Knabe	Dwyla Donohue

2., 10., 14., 19. August Felsenreitschule
EMILIO DE'CAVALIERI

Rappresentatione di Anima e di Corpo

Das Spiel von Seele und Körper (1600) in italienischer Sprache

Bearbeitung: Bernhard Paumgartner

Dirigent: Rolf Maedel
Inszenierung: Herbert Graf
Bühnenbild: Veniero Colasanti / John Moore
Kostüme: Veniero Colasanti / John Moore
Choreographie: Kurt Jooss
Mitglieder des Mozarteum-Orchesters und ein Instrumentalensemble
Kammerchor der Salzburger Festspiele
Mitglieder des Folkwang Balletts Essen

Avveduto Richard Tomaselli
Prudentio Sepp Scheepers
Corpo Frantz Petri
Anima Suzanne Sarroca
Intelletto Dieter Bundschuh
Consiglio Siegfried R. Frese
Tempo José van Dam
Piacere Ingrid Mayr
Due Compagni del Piacere Jean van Ree, Walter Raninger
Angelo custode Osvaldo Alemanno
Mondo José van Dam
Vita mondana Evangeline Noël
Eco Gabriele Fuchs
Anima beata Gabriele Fuchs
Anima dannata Albert Hartinger

3., 15., 22., 29. August
Kleines Festspielhaus
WOLFGANG AMADEUS MOZART

Le Nozze di Figaro
(in italienischer Sprache)

Dirigent: Karl Böhm
Bernhard Conz 22.
Inszenierung: Günther Rennert
Bühnenbild: Rudolf Heinrich
Kostüme: Rudolf Heinrich
Die Wiener Philharmoniker
Chor der Wiener Staatsoper

Graf Almaviva Ingvar Wixell
Gräfin Claire Watson
Susanna Olivera Miljaković
Figaro Geraint Evans
Basilio David Thaw
Bartolo Zoltan Kelemen
Marcellina Margarethe Bence
Cherubino Edith Mathis
Antonio Klaus Hirte
Barbarina Deirdre Aselford
Curzio Alfred Pfeifle

8., 12., 16., 21., 26. August Residenz
WOLFGANG AMADEUS MOZART

Zaide

Dirigent: Bernhard Conz
Inszenierung: Gandolf Buschbeck
Bühnenbild: Erni Kniepert
Kostüme: Erni Kniepert
Das Mozarteum-Orchester
Kammerchor der Salzburger Festspiele

Zaide Ingeborg Hallstein
Gomatz Horst Laubenthal
Allazim Barry McDaniel
Sultan Soliman James Harper
Osmin Robert Granzer
Sklavin Monique Lobasà
Zaram Sepp Scheepers

12., 16., 20., 26., 30. August
Großes Festspielhaus
LUDWIG VAN BEETHOVEN

Fidelio

Dirigent: Karl Böhm
Inszenierung: Günther Rennert
Bühnenbild: Rudolf Heinrich
Kostüme: Rudolf Heinrich
Die Wiener Philharmoniker
Chor der Wiener Staatsoper
Kammerchor der Salzburger Festspiele

Don Fernando Hans Hotter
Don Pizarro Ingvar Wixell
Florestan James King
Fritz Uhl 30.
Leonore Christa Ludwig
Rocco Franz Crass
Marzelline Edith Mathis
Jaquino Donald Grobe
1. Gefangener Curt Malm
2. Gefangener Klaus Hirte

BALLETT

Folkwang Ballett Essen

Leitung / Gesamtregie: Kurt Jooss
Tänzer: Pina Bausch, Hiltrud Blanck, Erika Fabry, Veronika Hoffmann-Strobel, Maike Körner, Uta Templin, Bernhild Thormaehlen, Monika Wacker
Jean Cébron, Michael Diekamp, Dieter Klos, Konstantin Patsalas, Günter Pick, Hans Pop, Ulrich Roehm, Werner Wolf

9., 15. August Landestheater

Phasen

Choreographie in 3 Sätzen für Tanz-Soli und Kammergruppe von Kurt Jooss
Musik: 1. Streichquartett op. 96 von Erich Sehlbach
Das Strauss-Quartett, Essen
Ausstattung / Beleuchtung: Hermann Markard

Zwischenspiel

Satz 1 aus dem Streichquartett Nr. 4 von Béla Bartók; Das Strauss-Quartett

Fragment

Choreographie: Pina Bausch
Musik: Streichquartett Nr. 4, Satz 3, von Béla Bartók
Das Strauss-Quartett
Idee / Ausstattung: Hermann Markard

Expansion — Transformation

Choreographie: Jean Cébron
Musik: „Récit et Aria", Tape-music von Giuseppe Giorgio Englert, realisiert in Zusammenarbeit mit Jean-Charles François (Pauken)
Ausstattung / Beleuchtung: Hermann Markard

Der grüne Tisch

Ein Totentanz in 8 Bildern von Kurt Jooss
Choreographie: Kurt Jooss
Musik: Fritz A. Cohen
An zwei Klavieren: Günter Louegk / Karl Wingler
Ausstattung: Hein Heckroth

11. August Landestheater

Phasen

Zwischenspiel

Aus dem Streichquartett op. 9 von Giselher Klebe
Das Strauss-Quartett, Essen

Recueil

Choreographisches Gedicht in 3 Sätzen von Jean Cébron
Musik: Juan Allende Blin
Ein Ensemble unter der Leitung von Gerd Zacher (Bandaufnahme)

Ikarus

Ballett von Lucas Hoving
Musik: Shin-Ichi Matsushita (Tonband)

Struktur

Choreographie: Jean Cébron
Musik: Elektronische Studie Nr. 1 von Karl Heinz Stockhausen (Bandaufnahme)

Songs of Encounter

Neun choreographische Szenen von Lucas Hoving
Musik: Dimitri Wiatowitsch
An zwei Klavieren: Dimitri Wiatowitsch
Günter Louegk
Schlagzeug: Hartmut Schumann

ORCHESTERKONZERTE

1. August, 20 Uhr Mozarteum

Die Wiener Philharmoniker

Dirigent: Claudio Abbado
Solistin: Ingrid Haebler, Klavier

W. A. MOZART: Symphonie Es-Dur, KV 543
Konzert für Klavier und Orchester G-Dur, KV 453
Symphonie D-Dur, KV 385 „Haffner"

4. August, 20.30 Uhr Großes Festspielhaus

Das Berliner Philharmonische Orchester

Dirigent: Zubin Mehta
Solistin: Jacqueline du Pré, Violoncello

A. VIVALDI: Concerto C-Dur, F. XII/1
A. DVOŘÁK: Konzert für Violoncello und Orchester h-Moll, op. 104
L. v. BEETHOVEN: Symphonie Nr. 3, Es-Dur, op. 55 „Eroica"

6. August, 20 Uhr Kleines Festspielhaus

Das Berliner Philharmonische Orchester

Dirigent: George Szell

J. HAYDN: Symphonie Nr. 93, D-Dur
W. A. MOZART: Symphonie A-Dur, KV 201
L. v. BEETHOVEN: Symphonie Nr. 8, F-Dur, op. 93

9. August, 20 Uhr Kleines Festspielhaus

Das Berliner Philharmonische Orchester

Dirigent: Claudio Abbado
Solisten: Gundula Janowitz, Sopran; Maureen Forrester, Alt

A. VIVALDI: Concerto g-Moll, F. XII/3 («per l'orchestra di Dresda»)
G. B. PERGOLESI: Stabat mater
F. SCHUBERT: Symphonie Nr. 2, B-Dur

11. August, 20.30 Uhr Großes Festspielhaus

Das Berliner Philharmonische Orchester

Dirigent: Karl Böhm

L. v. BEETHOVEN: Symphonie Nr. 2, D-Dur, op. 36
W. A. MOZART: Symphonie C-Dur, KV 338, mit Menuett, C-Dur, KV 409
I. STRAWINSKY: Der Feuervogel (Fassung 1919)

14. August, 20 Uhr Mozarteum

Das Berliner Philharmonische Orchester

Dirigent: Herbert von Karajan

J. S. BACH: Brandenburgisches Konzert Nr. 2, F-Dur (Maurice André, Trompete; Karl-Heinz Zöller, Flöte; Lothar Koch, Oboe; Michel Schwalbé, Violine; Horst Goebel, Cembalo)
Brandenburgisches Konzert Nr. 6, B-Dur
Brandenburgisches Konzert Nr. 4, G-Dur (Michel Schwalbé, Violine; Karl-Heinz Zöller, Johannes Mertens, Flöten; Horst Goebel, Cembalo)

15. August, 11 Uhr Kleines Festspielhaus

Die Wiener Philharmoniker

Dirigent: Stanislav Skrowaczewski
Solist: Alexis Weissenberg, Klavier

W. LUTOSLAWSKI: Konzert für Orchester
F. CHOPIN: Konzert für Klavier und Orchester Nr. 1, e-Moll, op. 11
A. DVOŘÁK: Symphonie Nr. 7, d-Moll, op. 70

15. August, 20.30 Uhr Großes Festspielhaus

Das Berliner Philharmonische Orchester

Dirigent: Herbert von Karajan
Solist: Géza Anda, Klavier

W. A. MOZART: Konzert für Klavier und Orchester d-Moll, KV 466
A. BRUCKNER: Symphonie Nr. 4, Es-Dur, „Romantische" (Originalfassung)

16. August, 20 Uhr Mozarteum

Das Berliner Philharmonische Orchester

Dirigent: Herbert von Karajan
Solist: William Read, Cembalo

J. S. BACH: Brandenburgisches Konzert Nr. 3, G-Dur
Brandenburgisches Konzert Nr. 5, D-Dur (Karl-Heinz Zöller, Flöte; Michel Schwalbé, Violine; William Read, Cembalo)
Brandenburgisches Konzert Nr. 1, F-Dur (Michel Schwalbé, Violine Piccolo; Karl Steins, Lothar Koch, Gerhard Stempnik, Oboen; Gerd Seifert, Manfred Klier, Hörner; Manfred Braun, Fagott; Horst Goebel, Cembalo)

18. August, 11 Uhr Großes Festspielhaus

Die Wiener Philharmoniker

Dirigent: Karl Böhm
Solist: Wilhelm Backhaus, Klavier

J. BRAHMS: Konzert für Klavier und Orchester Nr. 2, B-Dur, op. 83
Symphonie Nr. 4, e-Moll, op. 98

21. August, 20 Uhr Großes Festspielhaus

Die Wiener Philharmoniker

Dirigent: George Szell
Solist: Clifford Curzon, Klavier

L. v. BEETHOVEN: Konzert für Klavier und Orchester Nr. 5, Es-Dur, op. 73
A. BRUCKNER: Symphonie Nr. 7, E-Dur (Originalfassung)

25. August, 11 Uhr Großes Festspielhaus

Die Wiener Philharmoniker

Dirigent: Herbert von Karajan

F. SCHUBERT: Symphonie Nr. 8, h-Moll „Unvollendete"
JOH. STRAUSS: Ouvertüre zu „Der Zigeunerbaron"
Kaiser-Walzer, op. 437
Annen-Polka, op. 117
Perpetuum mobile, op. 257
JOS. STRAUSS: Delirien-Walzer, op. 212

28. August, 11 Uhr Mozarteum[1]

Die Wiener Philharmoniker

Dirigent: Lorin Maazel
Solist: Josef Sivo, Violine

W. A. MOZART: Ouvertüre zu „Der Schauspieldirektor", KV 486
Konzert für Violine und Orchester A-Dur, KV 219
Symphonie g-Moll, KV 550

SERENADEN

27. Juli, 21 Uhr Residenz

Musici Pragenses

Dirigent: Jiří Stárek

W. A. MOZART:	Eine kleine Nachtmusik G-Dur, KV 525
J. SUK:	Serenade für Streicher Es-Dur, op. 6
A. DVOŘÁK:	Serenade E-Dur, op. 22

29. Juli, 21 Uhr Residenz

Zagreber Solisten

(Radio — Television Zagreb)

W. A. MOZART:	Divertimento B-Dur, KV 137
A. VIVALDI:	Konzert für Violine und Streicher D-Dur, op. 3, Nr. 9 (Solist: Tonko Ninić)
G. B. PERGOLESI:	Concertino Nr. 2, G-Dur
G. PH. TELEMANN:	Konzert für zwei Violinen und Streichorchester C-Dur (Solisten: Dragutin Hrdjok, Tonko Ninić)
A. VIVALDI:	Konzert für Piccolo und Streicher C-Dur, F VI/5 (Solist: Tinka Muradori)
W. A. MOZART:	Serenade D-Dur, KV 239 „Serenata notturna"

3. August, 21 Uhr Residenz

Das Mozarteum-Orchester

Dirigent: Otto Gerdes

W. A. MOZART:	Marsch D-Dur, KV 445 Divertimento F-Dur, KV 138 Marsch D-Dur, KV 189 Serenade D-Dur, KV 185 (Violinsolo: Joseph Schröcksnadel)

7. August, 21 Uhr Residenz

Festival Strings Lucerne

Dirigent: Rudolf Baumgartner

C. SEIXAS:	Sinfonia für Streichorchester B-Dur
A. VIVALDI:	Konzert für Flöte und Streicher D-Dur, op. 10, Nr. 3, „Il Cardellino" (Solist: Jean Soldan)
G. B. PERGOLESI:	Concertino Nr. 4, f-Moll
J. HAYDN:	Konzert für Violoncello und Orchester C-Dur, Hob. VIIb, Nr. 1 (Solist: Klaus Heitz)
W. A. MOZART:	Divertimento D-Dur, KV 136

20. August, 21 Uhr Residenz

Das Mozarteum-Orchester

Dirigent: Bernhard Conz

W. A. MOZART:	Cassation G-Dur, KV 63 Marsch D-Dur, KV 237 Serenade D-Dur, KV 203 (Violinsolo: Joseph Schröcksnadel)

23. August, 21 Uhr Residenz

Das Mozarteum-Orchester

Dirigent: Ulrich Weder

W. A. MOZART:	Cassation B-Dur, KV 99 Marsch D-Dur, KV 335/2 Serenade D-Dur, KV 204 (Violinsolo: Joseph Schröcksnadel)

29. August, 21 Uhr Residenz

Das Mozarteum-Orchester

Dirigent: Kurt Wöss

W. A. MOZART:	Ouvertüre und 3 Kontretänze, KV 106 Marsch D-Dur, KV 249 Serenade D-Dur, KV 250 „Haffner-Serenade" (Violinsolo: Joseph Schröcksnadel)

MATINEEN

Werke von WOLFGANG AMADEUS MOZART
Dirigent: Bernhard Paumgartner

28. Juli, 11 Uhr Mozarteum

Soli: Zoltan Kelemen, Baß; Karl-Heinz Zöller, Flöte
Camerata Academica des Mozarteums

Symphonie A-Dur, KV 134
Konzert für Flöte und Orchester G-Dur, KV 313
Rezitativ und Arie „Così dunque tradisci", KV 432
Arie „Rivolgete a lui lo sguardo", KV 584
Symphonie F-Dur, KV 130

4. August, 11 Uhr Mozarteum

Soli: Ileana Cotrubas, Sopran; Walter Klien, Klavier
Camerata Academica des Mozarteums

Symphonie C-Dur, KV 73
Konzert für Klavier und Orchester B-Dur, KV 595
Scena mit Rondo „Non più tutto ascoltai", KV 490
(Violinsolo: Hermann Kienzl)
Rezitativ und Arie „Alcandro, lo confesso", KV 294
Symphonie Es-Dur, KV 132

11. August, 11 Uhr Mozarteum

Soli: Ileana Cotrubas, Sopran; Roberto Michelucci, Violine
Camerata Academica des Mozarteums

Symphonie F-Dur, KV 75
Konzert für Violine und Orchester, D-Dur, KV 211
Divertimento D-Dur, KV 136
Rezitativ und Arie „Alcandro, lo confesso", KV 294
Symphonie G-Dur, KV 199

18. August, 11 Uhr Mozarteum

Soli: Helen Donath, Sopran; Christoph Eschenbach, Klavier
Camerata Academica des Mozarteums

Symphonie D-Dur, KV 84
Konzert für Klavier und Orchester A-Dur, KV 488
Arie „Alma grande e nobil core", KV 578
Arie „Vado, ma dove? - oh Dei!", KV 583
Arie „Nehmt meinen Dank, ihr holden Gönner", KV 383
Symphonie G-Dur, KV 110

24. August, 11 Uhr Mozarteum

Soli: Gerhard Unger, Tenor; Alfred Brendel, Klavier
Das Mozarteum-Orchester

Symphonie G-Dur, KV 129
Konzert für Klavier und Orchester F-Dur, KV 459 „Krönungskonzert"
Arie Nr. 6 „A te, fra tanti affanni" aus „Davidde penitente", KV 469
Arie „Müßt' ich auch durch tausend Drachen", KV 435
Symphonie D-Dur, KV 133

KAMMERKONZERTE

29. Juli, 20 Uhr Mozarteum

Musici Pragenses

Dirigent: Jiří Stárek

J. MYSLIVEČEK:	Symphonie Es-Dur
J. HAYDN:	Divertimento D-Dur, Hob III/D-3
L. JANÁČEK:	Suite für Streichorchester (1877)
I. STRAWINSKY:	„Apollo" (Apollon Musagète, 1927/28)

31. Juli, 20 Uhr Mozarteum

Zagreber Solisten

(Radio — Television Zagreb)

P. LOCATELLI:	Concerto grosso c-Moll, op. I/2
G. TARTINI:	Konzert für Flöte und Orchester G-Dur (Solistin: Tinka Muradori)
A. VIVALDI:	Konzert für Fagott und Orchester e-Moll, PV 137 (Solist: Rudolf Klepač)
J. SLAVENSKI:	Lieder meiner Mutter (1944) (Solistin: Ruža Pospiš-Baldani)
W. FORTNER:	„Immagini" (1966/67)
D. SCHOSTAKOWITSCH:	Scherzo aus Opus 11 (1925)

5. August, 20 Uhr Mozarteum[1]

Klassische Philharmonie Stuttgart

Dirigent: Karl Münchinger
Solist: Friedrich Gulda, Klavier

W. A. MOZART:	Symphonie D-Dur, KV 504 „Prager" Konzert für Klavier und Orchester d-Moll, KV 466 Symphonie C-Dur, KV 425 „Linzer"

9. August, 20 Uhr Mozarteum

Festival Strings Lucerne

Dirigent: Rudolf Baumgartner

G. F. HÄNDEL:	Concerto grosso C-Dur („Alexander's Feast")
J. S. BACH / W. A. MOZART:	Drei vierstimmige Fugen aus dem „Wohltemperierten Klavier, II Teil", KV 405, Nr. 3—5
M. CORRETTE:	Concerto a sei strumenti d-Moll, op. XXVI, Nr. 6
A. VIVALDI:	Concerto e-Moll, op. 3, Nr. 4, aus „L'estro armonico"
W. A. MOZART:	Adagio und Fuge c-Moll, KV 546
F. MENDELSSOHN-BARTHOLDY:	Sinfonia für Streichorchester h-Moll (1823)

LIEDERABENDE

27. Juli, 20 Uhr Mozarteum

Christa Ludwig, Mezzosopran

Am Flügel: Erik Werba
Lieder von G. Mahler, A. Berg, M. Reger, H. Pfitzner und R. Strauss

2. August, 20 Uhr Mozarteum

Hermann Prey, Bariton

Am Flügel: Wolfgang Sawallisch
R. Schumann: Liederkreis op. 39 und Lieder von H. Wolf

8. August, 20 Uhr Mozarteum

Gérard Souzay, Bariton

Am Flügel: Dalton Baldwin
Lieder von J. Ph. Rameau, Cl. Debussy, F. Martin, M. Ravel, Fr. Poulenc und R. Strauss

19. August, 20 Uhr Mozarteum

Ingeborg Hallstein, Sopran

Am Flügel: Erik Werba
Lieder von W. A. Mozart (KV 473, 598, 531, 518, 307, 308, 152, 579, 524, 391, 523, 520, 476) und R. Strauss

SOLISTENKONZERTE

30. Juli, 20 Uhr Mozarteum

Wolfgang Schneiderhan, Violine; Walter Klien, Klavier

W. A. MOZART:	Sonate D-Dur, KV 306
L. v. BEETHOVEN:	Sonate Es-Dur, op. 12, Nr. 3
F. SCHUBERT:	Sonate g-Moll, op. 137, Nr. 3
J. BRAHMS:	Sonate d-Moll, op. 108

3. August, 20 Uhr Mozarteum

Shura Cherkassky, Klavier

J. S. BACH:	Partita VI e-Moll, BWV 830 (aus: Klavierübung Teil I)
J. BRAHMS:	Sonate f-Moll, op. 5
F. CHOPIN:	24 Préludes, op. 28
R. R. BENNETT:	Fünf Studien für Klavier
F. LISZT:	Polonaise Nr. 2, E-Dur

10. August, 20 Uhr Mozarteum

Wilhelm Backhaus, Klavier

L. v. BEETHOVEN:	Sonate As-Dur, op. 26 (Trauermarsch) Sonate cis-Moll, op. 27, Nr. 2 „Sonata quasi una fantasia" Sonate d-Moll, op. 31, Nr. 2 „Der Sturm" Sonate Es-Dur, op. 81a „Les Adieux"

13. August, 20 Uhr Mozarteum

Henryk Szeryng, Violine; Marinus Flipse, Klavier

W. A. MOZART	Sonate Es-Dur, KV 481
J. S. BACH:	Sonate III C-Dur für Violine solo, BWV 1005
J. BRAHMS:	Scherzo c-Moll (1853)
M. PONCE:	Sonata Breve
K. SZYMANOWSKI:	Chant de Roxane
O. NOVACEK:	Mouvement Perpétuel

KIRCHENKONZERT

10. August, 11 Uhr Erzabteikirche St. Peter[1]

Dirigent: Bernhard Paumgartner; Orgel: Robert Kuppelwieser

Soli: Ileana Cotrubas, Annelore Cahnbley, George Maran, Walter Raninger

Das Mozarteum-Orchester — Der Salzburger Rundfunk- und Mozarteum-Chor

W. A. MOZART: c-Moll-Messe, KV 427
Ave verum, KV 618

CHORKONZERT

25. August, 20 Uhr Mozarteum

Straßburger Domchor

Musikalische Leitung: Louis Martin
Soli: Claudy Saneva, Sopran; Elisabeth Dillenschneider, Alt; Charles Jauquier, Tenor; Jacques Villisech, Baß; Robert Pfrimmer, Orgel
Das Mozarteum-Orchester

G. FAURÉ: Requiem
W. A. MOZART: Missa C-Dur, KV 317 „Krönungsmesse"

1969

26. Juli—30. August

SCHAUSPIEL

27. Juli, 3., 10., 15., 17., 24. August
Domplatz / Großes Festspielhaus

HUGO VON HOFMANNSTHAL

Jedermann

Regie: Leopold Lindtberg
Kostüme: Rudolf Heinrich
Musik: Paul Angerer
Dirigent: Ernst Hinreiner
Choreographie: Dick Price
Orgel: Oskar Peter
Das Mozarteum-Orchester
Salzburger Rundfunk- und Mozarteum-Chor

Gott der Herr Ewald Balser
Tod Peter Arens
Jedermann Ernst Schröder
Jedermanns Mutter Edith Schultze-Westrum
Guter Gesell Kurt Heintel
Hausvogt Karl Blühm
Koch Friedemann Held
Armer Nachbar Hanns Obonya
Schuldknecht Edd Stavjanik
Schuldknechts Weib Eva Servaes
Buhlschaft Christiane Hörbiger
Dicker Vetter Max Mairich
Dünner Vetter Heinz Petters
Mammon Heinrich Schweiger
Gute Werke Käthe Gold
Glaube Gisela Mattishent
Teufel Heinz Reincke
Mönch Ferdinand Kaup

14., 16., 21., 23., 27. August
Kleines Festspielhaus

FERDINAND RAIMUND

Der Alpenkönig und der Menschenfeind

Regie: Kurt Meisel
Bühnenbild: Lois Egg
Kostüme: Charlotte Flemming
Musik: Wenzel Müller / Paul Angerer
Dirigent: Paul Angerer
Choreographie: Michael Maurer
Das Mozarteum-Orchester

Astragalus Heinrich Schweiger
Linarius Thomas Egg
Alpanor Hans Brand
Rappelkopf Josef Meinrad
Antonie Susi Nicoletti
Malchen Kitty Speiser
Silberkern Edd Stavjanik
August Dorn Joachim Bißmeier
Lischen Elisabeth Orth
Habakuk Helmut Qualtinger
Christian Glühwurm Michael Janisch
Marthe Lia Lange
Salchen Gabriele Jacoby
Andresel Fritz Hackl

OPER

26. Juli, 2., 5., 20., 23., 30. August
Großes Festspielhaus

RICHARD STRAUSS

Der Rosenkavalier

Dirigent: Karl Böhm
Inszenierung: Rudolf Hartmann
Bühnenbild: Teo Otto
Kostüme: Erni Kniepert
Die Wiener Philharmoniker
Chor der Wiener Staatsoper

Marschallin Christa Ludwig
Baron Ochs Theo Adam
Octavian Tatiana Troyanos
Gertrude Jahn 20. 8.
Faninal Otto Wiener
Sophie Edith Mathis
Leitmetzerin Kari Lövaas
Valzacchi Gerhard Unger
Annina Cvetka Ahlin
Haushofmeister bei Marschallin Alfred Pfeifle
Haushofmeister bei Faninal Siegfried R. Frese
Polizeikommissär Klaus Hirte
Notar Ljubomir Pantscheff
Sänger Anton de Ridder
Wirt Robert Licha

26. Juli 75. Aufführung im Rahmen der Salzburger Festspiele

28. Juli, 6., 11., 17., 22., 26. August
Kleines Festspielhaus

WOLFGANG AMADEUS MOZART

Così fan tutte
(in italienischer Sprache)

Dirigent: Seiji Ozawa
Inszenierung: Jean-Pierre Ponnelle
Bühnenbild: Jean-Pierre Ponnelle
Kostüme: Jean-Pierre Ponnelle
Die Wiener Philharmoniker
Chor der Wiener Staatsoper

Fiordiligi Anneliese Rothenberger
Dorabella Rosalind Elias
Guglielmo Tom Krause
Ferrando Lajos Kozma
Despina Teresa Stratas
Don Alfonso Walter Berry

17. August 75. Aufführung im Rahmen der Salzburger Festspiele

30. Juli, 4., 10., 17., 22. August
Kollegienkirche

EMILIO DE'CAVALIERI

Rappresentatione di Anima e di Corpo

Das Spiel von Seele und Körper (1600) in italienischer Sprache

Bearbeitung: Bernhard Paumgartner

Dirigent: Ernst Märzendorfer
Inszenierung: Herbert Graf
Bühnenbild: Veniero Colasanti / John Moore
Kostüme: Veniero Colasanti / John Moore
Choreographie: Kurt Jooss
Mitglieder des Mozarteum-Orchesters
Violengruppe und Ensemble Wolfgang von Karajan
Kammerchor der Salzburger Festspiele
Ballett der Salzburger Festspiele

Corpo Robert Kerns
Anima Suzanne Sarroca
Intelletto Hans Wegmann

Consiglio	Klaus Hirte
Tempo	José van Dam
Piacere	Ingrid Mayr
Due Compagni del Piacere	Jean van Ree Walter Raninger
Angelo custode	William Holley
Mondo	José van Dam
Vita mondana	Celestina Kegel-Casapietra
Anima beata	Gabriele Fuchs
Anima dannata	Albert Hartinger

31. Juli, 7., 12., 19., 24. August
Residenz

WOLFGANG AMADEUS MOZART

Bastien und Bastienne

Dirigent:	Leopold Hager
Inszenierung:	Ladislav Štros
Bühnenbild:	Ladislav Štros
Kostüme:	Marcel Pokorný

Das Mozarteum-Orchester

Bastienne	Ileana Cotrubas
Bastien	Thomas Lehrberger
Colas	Peter van der Bilt

GIOVANNI BATTISTA PERGOLESI

La Serva Padrona

(in italienischer Sprache)

Dirigent:	Leopold Hager
Inszenierung:	Ladislav Štros
Bühnenbild:	Ladislav Štros
Kostüme:	Marcel Pokorný

Das Mozarteum-Orchester

Serpina	Olivera Miljaković
Uberto	Carlos Feller
Vespone	Jaroslav Čejka Jürg Bauer 12. 8.

1., 4., 14., 18., 25., 29. August
Großes Festspielhaus

WOLFGANG AMADEUS MOZART

Don Giovanni

(in italienischer Sprache)

Inszenierung und musikal. Leitung:	Herbert von Karajan
Bühnenbild:	Günther Schneider-Siemssen
Kostüme:	Georges Wakhevitch
Choreographie:	Wazlaw Orlikowsky

Die Wiener Philharmoniker

Chor der Wiener Staatsoper

Ballett der Salzburger Festspiele

Don Giovanni	Nicolai Ghiaurov Tom Krause 29. 8.
Il Commendatore	Victor von Halem
Donna Anna	Gundula Janowitz
Don Ottavio	Alfredo Kraus
Donna Elvira	Teresa Zylis-Gara
Leporello	Geraint Evans
Masetto	Rolando Panerai
Zerlina	Mirella Freni 1.—25. 8. Olivera Miljaković 29. 8.

3., 8., 15., 19., 24. August
Kleines Festspielhaus

GIOACCHINO ROSSINI

Der Barbier von Sevilla

(in italienischer Sprache)

Dirigent:	Claudio Abbado
Inszenierung:	Jean-Pierre Ponnelle
Bühnenbild:	Jean-Pierre Ponnelle
Kostüme:	Jean-Pierre Ponnelle

Die Wiener Philharmoniker

Chor der Wiener Staatsoper

Graf Almaviva	Luigi Alva
Dr. Bartolo	Fernando Corena
Rosina	Malvina Major
Figaro	Robert Kerns
Basilio	Paolo Montarsolo
Fiorello	Herbert Lackner
Ambrogio	Hans Kraemmer
Berta	Stefania Malagu
Ein Offizier	Victor von Halem
Ein Notar	Richard Tomaselli

9., 13., 16., 28. August
Großes Festspielhaus

LUDWIG VAN BEETHOVEN

Fidelio

Dirigent:	Karl Böhm
Inszenierung:	Günther Rennert
Bühnenbild:	Rudolf Heinrich
Kostüme:	Rudolf Heinrich

Die Wiener Philharmoniker

Chor der Wiener Staatsoper

Kammerchor der Salzburger Festspiele

Don Fernando	Tom Krause
Don Pizarro	Ingvar Wixell
Florestan	James King
Leonore	Ingrid Bjoner
Rocco	Franz Crass
Marzelline	Edith Mathis
Jaquino	Donald Grobe
1. Gefangener	Jean van Ree
2. Gefangener	Klaus Hirte

ORCHESTERKONZERTE

27. Juli, 20 Uhr Mozarteum

Die Wiener Philharmoniker

Dirigent: Wolfgang Sawallisch
Soli: Reri Grist, Sopran; Alfred Prinz, Klarinette

W. A. MOZART:	Ouvertüre zu „Der Schauspieldirektor", KV 486 Konzert für Klarinette und Orchester A-Dur, KV 622 Arie: „No, no, che non sei capace", KV 419 Arie des Aminta „L'amerò, sarò costante" aus „Il Rè pastore", KV 208 Symphonie C-Dur, KV 425 „Linzer"

29. Juli, 20 Uhr Mozarteum

Die Wiener Philharmoniker

Dirigent: Christoph von Dohnányi
Solist: Alfred Brendel, Klavier

W. A. MOZART:	Symphonie (Ouvertüre) G-Dur, KV 318 Konzert für Klavier und Orchester F-Dur, KV 459 „Krönungskonzert" Symphonie g-Moll, KV 183

6. August, 20 Uhr Mozarteum

Die Wiener Philharmoniker

Dirigent: Karl Böhm
Soli: Wolfgang Schneiderhan, Violine; Rudolf Streng, Viola

W. A. MOZART:	Serenade D-Dur, KV 239 „Serenata notturna" Konzertante Symphonie für Violine, Viola und Orchester, Es-Dur, KV 364 Symphonie B-Dur, KV 319

10. August, 20.30 Uhr Großes Festspielhaus

Orchestre de Paris

Dirigent: Serge Baudo

C. FRANCK:	Symphonie d-Moll
CL. DEBUSSY:	Prélude à l'après midi d'un faune
M. RAVEL:	„Daphnis et Chloë", Suite Nr. 2

12. August, 20 Uhr Großes Festspielhaus

Orchestre de Paris

Dirigent: Seiji Ozawa
Solist: Werner Hollweg, Tenor
Konzertvereinigung Wiener Staatsopernchor
Kammerchor der Salzburger Festspiele

H. BERLIOZ:	Requiem, op. 5 (in memoriam Charles Munch)

13. August, 11 Uhr Kleines Festspielhaus

Die Wiener Philharmoniker

Dirigent: Eliahu Inbal
Solist: Bruno Leonard Gelber, Klavier

A. HONEGGER:	Symphonie Nr. 2, für Streicher und Trompete ad lib.
M. RAVEL:	Konzert für Klavier und Orchester G-Dur
A. DVOŘÁK:	Symphonie Nr. 9, e-Moll, op. 95 „Aus der Neuen Welt"

15. August, 20.30 Uhr Großes Festspielhaus

Orchestre de Paris

Dirigent: Herbert von Karajan
Solist: Mstislav Rostropovitsch, Violoncello

P.I. TSCHAIKOWSKIJ:	Variationen über ein Rokoko-Thema für Violoncello mit Orchester, op. 33
H. BERLIOZ:	Phantastische Symphonie in fünf Teilen, op. 14

17. August, 11 Uhr Großes Festspielhaus

Die Wiener Philharmoniker

Dirigent: Karl Böhm
Solistin: Christa Ludwig, Mezzosopran

L. v. BEETHOVEN:	Symphonie Nr. 4, B-Dur, op. 60
G. MAHLER:	Lieder eines fahrenden Gesellen
R. SCHUMANN:	Symphonie Nr. 4, d-Moll, op. 120

21. August, 20 Uhr Großes Festspielhaus

Die Wiener Philharmoniker

Dirigent: Claudio Abbado

Konzertvereinigung Wiener Staatsopernchor
Kammerchor der Salzburger Festspiele

I. STRAWINSKY:	Oedipus Rex, Oratorium	
	Oedipus	Lajos Kozma
	Jokaste	Věra Soukupová
	Kreon	Tom Krause
	Teiresias	Victor von Halem
	Hirte	Loren Driscoll
	Bote	Tom Krause
	Sprecher	Michael Heltau
J. BRAHMS:	Symphonie Nr. 1, c-Moll, op. 68	

24. August, 11 Uhr Großes Festspielhaus

Die Wiener Philharmoniker

Dirigent: George Szell
Solist: Emil Gilels, Klavier

L. v. BEETHOVEN:	Ouvertüre zu Goethes „Egmont", op. 84
	Konzert für Klavier und Orchester Nr. 3, c-Moll, op. 37
	Symphonie Nr. 5, c-Moll, op. 67

27. August, 20 Uhr Großes Festspielhaus

Die Wiener Philharmoniker

Dirigent: Herbert von Karajan

A. BRUCKNER:	Symphonie Nr. 5, B-Dur (Urfassung)

30. August, 11 Uhr Mozarteum[1]

Die Wiener Philharmoniker

Dirigent: Josef Krips
Solisten: Karl Mayrhofer, Oboe; Alfred Prinz, Klarinette; Roland Berger, Horn; Dietmar Zeman, Fagott

W. A. MOZART:	Symphonie D-Dur, KV 297
	Sinfonia concertante Es-Dur für Oboe, Klarinette, Horn, Fagott und Orchester, KV 297b
	Symphonie C-Dur, KV 551 „Jupiter"

SERENADEN

30. Juli, 21 Uhr Residenz

Ungarisches Kammerorchester

Dirigent: Vilmos Tátrai

W. A. MOZART:	Divertimento D-Dur, KV 136
	Marsch F-Dur, KV 248
	Divertimento F-Dur, KV 247
	Eine kleine Nachtmusik G-Dur, KV 525

2. August, 21 Uhr Residenz

I Virtuosi di Roma

Dirigent: Renato Fasano

G. PAISIELLO:	Concerto für Streicher, e-Moll
W. A. MOZART:	Divertimento B-Dur, KV 137
	Divertimento F-Dur, KV 138
A. VIVALDI:	„Die vier Jahreszeiten", op. 8 (Violinsoli: Cesare Ferraresi, Angelo Stefanato)

5. August, 21 Uhr Residenz

Harmonie der Tschechischen Philharmoniker

W. A. MOZART:	Zehn Stücke für Bläser und Pauken, KV 187
	Serenade Es-Dur, KV 375
	Divertimento C-Dur, KV 188
	Serenade c-Moll, KV 388

9. August, 21 Uhr Residenz

Das Mozarteum-Orchester

Dirigent: Theodor Guschlbauer

W. A. MOZART:	Ouvertüre und 3 Kontretänze, KV 106
	Cassation G-Dur, KV 63 (Violinsolo: Joseph Schröcksnadel)
	Marsch D-Dur, KV 189
	Serenade D-Dur, KV 185 (Violinsolo: Joseph Schröcksnadel)

15. August, 21 Uhr Residenz

Das Mozarteum-Orchester

Dirigent: Leopold Hager

W. A. MOZART:	Divertimento D-Dur, KV 251
	Sechs deutsche Tänze, KV 536
	Marsch D-Dur, KV 335/2
	Serenade D-Dur, KV 320 „Posthorn-Serenade" (Posthornsolo: August Nowicki)

18. August, 21 Uhr Residenz

Das Mozarteum-Orchester

Dirigent: Ernst Märzendorfer

W. A. MOZART:	Ouvertüre zu „Ascanio in Alba", KV 111
	Sechs deutsche Tänze, KV 567

Marsch D-Dur, KV 215
Serenade D-Dur, KV 100
(Oboensolo: Otfried Ruprecht; Hornsolo: Alois Aigner)

26. August, 21 Uhr Residenz

Das Mozarteum-Orchester

Dirigent: Ulrich Weder

W. A. MOZART:	Ouvertüre zu „Il Rè pastore", KV 208 Sechs deutsche Tänze, KV 571 Marsch D-Dur, KV 237 Serenade D-Dur, KV 203 (Violinsolo: Joseph Schröcksnadel)

MATINEEN

Werke von WOLFGANG AMADEUS MOZART

Dirigent: Bernhard Paumgartner

27. Juli, 11 Uhr Mozarteum

Soli: Werner Hollweg, Tenor; Alexander Jenner, Klavier

Camerata Academica Salzburg

Symphonie C-Dur, KV 128
Konzert für Klavier und Orchester F-Dur, KV 413
Rezitativ und Arie „Misero! o sogno!", KV 431
Arie „Per pietà, non ricercate", KV 420
Symphonie A-Dur, KV 201

3. August, 11 Uhr Mozarteum

Soli: Ingeborg Hallstein, Sopran; Alfred Brendel, Klavier

Camerata Academica Salzburg

Symphonie A-Dur, KV 134
Konzert für Klavier und Orchester Es-Dur, KV 482
Arie „Voi avete un cor fedele", KV 217
Arie „Vorrei spiegarvi, oh Dio", KV 418
Symphonie C-Dur, KV 338, mit Menuett C-Dur, KV 409

10. August, 11 Uhr Mozarteum

Soli: Herbert Lackner, Baß; Josef Sivo, Violine

Camerata Academica Salzburg

Symphonie F-Dur, KV 112
Konzert für Violine und Orchester B-Dur, KV 207
Rezitativ und Arie „Cosí dunque tradisci", KV 432
Arie „Mentre ti lascio, o figlia", KV 513
Symphonie D-Dur, KV 385 „Haffner"

15. August, 11 Uhr Mozarteum

Soli: Ileana Cotrubas, Sopran; Rudolf Klepač, Fagott; Paul Schilhawsky, Klavier

Camerata Academica Salzburg

Symphonie C-Dur, KV 96
Konzert für Fagott und Orchester B-Dur, KV 191
Rezitativ und Arie „Misera, dove son?", KV 369
Szene mit Rondo „Ch'io mi scordi di te" für Sopran mit obligatem Klavier und Orchester, KV 505
Symphonie D-Dur, KV 504 „Prager"

24. August, 11 Uhr Mozarteum

Soli: Ileana Cotrubas, Sopran; Walter Klien, Klavier

Das Mozarteum-Orchester

Symphonie A-Dur, KV 114
Konzert für Klavier und Orchester C-Dur, KV 467
Scena mit Rondo „Non più, tutto ascoltai", KV 490 (Violinsolo: Joseph Schröcksnadel)
Symphonie C-Dur, KV 200

KAMMERKONZERTE

28. Juli, 20 Uhr Mozarteum

Ungarisches Kammerorchester

Dirigent: Vilmos Tátrai

G. J. WERNER:	Zwei Präludien und Fugen aus: Sechs Fugen für Streichquartett, Nr. 3 und 6
W. F. BACH:	Konzert für Cembalo und Streicher c-Moll
G. F. HÄNDEL:	Concerto grosso D-Dur, op. 6, Nr. 5
J. CHRISTIAN BACH:	Konzert für Viola und Orchester, c-Moll
R. SUGÁR:	Divertimento für Streicher
G. ROSSINI:	III. Sonate für Streicher, C-Dur

31. Juli, 20 Uhr Mozarteum

I Virtuosi di Roma

Dirigent: Renato Fasano

A. CORELLI:	Concerto grosso D-Dur, op. 6, Nr. 4 (Violinsoli: Cesare Ferraresi, Giulio Franzetti)
A. VIVALDI:	Konzert für Oboe, Streicher und Cembalo a-Moll (F. VII/13) (Solist: Renato Zanfini) Konzert für Violine, Streicher und Cembalo a-Moll, op. IX/5 (F. I/53) (Solist: Angelo Stefanato) Konzert für vier Violinen, Violoncello, Streicher und Cembalo D-Dur, op. III/1 (F. IV/7) Konzert für vier Violinen, Streicher und Cembalo e-Moll, op. III/4 (F. I/174) Konzert für vier Violinen, Violoncello, Streicher und Cembalo F-Dur, op. III/7 (F. IV/9) Konzert für vier Violinen, Violoncello, Streicher und Cembalo h-Moll, op. III/10 (F. IV/10) (Solisten: Felix Ayò, Cesare Ferraresi, Giulio Franzetti, Giuseppe Prencipe, Angelo Stefanato)

3. August, 20 Uhr Mozarteum

Harmonie der Tschechischen Philharmoniker

T. SVOBODA:	Choral und Tanz für Blechbläserquintett
P. HINDEMITH:	Morgenmusik für Blechbläser
L. JANAČEK:	„Mládí" (Jugend) Capriccio für Klavier (linke Hand allein) und Blasinstrumente
I. STRAWINSKY:	Oktett für Blasinstrumente

18. August, 20 Uhr Mozarteum[1]

Weller-Quartett

W. A. MOZART: Streichquartett G-Dur, KV 156
Streichquartett G-Dur, KV 387
Streichquartett D-Dur, KV 575

LIEDERABENDE

30. Juli, 20 Uhr Mozarteum

Peter Schreier, Tenor

Am Flügel: Rudolf Dunkel
Lieder von Ludwig van Beethoven

5. August, 20 Uhr Mozarteum

Hermann Prey, Bariton

Dieser Liederabend konnte wegen Absage des Künstlers nicht stattfinden.

8. August, 20 Uhr Mozarteum

Walter Berry, Baß-Bariton

Am Flügel: Erik Werba
Lieder von R. Schumann und J. Brahms

11. August, 20 Uhr Mozarteum

Christa Ludwig, Mezzosopran

Am Flügel: Erik Werba
Lieder von R. Schumann

13. August, 20 Uhr Mozarteum

Nicolai Gedda, Tenor

Am Flügel: Erik Werba
Lieder von M. Glinka, J. Sibelius, E. Grieg, H. Alfvén, W. Peterson-Berger, M. Mussorgskij und P. I. Tschaikowskij

19. August, 20 Uhr Mozarteum

Anneliese Rothenberger, Sopran

Am Flügel: Günther Weissenborn
Lieder von Ch. W. Gluck, W. A. Mozart (KV 579, 523, 520, 433), J. Haydn, H. Wolf und J. Brahms

SOLISTENKONZERTE

7. August, 20 Uhr Mozarteum

Nikita Magaloff, Klavier

F. MENDELSSOHN-BARTHOLDY: Sonate B-Dur, op. 106
L. v. BEETHOVEN: Sonate f-Moll, op. 57 „Appassionata"
L. DALLAPICCOLA: Sonatina canonica in Es-Dur („Su Capricci di Niccolò Paganini")
M. RAVEL: Gaspard de la nuit (Ondine, Le Gibet, Scarbo)

9. August, 20 Uhr Mozarteum

Rudolf Firkušný, Klavier

W. A. MOZART: Sonate c-Moll, KV 457
R. SCHUMANN: Fantasie C-Dur, op. 17
A. DVOŘÁK: Tema con variazoni As-Dur, op. 36
F. SMETANA: Aus den „Böhmischen Tänzen"
Medvěd (Der Bär), II. Reihe, Nr. 4
Polka fis-Moll, I. Reihe, Nr. 1
Furiant, II. Reihe, Nr. 1

16. August, 20 Uhr Mozarteum

Bruno Leonard Gelber, Klavier

D. SCARLATTI: Drei Sonaten
No. 457, C-Dur
„Pastorale", e-Moll
„Capriccio", E-Dur
R. SCHUMANN: Etudes symphoniques en forme de Variations, op. 13
F. SCHUBERT: Wandererfantasie C-Dur, op. 15
F. CHOPIN: Grande Polonaise brillante précédée d'un Andante spianato, op. 22

17. August, 20 Uhr Mozarteum

Mstislav Rostropovitsch, Violoncello
Alexander Dedüchin, Klavier

L. v. BEETHOVEN: Sonate D-Dur, op. 102, Nr. 2
J. S. BACH: Suite Nr. 3, C-Dur, für Violoncello solo, BWV 1009
D. SCHOSTAKOWITSCH: Sonate d-Moll, op. 40

20. August, 20 Uhr Mozarteum

Emil Gilels, Klavier

C. M. v. WEBER: Große Sonate Nr. 2, As-Dur, op. 39
L. v. BEETHOVEN: 32 Variationen über ein eigenes Thema, c-Moll
S. PROKOFIEFF: Sonate Nr. 8, B-Dur, op. 84

KIRCHENKONZERT

9. August, 11 Uhr Erzabteikirche St. Peter[1]

Dirigent: Bernhard Paumgartner; Orgel: Robert Kuppelwieser
Soli: Ileana Cotrubas, Margret Nessel, Sopran; George Maran, Tenor; Walter Raninger, Baß
Das Mozarteum-Orchester — Der Salzburger Rundfunk- und Mozarteum-Chor

W. A. MOZART: c-Moll-Messe, KV 427
Ave verum, KV 618

1970

26. Juli—30. August

SCHAUSPIEL

26. Juli, 2., 9., 15., 16., 23., 30. August
Domplatz / Großes Festspielhaus

HUGO VON HOFMANNSTHAL

Jedermann

Regie:	Leopold Lindtberg
Ausstattung:	Rudolf Heinrich
Musik:	Paul Angerer
Dirigent:	Ernst Hinreiner
Choreographie:	Dick Price
Orgel:	Oskar Peter

Das Mozarteum-Orchester
Salzburger Rundfunk- und Mozarteum-Chor

Gott der Herr	Ewald Balser
Tod	Peter Arens
Jedermann	Ernst Schröder
Jedermanns Mutter	Liselotte Schreiner
Guter Gesell	Kurt Heintel
Hausvogt	Karl Blühm
Koch	Friedemann Held
Armer Nachbar	Hanns Obonya
Schuldknecht	Edd Stavjanik
Schuldknechts Weib	Eva Servaes
Buhlschaft	Christiane Hörbiger
Dicker Vetter	Max Mairich
Dünner Vetter	Heinz Petters
Mammon	Heinrich Schweiger
Gute Werke	Gisela Mattishent
Glaube	Sonja Sutter
Teufel	Heinz Reincke
Mönch	Hans Gratzer

29. Juli, 4., 8., 14., 19., 24. August
Landestheater

WILLIAM SHAKESPEARE

Hamlet

Regie:	Oskar Werner
Bühnenbild:	Rolf Christiansen
Kostüme:	Erni Kniepert
Musik:	Wilhelm Keller

Claudius	Ewald Balser
Hamlet	Oskar Werner
Polonius	Fred Liewehr
Horatio	Achim Benning
Laertes	Matthias Fuchs
Rosenkranz	Peter Matić
Güldenstern	Karl-Heinz Windhorst
Osrick	Erland Erlandsen
Marcellus	Otto Kerry
Bernardo	Hanns Obonya
Francisco	Branko Samarovski
Priester	Ernst Bruderer
Geist von Hamlets Vater	Gert Westphal
1. Schauspieler	Gert Westphal
2. Schauspieler	Florian Liewehr
1. Totengräber	Ernst Waldbrunn
2. Totengräber	Branko Samarovski
Gertrude	Antje Weisgerber
Ophelia	Christiane Schröder
Königin im Schauspiel	Maria Martina

13., 17., 20., 23., 26., 29. August
Landestheater

ARTHUR SCHNITZLER

Zum großen Wurstel

Regie:	Oscar Fritz Schuh
Bühnenbild:	Rudolf Heinrich
Kostüme:	Rudolf Heinrich
Musik:	Eckart Ihlenfeld
Pantomime:	Rolf Scharre

Direktor	Hans Putz
Dichter	Curth A. Tichy
Wohlwollender	Karl Merkatz
Bissiger	Fritz Holzer
Naiver	Oskar Wegrostek
Bürger	Heinz Rohn
Seine Frau	Lia Lange
Seine Töchter	Eva Fichte / Anna Schenk
1. Skandalmacher	Friedrich Jores
2. Skandalmacher	Oskar Reinhardt
Ringkämpfer	Ludwig Mikura
Herr im Parkett	Peter Ertelt
Unbekannter	Romuald Pekny

Personen des Marionettentheaters:

Herzog von Lawin	Kurt Heintel
Herzogin	Louise Martini
Held dieses Stückes	Klaus Maria Brandauer
Trauriger Freund	Hans Gratzer
Heiterer Freund	Axel Klingenberg
Liesl	Gabriele Buch
Düsterer Kanzlist	Hanns Obonya
Vetter Brackenburgs	Jörg Liebenfels
Räsoneur	Tom Krinzinger
Diener	Erich Langwiesner
Tod	Edd Stavjanik

ÖDÖN VON HORVÁTH

Figaro läßt sich scheiden

Regie:	Oscar Fritz Schuh
Bühnenbild:	Rudolf Heinrich
Kostüme:	Rudolf Heinrich
Musik:	Eckart Ihlenfeld

Graf Almaviva	Axel von Ambesser
Gräfin	Vilma Degischer
Figaro	Romuald Pekny
Susanne	Elfriede Ott
Grenzbeamte	Fritz Holzer / Curth A. Tichy / Axel Klingenberg / Hans Gratzer
Offizier	Jörg Liebenfels
Arzt	Friedrich Jores
Forstadjunkt	Karl Merkatz
Hebamme	Lia Lange
Hauptlehrer	Fritz Marek
Magd	Eva Fichte
Antonio	Hanns Obonya
Fanchette	Louise Martini
Pedrillo	Oskar Wegrostek
Wachtmeister	Tom Krinzinger
Cherubin	Heinrich Schweiger
Gast	Curth A. Tichy
Kommissar	Heinz Rohn

21., 25., 27., 30. August
Landestheater

SAMUEL BECKETT

Warten auf Godot

Regie:	Otomar Krejča
Bühnenbild:	Josef Svoboda
Kostüme:	Jan Skalický

Estragon	Kurt Sowinetz
Wladimir	Siegfried Lowitz
Lucky	Bernhard Wicki
Pozzo	Ullrich Haupt
Ein Junge	Hermann Scheidleder

GOETHE-MATINEE

1. August, 11 Uhr Mozarteum

Will Quadflieg

spricht Dichtungen von

JOHANN WOLFGANG VON GOETHE

REZITATIONSABEND

22. August, 20 Uhr Mozarteum

Oskar Werner

spricht Dichtungen von
Johann Wolfgang von Goethe, Friedrich von Schiller, Josef Weinheber

OPER

26., 30. Juli, 8., 16., 21. August
Felsenreitschule

LUDWIG VAN BEETHOVEN

Fidelio

Dirigent:	Karl Böhm
Inszenierung:	Günther Rennert
Bühnenbild:	Rudolf Heinrich
Kostüme:	Rudolf Heinrich

Die Wiener Philharmoniker
Chor der Wiener Staatsoper
Kammerchor der Salzburger Festspiele

Don Fernando	Tom Krause
Don Pizarro	Theo Adam
	26., 30. 7., 21. 8.
	Franz Mazura
	8., 16. 8.
Florestan	James King
Leonore	Ingrid Bjoner
Rocco	Franz Crass
Marzelline	Edith Mathis
Jaquino	Donald Grobe
1. Gefangener	Jean van Ree
2. Gefangener	Klaus Hirte

27. Juli, 11., 28. August
Großes Festspielhaus

WOLFGANG AMADEUS MOZART

Don Giovanni

(in italienischer Sprache)

Musikal. Leitung und Inszenierung:	Herbert von Karajan
Bühnenbild:	Günther Schneider-Siemssen
Kostüme:	Georges Wakhevitch
Choreographie:	Wazlaw Orlikowsky

Die Wiener Philharmoniker
Chor der Wiener Staatsoper
Ballett der Salzburger Festspiele

Don Giovanni	Nicolai Ghiaurov
	Tom Krause
	11., 28. 8.
Il Commendatore	Victor von Halem
Donna Anna	Gundula Janowitz
Don Ottavio	Stuart Burrows
Donna Elvira	Teresa Zylis-Gara
Leporello	Geraint Evans
Masetto	Rolando Panerai
Zerlina	Olivera Miljaković

27. Juli, 4., 11., 20., 24. August
Kollegienkirche

EMILIO DE'CAVALIERI

Rappresentatione di Anima e di Corpo

Das Spiel von Seele und Körper
(1600) in italienischer Sprache
Bearbeitung: Bernhard Paumgartner

Dirigent:	Ernst Märzendorfer
Inszenierung:	Herbert Graf
Bühnenbild:	Veniero Colasanti / John Moore
Kostüme:	Veniero Colasanti / John Moore
Choreographie:	Kurt Jooss

Mitglieder des Mozarteum-Orchesters
Violengruppe und Ensemble Wolfgang von Karajan
Kammerchor der Salzburger Festspiele
Ballett der Salzburger Festspiele

Corpo	Robert Kerns
Anima	Suzanne Sarroca
Intelletto	Hans Wegmann
Consiglio	Klaus Hirte
Tempo	José van Dam
Piacere	Ingrid Mayr
Due Compagni del Piacere	Jean van Ree Walter Raninger
Angelo custode	William Holley
Mondo	José van Dam
Vita mondana	Celestina Kegel-Casapietra
Anima beata	Gabriele Fuchs
Anima dannata	Albert Hartinger

28. Juli, 7., 15., 27. August
Kleines Festspielhaus

WOLFGANG AMADEUS MOZART

Così fan tutte

(in italienischer Sprache)

Dirigent:	Seiji Ozawa
Inszenierung:	Jean-Pierre Ponnelle
Bühnenbild:	Jean-Pierre Ponnelle
Kostüme:	Jean-Pierre Ponnelle

Die Wiener Philharmoniker
Chor der Wiener Staatsoper

Fiordiligi	Anneliese Rothenberger 28. 7., 15. 8.
	Elizabeth Harwood 7., 27. 8.
Dorabella	Rosalind Elias
Guglielmo	Tom Krause
Ferrando	Luigi Alva
Despina	Teresa Stratas
Don Alfonso	Walter Berry

1., 14., 22. August
Großes Festspielhaus

WOLFGANG AMADEUS MOZART

Die Zauberflöte

Dirigent:	Wolfgang Sawallisch
Inszenierung:	Oscar Fritz Schuh
Bühnenbild:	Teo Otto
Kostüme:	Teo Otto

Die Wiener Philharmoniker
Chor der Wiener Staatsoper

Sarastro	Kurt Moll
Tamino	Peter Schreier
Sprecher	Otto Wiener
1. Priester	Jörg Liebenfels
2. Priester	Fritz Holzer
Königin der Nacht	Sylvia Geszty
	Arleen Auger 14., 22. 8.
Pamina	Helen Donath
1. Dame	Leonore Kirschstein
2. Dame	Ilse Gramatzki
3. Dame	Marga Schiml
Papageno	Hermann Prey
Papagena	Carol Malone
Monostatos	Gerhard Unger
1. Knabe	Monique Lobasà
2. Knabe	Nassrin Azarmi
3. Knabe	Hanna-Rose Wald
1. Geharnischter	William Holley
2. Geharnischter	Victor von Halem

2., 9., 17., 30. August
Kleines Festspielhaus

WOLFGANG AMADEUS MOZART

Le Nozze di Figaro

(in italienischer Sprache)

Dirigent:	Karl Böhm
Inszenierung:	Günther Rennert
Bühnenbild:	Rudolf Heinrich
Kostüme:	Rudolf Heinrich

Die Wiener Philharmoniker
Chor der Wiener Staatsoper

Graf Almaviva	Robert Kerns
	Victor Braun 9.
Gräfin	Gundula Janowitz
Susanna	Reri Grist
Figaro	Geraint Evans
Basilio	David Thaw
Bartolo	Zoltan Kelemen
Marcellina	Margarethe Bence
Cherubino	Edith Mathis
Antonio	Klaus Hirte
Barbarina	Kari Lövaas
Curzio	Alfred Pfeifle
Brautjungfern	Gabriele Fuchs Gunda Spiluttini

3., 7., 14., 19., 23. August
Residenz

WOLFGANG AMADEUS MOZART

Bastien und Bastienne

Dirigent:	Leopold Hager
Inszenierung:	Ladislav Štros
Bühnenbild:	Ladislav Štros
Kostüme:	Marcel Pokorný

Das Mozarteum-Orchester

Bastienne	Ileana Cotrubas
Bastien	Agnes Baltsa
Colas	Herbert Lackner

GIOVANNI BATTISTA PERGOLESI

La Serva Padrona

(in italienischer Sprache)

Dirigent:	Leopold Hager
Inszenierung:	Ladislav Štros
Bühnenbild:	Ladislav Štros
Kostüme:	Marcel Pokorný

Das Mozarteum-Orchester

Serpina	Olivera Miljaković
Uberto	Enrico Fissore
Vespone	Jaroslav Čejka

6., 12., 20., 24. August
Kleines Festspielhaus

WOLFGANG AMADEUS MOZART

Die Entführung aus dem Serail

Dirigent:	Zubin Mehta
Inszenierung:	Giorgio Strehler
Bühnenbild:	Luciano Damiani
Kostüme:	Luciano Damiani

Die Wiener Philharmoniker
Chor der Wiener Staatsoper

Selim, Bassa	Michael Heltau
Konstanze	Anneliese Rothenberger Elizabeth Harwood 20., 24.
Blondchen	Reri Grist
Belmonte	Werner Hollweg
Pedrillo	Gerhard Unger
Osmin	Spiro Malas

12. August 75. Aufführung im Rahmen der Salzburger Festspiele

10., 13., 18., 25., 29. August
Großes Festspielhaus

GIUSEPPE VERDI

Othello

(in italienischer Sprache)

Musikal. Leitung und Inszenierung:	Herbert von Karajan
Bühnenbild:	Günther Schneider-Siemssen
Kostüme:	Georges Wakhevitch

Die Wiener Philharmoniker
Chor der Wiener Staatsoper
Kammerchor der Salzburger Festspiele

Othello	Jon Vickers Charles Craig 18.
Jago	Peter Glossop
Cassio	Ryland Davies
Rodrigo	Hans Wegmann
Lodovico	Luigi Roni
Montano	Siegfried R. Frese
Herold	Victor von Halem
Desdemona	Mirella Freni
Emilia	Stefania Malagu

ORCHESTERKONZERTE

29. Juli, 20 Uhr Felsenreitschule

Die Wiener Philharmoniker

Dirigent: Zubin Mehta

L. v. BEETHOVEN:	Ouvertüre zu Goethes „Egmont", op. 84 Symphonie Nr. 2, D-Dur, op. 36
I. STRAWINSKY:	„Le Sacre du Printemps"

2. August, 20.30 Uhr Großes Festspielhaus

Das Berliner Philharmonische Orchester

Dirigent: Seiji Ozawa
Solist: Henryk Szeryng, Violine

F. MENDELSSOHN BARTHOLDY:	Ouvertüre „Die Hebriden", op. 26
B. BARTÓK:	Konzert für Violine und Orchester (1938)
L. v. BEETHOVEN:	Symphonie Nr. 7, A-Dur, op. 92

3. August, 20 Uhr Mozarteum[1]

Die Wiener Philharmoniker

Dirigent: Rafael Kubelik

W. A. MOZART:	Symphonie g-Moll, KV 183 Symphonie D-Dur, KV 504 „Prager" Symphonie g-Moll, KV 550

5. August, 20 Uhr Felsenreitschule

Das Berliner Philharmonische Orchester

Dirigent: Carlo Maria Giulini

G. ROSSINI:	Ouvertüre zu „Semiramide"
F. SCHUBERT:	Symphonie Nr. 4, c-Moll, „Tragische"
C. FRANCK:	„Psyché et Éros" (4. Satz aus „Psyché")
CL. DEBUSSY:	La Mer

9. August, 20.30 Uhr Großes Festspielhaus

Das Berliner Philharmonische Orchester

Dirigent: Herbert von Karajan
Solist: Christoph Eschenbach, Klavier

R. SCHUMANN:	Konzert für Klavier und Orchester a-Moll, op. 54
J. BRAHMS:	Symphonie Nr. 1, c-Moll, op. 68

Programmänderung wegen plötzlicher Erkrankung von Rafael Kubelik

12. August, 20 Uhr Großes Festspielhaus

Das Berliner Philharmonische Orchester

Dirigent: Herbert von Karajan
Solisten: Lothar Koch, Oboe; Karl Leister, Klarinette; Gerd Seifert, Horn; Günter Piesk, Fagott

W. A. MOZART:	Sinfonia concertante Es-Dur, für Oboe, Klarinette, Horn, Fagott und Orchester, KV 297b
R. STRAUSS:	„Also sprach Zarathustra", op. 30 (Orgel: Wolfgang Meyer)

15. August, 20.30 Uhr Großes Festspielhaus

Das Berliner Philharmonische Orchester

Dirigent: Karl Böhm
Solist: Emil Gilels, Klavier

W. A. MOZART:	Symphonie C-Dur, KV 200 Konzert für Klavier und Orchester B-Dur, KV 595
J. BRAHMS:	Symphonie Nr. 2, D-Dur, op. 73

16. August, 11 Uhr Kleines Festspielhaus

Die Wiener Philharmoniker

Dirigent: Kurt Masur
Solist: Young Uck Kim, Violine

G. TITTEL:	Konzert für zwei Streichergruppen, Klavier, Pauken, Schlagzeug und Baß (Josef Wallnig, Klavier)
W. A. MOZART:	Konzert für Violine und Orchester A-Dur, KV 219
L. v. BEETHOVEN:	Symphonie Nr. 8, F-Dur, op. 93

18. August, 20 Uhr Kleines Festspielhaus

ORF-Symphonieorchester

Dirigent: Reinhard Peters
Solistin: Reri Grist, Sopran

F. CERHA:	Spiegel I & VI
A. WEBERN:	Fünf Sätze für Streichorchester (1930) Bearbeitung des Streichquartetts op. 5 Vier Lieder, op. 13 Drei Lieder, op. posth.
G. LIGETI:	Apparitions für Orchester
P. BOULEZ:	„Figures · Doubles · Prismes" pour orchestre

19. August, 20 Uhr Großes Festspielhaus

Die Wiener Philharmoniker

Dirigent: Rafael Kubelik
Soli: Helen Donath, Sopran; Rosalind Elias, Alt; Peter Schreier, Tenor; Walter Berry, Baß
Konzertvereinigung Wiener Staatsopernchor

W. A. MOZART:	Maurerische Trauermusik c-Moll, KV 477 (in memoriam George Szell)

L. v. BEETHOVEN:	Symphonie Nr. 9, d-Moll, op. 125, mit Schlußchor über Schillers Ode „An die Freude“

21. August, 20.30 Uhr Dom

ORF-Symphonieorchester

Dirigent: Milan Horvat
Soli: Stefania Woytowicz, Sopran; Andrzej Hiolski, Bariton; Bernhard Ladysz, Baß; Hans Christian, Sprecher
ORF-Chöre, Wien und Salzburg
Die Wiener Sängerknaben

K. PENDERECKI:	Passio et mors domini nostri Jesu Christi secundum Lucam

23. August, 20.30 Uhr Großes Festspielhaus

Die Wiener Philharmoniker

Dirigent: Karl Böhm

L. v. BEETHOVEN:	Symphonie Nr. 6, F-Dur, op. 68 „Pastorale“
R. STRAUSS:	„Ein Heldenleben“, op. 40 (Violinsolo: Josef Sivo)

26. August, 20 Uhr Großes Festspielhaus

Die Wiener Philharmoniker

Dirigent: Herbert von Karajan
Soli: Gundula Janowitz, Sopran; Christa Ludwig, Alt; Carlo Bergonzi, Tenor; Ruggero Raimondi, Baß
Singverein der Gesellschaft der Musikfreunde Wien

G. VERDI:	Messa da Requiem

30. August, 11 Uhr Großes Festspielhaus

Die Wiener Philharmoniker

Dirigent: Claudio Abbado
Solist: Friedrich Gulda, Klavier

W. A. MOZART:	Konzert für Klavier und Orchester d-Moll, KV 466
A. BRUCKNER:	Symphonie Nr. 1, c-Moll (Linzer Fassung)

SERENADEN

29. Juli, 20.30 Uhr Residenz

Tschechisches Nonett

W. A. MOZART	Flötenquartett A-Dur, KV 298
	Divertimento D-Dur, KV 251
F. SCHUBERT:	Oktett F-Dur, op. 166, D 803

31. Juli, 20.30 Uhr Residenz

Philharmonische Solisten Berlin

W. A. MOZART	Flötenquartett C-Dur, KV 285b
	Klarinettenquintett A-Dur, KV 581 „Stadler-Quintett“
	Oboenquartett F-Dur, KV 370
	Flötenquartett D-Dur, KV 285

4. August, 20.30 Uhr Residenz

Zagreber Solisten

(Radio-Television Zagreb)

W. A. MOZART	Divertimento F-Dur, KV 138
A. VIVALDI:	„Die vier Jahreszeiten“, op. 8 (Violinsoli: Branko Košir, Augustin Detić, Tonko Ninić, Dragutin Hrdjok)
W. A. MOZART	Divertimento D-Dur, KV 136

6. August, 20.30 Uhr Residenz

Salzburger Bläser-Kammermusikvereinigung

Leitung: Rudolf Klepac

W. A. MOZART	Divertimento Es-Dur, KV 289
J. HAYDN:	Partita B-Dur (mit dem Chorale St. Antoni), Hob. II/46
W. A. MOZART	Serenade c-Moll, KV 388

17. August, 20.30 Uhr Residenz

Das Mozarteum-Orchester

Dirigent: Bernhard Conz

W. A. MOZART	Divertimento Es-Dur, KV 113
	Sechs deutsche Tänze, KV 600
	Divertimento D-Dur, KV 131

22. August, 20.30 Uhr Residenz

Das Mozarteum-Orchester

Dirigent: Leopold Hager

W. A. MOZART	Sechs deutsche Tänze, KV 509
	Marsch D-Dur, KV 189
	Serenade D-Dur, KV 185 (Violinsolo: Joseph Schröcksnadel)
	Kontretanz „Das Donnerwetter“ D-Dur, KV 534
	Kontretanz „La Bataille“ C-Dur, KV 535

26. August, 20.30 Uhr Residenz

Das Mozarteum-Orchester

Dirigent: Ulrich Weder

W. A. MOZART	Marsch D-Dur, KV 215
	Serenade D-Dur, KV 204 (Violinsolo: Joseph Schröcksnadel)
	Eine kleine Nachtmusik G-Dur, KV 525

28. August, 20.30 Uhr Residenz

Das Mozarteum-Orchester

Dirigent: Theodor Guschlbauer

W. A. MOZART	Serenade D-Dur, KV 239 „Serenata notturna“
	Serenade (Contredanse) F-Dur, KV 101
	Marsch D-Dur, KV 237
	Serenade D-Dur, KV 203 (Violinsolo: Joseph Schröcksnadel)

MATINEEN

Werke von WOLFGANG AMADEUS MOZART
Dirigent: Bernhard Paumgartner

2. August, 11 Uhr Mozarteum

Soli: José van Dam, Baß; Friedrich Wührer, Klavier
Camerata Academica Salzburg

Symphonie B-Dur, KV 22
Konzert für Klavier und Orchester G-Dur, KV 453
Arie „Mentre ti lascio, o figlia“, KV 513
Ariette „Un bacio di mano“, KV 541
Symphonie D-Dur, KV 297

9. August, 11 Uhr Mozarteum

Soli: Sylvia Geszty, Sopran; Walter Klien, Klavier
Camerata Academica Salzburg

Symphonie Es-Dur, KV 16

Konzert für Klavier und Orchester F-Dur, KV 459
Szene und Rondo „Mia speranza adorata", KV 416
Arie „Fra cento affanni", KV 88
Symphonie B-Dur, KV 319

15. August, 11 Uhr Mozarteum
Soli: Ileana Cotrubas, Sopran; Karlheinz Zöller, Flöte
Camerata Academica Salzburg

Symphonie B-Dur, KV 182
Konzert für Flöte und Orchester D-Dur, KV 314
Rezitativ und Arie „Basta vincesti", KV 486a
Arie „Voi avete un cor fedele", KV 217
Symphonie D-Dur, KV 202

23. August, 11 Uhr Mozarteum
Soli: Stefania Malagu, Mezzosopran; Michel Schwalbé, Violine
Camerata Academica Salzburg

Symphonie D-Dur, KV 48
Konzert für Violine und Orchester G-Dur, KV 216
Arie des Ascanio „Ah, di sì nobil alma", KV 111, Nr. 16
Arie des Sesto „Deh, per questo istante solo", KV 621, Nr. 19
Symphonie C-Dur, KV 425 „Linzer"

29. August, 11 Uhr Mozarteum
Soli: Helen Donath, Sopran; André Lardrot, Oboe
Das Mozarteum-Orchester

Symphonie F-Dur, KV 76
Konzert für Oboe und Orchester C-Dur, KV 314
Divertimento F-Dur, KV 138
(an Stelle der Arien KV 582 und KV 490, die wegen Erkrankung von Helen Donath entfallen mußten)
Symphonie D-Dur, KV 385 „Haffner"

KAMMERKONZERTE

27. Juli, 20 Uhr Mozarteum

Tschechisches Nonett

A. WRANITZKY:	Oboenquintett g-Moll
B. MARTINŮ:	Nonett (1959)
L. SPOHR:	Nonett F-Dur, op. 31

29. Juli, 20 Uhr Mozarteum

Philharmonische Solisten Berlin

G. PH. TELEMANN:	Sonate d-Moll (Trio XI aus den „Essercizii Musici")
W. F. BACH:	Duett f-Moll
J. S. BACH:	Sonate h-Moll, BWV 1030
A. BESOZZI:	Sonate D-Dur
L. BOCCHERINI:	Sonate A-Dur
J. CHR. F. BACH:	Sonate C-Dur

2. August, 20 Uhr Mozarteum

Zagreber Solisten
(Radio-Television Zagreb)

A. CORELLI:	Concerto grosso D-Dur, op. VI/4
J. S. BACH:	Konzert d-Moll für zwei Violinen und Streicher, BWV 1043 (Soli: Tonko Ninić, Augustin Detić)
A. VIVALDI:	Konzert für Fagott und Orchester B-Dur, „La Notte", RV 501 (Solo: Rudolf Klepac)
B. MARTINŮ:	Sextett für Streicher
M. KELEMEN:	Surprise (Dirigent: Daniel Thune)
G. ROSSINI:	III. Sonate für Streicher, C-Dur

16. August, 20 Uhr Mozarteum[1]

Juilliard String Quartet

W. A. MOZART:	Streichquartett A-Dur, KV 464 „Paukenquartett" Streichquartett B-Dur, KV 458 „Jagdquartett" Streichquartett C-Dur, KV 465 „Dissonanzenquartett"

LIEDERABENDE

30. Juli, 20 Uhr Mozarteum

Dietrich Fischer-Dieskau, Bariton
Am Flügel: Sviatoslav Richter
J. Brahms: „Die schöne Magelone", op. 33

5. August, 20 Uhr Mozarteum

Teresa Zylis-Gara, Sopran
Am Flügel: Erik Werba
K. Szymanowski: Triptychon
A. Dvořák: Zigeunermelodien, op. 55
Lieder von M. Glinka, P. I. Tschaikowskij, N. Rimskij-Korsakow und S. Rachmaninow

8. August, 20 Uhr Mozarteum

Hermann Prey, Bariton
Am Flügel: Wolfgang Sawallisch
Lieder von H. Pfitzner und R. Strauss

10. August, 20 Uhr Mozarteum

Tom Krause, Bariton
Am Flügel: Irwin Gage
Lieder von F. Schubert und J. Sibelius
R. Schumann: Liederkreis, op. 39
M. Mussorgskij: Lieder und Tänze des Todes (1875)

12. August, 20 Uhr Mozarteum

Peter Schreier, Tenor
Am Flügel: Erik Werba
F. Schubert: „Die schöne Müllerin", op. 25

15. August, 20 Uhr Mozarteum

Gundula Janowitz, Sopran
Am Flügel: Irwin Gage
P. Hindemith: „Das Marienleben", op. 27, 1922/23, Neufassung 1948

20. August, 20 Uhr Mozarteum

Christa Ludwig, Sopran
Am Flügel: Erik Werba
Lieder von H. Wolf und F. Schubert

SOLISTENKONZERTE

28. Juli, 20 Uhr Mozarteum

Daniel Barenboim, Klavier

L. v. BEETHOVEN:	Sonate D-Dur, op. 10, Nr. 3
	Sonate C-Dur, op. 53
	Sonate c-Moll, op. 111

31. Juli, 20 Uhr Mozarteum

Pinchas Zukerman, Violine; Justus Frantz, Klavier

W. A. MOZART:	Sonate Es-Dur, KV 481
L. v. BEETHOVEN:	Sonate c-Moll, op. 30, Nr. 2
C. FRANCK:	Sonate A-Dur

4. August, 20 Uhr Mozarteum

Henryk Szeryng, Violine; Ingrid Haebler, Klavier

W. A. MOZART:	Sonate F-Dur, KV 377
	Sonate B-Dur, KV 454
	Sonate A-Dur, KV 526

6. August, 20 Uhr Mozarteum

Géza Anda, Klavier

R. SCHUMANN:	Davidsbündlertänze, op. 6
L. v. BEETHOVEN:	33 Veränderungen über einen Walzer von A. Diabelli, op. 120

11. August, 20 Uhr Mozarteum

Young Uck Kim, Violine;
Christoph Eschenbach, Klavier

W. A. MOZART:	Sonate D-Dur, KV 306
J. BRAHMS:	Sonate G-Dur, op. 78 „Regensonate“
A. WEBERN:	Vier Stücke, op. 7
L. v. BEETHOVEN:	Sonate A-Dur, op. 47 „Kreutzersonate“

14. August, 20 Uhr Mozarteum

Tamas Vasary, Klavier

L. v. BEETHOVEN:	Sonate B-Dur, op. 106
J. S. BACH:	Aria mit 30 Veränderungen (Klavierübung Teil IV) „Goldberg-Variationen“

18. August, 20 Uhr Mozarteum

Emil Gilels, Klavier

F. SCHUBERT:	Sonate a-Moll, op. 143, D 784
	Moments musicaux, op. 94, D 780
F. LISZT:	Sonate h-Moll

KIRCHENKONZERTE

1. August, 20.30 Uhr Kollegienkirche

Dirigent: Karl Richter
Soli: Edda Moser, Sopran; Hertha Töpper, Alt; Eric Tappy, Tenor; Siegmund Nimsgern, Baß
Münchener Bach-Orchester
Münchener Bach-Chor

J. S. BACH:	Magnificat D-Dur
F. SCHUBERT:	Messe in As-Dur

12. August, 20.30 Uhr Kollegienkirche

Dirigent: Bernhard Paumgartner
Soli: Gabriele Fuchs, Sopran; Ingrid Mayr, Alt; Hans Wegmann, Tenor; Walter Raninger, Baß
Das Mozarteum-Orchester — Kammerchor der Salzburger Festspiele

W. A. MOZART:	Vesperae solennes de confessore, KV 339
	Missa C-Dur, KV 317 „Krönungsmesse“

8. August, 11 Uhr Erzabteikirche St. Peter[1]

Dirigent: Bernhard Paumgartner; Orgel: Robert Kuppelwieser
Soli: Ileana Cotrubas, Reingard Didusch, George Maran, Walter Raninger
Das Mozarteum-Orchester — Der Salzburger Rundfunk- und Mozarteum-Chor

W. A. MOZART:	c-Moll-Messe, KV 427
	Ave verum, KV 618

1971

25. Juli—30. August

SCHAUSPIEL

25. Juli, 1., 8., 15., 22., 29. August
Domplatz / Großes Festspielhaus

HUGO VON HOFMANNSTHAL

Jedermann

Regie:	Leopold Lindtberg
Ausstattung:	Rudolf Heinrich
Musik:	Paul Angerer
Dirigent:	Ernst Hinreiner
Choreographie:	Dick Price
Orgel:	Oskar Peter

Das Mozarteum-Orchester
Salzburger Rundfunk- und Mozarteum-Chor

Gott der Herr	Ewald Balser
Tod	Peter Arens
Jedermann	Ernst Schröder
Jedermanns Mutter	Liselotte Schreiner
Guter Gesell	Kurt Heintel
Hausvogt	Karl Blühm
Koch	Friedemann Held
Armer Nachbar	Hanns Obonya
Schuldknecht	Edd Stavjanik
Schuldknechts Weib	Eva Servaes
Buhlschaft	Christiane Hörbiger
Dicker Vetter	Max Mairich
Dünner Vetter	Heinz Petters
Mammon	Heinrich Schweiger
Gute Werke	Gisela Mattishent
Glaube	Sonja Sutter
Teufel	Heinz Reincke
Mönch	Hans Gratzer

22. August 275. Aufführung im Rahmen der Salzburger Festspiele

25., 30. Juli, 8., 13., 18., 27. August
Kleines Festspielhaus

HUGO VON HOFMANNSTHAL

Der Unbestechliche

Regie:	Gustav Manker
Bühnenbild:	Otto Niedermoser
Kostüme:	Maxi Tschunko
Baronin	Helene Thimig
Jaromir	Michael Heltau
Anna	Johanna Matz
Melanie Galattis	Blanche Aubry
Marie Am Rain	Maresa Hörbiger
General	Egon Jordan
Theodor	Romuald Pekny
Hermine	Vera Borek
Der kleine Jaromir	kl. Alexander Pitamic
Beschließerin	Roswitha Posselt

Jungfer	Ulli Fessl
Kutscher	Richard Tomaselli
Küchenmädchen	Eva Fichte
Gärtner	Adolf Lukan

OPER

25. Juli, 2., 8., 14., 24. August
Kollegienkirche

EMILIO DE'CAVALIERI

Rappresentatione di Anima e di Corpo

Das Spiel von Seele und Körper (1600) in italienischer Sprache

Bearbeitung: Bernhard Paumgartner

Dirigent:	Ernst Märzendorfer
Inszenierung:	Herbert Graf
Bühnenbild:	Veniero Colasanti / John Moore
Kostüme:	Veniero Colasanti / John Moore
Choreographie:	Kurt Jooss

Mitglieder des Mozarteum-Orchesters
Violengruppe und Ensemble Wolfgang von Karajan
Kammerchor der Salzburger Festspiele
Ballett der Salzburger Festspiele

Corpo	Robert Kerns
Anima	Suzanne Sarroca
Intelletto	Hans Wegmann
Consiglio	Helge von Bömches
Tempo	José van Dam
Piacere	Joanna Simon
Due Compagni del Piacere	Jean van Ree Walter Raninger
Angelo custode	William Holley
Mondo	José van Dam
Vita mondana	Celestina Kegel-Casapietra
Anima beata	Gabriele Fuchs
Anima dannata	Albert Hartinger

26., 31. Juli, 4., 6., 9., 23. August
Felsenreitschule

CLAUDIO MONTEVERDI

L'Orfeo

(in italienischer Sprache)
Freie Neufassung für die Salzburger Festspiele von Erich Kraack

Dirigent:	Bernhard Conz
Gestaltung der Szene:	Heinrich Wendel
Kostüme:	Jan Skalický
Choreographie:	Erich Walter

Die Wiener Philharmoniker
Ballett der Salzburger Festspiele
Kammerchor der Salzburger Festspiele

Tanz:	
Orfeo	Peter Breuer
Euridice	Colleen Scott
La Ninfa	
Messaggiera	Tilly Söffing
Caronte	Petr Vondruška
Proserpina	Tilly Söffing
Plutone	Lazo Turoci
Apollo	Matti Tikkanen
Gesang:	
La Musica	Gabriella Carturan
Orfeo	Giorgio Zancanaro
Euridice	Maria Maddalena
La Ninfa	
Messaggiera	Carol Smith
Caronte	Anton Diakov
Proserpina	Carol Smith
Plutone	Anton Diakov
Apollo	Paul Esswood

27. Juli, 7., 17., 21. August
Großes Festspielhaus

ALBAN BERG

Wozzeck

Dirigent:	Karl Böhm
Inszenierung:	Gustav Rudolf Sellner
Bühnenbild:	Jürgen Rose
Kostüme:	Jürgen Rose

Die Wiener Philharmoniker
Chor der Wiener Staatsoper

Wozzeck	Geraint Evans
Tambourmajor	Fritz Uhl
Andres	Loren Driscoll
Hauptmann	Helmut Melchert
Doktor	Hans Kraemmer
1. Handwerksbursch	Zoltan Kelemen
2. Handwerksbursch	Klaus Hirte
Der Narr	Jean van Ree
Marie	Anja Silja
Margret	Gertrude Jahn

28. Juli, 1., 10., 20., 24. August
Kleines Festspielhaus

WOLFGANG AMADEUS MOZART

Die Entführung aus dem Serail

Dirigent:	Leif Segerstam Bernhard Conz 10. 8.
Inszenierung:	Giorgio Strehler
Bühnenbild:	Luciano Damiani
Kostüme:	Luciano Damiani

Die Wiener Philharmoniker
Chor der Wiener Staatsoper

Selim, Bassa	Michael Heltau
Konstanze	Elizabeth Harwood
Blondchen	Reri Grist 28. 7., 1. 8. Norma Burrowes 10., 20., 24. 8.
Belmonte	Werner Hollweg
Pedrillo	Gerhard Unger
Osmin	Kurt Moll

30. Juli, 3., 12., 16., 27., 30. August
Großes Festspielhaus

GIUSEPPE VERDI

Othello

(in italienischer Sprache)

Musikal. Leitung und Inszenierung:	Herbert von Karajan
Bühnenbild:	Günther Schneider-Siemssen
Kostüme:	Georges Wakhevitch

Die Wiener Philharmoniker
Chor der Wiener Staatsoper
Kammerchor der Salzburger Festspiele

Othello	Jon Vickers
Jago	Peter Glossop
Cassio	Ryland Davies
Rodrigo	Hans Wegmann
Lodovico	Luigi Roni
Montano	Siegfried R. Frese
Herold	Helge von Bömches
Desdemona	Mirella Freni
Emilia	Stefania Malagu

5., 14., 19., 28. August
Kleines Festspielhaus

WOLFGANG AMADEUS MOZART

Le Nozze di Figaro

(in italienischer Sprache)

Dirigent:	Karl Böhm
Inszenierung:	Günther Rennert
Bühnenbild:	Rudolf Heinrich
Kostüme:	Rudolf Heinrich

Die Wiener Philharmoniker
Chor der Wiener Staatsoper

Graf Almaviva	Hermann Prey
Gräfin	Gundula Janowitz
Susanna	Reri Grist 5., 14. 8. Olivera Miljaković 19., 28. 8.
Figaro	Geraint Evans
Basilio	David Thaw
Bartolo	Zoltan Kelemen
Marcellina	Margarethe Bence
Cherubino	Teresa Stratas
Antonio	Klaus Hirte
Barbarina	Barbara Vogel
Curzio	Alfred Pfeifle
Brautjungfern	Gabriele Fuchs Gunda Spiluttini

7., 12., 16., 21., 25. August
Felsenreitschule

WOLFGANG AMADEUS MOZART

Mitridate, Re di Ponto

(in italienischer Sprache)

Dirigent:	Leopold Hager
Inszenierung:	Wolfgang Weber
Bühnenbild:	Peter Heyduck
Kostüme:	Peter Heyduck

Das Mozarteum-Orchester

Mitridate	Peter Schreier
Aspasia	Edda Moser
Sifare	Arleen Auger
Farnace	Helen Watts
Ismene	Pilar Lorengar
Marzio	Peter Baillié
Arbate	Reingard Didusch

11., 15., 22., 26., 29. August
Kleines Festspielhaus
GAETANO DONIZETTI

Don Pasquale

(in italienischer Sprache)

Dirigent:	Riccardo Muti
Inszenierung:	Ladislav Štros
Bühnenbild:	Ladislav Štros
Kostüme:	Marcel Pokorný

Die Wiener Philharmoniker
Chor der Wiener Staatsoper

Don Pasquale	Fernando Corena
Doktor Malatesta	Rolando Panerai
Ernesto	Pietro Bottazzo
Norina	Emilia Ravaglia
Notar	Augusto Frati

ORCHESTERKONZERTE

29. Juli, 20 Uhr Kleines Festspielhaus

ORF-Symphonieorchester

Dirigent: Milan Horvat
Solistin: Halina Lukomska, Mezzosopran

W. LUTOSLAWSKI:	Livre pour Orchestre
A. BERG:	Fünf Orchesterlieder, op. 4 (1912)
L. BERIO:	Sinfonia (1968/69)

31. Juli, 11 Uhr Mozarteum[1]

Die Wiener Philharmoniker

Dirigent: Claudio Abbado
Solist: Dino Ciani, Klavier
Kammerchor der Salzburger Festspiele

W. A. MOZART:	Kyrie d-Moll, KV 341 „Münchner Kyrie" Konzert für Klavier und Orchester d-Moll, KV 466 Symphonie g-Moll, KV 550

31. Juli, 20.30 Uhr Großes Festspielhaus

ORF-Symphonieorchester

Dirigent: Carl Melles
Soli: Liliana Poli, Sopran; Anna Malewicz-Madey, Mezzosopran
ORF-Chor Wien
Konzertvereinigung Wiener Staatsopernchor

L. DALLAPICCOLA:	Canti di liberazione für gemischten Chor und großes Orchester (1955)
G. LIGETI:	Requiem (1963—1965)

1. August, 20.30 Uhr Großes Festspielhaus

Die Tschechische Philharmonie Prag

Dirigent: Václav Neumann
Soli: Naděžda Kniplová, Sopran; Věra Soukupová, Alt; Vilém Přibyl, Tenor; Eduard Haken, Baß; Milan Šlechta, Orgel
Chor der Tschechischen Philharmonie Prag

A. DVOŘÁK:	Symphonie Nr. 8, G-Dur, op. 88 „Die Englische"
L. JANÁČEK:	Festliche Messe für Soli, Chor, Orchester und Orgel (Altslawisch gesungen)

4. August, 20.30 Uhr Großes Festspielhaus

Die Tschechische Philharmonie Prag

Dirigent: Claudio Abbado
Solistin: Martha Argerich, Klavier

L. v. BEETHOVEN:	Konzert für Klavier und Orchester Nr. 1, C-Dur, op. 15
L. JANÁČEK:	Sinfonietta (1926)
A. SKRJABIN:	Le Poème de l'Extase, op. 54

8. August, 20.30 Uhr Großes Festspielhaus

Die Tschechische Philharmonie Prag

Dirigent: Karl Böhm
Solist: Emil Gilels, Klavier

L. v. BEETHOVEN:	Konzert für Klavier und Orchester Nr. 5, Es-Dur, op. 73
P. I. TSCHAIKOWSKIJ:	Symphonie Nr. 4, f-Moll, op. 36

11. August, 20.30 Uhr Großes Festspielhaus

Die Tschechische Philharmonie Prag

Dirigent: Alain Lombard
Solist: Claudio Arrau, Klavier

J. BRAHMS:	Konzert für Klavier und Orchester Nr. 1, d-Moll, op. 15
B. BARTÓK:	Konzert für Orchester (1943)

13. August, 20.30 Uhr Großes Festspielhaus

Die Wiener Philharmoniker

Dirigent: Rafael Kubelik

W. A. MOZART:	Symphonie C-Dur, KV 551 „Jupiter"
L. v. BEETHOVEN:	Symphonie Nr. 3, Es-Dur, op. 55 „Eroica"

15. August, 20.30 Uhr Großes Festspielhaus

Die Tschechische Philharmonie Prag

Dirigent: Herbert von Karajan
Soli: Jean Bernard Pommier, Walter Klien, Justus Frantz, Herbert von Karajan, Klavier

J. S. BACH:	Konzert für vier Klaviere und Streicher, a-Moll, BWV 1065
A. DVOŘÁK:	Symphonie Nr. 9, e-Moll, op. 95 „Aus der Neuen Welt"

18. August, 20.30 Uhr Großes Festspielhaus

Die Wiener Philharmoniker

Dirigent: Juri Temirkanow
Solist: Boris Gutnikow, Violine

C. M. v. WEBER:	Ouvertüre zu „Oberon"
J. SIBELIUS:	Konzert in d-Moll für Violine und Orchester, op. 47
S. PROKOFIEFF:	Symphonie Nr. 3, op. 44

22. August, 11 Uhr Großes Festspielhaus

Die Wiener Philharmoniker

Dirigent: Karl Böhm

F. SCHUBERT:	Symphonie Nr. 2, B-Dur Symphonie Nr. 7, C-Dur

25. August, 20.30 Uhr Großes Festspielhaus

Die Wiener Philharmoniker

Dirigent: Carlo Maria Giulini

J. HAYDN:	Symphonie Nr. 94, G-Dur „Mit dem Paukenschlag"
G. SALVIUCCI:	Introduzione, Passacaglia e Finale
J. BRAHMS:	Symphonie Nr. 4, e-Moll, op. 98

26. August, 20.30 Uhr Großes Festspielhaus

Israel Philharmonic Orchestra

Dirigent: Zubin Mehta
Solist: Pinchas Zukerman, Violine

J. BRAHMS:	Konzert für Violine und Orchester D-Dur, op. 77
G. MAHLER:	Symphonie Nr. 1, D-Dur

29. August, 11 Uhr Großes Festspielhaus

Die Wiener Philharmoniker

Dirigent: Herbert von Karajan

A. BRUCKNER:	Symphonie Nr. 8, c-Moll

SERENADEN

27. Juli, 20.30 Uhr Residenz

I Solisti Veneti

Dirigent: Claudio Scimone

W. A. MOZART:	Divertimento D-Dur, KV 136
A. VIVALDI:	Konzert für Mandoline, Streicher und Basso continuo, C-Dur, RV 425 (Solist: Bonifacio Bianchi)
	Konzert für Fagott, Streicher und Basso continuo B-Dur „La Notte", RV 501 (Solist: Sergio Penazzi)
	Konzert für zwei Mandolinen, Streicher und Basso continuo G-Dur, RV 532 (Soli: Bonifacio Bianchi, Alessandro Pitrelli)
W. A. MOZART:	Divertimento F-Dur, KV 138

28. Juli, 20.30 Uhr Residenz

Collegium Musicum Pragense

Dirigent: František Vajnar

L. KOZELUCH:	Theresien-Fanfare
	Wachtel-Fanfare
	Halali
G. DRUSCHETZKY:	Parthia Nr. 4, Es-Dur
J. HAYDN:	Andante aus der Symphonie Nr. 94
V. MASCHEK:	Serenade Es-Dur
L. v. BEETHOVEN:	Rondino (Andante) Es-Dur, WoO 25
W. A. MOZART:	Serenade c-Moll, KV 388

2. August, 20.30 Uhr Residenz

Bläservereinigung der Wiener Philharmoniker

M. HAYDN:	Divertimento D-Dur (Perger 100)
W. A. MOZART:	Divertimento F-Dur, KV 213
	Serenade Es-Dur, KV 375

6. August, 20.30 Uhr Residenz

Das Mozarteum-Orchester

Dirigent: Ralf Weikert

W. A. MOZART:	Marsch D-Dur, KV 237
	Serenade D-Dur, KV 100 (Oboensolo: Wolfgang Schlachter; Hornsolo: Alois Aigner)
	Fünf Kontretänze, KV 609
	Serenade D-Dur, KV 203 (Violinsolo: Joseph Schröcksnadel)

10. August, 20.30 Uhr Residenz

Das Mozarteum-Orchester

Dirigent: Leopold Hager

W. A. MOZART:	Cassation G-Dur, KV 63 (Violinsolo: Karlheinz Franke)
	Concertone für zwei Solo-Violinen und Orchester C-Dur, KV 190 (Soli: Karlheinz Franke, Hermann Kienzl)
	Divertimento D-Dur, KV 131

13. August, 20.30 Uhr Residenz

Das Mozarteum-Orchester

Dirigent: Bernhard Conz

J. HAYDN:	Notturno Nr. 7 in C, Hob. II/31
W. A. MOZART:	Drei deutsche Tänze, KV 611, 600/5, 605/3 (Trompetensolo: August Nowicki)
	Serenade D-Dur, KV 250 „Haffner-Serenade" (Violinsolo: Joseph Schröcksnadel)

15. August, 20.30 Uhr Residenz

Das Mozarteum-Orchester

Dirigent: Walter Weller

W. A. MOZART:	Divertimento B-Dur, KV 137
J. HAYDN:	Symphonie Nr. 101, D-Dur „Die Uhr"
W. A. MOZART:	Serenade D-Dur, KV 320 „Posthorn-Serenade" (Posthornsolo: August Nowicki)

19. August, 20.30 Uhr Residenz

Das Mozarteum-Orchester

Dirigent: Ulrich Weder

J. HAYDN:	Ouvertüre zu „L'Isola disabitata"
W. A. MOZART:	Cassation B-Dur, KV 99
	Zwei Menuette mit eingefügten Kontretänzen, KV 463
	Marsch D-Dur, KV 189
	Serenade D-Dur, KV 185 (Violinsolo: Joseph Schröcksnadel)

23. August, 20.30 Uhr Residenz

Das Mozarteum-Orchester

Dirigent: Dimitri Agrafiotis

W. A. MOZART:	Serenade D-Dur, KV 239 „Serenata notturna"
J. HAYDN:	Symphonie Nr. 7, C-Dur „Le midi"
W. A. MOZART:	Divertimento D-Dur, KV 251

28. August, 20.30 Uhr Residenz

Das Mozarteum-Orchester

Dirigent: Ernst Märzendorfer

J. HAYDN:	Notturno Nr. 8 in C, Hob. II/32
W. A. MOZART:	Notturno D-Dur, KV 286
	Vier Kontretänze, KV 267
J. HAYDN:	Symphonie F-Dur, Hob. I, Nr. 67
W. A. MOZART:	Marsch D-Dur, KV 335/1

MATINEEN

Werke von WOLFGANG AMADEUS MOZART

1. August, 11 Uhr Mozarteum

Dirigent: Gerhard Wimberger

Soli: Joanna Simon, Sopran; Alexander Jenner, Klavier

Camerata Academica Salzburg

Symphonie D-Dur, KV 81
Konzert für Klavier und Orchester c-Moll, KV 491
Arie „Vado, ma dove? - oh Dei!", KV 583
Arie „Alma grande e nobil core", KV 578
Symphonie B-Dur, KV 182

8. August, 11 Uhr Mozarteum

Dirigent: Gerhard Wimberger

Soli: Hans Wegmann, Tenor; Kurt Redel, Flöte

Camerata Academica Salzburg

Symphonie G-Dur, KV 199
Konzert für Flöte und Orchester G-Dur, KV 313
Arie: „Se al labbro mio non credi“, KV 295
Arie „Müßt' ich auch durch tausend Drachen“, KV 435
Symphonie C-Dur, KV 338, mit Menuett C-Dur, KV 409

15. August, 11 Uhr Mozarteum

Dirigent: Leopold Hager
Soli: Edda Moser, Sopran; Walter Klien, Klavier
Camerata Academica Salzburg

Symphonie G-Dur, KV 74
Konzert für Klavier und Orchester B-Dur, KV 456
Rezitativ und Arie „Ah, lo previdi“, KV 272
Rezitativ und Arie „Ma, che vi fece, o stelle“, KV 368
Symphonie g-Moll, KV 183

22. August, 11 Uhr Mozarteum

Dirigent: Gerhard Wimberger
Soli: Gabriele Fuchs, Sopran; Jörg Demus, Klavier
Camerata Academica Salzburg

Symphonie G-Dur, KV 124
Konzert für Klavier und Orchester A-Dur, KV 414
Rezitativ und Arie „Alcandro, lo confesso“, KV 294
Arie „Voi avete un cor fedele“, KV 217
Symphonie D-Dur, KV 181

28. August, 11 Uhr Mozarteum

Dirigent: Leopold Hager
Soli: Fernando Corena, Baß; Hans Pizka, Horn
Das Mozarteum-Orchester

Symphonie B-Dur, KV 45b
Konzert für Horn und Orchester Es-Dur, KV 495
Rezitativ und Arie „Così dunque tradisci“, KV 432
Arie „Rivolgete a lui lo sguardo“, KV 584
Symphonie (Ouvertüre) Es-Dur, KV 184

KAMMERKONZERTE

26. Juli, 20 Uhr Mozarteum

I Solisti Veneti

Dirigent: Claudio Scimone

G. TARTINI: Sonata a quattro, G-Dur
Konzert für Violine und Streicher d-Moll, D 45 (Solo: Piero Toso)
Konzert für Violine und Streicher A-Dur, D 96 (Solo: Piero Toso)
F. GEMINIANI: „La Foresta Incantata“

29. Juli, 20 Uhr Mozarteum

Collegium Musicum Pragense

Dirigent: František Vajnar

J. HAYDN: Divertimento F-Dur, Hob. II/15
A. WRANITZKY: Vier Jägermärsche
F. V. KROMMER: Jagdpartita
W. A. MOZART: Zehn Variationen über „Unser dummer Pöbel meint“ aus Glucks „Pilger von Mekka“, KV 455 (Bearbeitung: G. Druschetzky)
L. v. BEETHOVEN: Oktett Es-Dur, op. 103

1. August, 20 Uhr Mozarteum

Bläservereinigung der Wiener Philharmoniker

Mitwirkend: Rudolf Buchbinder, Klavier

W. A. MOZART: Klavierquintett Es-Dur, KV 452
H. EDER: Septuagesima instrumentalis (2. Bläserquintett), op. 51
L. v. BEETHOVEN: Klavierquintett Es-Dur, op. 16

14. August, 20 Uhr Mozarteum

Wiener Oktett

F. SCHUBERT: Oktett F-Dur, op. 166, D 803
P. HINDEMITH: Oktett (1957/58)

18. August, 20 Uhr Mozarteum[1]

Amadeus-Quartett

W. A. MOZART: Streichquartett Es-Dur, KV 428
Streichquartett F-Dur, KV 590
Streichquartett D-Dur, KV 499

LIEDERABENDE

28. Juli, 20 Uhr Mozarteum

Peter Schreier, Tenor

Am Flügel: Erik Werba
Lieder von J. Brahms
R. Schumann: Liederkreis, op. 39

3. August, 20 Uhr Mozarteum

Nicolai Gedda, Tenor

Am Flügel: Erik Werba
Lieder von F. Schubert und R. Strauss

7. August, 20 Uhr Mozarteum

Hermann Prey, Bariton

Am Flügel: Leonard Hokanson
Lieder von F. Schubert

10. August, 20 Uhr Mozarteum

Dietrich Fischer-Dieskau, Bariton

Am Flügel: Aribert Reimann
Lieder des 20. Jahrhunderts
A. Schönberg, A. Webern, W. Fortner, A. Berg

16. August, 20 Uhr Mozarteum

Galina Wischnewskaja, Sopran

Am Flügel: Mstislav Rostropovitsch
Dieser Liederabend mußte abgesagt werden.

20. August, 20 Uhr Mozarteum

Walter Berry, Baß

Am Flügel: Erik Werba
Dieser Liederabend mußte abgesagt werden.

SOLISTENKONZERTE

2. August, 20 Uhr Mozarteum

Christian Ferras, Violine;
Jean-Claude Ambrosini, Klavier

L. v. BEETHOVEN:	Sonate F-Dur, op. 24 „Frühlingssonate"
J. S. BACH:	Sonate III C-Dur für Violine solo, BWV 1005
CL. DEBUSSY:	Sonate g-Moll
M. RAVEL:	Habanera Tzigane

6. August, 20 Uhr Mozarteum

Emil Gilels, Klavier

W. A. MOZART:	Sechs Variationen über „Salve tu, Domine", KV 398 Fantasie d-Moll, KV 397 Sonate a-Moll, KV 310
L. v. BEETHOVEN:	Sonate C-Dur, op. 53 Sonate A-Dur, op. 101

9. August, 20 Uhr Mozarteum

Claudio Arrau, Klavier

L. v. BEETHOVEN:	Sonate Es-Dur, op. 7 Sonate f-Moll, op. 57 „Appassionata"
CL. DEBUSSY:	Estampes (1903)
F. LISZT:	Ballade Nr. 2, h-Moll Gnomenreigen Aus „Études d'exécution transcendante" (1851) Nr. 11, Des-Dur; Nr. 10, f-Moll

12. August, 20 Uhr Mozarteum

Alexis Weissenberg, Klavier

J. S. BACH:	Partita IV D-Dur, BWV 828 (aus: Klavierübung Teil I)
R. SCHUMANN:	Études symphoniques en forme de Variations, op. 13
F. CHOPIN:	Sonate h-Moll, op. 58

17. August, 20 Uhr Mozarteum

Mstislav Rostropovitsch, Violoncello;
Vasso Devetzi, Klavier

Dieses Konzert mußte abgesagt werden.

KIRCHENKONZERTE

30. Juli, 20.30 Uhr Kollegienkirche

Dirigent: Ernst Hinreiner
Soli: Georgette Sezonov, Sopran; Mihoko Aoyama, Alt; Kurt Equiluz, Tenor; Hartmut Müller, Baß; Stefan Klinda, Orgel
Die Camerata Academica Salzburg — Der Salzburger Rundfunk- und Mozarteum-Chor

W. A. MOZART:	Kirchen-Sonate C-Dur, KV 336 Motette „Venti, fulgura, procellae" G-Dur, KV deest Missa C-Dur, KV 66 „Dominicus-Messe"

5. August, 20.30 Uhr Kollegienkirche

Deller Consort

Werke von W. Byrd, C. Gesualdo, Cl. Monteverdi, J. Dowland, W. Cornyshe, H. Purcell, O. Gibbons, Th. Weelkes, J. Ward, Th. Tomkins, Th. Morley und J. Wilbye

14. August, 11 Uhr Erzabteikirche St. Peter[1]

Dirigent: Ernst Hinreiner; Orgel: Robert Kuppelwieser
Soli: Arleen Auger, Reingard Didusch; George Maran, Walter Raninger
Das Mozarteum-Orchester — Der Salzburger Rundfunk- und Mozarteum-Chor

W. A. MOZART:	c-Moll-Messe, KV 427 Ave verum, KV 618

1972

26. Juli—30. August

SCHAUSPIEL

28. Juli, 6., 12., 19., 26. August
Felsenreitschule

DIETER FORTE
nach Jakob Bidermann

Cenodoxus

(Uraufführung)

Regie:	Werner Düggelin
Ausstattung:	Jean Tinguely
Cenodoxus	Thomas Holtzmann
Dama	Hubert Kronlachner
Mariscus	Lambert Hamel
Arzt	Robert Tessen
Bruno	Aljoscha Sebald
Hugo	Dieter Kirchlechner
Besenbinder	Horst Christian Beckmann
Nauegus	Klaus-Henner Russius
Gott	Romuald Pekny
Teufel	Heinrich Schweiger
Gewissen	Doris Schade
Hybris	Sonja Sutter
Krankheit	Alma Seidler
Tod	Ewald Balser

29. Juli, 4., 16., 23., 28. August
Landestheater

THOMAS BERNHARD

Der Ignorant und der Wahnsinnige

(Uraufführung)

Regie:	Claus Peymann
Bühnenbild:	Karl-Ernst Herrmann
Kostüme:	Moidele Bickel
Königin der Nacht	Angela Schmid
Vater	Ulrich Wildgruber
Doktor	Bruno Ganz
Frau Vargo	Maria Singer
Kellner Winter	Otto Sander

Von den vorgesehenen Vorstellungsterminen konnte nur die Uraufführung am 29. Juli stattfinden.

30. Juli, 6., 13., 15., 20., 27. August
Domplatz / Großes Festspielhaus

HUGO VON HOFMANNSTHAL

Jedermann

Regie:	Leopold Lindtberg
Ausstattung:	Rudolf Heinrich
Musik:	Paul Angerer
Dirigent:	Ernst Hinreiner
Choreographie:	Dick Price
Orgel:	Oskar Peter

Das Mozarteum-Orchester
Salzburger Rundfunk- und Mozarteum-Chor

Gott der Herr	Ewald Balser
Tod	Peter Arens Karl Blühm 27. 8.

Jedermann	Ernst Schröder
Jedermanns Mutter	Liselotte Schreiner 30. 7. Alma Seidler
Guter Gesell	Kurt Heintel
Hausvogt	Karl Blühm Adalbert Jezel 27. 8.
Koch	Friedemann Held
Armer Nachbar	Hanns Obonya
Schuldknecht	Herbert Propst
Schuldknechts Weib	Eva Servaes
Buhlschaft	Christiane Hörbiger
Dicker Vetter	Max Mairich
Dünner Vetter	Heinz Petters
Mammon	Heinrich Schweiger
Gute Werke	Elisabeth Orth
Glaube	Sonja Sutter
Teufel	Heinz Reincke
Mönch	Hans Gratzer

10., 13., 15., 18., 20., 22., 27., 29. August
Landestheater

WILLIAM SHAKESPEARE

Was ihr wollt

nach der Übersetzung von A. W. Schlegel für die Salzburger Festspiele bearbeitet von Otto Schenk und Peter Weiser

Regie:	Otto Schenk
Bühnenbild:	Günther Schneider-Siemssen
Kostüme:	Hill Reihs-Gromes
Musik:	Gerhard Wimberger

Orsino	Klaus Maria Brandauer
Viola	Christine Ostermayer
Sebastian	Wolfgang Hübsch
Olivia	Sabine Sinjen
Maria	Christiane Hörbiger
Junker Tobias	Hans Dieter Zeidler
Junker Andreas	Helmut Lohner
Malvolio	Josef Meinrad
Fabio	Heinz Marecek
Narr	Karl Paryla
Antonio	Rudolf Melichar
Schiffshauptmann	František Pálka
Priester	Philipp Zeska
Valentin	Miguel Herz-Kestranek
Curio	Heinz Rohn
1. Gerichtsdiener	Anton Pointecker
2. Gerichtsdiener	Dietrich Schlederer

Die für den 17. vorgesehene Vorstellung wurde auf den 18. verlegt.

OPER

26., 29. Juli, 11., 14., 26., 29. August
Großes Festspielhaus

WOLFGANG AMADEUS MOZART

Le Nozze di Figaro

(in italienischer Sprache)

Dirigent:	Herbert von Karajan
Inszenierung:	Jean-Pierre Ponnelle
Bühnenbild:	Jean-Pierre Ponnelle
Kostüme:	Jean-Pierre Ponnelle

Die Wiener Philharmoniker
Chor der Wiener Staatsoper

Graf Almaviva	Tom Krause
Gräfin	Elizabeth Harwood
Susanna	Edith Mathis 26., 29. 7. Teresa Stratas
Figaro	Walter Berry José van Dam 29. 7., 29. 8.
Basilio	Michel Sénéchal
Bartolo	Paolo Montarsolo
Marcellina	Kerstin Meyer
Cherubino	Teresa Berganza Marga Schiml 29. 7.
Antonio	Zoltan Kelemen
Barbarina	Evelyn Mandac
Curzio	Willy Caron
Brautjungfer	Gunda Spiluttini

26. Juli, 3., 8., 18., 24. August
Kollegienkirche

EMILIO DE'CAVALIERI

Rappresentatione di Anima e di Corpo

Das Spiel von Seele und Körper (1600) in italienischer Sprache

Bearbeitung: Bernhard Paumgartner

Dirigent:	Ernst Märzendorfer
Inszenierung:	Herbert Graf
Bühnenbild:	Veniero Colasanti / John Moore
Kostüme:	Veniero Colasanti / John Moore
Choreographie:	Kurt Jooss

Das Mozarteum-Orchester
und ein Instrumentalensemble
Kammerchor der Salzburger Festspiele
Ballett der Salzburger Festspiele

Corpo	Robert Kerns
Anima	Suzanne Sarroca
Intelletto	Hans Wegmann
Consiglio	Helge von Bömches 26. 7., 3. 8. Anton Diakov 8., 18., 24. 8.
Tempo	José van Dam
Piacere	Joanna Simon
Due Compagni del Piacere	Jean van Ree Walter Raninger
Angelo custode	William Holley Dieter Ellenbeck 24. 8.
Mondo	José van Dam
Vita mondana	Gertrude Jahn
Anima beata	Gabriele Fuchs
Anima dannata	Hans Perkmann

27., 30. Juli, 7., 16., 20., 25., 28. August
Kleines Festspielhaus

WOLFGANG AMADEUS MOZART

Così fan tutte

(in italienischer Sprache)

Dirigent:	Karl Böhm
Inszenierung:	Günther Rennert
Bühnenbild:	Ita Maximowna
Kostüme:	Ita Maximowna

Die Wiener Philharmoniker
Chor der Wiener Staatsoper

Fiordiligi	Gundula Janowitz
Dorabella	Brigitte Fassbaender
Guglielmo	Hermann Prey
Ferrando	Peter Schreier
Despina	Reri Grist
Don Alfonso	Dietrich Fischer-Dieskau Rolando Panerai 28. 8.

31. Juli, 12., 22. August
Großes Festspielhaus

GIUSEPPE VERDI

Othello

(in italienischer Sprache)

Musikal. Leitung und Inszenierung:	Herbert von Karajan
Bühnenbild:	Günther Schneider-Siemssen
Kostüme:	Georges Wakhevitch

Die Wiener Philharmoniker
Chor der Wiener Staatsoper
Kammerchor der Salzburger Festspiele

Othello	Jon Vickers
Jago	Peter Glossop
Cassio	Ryland Davies
Rodrigo	Hans Wegmann
Lodovico	Luigi Roni
Montano	Siegfried R. Frese
Herold	Helge von Bömches
Desdemona	Mirella Freni
Emilia	Stefania Malagu

3., 8., 18., 21. August
Kleines Festspielhaus

WOLFGANG AMADEUS MOZART

Die Entführung aus dem Serail

Dirigent:	Leif Segerstam
Inszenierung:	Giorgio Strehler
Bühnenbild	Luciano Damiani
Kostüme:	Luciano Damiani

Die Wiener Philharmoniker
Chor der Wiener Staatsoper

Selim, Bassa	Michael Heltau
Konstanze	Elizabeth Harwood Sylvia Geszty 8., 18.
Blondchen	Norma Burrowes
Belmonte	Werner Hollweg
Pedrillo	Gerhard Unger
Osmin	Kurt Moll

5., 10., 19. August
Großes Festspielhaus

ALBAN BERG

Wozzeck

Dirigent:	Karl Böhm
Inszenierung:	Gustav Rudolf Sellner

Bühnenbild:	Jürgen Rose
Kostüme:	Jürgen Rose

Die Wiener Philharmoniker
Chor der Wiener Staatsoper

Wozzeck	Walter Berry Theo Adam 10.
Tambourmajor	Fritz Uhl
Andres	Loren Driscoll
Hauptmann	Helmut Melchert
Doktor	Hans Kraemmer
1. Handwerksbursch	Zoltan Kelemen
2. Handwerksbursch	Siegfried R. Frese
Der Narr	Jean van Ree
Marie	Anja Silja
Margret	Gertrude Jahn

9., 13., 15., 24., 27. August
Kleines Festspielhaus
GAETANO DONIZETTI
Don Pasquale
(in italienischer Sprache)

Dirigent:	Riccardo Muti
Inszenierung:	Ladislav Štros
Bühnenbild:	Ladislav Štros
Kostüme:	Marcel Pokorný

Die Wiener Philharmoniker
Chor der Wiener Staatsoper
Ballett der Salzburger Festspiele

Don Pasquale	Fernando Corena
Doktor Malatesta	Rolando Panerai
Ernesto	Pietro Bottazzo
Norina	Graziella Sciutti
Notar	Augusto Frati

ORCHESTERKONZERTE

27. Juli, 20 Uhr Mozarteum[1]

Die Wiener Philharmoniker
Dirigent: Istvan Kertesz
Solist: Josef Sivo, Violine

W. A. MOZART:	Symphonie g-Moll, KV 183 Konzert für Violine und Orchester B-Dur, KV 207 Symphonie Es-Dur, KV 543

30. Juli, 11 Uhr Großes Festspielhaus

Die Wiener Philharmoniker
Dirigent: Herbert von Karajan
Solisten: Edith Mathis, Sopran; Joanna Simon, Alt; Horst R. Laubenthal, Tenor; José van Dam, Baß
Konzertvereinigung Wiener Staatsopernchor

W. A. MOZART:	Missa C-Dur, KV 317 „Krönungsmesse"
A. BRUCKNER:	Te Deum

Jubiläumskonzert anläßlich der 50jährigen Mitwirkung der Wiener Philharmoniker und des Wiener Staatsopernchores bei den Salzburger Festspielen.

31. Juli, 20 Uhr Felsenreitschule

ORF-Symphonieorchester
Dirigent: Michael Gielen
Solistin: Rita Shane, Sopran
ORF-Chor Wien

L. NONO:	Composizione per orchestra Nr. 2
A. SCHÖNBERG:	Monodram „Erwartung", op. 17
B. BARTÓK:	Pantomime „Der wunderbare Mandarin"

1. August, 20 Uhr Felsenreitschule

ORF-Symphonieorchester
Dirigent: Milan Horvat
Solisten: Edda Moser, Sopran; Ingrid Mayr, Alt; Werner Krenn, Tenor; Dietrich Fischer-Dieskau, Bäß
ORF-Chöre Wien und Salzburg

I. STRAWINSKY:	Psalmensymphonie für gemischten Chor und Orchester
H. W. HENZE:	Kantate „Novae de infinito laudes" für vier Soli, gemischten Chor und Orchester

2. August, 20 Uhr Großes Festspielhaus

Die Staatskapelle Dresden
Dirigent: Kurt Sanderling
Solisten: Peter Schreier, Tenor; Peter Damm, Horn

J. HAYDN:	Symphonie Nr. 82, C-Dur, „L'ours"
B. BRITTEN:	Serenade für Tenor, Horn und Streichorchester, op. 31
D. SCHOSTAKOWITSCH:	Symphonie Nr. 5, d-Moll, op. 47

6. August, 20.30 Uhr Großes Festspielhaus

Die Staatskapelle Dresden
Dirigent: Seiji Ozawa
Solist: Shura Cherkassky, Klavier

F. MENDELSSOHN BARTHOLDY:	Symphonie Nr. 4, A-Dur, op. 90 „Italienische"
F. LISZT:	Konzert für Klavier und Orchester Nr. 1, Es-Dur
B. BARTÓK:	Konzert für Orchester (1943)

9. August, 20 Uhr Großes Festspielhaus

Die Staatskapelle Dresden
Dirigent: Milan Horvat
Solist: Alexis Weissenberg, Klavier

S. RACHMANINOW:	Konzert für Klavier und Orchester Nr. 3, d-Moll, op. 30
A. DVOŘAK:	Symphonie Nr. 9, e-Moll, op. 95 „Aus der Neuen Welt"

13. August, 20.30 Uhr Großes Festspielhaus

Die Staatskapelle Dresden
Dirigent: Herbert von Karajan
Solist: Géza Anda, Klavier

B. BARTÓK:	Konzert für Klavier und Orchester Nr. 3
R. SCHUMANN:	Symphonie Nr. 4, d-Moll, op. 120

15. August, 11 Uhr Kleines Festspielhaus

Die Wiener Philharmoniker
Dirigent: Jesus Lopez Cobos
Solist: Karlheinz Zöller, Flöte

O. RESPIGHI:	Antiche danze ed arie per liuto I. Suite (Freie Bearbeitung für Orchester)
W. A. MOZART:	Konzert für Flöte und Orchester G-Dur, KV 313
R. SCHUMANN:	Symphonie Nr. 2, C-Dur, op. 61

15. August, 20.30 Uhr Großes Festspielhaus

Die Staatskapelle Dresden
Dirigent: Karl Böhm
Solistin: Christa Ludwig

W. A. MOZART:	Symphonie A-Dur, KV 201
G. MAHLER:	„Kindertotenlieder"
R. STRAUSS:	Tod und Verklärung, op. 24

17. August, 20 Uhr Großes Festspielhaus

Die Wiener Philharmoniker

Dirigent: Riccardo Muti
Solist: Sviatoslav Richter, Klavier
Konzertvereinigung Wiener Staatsopernchor

G. ROSSINI:	Ouvertüre zu „Semiramide"
R. SCHUMANN:	Konzert für Klavier und Orchester a-Moll, op. 54
L. CHERUBINI:	Requiem für Männerchor und Orchester, d-Moll

20. August, 11 Uhr Großes Festspielhaus

Die Wiener Philharmoniker

Dirigent: Claudio Abbado
Solist: Itzhak Perlman, Violine

W. A. MOZART:	Konzert für Violine und Orchester D-Dur, KV 218
G. MAHLER:	Symphonie Nr. 6, a-Moll

23. August, 20 Uhr Großes Festspielhaus

Die Wiener Philharmoniker

Dirigent und Solist: David Oistrach

W. A. MOZART:	Eine kleine Nachtmusik G-Dur, KV 525 Konzert für Violine und Orchester G-Dur, KV 216
P. I. TSCHAIKOWSKIJ:	Symphonie Nr. 5, e-Moll, op. 64

25. August, 20 Uhr Großes Festspielhaus

Das Berliner Philharmonische Orchester

Dirigent: Herbert von Karajan

A. SCHÖNBERG:	Verklärte Nacht, op. 4 (Fassung für Streichorchester, 1917)
L. v. BEETHOVEN:	Symphonie Nr. 5, c-Moll, op. 67

27. August, 11 Uhr Großes Festspielhaus

Das Berliner Philharmonische Orchester

Dirigent: Herbert von Karajan
Solisten: Christa Ludwig, René Kollo

G. MAHLER:	Das Lied von der Erde

30. August, 20 Uhr Großes Festspielhaus

Die Wiener Philharmoniker

Dirigent: Karl Böhm
Solisten: Elena und Emil Gilels, Klavier

J. BRAHMS:	Variationen über ein Thema von Joseph Haydn, op. 56a
W. A. MOZART:	Konzert für zwei Klaviere und Orchester Es-Dur, KV 365
L. v. BEETHOVEN:	Symphonie Nr. 7, A-Dur, op. 92

SERENADEN

29. Juli, 20.30 Uhr Residenz

Festival Strings Lucerne

Dirigent: Rudolf Baumgartner
Solisten: Max Lesueur, Viola; Ken Yasuda, Violoncello

A. VIVALDI:	Concerto per archi, A-Dur, RV 158
F. COUPERIN:	Pièces en Concert für Violoncello und Streichorchester
W. A. MOZART:	Adagio und Fuge c-Moll, KV 546
I. HOLZBAUER:	Sinfonia concertante Es-Dur für Viola, Violoncello und Streichorchester
F. MENDELSSOHN BARTHOLDY:	Sinfonia h-Moll

1. August, 20.30 Uhr Residenz

Das Mozarteum-Orchester

Dirigent: Walter Weller

A. DVOŘÁK:	Serenade E-Dur, op. 22
J. BRAHMS:	Serenade Nr. 1, D-Dur, op. 11

4. August, 20.30 Uhr Residenz

Das Mozarteum-Orchester

Dirigent: Helmut Eder

W. A. MOZART:	Vier Kontretänze, KV 267 Divertimento D-Dur, KV 131 Marsch D-Dur, KV 189 Serenade D-Dur, KV 185 (Violinsolo: Joseph Schröcksnadel)

7. August, 20.30 Uhr Residenz

Ungarisches Kammerorchester

Dirigent: Vilmos Tátrai

W. A. MOZART:	Serenade D-Dur, KV 239 „Serenata notturna"
R. VOLKMANN:	Serenade Nr. 2, F-Dur, op. 63
K. STAMITZ:	Orchesterquartett in C-Dur
W. A. MOZART:	Divertimento D-Dur, KV 251

10. August, 20.30 Uhr Residenz

Das Mozarteum-Orchester

Dirigent: Theodor Guschlbauer

W. A. MOZART:	Cassation G-Dur, KV 63 (Violinsolo: Joseph Schröcksnadel) Sechs deutsche Tänze, KV 567 Marsch D-Dur, KV 335/2 Serenade D-Dur, KV 100 (Oboensolo: Wolfgang Schlachter, Hornsolo: Alois Aigner) Marsch D-Dur, KV 335/1

14. August, 20.30 Uhr Residenz

Das Mozarteum-Orchester

Dirigent: Antoni Wit

W. A. MOZART:	Cassation B-Dur, KV 99
H. PURCELL:	Spielmusik zum „Sommernachtstraum"
W. A. MOZART:	Ouvertüre und drei Kontretänze, KV 106

17. August, 20.30 Uhr Residenz

Das Mozarteum-Orchester

Dirigent: Wolfgang Rennert

L. MOZART:	Divertimento militare (sive Sinfonia) D-Dur
W. A. MOZART:	Zwei Menuette mit eingefügten Kontretänzen, KV 463 Marsch D-Dur, KV 237 Serenade D-Dur, KV 203 „Colloredo" (Violinsolo: Joseph Schröcksnadel)

21. August, 20.30 Uhr Residenz

Das Mozarteum-Orchester

Dirigent: Leopold Hager

W. A. MOZART:	Ballettmusik zur Pantomime „Les petits Riens", KV 299b Divertimento C-Dur, KV 188
G. F. HÄNDEL:	Concerto grosso F-Dur „Wassermusik"

24. August, 20.30 Uhr Residenz

Das Mozarteum-Orchester

Dirigent: Theodor Guschlbauer

G. F. HÄNDEL: Concerto a due cori Nr. 3, F-Dur
W. A. MOZART: Divertimento Es-Dur, KV 113
Marsch D-Dur, KV 445
Sechs deutsche Tänze, KV 571
J. J. FUX: „Serenada à 8"
(Trompetensolo: Guy Touvron)

28. August, 20.30 Uhr Residenz

Das Mozarteum-Orchester

Dirigent: Wilfried Boettcher

W. A. MOZART: Marsch C-Dur, KV 408/1
Sechs deutsche Tänze, KV 509
Marsch D-Dur, KV 335/1
Serenade D-Dur, KV 320 „Posthorn-Serenade"
(Posthornsolo: August Nowicki)

MATINEEN

Werke von WOLFGANG AMADEUS MOZART
Ein Ensemble des Mozarteum-Orchesters

30. Juli, 11 Uhr Mozarteum

Dirigent: Gerhard Wimberger
Soli: Edda Moser, Sopran; Peter Lang, Klavier
Symphonie (Ouvertüre) G-Dur, KV 318
Konzert für Klavier und Orchester Es-Dur, KV 271 „Jeunehomme-Konzert"
Szene und Rondo „Mia speranza adorata", KV 416
Arie „Nehmt meinen Dank, ihr holden Gönner", KV 383
Symphonie B-Dur, KV 319

6. August, 11 Uhr Mozarteum

Dirigent: Walter Weller
Soli: Kurt Moll, Baß; Robert Freund, Horn
Symphonie (Ouvertüre) zu „La finta giardiniera", KV 196/121
Konzert für Horn und Orchester Es-Dur, KV 447
Rezitativ und Arie „Alcandro, lo confesso", KV 512
Arie „Mentre ti lascio o figlia", KV 513
Symphonie D-Dur, KV 297

13. August, 11 Uhr Mozarteum

Dirigent: Leopold Hager
Soli: Sylvia Geszty, Sopran; Rudolf Klepac, Fagott
Ouvertüre zu „Lucio Silla", KV 135
Konzert für Fagott und Orchester B-Dur, KV 191
Arie „Non curo l'affetto", KV 74b
Arie „Fra cento affanni", KV 88
Symphonie D-Dur, KV 504 „Prager"

20. August, 11 Uhr Mozarteum

Dirigent: Gerhard Wimberger
Soli: José van Dam, Baß; Walter Klien, Klavier
Sinfonia (Ouvertüre) C-Dur zu „Il Re pastore", KV 208/102
Konzert für Klavier und Orchester Es-Dur, KV 449
Rezitativ und Arie „Così dunque tradisci", KV 432
Ariette „Un bacio di mano", KV 541
Symphonie D-Dur, KV 385 „Haffner"

26. August, 11 Uhr Mozarteum

Dirigent: Leopold Hager
Soli: Horst R. Laubenthal, Tenor; Paul Badura-Skoda, Klavier
Symphonie D-Dur, KV 45
Konzert für Klavier und Orchester B-Dur, KV 595
Arie „Si mostra la sorte", KV 209
Rezitativ und Arie „Misero! o sogno!", KV 431
Symphonie D-Dur, KV 133

30. August, 11 Uhr Mozarteum

Dirigent: Wilfried Boettcher
Soli: Werner Hollweg, Tenor; Jean Bernard Pommier, Klavier
Sinfonia D-Dur (Ouvertüre) zu „Il sogno di Scipione", KV 141a
Konzert für Klavier und Orchester D-Dur, KV 537 „Krönungs-Konzert"
Arie „Va, dal furor portata", KV 21
Arie „Per pietà, non ricercate", KV 420
Symphonie C-Dur, KV 200

KAMMERKONZERTE

30. Juli, 20 Uhr Mozarteum

Festival Strings Lucerne

Dirigent: Rudolf Baumgartner
Solist: Vladimir Skerlak, Violine

G. PH. TELEMANN: Ouvertüre („Burlesque de Quixotte"), G-Dur
J. PACHELBEL: Kanon in D-Dur
J. S. BACH: Konzert für Violine und Orchester E-Dur, BWV 1042
I. STRAWINSKY: Trois Pièces pour cordes
M. BAMERT: „Rheology" (1971)
B. BARTÓK: Rumänische Volkstänze

9. August, 20 Uhr Mozarteum

Ungarisches Kammerorchester

Dirigent: Vilmos Tátrai

A. VIVALDI: Konzert für Fagott und Orchester, a-Moll, RV 497 (Solo: László Hara)
M. HAYDN: Sinfonia in D-Dur, Perger 29
J. HAYDN: Konzert für Klavier und Orchester D-Dur, Hob. XVIII/11
(Solo: Csilla Szabó)
B. BARTÓK: Divertimento

11. August, 20 Uhr Mozarteum

Die Prager Madrigalisten

Dirigent: Miroslav Venhoda

CL. MONTEVERDI: Madrigale aus „Canti Guerrieri et Amorosi" (Libro VIII)
C. GESUALDO: Sechs Madrigale aus: Sei Libri de'Madrigali a cinque voci
A. WEBERN: Entflieht auf leichten Kähnen, op. 2
J. RYCHLIK: Galgenmadrigale
J. OBRECHT: Sanctus aus „Missa super Maria zart"

14. August, 20 Uhr Mozarteum

Wiener Philharmonisches Kammerensemble

M. HAYDN: Flötenquartett D-Dur, Perger 117
W. A. MOZART: Streichquartett C-Dur, KV 465 „Dissonanzenquartett"
I. PLEYEL: Flötenquartett B-Dur, op. 20/2
J. BRAHMS: Klarinettenquintett h-Moll, op. 115

25. August, 20 Uhr Mozarteum[1]

Bläservereinigung der Wiener Philharmoniker

W. A. MOZART:	Divertimento B-Dur, KV 439b, Nr. 1
	Divertimento B-Dur, KV 196f
	Divertimento Es-Dur, KV 166
	Serenade c-Moll, KV 388

KAMMERKONZERTE MODERNER MUSIK

2. August, 20 Uhr Mozarteum[3]

Ensemble „die reihe"

Leitung: Friedrich Cerha

J. M. HORVATH:	Redundanz 1 für Bläseroktett (1966)
	Redundanz 2 für Streichquartett (1967)
	Redundanz 3 für Bläseroktett und Streichquartett (1970)
A. WEBERN:	Sechs Stücke für Orchester, op. 6 (Fassung Moldenhauer)
G. LIGETI:	Kammerkonzert für 13 Instrumentalisten

3. August, 20 Uhr Mozarteum[3]

Ensemble Heinz Holliger

P. BOULEZ:	„. . . Explosante-fixe . . ." (1971) (Uraufführung)
KL. HUBER:	„Noctes" für Oboe und Cembalo (1961) (Österreichische Erstaufführung)
L. BERIO:	Sequenza IV für Klavier (1964)
	Sequenza VII für Oboe (1969) (Österreichische Erstaufführungen)
J. WYTTENBACH:	„Exécution ajournée II" für Streichquartett (1970/71) (Österreichische Erstaufführung)
H. HOLLIGER:	„Cardiophonie" für einen Bläser und drei Magnetophone (1971) Version für Oboe (Österreichische Erstaufführung)

4. August, 20 Uhr Mozarteum[3]

Gaudeamus Quartett

A. BERG:	Streichquartett op. 3 (1909/10)
A. WEBERN:	Streichquartett op. 28 (1937/38)
A. SCHÖNBERG:	Streichquartett Nr. 2, fis-Moll, op. 10 (1907/08) (Sopransolo: Arleen Auger)

LIEDERABENDE

1. August, 20 Uhr Mozarteum

Teresa Berganza, Mezzosopran

Am Flügel: Felix Lavilla

Wegen Erkrankung der Künstlerin ausgefallen.

4. August, 20 Uhr Großes Festspielhaus

Dietrich Fischer-Dieskau, Bariton

Am Flügel: Sviatoslav Richter

Lieder von H. Wolf

5. August, 20 Uhr Mozarteum

Peter Schreier, Tenor

Am Flügel: Erik Werba

Lieder von J. S. Bach, F. Mendelssohn Bartholdy und F. Schubert

8. August, 20 Uhr Mozarteum

Helen Donath, Sopran

Am Flügel: Klaus Donath

Wegen Erkrankung der Künstlerin ausgefallen.

10. August, 20 Uhr Mozarteum

Gundula Janowitz, Sopran

Am Flügel: Irwin Gage

Lieder von F. Schubert und A. Hüttenbrenner

18. August, 20.30 Uhr Großes Festspielhaus

Hermann Prey, Bariton

Am Flügel: Karl Engel

Lieder von J. Brahms

21. August, 20.30 Uhr Großes Festspielhaus

Christa Ludwig, Mezzosopran

Am Flügel: Erik Werba

Lieder von F. Schubert

SOLISTENKONZERTE

7. August, 20 Uhr Mozarteum

Alexis Weissenberg, Klavier

M. RAVEL:	Le Tombeau de Couperin
R. SCHUMANN:	Fantasie C-Dur, op. 17
M. MUSSORGSKIJ:	Bilder einer Ausstellung

12. August, 20 Uhr Mozarteum

Shura Cherkassky, Klavier

G. F. HÄNDEL:	Suite III d-Moll
B. BARTÓK:	Sonata (1926)
F. CHOPIN:	Trois Nouvelles Etudes
	Mazurka fis-Moll, op. 59, Nr. 3
	Mazurka G-Dur, op. 67, Nr. 1
F. LISZT:	Réminiscences de Don Juan

15. August, 20 Uhr Mozarteum

(Nachgeholtes Konzert vom 29. Juli)

Géza Anda, Klavier

J. S. BACH:	Partita II c-Moll, BWV 826 (aus: Klavierübung Teil I)
F. CHOPIN:	Sonate b-Moll, op. 35
M. RAVEL:	Valses Nobles et Sentimentales
R. SCHUMANN:	Carnaval, op. 9

19. August, 20 Uhr Mozarteum

Itzhak Perlman, Violine; Joseph Kalichstein, Klavier

F. SCHUBERT:	Rondo h-Moll, op. 70
	Fantasie C-Dur, op. 159
J. BRAHMS:	Sonate d-Moll, op. 108

20. August, 20 Uhr Mozarteum

David Oistrach, Violine; Sviatoslav Richter, Klavier

J. BRAHMS:	Sonate Nr. 2, A-Dur, op. 100
B. BARTÓK:	Sonate Nr. 1
S. PROKOFIEFF:	Sonate Nr. 1, f-Moll, op. 80

27. August, 20 Uhr Mozarteum

Emil Gilels, Klavier

W. A. MOZART:	Sonate F-Dur, KV 533/494
J. BRAHMS:	Fantasien, op. 116
CL. DEBUSSY:	Images, 1ère série
I. STRAWINSKY:	Drei Sätze für Klavier allein aus „Pétrouchka"

KIRCHENKONZERTE

28. Juli, 20 Uhr Kollegienkirche

Deller Consort

Werke von W. Byrd, Th. Weelkes, Th. Morley, G. Farnaby, R. Johnson, J. Wilson, E. Widmann, H. L. Haßler, Cl. Janequin, O. de Lassus, J. Bartlet, C. Gesualdo, O. Vecchi, Cl. Monteverdi, J. Dowland und O. Gibbons

16. August, 20 Uhr Kollegienkirche

Dirigent: Ernst Märzendorfer
Soli: Gabriele Fuchs, Sopran; Joanna Simon, Alt; Dieter Ellenbeck, Tenor; José van Dam, Baß; Orgel: Oskar Peter
Das Mozarteum-Orchester
Kammerchor der Salzburger Festspiele

M. HAYDN:	Requiem c-Moll
A. BRUCKNER:	Große Messe in f-Moll

19. August, 11 Uhr Erzabteikirche St. Peter[1]

Dirigent: Meinhard von Zallinger; Orgel: Robert Kuppelwieser
Soli: Arleen Auger, Reingard Didusch, Peter Schreier, Kurt Moll
Das Mozarteum-Orchester
Der Salzburger Rundfunk- und Mozarteum-Chor

W. A. MOZART:	c-Moll-Messe, KV 427
	Ave verum, KV 618

1973

26. Juli—30. August

SCHAUSPIEL

27., 30. Juli, 9., 12., 16., 26. August
Landestheater

JEAN BAPTISTE MOLIÈRE

Der Menschenfeind

(Le Misanthrope)

Deutsche Nachdichtung von Arthur Luther
Für die Salzburger Festspiele neu eingerichtet von Rudolf Noelte

Regie:	Rudolf Noelte
Bühnenbild:	Jürgen Rose
Kostüme:	Jürgen Rose
Alceste	Romuald Pekny
Philinte	Werner Kreindl
Celimene	Sylvia Manas
Eliante	Gaby Dohm
Oronte	Henning Schlüter
Arsinoe	Elisabeth Flickenschildt
Acaste	Kurt Zips
Clitandre	Lambert Hamel
Basque	Ernst Barthels
Dubois	Georg Lehn
Gardist	Anton Pointecker

29. Juli, 5., 12., 15., 19., 28. August
Domplatz / Großes Festspielhaus

HUGO VON HOFMANNSTHAL

Jedermann

Regie:	Ernst Haeusserman
Ausstattung:	Veniero Colasanti / John Moore
Musik:	Joseph Messner / Einar Nilson
Dirigent:	Ernst Hinreiner
Choreographie:	William Milié
Orgel:	Oskar Peter

Das Mozarteum-Orchester
Salzburger Rundfunk- und Mozarteum-Chor

Stimme des Herrn	Ewald Balser
Tod	Will Quadflieg
Jedermann	Curd Jürgens
Jedermanns Mutter	Vilma Degischer
Guter Gesell	Walther Reyer
Hausvogt	Karl Blühm
Koch	Friedemann Held
Armer Nachbar	Harald Harth
Schuldknecht	Michael Janisch
Schuldknechts Weib	Grete Zimmer
Buhlschaft	Nicole Heesters
Dicker Vetter	Fritz Muliar
Dünner Vetter	Peter Matić
Mammon	Kurt Heintel
Gute Werke	Aglaja Schmid
Glaube	Agnes Fink
Teufel	Martin Benrath
Spielansager	Michael Heltau
	Heinz Ehrenfreund 12. 8.

6., 8., 10., 15., 17., 20., 23., 27. August
Landestheater

WILLIAM SHAKESPEARE

Was ihr wollt

nach der Übersetzung von A. W. Schlegel für die Salzburger Festspiele bearbeitet von Otto Schenk und Peter Weiser

Regie:	Otto Schenk
Bühnenbild:	Günther Schneider-Siemssen
Kostüme:	Hill Reihs-Gromes
Musik:	Gerhard Wimberger
Orsino	Klaus Maria Brandauer
Viola	Christine Ostermayer
Sebastian	Wolfgang Hübsch
Olivia	Sabine Sinjen
Maria	Christiane Hörbiger
Junker Tobias	Hans Dieter Zeidler
Junker Andreas	Helmut Lohner
Malvolio	Josef Meinrad
Fabio	Heinz Marecek
Narr	Karl Paryla
Antonio	Rudolf Melichar
Schiffshauptmann	František Pálka
Priester	Philipp Zeska
Valentin	Miguel Herz-Kestranek
Curio	Heinz Rohn
1. Gerichtsdiener	Anton Pointecker
2. Gerichtsdiener	Dietrich Schlederer

13., 18., 21., 24., 29. August
Felsenreitschule

GIORGIO STREHLER

Das Spiel der Mächtigen I

nach William Shakespeares Heinrich VI.
Deutsch von Loek Huisman

Regie:	Giorgio Strehler
Bühnenbild:	Paolo Bregni
Musik:	Fiorenzo Carpi
Dirigent:	Peter Ewaldt

DER THRON UND DAS VOLK

Der Schauspieler	Will Quadflieg
Die Mächtigen:	
König Heinrich VI.	Michael Heltau
Königin Margaretha	Andrea Jonasson
Herzog von Gloster	Siegfried Lowitz
Leonore von Gloster	Maria Emo
Kardinal von Winchester	Richard Münch
Herzog von Buckingham	Erik Frey
Herzog von York	Rolf Boysen
Herzog von Somerset	Hannes Riesenberger
Herzog von Suffolk	Karl Michael Vogler
Graf von Clifford	Aljoscha Sebald
Sein Sohn	Robert Hauer-Riedl
Graf von Salisbury	Gert Westphal
Graf von Warwick	Herwig Seeböck
Lord Say	Egon Jordan
Sir Humphrey Stafford	Tom Krinzinger
Sir William Stafford	Kurt Hansen
Erster Offizier	Adolf Lukan
Zweiter Offizier	Karl Blühm
Hume	Max Mairich
Bischof	Oskar Reinhardt
Bänkelsänger	Heinz Petters
Das Volk:	
John Cade	Wolfgang Reichmann
Dick	Richard Haller

Smith	Edd Stavjanik
Withmore	Toni Berger
Totengräber Holland	Karl Paryla
Totengräber Bevis	Adolph Spalinger
Horner	Erich Aberle
Peter	Hermann Scheidleder
Simpcox	Helmut Janatsch
Simpcox' Weib	Angelika Hauff
Bürgermeister	Götz von Langheim
Ausrufer	Karl Blühm
Ein Mörder	Stephan Paryla
Schießbudenbesitzer	Karl Blühm
Fischverkäufer	Curth A. Tichy
Ballonverkäufer	Richard Tomaselli
Ein Zimmermann	Bruno Thost
Ein Farbenhändler	Michael Kiurina
Ein Schuster	Heinz Rohn
Ein Handwerker	Rolf Hartmann
1. Schauspielerin	Blanche Aubry
2. Schauspielerin	Dorothea Parton
1. Schauspieler	P. Walter Jacob
2. Schauspieler	Nikolaus Paryla
3. Schauspieler	Walter Langer

14., 19., 22., 25., 30. August
Felsenreitschule
GIORGIO STREHLER

Das Spiel der Mächtigen II

nach William Shakespeares Heinrich VI.
Deutsch von Loek Huisman

Regie:	Giorgio Strehler
Bühnenbild:	Paolo Bregni
Musik:	Fiorenzo Carpi
Dirigent:	Peter Ewaldt

DIE ROSENKRIEGE

Der Schauspieler	Will Quadflieg

Von der Partei der Roten Rose:

König Heinrich VI.	Michael Heltau
Königin Margaretha	Andrea Jonasson
Herzog von Buckingham	Erik Frey
Graf von Clifford	Aljoscha Sebald
Sein Sohn	Robert Hauer-Riedl
Graf von Northumberland	Götz von Langheim
Graf von Westmoreland	Toni Berger
Graf von Wiltshire	Bruno Thost
Herzog von Somerset	Hannes Riesenberger
Herzog von Exeter	Karl Blühm

Von der Partei der Weißen Rose:

Herzog von York	Rolf Boysen
Seine Söhne: Eduard	Frank Hoffmann
Richard	Gerd Böckmann
Georg	Christian Ghera
Graf von Salisbury	Gert Westphal
Graf von Warwick	Herwig Seeböck
Herzog von Norfolk	Thomas Frey
Marquis von Montague	Kurt Hansen
Graf von Pembroke	Harry Hornisch
Alexander Iden	Tom Krinzinger
Der Sohn	Alfred Reiterer
Der Vater	Erich Aberle
Erster Förster	Rolf Hartmann
Zweiter Förster	Adolf Lukan
Totengräber Holland	Karl Paryla
Totengräber Bevis	Adolph Spalinger
Die Ammen	Lona Dubois, Rina Meron, Maria Los, Isolde Stiegler

Gastspiel des Piccolo Teatro di Milano

23., 27., 28. August
Felsenreitschule
CARLO GOLDONI

Arlecchino servitore di due padroni

(Der Diener zweier Herren)

Regia:	Giorgio Strehler
Scena:	Ezio Frigerio
Costumi:	Ezio Frigerio
Musiche:	Fiorenzo Carpi
Suonatori:	Vincenzo Brandi Tolmino Marianini Giorgio Oltremari

Pantalone	Gianrico Tedeschi
Clarice	Ginella Bertacchi
Il Dottor Lombardi	Andrea Matteuzzi
Silvio	Giancarlo Dettori
Beatrice	Anna Saia
Florindo	Franco Graziosi
Brighella	Gianfranco Mauri
Smeraldina	Marisa Minelli
Arlecchino	Ferruccio Soleri
Un cameriere	Cip Barcellini
Un facchino	Angelo Corti
Un cameriere	Giorgio Naddi

In memoriam Max Reinhardt

REZITATIONSABEND

2. August, 20 Uhr, Mozarteum

Will Quadflieg

spricht Balladen von

Johann Wolfgang von Goethe, Friedrich von Schiller, Novalis, Clemens Brentano, Nikolaus Lenau, Heinrich Heine, Börries von Münchhausen, Felix Dahn, Theodor Fontane, Conrad Ferdinand Meyer und Bertolt Brecht

MAX REINHARDT-MATINEE

zur 100. Wiederkehr seines Geburtstages

11. August, 11 Uhr Landestheater

Mitwirkende: Adrienne Gessner, Helene Thimig, Paula Wessely, Attila Hörbiger, Fred Liewehr und Hermann Thimig

OPER

26. Juli, 2., 9., 15., 26. August
Kleines Festspielhaus
WOLFGANG AMADEUS MOZART

Idomeneo

(in italienischer Sprache)

Dirigent:	Karl Böhm
Inszenierung:	Gustav Rudolf Sellner
Bühnenbild:	Jörg Zimmermann
Kostüme:	Jörg Zimmermann

Die Wiener Philharmoniker
Chor der Wiener Staatsoper

Idomeneo	Wieslaw Ochman
Idamantes	Peter Schreier
Ilia	Helen Donath Edith Mathis 9.—26. 8.
Elektra	Annabelle Bernard
Arbaces	Jörn W. Wilsing
Oberpriester	Dieter Ellenbeck
Stimme des Orakels	Kurt Moll
Kretenische Mädchen	Olga Warla Gunda Spiluttini Evamaria Hurdes Niki Liontas
Trojaner	Johann Pipal Walter Zeh

28. Juli, 3., 10., 14., 18., 21., 29. August
Großes Festspielhaus
WOLFGANG AMADEUS MOZART

Le Nozze di Figaro

(in italienischer Sprache)

Dirigent:	Herbert von Karajan
Inszenierung:	Jean-Pierre Ponnelle
Bühnenbild:	Jean-Pierre Ponnelle
Kostüme:	Jean-Pierre Ponnelle

Die Wiener Philharmoniker
Chor der Wiener Staatsoper

Graf Almaviva	Tom Krause
Gräfin	Elizabeth Harwood
Susanna	Teresa Stratas
Figaro	Walter Berry
Basilio	Michel Sénéchal
Bartolo	Paolo Montarsolo
Marcellina	Jane Berbié
Cherubino	Teresa Berganza
Antonio	Zoltan Kelemen
Barbarina	Evelyn Mandac 28. 7. Sonja Ghazarian Barbara Vogel 29. 8.
Curzio	Willy Caron
Brautjungfer	Gunda Spiluttini

31. Juli, 6., 11., 17., 23., 28. August
Kleines Festspielhaus
WOLFGANG AMADEUS MOZART

Così fan tutte

(in italienischer Sprache)

Dirigent:	Karl Böhm
Inszenierung:	Günther Rennert

Bühnenbild: Ita Maximowna
Kostüme: Ita Maximowna
Die Wiener Philharmoniker
Chor der Wiener Staatsoper

Fiordiligi Gundula Janowitz
Dorabella Brigitte Fassbaender
Guglielmo Hermann Prey
Ferrando Peter Schreier
Despina Reri Grist
Don Alfonso Dietrich Fischer-Dieskau

1., 7., 13., 17., 22. August
Kollegienkirche
EMILIO DE'CAVALIERI
Rappresentatione di Anima e di Corpo
Das Spiel von Seele und Körper (1600) in italienischer Sprache
Bearbeitung: Bernhard Paumgartner

Dirigent: Ernst Märzendorfer
Inszenierung: Herbert Graf
Spielleitung: Helmut Sommer
Bühnenbild: Veniero Colasanti / John Moore
Kostüme: Veniero Colasanti / John Moore
Choreographie: Kurt Jooss
Das Mozarteum-Orchester und ein Instrumentalensemble
Kammerchor der Salzburger Festspiele
Ballett der Salzburger Festspiele

Corpo Robert Kerns
Anima Suzanne Sarroca
Intelletto Dieter Ellenbeck
Consiglio Helge von Bömches
Tempo José van Dam
Piacere Joanna Simon
Due Compagni del Piacere Curt Malm, Walter Raninger
Angelo custode William Holley
Mondo José van Dam
Vita mondana Gertrude Jahn
Anima beata Gabriele Fuchs
Anima dannata Hans Tschammer

5., 12., 16., 20., 27. August
Kleines Festspielhaus
WOLFGANG AMADEUS MOZART
Die Entführung aus dem Serail

Dirigent: Leif Segerstam
Inszenierung: Giorgio Strehler
Bühnenbild: Luciano Damiani
Kostüme: Luciano Damiani
Die Wiener Philharmoniker
Chor der Wiener Staatsoper

Selim, Bassa Michael Heltau
Konstanze Sylvia Geszty
Elizabeth Harwood 16., 27.
Blondchen Norma Burrowes
Belmonte Werner Hollweg
Pedrillo Gerhard Unger
Osmin Kurt Moll

20., 23., 25. August
Großes Festspielhaus
CARL ORFF
De temporum fine comoedia
(Uraufführung)
Das Spiel vom Ende der Zeiten Vigilia
(in der Originalsprache)

Prolog für die Salzburger Uraufführung von Reinhard Raffalt

Dirigent: Herbert von Karajan
Inszenierung: August Everding
Bühnenbild: Günther Schneider-Siemssen
Kostüme: Andrzej Majewski
Choreographische Beratung: John Neumeier
Kölner Rundfunk-Sinfonie-Orchester
Kölner Rundfunkchor
RIAS-Kammerchor
Ballett und Bewegungschor der Salzburger Festspiele

Prolog Rolf Boysen, Josef Greindl
Die Sibyllen Colette Lorand, Jane Marsh, Kay Griffel, Gwendolyn Killebrew, Kari Lövaas, Anna Tomowa Sintow, Heljä Angervo, Sylvia Anderson, Glenys Loulis
Die Anachoreten Erik Geisen, Hans Wegmann, Hans Helm, Wolfgang Anheisser, Siegfried R. Frese, Hermann Patzalt, Hannes Jokel, Anton Diakov, Boris Carmeli
Die letzten Menschen großer gemischter Chor
Chorführer Josef Greindl
Lucifer Hartmut Forche
Stimmen Christa Ludwig, Peter Schreier, Tölzer Knabenchor

ORCHESTERKONZERTE

29. Juli, 20 Uhr Mozarteum[a]
ORF-Symphonieorchester
Dirigent: Bruno Maderna
Soli: Peter Baillié, Tenor; Ladislav Illavsky, Bariton
ORF-Chor Wien

O. MESSIAEN: Et exspecto resurrectionem mortuorum
I. STRAWINSKY: Canticum Sacrum ad honorem Sancti Marci nominis, für Tenor, Bariton, Chor und Orchester
P. BOULEZ: Cummings ist der Dichter für 16 Solostimmen und Instrumente
W. LUTOSLAWSKI: Trois Poèmes d'Henri Michaux

30. Juli, 20 Uhr Großes Festspielhaus
Die Wiener Philharmoniker
Dirigent: Herbert von Karajan
Solist: Jean Bernard Pommier, Klavier

J. S. BACH: Konzert für Klavier und Orchester Nr. 1, d-Moll, BWV 1052
A. BRUCKNER: Symphonie Nr. 7, E-Dur (Originalfassung)

31. Juli, 20 Uhr Großes Festspielhaus[a]
ORF-Symphonieorchester
Dirigent: Milan Horvat
Solist: Josef Suk, Violine
ORF-Chöre Wien und Salzburg

E. KRENEK: Sinfonische Elegie, op. 105 (in memoriam Anton Webern)
A. BERG: Konzert für Violine und Orchester „Dem Andenken eines Engels"
G. v. EINEM: Das Stundenlied, op. 26

1. August, 20 Uhr Großes Festspielhaus
London Symphony Orchestra
Dirigent: André Previn
Solist: Kyung-Wha Chung, Violine

H. BERLIOZ: Ouvertüre „Le Corsaire", op. 21
F. MENDELSSOHN BARTHOLDY: Konzert für Violine und Orchester e-Moll, op. 64
D. SCHOSTAKOWITSCH: Symphonie Nr. 8, c-Moll, op. 65

4. August, 20 Uhr Mozarteum

Die Wiener Philharmoniker

Dirigent und Solist: Wolfgang Schneiderhan

W. A. MOZART:	Divertimento F-Dur, KV 138 Konzert für Violine und Orchester A-Dur, KV 219 Adagio für Violine und Orchester E-Dur, KV 261 Rondo für Violine und Orchester C-Dur, KV 373 Rondo concertante für Violine und Orchester B-Dur, KV 269 Eine kleine Nachtmusik G-Dur, KV 525

5. August, 20.30 Uhr Großes Festspielhaus

London Symphony Orchestra

Dirigent: Karl Böhm
Solist: Henryk Szeryng, Violine

W. A. MOZART:	Symphonie D-Dur, KV 385 „Haffner" Konzert für Violine und Orchester D-Dur, KV 271a (Kadenzen von Enesco)
J. BRAHMS:	Symphonie Nr. 2, D-Dur, op. 73

6. August, 20 Uhr Mozarteum[1]

Die Wiener Philharmoniker

Dirigent: Horst Stein
Solist: Werner Tripp, Flöte

W. A. MOZART:	Ballettmusik zu „Idomeneo", KV 367 Konzert für Flöte und Orchester D-Dur, KV 314 Symphonie D-Dur, KV 297

8. August, 20 Uhr Großes Festspielhaus

London Symphony Orchestra

Dirigent: Wolfgang Sawallisch
Solist: Dietrich Fischer-Dieskau, Bariton

F. SCHUBERT:	Symphonie Nr. 3, D-Dur
W. A. MOZART:	Männer suchen stets zu naschen, KV 433 Nach der welschen Art, aus KV 196 Ich möchte wohl der Kaiser sein, KV 539 Un bacio di mano, KV 541 Mentre ti lascio o figlia, KV 513
K. WEILL:	1. Symphonie
R. STRAUSS:	Till Eulenspiegels lustige Streiche, op. 28

11. August, 20 Uhr Mozarteum

Die Wiener Philharmoniker

Dirigent: Christoph von Dohnányi
Solist: Heinz Holliger, Oboe

W. A. MOZART:	Symphonie D-Dur, KV 504 „Prager" Konzert für Oboe und Orchester C-Dur, KV 314 Symphonie C-Dur, KV 551 „Jupiter"

12. August, 20.30 Uhr Großes Festspielhaus

London Symphony Orchestra

Dirigent: Seiji Ozawa
Solist: Leonid Kogan, Violine

J. CHRISTIAN BACH:	Sinfonia D-Dur, op. 18, Nr. 4
D. SCHOSTAKOWITSCH:	Konzert für Violine und Orchester a-Moll, op. 99
I. STRAWINSKY:	Der Feuervogel — Ballett (Originalfassung)

15. August, 11 Uhr Kleines Festspielhaus

Die Wiener Philharmoniker

Dirigent: Riccardo Muti
Soli: Gundula Janowitz, Sopran; Beverly Wolff, Alt

A. VIVALDI:	Concerto per archi A-Dur, RV 158
W. A. MOZART:	Symphonie C-Dur, KV 338
G. B. PERGOLESI:	Stabat Mater

15. August, 20.30 Uhr Großes Festspielhaus

London Symphony Orchestra

Dirigent: Claudio Abbado
Solistin: Janet Baker, Alt

J. HAYDN:	Symphonie Nr. 96, D-Dur, „The Miracle"
W. A. MOZART:	Arie „Deh se piacer mi vuoi" aus „La clemenza di Tito", KV 621
G. MAHLER:	Aus „Fünf Lieder aus letzter Zeit" Nr. 1—4 (Rückert)
I. STRAWINSKY:	„Le Sacre du Printemps"

19. August, 11 Uhr Kleines Festspielhaus

Die Wiener Philharmoniker

Dirigent: Claudio Abbado
Solist: Maurizio Pollini, Klavier

R. SCHUMANN:	Ouvertüre zu „Genoveva", op. 81
F. CHOPIN:	Konzert für Klavier und Orchester Nr. 2, f-Moll, op. 21
L. v. BEETHOVEN:	Symphonie Nr. 8, F-Dur, op. 93

22. August, 20 Uhr Großes Festspielhaus

Die Wiener Philharmoniker

Dirigent: Karl Böhm

L. v. BEETHOVEN:	Symphonie Nr. 4, B-Dur, op. 60 Symphonie Nr. 3, Es-Dur, op. 55 „Eroica"

26. August, 11 Uhr Großes Festspielhaus

Die Wiener Philharmoniker

Dirigent: Lorin Maazel
Solist: Alexis Weissenberg, Klavier

L. v. BEETHOVEN:	Konzert für Klavier und Orchester Nr. 5, Es-Dur, op. 73
P. I. TSCHAIKOWSKIJ:	Symphonie Nr. 6, h-Moll, op. 74 „Pathétique"

27. August, 20 Uhr Großes Festspielhaus

Das Berliner Philharmonische Orchester

Dirigent: Herbert von Karajan

J. S. BACH:	Brandenburgisches Konzert Nr. 6, B-Dur, BWV 1051
A. BERG:	Drei Orchesterstücke, op. 6
J. BRAHMS:	Symphonie Nr. 1, c-Moll, op. 68

28. August, 20 Uhr Großes Festspielhaus

Das Berliner Philharmonische Orchester

Dirigent: Herbert von Karajan

G. MAHLER:	Symphonie Nr. 5, cis-Moll

30. August, 20 Uhr Großes Festspielhaus

Die Wiener Philharmoniker

Dirigent: Zubin Mehta
Solist: Alfred Brendel, Klavier

W. A. MOZART:	Konzert für Klavier und Orchester, C-Dur, KV 503
R. STRAUSS:	Sinfonia domestica, op. 53

SERENADEN

27. Juli, 20.30 Uhr Residenz

Harmonie der Tschechischen Philharmoniker

W. A. MOZART: Serenade Es-Dur, KV 375
J. PEZELIUS: Suite für Bläser B-Dur
W. A. MOZART: Serenade c-Moll, KV 388

31. Juli, 20.30 Uhr Residenz

Ensemble Instrumental Français

Solist: Maurice Bourgue, Oboe

A. VIVALDI: Concerto F-Dur für drei Violinen und Streicher, RV 551
T. ALBINONI: Concerto d-Moll für Oboe und Streicher, op. 9/2
B. MARCELLO: Concerto d-Moll für Oboe und Streicher
W. A. MOZART: Divertimento B-Dur, KV 137
Divertimento D-Dur, KV 251

2. August, 20.30 Uhr Residenz

London Symphony Orchestra Wind Ensemble

Dirigent: Gervase de Peyer

CH. GOUNOD: Petite Symphonie (1888)
R. STRAUSS: Suite B-Dur, op. 4
W. A. MOZART: Serenade B-Dur, KV 361

7. August, 20.30 Uhr Residenz

Das Mozarteum-Orchester

Dirigent: Leopold Hager

L. MOZART: Sinfonie in D-Dur
W. KILLMAYER: Nachtgedanken (Uraufführung) (Auftragswerk für die Salzburger Festspiele 1973)
W. A. MOZART: Serenade D-Dur, KV 320 „Posthorn-Serenade" (Posthornsolo: Johann Streitwieser)
Marsch D-Dur, KV 335/1

11. August, 20.30 Uhr Residenz

Das Mozarteum-Orchester

Dirigent: Ralf Weikert

F. SCHUBERT: Ouvertüre C-Dur (im italienischen Stil)
W. A. MOZART: Sechs deutsche Tänze, KV 571
H. WOLF: Italienische Serenade G-Dur (Viola: Alfred Letizky)
J. BRAHMS: Serenade A-Dur, op. 16

16. August, 20.30 Uhr Residenz

Das Mozarteum-Orchester

Dirigent: Bernhard Klee

W. A. MOZART: Divertimento Es-Dur, KV 113
Marsch D-Dur, KV 249
Serenade D-Dur, KV 250 „Haffner-Serenade" (Violinsolo: Joseph Schröcksnadel)
Marsch C-Dur, KV 408/3

21. August, 20.30 Uhr Residenz

Das Mozarteum-Orchester

Dirigent: Theodor Guschlbauer

W. A. MOZART: Marsch C-Dur, KV 408/1
Deutsche Tänze aus KV 586
G. PH. TELEMANN: Ouvertüre (Suite) à 7 in C-Dur (Cembalo: Josef Wallnig)
W. A. MOZART: Marsch D-Dur, KV 215
Serenade D-Dur, KV 204 (Violinsolo: Joseph Schröcksnadel)

24. August, 20.30 Uhr Residenz

Das Mozarteum-Orchester

Dirigent: Friedemann Layer

W. A. MOZART: Cassation B-Dur, KV 99
Sechs Menuette, KV 104
Marsch D-Dur, KV 290
Divertimento D-Dur, KV 205

28. August, 20.30 Uhr Residenz

Das Mozarteum-Orchester

Dirigent: Lothar Zagrosek

W. A. MOZART: Marsch C-Dur, KV 214
J. HAYDN: Notturno Nr. 7 in C, Hob. II/31
W. A. MOZART: Menuette aus KV 568
Divertimento D-Dur, KV 131
Marsch D-Dur, KV 408/2

MATINEEN

Werke von WOLFGANG AMADEUS MOZART

Das Matineen-Ensemble des Mozarteum-Orchesters

29. Juli, 11 Uhr Mozarteum

Dirigent: Gerhard Wimberger
Solistin: Ingrid Haebler, Klavier
Kammerchor der Salzburger Festspiele

Symphonie Es-Dur, KV 16
Konzert für Klavier und Orchester B-Dur, KV 456
Ein musikalischer Spaß, KV 522 „Dorfmusikantensextett" (Violinsolo: Joseph Schröcksnadel)
Kanons: Essen, Trinken, das erhält, KV 234
V'amo di core teneramente, KV 348
G'rechtelt's enk, KV 556
Symphonie g-Moll, KV 183

5. August, 11 Uhr Mozarteum

Dirigent: Bernhard Klee
Soli: Robert Kerns, Baß; Alexander Jenner, Klavier

Symphonie D-Dur, KV 19
Konzert für Klavier und Orchester F-Dur, KV 413
Rezitativ und Arie „Cosi dunque tradisci", KV 432
Arie „Rivolgete a lui lo sguardo", KV 584
Symphonie B-Dur, KV 319

12. August, 11 Uhr Mozarteum

Dirigent: Leopold Hager
Soli: Arleen Auger, Sopran; Joseph Kalichstein, Klavier

Symphonie B-Dur, KV 22
Konzert für Klavier und Orchester G-Dur, KV 453
Motette „Exsultate, jubilate", KV 165
Symphonie C-Dur, KV 425 „Linzer"

15. August, 11 Uhr Mozarteum

Dirigent: Gerhard Wimberger
Soli: Brigitte Fassbaender, Alt; Otfried Ruprecht, Oboe; Otto Lang, Klarinette; Alois Aigner, Horn; Rudolf Klepac, Fagott

Symphonie F-Dur, KV 76
Sinfonia concertante Es-Dur für Oboe, Klarinette, Horn, Fagott und Orchester, KV 297b
Rezitativ und Arie „Ombra felice", KV 255
Arie des Sesto „Parto, parto, ma tu ben mio", aus „La clemenza di Tito", KV 621, Nr. 9
(Klarinettensolo: Kurt Birsak)
Symphonie D-Dur, KV 202

19. August, 11 Uhr Mozarteum

Dirigent: Leopold Hager
Solist: Karl Engel, Klavier
Kammerchor der Salzburger Festspiele

Symphonie F-Dur, KV 43
Konzert für Klavier und Orchester A-Dur, KV 414
Konzert-Rondo für Klavier und Orchester D-Dur, KV 382
Kanons: Lieber Freistädtler, lieber Gaulimauli, KV 232
Difficile lectu mihi mars, KV 559
Gehn ma in 'n Prada, gehn ma in d' Hötz, KV 558
Divertimento D-Dur, KV 136
Symphonie C-Dur, KV 200

25. August, 11 Uhr Mozarteum

Dirigent: Theodor Guschlbauer
Soli: Edith Mathis, Sopran; Peter Damm, Horn

Symphonie B-Dur, KV 45b
Konzert für Horn und Orchester Es-Dur, KV 417
Arie „Vado, ma dove? - oh Dei!", KV 583
Szene „Bella mia fiamma", KV 528
Symphonie A-Dur, KV 201

KAMMERKONZERTE

28. Juli, 20 Uhr Mozarteum

Harmonie der Tschechischen Philharmoniker

J. DESPREZ: Königsfanfare
G. GABRIELI: Sonata pian e forte
J. PAUER: Musica da concerto für 13 Blasinstrumente
A. DVOŘÁK: Serenade d-Moll, op. 44

30. Juli, 20 Uhr Mozarteum

Ensemble Instrumental Français

Solist: Maurice Bourgue, Oboe

J. B. de BOISMORTIER: Sonate D-Dur für Violinen
J. M. LECLAIR: Concerto C-Dur für Oboe und Streicher, op. VII, 3
J. S. BACH: Konzert für Oboe d'amore und Streicher A-Dur, BWV 1055
G. PH. TELEMANN: Konzert für drei Violinen F-Dur
J. S. BACH: Konzert für Violine, Oboe und Streicher d-Moll, nach BWV 1060

3. August, 20 Uhr Mozarteum[3]

Gaudeamus Quartett

T. de LEEUW: 2. Streichquartett
W. LUTOSLAWSKI: Streichquartett (1964)
H. E. APOSTEL: 2. Streichquartett (1956), op. 26
G. LIGETI: Streichquartett Nr. 2

8. August, 20 Uhr Mozarteum

Bläservereinigung der Wiener Philharmoniker

W. A. MOZART: Divertimento B-Dur, KV 186
R. STRAUSS: Serenade Es-Dur, op. 7
A. UHL: Eine vergnügliche Musik für 8 Bläser
L. v. BEETHOVEN: Oktett Es-Dur, op. 103

18. August, 20 Uhr Mozarteum[1]

LaSalle-Quartett

W. A. MOZART: Streichquartett A-Dur, KV 464 „Paukenquartett"
Streichquartett d-Moll, KV 421
Streichquartett D-Dur, KV 499

21. August, 20 Uhr Mozarteum[3]

LaSalle-Quartett

A. SCHÖNBERG: Streichquartett Nr. 3, op. 30
A. WEBERN: Sechs Bagatellen, op. 9
A. BERG: Lyrische Suite für Streichquartett (1926)

24. August, 20 Uhr Mozarteum[3]

LaSalle-Quartett

A. v. ZEMLINSKY: 3. Streichquartett, op. 19
A. WEBERN: Fünf Sätze für Streichquartett, op. 5
A. SCHÖNBERG: Streichquartett Nr. 4, op. 37

LIEDERABENDE

31. Juli, 20 Uhr Mozarteum

Teresa Berganza, Mezzosopran

Am Flügel: Felix Lavilla
Wegen Erkrankung der Künstlerin ausgefallen.

1. August, 20 Uhr Mozarteum

Tom Krause, Bariton

Am Flügel: Irwin Gage
Lieder von F. Schubert

4. August, 20 Uhr Großes Festspielhaus

Hermann Prey, Bariton

Am Flügel: Leonard Hokanson
Balladen von F. Schubert und C. Loewe

13. August, 20 Uhr Mozarteum

Edith Mathis, Sopran

Am Flügel: Bernhard Klee
Wegen Erkrankung der Künstlerin ausgefallen.

26. August, 20.30 Uhr Großes Festspielhaus

Dietrich Fischer-Dieskau, Bariton

Am Flügel: Christoph Eschenbach
Lieder von F. Schubert

SOLISTENKONZERTE

7. August, 20 Uhr Mozarteum

Henryk Szeryng, Violine; Ingrid Haebler, Klavier

W. A. MOZART:	Sonate F-Dur, KV 376
	Sonate B-Dur, KV 378
F. SCHUBERT:	Duo A-Dur, op. 162

14. August, 20 Uhr Mozarteum

Leonid Kogan, Violine; Nina Kogan, Klavier

F. SCHUBERT:	Sonatine g-Moll, op. 137, Nr. 3
L. v. BEETHOVEN:	Sonate A-Dur, op. 47 „Kreutzersonate“
J. BRAHMS:	Sonate Nr. 2, A-Dur, op. 100
	Scherzo c-Moll (1853)

16. August, 20 Uhr Mozarteum

Christoph Eschenbach, Klavier

F. SCHUBERT:	Vier Impromptus, op. 90, D 899
	Wandererfantasie C-Dur, op. 15, D 760
	Sonate A-Dur, op. posth., D 959

20. August, 20 Uhr Mozarteum

Maurizio Pollini, Klavier

F. SCHUBERT:	Sonate A-Dur, op. posth., D 959
L. v. BEETHOVEN:	Sonate E-Dur, op. 109
	Sonate As-Dur, op. 110

23. August, 20 Uhr Mozarteum

Alexis Weissenberg, Klavier

J. S. BACH:	Aria mit 30 Veränderungen (Klavierübung Teil IV) „Goldberg-Variationen“, BWV 988

KONZERT GEISTLICHER MUSIK

9. August, 20 Uhr Aula academica

Das Mozarteum-Orchester

Dirigent: Ernst Märzendorfer
Soli: Gabriele Fuchs, Sopran; Ingrid Mayr, Alt; Michel Sénéchal, Tenor; Helge von Bömches, Baß; Oskar Peter, Orgel
Kammerchor der Salzburger Festspiele

W. A. MOZART:	Offertorium „Scande coeli limina“, KV 34
	Regina Coeli C-Dur, KV 276
	Offertorium de venerabili sacramento „Venite populi“, KV 260
	Sonate C-Dur für Orgel und Orchester, KV 329
	Litaniae de venerabili altaris sacramento Es-Dur, KV 243

KIRCHENKONZERT

4. August, 11 Uhr Erzabteikirche St. Peter[1]

Dirigent: Meinhard von Zallinger; Orgel: Robert Kuppelwieser
Soli: Arleen Auger, Reingard Didusch, Horst Laubenthal, Kieth Engen
Das Mozarteum-Orchester — Der Salzburger Rundfunk- und Mozarteum-Chor

W. A. MOZART:	c-Moll-Messe, KV 427
	Ave verum, KV 618

1974

26. Juli—30. August

SCHAUSPIEL

27. Juli, 3., 10., 14., 21. August
Landestheater

THOMAS BERNHARD

Die Macht der Gewohnheit

(Uraufführung)

Regie:	Dieter Dorn
Bühnenbild:	Wilfried Minks
Kostüme:	Wilfried Minks / Johannes Schütz
Caribaldi	Bernhard Minetti
Enkelin	Anita Lochner
Jongleur	Fritz Lichtenhahn
Dompteur	Hans Peter Hallwachs
Spaßmacher	Bruno Dallansky

28. Juli, 4., 11., 15., 18., 25. August
Domplatz / Großes Festspielhaus

HUGO VON HOFMANNSTHAL

Jedermann

Regie:	Ernst Haeusserman
Ausstattung:	Veniero Colasanti / John Moore
Musik:	Joseph Messner / Einar Nilson
Dirigent:	Ernst Hinreiner
Choreographie:	William Milié
Orgel:	Oskar Peter

Das Mozarteum-Orchester
Salzburger Rundfunk- und Mozarteum-Chor

Stimme des Herrn	Ewald Balser
Tod	Will Quadflieg
Jedermann	Curd Jürgens
Jedermanns Mutter	Vilma Degischer
Guter Gesell	Walther Reyer
Hausvogt	Karl Blühm
Koch	Friedemann Held
Armer Nachbar	Harald Harth
Schuldknecht	Michael Janisch
Schuldknechts Weib	Grete Zimmer
Buhlschaft	Christiane Hörbiger Senta Berger 25. 8.
Dicker Vetter	Fritz Muliar
Dünner Vetter	Peter Matić
Mammon	Kurt Heintel
Gute Werke	Aglaja Schmid
Glaube	Agnes Fink
Teufel	Martin Benrath
Spielansager	Heinz Ehrenfreund

6., 9., 11., 15., 18., 22., 25., 28. August
Landestheater

WILLIAM SHAKESPEARE

Was ihr wollt

nach der Übersetzung von A. W. Schlegel für die Salzburger Festspiele bearbeitet von Otto Schenk und Peter Weiser

Regie:	Otto Schenk
Bühnenbild:	Günther Schneider-Siemssen
Kostüme:	Hill Reihs-Gromes
Musik:	Gerhard Wimberger
Orsino	Klaus Maria Brandauer
Viola	Christine Ostermayer
Sebastian	Wolfgang Hübsch
Olivia	Sabine Sinjen
Maria	Christiane Hörbiger
Junker Tobias	Hans Dieter Zeidler
Junker Andreas	Helmut Lohner
Malvolio	Josef Meinrad
Fabio	Heinz Marecek
Narr	Karl Paryla
Antonio	Rudolf Melichar
Schiffshauptmann	Kurt Müller-Walden

Priester	Philipp Zeska
Valentin	Miguel Herz-Kestranek
Curio	Heinz Rohn
1. Gerichtsdiener	Anton Pointecker
2. Gerichtsdiener	Dietrich Schlederer

18. August 25. Aufführung im Rahmen der Salzburger Festspiele

7., 12., 16., 23., 29. August
Felsenreitschule

GIORGIO STREHLER

Das Spiel der Mächtigen I

nach William Shakespeares Heinrich VI.
Deutsch von Loek Huisman

Regie:	Giorgio Strehler
Bühnenbild:	Paolo Bregni
Musik:	Fiorenzo Carpi
Dirigent:	Peter Ewaldt

DER THRON UND DAS VOLK

Der Schauspieler	Will Quadflieg

Die Mächtigen:

König Heinrich VI.	Michael Heltau
Königin Margaretha	Andrea Jonasson
Herzog von Gloster	Siegfried Lowitz
Leonore von Gloster	Maria Emo
Kardinal von Winchester	Richard Münch
Herzog von Buckingham	Erik Frey
Herzog von York	Rolf Boysen
Herzog von Somerset	Hannes Riesenberger
Herzog von Suffolk	Karl Michael Vogler
Graf von Clifford	Aljoscha Sebald
Sein Sohn	Dieter Witting
Graf von Salisbury	Gert Westphal
Graf von Warwick	Christoph Felsenstein
Lord Say	Egon Jordan
Sir Humphrey Stafford	Tom Krinzinger
Sir William Stafford	Kurt Hansen
Erster Offizier	Adolf Lukan
Zweiter Offizier	Karl Blühm
Hume	Max Mairich
Ein Mörder	Stephan Paryla
Bischof	Oskar Reinhardt
Bänkelsänger	Joachim Kemmer

Das Volk:

John Cade	Wolfgang Reichmann
Dick	Richard Haller
Smith	Edd Stavjanik
Withmore	Toni Berger
Totengräber Holland	Karl Paryla
Totengräber Bevis	Adolph Spalinger
Horner	Erich Aberle
Peter	Hermann Scheidleder
Simpcox	Helmut Janatsch
Simpcox' Weib	Angelika Hauff
Bürgermeister	Karl Rudolf Liecke
Ausrufer	Karl Blühm
Fischverkäufer	Curth A. Tichy
Ballonverkäufer	Richard Tomaselli
Schießbudenbesitzer	Karl Blühm
Ein Zimmermann	Bruno Thost
Ein Farbenhändler	Michael Kiurina
Ein Schuster	Heinz Rohn
Ein Handwerker	Rolf Hartmann
1. Schauspielerin	Eva Kerbler
2. Schauspielerin	Mona Seefried
1. Schauspieler	P. Walter Jacob
2. Schauspieler	Nikolaus Paryla
3. Schauspieler	Walter Langer

8., 14., 17., 24., 30. August
Felsenreitschule

GIORGIO STREHLER

Das Spiel der Mächtigen II

nach William Shakespeares Heinrich VI.
Deutsch von Loek Huisman

Regie:	Giorgio Strehler
Bühnenbild:	Paolo Bregni
Musik:	Fiorenzo Carpi
Dirigent:	Peter Ewaldt

DIE ROSENKRIEGE

Der Schauspieler	Will Quadflieg

Von der Partei der Roten Rose:

König Heinrich VI.	Michael Heltau
Königin Margaretha	Andrea Jonasson
Herzog von Buckingham	Erik Frey
Graf von Clifford	Aljoscha Sebald
Sein Sohn	Dieter Witting
Graf von Northumberland	Michael Kiurina
Graf von Westmoreland	Toni Berger
Graf von Wiltshire	Bruno Thost
Herzog von Somerset	Hannes Riesenberger
Herzog von Exeter	Karl Blühm

Von der Partei der Weißen Rose:

Herzog von York	Rolf Boysen
Seine Söhne: Eduard	Frank Hoffmann
Richard	Gerd Böckmann
Georg	Christian Ghera
Graf von Salisbury	Gert Westphal
Graf von Warwick	Christoph Felsenstein
Herzog von Norfolk	Bernd Stephan
Marquis von Montague	Kurt Hansen
Graf von Pembroke	Harry Hornisch
Alexander Iden	Tom Krinzinger
Der Sohn	Klaus Höring
Der Vater	Erich Aberle
Erster Förster	Rolf Hartmann
Zweiter Förster	Adolf Lukan
Totengräber Holland	Karl Paryla
Totengräber Bevis	Adolph Spalinger
Die Ammen	Lona Dubois, Maria Los, Rina Meron, Isolde Stiegler

REZITATIONSABENDE

28. Juli, 20 Uhr Mozarteum

Will Quadflieg

spricht Monologe und Szenen aus Faust I von Johann Wolfgang von Goethe

2. August, 20 Uhr Mozarteum

Curd Jürgens

Lesung aus Carl Zuckmayers Werken
Dieser Abend wurde auf Wunsch des Künstlers verschoben.

KARL KRAUS-MATINEE

zur 100. Wiederkehr seines Geburtstages

18. August, 11 Uhr Landestheater

Mitwirkende: Susi Nicoletti, Michael Heltau, Fritz Muliar, Otto Schenk und Friedrich Torberg

OPER

26., 29. Juli, 12., 17., 23., 29. August
Großes Festspielhaus

WOLFGANG AMADEUS MOZART

Die Zauberflöte

Dirigent:	Herbert von Karajan
Inszenierung:	Giorgio Strehler
Bühnenbild:	Luciano Damiani
Kostüme:	Luciano Damiani

Die Wiener Philharmoniker
Chor der Wiener Staatsoper

Sarastro	Peter Meven
Tamino	René Kollo Werner Hollweg 29. 8.
Sprecher	José van Dam Tom Krause 29. 7., 17. 8.
1. Priester	Alf Beinell
2. Priester	Hans Christian
Königin der Nacht	Edita Gruberova 26. 7. Louise Lebrun
Pamina	Edith Mathis
1. Dame	Jane Marsh
2. Dame	Trudeliese Schmidt
3. Dame	Sylvia Anderson
Papageno	Hermann Prey
Papagena	Reri Grist
Monostatos	Gerhard Unger
Drei Knaben	Solisten des Tölzer Knabenchores
1. Geharnischter	Martin Schomberg
2. Geharnischter	Martin Egel

31. Juli, 10., 13., 24. August
Großes Festspielhaus

WOLFGANG AMADEUS MOZART

Le Nozze di Figaro

(in italienischer Sprache)

Dirigent:	Herbert von Karajan
Inszenierung:	Jean-Pierre Ponnelle
Bühnenbild:	Jean-Pierre Ponnelle
Kostüme:	Jean-Pierre Ponnelle

Die Wiener Philharmoniker
Chor der Wiener Staatsoper

Graf Almaviva	Tom Krause

Gräfin	Elizabeth Harwood
Susanna	Mirella Freni
Figaro	José van Dam
Basilio	Michel Sénéchal
Bartolo	Paolo Montarsolo
Marcellina	Jane Berbié
Cherubino	Frederica von Stade
Antonio	Zoltan Kelemen
Barbarina	Elke Schary
Curzio	Willy Caron
Brautjungfer	Gunda Spiluttini

2., 6., 9., 18., 28. August
Kleines Festspielhaus

WOLFGANG AMADEUS MOZART

Così fan tutte

(in italienischer Sprache)

Dirigent:	Karl Böhm
Inszenierung:	Günther Rennert
Bühnenbild:	Ita Maximowna
Kostüme:	Ita Maximowna

Die Wiener Philharmoniker
Chor der Wiener Staatsoper

Fiordiligi	Gundula Janowitz
Dorabella	Brigitte Fassbaender
Guglielmo	Hermann Prey
Ferrando	Peter Schreier
Despina	Reri Grist
Don Alfonso	Rolando Panerai

10., 13., 20., 27. August
Kleines Festspielhaus

WOLFGANG AMADEUS MOZART

Die Entführung aus dem Serail

Dirigent:	Leif Segerstam
Inszenierung:	Giorgio Strehler
Bühnenbild:	Luciano Damiani
Kostüme:	Luciano Damiani

Die Wiener Philharmoniker
Chor der Wiener Staatsoper

Selim, Bassa	Michael Heltau
Konstanze	Sylvia Geszty Elizabeth Harwood 20., 27.
Blondchen	Judith Blegen
Belmonte	Werner Hollweg
Pedrillo	Gerhard Unger
Osmin	Kurt Moll

16., 19., 22., 26., 30. August
Großes Festspielhaus

RICHARD STRAUSS

Die Frau ohne Schatten

Dirigent:	Karl Böhm
Inszenierung:	Günther Rennert
Bühnenbild:	Günther Schneider-Siemssen
Kostüme:	Bernd Müller / Jörg Neumann

Die Wiener Philharmoniker
Chor der Wiener Staatsoper

Der Kaiser	James King
Die Kaiserin	Leonie Rysanek
Die Amme	Ruth Hesse
Der Geisterbote	Martin Egel
Hüter des Tempels	Maria Haug
Erscheinung des Jünglings	Martin Schomberg
Stimme des Falken	Maria Haug
Stimme von oben	Ingrid Mayr
Barak	Walter Berry
Sein Weib	Christa Ludwig Ursula Schröder-Feinen 19., 26.
Der Einäugige	Zoltan Kelemen
Der Einarmige	Lorenzo Alvary
Der Bucklige	Murray Dickie
Kinderstimmen	Elsa Barylli, Elisabeth Kinsky, Maria Kuchuk, Bettina Schoeller, Sally Williams
Stimmen der Wächter	Alexander Maly, Karl Neugebauer, Wolfgang Scheider

ORCHESTERKONZERTE

27. Juli, 20 Uhr Kleines Festspielhaus

Die Wiener Philharmoniker

Dirigent: Riccardo Muti
Solisten: Gerhard Hetzel, Violine; Rudolf Streng, Viola

W. A. MOZART:	Konzertante Symphonie für Violine, Viola und Orchester, Es-Dur, KV 364
S. PROKOFIEFF:	Sinfonietta A-Dur, op. 5/48
W. A. MOZART:	Symphonie g-Moll, KV 183

28. Juli, 20.30 Uhr Großes Festspielhaus

Die Wiener Philharmoniker

Dirigent: Claudio Abbado
Solist: Clifford Curzon, Klavier

G. LIGETI:	Lontano für großes Orchester (1967)
W. A. MOZART:	Konzert für Klavier und Orchester D-Dur, KV 537 „Krönungskonzert"
J. BRAHMS:	Symphonie Nr. 4, e-Moll, op. 98

3. August, 20 Uhr Kleines Festspielhaus

Die Wiener Philharmoniker

Dirigent: Dmitrij Kitaenko
Solist: Victor Tretjakow, Violine

I. STRAWINSKY:	Pulcinella-Suite
P.I.TSCHAIKOWSKIJ:	Konzert für Violine und Orchester D-Dur, op. 35
L. v. BEETHOVEN:	Symphonie Nr. 1, C-Dur, op. 21

5. August, 20 Uhr Mozarteum[1]

Die Wiener Philharmoniker

Dirigent: Claudio Abbado
Solist: Friedrich Gulda, Klavier

W. A. MOZART:	Symphonie D-Dur, KV 297 Konzert für Klavier und Orchester B-Dur, KV 595 Divertimento B-Dur, KV 287

8. August, 20 Uhr Mozarteum

Die Wiener Philharmoniker

Dirigent: Colin Davis
Solist: Stephen Bishop, Klavier

F. SCHUBERT:	Ouvertüre D-Dur, D 556
W. A. MOZART:	Konzert für Klavier und Orchester C-Dur, KV 467
J. HAYDN:	Symphonie Nr. 101, D-Dur „Die Uhr"

11. August, 20 Uhr Dom

Collegium aureum

auf Originalinstrumenten
Dirigent: P. Ireneu Segarra OSB, Montserrat
Soli: Buben der Escolania Montserrat, des Tölzer Knabenchors und acht Vokalsolisten

H. I. F. v. BIBER:	Sonata a 8
O. BENEVOLI:	„Missa Salisburgensis"
(zugeschrieben)	Hymnus „Plaudite tympana"

Veranstaltet vom Domkapitel Salzburg in Zusammenarbeit mit den Salzburger Festspielen anläßlich des 1200-Jahr-Jubiläums des Salzburger Domes

14. August, 20 Uhr Dom

Wiederholung des Konzertes vom 11. August

15. August, 20.30 Uhr Großes Festspielhaus

Die Wiener Philharmoniker

Dirigent: Herbert von Karajan
Solist: Maurizio Pollini, Klavier

R. SCHUMANN: Konzert für Klavier und Orchester a-Moll, op. 54
A. DVOŘÁK: Symphonie Nr. 8, G-Dur, op. 88 „Die Englische"

17. August, 20 Uhr Dom[3]

ORF-Symphonieorchester

Dirigent: Milan Horvat / Krzysztof Penderecki
Soli: Arleen Auger, Sopran; Peter Lagger, Baß
ORF-Chor Wien — Die Wiener Sängerknaben — Schola Cantorum Stuttgart

CL. DEBUSSY: Aus: „Le Martyre de Saint Sébastien" (1911)
K. PENDERECKI: „Magnificat" für Baßsolo, Vokalensemble, Doppelchor, Knabenstimmen und Orchester (Uraufführung) Kompositionsauftrag des ORF für die 1200-Jahr-Feier des Salzburger Domes

19. August, 20 Uhr Felsenreitschule[3]

ORF-Symphonieorchester

Dirigent: Leif Segerstam

L. BERIO: „Epifani" für Orchester und Frauenstimme (Cathy Berberian)
B. A. ZIMMERMANN: „Die Soldaten", Vokalsinfonie für sechs Solisten und Orchester (1959) Österreichische Erstaufführung

Marie	Edith Gabry
Desportes	Anton de Ridder
Wesener	Marius Rintzler
Weseners Mutter	Gudrun Wewezow
Stolzius' Mutter	Sylvia Anderson
Stolzius	Peter Christoph Runge

21. August, 20 Uhr Großes Festspielhaus

Die Wiener Philharmoniker

Dirigent: Witold Rovicki
Solist: Alexis Weissenberg, Klavier

K. SZYMANOWSKI: Konzert-Ouvertüre E-Dur, op. 12
P.I.TSCHAIKOWSKIJ: Konzert für Klavier und Orchester Nr. 1, b-Moll, op. 23
L. v. BEETHOVEN: Symphonie Nr. 7, A-Dur, op. 92

25. August, 11 Uhr Großes Festspielhaus

Die Wiener Philharmoniker

Dirigent: Karl Böhm
Solist: Géza Anda, Klavier

W. A. MOZART: Konzert für Klavier und Orchester B-Dur, KV 456
A. BRUCKNER: Symphonie Nr. 7, E-Dur (Originalfassung)

27. August, 20 Uhr Großes Festspielhaus

Das Berliner Philharmonische Orchester

Dirigent: Herbert von Karajan

W. A. MOZART: Divertimento D-Dur, KV 334
R. STRAUSS: Ein Heldenleben, op. 40 (Violinsolo: Thomas Brandis)

28. August, 20.30 Uhr Großes Festspielhaus

Das Berliner Philharmonische Orchester

Dirigent: Herbert von Karajan
Konzertvereinigung Wiener Staatsopernchor

I. STRAWINSKY: Psalmensymphonie für gemischten Chor und Orchester (Klavier: Horst Göbel, Hellmuth Stern)
P.I.TSCHAIKOWSKIJ: Symphonie Nr. 6, h-Moll, op. 74 „Pathétique"

SERENADEN

30. Juli, 20.30 Uhr Residenz

I Solisti Veneti

Dirigent: Claudio Scimone
Solist: Maurice Allard, Fagott

A. VIVALDI: Konzert für Fagott, Streicher und Continuo a-Moll, RV 498
W. A. MOZART: Divertimento D-Dur, KV 251
G. ROSSINI: I. Sonate für Streicher G-Dur
L. BOCCHERINI: Symphonie d-Moll, op. 12/4 „La Casa del Diavolo" (1771)

1. August, 20.30 Uhr Residenz

Das Mozarteum-Orchester

Dirigent: Dietfried Bernet

W. A. MOZART: Ouvertüre und 3 Kontretänze, KV 106
Menuett Es-Dur (ohne Trio), KV 122
Kontretanz B-Dur, KV 123
J. HAYDN: Symphonie A-Dur, Hob. I/59, „Feuersymphonie"
L. MOZART: Sinfonia D-Dur
W. A. MOZART: Marsch D-Dur, KV 62
Serenade D-Dur, KV 100

5. August, 20.30 Uhr Residenz

Collegium Musicum Pragense

Dirigent: František Vajnar

J. N. HUMMEL: Partita Es-Dur
W. A. MOZART: Divertimento F-Dur, KV 253
A. GYROWETZ: Partita B-Dur
J. HAYDN: Divertimento B-Dur (mit dem Chorale St. Antoni), Hob. II/46
F. V. KROMMER: Harmonie Es-Dur, op. 71

7. August, 20.30 Uhr Residenz

Das Mozarteum-Orchester

Dirigent: Bernhard Klee

L. MOZART: Sinfonia F-Dur
W. A. MOZART: Sechs deutsche Tänze, KV 509
Zwei Menuette mit eingefügten Kontretänzen, KV 463
Marsch D-Dur, KV 237
Serenade D-Dur, KV 203 (Violinsolo: Karlheinz Franke)

15. August, 20.30 Uhr Residenz

Salzburger Bläserkammermusik-Vereinigung

Dirigent: Rudolf Klepač

L. v. BEETHOVEN: Oktett Es-Dur, op. 103
W. A. MOZART: Divertimento Es-Dur, KV 196e
Serenade c-Moll, KV 388

21. August, 20.30 Uhr Residenz

Das Mozarteum-Orchester

Dirigent: Leopold Hager
Solist: Carol Dawn Reinhardt, Trompete

J. HAYDN: Divertimento G-Dur, Hob. X/12
Konzert für Trompete und Orchester Es-Dur, Hob. VII/1
F. SCHUBERT: Fünf Deutsche mit Coda und sieben Trios, D 90
A. DVOŘÁK: Serenade d-Moll, op. 44

27. August, 20.30 Uhr Residenz

Das Mozarteum-Orchester

Dirigent: Theodor Guschlbauer

W. A. MOZART: Divertimento D-Dur, KV 205
L. MOZART: Sinfonia C-Dur
W. A. MOZART: Marsch D-Dur, KV 189
Serenade D-Dur, KV 185
(Violinsolo: Karlheinz Franke)

MATINEEN

Werke von WOLFGANG AMADEUS MOZART

Das Mozarteum-Orchester

28. Juli, 11 Uhr Mozarteum

Dirigent: Leopold Hager
Soli: Edward Auer, Klavier; Christian Boesch, Bariton
Kammerchor der Salzburger Festspiele
Symphonie B-Dur, KV 45b
Konzert für Klavier und Orchester A-Dur, KV 488
Chöre und Zwischenakte zu „Thamos, König in Ägypten", KV 345

4. August, 11 Uhr Mozarteum

Dirigent: Bernhard Klee
Solist: Rudolf Buchbinder, Klavier
Kammerchor der Salzburger Festspiele
Symphonie D-Dur, KV 48
Konzert für Klavier und Orchester d-Moll, KV 466
Kanons: KV 555, 557, 562, 554 und 553
Symphonie C-Dur, KV 338

11. August, 11 Uhr Mozarteum

Dirigent: Gerhard Wimberger
Soli: Peter Meven, Baß; Hans Rudolf Stalder, Klarinette
„Neue Lambacher Symphonie" G-Dur
Konzert für Klarinette und Orchester A-Dur, KV 622
Arie „Mentre ti lascio o figlia", KV 513
Ariette „Un bacio di mano", KV 541
Symphonie B-Dur, KV 319

15. August, 11 Uhr Mozarteum

Dirigent: Leopold Hager
Soli: Peter Schreier, Tenor; Gilbert Schuchter, Klavier
Symphonie C-Dur, KV 73
Konzert für Klavier und Orchester C-Dur, KV 415
Aus „Idomeneo", KV 366
Rezitativ und Arie des Arbace „Sventurata Sidon — Se colà ne' fati" und Arie „Se il tuo duol"
Symphonie D-Dur, KV 385 „Haffner"

18. August, 11 Uhr Mozarteum

Dirigent: Theodor Guschlbauer
Soli: Sylvia Geszty, Sopran; Rainer Küchl, Violine
Symphonie G-Dur, KV 74
Konzert für Violine und Orchester D-Dur, KV 211
Arie „Ah se in ciel, benigne stelle", KV 538
Szene und Arie „Misera, dove son!", KV 369
Symphonie D-Dur, KV 133

24. August, 11 Uhr Mozarteum

Dirigent: Gerhard Wimberger
Soli: Sylvia Sass, Sopran; Walter Klien, Klavier
Symphonie D-Dur, KV 81
Konzert für Klavier und Orchester c-Moll, KV 491
Rezitativ und Arie „Ah, lo prevedi", KV 272
Szene „Bella mia fiamma", KV 528
Symphonie D-Dur, KV 504 „Prager"

KAMMERKONZERTE

31. Juli, 20 Uhr Mozarteum

I Solisti Veneti

Dirigent: Claudio Scimone
Solist: Jean Pierre Rampal, Flöte

A. VIVALDI: Sechs Konzerte für Flöte, Streicher und Cembalo, op. 10

6. August, 20 Uhr Mozarteum

Collegium Musicum Pragense

Dirigent: František Vajnar

F. A. ROSETTI: (RÖSSLER) Partita D-Dur, Kaul-Verz. II/10
C. M. v. WEBER: Adagio Es-Dur
Rondo B-Dur
J. TRIEBENSEE: Concertino per Clavicembalo Es-Dur
W. A. MOZART: Serenade Es-Dur, KV 375

9. August, 20 Uhr Mozarteum

Das Wiener Philharmonische Kammerensemble

W. A. MOZART: Flötenquartett C-Dur, KV 285b
Streichquartett D-Dur, KV 575
A. PRINZ: Flötenquintett (1974)
P. HINDEMITH: Klarinettenquintett, op. 30

18. August, 20 Uhr Mozarteum[3]

Ensemble „die reihe"

Dirigent: Friedrich Cerha
Solisten: Marie-Thérèse Escribano, Sprechgesang; Gertie Charlent, Sopran; Marie-Thérèse Cahn, Alt; William Pearson, Bariton

A. SCHÖNBERG: Pierrot lunaire, op. 21 für Sprechstimme und Instrumente
G. LIGETI: Aventures & Nouvelles Aventures für drei Sänger und Instrumentalisten

21. August, 20 Uhr Mozarteum[3]

Ensemble „die reihe"

Dirigent: Friedrich Cerha
Solistin: Gertrude Jahn, Sopran

E. KRENEK: Von vorn herein (Uraufführung)
F. CERHA: Catalogue des objets trouvés
A. SCHÖNBERG: Lied der Waldtaube aus den Gurreliedern (Kammerfassung des Komponisten)
Drei kleine Stücke für Kammerorchester, 1910, op. posth.
1. Kammersymphonie E-Dur, op. 9

25. August, 20 Uhr Mozarteum[1]

Bläservereinigung der Wiener Philharmoniker

W. A. MOZART:	Divertimento B-Dur, KV 439b, Nr. 3
	Divertimento F-Dur, KV 213
	Serenade B-Dur, KV 361

LIEDERABENDE

27. Juli, 20 Uhr Mozarteum

Christa Ludwig
Am Flügel: Erik Werba
Lieder von H. Wolf

29. Juli, 20 Uhr Mozarteum

Teresa Zylis-Gara
Am Flügel: Erik Werba
Lieder von K. Szymanowski (op. 42), J. Brahms, G. Fauré und A. Dvořák (Zigeunermelodien, op. 55)

4. August, 20.30 Uhr Großes Festspielhaus

Hermann Prey
Am Flügel: Karl Engel
Lieder von R. Strauss

11. August, 20.30 Uhr Großes Festspielhaus

Nicolai Gedda
Am Flügel: Alexis Weissenberg
Lieder von M. Glinka, M. Mussorgskij und S. Rachmaninow

12. August, 20 Uhr Mozarteum

Peter Schreier
Am Flügel: Jörg Demus
Lieder von J. Brahms und F. Schubert

13. August, 20 Uhr Mozarteum

Gundula Janowitz
Am Flügel: Irwin Gage
Lieder von Cl. Debussy und F. Liszt

20. August, 20 Uhr Großes Festspielhaus

Dietrich Fischer-Dieskau
Am Flügel: Christoph Eschenbach
R. Schumann: Liederkreis, op. 24, Dichterliebe, op. 48, und andere Lieder

25. August, 20.30 Uhr Großes Festspielhaus

Edith Mathis, Brigitte Fassbaender, Peter Schreier, Walter Berry
Am Flügel: Paul Schilhawsky, Erik Werba
R. Schumann: Spanisches Liederspiel, op. 74
J. Brahms: Liebeslieder, op. 52

SOLISTENKONZERTE

30. Juli, 20 Uhr Mozarteum

Wolfgang Schneiderhan, Violine; Walter Klien, Klavier

W. A. MOZART:	Sonate F-Dur, KV 376
L. v. BEETHOVEN:	Sonate c-Moll, op. 30, Nr. 2
J. BRAHMS:	Sonate Nr. 2, A-Dur, op. 100
A. DVOŘÁK:	Sonatine G-Dur, op. 100

22. August, 20 Uhr Mozarteum

Maurizio Pollini, Klavier

A. SCHÖNBERG:	Das Klavierwerk op. 11, 19, 23, 25, 33a und 33b
L. v. BEETHOVEN:	Sonate d-Moll, op. 31, Nr. 2 „Der Sturm"
	Sonate C-Dur, op. 53 „Waldsteinsonate"

23. August, 20 Uhr Kleines Festspielhaus

Alexis Weissenberg, Klavier

C. FRANCK/BAUER:	Prélude, Fugue et Variation, op. 18
F. LISZT:	Sonate h-Moll
M. RAVEL:	Valses Nobles et Sentimentales
I. STRAWINSKY:	Drei Sätze für Klavier allein aus „Pétrouchka"

26. August, 20 Uhr Mozarteum
(Nachgeholtes Konzert vom 1. August)

Clifford Curzon, Klavier

W. A. MOZART:	Sonate c-Moll, KV 457
R. SCHUMANN:	Fantasie C-Dur, op. 17
F. SCHUBERT:	Sonate B-Dur, op. posth., D 960

29. August, 20 Uhr Mozarteum

Andrej Gawrilow, Klavier

G. SCARLATTI:	Sonate d-Moll
	Sonate C-Dur
	Sonate Es-Dur
J. HAYDN:	Sonate Es-Dur, Hob. XVI/52
M. RAVEL:	Pavane
	Scarbo. Dritter Teil aus „Gaspard de la Nuit"
A. SKRJABIN:	Sonate Fis-Dur, op. 30
P. I. TSCHAIKOWSKIJ:	Variationen F-Dur, op. 19, 6
M. BALAKIREW:	„Islamej", orientalische Phantasie

Programmänderung wegen Erkrankung von Sviatoslav Richter

CHORKONZERT

4. August, 20 Uhr Kleines Festspielhaus

Konzertvereinigung Wiener Staatsopernchor
Dirigent: Walter Hagen-Groll

G. PALESTRINA:	„Missa Papae Marcelli"
A. BRUCKNER:	Motetten: Virga Jesse, Locus iste, Ave Maria, Os justi, Christus factus est
R. STRAUSS:	An den Baum Daphne. Epilog zu „Daphne" (Soli: Martha Heigl, Erna Mühlberger) (Erstaufführung bei den Salzburger Festspielen)

KIRCHENKONZERT

10. August, 11 Uhr Erzabteikirche St. Peter[1]

Dirigent: Meinhard von Zallinger; Orgel: Robert Kuppelwieser
Soli: Arleen Auger, Reingard Didusch, Horst Laubenthal, Kieth Engen
Das Mozarteum-Orchester — Der Salzburger Rundfunk- und Mozarteum-Chor

W. A. MOZART:	c-Moll-Messe, KV 427

In dieser Aufführung wurde erstmals auf alle Ergänzungen des Werkes verzichtet, die bisher im Rahmen der Festspiele üblich waren. Seither wird die Messe als jener Torso geboten, den Mozart hinterlassen hat.

1975

26. Juli—30. August

SCHAUSPIEL

27. Juli, 3., 10., 15., 17., 24. August
Domplatz / Großes Festspielhaus
HUGO VON HOFMANNSTHAL

Jedermann

Regie:	Ernst Haeusserman
Ausstattung:	Veniero Colasanti / John Moore
Musik:	Joseph Messner / Einar Nilson
Dirigent:	Ernst Hinreiner
Choreographie:	William Milié
Orgel:	Oskar Peter

Das Mozarteum-Orchester
Salzburger Rundfunk- und Mozarteum-Chor

Stimme des Herrn	Ewald Balser
Tod	Klausjürgen Wussow
Jedermann	Curd Jürgens
Jedermanns Mutter	Adrienne Gessner
Guter Gesell	Walther Reyer
Hausvogt	Karl Blühm
Koch	Friedemann Held
Armer Nachbar	Harald Harth
Schuldknecht	Michael Janisch
Schuldknechts Weib	Grete Zimmer
Buhlschaft	Senta Berger
Dicker Vetter	Fritz Muliar
Dünner Vetter	Peter Matić
Mammon	Kurt Heintel
Gute Werke	Aglaja Schmid
Glaube	Agnes Fink
Teufel	Martin Benrath
Spielansager	Heinz Ehrenfreund

24. August 300. Aufführung seit der Erst-Inszenierung Max Reinhardts am 20. August 1920

29. Juli, 2., 7., 13., 16., 20., 23., 28. August
Landestheater
FRITZ HOCHWÄLDER

Lazaretti oder Der Säbeltiger
(Uraufführung)

Regie:	Michael Kehlmann
Bühnenbild:	Gottfried Neumann-Spallart
Kostüme:	Eva Sturminger

Camenisch	Paul Hoffmann
Rouzha	Marion Degler
Damboritz	Heinrich Schweiger
Fliess	Gerd Böckmann
Galgotzy	Attila Hörbiger
Lazaretti	Leopold Rudolf
Peltzer	Christoph Felsenstein

12., 15., 18., 21., 25. August
Landestheater
GEORG BÜCHNER

Leonce und Lena

Regie:	Johannes Schaaf
Bühnenbild:	Wilfried Minks
Kostüme:	Christian Göbl
Musik:	Peer Raben

König Peter	Romuald Pekny
Prinz Leonce	Klaus Maria Brandauer
Prinzessin Lena	Marianne Nentwich
Gouvernante	Rosemarie Fendel
Valerio	Peter Broglé
Rosetta	Sylvia Manas
Präsident	Erik Frey
Zeremonienmeister	Peter Matić
Hofmeister	Jörg Schleicher
Hofprediger	Konrad Materna
Hofrat	Marcus Powell
Landrat	Anton Pointecker
Schulmeister	Werner Schnitzer
1. Polizist	Helmut Pick
2. Polizist	Konrad Materna
Kammerdiener	Gerd Lohmeyer

REZITATIONSABEND

31. Juli, 19.30 Uhr Mozarteum

Will Quadflieg

spricht Dichtungen von
RAINER MARIA RILKE

OPER

26. Juli, 2., 12., 19., 22. August
Großes Festspielhaus
RICHARD STRAUSS

Die Frau ohne Schatten

Dirigent:	Karl Böhm
Inszenierung:	Günther Rennert
Bühnenbild:	Günther Schneider-Siemssen
Kostüme:	Bernd Müller / Jörg Neumann

Die Wiener Philharmoniker
Chor der Wiener Staatsoper

Der Kaiser	James King
Die Kaiserin	Leonie Rysanek
Die Amme	Ruth Hesse
Der Geisterbote	Robert Kerns
Hüter des Tempels	Loretta Di Franco
Erscheinung des Jünglings	Martin Schomberg
Stimme des Falken	Maria Haug
Stimme von oben	Ingrid Mayr
Barak	Walter Berry
Sein Weib	Ursula Schröder-Feinen
Der Einäugige	Zoltan Kelemen
Der Einarmige	Lorenzo Alvary
Der Bucklige	Murray Dickie
Kinderstimmen	Elsa Barylli, Elisabeth Kinsky, Barbara Neuhauser, Eva Roland, Sally Williams
Stimmen der Wächter	Alexander Maly, Karl Neugebauer, Wolfgang Scheider

30. Juli, 9., 14., 18., 23. August
Großes Festspielhaus
WOLFGANG AMADEUS MOZART

Le Nozze di Figaro
(in italienischer Sprache)

Dirigent:	Herbert von Karajan
Inszenierung:	Jean-Pierre Ponnelle
Bühnenbild:	Jean-Pierre Ponnelle
Kostüme:	Jean-Pierre Ponnelle

Die Wiener Philharmoniker
Chor der Wiener Staatsoper

Graf Almaviva	Tom Krause
Gräfin	Elizabeth Harwood
Susanna	Edith Mathis
Figaro	José van Dam
Basilio	Michel Sénéchal
Bartolo	Paolo Montarsolo
Marcellina	Jane Berbié
Cherubino	Frederica von Stade
Antonio	Zoltan Kelemen
Barbarina	Elke Schary
Curzio	Willy Caron
Brautjungfer	Gunda Spiluttini

31. Juli, 3., 10., 15., 24. August
Kleines Festspielhaus
WOLFGANG AMADEUS MOZART

Die Entführung aus dem Serail

Dirigent:	Leif Segerstam
Regie:	Ferruccio Soleri

(Nach einer Inszenierung von Giorgio Strehler)

Bühnenbild:	Luciano Damiani
Kostüme:	Luciano Damiani

Die Wiener Philharmoniker
Chor der Wiener Staatsoper

Selim, Bassa	Kurt Heintel
Konstanze	Margaret Price Edita Gruberova 15., 24. 8.
Blondchen	Sona Ghazarian
Belmonte	Werner Hollweg
Pedrillo	Gerhard Unger
Osmin	Fernando Corena

24. August 100. Aufführung im Rahmen der Salzburger Festspiele

5., 8., 18., 23., 28. August
Kleines Festspielhaus
WOLFGANG AMADEUS MOZART

Così fan tutte

(in italienischer Sprache)

Dirigent:	Karl Böhm
Inszenierung:	Günther Rennert
Bühnenbild:	Ita Maximowna
Kostüme:	Ita Maximowna

Die Wiener Philharmoniker
Chor der Wiener Staatsoper

Fiordiligi	Gundula Janowitz
Dorabella	Brigitte Fassbaender
Guglielmo	Hermann Prey
Ferrando	Peter Schreier
Despina	Reri Grist
Don Alfonso	Rolando Panerai

5. August 100. Aufführung im Rahmen der Salzburger Festspiele

11., 16., 21., 26., 29. August
Großes Festspielhaus
GIUSEPPE VERDI

Don Carlos

(in italienischer Sprache)

Musikal. Leitung und Inszenierung:	Herbert von Karajan
Bühnenbild:	Günther Schneider-Siemssen
Kostüme:	Georges Wakhevitch

Die Wiener Philharmoniker
Chor der Wiener Staatsoper
Singverein der Gesellschaft der Musikfreunde Wien

Philipp II.	Nicolai Ghiaurov
Don Carlos	Placido Domingo
Marquis von Posa	Piero Cappuccilli
Großinquisitor	Gheorghe Crasnaru
Ein Mönch	José van Dam
Elisabeth von Valois	Mirella Freni
Prinzessin Eboli	Christa Ludwig 11. Eva Randova
Tebaldo	Gabriele Fuchs
Gräfin Aremberg	Helga Gassner
Graf Lerma	Giorgio Stendoro
Ein Herold	Robert Kerns
Stimme vom Himmel	Anna Tomowa-Sintow

ORCHESTERKONZERTE

27. Juli, 20.30 Uhr Großes Festspielhaus

Die Wiener Philharmoniker

Dirigent: Claudio Abbado
Solist: Clifford Curzon, Klavier

W. A. MOZART:	Konzert für Klavier und Orchester c-Moll, KV 491
A. BERG:	Drei Orchesterstücke, op. 6
R. STRAUSS:	Tod und Verklärung, op. 24

1. August, 19.30 Uhr Felsenreitschule

Die Wiener Philharmoniker

Dirigent: Riccardo Muti

F. MENDELSSOHN BARTHOLDY:	Ouvertüre „Meeresstille und Glückliche Fahrt", op. 27
B. BARTÓK:	Deux Images, op. 10
A. DVOŘÁK:	Symphonie Nr. 9, e-Moll, op. 95 „Aus der Neuen Welt"

3. August, 20.30 Uhr Großes Festspielhaus

London Symphony Orchestra

Dirigent: André Previn
Solist: Claudio Arrau, Klavier

E. ELGAR:	Cockaigne-Ouvertüre, op. 40 „In London Town"
L. v. BEETHOVEN:	Konzert für Klavier und Orchester Nr. 3, c-Moll, op. 37
S. PROKOFIEFF:	Symphonie Nr. 5, B-Dur, op. 100

5. August, 19.30 Uhr Mozarteum[1]

Die Wiener Philharmoniker

Dirigent: Riccardo Muti

W. A. MOZART:	Divertimento D-Dur, KV 334 Serenade D-Dur, KV 239 „Serenata notturna" Symphonie A-Dur, KV 201

6. August, 19.30 Uhr Felsenreitschule

London Symphony Orchestra

Dirigent: Seiji Ozawa

J. HAYDN:	Symphonie D-Dur, Hob. I/31 „Hornsignal — Auf dem Anstand"
M. RAVEL:	La Valse
P. I. TSCHAIKOWSKIJ:	Symphonie Nr. 4, f-Moll, op. 36

7. August, 19.30 Uhr Mozarteum[3]

ORF-Symphonieorchester

Dirigent: Leif Segerstam
Solisten: Edita Gruberova, Sopran; Heljä Angervo, Mezzosopran; Siegmund Nimsgern, Bariton
Sprecher: Gert Westphal, Kurt Heintel, Bernd Stephan
Paul Pázmándi, Flöte
ORF-Chor Wien

L. NONO:	Y su sangre ya viene cantando für Flöte und kleines Orchester
H. W. HENZE:	Cantata della fiaba estrema für Sopran, kleinen Chor und Kammerorchester
G. WIMBERGER:	Memento vivere — Gesänge vom Tod für Mezzosopran, Bariton, drei Sprechstimmen, gemischten Chor und Orchester (Uraufführung)

9. August, 19.30 Uhr Felsenreitschule[3]

ORF-Symphonieorchester

Dirigent: Wolfgang Sawallisch
Solisten: Helen Donath, Gerhard Unger, Wolfgang Brendel
ORF-Chöre Wien und Salzburg

P. HINDEMITH:	Symphonie „Mathis der Maler"
C. ORFF:	„Carmina Burana", Cantiones profanae für Soli, Chöre und Orchester

10. August, 20.30 Uhr Großes Festspielhaus

London Symphony Orchestra

Dirigent: Karl Böhm
Solist: Emil Gilels, Klavier

W. A. MOZART:	Symphonie C-Dur, KV 338, mit Menuett C-Dur, KV 409
R. SCHUMANN:	Konzert für Klavier und Orchester a-Moll, op. 54 Symphonie Nr. 4, d-Moll, op. 120

13. August, 19.30 Uhr Großes Festspielhaus

London Symphony Orchestra

Dirigent und Solist: Leonard Bernstein
Wiener Jeunesse-Chor

D. SCHOSTAKOWITSCH:	Largo aus der Symphonie Nr. 5, op. 47 (in memoriam D. Schostakowitsch)

L. BERNSTEIN:	Chichester Psalms für Knabensolo, gemischten Chor und Orchester
W. A. MOZART:	Konzert für Klavier und Orchester G-Dur, KV 453
J. SIBELIUS:	5. Symphonie Es-Dur, op. 82

15. August, 20.30 Uhr Großes Festspielhaus

London Symphony Orchestra

Dirigent: James Levine
Solist: Alexis Weissenberg, Klavier

L. v. BEETHOVEN:	Konzert für Klavier und Orchester Nr. 4, G-Dur, op. 58
H. BERLIOZ:	Symphonie fantastique, op. 14

17. August, 20.30 Uhr Großes Festspielhaus

Die Wiener Philharmoniker

Dirigent: Karl Böhm

L. v. BEETHOVEN:	Symphonie Nr. 6, F-Dur, op. 68 „Pastorale“ Symphonie Nr. 5, c-Moll, op. 67

20. August, 19.30 Uhr Großes Festspielhaus

Die Wiener Philharmoniker

Dirigent: Willi Boskovsky

JOH. STRAUSS: (zum 150. Geburtstag)	Ouvertüre zu „Der Zigeunerbaron“ Künstlerleben, Walzer, op. 316 Annen-Polka, op. 117 Leichtes Blut, Polka schnell, op. 319 Kaiser-Walzer, op. 437 Geschichten aus dem Wienerwald, Walzer, op. 325 Lob der Frauen, Polka Mazurka, op 315 Banditen-Galopp, Polka schnell, op 378 Rosen aus dem Süden, Walzer, op. 388 Neue Pizzicato-Polka, op. 449 An der schönen blauen Donau, Walzer, op. 314

24. August, 11 Uhr Großes Festspielhaus

Die Wiener Philharmoniker

Dirigent: Herbert von Karajan
Solisten: Mirella Freni, Fiorenza Cossotto, Placido Domingo, Nicolai Ghiaurov
Singverein der Gesellschaft der Musikfreunde Wien

G. VERDI:	Messa da Requiem

25. August, 19.30 Uhr Großes Festspielhaus

Israel Philharmonic Orchestra

Dirigent: Zubin Mehta
Solist: Itzhak Perlman, Violine

A. SCHÖNBERG:	Variationen für Orchester, op. 31
F. MENDELSSOHN BARTHOLDY:	Konzert für Violine und Orchester e-Moll, op. 64
A. DVOŘÁK:	Symphonie Nr. 7, d-Moll, op. 70

27. August, 19.30 Uhr Großes Festspielhaus

Das Berliner Philharmonische Orchester

Dirigent: Herbert von Karajan
Solisten: Ulrich Koch, Viola; Mstislav Rostropovitsch, Violoncello

L. v. BEETHOVEN:	Symphonie Nr. 4, B-Dur, op. 60
R. STRAUSS:	Don Quixote, op. 35

28. August, 19.30 Uhr Großes Festspielhaus

Das Berliner Philharmonische Orchester

Dirigent: Herbert von Karajan

A. BRUCKNER:	Symphonie Nr. 8, c-Moll

30. August, 19.30 Uhr Großes Festspielhaus

Die Wiener Philharmoniker

Dirigent: Leonard Bernstein
Soli: Margaret Price, Judith Blegen, Gerti Zeumer, Trudeliese Schmidt, Agnes Baltsa, Kenneth Riegel, Hermann Prey, José van Dam
Konzertvereinigung Wiener Staatsopernchor
Singverein der Gesellschaft der Musikfreunde Wien
Wiener Sängerknaben — Orgel: Rudolf Scholz

G. MAHLER:	Symphonie Nr. 8, Es-Dur, „Symphonie der Tausend“, für Soli, Knabenchor, zwei gemischte Chöre, großes Orchester und Orgel

SERENADEN

29. Juli, 20 Uhr Felsenreitschule

Das Mozarteum-Orchester

Dirigent: Theodor Guschlbauer
Solist: Barry Tuckwell, Horn

W. A. MOZART:	Marsch C-Dur, KV 408/1 Cassation G-Dur, KV 63 (Violinsolo: Karlheinz Franke) Konzert für Horn und Orchester Es-Dur, KV 495 Divertimento D-Dur, KV 131 Marsch D-Dur, KV 335/1

30. Juli, 20 Uhr Felsenreitschule

I Solisti Veneti

Dirigent: Claudio Scimone

A. VIVALDI:	Concerto in la magg. per violino e archi „con altro violino per l'eco in lontano“, RV 552 (Violinsoli: Piero Toso, Carlos Rybin)
G. GIULIANO:	Concerto in sol. magg. per mandolino e archi (Mandoline: Alessandro Pitrelli)
G. ROSSINI:	Sesta Sonata per archi in re magg. detta „La Tempesta“
W. A. MOZART:	Divertimento D-Dur, KV 334

11. August, 20 Uhr Felsenreitschule

London Symphony Orchestra Wind Ensemble

W. A. MOZART:	Serenade c-Moll, KV 388
G. JACOB:	Divertimento Es-Dur
L. v. BEETHOVEN:	Oktett Es-Dur, op. 103

12. August, 20 Uhr Felsenreitschule

Das Mozarteum-Orchester

Dirigent: Leopold Hager

W. A. MOZART:	Sechs deutsche Tänze, KV 571
J. FRANÇAIX:	Cassazione per 3 orchestre Uraufführung (Auftragswerk der Salzburger Festspiele)
W. A. MOZART:	Serenade D-Dur, KV 320 „Posthorn-Serenade“ (Posthornsolo: August Nowicki)

20. August, 20 Uhr Felsenreitschule

Das Mozarteum-Orchester

Dirigent: Ralf Weikert
Solisten: Rudolf und Željko Klepač, Fagott

B. MADERNA:	Music of Gaity dal „Fitzwilliam Virginal Book" (Violinsolo: Karlheinz Franke Oboensolo: Otfried Ruprecht)
CHR. L. DIETER:	Konzert für 2 Fagotte, B-Dur
W. A. MOZART:	Marsch D-Dur, KV 215 Serenade D-Dur, KV 204 (Violinsolo: Karlheinz Franke)

27. August, 20 Uhr Felsenreitschule

Das Mozarteum-Orchester

Dirigent: Friedemann Layer
Solist: Gérard Millière, Trompete

W. A. MOZART:	Divertimento Es-Dur, KV 113
L. MOZART:	Konzert für Trompete und Orchester D-Dur
W. A. MOZART:	Marsch D-Dur, KV 249 Serenade D-Dur, KV 250 „Haffner-Serenade" (Violinsolo: Karlheinz Franke)

MATINEEN

Werke von WOLFGANG AMADEUS MOZART

Das Mozarteum-Orchester

27. Juli, 11 Uhr Mozarteum

Dirigent: Friedemann Layer
Soli: Helen Donath, Sopran; Jean Bernard Pommier, Klavier

Symphonie D-Dur, KV 84
Konzert für Klavier und Orchester Es-Dur, KV 449
Szene „Bella mia fiamma", KV 528
Rezitativ und Arie „Misera, dove son", KV 369
Symphonie g-Moll, KV 183

3. August, 11 Uhr Mozarteum

Dirigent: Gerhard Wimberger
Soli: Bettina Cosack, Sopran; Eberhard Büchner, Wolfgang Bellon, Tenor; István Gáti, Bariton; Václav Hudeček, Violine

Symphonie D-Dur, KV 95
Konzert für Violine und Orchester A-Dur, KV 219
Ouvertüre, Quartett und Terzett aus „Lo sposo deluso", KV 430
Symphonie C-Dur, KV 425 „Linzer"

10. August, 11 Uhr Mozarteum

Dirigent: Leopold Hager
Soli: Krisztina Laki, Sopran; Paul Badura-Skoda, Klavier

Symphonie D-Dur, KV 97
Konzert für Klavier und Orchester F-Dur, KV 459
Rezitativ, Arie und Cavantine „Ah, lo previdi", KV 272
Arie „Ah se in ciel, benigne stelle", KV 538
Symphonie Es-Dur, KV 132

15. August, 11 Uhr Mozarteum

Dirigent: Ralf Weikert
Soli: Sylvia Sass, Sopran; Jörg Demus, Klavier

Symphonie F-Dur, KV 75
Konzert für Klavier und Orchester C-Dur, KV 467
Arien der Elettra aus „Idomeneo", KV 366, „D'Oreste, d'Ajace", Nr. 29a „Tutte nel cor vi sento", Nr. 4
Symphonie D-Dur, KV 202

17. August, 11 Uhr Mozarteum

Dirigent: Theodor Guschlbauer
Soli: Aurèle Nicolet, Flöte; Ursula Holliger, Harfe

Symphonie F-Dur, KV 112
Konzert für Flöte, Harfe und Orchester C-Dur, KV 299
Ballettmusik zur Pantomime „Les petits Riens", KV 299b
Symphonie D-Dur, KV 297

24. August, 11 Uhr Mozarteum

Dirigent: Gerhard Wimberger
Soli: Bettina Cosack, Eberhard Büchner, István Gáti, Walter Raninger; Karlheinz Zöller, Flöte

Symphonie G-Dur, KV 110
Konzert für Flöte und Orchester D-Dur, KV 314
Terzett „Mandina amabile", KV 480
Quartett „Dite almeno, in che mancai", KV 479
Symphonie C-Dur, KV 200

KAMMERKONZERTE

28. Juli, 19.30 Uhr Mozarteum

I Solisti Veneti

Dirigent: Claudio Scimone

A. VIVALDI:	Concerto in sol min. fatto „Per l'Orchestra di Dresda", RV 577 Concerto in fa magg. fatto „Per la Solennità di San Lorenzo", RV 286 Concerto in do magg. „Per la S. S. Assontione di M(aria) V(ergine)", RV 179 Concerto in re magg. fatto „Per la Solennità della S. Lingua di S. Antonio in Padua 1712", RV 212 Concerto Funebre in si bem. magg., RV 579 Concerto in do magg. fatto „Per la Solennità di San Lorenzo", RV 556

4. August, 19.30 Uhr Mozarteum

Festival Strings Lucerne

Dirigent: Rudolf Baumgartner
Soli: Gunars Larsens, Violine; Max Lesueur, Viola

A. VIVALDI:	Concerto grosso d-Moll, op. 3, Nr. 11 (Violinsoli: Gunars Larsens / Jan Milewski; Cellosolo: Markus Nyikos)
J. S. BACH:	Drei Fugen aus „Das Wohltemperierte Klavier", 2. Teil in der Bearbeitung von W. A. Mozart, KV 405
J. CHRISTIAN BACH:	Konzert für Viola und Streichorchester c-Moll
W. A. MOZART:	Adagio und Allegro f-Moll, KV 594
F. SCHUBERT:	Adagio und Rondo für Violine und Orchester A-Dur
F. MARTIN:	Passacaille pour orchestre à cordes

9. August, 19.30 Uhr Mozarteum

Janáček-Quartett

F. SMETANA:	Streichquartett e-Moll „Aus meinem Leben"
A. DVOŘÁK:	Streichqartett F-Dur, op. 96
L. JANÁČEK:	Streichquartett Nr. 2 „Intime Briefe"

26. August, 19.30 Uhr Mozarteum[1]

Küchl-Quartett

Mitwirkend: Peter Schmidl, Klarinette

W. A. MOZART:	Streichquartett D-Dur, KV 575
	Klarinettenquintett A-Dur, KV 581
	Streichquartett F-Dur, KV 590

LIEDERABENDE

28. Juli, 19.30 Uhr Kleines Festspielhaus

Leontyne Price

Am Flügel: David Garvey
Arie von L. v. Beethoven (op. 65); Lieder von R. Strauss, O. Respighi und F. Poulenc; Spirituals

4. August, 19.30 Uhr Kleines Festspielhaus

Dietrich Fischer-Dieskau

Am Flügel: Wolfgang Sawallisch
Lieder von F. Mendelssohn Bartholdy, R. Schumann, H. Pfitzner, B. Walter, R. Schwarz-Schilling und H. Wolf

7. August, 19.30 Uhr Kleines Festspielhaus

Hermann Prey

Am Flügel: Leonard Hokanson
Lieder und Balladen von F. Schubert

14. August, 19.30 Uhr Kleines Festspielhaus

Helen Donath

Am Flügel: Klaus Donath
Lieder von W. A. Mozart (KV 529, 531, 518, 472), F. Schubert, O. Schoeck und R. Strauss

17. August, 19.30 Uhr Kleines Festspielhaus

Walter Berry

Am Flügel: Erik Werba
Lieder von F. Schubert und H. Wolf

19. August, 19.30 Uhr Kleines Festspielhaus

Peter Schreier

Am Flügel: Jörg Demus
Lieder und Kantate von W. A. Mozart (KV 390, 349, 474. 351, 476, 519, 523, 524, 530, 308, 619) und R. Schumann

24. August, 20 Uhr Großes Festspielhaus

Galina Wischnewskaja

Am Flügel: Mstislav Rostropovitsch
Lieder von P. I. Tschaikowskij, M. Mussorgskij, S. Prokofieff und I. Strawinsky

SOLISTENKONZERTE

8. August, 19.30 Uhr Großes Festspielhaus

Emil Gilels, Klavier

L. v. BEETHOVEN:	Sonate G-Dur, op. 79
	Sonate Es-Dur, op. 81a „Les Adieux"
	Sonate e-Moll, op. 90
F. LISZT:	Sonate h-Moll

16. August, 19.30 Uhr Kleines Festspielhaus

Alexis Weissenberg, Klavier

R. SCHUMANN:	13 Kinderszenen, op. 15
	Fantasie C-Dur, op. 17
	Carnaval, op. 9

22. August, 19.30 Uhr Kleines Festspielhaus

Maurizio Pollini, Klavier

Sviatoslav Richter, der dieses Konzert übernommen hatte, erkrankte ebenfalls. Der Abend mußte entfallen.

26. August, 19.30 Uhr Kleines Festspielhaus

Itzhak Perlman, Violine; Bruno Canino, Klavier

J. BRAHMS:	Sonate d-Moll, op. 108
J. S. BACH:	Sonate III C-Dur für Violine solo, BWV 1005
M. RAVEL:	Sonate
N. PAGANINI:	3 Capricen für Violine solo, aus op. 1
S. RACHMANINOW:	Vocalise e-Moll, op. 34, Nr. 14
H. WIENIAWSKI:	Polonaise D-Dur, op. 4

KIRCHENKONZERT

2. August, 11 Uhr Erzabteikirche St. Peter[1]
Dirigent: Meinhard von Zallinger; Orgel: Robert Kuppelwieser
Soli: Arleen Auger, Nobuko Gamo-Yamamoto, Horst Laubenthal, Kieth Engen
Das Mozarteum-Orchester — Der Salzburger Rundfunk- und Mozarteum-Chor

W. A. MOZART:	c-Moll-Messe, KV 427

1976

25. Juli—30. August

SCHAUSPIEL

25. Juli, 1., 8., 15., 22., 29. August
Domplatz / Großes Festspielhaus

HUGO VON HOFMANNSTHAL

Jedermann

Regie:	Ernst Haeusserman
Ausstattung:	Veniero Colasanti / John Moore
Musik:	Joseph Messner / Einar Nilson
Dirigent:	Ernst Hinreiner
Choreographie:	William Milié
Orgel:	Oskar Peter

Das Mozarteum-Orchester
Salzburger Rundfunk- und Mozarteum-Chor

Stimme des Herrn	Ewald Balser
Tod	Klausjürgen Wussow
Jedermann	Curd Jürgens
Jedermanns Mutter	Adrienne Gessner Vilma Degischer 22. 8.
Guter Gesell	Walther Reyer
Hausvogt	Karl Blühm
Koch	Friedemann Held
Armer Nachbar	Harald Harth
Schuldknecht	Michael Janisch
Schuldknechts Weib	Grete Zimmer
Buhlschaft	Senta Berger
Dicker Vetter	Fritz Muliar

Dünner Vetter	Peter Matić
Mammon	Kurt Heintel
Gute Werke	Aglaja Schmid
Glaube	Agnes Fink
Teufel	Martin Benrath
Spielansager	Thomas Fritsch

27., 31. Juli, 7., 13., 15., 18., 23., 28. August
Landestheater

JOHANN NESTROY

Der Talisman

Musik von Adolf Müller

Regie:	Otto Schenk
Ausstattung:	Jürgen Rose
Musik. Einrichtung:	Gerhard Wimberger
Couplet-Zusatzstrophen:	Werner Schneyder
Dirigent:	Helmut Scharinger

Mozarteum-Orchester

Titus Feuerfuchs	Helmut Lohner
Frau von Cypressenburg	Vilma Degischer
Emma	Dolores Schmidinger
Constantia	Senta Wengraf
Flora Baumscher	Christiane Hörbiger
Plutzerkern	Otto Schenk
Monsieur Marquis	Hannes Siegl
Spund	Heinrich Schweiger
Christoph	Kurt Hansen
Hans	Georg Schuchter
Seppel	Hermann Scheidleder
Hannerl	Gabriele Schuchter
Gartenknecht	Heinz Rohn
Georg	Philipp Zeska
Konrad	Kurt Müller-Walden
Herr von Platt	Rudolf Weitlaner
Notarius Falk	Josef Zehetgruber
Salome Pockerl	Christine Ostermayer

5., 9., 14., 17., 21., 25. August
Landestheater

GEORG BÜCHNER

Leonce und Lena

Regie:	Johannes Schaaf
Bühnenbild:	Wilfried Minks
Kostüme:	Christian Göbl
Musik:	Peer Raben

König Peter	Romuald Pekny
Prinz Leonce	Klaus Maria Brandauer
Prinzessin Lena	Marianne Nentwich
Gouvernante	Rosemarie Fendel
Valerio	Peter Broglé
Rosetta	Heidelinde Weis
Präsident	Erik Frey
Zeremonienmeister	Erland Erlandsen
Hofmeister	Johannes Schaaf
Hofprediger	Konrad Materna
Hofrat	Marcus Powell
Landrat	Anton Pointecker
Schulmeister	Werner R. Schnitzer
1. Polizist	Helmut Pick
2. Polizist	Konrad Materna
Kammerdiener	Gerd Lohmeyer

12., 19., 26. August
Landestheater

DAVID W. RINTELS / IRVING STONE

Im Zweifel für den Angeklagten

Inszenierung und Bühnenbild:	Willi Schmidt
Clarence Darrow	Curd Jürgens

REZITATIONSABEND

29. Juli, 19.30 Uhr Mozarteum

Michael Heltau

„Des Pudels Kern"

Texte und Verse aus Goethes Dramen, Romanen, Tagebüchern, Notizen, Briefen und Gedichten.

OPER

26., 30. Juli, 12., 16., 26., 30. August
Großes Festspielhaus

GIUSEPPE VERDI

Don Carlos

(in italienischer Sprache)

Musikal. Leitung und Inszenierung:	Herbert von Karajan
Bühnenbild:	Günther Schneider-Siemssen
Kostüme:	Georges Wakhevitch

Die Wiener Philharmoniker
Chor der Wiener Staatsoper
Singverein der Gesellschaft der Musikfreunde Wien

Philipp II.	Nicolai Ghiaurov
Don Carlos	José Carreras
Marquis von Posa	Piero Cappuccilli
Großinquisitor	Jules Bastin
Ein Mönch	José van Dam Jules Bastin 30. 7.
Elisabeth von Valois	Mirella Freni
Prinzessin Eboli	Fiorenza Cossotto Eva Randova 30. 8.
Tebaldo	Edita Gruberova
Gräfin Aremberg	Walburga Wallner
Graf Lerma	Giorgio Stendoro
Ein Herold	Klaus Jürgen Küper
Stimme vom Himmel	Anna Tomowa-Sintow Edita Gruberova 30. 8.

28. Juli, 7., 10., 14., 17., 21., 28. August
Großes Festspielhaus

WOLFGANG AMADEUS MOZART

Le Nozze di Figaro

(in italienischer Sprache)

Dirigent:	Herbert von Karajan Bernhard Klee 7., 10., 17., 21. 8.
Inszenierung:	Jean-Pierre Ponnelle
Bühnenbild:	Jean-Pierre Ponnelle
Kostüme:	Jean-Pierre Ponnelle

Die Wiener Philharmoniker
Chor der Wiener Staatsoper

Graf Almaviva	Claudio Nicolai Tom Krause 7., 10., 14., 17., 28. 8.
Gräfin	Anna Tomowa-Sintow Elizabeth Harwood 7., 10., 17., 28. 8.
Susanna	Edith Mathis
Figaro	Walter Berry José van Dam 14., 17., 21., 28. 8.
Basilio	Michel Sénéchal
Bartolo	Paolo Montarsolo
Marcellina	Heather Begg Kerstin Meyer 14., 28. 8.
Cherubino	Maria Ewing Frederica von Stade 17., 21., 28. 8.
Antonio	Hans Kraemmer
Barbarina	Janet Perry
Curzio	Willy Caron
Brautjungfer	Gunda Spiluttini

28. August 150. Aufführung im Rahmen der Salzburger Festspiele

29. Juli, 4., 11., 20., 24. August
Felsenreitschule

WOLFGANG AMADEUS MOZART

La Clemenza di Tito

(in italienischer Sprache)

Dirigent:	James Levine
Inszenierung:	Jean-Pierre Ponnelle
Bühnenbild:	Jean-Pierre Ponnelle
Kostüme:	Jean-Pierre Ponnelle

Die Wiener Philharmoniker
Chor der Wiener Staatsoper

Titus	Werner Hollweg
Vitellia	Carol Neblett
Sextus	Tatiana Troyanos
Servilia	Catherine Malfitano
Annius	Anne Howells
Publius	Kurt Rydl

2., 8., 15., 19., 27. August
Kleines Festspielhaus

WOLFGANG AMADEUS MOZART

Idomeneo

(in italienischer Sprache)

Dirigent:	Karl Böhm
Inszenierung:	Gustav Rudolf Sellner
Bühnenbild:	Jörg Zimmermann
Kostüme:	Jörg Zimmermann

Die Wiener Philharmoniker
Chor der Wiener Staatsoper

Idomeneo	Wieslaw Ochman
Idamantes	Peter Schreier
Elektra	Julia Varady

Ilia	Helen Donath
Arbaces	Hermann Winkler
Oberpriester	Giorgio Stendoro
Stimme des Orakels	Kurt Rydl
	Jules Bastin 27.
Kretensische	Sally Williams-Haik
Mädchen	Evamaria Hurdes
	Niki Liontas
Trojaner	Johann Pipal
	Walter Zeh

6., 13., 17., 23., 29. August
Kleines Festspielhaus

WOLFGANG AMADEUS MOZART
Così fan tutte
(in italienischer Sprache)

Dirigent:	Karl Böhm
Inszenierung:	Günther Rennert
Bühnenbild:	Ita Maximowna
Kostüme:	Ita Maximowna

Die Wiener Philharmoniker
Chor der Wiener Staatsoper

Fiordiligi	Gundula Janowitz
Dorabella	Brigitte Fassbaender
Guglielmo	Hermann Prey
Ferrando	Peter Schreier
Despina	Reri Grist
Don Alfonso	Rolando Panerai

ORCHESTERKONZERTE

25. Juli, 20.30 Uhr Großes Festspielhaus
Die Wiener Philharmoniker
Dirigent: Herbert von Karajan
Solist: Gidon Kremer, Violine

J. S. BACH:	Konzert für Violine und Orchester E-Dur, BWV 1042
A. BRUCKNER:	Symphonie Nr. 9, d-Moll

30. Juli, 19.30 Uhr Mozarteum[3]
ORF-Symphonieorchester
Dirigent: Leif Segerstam
Soli: Eva Csapò, Sopran; Stefan Klinda, Orgel; Heinrich Schiff, Violoncello
ORF-Chor Wien

A. WEBERN:	1. Kantate für Sopran-Solo, gemischten Chor und Orchester, op. 29
C. HALFFTER:	Pinturas negras (Konzert für Orgel und Orchester)
E. KRENEK:	Fragmente aus dem Bühnenwerk „Karl V.", op. 73a
W. LUTOSLAWSKI:	Cellokonzert

31. Juli, 19.30 Uhr Felsenreitschule[3]
ORF-Symphonieorchester
Dirigent: Leif Segerstam
Subdirigent: Maximilian Blumencron
Soli: Jane Marsh, Sopran; Jean van Ree, Tenor; Roland Hermann, Bariton; Orgel: Rudolf Scholz
ORF-Chöre Wien und Salzburg
Wiener Sängerknaben

B. BRITTEN:	War Requiem, op. 66

1. August, 20.30 Uhr Großes Festspielhaus
Die Staatskapelle Dresden
Dirigent: Herbert Blomstedt
Solist: Theo Adam, Bariton

P. HINDEMITH:	Sinfonische Metamorphosen nach Themen von Carl Maria von Weber
F. MARTIN:	Sechs Monologe aus „Jedermann" für Bariton und Orchester
L. v. BEETHOVEN:	Sinfonie Nr. 3, Es-Dur, op. 55 „Eroica"

3. August, 19.30 Uhr Großes Festspielhaus
Die Wiener Philharmoniker
Dirigent: Zubin Mehta
Solist: André Watts, Klavier

L. BERNSTEIN:	Ouvertüre zu „Candide"
J. BRAHMS:	Konzert für Klavier und Orchester Nr. 2, B-Dur, op. 83
R. SCHUMANN:	Symphonie Nr. 1, B-Dur, op. 38 „Frühlingssymphonie"

4. August, 19.30 Uhr Großes Festspielhaus
Die Staatskapelle Dresden
Dirigent: Gennadi Roschdestwenskij
Solistin: Victoria Postnikowa, Klavier

A. BRUCKNER:	Symphonie Nr. 3, d-Moll (Fassung 1889)
R. STRAUSS:	Burleske für Klavier und Orchester, d-Moll
	Till Eulenspiegels lustige Streiche, op. 28

6. August, 19.30 Uhr Mozarteum[1]
Die Wiener Philharmoniker
Dirigent: Wolfgang Sawallisch
Solistin: Margaret Price, Sopran

W. A. MOZART:	Symphonie F-Dur, KV 43
	Szene „Bella mia fiamma, addio", KV 528
	Szene mit Rondo „Ch'io mi scordi di te?" für Sopran mit obligatem Klavier und Orchester, KV 505 (Wolfgang Sawallisch, Klavier)
	Symphonie D-Dur, KV 297 „Pariser"

8. August, 20.30 Uhr Großes Festspielhaus
Die Staatskapelle Dresden
Dirigent: Seiji Ozawa

W. A. MOZART:	Symphonie C-Dur, KV 425 „Linzer"
K. PENDERECKI:	„Threnos". Den Opfern von Hiroshima für 52 Saiteninstrumente
J. BRAHMS:	Symphonie Nr. 1, c-Moll, op. 68

9. August, 19.30 Uhr Felsenreitschule
Die Wiener Philharmoniker
Dirigent: Kazuhiro Koizumi

J. HAYDN:	Symphonie G-Dur, Hob. I/92 „Oxford"
P. I. TSCHAIKOWSKIJ:	Symphonie Nr. 5, e-Moll, op. 64

11. August, 19.30 Uhr Großes Festspielhaus
Die Staatskapelle Dresden
Dirigent: Karl Böhm
Solistin: Anna Tomowa-Sintow, Sopran

R. STRAUSS:	Don Juan, op. 20
	Vier letzte Lieder (1948)
	Ein Heldenleben, op. 40 (Violinsolo: Peter Mirring)

15. August, 11.30 Uhr Felsenreitschule
Die Wiener Philharmoniker
Dirigent: Karl Böhm
Solist: Maurice André, Trompete

J. HAYDN:	Konzert für Trompete und Orchester Es-Dur, Hob. VIIe/1
F. SCHUBERT:	Symphonie Nr. 9, C-Dur, D 944

15. August, 20.30 Uhr Großes Festspielhaus

Die Staatskapelle Dresden

Dirigent: Herbert von Karajan
Solist: Emil Gilels, Klavier

L. v. BEETHOVEN:	Konzert für Klavier und Orchester Nr. 3, c-Moll, op. 37
D. SCHOSTAKOWITSCH:	Symphonie Nr. 10, e-Moll, op. 93

18. August, 19.30 Uhr Großes Festspielhaus

Die Wiener Philharmoniker

Dirigent: Riccardo Muti

G. ROSSINI:	Ouvertüre zu „Wilhelm Tell"
F. MENDELSSOHN BARTHOLDY:	Symphonie Nr. 3, a-Moll, op. 56 „Schottische"
M. MUSSORGSKIJ / M. RAVEL:	Bilder einer Ausstellung

22. August, 20.30 Uhr Großes Festspielhaus

Die Wiener Philharmoniker

Dirigent: Claudio Abbado
Soli: Frederica von Stade, Sopran; Maurizio Pollini, Klavier

J. BRAHMS:	Konzert für Klavier und Orchester Nr. 1, d-Moll, op. 15
G. MAHLER:	Symphonie Nr. 4, G-Dur, mit Sopransolo

25. August, 19.30 Uhr Großes Festspielhaus

Die Wiener Philharmoniker

Dirigent: Karl Böhm

F. SCHUBERT:	Symphonie Nr. 2, B-Dur
J. BRAHMS:	Symphonie Nr. 2, D-Dur, op. 73

27. August, 19.30 Uhr Großes Festspielhaus

Das Berliner Philharmonische Orchester

Dirigent: Herbert von Karajan

W. A. MOZART:	Symphonie A-Dur, KV 201
G. WIMBERGER:	Plays für 12 Violoncelli soli, Bläser und Schlagzeug (Uraufführung)
CL. DEBUSSY:	Prélude à l'après-midi d'un faune
M. RAVEL:	Bolero

29. August, 11 Uhr Großes Festspielhaus

Das Berliner Philharmonische Orchester

Dirigent: Herbert von Karajan
Soli: Anna Tomowa-Sintow, Sopran; Agnes Baltsa, Alt; Peter Schreier, Tenor; José van Dam, Baß
Singverein der Gesellschaft der Musikfreunde Wien

L. v. BEETHOVEN:	Symphonie Nr. 9, d-Moll, op. 125, mit Schlußchor über Schillers Ode „An die Freude"

SERENADEN

28. Juli, 20 Uhr Felsenreitschule

I Solisti Veneti

Dirigent: Claudio Scimone
Solist: Giuseppe Anedda, Mandoline

J. HAYDN:	Divertimento Es-Dur „Das Echo", Hob. II/39
J. N. HUMMEL:	Konzert für Mandoline und Orchester, G-Dur
G. ROSSINI:	II. Sonate für Streicher A-Dur
R. WAGNER:	Siegfried-Idyll

1. August, 20 Uhr Felsenreitschule

Ungarisches Kammerorchester

Dirigent: Vilmos Tátrai

A. G. CSERMÁK:	Die drohende Gefahr oder die Vaterlandsliebe
L. MOZART:	Divertimento B-Dur
A. VIVALDI:	Konzert für Fagott, Streicher und Basso continuo G-Dur, RV 493
B. BARTÓK:	Divertimento für Streichorchester

3. August, 20 Uhr Felsenreitschule

Das Mozarteum-Orchester

Dirigent: Hans Stadlmair

W. A. MOZART:	Sechs deutsche Tänze, KV 509 Eine kleine Nachtmusik G-Dur, KV 525 Marsch D-Dur, KV 62 Serenade D-Dur, KV 100 (Oboensolo: Wolfgang Schlachter; Hornsolo: Alois Aigner)

5. August, 20 Uhr Felsenreitschule

Kammerharmonie der Staatskapelle Dresden

J. MYSLIVEČEK:	Partia B-Dur
K. DITTERS v. DITTERSDORF:	Partia D-Dur
F. H. J. CASTIL-BLAZE:	Sextett Es-Dur, op. 18, Nr. 1
L. v. BEETHOVEN:	Rondino Es-Dur, WoO 25
C. M. v. WEBER:	Adagio Es-Dur Rondo B-Dur
W. A. MOZART:	Serenade Es-Dur, KV 375

14. August, 20 Uhr Felsenreitschule

Das Mozarteum-Orchester

Dirigent: Theodor Guschlbauer
Soli: May Sandoz, Sopran; Barry Tuckwell, Horn

H. EDER:	Divertimento für Koloratur-Sopran und Orchestergruppen, Opus 64 (Uraufführung) Auftragswerk der Salzburger Festspiele
W. A. MOZART:	Konzert für Horn und Orchester Es-Dur, KV 417 Marsch D-Dur, KV 237 Serenade D-Dur, KV 203 „Colloredo" (Violinsolo: Karlheinz Franke)

18. August, 20 Uhr Felsenreitschule

Das Mozarteum-Orchester

Dirigent: Ulrich Weder
Solist: Norbert Hauptmann, Horn

W. A. MOZART:	Serenade D-Dur, KV 239 „Serenata notturna" Konzert für Horn und Orchester Es-Dur, KV 447 (Kadenz: Manfred Klier) Marsch D-Dur, KV 189 Serenade D-Dur, KV 185 (Violinsolo: Karlheinz Franke)

26. August, 20 Uhr Felsenreitschule

Das Mozarteum-Orchester

Dirigent: Ralf Weikert
Solist: Rudolf Klepač, Fagott

W. A. MOZART:	Divertimento D-Dur, KV 205 Konzert für Fagott und Orchester B-Dur, KV 191

Serenade D-Dur, KV 320 „Posthorn-Serenade"
(Posthornsolo: August Nowicki)
Marsch D-Dur, KV 335/1

MATINEEN

Werke von WOLFGANG AMADEUS MOZART

Das Mozarteum-Orchester

29. Juli, 11 Uhr Mozarteum

Dirigent: Leopold Hager
Soli: Edita Gruberova, Sopran; Krisztina Laki, Alt; Thomas Moser, Tenor; István Gáti, Baß; Walter Klien, Klavier
Symphonie A-Dur, KV 114
Konzert für Klavier und Orchester D-Dur, KV 451
Der Schauspieldirektor, KV 486

1. August, 11 Uhr Mozarteum

Dirigent: Gerhard Wimberger
Soli: István Gáti, Baß; Peter Aronsky, Klavier
Symphonie C-Dur, KV 96
Konzert für Klavier und Orchester G-Dur, KV 453
Arie „Mentre ti lascio, o figlia", KV 513
Ariette „Un bacio di mano", KV 541
Symphonie A-Dur, KV 201

8. August, 11 Uhr Mozarteum

Dirigent: Leopold Hager
Solist: Lothar Koch, Oboe
Symphonie G-Dur, KV 124
Konzert für Oboe und Orchester C-Dur, KV 314
Divertimento F-Dur, KV 138
Ballettmusik zur Oper „Idomeneo", KV 367

15. August, 11 Uhr Mozarteum

Dirigent: Bernhard Klee
Soli: Werner Hollweg, Tenor; Rudolf Buchbinder, Klavier
Symphonie C-Dur, KV 128
Konzert für Klavier und Orchester Es-Dur, KV 271 „Jeunehomme-Konzert"
Arie „Va, dal furor portata", KV 21
Rezitativ und Arie „Misero! o sogno!", KV 431
Symphonie D-Dur, KV 504 „Prager"

22. August, 11 Uhr Mozarteum

(in memoriam Géza Anda)
Dirigent: Theodor Guschlbauer
Soli: Helen Donath, Sopran; Jörg Demus, Klavier
Symphonie F-Dur, KV 130
Konzert für Klavier und Orchester Es-Dur, KV 482
Arie „Vado, ma dove? - oh Dei!", KV 583
Arie „Alma grande e nobil core", KV 578
Symphonie C-Dur, KV 338

29. August, 11 Uhr Mozarteum

Dirigent: Gerhard Wimberger
Soli: Edita Gruberova, Sopran; Kaja Danczowska, Violine; Stefan Kamasa, Viola
Symphonie G-Dur, KV 129
Konzertante Sinfonie für Violine, Viola und Orchester, Es-Dur, KV 364
Rezitativ und Arie „Popoli di Tessaglia", KV 316
Arie „Nehmt meinen Dank, ihr holden Gönner", KV 383
Symphonie D-Dur, KV 385 „Haffner"

KAMMERKONZERTE

27. Juli, 19.30 Uhr Mozarteum

I Solisti Veneti

Dirigent: Claudio Scimone

A. VIVALDI:	„Die vier Jahreszeiten", op. 8 (Violinsolo: Piero Toso)
F. GEMINIANI:	Concerto grosso B-Dur, op. 7/6
B. GALUPPI:	Concerto per Cembalo F-Dur (Cembalo: Edoardo Farina)
W. A. MOZART:	Divertimento D-Dur, KV 136

2. August, 19.30 Uhr Mozarteum

Ungarisches Kammerorchester

Dirigent: Vilmos Tátrai
Solist: Lóránt Kovács, Flöte

L. F. GASSMANN:	Symphonie As-Dur
W. A. MOZART:	Konzert für Flöte und Orchester, D-Dur, KV 314
J. HAYDN:	Symphonie B-Dur, Hob. I/68

20. August, 19.30 Uhr Mozarteum

LaSalle-Quartett

F. SCHUBERT:	Quartettsatz c-Moll, D 703
W. LUTOSLAWSKI:	Streichquartett (1964)
M. RAVEL:	Streichquartett F-Dur

23. August, 19.30 Uhr Mozarteum[1]

Wiener Kammerensemble

W. A. MOZART:	Oboenquartett F-Dur, KV 370
	Flötenquartett D-Dur, KV 285
	Divertimento D-Dur, KV 251

LIEDERABENDE

31. Juli, 20 Uhr Großes Festspielhaus

Luciano Pavarotti

Am Flügel: Leone Magiera
Arien von Verdi und Lieder von G. B. Bononcini, G. B. Pergolesi, A. Scarlatti, G. Rossini, V. Bellini, G. Donizetti, O. Respighi und F. P. Tosti

7. August, 20 Uhr Kleines Festspielhaus

Dietrich Fischer-Dieskau

Am Flügel: Wolfgang Sawallisch
Lieder von G. Mahler

10. August, 20 Uhr Kleines Festspielhaus

Gundula Janowitz

Am Flügel: Irwin Gage
Lieder von F. Schubert

12. August, 20 Uhr Kleines Festspielhaus

Edith Mathis, Peter Schreier

Am Flügel: Erik Werba
H. Wolf: Italienisches Liederbuch

19. August, 20 Uhr Großes Festspielhaus

Hermann Prey

Am Flügel: Leonard Hokanson
Lieder von H. Wolf

21. August, 20 Uhr Kleines Festspielhaus

Christa Ludwig

Am Flügel: Erik Werba
Lieder von A. Berg, H. Pfitzner, R. Strauss und H. Wolf

SOLISTENKONZERTE

30. Juli, 20 Uhr Kleines Festspielhaus

Gidon Kremer, Violine; Oleg Maisenberg, Klavier

R. STRAUSS:	Sonate für Violine und Klavier Es-Dur, op. 18
A. WEBERN:	Vier Stücke für Violine und Klavier, op. 7 (1910)
A. SCHÖNBERG:	Phantasie für Violine und Klavier, op. 47
A. SCHNITTKE:	Preludium in memoriam Dmitrij Schostakowitsch 1975 (österreichische Erstaufführung)
L. v. BEETHOVEN:	Sonate für Klavier und Violine G-Dur, op. 96

9. August, 20 Uhr Großes Festspielhaus

Emil Gilels, Klavier

L. v. BEETHOVEN:	Sonate G-Dur, op. 31, Nr. 1
	Sonate As-Dur, op. 26 (mit Trauermarsch)
R. SCHUMANN:	Toccata, op. 7
J. BRAHMS:	Vier Balladen op. 10
R. SCHUMANN:	Arabeske, op. 18

16. August, 20 Uhr Kleines Festspielhaus

André Watts, Klavier

F. SCHUBERT:	12 Valses Nobles, op. 77, D 969
	Sonate A-Dur, op. 120, D 664
	3 Impromptus, D 946
G. GERSHWIN:	3 Preludes
	Rhapsody in Blue

24. August, 20 Uhr Großes Festspielhaus

Maurizio Pollini, Klavier

L. v. BEETHOVEN:	Sonate D-Dur, op. 28
	Sonate f-Moll, op. 57 „Appassionata"
	Sechs Bagatellen, op. 126
	Sonate c-Moll, op. 111

KIRCHENKONZERT

7. August, 11 Uhr Erzabteikirche St. Peter[1]

Dirigent: Meinhard von Zallinger; Orgel: Robert Kuppelwieser
Soli: Edita Gruberova, Nobuko Gamo-Yamamoto, Horst Laubenthal, Kieth Engen
Das Mozarteum-Orchester — Der Salzburger Rundfunk- und Mozarteum-Chor

W. A. MOZART:	c-Moll-Messe, KV 427

1977

24. Juli—30. August

SCHAUSPIEL

24., 31. Juli, 7., 14., 21., 28. August
Domplatz / Großes Festspielhaus

HUGO VON HOFMANNSTHAL

Jedermann

Regie:	Ernst Haeusserman
Ausstattung:	Veniero Colasanti / John Moore
Musik:	Joseph Messner / Einar Nilson
Dirigent:	Ernst Hinreiner
Choreographie:	William Milié
Orgel:	Oskar Peter

Das Mozarteum-Orchester
Salzburger Rundfunk- und Mozarteum-Chor

Stimme des Herrn	Ewald Balser
Tod	Klausjürgen Wussow
Jedermann	Curd Jürgens
Jedermanns Mutter	Adrienne Gessner
Guter Gesell	Walther Reyer
Hausvogt	Karl Blühm
Koch	Friedemann Held
Armer Nachbar	Harald Harth
Schuldknecht	Michael Janisch
Schuldknechts Weib	Grete Zimmer
Buhlschaft	Senta Berger
Dicker Vetter	Fritz Muliar
Dünner Vetter	Peter Matić
Mammon	Kurt Heintel
Gute Werke	Aglaja Schmid
Glaube	Agnes Fink
Teufel	Martin Benrath
Spielansager	Thomas Fritsch

11., 12., 16., 24. August Mozarteum

ROLF HOCHHUTH

Tod eines Jägers

(Uraufführung)

Regie:	Ernst Haeusserman
Ausstattung:	Günther Schneider-Siemssen
Jäger	Bernhard Wicki
Autor	Curd Jürgens

REZITATIONSABEND

6. August, 19.30 Uhr Mozarteum

Klaus Maria Brandauer

„Poesie und Revolution"

aus althochdeutscher Literatur, Walther von der Vogelweide, Martin Luther, Paul Fleming, Andreas Gryphius, Friedrich von Schiller, Johann Wolfgang von Goethe, Georg Büchner, Johann Nestroy, Heinrich Heine und Bertolt Brecht

OPER

24., 28. Juli, 6., 9., 17., 20. August
Felsenreitschule

STEFANO LANDI

Il Sant'Alessio

(in italienischer Sprache)

Eingerichtet und instrumentiert von Hans Ludwig Hirsch

Dirigent:	Peter Maag
Inszenierung:	August Everding
Bühnenbild:	Jean-Pierre Ponnelle
Kostüme:	Pet Halmen
Choreographie:	Ray Barra

Mitglieder des staatlichen Kammerorchesters Zilina, ein Blechbläser-Ensemble der Berliner Philharmoniker und Mitglieder der Camerata Academica Salzburg
Chor der Wiener Staatsoper
Mitglieder des Wiener Staatsopernballetts

Alessio	Eric Tappy
Roma Prologo	Edita Gruberova
Eufemiano	Claudio Nicolai
Adrasto	Rüdiger Wohlers
Curzio	Norbert Orth
Marzio	Claudio Desderi
Sposa	Jutta-Renate Ihloff
Madre	Ortrun Wenkel Ingrid Mayr 6. 8.
Nutrice	Jocelyne Taillon
Demonio	Raffaele Arié
Angelo	Olga Warla
Religione	Edita Gruberova
Voce dal cielo	Tölzer Sängerknabe
Danze della morte e del Demonio	Franz Wilhelm
Argumentatori	Heinz Marecek Ferruccio Soleri

26., 29. Juli, 12., 29. August
Großes Festspielhaus

RICHARD STRAUSS

Salome

Musikal. Leitung und Inszenierung:	Herbert von Karajan
Bühnenbild:	Günther Schneider-Siemssen
Kostüme:	Georges Wakhevitch
Choreographie:	Heidrun Schwaarz

Die Wiener Philharmoniker

Herodes	Karl Walter Böhm
Herodias	Agnes Baltsa
Salome	Hildegard Behrens
Jochanaan	José van Dam
Narraboth	Wieslaw Ochman
Page der Herodias	Heljä Angervo
Erster Jude	Michel Sénéchal
Zweiter Jude	David Knutson
Dritter Jude	Martin Vantin
Vierter Jude	Gerhard Unger
Fünfter Jude	Erich Kunz
Erster Nazarener	Jules Bastin
Zweiter Nazarener	Dieter Ellenbeck
Erster Soldat	Gerd Nienstedt
Zweiter Soldat	Kurt Rydl
Cappadocier	Helge von Bömches
Sklave	Horst Nitsche
Salomes Tanz der sieben Schleier	Heidrun Schwaarz

30. Juli, 5., 13., 16., 26. August
Großes Festspielhaus

GIUSEPPE VERDI

Don Carlos

(in italienischer Sprache)

Musikal. Leitung und Inszenierung:	Herbert von Karajan
Bühnenbild:	Günther Schneider-Siemssen
Kostüme:	Georges Wakhevitch

Die Wiener Philharmoniker
Chor der Wiener Staatsoper
Singverein der Gesellschaft der Musikfreunde Wien

Philipp II.	Nicolai Ghiaurov
Don Carlos	Placido Domingo 30. 7. José Carreras
Marquis von Posa	Piero Cappuccilli
Großinquisitor	Jules Bastin
Ein Mönch	José van Dam
Elisabeth von Valois	Mirella Freni
Prinzessin Eboli	Fiorenza Cossotto
Tebaldo	Edita Gruberova
Gräfin Aremberg	Walburga Wallner
Graf Lerma	Horst Nitsche
Ein Herold	Klaus Jürgen Küper
Stimme vom Himmel	Edita Gruberova 30. 7. AnnaTomowa-Sintow

26. August 25. Aufführung im Rahmen der Salzburger Festspiele

1., 4., 8., 14., 18., 27. August
Kleines Festspielhaus

WOLFGANG AMADEUS MOZART

Don Giovanni

(in italienischer Sprache)

Dirigent:	Karl Böhm
Inszenierung:	Jean-Pierre Ponnelle
Bühnenbild:	Jean-Pierre Ponnelle
Kostüme:	Jean-Pierre Ponnelle

Die Wiener Philharmoniker
Chor der Wiener Staatsoper

Don Giovanni	Sherrill Milnes
Il Commendatore	John Macurdy
Donna Anna	Anna Tomowa-Sintow
Don Ottavio	Peter Schreier
Donna Elvira	Teresa Zylis-Gara
Leporello	Walter Berry
Masetto	Dale Düsing
Zerlina	Edith Mathis

8. August 100. Aufführung im Rahmen der Salzburger Festspiele

3., 7., 10., 19., 23. August
Felsenreitschule

WOLFGANG AMADEUS MOZART

La Clemenza di Tito

(in italienischer Sprache)

Dirigent:	James Levine
Inszenierung:	Jean-Pierre Ponnelle
Bühnenbild:	Jean-Pierre Ponnelle
Kostüme:	Jean-Pierre Ponnelle

Die Wiener Philharmoniker
Chor der Wiener Staatsoper

Titus	Werner Hollweg
Vitellia	Carol Neblett Julia Varady 23. 8.
Sextus	Tatiana Troyanos
Servilia	Catherine Malfitano
Annius	Anne Howells
Publius	Kurt Rydl

22., 24., 28. August
Kleines Festspielhaus

WOLFGANG AMADEUS MOZART

Così fan tutte

(in italienischer Sprache)

Dirigent:	Karl Böhm
Inszenierung:	Günther Rennert
Bühnenbild:	Ita Maximowna
Kostüme:	Ita Maximowna

Die Wiener Philharmoniker
Chor der Wiener Staatsoper

Fiordiligi	Gundula Janowitz
Dorabella	Brigitte Fassbaender
Guglielmo	Hermann Prey
Ferrando	Peter Schreier
Despina	Reri Grist
Don Alfonso	Rolando Panerai

ORCHESTERKONZERTE

31. Juli, 20.30 Uhr Großes Festspielhaus

London Symphony Orchestra

Dirigent: André Previn
Solist: Michel Béroff, Klavier

J. HAYDN:	Symphonie A-Dur, Hob. I/87
L. v. BEETHOVEN:	Konzert für Klavier und Orchester Nr. 2, B-Dur, op. 19
S. RACHMANINOW:	Symphonie Nr. 2, e-Moll, op. 27

3. August, 19.30 Uhr Großes Festspielhaus

London Symphony Orchestra

Dirigent: Claudio Abbado
Solist: Gidon Kremer, Violine

G. LIGETI:	Atmosphères für großes Orchester ohne Schlagzeug
L. v. BEETHOVEN:	Konzert für Violine und Orchester D-Dur, op. 61 (Kadenzen: Alfred Schnittke)
S. PROKOFIEFF:	Symphonie Nr. 3, op. 44

6. August, 19.30 Uhr Großes Festspielhaus[3]

Arthur Honegger

Jeanne d'Arc au bûcher

Dramatisches Oratorium nach Worten von Paul Claudel
Deutsche Fassung von Hans Reinhardt
Dirigent: Gerd Albrecht
ORF-Symphonieorchester
ORF-Chöre Wien und Salzburg
Salzburger Kinderchor

Jeanne d'Arc	Christine Ostermayer
Bruder Dominique	Klausjürgen Wussow
Die heilige Jungfrau	Lucy Peacock
Margarethe	Irja Auroora
Katharina	Heljä Angervo
Porcus *1. Herold* *Eine Stimme* *Schreiber*	Gerhard Unger
2. Herold *Eine Stimme*	Kurt Rydl
3. Herold *Esel* *Herzog von Bedford* *Johann von Luxemburg*	Helmut Janatsch
Wilhelm von Flavy *Zeremonienmeister* *Priester* *Regnault de Chartres*	Hans Christian
Mühlenwind	Friedemann Held
Mutter Weinfaß	Angelika Hauff

7. August, 20.30 Uhr Großes Festspielhaus

London Symphony Orchestra

Dirigent: Seiji Ozawa
Soli: Ortrun Wenkel, Mezzosopran; Maurice André, Trompete

J. S. BACH:	Brandenburgisches Konzert Nr. 6, B-Dur, BWV 1051
J. N. HUMMEL:	Konzert für Trompete und Orchester Es-Dur
M. de FALLA:	Der Dreispitz (Konzertsuite)

8. August, 19.30 Uhr Mozarteum[1]

ORF-Symphonieorchester

Dirigent: Leif Segerstam
ORF-Chor Wien

L. BERIO:	Coro (Österreichische Erstaufführung)

10. August, 19.30 Uhr Großes Festspielhaus

London Symphony Orchestra

Dirigent: Karl Böhm

W. A. MOZART:	Symphonie C-Dur, KV 200
R. STRAUSS:	Tod und Verklärung, op. 24
L. v. BEETHOVEN:	Symphonie Nr. 7, A-Dur, op. 92

11. August, 19.30 Uhr Großes Festspielhaus

Die Wiener Philharmoniker

Dirigent: Gerd Albrecht
Solist: Leonard Rose, Violoncello

A. DVOŘÁK:	Konzert für Violoncello und Orchester h-Moll, op. 104
R. SCHUMANN:	Symphonie Nr. 2, C-Dur, op. 61

(Programmänderung wegen plötzlicher Erkrankung von Lorin Maazel)

14. August, 20.30 Uhr Großes Festspielhaus

London Symphony Orchestra

Dirigent: Gennadi Roschdestwenskij
Solistin: Victoria Postnikowa, Klavier

B. BRITTEN:	Suite of English Folksongs
S. PROKOFIEFF:	Konzert für Klavier und Orchester Nr. 2, g-Moll, op. 16
P. I. TSCHAIKOWSKIJ:	Symphonie Nr. 5, e-Moll, op. 64

15. August, 19.30 Uhr Großes Festspielhaus

Die Wiener Philharmoniker

Dirigent: Herbert von Karajan
Soli: Edith Mathis, Sopran; Peter Schreier, Tenor; José van Dam, Baß
Konzertvereinigung Wiener Staatsopernchor

J. HAYDN:	„Die Schöpfung". Oratorium (Jeanpierre Faber, Cembalo; David Bell, Orgel)

17. August, 19.30 Uhr Großes Festspielhaus

Die Wiener Philharmoniker

Dirigent: Karl Böhm
Solist: Maurizio Pollini, Klavier

W. A. MOZART:	Konzert für Klavier und Orchester A-Dur, KV 488
A. BRUCKNER:	Symphonie Nr. 7, E-Dur

21. August, 20.30 Uhr Großes Festspielhaus

Die Wiener Philharmoniker

Dirigent: James Levine
Soli: Barbara Hendricks, Sopran; Jessye Norman, Alt; James Levine, Klavier
Konzertvereinigung Wiener Staatsopernchor

W. A. MOZART:	Konzert für Klavier und Orchester A-Dur, KV 414
G. MAHLER:	Symphonie Nr. 2, c-Moll „Auferstehungs-Symphonie"

22. August, 19.30 Uhr Mozarteum[1]

Die Wiener Philharmoniker

Dirigent: Horst Stein
Soli: Wolfgang Schulz, Flöte; Jon Ivan Roncea, Harfe

W. A. MOZART:	Divertimento D-Dur, KV 136 Konzert für Flöte, Harfe und Orchester C-Dur, KV 299 Divertimento B-Dur, KV 137 Symphonie C-Dur, KV 551 „Jupiter"

25. August, 19.30 Uhr Großes Festspielhaus

Die Wiener Philharmoniker

Dirigent: Riccardo Muti
Solist: Christoph Eschenbach, Klavier

J. S. BACH:	Orchestersuite Nr. 3, D-Dur, BWV 1068
W. A. MOZART:	Konzert für Klavier und Orchester c-Moll, KV 491 (Kadenz von Johannes Brahms)
F. MENDELSSOHN BARTHOLDY:	Symphonie Nr. 4, A-Dur, op. 90 „Italienische"

27. August, 19.30 Uhr Großes Festspielhaus

Das Berliner Philharmonische Orchester

Dirigent: Herbert von Karajan

G. MAHLER:	Symphonie Nr. 6, a-Moll

28. August, 20.30 Uhr Großes Festspielhaus

Das Berliner Philharmonische Orchester

Dirigent: Herbert von Karajan

L. v. BEETHOVEN:	Symphonie Nr. 6, F-Dur, op. 68 „Pastorale" Symphonie Nr. 3, Es-Dur, op. 55 „Eroica"

30. August, 19.30 Uhr Großes Festspielhaus

Die Wiener Philharmoniker

Dirigent: Leonard Bernstein

L. v. BEETHOVEN:	Streichquartett cis-Moll, op. 131 (ausgeführt von großem Streichorchester)
	Symphonie Nr. 5, c-Moll, op. 67

SERENADEN

27. Juli, 20 Uhr Felsenreitschule

I Solisti Veneti

Dirigent: Claudio Scimone
Solist: Jean-Pierre Rampal, Flöte

D. CIMAROSA:	Sinfonia concertante für 2 Flöten und Orchester G-Dur (Solisten: Jean-Pierre Rampal, Clementine Hoogendoorn Scimone)
W. A. MOZART:	Konzert für Flöte und Orchester G-Dur, KV 313
A. VIVALDI:	Konzert für Flöte und Streicher D-Dur, op. 10, Nr. 3, „Il Gardellino"
J. HAYDN:	Symphonie fis-Moll, Hob. I/45 „Abschieds-Symphonie"

2. August, 20.30 Uhr Felsenreitschule

Slowakisches Kammerorchester

Dirigent: Bohdan Warchal

A. CORELLI:	Concerto grosso D-Dur, op. 6, Nr. 1
F. COUPERIN:	Pièces en concert pour violoncelle et quatuor à cordes (Solist: Juraj Alexander)
O. RESPIGHI:	Antiche danze ed arie. Dritte Suite
E. GRIEG:	Aus Holbergs Zeit, op. 40
B. BRITTEN:	Simple Symphony, op. 4

11. August, 20 Uhr Felsenreitschule

London Symphony Orchestra Wind Ensemble

Mitwirkende: Douglas Cummings, Cello; Bruce Mollison, Kontrabaß

W. A. MOZART:	Serenade Es-Dur, KV 375
M. SEIBER:	Serenade für Bläsersextett
A. DVOŘÁK:	Serenade d-Moll, op. 44

12. August, 20 Uhr Felsenreitschule

Das Mozarteum-Orchester

Dirigent: Theodor Guschlbauer

W. A. MOZART:	Divertimento Es-Dur, KV 113
G. BIALAS:	Waldmusik für Orchester und Soloinstrumente (Uraufführung) Auftragswerk der Salzburger Festspiele
W. A. MOZART:	Serenade D-Dur, KV 320 „Posthorn-Serenade" (Posthornsolo: August Nowicki)
	Marsch D-Dur, KV 335/1

15. August, 20 Uhr Felsenreitschule

Das Mozarteum-Orchester

Dirigent: Sergio Cárdenas
Solist: Hermann Baumann, Horn

W. A. MOZART:	Marsch C-Dur, KV 408/1
	Konzert für Horn und Orchester D-Dur, KV 412 (und 514)
	Marsch D-Dur, KV 249
	Serenade D-Dur, KV 250 „Haffner-Serenade" (Violinsolo: Georg Homoki)

25. August, 20 Uhr Felsenreitschule

Das Mozarteum-Orchester

Dirigent: Christof Prick
Soli: Hermann Baumann, Horn; Rudolf Klepač, Fagott

W. A. MOZART:	Marsch D-Dur, KV 408/2
M. F. Freiherr v. DROSTE-HÜLSHOFF:	Duo concertante Nr. 2 für Horn, Fagott und Orchester, Es-Dur
W. A. MOZART:	Sechs deutsche Tänze, KV 567
	Cassation G-Dur, KV 63 (Violinsolo: Karlheinz Franke)
	Marsch C-Dur, KV 408/3

MATINEEN

Werke von WOLFGANG AMADEUS MOZART

Das Mozarteum-Orchester

31. Juli, 11 Uhr Mozarteum

Dirigent: Gerhard Wimberger
Solistin: Anne-Sophie Mutter, Violine

Symphonie Es-Dur, KV 132
Konzert für Violine und Orchester D-Dur, KV 211
Divertimento F-Dur, KV 138
Symphonie B-Dur, KV 319

(Programmänderung wegen plötzlicher Erkrankung von Eric Tappy)

7. August, 11 Uhr Mozarteum

Dirigent: Wolfgang Schneiderhan
Soli: Gabriele Fuchs, Sopran; Wolfgang Schneiderhan, Violine

Symphonie A-Dur, KV 134
Konzert für Violine und Orchester G-Dur, KV 216
Rezitativ und Arie „Ah, lo previdi", KV 272
Arie „Voi avete un cor fedele", KV 217
Symphonie A-Dur, KV 201

14. August, 11 Uhr Mozarteum

Dirigent: Leopold Hager
Soli: Claudio Nicolai, Bariton; Ulf Hoelscher, Violine

Symphonie D-Dur, KV 133
Konzert für Violine und Orchester B-Dur, KV 207
Rondo für Violine und Orchester B-Dur, KV 269
Arie „Mentre ti lascio, o figlia", KV 513
Arie „Rivolgete a lui lo sguardo", KV 584
Symphonie C-Dur, KV 425 „Linzer"

21. August, 11 Uhr Mozarteum

Dirigent: Theodor Guschlbauer
Soli: Jana Jonášová, Sopran; Edith Peinemann, Violine

Symphonie B-Dur, KV 182
Konzert für Violine und Orchester D-Dur, KV 218
Arie „Schon lacht der holde Frühling", KV 580
Rezitativ und Arie „Popoli di Tessaglia", KV 316
Symphonie g-Moll, KV 183

28. August, 11 Uhr Mozarteum

Dirigent: Gerhard Wimberger
Soli: Julia Varady, Sopran; Thomas Zehetmair, Violine

Symphonie D-Dur, KV 181
Konzert für Violine und Orchester A-Dur, KV 219
Rezitativ und Rondo „Ah questo seno deh vieni", KV 374
Rezitativ und Arie „Bella mia fiamma", KV 528
Symphonie D-Dur, KV 297 „Pariser"

KAMMERKONZERTE

25. Juli, 19.30 Uhr Mozarteum

I Solisti Veneti

Dirigent: Claudio Scimone

A. VIVALDI:	aus Opus III „L'estro armonico" Konzert Nr. 9 für Violine, Streicher und Cembalo, D-Dur (Solist: Piero Toso) Konzert Nr. 5 für zwei Violinen, Streicher und Cembalo, A-Dur (Soli: Piero Toso, Nane Calabrese) Konzert Nr. 10 für vier Violinen, Streicher und Cembalo h-Moll, „con violoncello obbligato" (Soli: Piero Toso, Nane Calabrese, Marco Fornaciari, Ronald Valpreda, Violinen; Severino Zannerini, Violoncello) aus Opus IV „La stravaganza" Konzert Nr. 1 für Violine und Streicher, B-Dur (Solist: Piero Toso) Konzert Nr. 4 für Violine und Streicher, a-Moll (Solist: Piero Toso) Konzert Nr. 12 für Violine und Streicher, G-Dur (Solist: Marco Fornaciari) Konzert Nr. 6 für Violine, Streicher und Cembalo g-Moll (Solist: Piero Toso)

31. Juli, 19.30 Uhr Mozarteum

Slowakisches Kammerorchester

Dirigent: Bohdan Warchal

G. PH. TELEMANN:	Polnisches Konzert G-Dur für Streichorchester und Cembalo
G. F. HÄNDEL:	Concerto grosso B-Dur, op. 6, Nr. 7
J. S. BACH:	Orchestersuite Nr. 2, h-Moll, BWV 1067 (Flötensolo: Vladislav Brunner)
A. VIVALDI:	„Die vier Jahreszeiten", op. 8/1-4 (Violinsolo: Bohdan Warchal)

15. August, 19.30 Uhr Mozarteum

Gaudeamus Streichquartett

A. WEBERN:	Fünf Sätze für Streichquartett, op. 5
I. STRAWINSKY:	Trois pièces pour quatuor à cordes
E. RAXACH:	Fases für Streichquartett
T. BRUYNEL:	Translucent I
G. CRUMB:	Black Angels

28. August, 19.30 Uhr Mozarteum[1]

Wiener Bläsersolisten

Mitwirkend: Heinz Medjimorec, Klavier

W. A. MOZART:	Sonate für Klavier und Flöte F-Dur, KV 13 Sonate für Klavier und Flöte C-Dur, KV 14 Klavierquintett Es-Dur, KV 452 Orgelstück für eine Uhr f-Moll, KV 608 Serenade Es-Dur, KV 375

LIEDERABENDE

2. August, 20 Uhr Großes Festspielhaus

Leontyne Price

Am Flügel: David Garvey
Arie von G. F. Händel; Lieder von F. Schubert, R. Strauss, H. Duparc, L. Hoiby, H. Swanson, D. Argento, N. Rorem und Spirituals

13. August, 20 Uhr Kleines Festspielhaus

Brigitte Fassbaender

Am Flügel: Erik Werba
Lieder von R. Schumann (u. a. op. 42, op. 135)

16. August, 20 Uhr Kleines Festspielhaus

Peter Schreier

Am Flügel: Jörg Demus
Lieder von L. v. Beethoven (u. a. op. 98)

18. August, 20 Uhr Großes Festspielhaus

Hermann Prey

Am Flügel: Geoffrey Parsons
Balladen von F. Schubert, C. Loewe, R. Schumann und H. Wolf

21. August, 20 Uhr Kleines Festspielhaus

José van Dam

Am Flügel: Walter Hagen-Groll
Lieder von R. Schumann (op. 35), H. Duparc, M. Ravel und Fr. Poulenc

29. August, 20 Uhr Kleines Festspielhaus

Dietrich Fischer-Dieskau

Am Flügel: Sviatoslav Richter
Lieder von F. Schubert

SOLISTENKONZERTE

30. Juli, 20 Uhr Kleines Festspielhaus

Krystian Zimerman, Klavier

F. CHOPIN:	Ballade Nr. 3, As-Dur, op. 47 Scherzo Nr. 2, b-Moll, op. 31 Grande Polonaise brillante précédée d'un Andante spianato, op. 22 Sonate h-Moll, op. 58

4. August, 20 Uhr Großes Festspielhaus

Mark Zeltser, Klavier

J. HAYDN:	Sonate C-Dur, Hob. XVI/48
M. RAVEL:	Gaspard de la nuit (Ondine, Le Gibet, Scarbo)
S. PROKOFIEFF:	Sarkasmen, op. 17
F. LISZT:	Sonate h-Moll

(Programmänderung wegen Erkrankung von Martha Argerich)

9. August, 20 Uhr Großes Festspielhaus

Gidon Kremer und Tatjana Grindenko, Violine

L. MOZART:	Aus den zwölf Duos für zwei Violinen Nr. 5, F-Dur; Nr. 6, C-Dur; Nr. 8, G-Dur; Nr. 11, D-Dur; Nr. 4, G-Dur; Nr. 2, D-Dur
J. S. BACH:	Chaconne d-Moll für Violine solo, BWV 1004

J. HAYDN:	Zwei Menuette, Andante con variazioni, Presto, für zwei Violinen, aus op. 99 (Hob. III/20 und 23)
I. STRAWINSKY:	Elegie für Violine solo (1944)
S. PROKOFIEFF:	Sonate für zwei Violinen C-Dur, op. 56
W. A. MOZART:	Fünf Kontretänze für zwei Violinen, Baß, Flöte und Trommel, KV 609 (Mitwirkend: Cornelius Herrmann, Cello; Alfred Bürgschwendtner, Kontrabaß; Helmut Zangerle, Flöte, und Rudolf Schingerlin, Trommel)

19. August, 20 Uhr Großes Festspielhaus

Victoria Postnikowa und
Gennadi Roschdestwenskij, Klavier

W. A. MOZART:	Sonate für Klavier zu vier Händen D-Dur, KV 381
F. SCHUBERT:	Fantasie f-Moll, op. 103, D 940
J. BRAHMS:	16 Walzer für Klavier zu vier Händen, op. 39
W. A. MOZART:	Sonate für Klavier zu vier Händen C-Dur, KV 19d

20. August, 20 Uhr Großes Festspielhaus

Alfred Brendel, Klavier

F. SCHUBERT:	Sonate a-Moll, op. 42, D 845
	Wandererfantasie C-Dur, op. 15, D 760
	Sonate G-Dur, op. 78, D 894

22. August, 20 Uhr Großes Festspielhaus

Maurizio Pollini, Klavier

L. v. BEETHOVEN:	Sonate B-Dur, op. 106
A. WEBERN:	Variationen, op. 27
P. BOULEZ:	2ième Sonate

26. August, 20 Uhr Kleines Festspielhaus

Sviatoslav Richter, Klavier

L. v. BEETHOVEN:	Andante F-Dur
F. CHOPIN:	Walzer As-Dur, op. 34/1
	Walzer a-Moll, op. 34/2
	Walzer F-Dur, op. 34/3
	Scherzo b-Moll, op. 31
	Barcarole, Fis-Dur, op. 60
CL. DEBUSSY:	Suite bergamasque
	Estampes

KIRCHENKONZERT

30. Juli, 11 Uhr Erzabteikirche St. Peter[1]

Dirigent: Meinhard von Zallinger; Orgel: Robert Kuppelwieser
Soli: Gabriele Fuchs, Nobuko Gamo-Yamamoto, Horst Laubenthal, Kieth Engen
Das Mozarteum-Orchester — Der Salzburger Rundfunk- und Mozarteum-Chor

W. A. MOZART:	c-Moll-Messe, KV 427

1978

26. Juli—31. August

SCHAUSPIEL

27., 31. Juli,
8., 13., 15., 20., 24., 27. August
Landestheater

P. A. CARON DE BEAUMARCHAIS

Der tolle Tag oder Die Hochzeit des Figaro

Inszenierung und Bearbeitung:	Johannes Schaaf
Bühnenbild:	Wilfried Minks
Kostüme:	Peter Pabst
Musik:	Franz Hummel
Graf Almaviva	Ivan Darvas
Gräfin	Heidelinde Weis
Figaro	Klaus Maria Brandauer
Susanne	Gudrun Gabriel
Marceline	Rosemarie Fendel
Antonio	Heinrich Schweiger
Fanchette	Gabriele Schuchter
Cherubin	Santiago Ziesmer
Bartholo	Hubert Kronlachner
Basilio	Ludwig Hirsch
Don Guzman	
Brid'oison	Heribert Sasse
Gerichtsschreiber	Götz Kauffmann
Gerichtsdiener	Richard Tomaselli
Gripe-Soleil	Robert Meyer
Pedrillo	Werner Friedl

30. Juli, 6., 13., 15., 20., 27. August
Domplatz / Großes Festspielhaus

HUGO VON HOFMANNSTHAL

Jedermann

Regie:	Ernst Haeusserman
Ausstattung:	Veniero Colasanti / John Moore
Musik:	Joseph Messner / Einar Nilson
Dirigent:	Ernst Hinreiner
Choreographie:	William Milié
Orgel:	Oskar Peter

Das Mozarteum-Orchester
Salzburger Rundfunk- und Mozarteum-Chor

Gott der Herr	Die Stimme Ewald Balsers
Tod	Rolf Boysen
Jedermann	Maximilian Schell
Jedermanns Mutter	Heidemarie Hatheyer
Guter Gesell	Frank Hoffmann
Hausvogt	Karl Blühm
Koch	Friedemann Held
Armer Nachbar	Erich Auer
Schuldknecht	Herwig Seeböck
Schuldknechts Weib	Martha Wallner
Buhlschaft	Senta Berger
Dicker Vetter	Eric Pohlmann
Dünner Vetter	Walter Schmidinger
Mammon	Ernst Schröder
Gute Werke	Sonja Sutter
Glaube	Joana Maria Gorvin
Teufel	Otto Schenk
Spielansager	Michael Boettge

27. 8., 14 Uhr, zusätzliche Aufführung Sondervorstellung der Mitwirkenden als Geschenk für die Salzburger Bevölkerung

7., 11., 14., 16., 19., 23., 26., 29. August
Landestheater

JOHANN NESTROY

Der Talisman

Musik von Adolf Müller

Regie:	Otto Schenk
Ausstattung:	Jürgen Rose
Musik. Einrichtung:	Gerhard Wimberger
Couplet-Zusatzstrophen:	Peter Weiser
Dirigent:	Helmut Scharinger

Das Mozarteum-Orchester

Titus Feuerfuchs	Helmut Lohner
Frau von Cypressenburg	Vilma Degischer
Emma	Dolores Schmidinger
Constantia	Senta Wengraf
Flora Baumscher	Christiane Hörbiger
Plutzerkern	Otto Schenk
Monsieur Marquis	Hannes Siegl
Spund	Heinrich Schweiger
Christoph	Kurt Hansen
Hans	Georg Schuchter
Seppel	Hermann Scheidleder

Hannerl	Gabriele Schuchter
Gartenknecht	Heinz Rohn
Georg	Erwin V. Gross
Konrad	Kurt Müller-Walden
Herr von Platt	Rudolf Weitlaner
Notarius Falk	Josef Zehetgruber
Salome Pockerl	Christine Ostermayer

REZITATIONSABENDE

1. August, 19.30 Uhr Mozarteum

Paul Hoffmann

Dichter über das Theater

Johann Wolfgang von Goethe, Gotthold Ephraim Lessing, William Shakespeare, E. T. A. Hoffmann, Hugo von Hofmannsthal, Garcia Lorca, Denis Diderot, Bertolt Brecht, Friedrich Dürrenmatt und Friedrich von Schiller

10. August, 19.30 Uhr Landestheater

Senta Berger

Österreichische Dichterinnen der Gegenwart
Ingeborg Bachmann und Ilse Aichinger

18. August, 19.30 Uhr Landestheater

Will Quadflieg

spricht und liest Dichtungen und Briefe von FRIEDRICH HÖLDERLIN

OPER

26. Juli, 2., 11., 19., 24., 29. August
Großes Festspielhaus

RICHARD STRAUSS

Der Rosenkavalier

Dirigent:	Christoph von Dohnányi
Inszenierung:	Günther Rennert
Bühnenbild:	Veniero Colasanti / John Moore
Kostüme:	Veniero Colasanti / John Moore

Die Wiener Philharmoniker
Chor der Wiener Staatsoper
Bühnenmusik: Mozarteum-Orchester

Marschallin	Gundula Janowitz
Baron Ochs	Kurt Moll
Octavian	Yvonne Minton
Faninal	Ernst Gutstein
Sophie	Lucia Popp
Leitmetzerin	Liselotte Rebmann
Valzacchi	David Thaw
Annina	Doris Soffel
Haushofmeister bei Marschallin	Horst Hiestermann
Haushofmeister bei Faninal	Josef Köstlinger
Polizeikommissär	Kurt Rydl
Notar	Alfred Šramek
Sänger	Luciano Pavarotti Yordy Ramiro 2., 11., 24., 29. 8.
Wirt	Karl Terkal

28. Juli, 5., 10., 18., 22., 28. August
Felsenreitschule

WOLFGANG AMADEUS MOZART

Die Zauberflöte

Dirigent:	James Levine
Inszenierung:	Jean-Pierre Ponnelle
Bühnenbild:	Jean-Pierre Ponnelle
Kostüme:	Jean-Pierre Ponnelle

Die Wiener Philharmoniker
Chor der Wiener Staatsoper

Sarastro	Martti Talvela
Tamino	Eric Tappy
Sprecher	José van Dam
1. Priester	Peter Weber
2. Priester	Horst Nitsche
Königin der Nacht	Edita Gruberova
Pamina	Ileana Cotrubas
1. Dame	Rachel Yakar
2. Dame	Trudeliese Schmidt
3. Dame	Ingrid Mayr
Papageno	Christian Boesch
Papagena	Elisabeth Kales
Monostatos	Remy Corazza
3 Knaben	Solisten des Tölzer Knabenchores
1. Geharnischter	Karl Terkal
2. Geharnischter	Helge von Bömches

29. Juli, 4., 14., 17., 25. August
Großes Festspielhaus

GIUSEPPE VERDI

Don Carlos

(in italienischer Sprache)

Musikal. Leitung und Inszenierung:	Herbert von Karajan
Bühnenbild:	Günther Schneider-Siemssen
Kostüme:	Georges Wakhevitch

Die Wiener Philharmoniker
Chor der Wiener Staatsoper
Singverein der Gesellschaft der Musikfreunde Wien

Philipp II.	Nicolai Ghiaurov Ruggero Raimondi 17. 8.
Don Carlos	José Carreras
Marquis von Posa	Piero Cappuccilli
Großinquisitor	Jules Bastin
Ein Mönch	José van Dam
Elisabeth von Valois	Mirella Freni
Prinzessin Eboli	Elena Obraztsova Eva Randova 4.—25. 8.
Tebaldo	Edita Gruberova
Gräfin Aremberg	Walburga Wallner
Graf Lerma	Horst Nitsche
Ein Herold	Klaus Jürgen Küper
Stimme vom Himmel	Edita Gruberova Anna Tomowa-Sintow 14.—25. 8.

1., 7., 13., 21., 27. August
Kleines Festspielhaus

WOLFGANG AMADEUS MOZART

Don Giovanni

(in italienischer Sprache)

Dirigent:	Karl Böhm
Inszenierung:	Jean-Pierre Ponnelle
Bühnenbild:	Jean-Pierre Ponnelle
Kostüme:	Jean-Pierre Ponnelle

Die Wiener Philharmoniker
Chor der Wiener Staatsoper

Don Giovanni	Sherrill Milnes
Il Commendatore	John Macurdy
Donna Anna	Edda Moser Anna Tomowa-Sintow 7.—27.
Don Ottavio	Peter Schreier
Donna Elvira	Teresa Zylis-Gara
Leporello	Walter Berry
Masetto	Dale Düsing
Zerlina	Edith Mathis

3., 12., 16., 26. August
Großes Festspielhaus

RICHARD STRAUSS

Salome

Musikal. Leitung und Inszenierung:	Herbert von Karajan
Bühnenbild:	Günther Schneider-Siemssen
Kostüme:	Georges Wakhevitch
Choreographie:	Heidrun Schwaarz

Die Wiener Philharmoniker

Herodes	Karl Walter Böhm
Herodias	Agnes Baltsa
Salome	Hildegard Behrens
Jochanaan	José van Dam
Narraboth	Wieslaw Ochman
Page der Herodias	Rohangiz Yachmi
1. Jude	Gerhard Stolze
2. Jude	Horst Nitsche
3. Jude	Martin Vantin
4. Jude	Gerhard Unger
5. Jude	Erich Kunz
1. Nazarener	Jules Bastin
2. Nazarener	Dieter Ellenbeck
1. Soldat	Gerd Nienstedt
2. Soldat	Kurt Rydl
Cappadocier	Helge von Bömches
Sklave	Horst Nitsche
Salomes Tanz der sieben Schleier	Heidrun Schwaarz

8., 12., 15., 20., 26. August
Felsenreitschule

STEFANO LANDI

Il Sant'Alessio

(in italienischer Sprache)

Eingerichtet und instrumentiert von Hans Ludwig Hirsch

Dirigent:	Peter Maag
Inszenierung:	August Everding

Bühnenbild:	Jean-Pierre Ponnelle	*Alessio*	Eric Tappy	*Nutrice*	Jocelyne Taillon
Kostüme:	Pet Halmen	*Roma Prologo*	Edita Gruberova	*Demonio*	Stefan Elenkov
Choreographie:	Ray Barra	*Eufemiano*	Claudio Nicolai	*Angelo*	Olga Warla
		Adrasto	Thomas Moser	*Religione*	Edita Gruberova
		Curzio	Michel Sénéchal	*Il Papa*	Peter Weber
		Marzio	Claudio Desderi	*Danze della morte e del Demonio*	Franz Wilhelm
		Sposa	Jutta-Renate Ihloff	*Argumentatori*	Hugo Lindinger
		Madre	Ortrun Wenkel		Ferruccio Soleri
			Ingrid Mayr 12., 20.		

Mitglieder des staatlichen Kammerorchesters Zilina, ein Blechbläser-Ensemble der Berliner Philharmoniker und Mitglieder der Camerata Academica Salzburg
Chor der Wiener Staatsoper
Mitglieder des Wiener Staatsopernballetts

ORCHESTERKONZERTE

2. August, 19.30 Uhr Kleines Festspielhaus[3]

ORF-Symphonieorchester

Dirigent: Leif Segerstam
Solist: Gidon Kremer, Violine

A. WEBERN:	Passacaglia, op. 1
H. W. HENZE:	Il Vitalino Raddoppiato, für Violine und Kammerorchester (Uraufführung)
A. SCHÖNBERG:	Pelleas und Melisande, op. 5

4. August, 19.30 Uhr Kleines Festspielhaus[3]

ORF-Symphonieorchester

Dirigent: George A. Albrecht
ORF-Chor Wien

J. N. DAVID:	Drei Evangelien-Motetten für gemischten Chor a cappella
H. E. APOSTEL:	Requiem, op. 4
B. BARTÓK:	Herzog Blaubarts Burg, op. 11 Konzertante Aufführung in der Originalsprache (Ungarisch)
	Blaubart Walter Berry
	Judith Katalin Kasza

6. August, 20 Uhr Großes Festspielhaus

Die Wiener Philharmoniker

Dirigent: Karl Böhm
Solistin: Yvonne Minton

C. M. v. WEBER:	Ouvertüre zu „Der Freischütz"
G. MAHLER:	Kindertotenlieder
A. DVOŘAK:	Symphonie Nr. 9, e-Moll, op. 95 „Aus der Neuen Welt"

9. August, 19.30 Uhr Großes Festspielhaus

Die Wiener Philharmoniker

Dirigent: James Levine

F. SCHUBERT:	Ouvertüre zu „Rosamunde" aus D 644
	Symphonie Nr. 4, c-Moll, „Tragische", D 417
R. SCHUMANN:	Ouvertüre zu „Manfred", op. 115
	Symphonie Nr. 3, Es-Dur, op. 97 „Rheinische"

13. August, 11 Uhr Großes Festspielhaus

Die Wiener Philharmoniker

Dirigent: Claudio Abbado
Solistin: Christa Ludwig
Mitglieder der Konzertvereinigung Wiener Staatsopernchor
Tölzer Knabenchor

G. MAHLER:	Symphonie Nr. 3, d-Moll

15. August, 11 Uhr Kleines Festspielhaus

Konzertvereinigung Wiener Staatsopernchor

Dirigent: Walter Hagen-Groll
Soli: Peter Schreier, Tenor; Jörg Demus, Josef Böck, Klavier

G. PALESTRINA:	Stabat Mater
	Ave Maria
H. SCHÜTZ:	100. Psalm
H. W. ZIMMERMANN:	Drei Nestroy-Collagen für gemischten Chor und zwei Klaviere (Uraufführung)
F. SCHUBERT:	Nur wer die Sehnsucht kennt
	Der Gondelfahrer
	Das Dörfchen
	Widerspruch
	Nachthelle

15. August, 20 Uhr Großes Festspielhaus

Die Wiener Philharmoniker

Dirigent: Herbert von Karajan

A. BRUCKNER:	Symphonie Nr. 8, c-Moll

20. August, 11 Uhr Großes Festspielhaus

Die Wiener Philharmoniker

Dirigent: Christoph von Dohnányi
Solistin: Anja Silja

I. STRAWINSKY:	Petruschka (Konzert-Fassung) (Horst Göbel, Klavier)
A. SCHÖNBERG:	Sechs Lieder, op. 8
R. STRAUSS:	Till Eulenspiegels lustige Streiche, op. 28

23. August, 19.30 Uhr Großes Festspielhaus

Die Wiener Philharmoniker

Dirigent: Karl Böhm

F. SCHUBERT:	Symphonie Nr. 5, B-Dur, D 485
J. BRAHMS:	Symphonie Nr. 4, e-Moll, op. 98

26. August, 11 Uhr Kleines Festspielhaus[1]

Die Wiener Philharmoniker

Dirigent: Leopold Hager
Solist: Clifford Curzon, Klavier

W. A. MOZART:	Symphonie g-Moll, KV 183
	Konzert für Klavier und Orchester C-Dur, KV 467
	Symphonie g-Moll, KV 550

27. August, 20 Uhr Großes Festspielhaus

Das Berliner Philharmonische Orchester

Dirigent: Herbert von Karajan
Soli: Mark Zeltser, Klavier; Anne-Sophie Mutter, Violine; Yo-Yo Ma, Violoncello

L. v. BEETHOVEN:	Konzert für Klavier, Violine, Violoncello und Orchester C-Dur, op. 56 „Tripelkonzert"
I. STRAWINSKY:	Le Sacre du Printemps

28. August, 19.30 Uhr Großes Festspielhaus

Das Berliner Philharmonische Orchester

Dirigent: Herbert von Karajan
Soli: Mirella Freni, Agnes Baltsa; José Carreras, Nicolai Ghiaurov
Singverein der Gesellschaft der Musikfreunde Wien

G. VERDI:	Messa da Requiem

30. August, 19.30 Uhr Großes Festspielhaus

Chicago Symphony Orchestra

Dirigent: Georg Solti

CL. DEBUSSY:	La Mer Prélude à l'après-midi d'un faune
G. MAHLER:	Symphonie Nr. 1, D-Dur

31. August, 19.30 Uhr Großes Festspielhaus

Chicago Symphony Orchestra

Dirigent: Georg Solti

M. TIPPETT:	Symphonie Nr. 4
P.I.TSCHAIKOWSKIJ:	Symphonie Nr. 6, h-Moll, op. 74 „Pathétique"

SERENADEN

27. Juli, 20 Uhr Felsenreitschule

I Solisti Veneti

Dirigent: Claudio Scimone

A. VIVALDI:	Concerto in la magg. per violino e archi „con altro violino per eco in lontano", RV 552 (solisti: Marco Fornaciari, Massimo Marin) Concerto in sol magg. per due mandolini e archi, RV 532 (solisti: Bonifacio Bianchi, Alessandro Pitrelli)
G. ROSSINI:	Terza Sonata in do magg. per archi
A. VIVALDI:	Concerto in re minore per viola d'amore, liuto e „con tutti gl'istrumenti sordini", RV 540 (solisti: Nane Calabrese, viola d'amore; Jürgen Hübscher, liuto)
W. A. MOZART:	Divertimento D-Dur, KV 251

29. Juli, 20 Uhr Felsenreitschule

Festival Strings Lucerne

Dirigent: Rudolf Baumgartner

M. CORRETTE:	Konzert für sechs Instrumente d-Moll, op. 26/6 (Cembalo: Eduard Kaufmann)
A. SCARLATTI:	Concerto grosso Nr. 3, F-Dur
A. VIVALDI:	Konzert op. 10, Nr. 3 für Flöte und Streichorchester D-Dur, „Il Gardellino", RV 428 (Solo: Anna Katharina Graf) Konzert G-Dur „Alla Rustica", RV 151
W. A. MOZART:	Divertimento F-Dur, KV 138
E. GRIEG:	Aus Holbergs Zeit, op. 40

9. August, 20 Uhr Felsenreitschule

Das Mozarteum-Orchester

Dirigent: Günter Neuhold

W. A. MOZART:	Marsch D-Dur, KV 189 Serenade D-Dur, KV 185 (Violinsolo: Karlheinz Franke) Ein musikalischer Spaß, KV 522 Eine kleine Nachtmusik G-Dur, KV 525

11. August, 20 Uhr Felsenreitschule

Blechbläserensemble der Berliner Philharmoniker

H. LÜBECK:	Feldmusik-Heroldsfanfaren aus dem Trompeter-Buch
D. SPEER:	Quodlibet aus „Neu-bachene Taffel Schnitz" (1685)
J. PEZEL:	Sonata in C Sarabanda in B Intrada aus „Hora Decima" (1670)
G. GABRIELI:	Canzona à 8 Sonata à 4 Ricercare del settimo tono à 8 aus „Canzone per sonar ogni sorte de stromenti" (erschienen 1615)
J. H. SCHEIN:	Suite aus „Banchetto Musicale" (1617)
S. SCHEIDT:	Intrada Courante Gagliarda Battaglia aus „Tabulatura Nova" (1624)
V. ALBRICI:	Sonata à 8 per due chori
J. H. SCHMELZER:	Drei Stücke aus dem „Rosseballett" (1667)
J. G. STÖRL:	Sonate für Cornett und drey Trombonen
M. PRAETORIUS:	Ballet du Roy (1612)
G. MUFFAT:	Suite aus „Florilegium" (1695/98)
W. BRADE:	Suite des Churfürsten in Brandenburg (1617)
C. GUSSAGO:	Sonata à 8 „La Porcellaga" (1608)
J. PEZEL:	Suite aus „Fünffstimmigte Blasende Music" (1685)
L. VIADANA:	Sinfonia „La padovana"

17. August, 20 Uhr Felsenreitschule

Das Mozarteum-Orchester

Dirigent: Ernst Märzendorfer
Solist: Norbert Hauptmann, Horn

W. A. MOZART:	Divertimento D-Dur, KV 131 Konzert für Horn und Orchester Es-Dur, KV 495 (Kadenzen: Manfred Klier)
F. SCHUBERT:	Polonaise für Violine und Orchester B-Dur, D 580 (Violinsolo: Georg Homoki) Drei Menuette für Bläser, zu D 995 Fünf deutsche Tänze mit Coda und sieben Trios, D 90
W. A. MOZART:	Sechs deutsche Tänze, KV 509 Marsch D-Dur, KV 335/1

25. August, 20 Uhr Felsenreitschule

Das Mozarteum-Orchester

Dirigent: Ralf Weikert

W. A. MOZART:	Ballettmusik zur Pantomime „Les petits Riens", KV 299b
K. SCHWERTSIK:	Tag- & Nachtweisen für Orchester op. 34 im Ton des Mönchs von Salzburg & Herrn Marteins (Uraufführung) Auftragswerk der Salzburger Festspiele
W. A. MOZART:	Marsch D-Dur, KV 237 Serenade D-Dur, KV 203 (Violinsolo: Georg Homoki)

MATINEEN

Werke von WOLFGANG AMADEUS MOZART

Das Mozarteum-Orchester

30. Juli, 11 Uhr Mozarteum

Dirigent: Leopold Hager
Solist: Joseph Kalichstein, Klavier

Symphonie (Ouvertüre) G-Dur, KV 318
Konzert für Klavier und Orchester A-Dur, KV 488
Divertimento D-Dur, KV 136
Symphonie B-Dur, KV 319

6. August, 11 Uhr Mozarteum

Dirigent: Christof Prick
Soli: Zsuzsanna Fejér, Sopran; Karlheinz Zöller, Flöte

Symphonie D-Dur, KV 202
Konzert für Flöte und Orchester G-Dur, KV 313
Arie „Voi avete un cor fedele", KV 217
Rezitativ und Rondo „Ah questo seno deh vieni", KV 374
Symphonie D-Dur nach der Serenade KV 204

13. August, 11 Uhr Mozarteum

Dirigent: Gerhard Wimberger
Soli: Kurt Widmer, Baß; Peter Aronsky, Klavier

Symphonie F-Dur, KV 76
Konzert für Klavier und Orchester B-Dur, KV 595
Rezitativ und Arie „Cosi dunque tradisci", KV 432
Arie „Mentre ti lascio, o figlia", KV 513
Symphonie C-Dur, KV 338, mit Menuett C-Dur, KV 409

15. August, 11 Uhr Mozarteum

Dirigent: Gustav Kuhn
Soli: Doris Soffel, Mezzosopran; Walter Klien, Klavier

Symphonie D-Dur, KV 141a
Konzert für Klavier und Orchester c-Moll, KV 491 (Kadenzen: Walter Klien)
Rezitativ und Rondo der Susanna „Giunse alfin il momento" — „Al desio di chi t'adora", KV 492/28 und KV 577
Rezitativ und Arie „Ombra felice", KV 255
Symphonie D-Dur, KV 504 „Prager"

20. August, 11 Uhr Mozarteum

Dirigent: Peter Maag
Soli: Eric Tappy, Tenor; Jörg Demus, Klavier

Symphonie G-Dur, KV 199
Konzert für Klavier und Orchester D-Dur, KV 537 „Krönungskonzert"
Arie „Per pietà, non ricercate", KV 420
Rezitativ und Arie „Misero! o sogno!", KV 431
Symphonie C-Dur, KV 200

27. August, 11 Uhr Mozarteum

Dirigent: Gerhard Wimberger
Soli: Lucia Popp, Sopran; Alfred Prinz, Klarinette

Symphonie Es-Dur, KV 16
Konzert für Klarinette und Orchester A-Dur, KV 622
Rezitativ und Arie „Basta vincesti", KV 486a
Arien: „Alma grande e nobil core", KV 578
„Nehmt meinen Dank, ihr holden Gönner", KV 383
Symphonie D-Dur, KV 385 „Haffner"

KAMMERKONZERTE

28. Juli, 19.30 Uhr Mozarteum

I Solisti Veneti

Dirigent: Claudio Scimone

A. VIVALDI: Ouverture da „La Sena Festeggiante", RV 693
Sinfonia dell'Opera „Bajazet", RV 703
Sinfonia dell'Opera „La Dorilla in Tempe", RV 709
Concerto in re magg., RV 562a (solista: Marco Fornaciari, violino)
A. SCHÖNBERG: Verklärte Nacht, op. 4

30. Juli, 19.30 Uhr Mozarteum

Festival Strings Lucerne

Dirigent: Rudolf Baumgartner

G. PH. TELEMANN: Suite a-Moll für Flöte und Streichorchester (Solo: Anna Katharina Graf)
P. BENARY: Tractus (1973)
A. VIVALDI: Konzert für drei Violinen und Streichorchester F-Dur, RV 551 (Soli: Gunars Larsens, Graziella Beroggi, Jan Milewski)
F. MENDELSSOHN BARTHOLDY: Symphonie Nr. 9, c-Moll
J. KOKKONEN: „. . . durch einen Spiegel . . ." (1976/77)

21. August, 19.30 Uhr Mozarteum

Alban Berg Quartett

J. HAYDN: Streichquartett d-Moll, op. 76/2 (Quinten), Hob. III/76
E. URBANNER: III. Streichquartett (1972)
L. v. BEETHOVEN: Streichquartett C-Dur, op. 59/3

25. August, 19.30 Uhr Mozarteum[1]

Amadeus-Quartett

Mitwirkend: Cecil Aronowitz, Viola

W. A. MOZART: Streichquintett B-Dur, KV 174
Streichquartett D-Dur, KV 499
Streichquintett C-Dur, KV 515

LIEDERABENDE

1. August, 19.30 Uhr Großes Festspielhaus

Leontyne Price

Am Flügel: David Garvey
Arien von G. F. Händel; Lieder von R. Schumann, R. Strauss, F. Poulenc, S. Barber und Spirituals

14. August, 19.30 Uhr Kleines Festspielhaus

Ileana Cotrubas

Am Flügel: Erik Werba
Lieder von F. Schubert, B. Britten, G. Fauré und J. Brahms

16. August, 19.30 Uhr Kleines Festspielhaus

Peter Schreier

Konrad Ragossnig, Gitarre
F. Schubert: „Die schöne Müllerin", op. 25

21. August, 19.30 Uhr Großes Festspielhaus

Luciano Pavarotti

Am Flügel: Leone Magiera
Lieder und Arien von T. Giordani, Ch. W. Gluck, G. Legrenzi, L. v. Beethoven, G. Rossini, G. Verdi, F. Liszt, G. Donizetti und F. P. Tosti

23. August, 20 Uhr Kleines Festspielhaus

Dietrich Fischer-Dieskau

Am Flügel: Maurizio Pollini
F. Schubert: „Die Winterreise", op. 89

28. August, 19.30 Uhr Mozarteum

Hermann Prey

Am Flügel: Geoffrey Parsons
Lieder von F. Schubert (u. a. „Schwanengesang")

SOLISTENKONZERTE

31. Juli, 19.30 Uhr Mozarteum

Maurice André, Trompete; Alfred Mitterhofer, Orgel

G. BÖHM: Suite D-Dur für Trompete und Orgel
J. S. BACH: Präludium und Fuge a-Moll für Orgel solo, BWV 543
G. B. VIVIANI: Sonata prima für Trompete und Orgel
Sonata seconda für Trompete und Orgel
H. PURCELL: Suite D-Dur für Trompete und Orgel
J. S. BACH: Konzert a-Moll für Orgel solo, BWV 593 (Bach'sche Transkription nach Vivaldi)
T. ALBINONI: Concerto d-Moll für Trompete und Orgel, op. 9/2

5. August, 19.30 Uhr Großes Festspielhaus

Pinchas Zukerman, Violine; Mark Neikrug, Klavier

F. SCHUBERT: Duo für Klavier und Violine A-Dur, op. 162, D 574
G. FAURÉ: Sonate für Violine und Klavier A-Dur, op. 13
L. v. BEETHOVEN: Sonate für Klavier und Violine G-Dur, op. 96

8. August, 19.30 Uhr Großes Festspielhaus

Leonid Kogan, Violine; Nina Kogan, Klavier

L. v. BEETHOVEN: Sonate für Klavier und Violine D-Dur, op. 12, Nr. 1
J. BRAHMS: Sonate für Klavier und Violine d-Moll, op. 108
C. FRANCK: Sonate für Violine und Klavier A-Dur
M. RAVEL: Tzigane

10. August, 19.30 Uhr Großes Festspielhaus

Bruno Leonardo Gelber, Klavier

L. v. BEETHOVEN: Sonate Es-Dur, op. 81a „Les Adieux"
R. SCHUMANN: Carnaval op. 9
F. CHOPIN: Aus 12 Etudes op. 25, Nr. 1, Nr. 7
Aus 12 Etudes op. 10, Nr. 4
Sonate h-Moll, op. 58

13. August, 20 Uhr Großes Festspielhaus

Gidon Kremer, Violine; Andrej Gawrilow, Klavier

P. HINDEMITH: Sonate Es-Dur für Violine und Klavier, op. 11/1
D. SCHOSTAKOWITSCH: Sonate für Violine und Klavier, op. 134
A. SCHNITTKE: Quasi una Sonata (1968)
C. M. v. WEBER: Grand Duo concertant, op. 48

19. August, 19.30 Uhr Kleines Festspielhaus

Krystian Zimerman, Klavier

F. CHOPIN: 14 Walzer
J. BRAHMS: Sonate C-Dur, op. 1

20. August, 20 Uhr Großes Festspielhaus

Alfred Brendel, Klavier

F. SCHUBERT: Sonate c-Moll, D 958
Sonate A-Dur, D 959
Sonate B-Dur, D 960

22. August, 19.30 Uhr Großes Festspielhaus

Maurizio Pollini, Klavier

R. SCHUMANN: Etudes symphoniques en forme de Variations, op. 13
F. CHOPIN: Fantasie f-Moll, op. 49
Sonate b-Moll, op. 35

KIRCHENKONZERT

29. Juli, 11 Uhr Erzabteikirche St. Peter[1]

Dirigent: Meinhard von Zallinger; Orgel: Robert Kuppelwieser
Soli: Gabriele Fuchs, Christine Weidinger, Sopran; Horst Laubenthal, Tenor; Robert Holl, Baß
Das Mozarteum-Orchester — Der Salzburger Rundfunk- und Mozarteum-Chor

W. A. MOZART: c-Moll-Messe, KV 427

1979

26. Juli—30. August

SCHAUSPIEL

27. Juli,
1., 9., 13., 16., 18., 21., 25. August
Landestheater

JOHANN NESTROY

Der Talisman

Musik von Adolf Müller

Regie:	Otto Schenk
Ausstattung:	Jürgen Rose
Musik. Einrichtung:	Gerhard Wimberger
Couplet-Zusatzstrophen:	Peter Weiser
Dirigent:	Helmut Scharinger

Mitglieder des Mozarteum-Orchesters

Titus Feuerfuchs	Helmut Lohner
Frau von Cypressenburg	Vilma Degischer
Emma	Dolores Schmidinger
Constantia	Senta Wengraf
Flora Baumscher	Inge Konradi
Plutzerkern	Otto Schenk
Monsieur Marquis	Hannes Siegl
Spund	Heinrich Schweiger
Christoph	Kurt Hansen
Hans	Andreas Wimberger
Seppel	Hermann Scheidleder
Hannerl	Gabriele Schuchter
Gartenknecht	Heinz Rohn
Georg	Erwin V. Gross
Konrad	Kurt Müller-Walden
Herr von Platt	Rudolf Weitlaner
Notarius Falk	Josef Zehetgruber
Salome Pockerl	Christine Ostermayer

29. Juli, 5., 12., 15., 19., 26. August
Domplatz / Großes Festspielhaus

HUGO VON HOFMANNSTHAL

Jedermann

Regie:	Ernst Haeusserman
Ausstattung:	Veniero Colasanti / John Moore
Musik:	Joseph Messner / Einar Nilson
Dirigent:	Ernst Hinreiner
Choreographie:	William Milié
Orgel:	Oskar Peter

Das Mozarteum-Orchester
Salzburger Rundfunk- und Mozarteum-Chor

Gott der Herr	Die Stimme Ewald Balsers
Tod	Rolf Boysen
Jedermann	Maximilian Schell
Jedermanns Mutter	Heidemarie Hatheyer
Guter Gesell	Frank Hoffmann
Hausvogt	Emmerich Schrenk
Koch	Friedemann Held
Armer Nachbar	Erich Auer
Schuldknecht	Herwig Seeböck
Schuldknechts Weib	Martha Wallner
Buhlschaft	Christine Buchegger
Dicker Vetter	Michael Toost
Dünner Vetter	Peter Matić
Mammon	Ernst Schröder
Gute Werke	Sonja Sutter
Glaube	Joana Maria Gorvin
Teufel	Otto Schenk
Knecht	Karl Blühm
Spielansager	Michael Boettge

26. August 325. Aufführung seit Bestehen der Salzburger Festspiele

8., 12., 15., 19., 22., 26., 28. August
Landestheater

ARTHUR SCHNITZLER

Das weite Land

Regie:	Maximilian Schell
Ausstattung:	Filippo Sanjust

Hofreiter	Walther Reyer
Genia	Nicole Heesters
Anna Meinhold-Aigner	Maria Schell
Otto	Alexander Waechter
Doktor von Aigner	Eberhard Waechter
Frau Wahl	Louise Martini
Gustav	Vitus Zeplichal
Erna	Birgit Doll
Natter	Heinrich Schweiger
Adele, seine Frau	Krista Stadler
Dr. Mauer	Heinz Marecek
Stanzides	Thomas Keck
Kreindl	Miguel Herz-Kestranek
Rhon	Walter Kohut
Marie, seine Frau	Sissy Weiner
Serknitz	Achim Strietzel
Dr. Meyer	Franz Rudnick
1. Tourist	Siegfried Grönig
2. Tourist	Peter Poletti
Rosenstock, Portier	Otto Tausig
Penn	Tom Krinzinger
Miss	Eva Fichte
Stubenmädchen bei Hofreiter	Elisabeth Vondrak

REZITATIONSABENDE

4. August, 19.30 Uhr Mozarteum

Will Quadflieg

HERMANN HESSE: Gedichte, Auszüge aus „Der Steppenwolf", „Das Glasperlenspiel" und Orgelspiel

11. August, 19.30 Uhr Landestheater

Helmut Lohner

Am Flügel: Michael Rüggeberg
Gedichte und Lieder von FRANK WEDEKIND

14. August, 19.30 Uhr Landestheater

Otto Schenk

liest aus Werken von A. Polgar, J. Ringelnatz, E. Lothar, J. Hašek, F. Molnar, K. Kraus, H. v. Gumppenberg, K. Towska, R. Neumann, Roda-Roda, L. Slezak, E. Kein

OPER

26., 30. Juli, 10., 13., 25., 29. August
Großes Festspielhaus

GIUSEPPE VERDI

Aida

(in italienischer Sprache)

Musikal. Leitung und Inszenierung:	Herbert von Karajan
Bühnenbild:	Günther Schneider-Siemssen
Kostüme:	Georges Wakhevitch
Choreographie:	John Neumeier

Die Wiener Philharmoniker
Chor der Wiener Staatsoper
Chor der Nationaloper Sofia
Salzburger Kammerchor
Mitglieder des Wiener Staatsopernballetts

Der König	Ruggero Raimondi Kurt Moll 10., 13., 25., 29. 8.
Amneris	Marilyn Horne
Aida	Mirella Freni
Radames	José Carreras
Ramphis	Nicolai Ghiaurov Ruggero Raimondi 10., 13., 25., 29. 8.
Amonasro	Piero Cappuccilli
Ein Bote	Thomas Moser
Priesterin	Marjon Lambriks

28., 31. Juli, 11., 14., 18., 28. August
Kleines Festspielhaus

RICHARD STRAUSS

Ariadne auf Naxos

Dirigent	Karl Böhm
Inszenierung:	Dieter Dorn
Bühnenbild:	Jürgen Rose
Kostüme:	Jürgen Rose

Die Wiener Philharmoniker

Haushofmeister	Peter Matić
Musiklehrer	Walter Berry
Komponist	Trudeliese Schmidt
Tenor (Bacchus)	James King
Ein Offizier	Peter Weber
Ein Tanzmeister	Eberhard Büchner
Ein Perückenmacher	Georg Tichy
Ein Lakai	Alfred Šramek
Zerbinetta	Edita Gruberova
Primadonna (Ariadne)	Hildegard Behrens

Harlekin	Dale Düsing
Scaramuccio	Kurt Equiluz
Truffaldin	Siegfried Vogel
Brighella	Murray Dickie
Najade	Marjorie Vance
Dryade	Rohangiz Yachmi
Echo	Olivera Miljakovic

29. Juli, 7., 19., 24., 27. August
Felsenreitschule

WOLFGANG AMADEUS MOZART

Die Zauberflöte

Dirigent:	James Levine
Inszenierung:	Jean-Pierre Ponnelle
Bühnenbild:	Jean-Pierre Ponnelle
Kostüme:	Jean-Pierre Ponnelle

Die Wiener Philharmoniker
Chor der Wiener Staatsoper

Sarastro	Martti Talvela
Tamino	Eric Tappy
Sprecher	José van Dam
1. Priester	Peter Weber
2. Priester	Horst Nitsche
Königin der Nacht	Edita Gruberova Zdzislawa Donat 7., 27. 8.
Pamina	Ileana Cotrubas
1. Dame	Rachel Yakar
2. Dame	Trudeliese Schmidt
3. Dame	Ingrid Mayr
Papageno	Christian Boesch
Papagena	Elisabeth Kales
Monostatos	Horst Hiestermann
3 Knaben	Solisten des Tölzer Knabenchores
1. Geharnischter	Karl Terkal
2. Geharnischter	Helge von Bömches

19. August 100. Aufführung im Rahmen der Salzburger Festspiele

5., 8., 16., 20., 26. August
Felsenreitschule

WOLFGANG AMADEUS MOZART

La Clemenza di Tito

(in italienischer Sprache)

Dirigent:	James Levine
Inszenierung:	Jean-Pierre Ponnelle
Bühnenbild:	Jean-Pierre Ponnelle
Kostüme:	Jean-Pierre Ponnelle

Die Wiener Philharmoniker
Chor der Wiener Staatsoper

Titus	Werner Hollweg
Vitellia	Carol Neblett
Sextus	Tatiana Troyanos
Servilia	Catherine Malfitano
Annius	Anne Howells
Publius	Kurt Rydl

6., 9., 17., 23., 30. August
Großes Festspielhaus

RICHARD STRAUSS

Der Rosenkavalier

Dirigent:	Christoph von Dohnányi
Inszenierung:	Günther Rennert
Abendspielleitung:	Wolf Busse
Bühnenbild:	Veniero Colasanti / John Moore
Kostüme:	Veniero Colasanti / John Moore

Die Wiener Philharmoniker
Chor der Wiener Staatsoper
Bühnenmusik: Mozarteum-Orchester

Marschallin	Gundula Janowitz Gwyneth Jones 17. 8.
Baron Ochs	Kurt Moll
Octavian	Yvonne Minton
Faninal	Ernst Gutstein
Sophie	Lucia Popp
Leitmetzerin	Liselotte Rebmann
Valzacchi	David Thaw
Annina	Doris Soffel
Haushofmeister bei Marschallin	Horst Hiestermann
Haushofmeister bei Faninal	Josef Köstlinger
Polizeikommissär	Kurt Rydl
Notar	Alfred Šramek
Sänger	Yordy Ramiro
Wirt	Karl Terkal

11., 14., 18., 21. August
Großes Festspielhaus

WOLFGANG AMADEUS MOZART

Le Nozze di Figaro

(in italienischer Sprache)

Dirigent:	Bernhard Klee Herbert von Karajan 14.
Inszenierung:	Jean-Pierre Ponnelle
Bühnenbild:	Jean-Pierre Ponnelle
Kostüme:	Jean-Pierre Ponnelle

Die Wiener Philharmoniker
Chor der Wiener Staatsoper

Graf Almaviva	Tom Krause
Gräfin	Kiri Te Kanawa
Susanna	Edith Mathis
Figaro	José van Dam
Basilio	Michel Sénéchal
Bartolo	Paolo Montarsolo 11. Carlos Feller
Marcellina	Jane Berbié
Cherubino	Maria Ewing
Antonio	Kurt Rydl
Barbarina	Janet Perry
Curzio	Horst Nitsche
Brautjungfer	Gunda Spiluttini

ORCHESTERKONZERTE

29. Juli, 11 Uhr Großes Festspielhaus

Die Wiener Philharmoniker

Dirigent: Herbert von Karajan

J. HAYDN:	Symphonie D-Dur, Hob. I/104
A. DVOŘÁK:	Symphonie Nr. 9, e-Moll, op. 95 „Aus der Neuen Welt"

2. August, 19.30 Uhr Mozarteum[1]

Die Wiener Philharmoniker

Dirigent: Silvio Varviso
Solist: Karl Engel, Klavier

W. A. MOZART:	Symphonie C-Dur, KV 200 Konzert für Klavier und Orchester d-Moll, KV 466 Symphonie D-Dur, KV 385 „Haffner"

7. August, 11 Uhr Kleines Festspielhaus

Die Wiener Philharmoniker

Dirigent: Karl Böhm

W. A. MOZART:	Symphonie Es-Dur, KV 543 Symphonie g-Moll, KV 550 Symphonie C-Dur, KV 551 „Jupiter"

8. August, 19.30 Uhr Mozarteum[2]

ORF-Symphonieorchester

Dirigent: Gustav Kuhn
Soli: Ernst Kovacic, Violine; Heinrich Schiff, Violoncello
ORF-Chor Wien

O. MESSIAEN:	Trois Petites Liturgies de la Présence Divine für Klavier, Ondes Martenot, Chor und Orchester (Soli: Rainer Keuschnig, Klavier; Janka Sanjek, Ondes Martenot)
B. A. ZIMMERMANN:	Musique pour les soupers du Roi Ubu
F. CERHA:	Konzert für Violine, Violoncello und Orchester

10. August, 19.30 Uhr Felsenreitschule[3]

ORF-Symphonieorchester

Dirigent: Leif Segerstam
ORF-Chöre Wien und Salzburg

I. RADAUER:	Evocation d'Ockeghem für computererzeugtes Tonband und zwei Orchestergruppen
G. LIGETI:	San Francisco Polyphony für Orchester
K. PENDERECKI:	Prolog, Visionen und Finale aus „Das verlorene Paradies" Uraufführung der Konzert-Suite

Adam	Bodo Brinkmann
Eva	Uta Maria Flake
Michael	Siegfried Jerusalem
Tod	John Patrick Thomas
Satan	Siegfried Vogel
Sünde	Doris Soffel

12. August, 20 Uhr Großes Festspielhaus

Die Wiener Philharmoniker

Dirigent: Riccardo Muti
Solist: Radu Lupu, Klavier

L. v. BEETHOVEN:	Konzert für Klavier und Orchester Nr. 1, C-Dur, op. 15
A. BRUCKNER:	Symphonie Nr. 1, c-Moll, „Linzer Fassung"

13. August, 19.30 Uhr Felsenreitschule

European Community Youth Orchestra

Dirigent: Claudio Abbado
Soli: Maurizio Pollini, Klavier; Maximilian Schell, Sprecher
Jeunesse-Chor Wien

L. v. BEETHOVEN:	Ouvertüre zum Ballett „Die Geschöpfe des Prometheus", op. 43
	Konzert für Klavier und Orchester Nr. 4, G-Dur, op. 58
A. SCHÖNBERG:	„Ein Überlebender aus Warschau", für Sprecher, Männerchor und Orchester, op. 46
I. STRAWINSKY:	Der Feuervogel (Konzertsuite), Fassung 1919

15. August, 20 Uhr Großes Festspielhaus

Die Wiener Philharmoniker

Dirigent: Karl Böhm:
Solistin: Christa Ludwig
Konzertvereinigung Wiener Staatsopernchor

C. M. v. WEBER:	Ouvertüre zu „Oberon"
J. BRAHMS:	Rhapsodie für Altstimme, Männerchor und Orchester, op. 53
	Symphonie Nr. 2, D-Dur, op. 73

19. August, 11 Uhr Großes Festspielhaus

Die Wiener Philharmoniker

Dirigent: James Levine
Solist: Philip Creech
Konzertvereinigung Wiener Staatsopernchor
Salzburger Kammerchor

H. BERLIOZ:	Requiem, op. 5

20. August, 19.30 Uhr Großes Festspielhaus

Israel Philharmonic Orchestra

Dirigent: Leonard Bernstein

F. MENDELSSOHN BARTHOLDY:	Symphonie Nr. 3, a-Moll, op. 56 „Schottische"
S. PROKOFIEFF:	Symphonie Nr. 5, B-Dur, op. 100

22. August, 19.30 Uhr Großes Festspielhaus

Die Wiener Philharmoniker

Dirigent: Leonard Bernstein
Soli: Gwyneth Jones, Hanna Schwarz, René Kollo, Kurt Moll
Konzertvereinigung Wiener Staatsopernchor

L. v. BEETHOVEN:	Symphonie Nr. 9, d-Moll, op. 125, mit Schlußchor über Schillers Ode „An die Freude"

24. August, 19.30 Uhr Großes Festspielhaus

Boston Symphony Orchestra

Dirigent: Seiji Ozawa
Chor der St.-Hedwigs-Kathedrale Berlin

B. BARTÓK:	Pantomime „Der wunderbare Mandarin", op. 19
J. BRAHMS:	Symphonie Nr. 1, c-Moll, op. 68

26. August, 20 Uhr Großes Festspielhaus

Boston Symphony Orchestra

Dirigent: Seiji Ozawa
Chor der St.-Hedwigs-Kathedrale Berlin
Tölzer Knabenchor

H. BERLIOZ:	La Damnation de Faust, op. 24 (Fausts Verdammnis)

Marguerite	Frederica v. Stade
Faust	Kenneth Riegel
Méphistophélès	Dietrich Fischer-Dieskau
Brander	Douglas Lawrence

27. August, 19.30 Uhr Großes Festspielhaus

Das Berliner Philharmonische Orchester

Dirigent: Herbert von Karajan

W. A. MOZART:	Divertimento B-Dur, KV 287
R. STRAUSS:	„Also sprach Zarathustra", op. 30

28. August, 19.30 Uhr Großes Festspielhaus

Das Berliner Philharmonische Orchester

Dirigent: Herbert von Karajan

I. STRAWINSKY:	Apollon Musagète (Violinsolo: Michel Schwalbé)
P. I. TSCHAIKOWSKIJ:	Symphonie Nr. 6, h-Moll, op. 74 „Pathétique"

29. August, 11 Uhr Großes Festspielhaus

Die Wiener Philharmoniker

Dirigent: Christoph von Dohnányi
Solist: Bruno Leonardo Gelber, Klavier

S. PROKOFIEFF:	Symphonie classique D-Dur, op. 25
L. v. BEETHOVEN:	Konzert für Klavier und Orchester Nr. 2, B-Dur, op. 19
A. DVOŘÁK:	Symphonie Nr. 8, G-Dur, op. 88

SERENADEN

27. Juli, 20 Uhr Felsenreitschule

I Solisti Veneti

Dirigent: Claudio Scimone
Solist: Giuseppe Anedda, Mandoline

W. A. MOZART:	Gallimathias musicum (Quodlibet), KV 32

A. VIVALDI:	Concerto in si bemolle maggiore, RV 583 (solista: Piero Toso, violino)
	Concerto in la maggiore per viola d'amore e archi, RV 396 (solista: Nane Calabrese, viola d'amore)
G. B. PERGOLESI:	Concerto in si bemolle maggiore per mandolino e archi
L. BOCCHERINI:	Sinfonia in re minore op. 12, Nr. 4 „La Casa del Diavolo"

30. Juli, 20 Uhr Felsenreitschule

Das Mozarteum-Orchester

Dirigent: Uwe Mund

W. A. MOZART:	Divertimento Es-Dur, KV 113
L. FIŠER:	Serenaden für Salzburg (Uraufführung) Auftragswerk der Salzburger Festspiele
W. A. MOZART:	Marsch D-Dur, KV 335/1
	Serenade D-Dur, KV 320 „Posthorn-Serenade" (Posthornsolo: August Nowicki)

4. August, 20 Uhr Felsenreitschule

Zagreber Solisten

T. ALBINONI:	Concerto a cinque
F. MENDELSSOHN BARTHOLDY:	Symphonie Nr. 10, h-Moll
G. ROSSINI:	Sesta Sonata per archi in re maggiore „La Tempesta"
E. GRIEG:	„Aus Holbergs Zeit", op. 40
B. BARTÓK:	Rumänische Volkstänze

15. August, 20.30 Uhr Felsenreitschule

Das Mozarteum-Orchester

Dirigent: Stefan Soltesz

Solist: André Bernard, Trompete

W. A. MOZART:	Ouvertüre und drei Kontretänze, KV 106
	Menuett (ohne Trio) Es-Dur, KV 122
	Kontretanz B-Dur, KV 123
J. HAYDN:	Konzert für Trompete und Orchester, Es-Dur, Hob. VIIe/1
W. A. MOZART:	Marsch D-Dur, KV 249
	Serenade D-Dur, KV 250 „Haffner-Serenade" (Violinsolo: Karlheinz Franke)

22. August, 20 Uhr Felsenreitschule

Das Mozarteum-Orchester

Dirigent: Roman Dostal

W. A. MOZART:	Kassation D-Dur: Marsch KV 62 und Serenade KV 100 (Oboensolo: Otfried Ruprecht; Hornsolo: Alois Aigner)
	Divertimento D-Dur, KV 205
	Sechs deutsche Tänze, KV 567
	Kontretänze: Das Donnerwetter D-Dur, KV 534
	La Bataille C-Dur, KV 535
	Marsch C-Dur, KV 408/3

25. August, 20 Uhr Felsenreitschule

Berliner Philharmonisches Oktett

W. A. MOZART:	Hornquintett Es-Dur, KV 407
	Klarinettenquintett A-Dur, KV 581
F. SCHUBERT:	Oktett F-Dur, op. 166, D 803

MATINEEN

Werke von WOLFGANG AMADEUS MOZART

Das Mozarteum-Orchester

29. Juli, 11 Uhr Mozarteum

Dirigent: Leopold Hager

Soli: Elizabeth Parcells, Sopran; Walter Klien, Klavier

Adagio für 2 Klarinetten und 3 Bassetthörner, KV 411
Konzert für Klavier und Orchester C-Dur, KV 415
Rezitativ und Arie (Rondo) „Mia speranza adorata", KV 416
Arie „Vorrei spiegarvi, oh Dio", KV 418
Symphonie C-Dur, KV 425 „Linzer"

5. August, 11 Uhr Mozarteum

Dirigent: Gerhard Wimberger

Soli: Eberhard Büchner, Tenor; Rudolf Klepač, Fagott

Symphonie (Ouvertüre) C-Dur, KV 208/102
Konzert für Fagott und Orchester B-Dur, KV 191
Rezitativ und Arie „Ah non partir" aus „La finta giardiniera" (Nr. 19), KV 196
Arie „Si spande al sole in faccia" aus „Il Re pastore" (Nr. 4), KV 208
Symphonie A-Dur, KV 201

12. August, 11 Uhr Mozarteum

Dirigent: Leopold Hager

Soli: Lucia Popp, Sopran; Wolfgang Schulz, Flöte

Ballettmusik zur Pantomime „Les petits Riens", KV 299b
Arie: „Voi avete un cor fedele", KV 217
Konzert für Flöte und Orchester G-Dur, KV 313
Rezitativ, Arie und Cavantine „Ah, lo previdi", KV 272
Symphonie D-Dur, KV 297 „Pariser"

15. August, 11 Uhr Mozarteum

Dirigent: Theodor Guschlbauer

Soli: Elisabeth Speiser, Sopran; Heinz Medjimorec, Hans Petermandl, Klavier

Symphonie (Ouvertüre) G-Dur, KV 318
Konzert für zwei Klaviere und Orchester Es-Dur, KV 365
Arien: „Trostlos schluchzet Philomele" und „Tiger! wetze nur die Klauen" aus „Zaide" Nr. 12 und 13, KV 344
Symphonie C-Dur, KV 338

19. August, 11 Uhr Mozarteum

Dirigent: Wilfried Boettcher

Soli: Anne Howells, Sopran; Gerhart Hetzel, Rainer Küchl, Violinen

Ouvertüre zu „Lucio Silla" D-Dur, KV 135
Concertone für zwei Violinen und Orchester C-Dur, KV 190
Arien: „Torna di Tito alato" und „Tu fosti tradito" aus „La Clemenza di Tito" Nr. 13 und Nr. 17, KV 621
Symphonie g-Moll, KV 183

26. August, 11 Uhr Mozarteum

Dirigent: Gerhard Wimberger

Soli: Janet Perry, Sopran; Georges Pludermacher, Klavier

Ouvertüre zu „Der Schauspieldirektor" C-Dur, KV 486
Konzert für Klavier und Orchester A-Dur, KV 488
Scena mit Rondo „Non più tutto ascoltai" mit Violinsolo KV 490 (Solo: Georg Homoki)
Rezitativ und Arie „Bella mia fiamma, addio", KV 528
Symphonie D-Dur, KV 504 „Prager"

KAMMERKONZERTE

28. Juli, 19.30 Uhr Mozarteum

I Solisti Veneti

Dirigent: Claudio Scimone

A. VIVALDI:	Concerto in sol minore per archi, RV 152
G. B. PERGOLESI(?):	Concertino in sol maggiore per archi Nr. 2
G. ROSSINI:	Prima sonata per archi in sol maggiore
G. PUCCINI:	I Crisantemi
G. VERDI:	Quartetto in mi minore per archi

3. August, 19.30 Uhr Mozarteum

Zagreber Solisten

G. F. HÄNDEL:	Concerto grosso D-Dur, op. 6/5
J. S. BACH:	Konzert für Cembalo und Orchester d-Moll, BWV 1052 (Solistin: Visnja Mazuran)
I. M. JARNOVIĆ:	Quartetto Concertante A-Dur
B. BARTÓK:	Divertimento für Streichorchester

6. August, 19.30 Uhr Mozarteum

Tschechisches Nonett

A. DVOŘÁK:	Serenade für Blasinstrumente d-Moll, op. 44
L. v. BEETHOVEN:	Septett Es-Dur, op. 20

29. August, 19.30 Uhr Mozarteum[1]

Beaux Arts Trio

W. A. MOZART:	Klaviertrio B-Dur, KV 502
	Klaviertrio E-Dur, KV 542
	Klaviertrio C-Dur, KV 548

LIEDERABENDE

2. August, 19.30 Uhr Großes Festspielhaus

Martti Talvela

Am Flügel: Ralph Gothóni

Lieder von F. Schubert, S. Rachmaninow, T. Kuula und M. Mussorgskij

4. August, 19.30 Uhr Großes Festspielhaus

Marilyn Horne

Am Flügel: Martin Katz

Arien von A. Vivaldi, Th. A. Arne und G. F. Händel; Lieder von F. Schubert, H. Wolf, G. Bizet und M. de Falla

5. August, 20 Uhr Großes Festspielhaus

Katia Ricciarelli

Am Flügel: Martin Katz

Arien von L. Cherubini; Lieder von V. Bellini, G. Rossini (u. a. La Regata Veneziana), G. Fauré und J. Turina: Poema en forma de canciones

8. August, 19.30 Uhr Großes Festspielhaus

Elena Obraztsova

Am Flügel: Waja Tschatschawa

R. Schumann: Frauenliebe und Leben, op. 42, und Lieder von M. de Falla, P. I. Tschaikowskij und S. Rachmaninow

12. August, 19.30 Uhr Kleines Festspielhaus

Peter Schreier

Am Flügel: Erik Werba

A. Dvořák: Zigeunermelodien, op. 55; L. v. Beethoven: An die ferne Geliebte, op. 98, und Gesänge von. R. Strauss

16. August, 19.30 Uhr Großes Festspielhaus

Kiri Te Kanawa

Am Flügel: Richard Amner

Arien von G. F. Händel; Lieder von R. Schumann, F. Schubert, W. Walton, G. Fauré, H. Duparc und R. Strauss

17. August, 19.30 Uhr Kleines Festspielhaus

Walter Berry

Am Flügel: Rudolf Buchbinder

Lieder von F. Mendelssohn Bartholdy, H. Wolf, H. Pfitzner und G. Mahler

29. August, 19.30 Uhr Kleines Festspielhaus

Dietrich Fischer-Dieskau

Am Flügel: Jörg Demus

Lieder von F. Schubert

SOLISTENKONZERTE

1. August, 19.30 Uhr Großes Festspielhaus

Henryk Szeryng, Violine; James Tocco, Klavier

W. A. MOZART:	Sonate für Klavier und Violine B-Dur, KV 454
J. BRAHMS:	Sonate für Pianoforte und Violine Nr. 2, A-Dur, op. 100
L. v. BEETHOVEN:	Sonate für Klavier und Violine c-Moll, op. 30, Nr. 2

3. August, 19.30 Uhr Großes Festspielhaus

Alexis Weissenberg, Klavier

J. S. BACH:	Chromatische Fantasie und Fuge d-Moll, BWV 903
	Aria mit 30 Veränderungen (Klavierübung Teil IV) „Goldberg-Variationen", BWV 988

9. August, 19.30 Uhr Kleines Festspielhaus

Elisabeth Leonskaja, Klavier

J. BRAHMS:	Sonate f-Moll, op. 5
F. CHOPIN:	Drei Nocturnes, op. 9
F. SCHUBERT:	Sonate A-Dur, D 959

(Programmänderung wegen Erkrankung von Sviatoslav Richter)

19. August, 20 Uhr Großes Festspielhaus

Maurizio Pollini, Klavier

F. SCHUBERT:	Drei Impromptus, D 946
	Sonate a-Moll, op. 143, D 784
R. SCHUMANN:	Gesänge der Frühe, op. 133
	Fantasie C-Dur, op. 17

23. August, 19.30 Uhr Kleines Festspielhaus

Lynn Harrell, Violoncello; Michel Béroff, Klavier

B. BARTÓK:	Rhapsodie Nr. 1 für Cello und Klavier
A. WEBERN:	Drei kleine Stücke für Violoncello und Klavier, op. 11
F. SCHUBERT:	Sonate für Arpeggione und Klavier a-Moll, D 821
J. BRAHMS:	Sonate in e-Moll, op. 38

KIRCHENKONZERT

11. August, 11 Uhr Erzabteikirche St. Peter[1]

Dirigent: Leopold Hager; Orgel: Oskar Peter
Soli: Elizabeth Parcells, Margarita Zimmermann, Sopran; James Wagner, Tenor; Robert Holl, Baß
Das Mozarteum-Orchester — Konzertvereinigung Wiener Staatsopernchor

W. A. MOZART: c-Moll-Messe, KV 427

CHORKONZERT

12. August, 11 Uhr Kleines Festspielhaus

Chor der Nationaloper Sofia

Dirigent: Michail Angelov
Chorwerke slawischer Komponisten
Bulgarische Lieder von D. Christov, P. Dinev, L. Pipkow, D. Petkov, F. Kutev, S. Obretenov und A. Morfov
Russische Lieder von P. G. Tschesnokow, A. W. Sweschnikow, M. I. Blanter, Wolgalied, S. Jarow, W. J. Schebalin, A. W. Alexandrow, N. Rakow und A. Nowikow

27. August, 11 Uhr Kleines Festspielhaus

GEBURTSTAGSMATINEE FÜR KARL BÖHM

anläßlich seines 85. Geburtstages

Produktion:	Das Land Salzburg
	Die Stadt Salzburg
	Die Salzburger Festspiele
	Polydor International Hamburg
Bühnenbild:	Jürgen Rose

Personen des „Vorspiels"

Der Landeshauptmann	Dr. Wilfried Haslauer
Der Bürgermeister	Heinrich Salfenauer
Der Bundespräsident	Dr. Rudolf Kirchschläger
Der „Laudator"	Gustav Rudolf Sellner

Personen der „Oper"

Der Haushofmeister	Uli Märkle

Die Gratulanten in alphabetischer Reihenfolge:

Hildegard Behrens	James Levine
Mitglieder des Berliner Philharmonischen Orchesters	Helmut Lohner
	Christa Ludwig
	Elfriede Ott
Leonard Bernstein	Marcel Prawy
Christian Boesch	Hermann Prey
Piero Cappuccilli	Giulietta Simionato
José Carreras	Martti Talvela
Ileana Cotrubas	Walter Taussig
Jeanpierre Faber	Der Tölzer Knabenchor mit
Mirella Freni	Gerhard Schmidt-Gaden
Harald Goertz	Hans Weigel
Edita Gruberova	Mitglieder der Wiener
Walter Hagen-Groll	Philharmoniker
Herbert von Karajan	Mitglieder des Wiener
James King	Staatsopernchores

1980

26. Juli—31. August

SCHAUSPIEL

27. Juli, 3., 10., 15., 17., 24. August
Domplatz / Großes Festspielhaus

HUGO VON HOFMANNSTHAL

Jedermann

Regie:	Ernst Haeusserman
Ausstattung:	Veniero Colasanti / John Moore
Musik:	Joseph Messner / Einar Nilson
Dirigent:	Ernst Hinreiner
Choreographie:	William Milié
Orgel:	Oskar Peter

Das Mozarteum-Orchester
Salzburger Rundfunk- und Mozarteum-Chor

Gott der Herr	Die Stimme Ewald Balsers
Tod	Rolf Boysen
Jedermann	Maximilian Schell
Jedermanns Mutter	Heidemarie Hatheyer
Guter Gesell	Frank Hoffmann
Hausvogt	Emmerich Schrenk
Koch	Friedemann Held
Armer Nachbar	Erich Auer
Schuldknecht	Herwig Seeböck
Schuldknechts Weib	Martha Wallner
Buhlschaft	Senta Berger
Dicker Vetter	Michael Toost
Dünner Vetter	Peter Matić
Mammon	Ernst Schröder
Gute Werke	Sonja Sutter
Glaube	Joana Maria Gorvin
Teufel	Otto Schenk
Knecht	Karl Blühm
Spielansager	Michael Boettge

28. Juli, 9., 13., 16., 22., 25. August
Felsenreitschule

WILLIAM SHAKESPEARE

Wie es euch gefällt

Für eine Aufführung in der Salzburger Felsenreitschule eingerichtet von Otto Schenk und Peter Weiser

Regie:	Otto Schenk
Bühnenbild:	Günther Schneider-Siemssen
Kostüme:	Milena Canonero
Musik:	Gerhard Wimberger
Musik. Leitung:	Emil Rieder

Ein Instrumentalensemble

Der Herzog	Romuald Pekny
Herzog Friedrich	Kurt Heintel
Amiens	Hans Kraemmer
Jacques	Helmut Lohner
1. Edelmann	Kurt Müller-Walden
2. Edelmann	Kurt Hansen
Le Beau	Erwin V. Gross
Edelmann	Heinz Winter
Bedienter	Georg Rootering
Orlando	Sascha Hehn
Oliver	Hartmut Becker
Jakob	Franz Winter
Charles	Teddy Podgorski
Adam	Otto Bolesch
Denis	Rudolf Weitlaner

Probstein	Otto Schenk
Sylvius	Alexander Waechter
Corinnus	Hugo Lindinger
Ehrn Olivarius	Heribert Aichinger
Wilhelm	Siegfried Walther
Rosalinde	Barbara Sukowa
Celia	Heidi Picha
Phoebe	Dolores Schmidinger
Käthchen	Maresa Hörbiger

31. Juli, 2., 5., 11., 20., 27., 30. August
Landestheater

ARTHUR SCHNITZLER

Das weite Land

Regie:	Maximilian Schell
Ausstattung:	Filippo Sanjust

Hofreiter	Walther Reyer
Genia	Christiane Hörbiger
Anna Meinhold-Aigner	Hilde Krahl
Otto	Franz Winter
Doktor von Aigner	Romuald Pekny
Frau Wahl	Eva Kerbler
Gustav	Georg Schuchter
Erna	Birgit Doll
Natter	Heinrich Schweiger
Adele, seine Frau	Krista Stadler
Dr. Mauer	Heinz Marecek
Stanzides	Helmut Förnbacher
Kreindl	Miguel Herz-Kestranek
Rhon	Ernst Meister
Marie, seine Frau	Margit Gara
Serknitz	Jochen Brockmann
Doktor Meyer	Georg Hartmann
1. Tourist	Alexander Göbel
2. Tourist	Franz Xaver Zach
Rosenstock, Portier	Otto Tausig
Penn	Tom Krinzinger
Miss	Eva Fichte
Stubenmädchen bei Hofreiter	Elisabeth Vondrak

10., 12., 15., 18., 21., 23. August
Landestheater

JOHANN NESTROY

Der Talisman

Regie:	Otto Schenk
Ausstattung:	Jürgen Rose
Musik. Einrichtung:	Gerhard Wimberger
Couplet-Zusatzstrophen:	Peter Weiser
Dirigent:	Helmut Scharinger

Mitglieder des Mozarteum-Orchesters

Titus Feuerfuchs	Helmut Lohner
Frau von Cypressenburg	Vilma Degischer
Emma	Dolores Schmidinger
Constantia	Senta Wengraf
Flora Baumscher	Inge Konradi
Plutzerkern	Otto Schenk
Monsieur Marquis	Hannes Siegl
Spund	Heinrich Schweiger
Christoph	Kurt Hansen
Hans	Andreas Wimberger
Seppel	Hermann Scheidleder
Hannerl	Michaela Pilss
Gartenknecht	Heinz Rohn
Georg	Erwin V. Gross
Konrad	Kurt Müller-Walden
Herr von Platt	Rudolf Weitlaner
Notarius Falk	Josef Zehetgruber
Salome Pockerl	Christine Ostermayer

REZITATIONSABENDE

1. August, 19.30 Uhr Mozarteum

Will Quadflieg

spricht Vorspiele, Monologe und Dialoge aus Goethes „Faust I"

16. August, 19.30 Uhr Landestheater

Curd Jürgens

Der Rezitationsabend mußte abgesagt werden.

24. August, 19.30 Uhr Landestheater

Helmut Lohner

Am Flügel: Michael Rüggeberg
Mitwirkend: Sepp Dreissinger
„Marie war am Morgen Leich", Bänkelgesänge

OPER

26. Juli, 6., 9., 14., 18., 22. August
Großes Festspielhaus

JACQUES OFFENBACH

Hoffmanns Erzählungen

(in französischer Sprache)

Dirigent:	James Levine
Inszenierung:	Jean-Pierre Ponnelle
Bühnenbild:	Jean-Pierre Ponnelle
Kostüme:	Pet Halmen

Die Wiener Philharmoniker
Chor der Wiener Staatsoper

Hoffmann	Placido Domingo
Die Muse, *Niklas*	Anne Howells
Lindorf, *Coppelius*, *Mirakel*, *Dapertutto*	José van Dam Rudolf Constantin 22. 8.
Andreas, *Cochenille*, *Franz*, *Pitichinaccio*	Remy Corazza
Stella, *Olympia*, *Antonia*, *Giulietta*	Edda Moser Christiane Eda-Pierre 6., 9. 8.
Die Mutter	Jocelyne Taillon
Nathanael, *Spalanzani*	Gérard Friedmann
Hermann, *Schlemihl*	Peter Weber
Luther, *Crespel*	Kurt Rydl

29. Juli, 7., 17., 26., 30. August
Kleines Festspielhaus

WOLFGANG AMADEUS MOZART

Die Entführung aus dem Serail

Dirigent:	Lorin Maazel
Inszenierung:	Filippo Sanjust
Bühnenbild:	Filippo Sanjust
Kostüme:	Filippo Sanjust

Die Wiener Philharmoniker
Chor der Wiener Staatsoper

Selim, Bassa	Frank Hoffmann
Konstanze	Ileana Cotrubas
Blondchen	Carol Malone
Belmonte	Peter Schreier
Pedrillo	Norbert Orth
Osmin	Martti Talvela

30. Juli, 2., 13., 16., 25., 29. August
Großes Festspielhaus

GIUSEPPE VERDI

Aida

(in italienischer Sprache)

Musik. Leitung und Inszenierung:	Herbert von Karajan
Bühnenbild:	Günther Schneider-Siemssen
Kostüme:	Georges Wakhevitch
Choreographie:	John Neumeier

Die Wiener Philharmoniker
Chor der Wiener Staatsoper
Chor der Nationaloper Sofia
Salzburger Kammerchor
Mitglieder des Wiener Staatsopernballetts

Der König	Agostino Ferrin
Amneris	Ruža Baldani
Aida	Mirella Freni
Radames	José Carreras
Ramphis	Ruggero Raimondi
Amonasro	Piero Cappuccilli
Ein Bote	Thomas Moser
Priesterin	Marjon Lambriks

4., 10., 19., 23., 27. August
Kleines Festspielhaus

RICHARD STRAUSS

Ariadne auf Naxos

Dirigent:	Karl Böhm
Inszenierung:	Dieter Dorn
Bühnenbild:	Jürgen Rose
Kostüme:	Jürgen Rose

Die Wiener Philharmoniker

Haushofmeister	Peter Matić
Musiklehrer	Walter Berry
Komponist	Trudeliese Schmidt Rohangiz Yachmi 19.
Tenor (Bacchus)	James King
Ein Offizier	Peter Weber
Ein Tanzmeister	Horst Hiestermann

Ein Perückenmacher	Georg Tichy
Ein Lakai	Alfred Šramek
Zerbinetta	Edita Gruberova
Primadonna (Ariadne)	Gundula Janowitz
Harlekin	Dale Düsing
Scaramuccio	Kurt Equiluz
Truffaldin	Siegfried Vogel
Brighella	Murray Dickie
Najade	Marjorie Vance
Dryade	Rohangiz Yachmi
Echo	Olivera Miljakovic

8., 12., 15., 21., 24., 28. August
Felsenreitschule

WOLFGANG AMADEUS MOZART

Die Zauberflöte

Dirigent:	James Levine
Inszenierung:	Jean-Pierre Ponnelle
Bühnenbild:	Jean-Pierre Ponnelle
Kostüme:	Jean-Pierre Ponnelle

Die Wiener Philharmoniker
Chor der Wiener Staatsoper

Sarastro	Martti Talvela
Tamino	Eric Tappy
Sprecher	Walter Berry José van Dam 15.
1. Priester	Peter Weber
2. Priester	Horst Nitsche
Königin der Nacht	Edita Gruberova 8. Zdzislawa Donat
Pamina	Lucia Popp Ileana Cotrubas 21., 24.
1. Dame	Rachel Yakar
2. Dame	Trudeliese Schmidt Margareta Hintermeier 12., 24., 28.
3. Dame	Ingrid Mayr
Papageno	Christian Boesch Walter Berry 15.
Papagena	Elisabeth Kales
Monostatos	Horst Hiestermann
3 Knaben	Solisten des Tölzer Knabenchores
1. Geharnischter	Karl Terkal
2. Geharnischter	Helge von Bömches

28. August, 11 Uhr Felsenreitschule

ZAUBER(flöten)-REICH THEATER

Einführung für junge Leute

Idee und Buch:	Christian Boesch
Präsentation:	Christian Boesch Jean-Pierre Ponnelle
Dirigent:	James Levine

Die Wiener Philharmoniker
Chor der Wiener Staatsoper

Sarastro	Helge von Bömches
Tamino	Peter Schreier
1. Priester	Peter Weber
2. Priester	Horst Nitsche
Königin der Nacht	Zdzislawa Donat
Pamina	Lucia Popp
1. Dame	Rachel Yakar
2. Dame	Margareta Hintermeier
3. Dame	Ingrid Mayr
Papageno	Christian Boesch
Papagena	Elisabeth Kales
Monostatos	Horst Hiestermann
3 Knaben	Solisten des Tölzer Knabenchores
Eine Schlange (?)	

11., 19., 23., 26. August
Großes Festspielhaus

WOLFGANG AMADEUS MOZART

Le Nozze di Figaro

(in italienischer Sprache)

Dirigent:	Gustav Kuhn Herbert von Karajan 26.
Inszenierung:	Jean-Pierre Ponnelle
Bühnenbild:	Jean-Pierre Ponnelle
Kostüme:	Jean-Pierre Ponnelle

Die Wiener Philharmoniker
Chor der Wiener Staatsoper

Graf Almaviva	Tom Krause
Gräfin	AnnaTomowa-Sintow
Susanna	Teresa Stratas
Figaro	José van Dam
Basilio	Michel Sénéchal
Bartolo	Carlos Feller 11. Paolo Montarsolo
Marcellina	Jane Berbié
Cherubino	Trudeliese Schmidt Maria Ewing 19., 23.
Antonio	Kurt Rydl
Barbarina	Maria Fausta Gallamini
Curzio	Horst Nitsche
Brautjungfer	Gunda Spiluttini

ORCHESTERKONZERTE

31. Juli, 19.30 Uhr Großes Festspielhaus

Orchestre National de France

Dirigent: Lorin Maazel
Solist: Horacio Gutierrez, Klavier

S. PROKOFIEFF:	Vier Sätze aus der 2. Orchestersuite „Romeo und Julia", op. 64b
P. I. TSCHAIKOWSKIJ:	Konzert für Klavier und Orchester Nr. 1, b-Moll, op. 23
I. STRAWINSKY:	„Le Sacre du Printemps"

1. August, 19.30 Uhr Großes Festspielhaus

Orchestre National de France

Dirigent: Lorin Maazel
Soli: Julia Hamari, Eric Tappy, Pierre Thau
Ensemble Vocal des Chœurs de Radio France
Konzertvereinigung Wiener Staatsopernchor

H. BERLIOZ:	Roméo et Juliette

2. August, 11 Uhr Mozarteum[1]

Die Wiener Philharmoniker

Dirigent: Christoph von Dohnányi
Soli: Rainer Küchl, Violine; Josef Staar, Viola

W. A. MOZART:	Ländler, KV 600/1 Kanarienvogel, KV 600/5 Leiermann, KV 602/3 Schlittenfahrt, KV 605/3 Konzertante Symphonie für Violine, Viola und Orchester, Es-Dur, KV 364 Symphonie g-Moll, KV 550

3. August, 20 Uhr Großes Festspielhaus

Die Wiener Philharmoniker

Dirigent: Claudio Abbado
Solistin: Jessye Norman

L. v. BEETHOVEN:	Szene und Arie „Ah! Perfido!", op. 65
A. BERG:	Fünf Orchesterlieder, op. 4
G. MAHLER:	Symphonie Nr. 5, cis-Moll (Hornsolo: Günter Högner)

12. August, 20.15 Uhr Großes Festspielhaus

European Community Youth Orchestra

Dirigent: Herbert von Karajan
Solistin: Anne-Sophie Mutter, Violine

L. v. BEETHOVEN:	Konzert für Violine und Orchester D-Dur, op. 61
W. A. MOZART:	Symphonie C-Dur, KV 551 „Jupiter"

13. August, 19.30 Uhr Mozarteum[4]

ORF-Symphonieorchester

Dirigent: Leif Segerstam
Soli: Doris Bierett, Gesang; Martin Haselböck, Orgel

W. LUTOSLAWSKI: Jeux vénitiens pour orchestre
H. EDER: 5. Symphonie, op. 72 „Orgelsymphonie" Uraufführung
K. WEILL: „Die sieben Todsünden der Kleinbürger" (Ballett mit Gesang, Konzertante Aufführung)

Anna I / *Anna II*	Doris Bierett
Die Familie:	
Tenor I	Helmut Wildhaber
Tenor II	Christopher Doig
Bariton	Georg Tichy
Baß (die Mutter)	Alfred Šramek

14. August, 19 Uhr Felsenreitschule[4]

Ernst Krenek
Karl V.

(Konzertante Aufführung)
Dirigent: Gerd Albrecht
ORF-Symphonieorchester
ORF-Chor Wien

Karl V.	Theo Adam
Juana	Hanna Schwarz
Eleonore	Sena Jurinac
Ferdinand	Thomas Moser
Isabella	Kristine Ciesinski
Juan de Regla (Sprecher)	Frank Hoffmann
Francisco Borgia	Helmut Melchert
Franz I.	Peter Schreier
Frangipani	Horst Hiestermann
Luther	Siegfried Vogel
Ein Anhänger Luthers	Thomas Moser
Sultan Soliman	Alfred Šramek
Sein Hofastrolog	Horst Hiestermann
4. Uhr und 4. Geist	Ingrid Mayr
2. Uhr und 1. Geist	Gabriele Sima
1. Uhr und 2. Geist	Marjorie Vance
3. Uhr und 3. Geist	Rohangiz Yachmi
Sprechrollen:	
Henri Mathys / *Papst Clemens VII.* / *Moritz von Sachsen*	Erich Auer
Alarcon / *Alba* / *Ein Kardinal*	Curth A. Tichy

15. August, 11 Uhr Großes Festspielhaus

Die Wiener Philharmoniker

Dirigent: Herbert von Karajan

A. BRUCKNER: Symphonie Nr. 7, E-Dur

17. August, 11 Uhr Großes Festspielhaus

Die Wiener Philharmoniker

Dirigent: Karl Böhm

L. v. BEETHOVEN: Symphonie Nr. 2, D-Dur, op. 36
Symphonie Nr. 7, A-Dur, op. 92

20. August, 19.30 Uhr Großes Festspielhaus

Die Wiener Philharmoniker

Dirigent: James Levine
Solist: Alfred Brendel, Klavier

J. BRAHMS: Konzert für Klavier und Orchester Nr. 1, d-Moll, op. 15
F. SCHUBERT: Große Symphonie C-Dur, D 944

24. August, 11 Uhr Großes Festspielhaus

Die Wiener Philharmoniker

Dirigent: Riccardo Muti
Solist: Gidon Kremer, Violine

R. SCHUMANN: Ouvertüre zu „Hermann und Dorothea", op. 136
Konzert für Violine und Orchester d-Moll
Symphonie Nr. 4, d-Moll, op. 120

27. August, 19.30 Uhr Großes Festspielhaus

Das Berliner Philharmonische Orchester

Dirigent: Herbert von Karajan
Soli: Mirella Freni, Agnes Baltsa, José Carreras, Ruggero Raimondi
Konzertvereinigung Wiener Staatsopernchor
Chor der Nationaloper Sofia

G. VERDI: Messa da Requiem

28. August, 19.30 Uhr Großes Festspielhaus

Das Berliner Philharmonische Orchester

Dirigent: Herbert von Karajan
Solistin: Edith Mathis

J. S. BACH: Brandenburgisches Konzert Nr. 2, F-Dur, BWV 1047 (Andreas Blau, Flöte; Thomas Brandis, Violine; Konradin Groth, Trompete; Lothar Koch, Oboe)
G. MAHLER: Symphonie Nr. 4, G-Dur, mit Sopransolo

30. August, 11 Uhr Kleines Festspielhaus

Die Wiener Philharmoniker

Dirigent: Karl Böhm
Solist: Maurizio Pollini, Klavier

W. A. MOZART: Symphonie A-Dur, KV 201
Konzert für Klavier und Orchester F-Dur, KV 459 „Krönungskonzert"
Symphonie D-Dur, KV 385 „Haffner"

30. August, 19.30 Uhr Großes Festspielhaus

New York Philharmonic Orchestra

Dirigent: Zubin Mehta

K. PENDERECKI: 2. Symphonie „Weihnachtssymphonie"
L. v. BEETHOVEN: Symphonie Nr. 3, Es-Dur, op. 55 „Eroica"

31. August, 19.30 Uhr Großes Festspielhaus

New York Philharmonic Orchestra

Dirigent: Zubin Mehta

A. DVOŘÁK: Ouvertüre „Karneval", op. 92
I. STRAWINSKY: Symphony in three movements
J. BRAHMS: Symphonie Nr. 2, D-Dur, op. 73

SERENADEN

30. Juli, 20 Uhr Felsenreitschule

I Solisti Veneti

Dirigent: Claudio Scimone

J. HAYDN:	Divertimento Es-Dur „Das Echo", Hob. II/39
G. ROSSINI:	Terza Sonata in do maggiore
W. A. MOZART:	„Ein musikalischer Spaß", KV 522
P. I. TSCHAIKOWSKIJ:	Serenade C-Dur, op. 48

5. August, 20 Uhr Felsenreitschule

Wiener Kammerensemble

M. HAYDN:	Divertimento G-Dur, Perger Nr. 94
W. A. MOZART:	Divertimento D-Dur, KV 251
L. SPOHR:	Nonett F-Dur, op. 31

18. August, 20 Uhr Felsenreitschule

Prager Kammerorchester

J. D. ZELENKA:	Ouvertüre aus der Suite F-Dur
A. CORELLI:	Concerto grosso D-Dur, op. 6, Nr. 4
W. A. MOZART:	Divertimento D-Dur, KV 205
B. MARTINŮ:	Serenáda I Serenáda III
A. DVOŘÁK:	Tschechische Suite, op. 39

20. August, 20 Uhr Felsenreitschule

Das Mozarteum-Orchester

Dirigent: Günter Neuhold
Solist: Karlheinz Zöller, Flöte

W. A. MOZART:	Marsch C-Dur, KV 408/1 Zwei Menuette mit eingefügten Kontretänzen, KV 463 Marsch D-Dur, KV 408/2 Konzert für Flöte und Orchester D-Dur, KV 314 Marsch D-Dur, KV 215 Serenade D-Dur, KV 204 (Violinsolo: Georg Homoki; Flötensolo: Helmut Klöckl)

29. August, 20 Uhr Felsenreitschule

Das Mozarteum-Orchester

Dirigent: Adam Fischer

W. A. MOZART:	Eine kleine Nachtmusik G-Dur, KV 525
R. KELTERBORN:	„Chiaroscuro — Canzoni per Orchestra" (Uraufführung) Auftragswerk der Salzburger Festspiele
W. A. MOZART:	Marsch D-Dur, KV 237 Serenade D-Dur, KV 203 (Violinsolo: Georg Homoki; Oboensolo: Wolfgang Schlachter)

MATINEEN

Werke von WOLFGANG AMADEUS MOZART

Das Mozarteum-Orchester

27. Juli, 11 Uhr Mozarteum

Dirigent: Gerhard Wimberger
Soli: Peter Aronsky, Klavier; Robert Holl, Baß

Symphonie D-Dur, KV 81
Konzert für Klavier und Orchester C-Dur, KV 467
(Kadenzen von Gerhard Wimberger)
Arie „Mentre ti lascio, o figlia", KV 513
Arie „Rivolgete a lui lo sguardo", KV 584
Symphonie B-Dur, KV 319

3. August, 11 Uhr Mozarteum

Dirigent: Rudolf Barschai
Soli: Christiane Eda-Pierre, Sopran; Heinz Holliger, Oboe

Symphonie Es-Dur, KV 16
Konzert für Oboe und Orchester C-Dur, KV 314
Rezitativ, Arie und Cavatine „Ah lo previdi", KV 272
Szene und Arie „Misera, dove son!", KV 369
Symphonie D-Dur nach der Serenade KV 250

9. August, 11 Uhr Mozarteum
10. August, 11 Uhr Mozarteum

Dirigent: Theodor Guschlbauer
Soli: Thomas Moser, Tenor; Paul Badura-Skoda, Klavier

Symphonie F-Dur, KV 43
Konzert für Klavier und Orchester C-Dur, KV 503 (Kadenzen: Paul Badura-Skoda)
Recitativo accompagnato und Cavantine des Ferrando „In qual fiero contrasto" — „Tradito schernito" aus „Così fan tutte", KV 588, Nr. 27
Arie „Per pietà, non ricercate", KV 420
Symphonie D-Dur, KV 202

15. August, 11 Uhr Mozarteum

Dirigent: Gerhard Wimberger
Soli: Sona Ghazarian, Sopran; Peter Lang, Klavier

Symphonie G-Dur, KV 74
Konzert für Klavier und Orchester Es-Dur, KV 482
Rezitativ und Arie „Basta, vincesti", KV 486a
Arie „Voi avete un cor fedele", KV 217
Symphonie D-Dur nach der Serenade KV 320

17. August, 11 Uhr Mozarteum

Dirigent: Leopold Hager
Soli: Marjon Lambriks, Margareta Hintermeier, Sopran; Alfred Šramek, Baß; Hermann Baumann, Horn

Terzette KV 439, KV 438, KV 436, KV 437 und KV 346 (439a)
(Kurt Birsak, Gerhard Papousek, Bassetthorn/Klarinette; Franz Kittl, Bassetthorn)
Konzert für Horn und Orchester Es-Dur, KV 447
Divertimento D-Dur, KV 136
Divertimento B-Dur, KV 137
Divertimento F-Dur, KV 138

24. August, 11 Uhr Mozarteum

Dirigent: Leopold Hager
Soli: Edda Moser, Sopran; Christian Altenburger, Violine

Symphonie B-Dur, KV 45b
Konzert für Violine und Orchester A-Dur, KV 219
Rezitativ und Arie „Bella mia fiamma, addio", KV 528
Arie der Elettra „D'Oreste, d'Aiace", Nr. 29a aus „Idomeneo", KV 366
Symphonie D-Dur, KV 504 „Prager"

KAMMERKONZERTE

28. Juli, 19.30 Uhr Mozarteum

I Solisti Veneti

Dirigent: Claudio Scimone

A. VIVALDI:	Concerto in mi maggiore, RV 271 „L'Amoroso" (solista: Piero Toso, violino)
	Concerto in re minore, op. III/11, RV 565 (solisti: Piero Toso, Massimo Marin, violini; Gianni Chiampan, violoncello)
	Concerto in fa maggiore, RV 551 (solisti: Piero Toso, Massimo Marin, Lidia Kantardjieva, violini)
	Concerto in si bemolle maggiore, RV 553 (solisti: Piero Toso, Massimo Marin, Marco Fornaciari, Lidia Kantardjieva, violini)
	Concerto in re maggiore, RV 564 (solisti: Piero Toso, Nane Calabrese, violini; Gianni Chiampan, Susan Moses, violoncelli)
	Concerto in sol minore, RV 576 „Per S. A. R. di Sassonia" (solisti: Piero Toso, violino; Alessandro Albano, oboe)
	Concerto in do maggiore, RV 554 (solisti: Piero Toso, violino; Giuseppe de Marzi, organo; Alessandro Albano, oboe)

30. Juli, 19.30 Uhr Mozarteum[1]

Melos Quartett

W. A. MOZART:	Streichquartett d-Moll, KV 421
	Streichquartett F-Dur, KV 590
	Streichquartett C-Dur, KV 465 „Dissonanzenquartett"

4. August, 19.30 Uhr Mozarteum

Igor Oistrach, Violine; Natalja Zertsalowa, Klavier; Valerij Oistrach, Violine

J. S. BACH:	Sonate für Violine und Klavier Nr. 1, h-Moll, BWV 1014
	Trio c-Moll aus dem „Musikalischen Opfer", BWV 1079/8
L. v. BEETHOVEN:	Sonate A-Dur, op. 47 „Kreutzersonate"

19. August, 19.30 Uhr Mozarteum

Prager Kammerorchester

Solistin: Zuzana Růžičková, Cembalo

W. A. MOZART:	Kassation D-Dur: Marsch KV 62 und Serenade KV 100
J. S. BACH:	Konzert für Cembalo und Orchester, d-Moll, BWV 1052
J. H. VOŘIŠEK:	Symphonie D-Dur

23. August, 19.30 Uhr Mozarteum

Alban Berg Quartett

F. MENDELSSOHN BARTHOLDY:	Andante E-Dur (Thema mit Variationen) aus dem Streichquartett, op. 81
G. WIMBERGER:	Streichquartett (1978). Uraufführung
L. v. BEETHOVEN:	Streichquartett a-Moll, op. 132

26. August, 19.30 Uhr Mozarteum

Die zwölf Cellisten der Berliner Philharmoniker

A. BERTALI:	Sonata a due cori
C. BRESGEN:	Elegie für 12 Violoncelli soli Uraufführung
J. KLENGEL:	Hymnus, op. 57
I. XENAKIS:	Retours — Windungen für 12 Violoncelli soli
H. VILLA-LOBOS:	Bachianas Brasileiras Nr. 1
B. BLACHER:	Blues, Espagnola und Rumba philharmonica für 12 Violoncelli soli

LIEDERABENDE

27. Juli, 20 Uhr Großes Festspielhaus

Jessye Norman

Am Flügel: Geoffrey Parsons

Kantate von J. Haydn; Lieder von A. Berg (Sieben frühe Lieder), J. Brahms und R. Strauss

3. August, 19.30 Uhr Kleines Festspielhaus

Peter Schreier

Sprecher: Paul Hoffmann; am Flügel: Peter Rösel

J. Brahms: Die schöne Magelone, op. 33

6. August, 19.30 Uhr Kleines Festspielhaus

Marilyn Horne

Am Flügel: Martin Katz

Arien von H. Purcell, G. F. Händel, A. Vivaldi und G. B. Lampugnani; Lieder von R. Strauss, G. Rossini und A. Dvořák (Zigeunermelodien, op. 55)

7. August, 19.30 Uhr Großes Festspielhaus

Leontyne Price

Am Flügel: David Garvey

Arie und Lied von G. F. Händel; Lieder von J. S. Bach, R. Schumann („Frauenliebe und Leben", op. 42), J. Marx, L. Hoiby, N. Rorem, C. Dougherty und Spirituals

10. August, 20 Uhr Großes Festspielhaus

Luciano Pavarotti

Am Flügel: John Wustman

Wegen Erkrankung des Künstlers ausgefallen.

14. August, 19.30 Uhr Mozarteum

Edita Gruberova

Am Flügel: Erik Werba; Peter Schmidl, Klarinette

Gesänge und Lieder von F. Schubert, F. Mendelssohn Bartholdy und R. Strauss (Sechs Lieder, op. 68)

21. August, 19.30 Uhr Großes Festspielhaus

Christa Ludwig

Am Flügel: Erik Werba

F. Schubert: „Die Winterreise", op. 89

SOLISTENKONZERTE

29. Juli, 19.30 Uhr Großes Festspielhaus

Shlomo Mintz, Violine; Gerhard Oppitz, Klavier

J. BRAHMS: Sonate Nr. 1, G-Dur, op. 78 „Regensonate"
Sonate Nr. 2, A-Dur, op. 100
Sonate Nr. 3, d-Moll, op. 108

2. August, 19.30 Uhr Kleines Festspielhaus

Itzhak Perlman, Violine

J. S. BACH: Partita III, E-Dur, BWV 1006
Sonate II, a-Moll, BWV 1003
Partita II, d-Moll, BWV 1004

8. August, 19.30 Uhr Großes Festspielhaus

André Watts, Klavier

D. SCARLATTI: Drei Sonaten: A-Dur, L. 345; f-Moll, L. 187; A-Dur, L. 391
J. BRAHMS: Vier Klavierstücke, op. 119
F. SCHUBERT: Sonate a-Moll, op. 143, D 784
S. RACHMANINOW: Variationen über ein Thema von Corelli, op. 42
CL. DEBUSSY: Children's Corner
F. LISZT: Etudes d'exécution transcendante Nr. 10, f-Moll

11. August, 19.30 Uhr Kleines Festspielhaus

Emil Gilels, Klavier

W. A. MOZART: Sonate F-Dur, KV 533/494
Fantasie d-Moll, KV 397
Sechs Variationen über „Salve tu, Domine", KV 398
F. CHOPIN: Polonaise c-Moll, op. 40, Nr. 2
Sonate h-Moll, op. 58

15. August, 20 Uhr Großes Festspielhaus

Alfred Brendel, Klavier

J. HAYDN: Sonate c-Moll, Hob. XVI/20
L. v. BEETHOVEN: Sonate d-Moll, op. 31, Nr. 2
B. BARTÓK: 4 Naenien, op. 9a
F. LISZT: Sonate h-Moll

17. August, 20 Uhr Großes Festspielhaus

Gidon Kremer, Violine; Elena Kremer, Klavier

A. PÄRT: Die Brüder, Variationen für Violine und Klavier. Uraufführung (Auftragswerk der Salzburger Festspiele)
L. v. BEETHOVEN: Zwölf Variationen (F-Dur) über das Thema „Se vuol ballare", WoO 40
F. SCHUBERT: Fantasie in C, op. posth. 159, D 934
C. FRANCK: Andantino quietoso, op. 6
E. SATIE: Choses vues à droite et à gauche (sans lunettes)
D. MILHAUD: Cinéma-fantaisie d'après „Le Boeuf sur le toit" (Cadence de Arthur Honegger)

CHORKONZERT

10. August, 11 Uhr Kleines Festspielhaus

Chor der Nationaloper Sofia

Dirigent: Michail Angelov
Geistliche slawische Musik von P. Dinev, J. Marinković, P. Tschesnokow, D. Bortnianski, D. Christov, A. Vedel, A. Nikolaev / Z. Manolov
Russische und bulgarische Chormusik von W. J. Schebalin, M. I. Blanter, D. Christov, K. Kürktschiiski, L. Pipkov, N. Stoikov, M. Goleminov / St. Kralev, N. Rakow
(Soli: Ivan Petrov, Magda Panaiotova, Liliana Nikolova)

KIRCHENKONZERT

23. August, 11 Uhr Erzabteikirche St. Peter[1]

Dirigent: Leopold Hager; Orgel: Oskar Peter
Soli: Elizabeth Parcells, Margarita Zimmermann, Sopran; William Reeder, Tenor; Robert Holl, Baß
Das Mozarteum-Orchester — Konzertvereinigung Wiener Staatsopernchor

W. A. MOZART: c-Moll-Messe, KV 427

1981

26. Juli—31. August

SCHAUSPIEL

27. Juli, 1., 6., 13., 17., 25., 29. August
Felsenreitschule

WILLIAM SHAKESPEARE

Wie es euch gefällt

Für eine Aufführung in der Salzburger Felsenreitschule eingerichtet von Otto Schenk und Peter Weiser

Regie: Otto Schenk
Bühnenbild: Günther Schneider-Siemssen
Kostüme: Milena Canonero
Musik: Gerhard Wimberger
Musik. Leitung: Emil Rieder
Ein Instrumentalensemble

Der Herzog Romuald Pekny
Herzog Friedrich Kurt Heintel
Amiens Hans Kraemmer
Jacques Helmut Lohner
1. Edelmann Kurt Müller-Walden
2. Edelmann Kurt Hansen
Le Beau Erwin V. Gross
Edelmann Heinz Winter
Bedienter Georg Rootering
Orlando Sascha Hehn
Oliver Hartmut Becker
Jakob Franz Winter
Charles Teddy Podgorski
Adam Otto Bolesch
Denis Rudolf Weitlaner
Probstein Otto Schenk
Sylvius Alexander Waechter
Corinnus Hugo Lindinger
Ehrn Olivarius Heribert Aichinger
Wilhelm Siegfried Walther
Rosalinde Barbara Sukowa
Celia Adelheid Picha
Phoebe Dolores Schmidinger
Michaela Pilss 17. 8.
Käthchen Maresa Hörbiger

29., 31. Juli, 3., 10., 14., 16., 19., 22., 24., 28. August
Landestheater

GEORG BÜCHNER

Dantons Tod

Inszenierung: Rudolf Noelte
Bühnenbild: Walter Dörfler
Kostüme: Elisabeth Urbancic

Georg Danton Götz George
Legendre Udo Thomer
Camille Desmoulins Christian Quadflieg
Hérault-Séchelles Thomas Frey
Lacroix Heinz Baumann
Philippeau Miguel Herz-Kestranek
Mercier Gerhard Becker
Thomas Payne Will Quadflieg
Robespierre Heribert Sasse
St. Just Mathieu Carriere
Barère Ernst Meister

Collot d'Herbois Uwe Falkenbach
Billaud-Varennes Kurt Jaggberg
Chaumette Kurt Zips
Dillon Erik Frey
Fouquier-Tinville Kurt Heintel
Herman Gert Westphal
Simon Bruno Dallansky
Weib Simons Evelyn Meyka
Laflotte Hubertus Bengsch
Julie Regina Lemnitz
Lucile Birgit Doll
Rosalie Ria Schindler
Adelaide Léonie Thelen
Marion Senta Berger
Ein Lyoner Werner Schnitzer
Dame am Spieltisch Dany Sigel
Madame Ellen Umlauf
Eugenie Claudia Brunnert
Drei Bürger Jörg Hube
Klaus Münster
Arno Fischbacher
Junger Mensch Max Hargaßner
Ein Bettler Michael Habeck
Ein Bürger Ulrich von Bock
Erster Herr Karl Sibold
Zweiter Herr Herbert Weißbach
Ein Soldat August Schmölzer
Junger Herr Stephan Hoffmann
Erstes Weib Angelika Welzl
Zweites Weib Heide Ackermann
Drittes Weib Johanna Karl-Lory
Gefangenenwärter Anton Pointecker
Schließer Herbert Fux
Erster Henker Karl Navratil
Zweiter Henker Gerhard Paul

2., 9., 15., 16., 23., 30. August
Domplatz / Großes Festspielhaus
HUGO VON HOFMANNSTHAL

Jedermann

Regie: Ernst Haeusserman
Ausstattung: Veniero Colasanti / John Moore
Musik: Joseph Messner / Einar Nilson
Dirigent: Ernst Hinreiner
Choreographie: William Milié
Orgel: Oskar Peter

Das Mozarteum-Orchester
Salzburger Rundfunk- und Mozarteum-Chor

Gott der Herr Will Quadflieg
Tod Rolf Boysen
Jedermann Maximilian Schell
Jedermanns Mutter Heidemarie Hatheyer
Guter Gesell Frank Hoffmann
Hausvogt Emmerich Schrenk
Koch Friedemann Held
Robert Werner 9. 8.
Armer Nachbar Erich Auer
Schuldknecht Herwig Seeböck
Schuldknechts Weib Martha Wallner
Buhlschaft Senta Berger
Dicker Vetter Michael Toost
Dünner Vetter Peter Matić
Mammon Ernst Schröder
Gute Werke Sonja Sutter
Glaube Joana Maria Gorvin
Teufel Otto Schenk
Knecht Karl Blühm
Spielansager Heinz Ehrenfreund

18., 21., 26., 30. August
Landestheater
THOMAS BERNHARD

Am Ziel

(Uraufführung)

Regie: Claus Peymann
Bühnenbild: Karl-Ernst Herrmann
Kostüme: Karl-Ernst Herrmann

Die Mutter Marianne Hoppe
Die Tochter Kirsten Dene
Ein dramatischer Schriftsteller Branko Samarovski
Ein Mädchen Julia von Sell

REZITATIONSABENDE

30. Juli, 19.30 Uhr Mozarteum

Will Quadflieg

liest Antoine de Saint-Exupéry: „Der kleine Prinz"

11. August, 19.30 Uhr Landestheater

Curd Jürgens

liest Carl Zuckmayer: Auszüge aus „Als wär's ein Stück von mir" und „Des Teufels General"

20. August, 19.30 Uhr Landestheater

Paul Hoffmann

liest aus Werken von Franz Grillparzer

OPER

26., 30. Juli, 13., 17., 25., 29. August
Großes Festspielhaus
GIUSEPPE VERDI

Falstaff

(in italienischer Sprache)

Musikal. Leitung und Inszenierung: Herbert von Karajan
Bühnenbild: Günther Schneider-Siemssen
Kostüme: Georges Wakhevitch
Ballettarrangement: Heidrun Schwaarz

Die Wiener Philharmoniker
Chor der Wiener Staatsoper
Mitglieder des Wiener Staatsopernballetts
Kinder aus der Ballettschule des Salzburger Landestheaters

Falstaff Giuseppe Taddei
Ford Rolando Panerai
Fenton Francisco Araiza
Dr. Cajus Piero de Palma
Bardòlfo Heinz Zednik
Pistòla Federico Davià
Mrs. Ford Raina Kabaiwanska
Nannetta Janet Perry 26., 30. 7., 25., 29. 8.
Christine Barbaux 13., 17. 8.
Mrs. Quickly Christa Ludwig
Mrs. Page Trudeliese Schmidt
Robin Alexander Schneider-Siemssen

17. August 25. Aufführung im Rahmen der Salzburger Festspiele

28. Juli, 2., 8., 22., 28. August
Kleines Festspielhaus
WOLFGANG AMADEUS MOZART

Die Entführung aus dem Serail

Dirigent: Lorin Maazel
Inszenierung: Filippo Sanjust
Bühnenbild: Filippo Sanjust
Kostüme: Filippo Sanjust

Die Wiener Philharmoniker
Chor der Wiener Staatsoper

Selim, Bassa Frank Hoffmann
Konstanze Ileana Cotrubas
Patricia Wise 22. 8.
Blondchen Carol Malone
Belmonte Peter Schreier
Pedrillo Norbert Orth
Osmin Martti Talvela

6., 10., 14., 18., 21., 26. August
Großes Festspielhaus
JACQUES OFFENBACH

Hoffmanns Erzählungen

(in französischer Sprache)

Dirigent: James Levine
Inszenierung: Jean-Pierre Ponnelle
Bühnenbild: Jean-Pierre Ponnelle
Kostüme: Pet Halmen

Die Wiener Philharmoniker
Chor der Wiener Staatsoper

Hoffmann Placido Domingo
William Lewis 26.
Die Muse / Niklas } Ann Murray
Lindorf / Coppelius / Mirakel / Dapertutto } José van Dam
Rudolf Constantin 18.
Andreas / Cochenille / Franz / Pitichinaccio } Remy Corazza
Stella / Olympia / Antonia / Giulietta } Catherine Malfitano 6., 14., 21.
Edda Moser 10., 18., 26.
Die Mutter Jocelyne Taillon
Ingrid Mayr 14.
Nathanael / Spalanzani } Gérard Friedmann

Hermann Schlemihl	Peter Weber
Luther Crespel	Kurt Rydl

7., 11., 16. August
Kleines Festspielhaus
Koproduktion mit der Staatsoper Wien

FRIEDRICH CERHA

Baal

(Uraufführung)

Dirigent:	Christoph von Dohnányi
Inszenierung:	Otto Schenk
Bühnenbild:	Rolf Langenfass
Kostüme:	Rolf Langenfass

Die Wiener Philharmoniker

Baal	Theo Adam
Ekart	Helmut Berger-Tuna
Johannes	Heiner Hopfner
Emilie / Junges Weib	Marjana Lipovsek
Johanna	Gabriele Sima
Sophie	Emily Rawlins
Baals Mutter	Martha Mödl
Ein Geistlicher	Paul Hoffmann
Jüngere Schwester	Silvia Herman
Ältere Schwester	Christina Kubelka
Mech	Hermann Winkler
Bettler	Rudolf Mazzola
Gougou	Wilfried Gahmlich
Junge Dame / Luise	Milly Rudiferia
Lupu / Maja / Ein Mädchen	Margareta Hintermeier
Ältere Dame / Hausfrau	Margarethe Bence
Ein Diener / 2. Chauffeur / 3. Holzfäller / 1. Mann	Waldemar Kmentt
Erster Herr / 2. Herr / 1. Gast / Ein Geheimpolizist	Erwin V. Gross
Der nickende Herr / Bolleboll / 2. Landjäger	Heinz Holecek
Zweiter Herr / 1. Chauffeur / Mjurk / 1. Holzfäller / 2. Mann	Hans Kraemmer
Junger Mann / 3. Herr / 2. Gast / 3. Bursche / 3. Mann	Rudolf Kostas
Dr. Piller / Horgauer / Ein Wirt / 2. Holzfäller / 4. Mann	Alfred Šramek
Ein Polizist / Ein Wärter / 1. Landjäger	Heinz Winter
1. Herr	Rudolf Weitlaner
Eine Frau	Herma Steckel
1. Bursche	Georg Rootering
2. Bursche / 4. Chauffeur	Josef Zehetgruber
3. Chauffeur	Christian Aeby
Teddy, toter Holzfäller	Robert Minder

9., 15., 20., 24., 30. August
Felsenreitschule

WOLFGANG AMADEUS MOZART

Die Zauberflöte

Dirigent:	James Levine
Inszenierung:	Jean-Pierre Ponnelle
Bühnenbild:	Jean-Pierre Ponnelle
Kostüme:	Jean-Pierre Ponnelle

Die Wiener Philharmoniker
Chor der Wiener Staatsoper

Sarastro	Martti Talvela
Tamino	Rüdiger Wohlers Peter Schreier 20., 24., 30.
Sprecher	Walter Berry José van Dam 20., 24.
1. Priester	Peter Weber
2. Priester	Horst Nitsche
Königin der Nacht	Zdzislawa Donat Edita Gruberova 15., 30.
Pamina	Lucia Popp
1. Dame	Edda Moser
2. Dame	Ann Murray Margareta Hintermeier 20., 30.
3. Dame	Ingrid Mayr
Papageno	Christian Boesch
Papagena	Gudrun Sieber
Monostatos	Horst Hiestermann
3 Knaben	Solisten des Tölzer Knabenchores
1. Geharnischter	William Lewis
2. Geharnischter	Kurt Rydl

12., 19., 23., 27. August
Kleines Festspielhaus

RICHARD STRAUSS

Ariadne auf Naxos

Dirigent:	Wolfgang Sawallisch
Inszenierung:	Dieter Dorn
Bühnenbild:	Jürgen Rose
Kostüme:	Jürgen Rose

Die Wiener Philharmoniker

Haushofmeister	Peter Matić
Musiklehrer	Walter Berry
Komponist	Trudeliese Schmidt
Tenor (Bacchus)	James King
Ein Offizier	Peter Weber
Ein Tanzmeister	Horst Hiestermann
Ein Perückenmacher	Robert Riener
Ein Lakai	Alfred Šramek
Zerbinetta	Edita Gruberova
Primadonna (Ariadne)	Gundula Janowitz
Harlekin	Hans Helm
Scaramuccio	Kurt Equiluz
Truffaldin	Siegfried Vogel
Brighella	Murray Dickie
Najade	Marjorie Vance
Dryade	Rohangiz Yachmi
Echo	Olivera Miljakovic

ORCHESTERKONZERTE

29. Juli, 19.30 Uhr Großes Festspielhaus

Die Wiener Philharmoniker

Dirigent: Lorin Maazel

W. A. MOZART:	Symphonie D-Dur, KV 504 „Prager"
R. STRAUSS:	Tod und Verklärung, op. 24
A. DVOŘÁK:	Symphonie Nr. 9, e-Moll, op. 95 „Aus der Neuen Welt"

31. Juli, 19.30 Uhr Mozarteum[1]

Die Wiener Philharmoniker

Dirigent: Horst Stein
Solist: Rudolf Buchbinder, Klavier

W. A. MOZART:	Symphonie (Ouvertüre) G-Dur, KV 318 Konzert für Klavier und Orchester B-Dur, KV 595 Symphonie Es-Dur, KV 543

2. August, 20 Uhr Großes Festspielhaus

Tschechische Philharmonie

Dirigent: Riccardo Muti
Solistin: Agnes Baltsa

H. BERLIOZ:	Ouvertüre „Le Corsaire" („Der Korsar"), op. 21 Les Nuits d'Eté, op. 7
P.I.TSCHAIKOWSKIJ:	Symphonie Nr. 5, e-Moll, op. 64

4. August, 19.30 Uhr Großes Festspielhaus

Tschechische Philharmonie

Dirigent: Václav Neumann

L. JANÁČEK:	Sinfonietta
A. DVOŘÁK:	Symphonie Nr. 7, d-Moll, op. 70

8. August, 19.30 Uhr Mozarteum[4]

ORF-Symphonieorchester

Dirigent: Leif Segerstam
Soli: Marjana Lipovsek; Branimir Slokar, Posaune

A. SZÖLLÖSY: Trasfigurazioni
C. BRESGEN: Konzert für Altposaune und Orchester (Uraufführung) Kompositionsauftrag des ORF
F. MARTIN: Die Weise von Liebe und Tod des Cornets Christoph Rilke

9. August, 20 Uhr Großes Festspielhaus[4]

ORF-Symphonieorchester

Dirigent: Gustav Kuhn
Orgel: Martin Haselböck
Soli: Theo Adam, Peter Schreier, Siglinde Damisch, Cornelia Wulkopf, Alfred Muff, Helmut Wildhaber
Singverein der Gesellschaft der Musikfreunde Wien
ORF-Chor Wien

F. SCHMIDT: Oratorium „Das Buch mit sieben Siegeln"

12. August, 19.30 Uhr Großes Festspielhaus

Die Wiener Philharmoniker

Dirigent: Christoph von Dohnányi
Solist: Michel Béroff, Klavier

B. BARTÓK: Deux Portraits, op. 5
Konzert für Klavier und Orchester Nr. 2
R. SCHUMANN: Symphonie Nr. 2, C-Dur, op. 61

16. August, 11 Uhr Großes Festspielhaus

Die Wiener Philharmoniker

Dirigent: Herbert von Karajan
Solistin: Anne-Sophie Mutter, Violine

J. BRAHMS: Konzert für Violine und Orchester D-Dur, op. 77
A. DVOŘÁK: Symphonie Nr. 8, G-Dur, op. 88

19. August, 19.30 Uhr Großes Festspielhaus

Die Wiener Philharmoniker

Dirigent: James Levine
Soli: Ileana Cotrubas, Francisco Araiza, José van Dam
Konzertvereinigung Wiener Staatsopernchor

J. HAYDN: Oratorium „Die Jahreszeiten" (Cembalo: Philip Eisenberg)

23. August, 11 Uhr Großes Festspielhaus

Die Wiener Philharmoniker

Dirigent: Claudio Abbado
Solist: Alfred Brendel, Klavier

L. v. BEETHOVEN: Ouvertüre z. d. Trauerspiel „Coriolan", op. 62
Konzert für Klavier und Orchester Nr. 3, c-Moll, op. 37
B. BARTÓK: „Der wunderbare Mandarin", op. 19, Konzertsuite

27. August, 19.30 Uhr Großes Festspielhaus

Das Berliner Philharmonische Orchester

Dirigent: Herbert von Karajan
Konzertvereinigung Wiener Staatsopernchor

J. S. BACH: Brandenburgisches Konzert Nr. 3, G-Dur, BWV 1048 (Cembalo: Phillip Moll)
I. STRAWINSKY: „Psalmen-Symphonie", für gemischten Chor und Orchester (Klavier: Phillip Moll, Franz Maus)
R. STRAUSS: Metamorphosen, Studie für 23 Solostreicher

28. August, 19.30 Uhr Großes Festspielhaus

Das Berliner Philharmonische Orchester

Dirigent: Herbert von Karajan
Solist: François-René Duchâble, Klavier

B. BARTÓK: Konzert für Klavier und Orchester Nr. 3
P. I. TSCHAIKOWSKIJ: Symphonie Nr. 6, h-Moll, op. 74 „Pathétique"

29. August, 11 Uhr Großes Festspielhaus

Die Wiener Philharmoniker

Dirigent: Wolfgang Sawallisch

F. SCHUBERT: Symphonie h-Moll „Unvollendete", D 759
Große Symphonie C-Dur, D 944

30. August, 20 Uhr Großes Festspielhaus

Chicago Symphony Orchestra

Dirigent: Georg Solti

B. BARTÓK: Konzert für Orchester
A. BRUCKNER: Symphonie Nr. 4, Es-Dur „Romantische" (Fassung von 1878/80)

31. August, 19.30 Uhr Großes Festspielhaus

Chicago Symphony Orchestra

Dirigent: Georg Solti

L. v. BEETHOVEN: Symphonie Nr. 8, F-Dur, op. 93
R. STRAUSS: „Don Juan", op. 20
S. BARBER: First Essay for Orchestra, op. 12
M. MUSSORGSKIJ / M. RAVEL: Bilder einer Ausstellung

SERENADEN

29. Juli, 20 Uhr Felsenreitschule

I Solisti Veneti

Dirigent: Giuseppe de Marzi

A. VIVALDI: Sinfonia dall'opera „Dorilla in tempe", RV 709
Concerto in la minore, RV 536 per due oboi, archi e cembalo (solisti: Alessandro Albano, Victor Vecchioni, oboi)
D. CIMAROSA: Sinfonia concertante in sol maggiore per due flauti e orchestra (solisti: Clementine Hoogendoorn-Scimone, Marzio Conti, flauti)
A. VIVALDI: Concerto in re maggiore, RV 208 „Grosso Mogul" per violino, archi e cembalo (solista: Marco Fornaciari, violino)
L. BOCCHERINI: Sinfonia in re minore, op. 12, Nr. 4 „La Casa del Diavolo"

Programmänderung wegen Erkrankung von Maestro Claudio Scimone

3. August, 20 Uhr Felsenreitschule

Harmonie der Tschechischen Philharmoniker

J. MYSLIVEČEK:	Oktett Es-Dur
W. A. MOZART:	Serenade Es-Dur, KV 375
L. v. BEETHOVEN:	Oktett Es-Dur, op. 103

10. August, 20 Uhr Felsenreitschule

Das Mozarteum-Orchester

Dirigent: Theodor Guschlbauer
Solist: Günter Högner, Horn

J. HAYDN:	Divertimento C-Dur, Hob. II/17
W. A. MOZART:	Konzert für Horn und Orchester Es-Dur, KV 447 Kassation D-Dur: Marsch KV 62 und Serenade KV 100 (Alois Aigner, Horn; Otfried Ruprecht, Oboe)

14. August, 20 Uhr Felsenreitschule

Zagreber Solisten

A. VIVALDI:	Sinfonia C-Dur Nr. 1, RV 719
J. S. BACH:	Konzert für zwei Violinen und Streicher d-Moll, BWV 1043 (Tonko Ninić, Vladimir First, Violine)
G. ROSSINI:	Sonata a quattro Nr. 1, G-Dur
M. KELEMEN:	Konzertante Improvisationen
P. I. TSCHAIKOWSKIJ:	Serenade C-Dur, op. 48

18. August, 20 Uhr Felsenreitschule

Das Mozarteum-Orchester

Dirigent: Lothar Zagrosek

W. A. MOZART:	Serenade D-Dur, KV 239 „Serenata notturna"
I. ERÖD:	„Soirées imaginaires", Uraufführung (Auftragswerk der Salzburger Festspiele)
W. A. MOZART:	Serenade D-Dur: Marsch KV 189 und Serenade KV 185 (Violinsolo: Georg Homoki)

21. August, 20 Uhr Felsenreitschule

Wiener Streichersolisten

G. ROSSINI:	Sonata a quattro Nr. 4, B-Dur
P. W. FÜRST:	Emotionen, op. 57a (Solisten: Peter Ochsenhofer, Viola; Wolfgang Gürtler, Kontrabaß)
F. SCHUBERT:	Fünf Deutsche Tänze mit Coda und sieben Trios, D 90
W. A. MOZART:	Divertimento D-Dur, KV 136

26. August, 20 Uhr Felsenreitschule

Das Mozarteum-Orchester

Dirigent: Uwe Mund

W. A. MOZART:	Notturno D-Dur, KV 286 Eine kleine Nachtmusik G-Dur, KV 525 Aus den zwölf deutschen Tänzen, KV 586 (Nr. 1, 2, 5, 7, 9, 12) Fünf Kontretänze, KV 609 Kassation G-Dur, KV 63 (Solovioline: Georg Homoki) Marsch D-Dur, KV 335/1

MATINEEN

Werke von WOLFGANG AMADEUS MOZART

Das Mozarteum-Orchester

1. August, 11 Uhr Mozarteum
2. August, 11 Uhr Mozarteum

Im Gedenken an Bernhard Paumgartner
† 27. Juli 1971
Dirigent: Gerhard Wimberger
Soli: Siglinde Damisch, Sopran; Peter Schmidl, Klarinette

Divertimento D-Dur, KV 251 (Wolfgang Schlachter, Oboe)
Konzert für Klarinette und Orchester A-Dur, KV 622
Rezitativ und Arie „Misera, dove son!", KV 369
Arie „Voi avete un cor fedele", KV 217
Symphonie A-Dur, KV 201

8. August, 11 Uhr Mozarteum
9. August, 11 Uhr Mozarteum

Dirigent: Ralf Weikert
Soli: Barbara Hendricks, Sopran; Christian Zacharias, Klavier

Divertimento Es-Dur, KV 113
Konzert für Klavier und Orchester G-Dur, KV 453
Rezitativ und Arie „Basta vincesti", KV 486a
Rezitativ und Rondo mit obligater Violine „Venga la morte" — „Non temer, amato bene", KV 490 (Karlheinz Franke, Violine)
Symphonie C-Dur, KV 425 „Linzer"

15. August, 11 Uhr Mozarteum
16. August, 11 Uhr Mozarteum

Dirigent: Leopold Hager
Soli: Marjana Lipovsek, Alt; Thomas Zehetmair, Violine

Divertimento F-Dur, KV 247
Konzert für Violine und Orchester D-Dur, KV 218
Rezitativ und Arie „Ombra felice!", KV 255
Arie „Vado, ma dove? oh Dei!", KV 583
Symphonie g-Moll, KV 183

22. August, 11 Uhr Mozarteum
23. August, 11 Uhr Mozarteum

Dirigent: Gerhard Wimberger
Soli: Francisco Araiza, Tenor; Walter Klien, Klavier

Divertimento D-Dur, KV 131
Konzert für Klavier und Orchester A-Dur, KV 488
Arien: „Con ossequio, con rispetto", KV 210 — „Si mostra la sorte", KV 209
Rezitativ und Arie „Misero! oh sogno", KV 431
Symphonie D-Dur, KV 385 „Haffner"

29. August, 11 Uhr Mozarteum
30. August, 11 Uhr Mozarteum

Dirigent: Leopold Hager
Soli: Kurt Rydl, Baß; Christa Romer, Klavier

Divertimento D-Dur, KV 205
Konzert für Klavier und Orchester c-Moll, KV 491
Rezitativ und Arie „Cosi dunque tradisci", KV 432
Ariette „Un bacio di mano", KV 541
Symphonie C-Dur, KV 338

KAMMERKONZERTE

28. Juli, 19.30 Uhr Mozarteum

Ensemble de „I Solisti Veneti"

G. B. TOESCHI:	Sonata in re maggiore per violino, viola d'amore, violoncello e clavicembalo
F. M. VERACINI:	Sonata in sol minore, op. 1 n. 1 per violino e basso continuo
J. HAYDN:	Trio D-Dur
F. A. HOFFMEISTER:	Flötenquartett
A. VIVALDI:	Concerto in sol minore, RV 107
	Concerto in re maggiore, RV 94

Programmänderung wegen Erkrankung von Maestro Claudio Scimone

5. August, 19.30 Uhr Mozarteum

Wolfgang Schneiderhan, Violine
Boris Pergamenschikow, Violoncello
Paul Badura-Skoda, Klavier

W. A. MOZART:	Klaviertrio C-Dur, KV 548
J. BRAHMS:	Klaviertrio H-Dur, op. 8
F. SCHUBERT:	Klaviertrio Es-Dur, op. 100, D 929

13. August, 19.30 Uhr Mozarteum

Zagreber Solisten

Mitwirkend: Milan Turkovic, Fagott

P. LOCATELLI:	Concerto grosso c-Moll, op. I/2
W. A. MOZART:	Divertimento F-Dur, KV 138
A. VIVALDI:	Konzert für Fagott und Orchester e-Moll, RV 484
H. VILLA-LOBOS:	Ciranda das sete notas für Fagott und Streicher
B. MARTINŮ:	Streichsextett

21. August, 19.30 Uhr Mozarteum[1]

Ensemble Wolfgang Schulz

W. A. MOZART:	Klavierquartett Es-Dur, KV 493
	Flötenquartett C-Dur, KV 285b
	Flötenquartett D-Dur, KV 285
	Flötenquartett A-Dur, KV 298
	Klavierquartett g-Moll, KV 478

25. August, 19.30 Uhr Mozarteum

Bläser der Berliner Philharmoniker

F. SCHUBERT:	Menuett und Allegro aus dem Oktett F-Dur, D 72
H. EDER:	Suite mit Intermezzi für 11 Bläser, op. 71 (Uraufführung)
W. A. MOZART:	Serenade B-Dur, KV 361

LIEDER-MATINEE

15. August, 11 Uhr Kleines Festspielhaus

Gundula Janowitz

Am Flügel: Peter Waters
P. Hindemith: Das Marienleben, op. 27

LIEDERABENDE

31. Juli, 19.30 Uhr Kleines Festspielhaus

Walter Berry

Am Flügel: Erik Werba
Kantate von W. A. Mozart (KV 619), Lieder von L. v. Beethoven, F. Schubert, H. Wolf und J. Brahms

5. August, 19.30 Uhr Großes Festspielhaus

Hermann Prey

Am Flügel: Geoffrey Parsons
Lieder von R. Schumann (u. a. Liederkreis op. 24, Dichterliebe op. 48)

8. August, 19.30 Uhr Großes Festspielhaus

Leontyne Price

Am Flügel: David Garvey
Arien von A. Scarlatti und W. A. Mozart (KV 527/25), Lieder von J. Brahms (Acht Zigeunerlieder, op. 103), S. Rachmaninow, Cl. Debussy, S. Barber und Spirituals

16. August, 20 Uhr Großes Festspielhaus

José Carreras

Am Flügel: Eduardo Müller
Lieder von J. Massenet, G. Fauré, F. P. Tosti, F. Mompou, J. Turina und M. de Falla

18. August, 19.30 Uhr Mozarteum

Lucia Popp

Am Flügel: Geoffrey Parsons
Lieder von S. Prokofieff, Z. Kodály, A. Dvořák (op. 73), G. Mahler und J. Brahms

22. August, 19.30 Uhr Großes Festspielhaus

Christa Ludwig

Am Flügel: Erik Werba
„Meister der Spätromantik"
Lieder von F. Liszt, G. Mahler, H. Wolf und R. Strauss

SOLISTENKONZERTE

7. August, 19.30 Uhr Großes Festspielhaus

Alexis Weissenberg, Klavier

J. HAYDN:	Sonate Es-Dur, Hob. XVI/52
F. LISZT:	Sonate h-Moll
S. RACHMANINOW:	Sonate Nr. 1, d-Moll, op. 28

11. August, 19.30 Uhr Großes Festspielhaus

Christoph Eschenbach, Justus Frantz, Klavier

W. A. MOZART:	Sonate D-Dur, KV 448
F. SCHUBERT:	Fantasie f-Moll, op. 103, D 940
J. BRAHMS:	Sonate f-Moll, op. 34b

15. August, 20 Uhr Großes Festspielhaus

Alfred Brendel, Klavier

J. HAYDN:	Sonate C-Dur, Hob. XVI/50
L. v. BEETHOVEN:	Sonate Es-Dur, op. 27/1
	Sonate cis-Moll, op. 27/2 „Mondschein"
R. SCHUMANN:	Fantasiestücke, op. 12
F. LISZT:	Zwei Franziskus-Legenden

20. August, 19.30 Uhr Großes Festspielhaus

Maurizio Pollini, Klavier

F. CHOPIN:	Polonaise-Fantaisie As-Dur, op. 61
	Drei Mazurken, op. 56
	Sonate h-Moll, op. 58

B. BARTÓK: Im Freien
L. NONO: „. . . sofferte onde serene . . .“ für Klavier und Band

23. August, 20 Uhr Großes Festspielhaus

Vladimir Ashkenazy, Klavier

L. v. BEETHOVEN: Sonate As-Dur, op. 110
Sonate c-Moll, op. 111
F. CHOPIN: Nocturnes, op. 27
Sonate b-Moll, op. 35

KIRCHENKONZERT

7. August, 19 Uhr Erzabteikirche St. Peter[1]

Dirigent: Leopold Hager; Orgel: Oskar Peter
Soli: Lucia Popp, Rohangiz Yachmi, Sopran; William Reeder, Tenor; Robert Holl, Baß
Das Mozarteum-Orchester — Konzertvereinigung Wiener Staatsopernchor

W. A. MOZART: c-Moll-Messe, KV 427

26. August, 11 Uhr Dom zu Salzburg

REQUIEM FÜR KARL BÖHM

geb. 28. August 1894 in Graz, gest. 14. August 1981 in Salzburg

Dirigent: James Levine; Orgel: Oskar Peter
Soli: Lucia Popp, Sopran; Christa Ludwig, Alt; Peter Schreier, Tenor; Walter Berry, Baß
Die Wiener Philharmoniker
Konzertvereinigung Wiener Staatsopernchor

W. A. MOZART: Requiem, KV 626

An die Salzburger Bevölkerung wurden 6396 Einlaßscheine ausgegeben.

Verzeichnis

der Schauspiel-, Opern- und Ballettaufführungen bei den Salzburger Festspielen 1920—1981

SCHAUSPIEL

ALLE REICHTÜMER DER WELT 1965 (Deutsche Erstaufführung) *6x*
ALPENKÖNIG UND DER MENSCHENFEIND, DER 1969 *5x*
AMPHITRYON 1938 *6x*
AM ZIEL 1981 (Uraufführung) *4x*
APOSTELSPIEL, DAS 1925 *2x*
ARLECCHINO SERVITORE DI DUE PADRONI (Der Diener zweier Herren) 1973 (Gastspiel des Piccolo Teatro di Milano) *3x*

BARBIER VON BERRIAC, DER 1921 *1x*
BAUER ALS MILLIONÄR, DER 1961, 1962 *8x*
BÜRGER ALS EDELMANN, DER 1939 *3x*

CENODOXUS 1972 (Uraufführung) *5x*
CLAVIGO 1949 *5x*

DAME KOBOLD 1960 *5x*
DANTONS TOD 1981 *10x*
DIENER ZWEIER HERREN, DER 1926, 1930, 1931, 1946 *17x*
DON JUAN 1955 (Gastspiel des Théâtre National Populaire Paris) *2x*
DONNERSTAG 1959 (Uraufführung) *5x*

EGMONT 1938, 1956 *12x*
EINGEBILDETE KRANKE, DER 1923 *4x*
EMILIA GALOTTI 1957 *5x*

FAST EIN POET 1957 (Deutsche Erstaufführung) *5x*
FAUST (Der Tragödie 1. Teil) 1933 bis 1937, 1961, 1962, 1964, 1965 *44x*
FAUST (Der Tragödie 2. Teil) 1963 bis 1965 *12x*
FIGARO LÄSST SICH SCHEIDEN 1970 *6x*
FRAU DES POTIPHAR, DIE 1947 *5x*

GALOTTI, EMILIA s. EMILIA GALOTTI
G'WISSENSWURM, DER 1943 *5x*

HAMLET 1970 *6x*
HOCHZEIT DES FIGARO, DIE s. TOLLE TAG, DER
HUGHIE 1960 (Deutsche Erstaufführung) *5x*

IGNORANT UND DER WAHNSINNIGE, DER 1972 (Uraufführung) *1x*
IM ZWEIFEL FÜR DEN ANGEKLAGTEN 1976 *3x*
IPHIGENIE AUF TAURIS 1928, 1942, 1943, 1949 *23x*

JEDERMANN 1920, 1921, 1926—1937, 1946—1981 *337x*
JUAREZ UND MAXIMILIAN 1958 *5x*
JULIUS CÄSAR 1953 *4x*
JUX WILL ER SICH MACHEN, EINEN 1942 *7x*

KABALE UND LIEBE 1927, 1930, 1955 *13x*

KÖNIG ÖDIPUS — ÖDIPUS AUF KOLONOS 1965 *4x*

LAZARETTI oder DER SÄBELTIGER 1975 (Uraufführung) *8x*
LEONCE UND LENA 1975, 1976 *11x*
LÜGNER, DER 1952 *5x*
LUMPAZIVAGABUNDUS 1962 *5x*
LUSTIGEN WEIBER VON WINDSOR, DIE 1964 *2x*

MACHT DER GEWOHNHEIT, DIE 1974 (Uraufführung) *5x*
MEERES UND DER LIEBE WELLEN, DES 1948 *5x*
MEINEIDBAUER, DER 1943 *5x*
MENSCHENFEIND, DER 1973 *6x*
MIRAKEL, DAS 1925 *8x*
MISANTHROPE, LE s. MENSCHENFEIND, DER

OSTWIND, DER 1967 (Europäische Erstaufführung) *3x*

PERCHTENSPIEL, DAS 1928 *6x*

RÄUBER, DIE 1928 *10x*

SALZBURGER GROSSE WELTTHEATER, DAS 1922 (Uraufführung), 1925 *19x*
SCHWIERIGE, DER 1931, 1967, 1968 *16x*
SOMMERNACHTSTRAUM, EIN 1927, 1966, 1967 *20x*
SPIEL DER MÄCHTIGEN I, DAS 1973, 1974 *10x*
SPIEL DER MÄCHTIGEN II, DAS 1973, 1974 *10x*
SPIEL UM JOB 1958 (Deutsche Erstaufführung) *5x*
STELLA 1931 *3x*
STURM, DER 1968 *7x*

TALISMAN, DER 1976, 1978—1980 *30x*
TARTUFFE 1960 *5x*
TOD EINES JÄGERS 1977 (Uraufführung) *4x*
TOLLE TAG, DER oder DIE HOCHZEIT DES FIGARO 1978 *8x*
TOR UND DER TOD, DER 1945 *3x*
TRÄUME VON SCHALE UND KERN, DIE 1952 *6x*
TURANDOT 1926 *7x*
TURM, DER 1959 *3x*

UNBESTECHLICHE, DER 1971 *6x*

VERSCHWENDER, DER 1950 *8x*
VICTORIA 1930 *6x*
VIEL LÄRM UM NICHTS 1939, 1941 *10x*

WARTEN AUF GODOT 1970 *4x*
WAS IHR WOLLT 1950, 1972—1974 *28x*
WEITE LAND, DAS 1979, 1980 *14x*
WIE ES EUCH GEFÄLLT 1951, 1980, 1981 *20x*

ZERBROCHENE KRUG, DER 1951 *6x*
ZUM GROSSEN WURSTEL 1970 *6x*

OPER

ÄGYPTISCHE HELENA, DIE 1933 (Uraufführung der neuen Wiener Fassung), 1934 *3x*
AIDA 1979, 1980 *12x*
ANTIGONAE 1949 (Uraufführung) *4x*
ARABELLA 1942, 1943, 1947, 1958 *21x*
ARIADNE AUF NAXOS 1926, 1954, 1955, 1964, 1965, 1979—1981 *37x*
ASCANIO IN ALBA 1967 *6x*

BAAL 1981 (Uraufführung) *3x*
BARBIERE DI SIVIGLIA, IL 1931 (Stagione d'Opera Italiana), 1939, 1968, 1969 *16x*
BARBIER VON SEVILLA, DER s. BARBIERE DI SIVIGLIA, IL
BASSARIDEN, DIE 1966 (Uraufführung) *3x*
BASTIEN UND BASTIENNE 1921 (Planung), 1928 (Gastspiel des Leningrader Opernstudios), 1969, 1970 *13x*
BERGWERK ZU FALUN, DAS 1961 (Uraufführung) *3x*
BOCCANEGRA, SIMONE s. SIMONE BOCCANEGRA
BORIS GODUNOW 1965—1967 *14x*

CAPRICCIO 1950 *4x*
CARMEN 1966, 1967 *10x*
CORREGIDOR, DER 1936 *2x*
COSI FAN TUTTE 1922, 1928, 1931 bis 1936, 1947, 1953, 1954, 1956—1965, 1969, 1970, 1972—1977 *112x*

DANTONS TOD 1947 (Uraufführung) *5x*
DE TEMPORUM FINE COMOEDIA 1973 (Uraufführung) *3x*
DON CARLOS 1958, 1960, 1975—1978 *30x*
DON GIOVANNI s. DON JUAN
DON JUAN 1922, 1925—1927, 1929 bis 1931, 1934—1939, 1941, 1946, 1950, 1953, 1954, 1956, 1960, 1961, 1968 bis 1970, 1977, 1978 *108x*
DON PASQUALE 1925, 1930, 1931 (Stagione d'Opera Italiana), 1952, 1971, 1972 *23x*

ELEKTRA 1934, 1937, 1957, 1964, 1965 *13x*
ENTFÜHRUNG AUS DEM SERAIL, DIE 1922, 1926, 1931, 1932, 1935, 1939, 1945, 1948, 1955—1957, 1961—1963, 1965—1967, 1970—1975, 1980, 1981 *110x*
EURYANTHE 1937 *2x*

FALSTAFF 1935—1939, 1957, 1981 *27x*
FIDELIO 1927—1938, 1948—1950, 1957, 1958, 1968—1970 *69x*
FIGARO s. HOCHZEIT DES FIGARO, DIE
FINTA SEMPLICE, LA 1960 *4x*
FLEDERMAUS, DIE 1926 *5x*
FRAU OHNE SCHATTEN, DIE 1932, 1933, 1974, 1975 *13x*
FREISCHÜTZ, DER 1939, 1954 *9x*

GÄRTNERIN AUS LIEBE, DIE 1965, 1966 *12x*
GIOVANNI, DON s. DON JUAN
GODUNOW, BORIS s. BORIS GODUNOW

HERZOG BLAUBARTS BURG Konzertante Aufführung 4. 8. 1978
HOCHZEIT DES FIGARO, DIE 1922, 1925, 1927, 1930—1939, 1941, 1942, 1946—1948, 1952, 1953, 1956—1958, 1960, 1962—1964, 1966—1968, 1970 bis 1976, 1979, 1980 *158x*
HOFFMANNS ERZÄHLUNGEN 1980, 1981 *12x*
HÖHLE VON SALAMANCA, DIE 1928 (Gastspiel des Leningrader Opernstudios) *3x*

IDOMENEO 1951, 1956, 1961, 1962, 1973, 1976 *25x*
IPHIGENIE IN AULIS 1930, 1962, 1963 *11x*
IRISCHE LEGENDE 1955 (Uraufführung) *4x*

JEANNE D'ARC AU BÛCHER Konzertante Aufführung 6. 8. 1977
JULIETTA 1959 (Uraufführung) *3x*

KARL V. Konzertante Aufführung 14. 8. 1980

LIEBE DER DANAE, DIE 1944 (öffentliche Generalprobe), 1952 (Uraufführung) *4x*
LUCIO SILLA 1964 *5x*

MACBETH 1964, 1965 *8x*
MATRIMONIO SEGRETO, IL (Die heimliche Ehe) 1931 (Stagione d'Opera Italiana) *2x*
MEISTERSINGER VON NÜRNBERG, DIE 1936—1938 *11x*
MITRIDATE 1971 *5x*
MYSTERIUM VON DER GEBURT DES HERRN 1960 (Szenische Uraufführung) *3x*

NOZZE DI FIGARO, LE s. HOCHZEIT DES FIGARO, DIE

OBERON 1932—1934 *8x*
L'ORFEO 1971 *6x*
ORPHEUS UND EURYDIKE 1931—1933, 1936, 1937, 1948, 1949, 1959 *26x*
OTHELLO 1951, 1952, 1970—1972 *24x*

PALESTRINA 1955 *4x*
PENELOPE 1954 (Uraufführung) *4x*
PROZESS, DER 1953 (Uraufführung) *4x*

RAPPRESENTATIONE DI ANIMA E DI CORPO 1968—1973 *29x*
RAUB DER LUKREZIA, DER 1950 *4x*
ROMEO UND JULIA (Blacher) 1950 *4x*
ROSENKAVALIER, DER 1929—1935, 1937—1939, 1941, 1946, 1949, 1953, 1960, 1961, 1963, 1964, 1969, 1978, 1979 *91x*

SALOME 1977, 1978 *8x*
SANT'ALESSIO, IL 1977, 1978 *11x*
SCHULE DER FRAUEN, DIE 1957 (Uraufführung deutsche Fassung) *3x*
SCHWEIGSAME FRAU, DIE 1959 *5x*
SERVA PADRONA, LA 1926, 1969, 1970 *14x*
SIEBEN TODSÜNDEN DER KLEINBÜRGER, DIE Konzertante Aufführung 13. 8. 1980
SILLA, LUCIO s. LUCIO SILLA
SIMONE BOCCANEGRA 1961 *4x*
STEINERNE GAST, DER 1928 (Gastspiel des Leningrader Opernstudios) *2x*

TANNHÄUSER 1938 *4x*
TITUS 1949, 1976, 1977, 1979 *19x*
TRISTAN UND ISOLDE 1933—1936 *8x*
TROUBADOUR, DER 1962, 1963 *10x*

UNSTERBLICHE KASCHTSCHEY, DER 1928 (Gastspiel des Leningrader Opernstudios *2x*

VANESSA 1958 *3x*

WELT AUF DEM MONDE, DIE 1959 *4x*
WOZZECK 1951, 1971, 1972 *11x*

ZAIDE 1968 *5x*
ZAUBERFLÖTE, DIE 1928, 1931—1933, 1937, 1941, 1943, 1949—1952, 1955, 1956, 1959, 1960, 1963, 1964, 1967, 1968, 1970, 1974, 1978—1981 *113x*
ZAUBER(FLÖTEN)-REICH THEATER 1980 *1x*
ZAUBERTRANK, DER 1948 *4x*

BALLETT

ADAGE DE LA FÉE DES ROSES 1958 *1x*
AFTERNOON OF A FAUN s. PRÉLUDE À L'APRÈS-MIDI D'UN FAUNE
AMANECER EN EL PARQUA 1960 *2x*
APOLLO 1965 *1x*
ARAGON 1966 *1x*

BALLETT-SUITE 1966 *1x*
BOTILLERIA DE LOS FAROLES 1960 *2x*
BOURÉE FANTASQUE 1956 *2x*
BROADWAY 1925 (Generalprobe)
BUGAKU 1965 *2x*

CAFE FLAMENCO 1960 *2x*
CAPRICES DE CUPIDON, LES 1953 *1x*
CHARCO DE LA PAVA, EL 1966 *1x*
CIEGO, EL 1960 *2x*
CLASICA Y GITANA 1966 *1x*
CONCERT, THE 1959 *4x*
CRÉATURES DE PROMÉTHÉE, LES (Prologue) 1953 *1x*
CYGNE NOIR, LE 1958 *2x*

DANSE DES MORTS, LA 1954 (Österreichische Erstaufführung), 1955 *8x*
DANZAS FANTASTICAS 1966 *1x*
DIAGRAMME 1958 *2x*
DIVERTIMENTO B-DUR, KV 287 1956 *2x*
DON JUAN (Gluck) 1926 *4x*

EPISODES 1965 *2x*
ESPAÑA 1966 *1x*
EXPANSION-TRANSFORMATION 1968 *2x*

FANFARE 1956 *1x*
FLAMENCOS DE SANTA MARIA 1966 *1x*
FRAGMENT 1968 *2x*

GAITÉ PARISIENNE 1958 *2x*
GIARA, LA 1954 *4x*
GIGANTES Y CABEZUDOS 1960 *2x*
GITANOS DE LA ALPUJARRA 1960 *2x*
GRÜNE FLÖTE, DIE 1925 *3x*
GRÜNE TISCH, DER 1968 *2x*

L'HÉROS ET SON MIROIR 1964 *1x*

IBERICA 1966 *1x*
IKARUS 1968 *1x*

JOSEPHSLEGENDE 1964 1x
JOTA NAVARRA 1966 *1x*
JUNGLE 1963 *1x*
JÜNGSTE GERICHT, DAS 1931 (Uraufführung), 1932 *3x*

KÄFIG, DER 1956 *1x*

LAC DES CYGNES, LE s. SCHWANENSEE
LEBEN HÄNGT AN EINEM FADEN, DAS 1925 *3x*
LUNA DE SANGRE 1960 *2x*

MANDARIN, DER WUNDERBARE s. WUNDERBARE MANDARIN, DER
MIRAGES, LES 1953 *1x*
MONUMENTUM PRO GESUALDO 1965 *2x*
MOVEMENTS FOR PIANO AND ORCHESTRA 1965 *2x*
MOVES 1959 *4x*

NACHMITTAG EINES FAUNS s. PRÉLUDE À L'APRÈS-MIDI D'UN FAUNE
NOCES, LES 1962 *3x*
NOCTURNO FLAMENCO 1960 *2x*
NOIR ET BLANC 1958 *2x*
N. Y. EXPORT, OP. JAZZ 1959 *4x*

PALAIS DE CRISTAL, LE s. SYMPHONIE IN C
PANDEIRADA DE SANTIAGO 1960 *2x*
PASO CLASICO ESPAÑOL 1966 *1x*
PERSEPHONE (Kupferman) 1963 *1x*
PERSEPHONE (Strawinsky) 1955 *4x*
PETITS RIENS, LES KV 299b 1926 *4x*
PETRUSCHKA 1963 *1x*
PHASEN 1968 *3x*
PHÈDRE 1953 *1x*

POLO 1960 *2x*
POLO GITANO 1966 *1x*
POLOWETZER TÄNZE 1964 *1x*
PRÉLUDE À L'APRÈS-MIDI D'UN FAUNE 1953, 1956, 1959 *7x*
PRISONNIER DU CAUCASE, LE 1958, 1963 *3x*

RECUEIL 1968 *1x*
ROMANCE CORDOBES 1960 *2x*
ROMEO UND JULIA (Prokofieff) 1964 *1x*
RONDA HUERTANA 1960 *2x*

SACRE DU PRINTEMPS, LE 1962 *3x*
SALZBURGER DIVERTIMENTO 1954 (Erstaufführung) *4x*
SCHATTEN 1963 *1x*
SCHWANENSEE (2. Akt) 1956, 1958 *4x*
SERENADE 1963, 1965 *4x*
SHIRAH 1963 *1x*
SINFONIA SEVILLANA 1960 *2x*
SOMNAMBULE, LA 1958 *2x*
SONGS OF ENCOUNTER 1968 *1x*
SPIEGELBILD 1925 *3x*
STRUKTUR 1968 *1x*
SUITE DE DANSES 1953 *1x*
SUITE EN BLANC 1953, 1963 *2x*
SYLVIA (Pas de deux) 1956 *1x*
SYMPHONIE IN C 1953, 1963, 1965 *4x*

TANZABENDE 1921, 1927, 1928, 1941 *9x*
TARANTELLA 1965 *2x*
TARASIANA 1958 *1x*
TRIGALES DE TREBUJENA 1960 *2x*

VALSE, LA 1965 *2x*
VERDIALES 1966 *1x*
VIER TEMPERAMENTE, DIE 1963 *1x*

WESTERN SYMPHONY 1956 *1x*
WUNDERBARE MANDARIN, DER 1963 *1x*

ZAPATEADO 1966 *1x*

Namenregister

der Künstler des Theaters und der Musik bei den Salzburger Festspielen 1920—1981

Bibliographie

Schriften über die Salzburger Festspiele

BECKER, PAUL: Clemens Holzmeister und Salzburg, Residenz Verlag, Salzburg 1966
BEER, OTTO F.: Kleines Salzburger Festspielbuch, Universal Edition, Wien 1947
DUNN, LADY: Die Zauberflöte. Eine Geschichte aus Salzburg, Selbstverlag, Wien 1948
HADAMOWSKY, FRANZ: Reinhardt und Salzburg, Residenz Verlag, Salzburg 1963
HADAMOWSKY, FRANZ: Richard Strauss und Salzburg, Residenz Verlag, Salzburg 1964
HIGGS, IMMA / FABRIS, HANS HEINZ: Festspielkritik und Festspielkritiker, Salzburg 1971
HOFMANNSTHAL, HUGO VON: Festspiele in Salzburg, S. Fischer Verlag, Wien 1952
HOLL, OSKAR: Dokumente zur Entstehung der Salzburger Festspiele, in: Maske und Kothurn, 13. Jg., Heft 2/3, Verlag Böhlau, Graz 1967; Nachdruck im Wiener Figaro (Mitteilungsblatt der Mozartgemeinde Wien, 36. Jg., Mai 1968)
IONESCO, EUGÈNE: Discours d'ouverture du Festival de Salzbourg, 1972. F. Wotruba 6 Original-Radierungen. Erker-Presse, St. Gallen 1973—1974
IONESCO, EUGÈNE: Verkleinerte Wiedergabe der bibliophilen Ausgabe von 1973—1974, Erker Verlag, St. Gallen 1976
KAINDL-HÖNIG, MAX (Hrsg.): Resonanz. 50 Jahre Kritik der Salzburger Festspiele. SN-Verlag, Salzburg 1971
KAUT, JOSEF: Festspiele in Salzburg, Residenz Verlag, Salzburg 1965
Festspiele in Salzburg, Residenz Verlag, Salzburg 1969
Festspiele in Salzburg, DTV Verlag, München 1970
Die Salzburger Festspiele, Bilder eines Welttheaters, Residenz Verlag, Salzburg 1973
50 Jahre Salzburger Festspiele, Österreichischer Bundespressedienst, Wien 1970
Die Salzburger Festspiele und ihr Umfeld, Salzburg Dokumentationen Nr. 38, Landespressebüro, Salzburg 1979
KERBER, ERWIN: Ewiges Theater, Salzburg und seine Festspiele, Piper Verlag, München 1935
KOKOSCHKA, OSKAR: Entwürfe für die Gesamtausstattung zu W. A. Mozarts „Zauberflöte", Salzburger Festspiele 1955—1956, Galerie Welz, Salzburg 1956
KOLB, ANNETTE: Festspieltage in Salzburg und Abschied von Österreich, Verlag Allert de Lange, Amsterdam 1950
KUTSCHER, ARTUR: Vom Salzburger Barocktheater zu den Salzburger Festspielen, Pflugschar Verlag, Düsseldorf 1939
LEISLER, EDDA / GISELA PROSSNITZ: Max Reinhardts „Faust"-Inszenierung in Salzburg 1933—1937, in: Maske und Kothurn, 16. Jg., Heft 2, Verlag Böhlau, Graz 1970
LORENZ, ADALBERT: Hinter den Kulissen. Die Salzburger Festspiele, Eigenverlag d. Autors, Salzburg 1981
MAGUIRE, JAN: The Festival Salzburg, Manuskript 1971
MARSOP, PAUL: Auf dem Wege zum Salzburger Festspielhaus, Verlag Salzburger Festspielhaus-Gemeinde 1920
PIRKER, MAX: Die Salzburger Festspiele, Amalthea-Verlag, Zürich, Leipzig, Wien 1921
PRAXMARER, KONRAD: Salzburg und der deutsche Festspielgedanke, Verlag Wilhelm Braumüller, Wien 1937
SCHNEDITZ, WOLFGANG: Das Buch von den Salzburger Festspielen, Johann Schönleitner Verlag, Linz, Wien, München 1948
Salzburger Festspielbuch, Bergland-Verlag, Salzburg 1952
Salzburger Festspielbuch, Bergland-Verlag, Salzburg 1958
SCHUH, OSCAR FRITZ: Salzburger Dramaturgie 1951, Universal-Edition, Wien 1951
Salzburger Dramaturgie, SN-Verlag, Salzburg 1969
STEFAN, PAUL: Das war der letzte Sommer, Luckmann Verlag, Wien 1946
STEINHART, ANTON: Aus der Festspielmappe, Galerie Welz, Salzburg 1960
Symphonie einer Stadt, Festliches Salzburg 1946, Festungsverlag, Salzburg 1946
TENSCHERT, ROLAND: Salzburg und seine Festspiele, Österr. Bundesverlag, Wien 1947
THOMASBERGER, ROLF: Die Salzburger Szene, Bergland-Verlag, Salzburg 1977
THÜR, HANS / CARL POSPESCH: Salzburg and its Festival, Verlag Wilhelm Anderman, München 1961

ALMANACHE

Salzburger Festspielalmanach 1925, hrsg. v. Karl Pawel, Verlag Salzburger Festspielhaus-Gemeinde 1925
Salzburger Festspielführer 1928—1934, Verlag Salzburger Festspielhaus-Gemeinde
Salzburger Festspiele, Offizieller Führer 1935—1937, Verlag Österreichisches Propagandabüro, Salzburg
Salzburger Festspiele 1938, Festschrift, Hrsg. Gebr. Mann, Berlin
Almanach der Festspiele 1942, hrsg. v. d. Generalintendanz der Salzburger Festspiele
Festival Almanac 1945, Verlag Anton Pustet, Salzburg
Salzburger Festspiele, Offizieller Führer 1947—1949, Hrsg. Österreichisches Propagandabüro, Salzburg
Salzburger Festspiele, Festspielführer 1950, 1951, Hrsg. Österreichisches Propagandabüro, Salzburg
Salzburger Festspiele, Offizieller Almanach 1952—1963, Pallas Verlag, Salzburg
Salzburger Festspiele, Offizielles Programm 1964—1966, mit Bildband der Mitwirkenden, hrsg. v. Pressebüro der Salzburger Festspiele
Salzburger Festspiele, Offizielles Programm 1967—1981, Residenz Verlag, Salzburg

AUSSTELLUNGSKATALOGE

1959 Hugo von Hofmannsthal. Bearb. Franz Hadamowsky, Kulturreferat d. Salzburger Landesregierung
1960 Die Salzburger Festspiele, ihre Vorgeschichte und Entwicklung 1942—1960. Hrsg. Franz Hadamowsky / Géza Rech. Internationale Stiftung Mozarteum
1961 Os Festivais de Salzburgo de 1945 a 1960 e o novo Teatro VI. Biennale des Museums für moderne Kunst São Paulo
1963 Reinhardt und Salzburg. Red. Franz Hadamowsky. Residenz Verlag Salzburg
1964 Richard Strauss und Salzburg. Bearb. Franz Grasberger u. a. Salzburger Festspielfonds
1965 Caspar Neher und Salzburg. Bearb. Franz Hadamowsky. Salzburger Festspielfonds
1966 Clemens Holzmeister und Salzburg. Bearb. Franz Hadamowsky. Salzburger Festspielfonds
1967 Max-Reinhardt-Ausstellung. Bearb. Otto G. Schindler
1968/69 Max-Reinhardt-Ausstellung. Bearb. Gisela Prossnitz
1970 50 Jahre Salzburger Festspiele. Bearb. Franz Hadamowsky / Werner Rainer. Salzburger Festspielfonds

1970 Max Reinhardt und die Welt der Commedia dell'arte
1972 Bühnenbild und Raumgestaltung in den Inszenierungen Max Reinhardts
1974 Hugo von Hofmannsthal auf dem Theater seiner Zeit
1975 Von Reinhardt bis Strehler — Das Schauspiel der Salzburger Festspiele
1976 Max Reinhardt in Europa und Amerika
1977 Die Thimigs, ihr Leben für das Theater
1977 100 Jahre Wiener Philharmoniker in Salzburg. Hrsg. Otto Biba. Internationale Stiftung Mozarteum
1978 Herbert von Karajan in Salzburg
1978 Jedermann in Europa — Vom Mittelalter bis zur Gegenwart
1979 Vom Salzburger Hanswurst zum Welterfolg der „Zauberflöte"
1980 Salzburg, die Stadt als Szene

Kataloge 1970—1980. Bearb. Edda Fuhrich-Leisler / Gisela Prossnitz. Max-Reinhardt-Forschungs- und Gedenkstätte Salzburg. Eigenverlag

DISSERTATIONEN

BÄCK, HELGA: Entwicklungsgeschichte des Salzburger Freilichttheaters. — Phil. Diss., Wien 1965
BRAULICH, HEINRICH: Max Reinhardts Weg zum Massentheater der Arena und zu den Salzburger Festspielen. — Phil. Diss., Berlin 1957
FISCHER, HANS CONRAD: Die Idee der Salzburger Festspiele und ihre Verwirklichung. — Phil. Diss., München 1954
KAHOFER, GERTRUDE: Hugo von Hofmannsthals Beziehungen zu den Vorlagen seiner Werke „Jedermann", „Das Salzburger große Welttheater", „Der Turm". — Phil. Diss., Wien 1950
LETZ, GUDRUN: Die Mozart-Inszenierungen bei den Salzburger Festspielen. — Phil. Diss., Wien 1963
TÜNKL, HEINZ: Goethe und Salzburg unter besonderer Berücksichtigung des Theaters und der Festspiele. — Phil. Diss., Wien 1953
ZABRSA, ERIKA: Die Opern von Richard Strauss bei den Salzburger Festspielen. — Phil. Diss., Wien 1963

FESTSPIELHAUS — FESTSPIELBEZIRK

Das Mozart-Festspielhaus in Salzburg, Selbstverlag des Actions-Comités 1890
Der Umbau der Reitschule, Hrsg. Salzburger Festspielhaus-Gemeinde o. J. (ca. 1925)
KAI MÜHLMANN: Das Salzburger Festspielhaus. Verlag Salzburger Festspielhaus-Gemeinde o. J. (ca. 1926)
RUDOLF HOLZER: Das Salzburger Festspielhaus. Verlag Salzburger Festspielhaus-Gemeinde o. J. (ca. 1926)
Das Festspielhaus in Salzburg. Führer durch das Salzburger Festspielhaus. Hrsg. Salzburger Festspielhaus-Gemeinde 1934 (Neuauflagen: 1936, 1938 1. Ausgabe, 1938 spätere Ausgabe mit Dekorationen zu „Egmont")
Festspielhaus Salzburg — Umbau 1939. Herausgegeben zur Eröffnung des Hauses nach erfolgtem Umbau am 1. August 1939
JOSEF KLAUS: Das neue Salzburger Festspielhaus. Zur Eröffnung am Dienstag, dem 26. Juli 1960. Eigenverlag des Landespressedienstes Salzburg
Das neue Salzburger Festspielhaus. Residenz Verlag, Salzburg 1960
WALTER HUMMEL: Der Salzburger Festspielbezirk — Führer durch das alte und das neue Festspielhaus. Hrsg. Salzburger Festspiele 1961
FRIEDEMANN HELD / HANS WIDRICH: Der Salzburger Festspielbezirk. Hrsg. v. Pressebüro der Salzburger Festspiele, 1976
FRIEDEMANN HELD / HANS WIDRICH: Der Festspielbezirk in Salzburg. Hrsg. v. Pressebüro der Salzburger Festspiele, 1981

REDEN ZUR ERÖFFNUNG DER SALZBURGER FESTSPIELE

1964 Salvador de Madariaga: Lob Salzburgs
1965 Gabriel Marcel: Die Musik als Heimat der Seele
1966 Clemens Holzmeister: Das Bauwerk der Salzburger Festspiele
1967 Bernhard Paumgartner: Die Aufgabe Salzburgs
1968 Wystan Hugh Auden: Worte und Noten
1969 Pietro Quaroni: Festspiele und Massenmedien
1970 Carl Zuckmayer: Über die musische Bestimmung des Menschen
1971 Helmuth Plessner: Das Geheimnis des Schauspielers
1972 Eugène Ionesco: Die bedrohte Kultur
1973 Giorgio Strehler: Max Reinhardt und Heute
1974 Oscar Fritz Schuh: Zum 100. Geburtstag Hugo von Hofmannsthals
1975 Carl Friedrich von Weizsäcker: Die geheimnisvolle Wirklichkeit des Schönen
1976 Heinz Politzer: Musikerlöste Dämonie
1977 Leopold Sédar Senghor: Österreich als Ausdruck der Weltkultur
1978 Josef Klaus: Salzburger Weltoffenheit
1979 Karl Popper: Schöpferische Selbstkritik in Wissenschaft und Kunst
1980 Wolfgang Hildesheimer: Was sagt Musik aus?
1981 Hans Georg Gadamer: Das Alte und das Neue

1964—1970 Festungsverlag Salzburg (Sonderdruck hrsg. v. Max Kaindl-Hönig)
1971—1974 Residenz Verlag, Salzburg (Offizielles Programm)
1975 SN-Verlag, Salzburg (Sonderdruck)
1976—1981 Residenz Verlag, Salzburg (Offizielles Programm)

1972 auch Verlag Kurt Desch, München (Sonderdruck)
1977 auch Präsidialbüro der Salzburger Landesregierung (Sonderdruck)
1978 auch in Salzburg Dokumentationen Nr. 29, Landespressebüro Salzburg

SALZBURGER FESTSPIELHAUS-GEMEINDE

Satzungen des Vereines, Wien, 14. Juni 1917
Rechenschaftsbericht der Leitung des Zweigvereines Salzburg für das erster Vereinsjahr 1917/18, Salzburg 1918
Jahresbericht der Leitung für das erste Vereinsjahr 1917/18, Wien 1918
Jahresbericht der Direktion für das zweite Vereinsjahr 1918/19, Wien 1919
Kundgebungen zur Errichtung des deutschösterreichischen Festspielhauses in Salzburg, Wien 1919
HOLZER, RUDOLF: Das Theater als Fest, Rede anläßlich der feierlichen Grundsteinlegung für das Festspielhaus in Hellbrunn, Salzburg, 19. 8. 1922
Mitteilungen der Salzburger Festspielhaus-Gemeinde, 1918/VII—1922/XII, Eigenverlag
Salzburg als Festspielstadt, Festschrift der Salzburger Festspielhaus-Gemeinde 1921, Verlag Moderne Welt, Wien 1921
Salzburger Festspiele 1922 — Denkschrift der Salzburger Festspielhaus-Gemeinde, hrsg. v. Max Graf, Musikalischer Kurier, Wien 1922

SALZBURGER FESTSPIELE ALS WIRTSCHAFTSFAKTOR

GRUBINGER, BERND / RICHARD SCHMIDJELL / GERHARD SCHMIDT: Auswirkungen der Salzburger Festspiele auf Wirtschaft und Arbeitsmarkt. Salzburg Dokumentationen Nr. 54, Landespressebüro, Salzburg 1981

KARTENBÜRO DER SALZBURGER FESTSPIELE: Fragebogenauswertung, November 1970

KETTL, HANS / ELFRIEDE KARL: Die Salzburger Festspiele als Wirtschaftsfaktor, Salzburger Journal 1966

KOLATOR, FRANZ: Die Finanzierung der Salzburger Festspiele, Vortrag im Institut f. Finanzwissenschaft, Universität Innsbruck 1974

KOLATOR, FRANZ: Das Management der Salzburger Festspiele. Wirtschaftspolitische Blätter 6/1980, Bundeskammer der gewerblichen Wirtschaft

MORTIMER, ELIZABETH: Sind die Sommerfestspiele ein bedeutender Wirtschaftsfaktor? Diplomarbeit, University of Surrey/Guildford, England 1975

ZEITSCHRIFTEN

Alpenjournal — Salzburger Festspiele 1946—1966 (seit 1962 Salzburger Journal), Festungsverlag bis incl. 1955, Residenz Verlag ab 1957, beide Salzburg

Blätter der Salzburger Festspiele, Heft 1 und 2, Hrsg. Direktion der Salzburger Festspiele, Pallas Verlag, Salzburg 1951

Die Blätter der Freunde der Salzburger Festspiele 1963—1972, Hrsg. Verein der Freunde der Salzburger Festspiele

Salzburger Festspiele Informationen 1973—1982, Hrsg. Pressebüro der Salzburger Festspiele und Verein der Freunde der Salzburger Festspiele

Salzburger Illustrierte Nr. 1—10, Hrsg. Bilder-Zeitung Ges. m. b. H., Salzburg/Wien 1936

Salzburger Wochenschau für Österreich — Festspiele 1946 (Offizielle Festspielausgabe, Heft 21/22, 22/23), Verlag Salzburger Wochenschau, Unterach/Attersee

Salzburger Wochenschau für Österreich — Festspiele 1947, II. Jg., Heft 18, Verlag Salzburger Wochenschau, Salzburg

The Salzburg Festival weekly Vol. I, Press Office, Salzburg Festival, August 19, 1929; Vol. II. No. 1, Fremdenverkehrsverein der Stadt Salzburg, August 7, 1931

Literaturauswahl zu den Salzburger Festspielen

BIBA, OTTO: Die Unvergleichlichen. Die Wiener Philharmoniker und Salzburg. Verlag Herder, Wien 1977

BÖHM, KARL: Ich erinnere mich ganz genau. Autobiographie. Diogenes Verlag, Zürich 1968

BURGHAUSER, HUGO: „Philharmonische Begegnungen". Atlantis Verlag, Zürich/Freiburg 1980

COOPER, LADY DIANA: Memoiren, aus dem Englischen von Maria Wolff. Insel Verlag, Frankfurt 1962

DERMOTA, ANTON: Tausendundein Abend. Paul Neff Verlag, Wien 1978

EUROPÄISCHE MUSIKFESTSPIELE, hrsg. v. d. Europäischen Vereinigung der Musikfestspiele. Atlantis Verlag, Zürich 1977

FUHRMANN, FRANZ: Anton Faistauer 1887—1930. Residenz Verlag, Salzburg 1972

FURTWÄNGLER, WILHELM: Briefe, hrsg. v. Frank Thiess. F. A. Brockhaus, Wiesbaden 1964

GRAF, HERBERT: Aus der Welt der Oper. Atlantis Verlag, Zürich

HAEUSSERMAN, ERNST: Herbert von Karajan, Biographie. C. Bertelsmann Verlag, Gütersloh 1968

HAEUSSERMAN, ERNST: Herbert von Karajan. Verlag Fritz Molden, Wien 1978

HARTMANN, DOMINIK: Gottfried von Einem. Verlag Lafite, Wien 1967

HLAWA, STEFAN und sein szenisches Werk 1931—1956. Hrsg. Franz Hadamowsky, Österreichische Nationalbibliothek, Wien 1956

HLAWA, STEFAN: 40 Jahre Bühnenbild in Österreich. Hrsg. Josef Mayerhöfer, Österreichische Nationalbibliothek, Wien 1974

HÖCKER, KARLA: Wilhelm Furtwängler, Begegnungen und Gespräche. Rembrandt Verlag, Berlin 1961

HOLZMEISTER, CLEMENS: Das architektonische Werk. Hrsg. Joseph Gregor, I. Werk für das Theater. Österreichische Staatsdruckerei, Wien 1953

HOLZMEISTER, CLEMENS: Architekt in der Zeitenwende. Verlag Das Berglandbuch, Salzburg 1976

HOYER, HERBERT: Herbert von Karajans Beitrag zum institutionellen und szenischen Erscheinungsbild der Oper. — Grund- und integralwiss. Diss., Wien 1980

KENDE, GÖTZ KLAUS: Clemens Krauss. Residenz Verlag, Salzburg 1971

KITZWEGERER, LISELOTTE: Alfred Roller als Bühnenbildner. — Phil. Diss., Wien 1959

KLAUS, JOSEF: Salzburger Landeshauptmann der Aufbaujahre nach dem Zweiten Weltkrieg. Hrsg. Eberhard Zwink. Salzburg Dokumentationen Nr. 29, Landespressebüro, Salzburg 1978

KOLB, ANNETTE: 1907—1964 Zeitbilder. S. Fischer Verlag, Frankfurt a. M. 1964

KUNZ, OTTO: Richard Mayr. Verlag Das Berglandbuch, Salzburg 1933

LIEBSTOECKL, HANS: Von Sonntag auf Montag, ausgewählte Theaterfeuilletons. Renaissance Verlag, Wien 1923

LÖBL, KARL: Das Wunder Karajan. Hestia Verlag, Bayreuth 1965

LÖBL, KARL: Das Wunder Karajan. Heyne Verlag, München 1978

LOTHAR, ERNST: Das Wunder des Überlebens, Erinnerungen und Ergebnisse. Paul Zsolnay Verlag, Wien 1960

LOTHAR, ERNST: Die bessere Welt, Reden und Schriften. Paul Zsolnay Verlag, Wien 1955

LUTTEROTTI, OTTO R. VON: Hans Pontiller. Tyrolia Verlag, Innsbruck 1971

NEHER, CASPAR: Hrsg. v. Gottfried von Einem / Siegfried Melchinger. Friedrich Verlag, Velber 1966

NIEDERMOSER, OTTO: Oskar Strnad 1879—1935. Bergland Verlag, Wien 1965

OTTO, TEO: Der Bühnenbildner. Inszenierungen in Österreich. Hrsg. Josef Mayerhöfer, Verlag Galerie Welz, Salzburg 1977

PAUMGARTNER, BERNHARD: Salzburg. Residenz Verlag, Salzburg 1966

PAUMGARTNER, BERNHARD: Erinnerungen. Residenz Verlag, Salzburg 1969

PAUMGARTNER, BERNHARD: Festschrift. Hrsg. Eberhard Preussner, Atlantis Verlag, Zürich 1957

QUADFLIEG, WILL: Wir spielen immer, Erinnerungen. S. Fischer Verlag, Frankfurt a. M. 1976

RENNERT, GÜNTHER: Opernarbeit Inszenierungen 1963—1973. DTV, München 1974

ROBINSON, PAUL: Herbert von Karajan. Albert Müller Verlag, Zürich 1981

ROESSLER, ARTHUR: Der Maler Anton Faistauer. Volksbuchverlag, Wien 1947
ROHRMOSER, ALBIN: Der Kulturpolitiker Franz Rehrl. Sonderdruck aus Franz Rehrl, Landeshauptmann von Salzburg 1922—1938. SN-Verlag, Salzburg 1975
Alfred Roller — Gedächtnis-Ausstellung. Landesmuseum Troppau, Mai 1939
SACHS, HARVEY: Toscanini. Piper Verlag, München 1980
SALZBURGER JAHR, DAS 1958/59—1981/82. Eine Kulturchronik. Residenz Verlag, Salzburg
SCHNEIDER, CONSTANTIN: Geschichte der Musik in Salzburg. Verlag R. Kiesel, Salzburg 1935
SCHNEIDER-SIEMSSEN, G.: 30 Jahre Bühnenschaffen. Hrsg. Josef Mayerhöfer, Verlag Wolfgang Neugebauer, Salzburg 1977
STOKLASKA, JULIANE: Oskar Strnad. Phil. Diss., Wien 1959
WALLMANN, MARGARITA: Les balcons du ciel. Éditions Robert Laffont, Paris 1976
WALTER, BRUNO: Thema und Variationen. S. Fischer Verlag, Frankfurt a. M. 1967
WEIGEL, HANS: Das Buch der Wiener Philharmoniker. Residenz Verlag, Salzburg 1967
WESSELING, W. BERNDT: Lotte Lehmann . . . mehr als eine Sängerin. Residenz Verlag, Salzburg 1969
WURM, ERNST: Helene Thimig. Österreichischer Bundesverlag, Wien 1969
ZUCKERKANDL, BERTHA: Österreich intim. Hrsg. Reinhard Federmann. Propyläen Verlag, Frankfurt a. M. 1970
ZUCKMAYER, CARL: Als wär's ein Stück von mir, Erinnerungen. S. Fischer Verlag, Frankfurt a. M. 1966
ZWEIG, STEFAN: Die Welt von gestern, Erinnerungen eines Europäers, S. Fischer Verlag, Wien 1962

Zu Hugo von Hofmannsthal

BRECHT, ERIKA: Erinnerungen an Hugo von Hofmannsthal. Österreichische Verlagsanstalt, Innsbruck 1946
FIECHTNER, HELMUT A.: Hugo von Hofmannsthal. Die Gestalt des Dichters im Spiegel der Freunde. Humboldt Verlag, Wien 1949
HOFMANNSTHAL, HUGO VON / LEOPOLD VON ANDRIAN: Briefwechsel. Hrsg. v. Walter H. Perl, S. Fischer Verlag, Frankfurt a. M. 1968
HOFMANNSTHAL, HUGO VON / CARL J. BURCKHARDT: Briefwechsel. S. Fischer Verlag, Frankfurt a. M. 1956
HOFMANNSTHAL, HUGO VON / HELENE VON NOSTITZ: Briefwechsel. Hrsg. v. Oswalt von Nostitz, S. Fischer Verlag, Frankfurt a. M. 1965
HOFMANNSTHAL, HUGO VON in der Österreichischen Nationalbibliothek. Bearb. Franz Hadamowsky / Walter Ritzer, Wien 1971
HOFMANNSTHAL, HUGO VON: Jedermann. Das Spiel vom Sterben des reichen Mannes und Max Reinhardts Inszenierungen. Hrsg. Edda Leisler / Gisela Prossnitz, S. Fischer Verlag, Frankfurt a. M. 1973
WEBER, HORST: Hugo von Hofmannsthal, Bibliographie 1892—1963. Walter de Gruyter & Co., Berlin 1966

Zu Max Reinhardt

ADLER, GUSTI: Max Reinhardt, sein Leben. Festungsverlag, Salzburg 1964
ADLER, GUSTI: . . . aber vergessen Sie nicht die chinesischen Nachtigallen. Erinnerungen an Max Reinhardt. Langen Müller Verlag, München, Wien 1980
FIEDLER, LEONHARD M.: Max Reinhardt (Rowohlts Monographien, 228). Reinbeck bei Hamburg 1975
FLEISCHMANN, BENNO: Max Reinhardt. Paul Neff Verlag, Wien 1948
FUHRICH-LEISLER, EDDA / GISELA PROSSNITZ: Max Reinhardt in Europa. Otto Müller Verlag, Salzburg 1973
FUHRICH-LEISLER, EDDA / GISELA PROSSNITZ: Max Reinhardt in Amerika. Otto Müller Verlag, Salzburg 1976
LANGER, FRIEDRICH: 50 Jahre Max-Reinhardt-Seminar. Eine Festschrift. Druck B. Woiczik, Wien 1979
LEISLER, EDDA / GISELA PROSSNITZ: Max Reinhardt und die Welt der Commedia dell'arte. Otto Müller Verlag, Salzburg 1970
NICOLETTI, SUSI / LEO MAZAKARINI: Wege zum Theater. Verlag Orac, Wien 1979
PARMA, CLEMENS: Max Reinhardt — Ein Lebensbild. Pforten Verlag, Bad Homburg 1959
REINHARDT, GOTTFRIED: Der Liebhaber. Droemer Knaur Verlag, München/Zürich 1973
REINHARDT, MAX: Sein Theater in Bildern. Hrsg. v. d. Max-Reinhardt-Forschungsstätte Salzburg, Friedrich Verlag, Velber b. Hannover 1968
THIMIG-REINHARDT, HELENE: Wie Max Reinhardt lebte. Verlag R. S. Schulz, Percha am Starnberger See 1973

Zu Richard Strauss

HARTMANN, RUDOLF: Richard Strauss. Die Bühnenwerke von der Uraufführung bis heute. Piper Verlag, München 1980
STRAUSS, RICHARD / JOSEPH GREGOR: Briefwechsel. Hrsg. v. Roland Tenschert. Otto Müller Verlag, Salzburg 1955
STRAUSS, RICHARD / HUGO VON HOFMANNSTHAL: Briefwechsel. Hrsg. v. Willi Schuh. Atlantis Verlag, Zürich 1970
STRAUSS, RICHARD / CLEMENS KRAUSS: Briefwechsel. Hrsg. v. Götz Klaus Kende / Willi Schuh. Verlag C. H. Beck, München 1964
STRAUSS, RICHARD / STEFAN ZWEIG: Briefwechsel. Hrsg. v. Willi Schuh. S. Fischer Verlag, Frankfurt a. M. 1957

Daten der Salzburger Festspiele

1917 *1. August* Gründung der Salzburger Festspielhaus-Gemeinde in Wien

1920 *22. August* Erste Aufführung des „Jedermann" vor dem Dom

1922 *13. August* „Das Salzburger große Welttheater" in der Kollegienkirche

1922 *14. August* „Don Juan" (Dirigent Richard Strauss) im Landestheater; erste Opernaufführung der Salzburger Festspiele

1924/25 Bau des provisorischen Salzburger Festspielhauses (ehem. erzbischöfl. Marstall) durch Arch. Eduard Hütter

1925 *13. August* „Das Salzburger große Welttheater", Eröffnungsvorstellung im Festspielhaus

1926 Umbau des Festspielhauses (Einbeziehung des Stadtsaales, Faistauers Fresken im Foyer) durch Prof. Clemens Holzmeister

1926 *20. August* Goldini: „Der Diener zweier Herren", erste Vorstellung in der Felsenreitschule

1927 *13. August* Beethoven: „Fidelio" (Dirigent Franz Schalk), erste Opernaufführung im Festspielhaus

1933 *17. August* Goethes „Faust", Der Tragödie I. Teil, Aufführung in der Felsenreitschule durch Max Reinhardt

1936 Landesgesetz zum Schutze der Salzburger Festspiele (LGBl. Nr. 51/1936)

1937 Neuerlicher Umbau des Festspielhauses (Errichtung eines Bühnenhauses) durch Prof. Clemens Holzmeister

1938/39 Umbau des Festspielhauses durch Benno von Arent, Entfernung von Faistauers Fresken

1945 *14. August* Erste Festspielaufführung nach dem Kriege, Hofmannsthals „Der Tor und der Tod" im Mozarteum

1947 *6. August* Gottfried von Einem: „Dantons Tod", erste Opern-Uraufführung der Salzburger Festspiele

1948 *28. Juli* Gluck: „Orpheus und Eurydike" (Dirigent Herbert von Karajan), erste Opernaufführung in der Felsenreitschule

1950 *12.Juli* Bundesgesetz über die Errichtung des Salzburger Festspielfonds (BGBl. Nr. 147/1950)

1953 *31 Juli* Mozart: „Così fan tutte" (Dirigent Karl Böhm), erste Opernaufführung im Hof der Residenz

1956 *27. Jänner* Feier der 200. Wiederkehr von Mozarts Geburtstag. „Idomeneo" im Festspielhaus (Dirigent Karl Böhm)

1960 *26. Juli* Eröffnung des neuen Großen Salzburger Festspielhauses (Architekt Prof. Clemens Holzmeister) mit „Der Rosenkavalier" (Dirigent Herbert von Karajan)

1963 *29. Juli* Eröffnung des umgebauten Kleinen Festspielhauses (Architekten: Dr. Hans Hofmann und Dr. Erich Engels) mit „Figaros Hochzeit" (Dirigent Lorin Maazel)

1970 *26. Juli* Eröffnung der neugestalteten Felsenreitschule (Architekt Prof. Clemens Holzmeister) mit „Fidelio" (Dirigent Karl Böhm)

INHALTSVERZEICHNIS

BILDNACHWEIS: Oskar Anrather, Salzburg: Schutzumschlag und Seite 9; Josef Dapra, Salzburg: Seite 213, 216, 225; Klaus Hennch, Zürich: Seite 25, 28, 29, 30; Michael Mauracher, Salzburg: Seite 185; von den oben genannten Aufnahmen abgesehen wurde das Bildmaterial vom Archiv der Salzburger Festspiele, vom Max-Reinhardt-Archiv Salzburg und vom Pressebüro der Salzburger Festspiele zur Verfügung gestellt: (Ellinger, Salzburg: Seite 47, 70, 72, 73, 76 oben, 77, 82 oben, 83, 203, 204, 206, 209, 210, 211, 214; Hosch, Salzburg: 31, 240; Madner, Salzburg: 135, 202, 205, 207, 208, 212; Paap, Salzburg: 69; Rabanus, München: 11, 27, 84, 235, 236, 237, 238, 239; Schmidt: 32; Schreiber: 81 oben; Steinmetz, München: 10, 12, 13, 14, 15, 16, 17, 18, 19, 20, 21, 22, 23, 24, 26, 85, 169, 224, 229, 230, 231, 233, 234; Vivianne, Rom: 143; Völkl, Salzburg: 78, 80 oben).